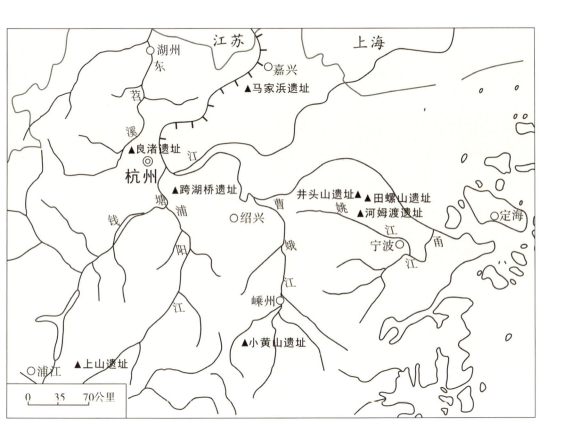

史前钱塘江两岸文化遗址图

图片来源：作者自绘。

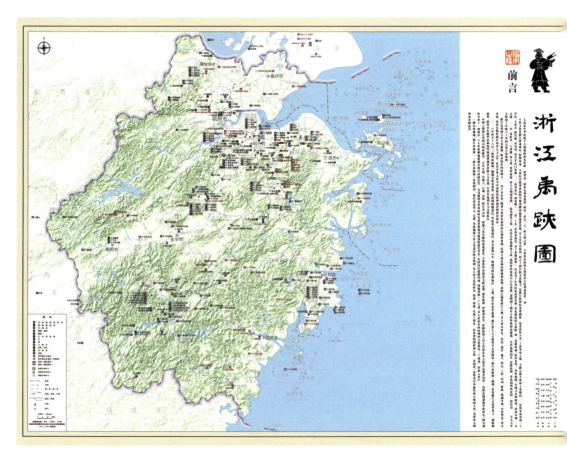

浙江禹迹图（2022 年版）
图片来源：绍兴市鉴湖研究会制作。

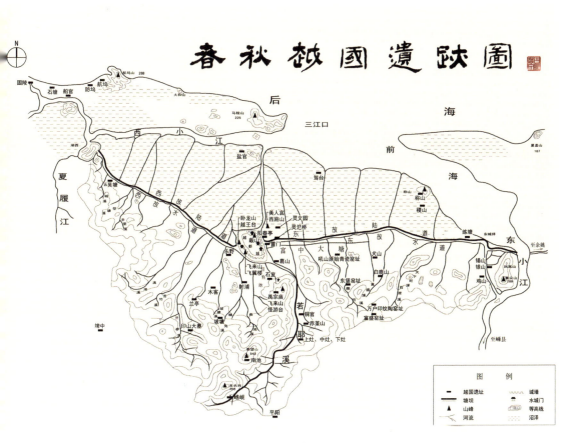

春秋越国遗迹图
图片来源：作者自绘。

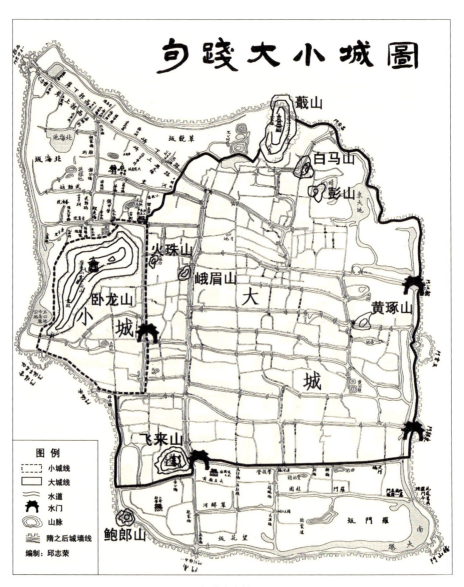

句践大小城图

图片来源：作者自绘。

浙东唐诗之路图
图片来源：作者自绘。

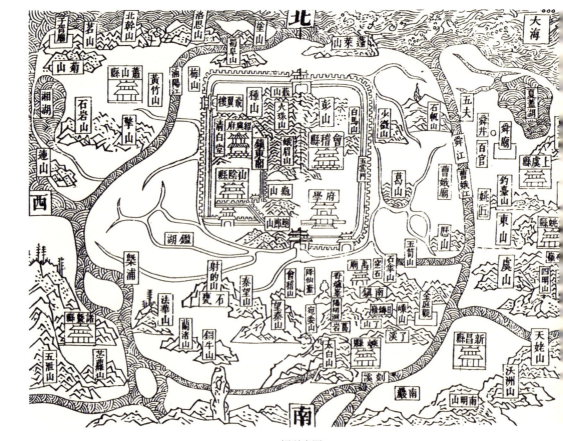

绍兴府图

图片来源：［宋］王十朋《会稽三赋》卷一。

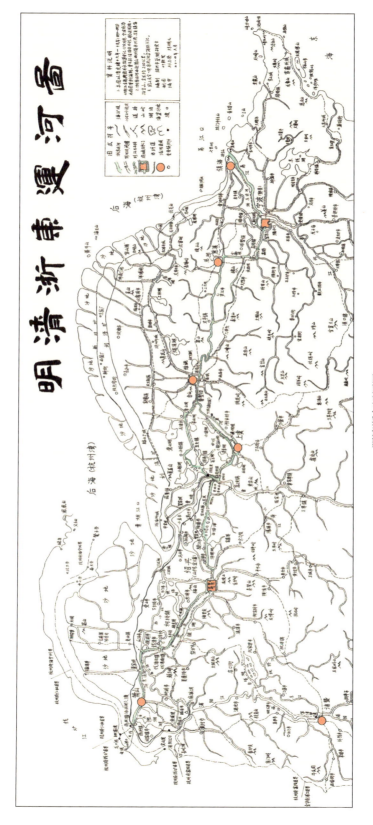

明清浙东运河图

图片来源：作者自绘。

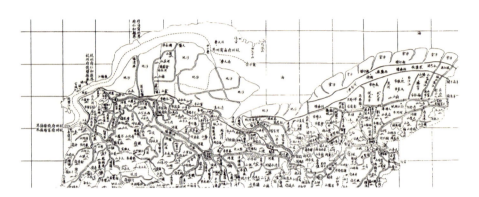

绍兴府二十里方图（局部）

图片来源：《浙江全省舆图并水陆道里记》[清光绪二十年（1894）]

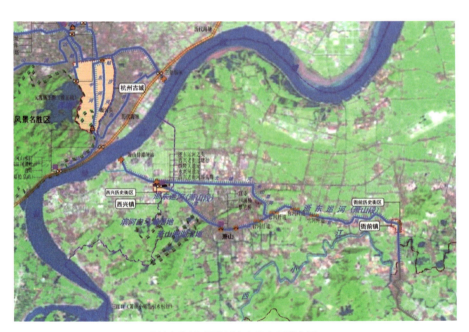

浙东运河杭州段历史文化主要遗存图

图片来源：《大运河（杭州段）遗产保护规划》（2012年）。

浙东运河绍兴段历史文化主要遗存图
图片来源:《大运河(绍兴段)遗产保护规划》(2012年)。

浙东运河宁波段历史文化主要遗存图
图片来源:《大运河(宁波段)遗产保护规划》(2013年)。

康熙南巡拜祭绍兴大禹陵
图片来源：清代宫廷画《康熙南巡图》局部。

乾隆南巡拜祭绍兴大禹陵
图片来源：清代宫廷画《乾隆南巡图》局部。

绍兴城西龙横江乾隆南巡驻跸处

图片来源：戴秀丽提供。

绍兴大禹陵碑
邱志荣 / 摄影

绍兴李斯会稽刻石
邱志荣 / 摄影

绍兴宛委山贺知章《龙瑞宫记》刻石
邱志荣 / 摄影

民国时期的绍兴玉山斗门

图片来源：绍兴市水利局、绍兴市鉴湖研究会编：《绍兴市水利志》，

中国水利水电出版社 2021 年版，卷首第 38 页。

绍兴马臻墓

盛建平 / 摄影

绍兴古纤道
盛建平 / 摄影

绍兴古鉴湖南塘
盛建平 / 摄影

绍兴太平桥和桥亭（摄于 1920 年左右）
图片来源：绍兴市档案馆。

绍兴融光桥
盛建平／摄影

古柯亭
图片来源：戴秀丽提供。

炉柱晴烟
邱志荣 / 摄影

宁波三江口

戴秀丽 / 摄影

姚江大闸旧照
图片来源：戴秀丽提供。

宁波月湖水则碑
邱志荣 / 摄影

宁波大西坝
邱志荣 / 摄影

宁波压赛堰郭公碶
邱志荣 / 摄影

宁波招宝山第一山碑
邱志荣 / 摄影

宁波它山庙
邱志荣 / 摄影

宁波庆安会馆妈祖像
邱志荣 / 摄影

2000年萧绍海塘北海塘中的镇塘兽，现已消失

邱志荣／摄影

浙东运河文化研究丛书

浙东运河
工程文化遗存

邱志荣　戴秀丽　著

**The Engineering
and Cultural
Heritage of
the Zhedong Canal**

ZHEJIANG UNIVERSITY PRESS
浙江大学出版社
· 杭州 ·

图书在版编目（CIP）数据

浙东运河工程文化遗存 / 邱志荣，戴秀丽著. -- 杭
州：浙江大学出版社，2024.8
ISBN 978-7-308-24967-6

Ⅰ．①浙… Ⅱ．①邱… ②戴… Ⅲ．①大运河－文化
遗址－研究－浙江 Ⅳ．①K878.44

中国国家版本馆 CIP 数据核字(2024)第 098413 号

浙东运河工程文化遗存
ZHEDONG YUNHE GONGCHENG WENHUA YICUN

邱志荣　戴秀丽　著

策划统筹	金更达　宋旭华
责任编辑	杨利军（ylj_zjup@qq.com）
责任校对	张培洁
封面设计	杭州浙信文化传播有限公司
出版发行	浙江大学出版社
	（杭州市天目山路 148 号　邮政编码 310007）
	（网址：http://www.zjupress.com）
排　　版	杭州浙信文化传播有限公司
印　　刷	绍兴市越生彩印有限公司
开　　本	710mm×1000mm　1/16
插　　页	12
印　　张	40
字　　数	616 千
版 印 次	2024 年 8 月第 1 版　2024 年 8 月第 1 次印刷
书　　号	ISBN 978-7-308-24967-6
定　　价	168.00 元

审 图 号　GS（2024）2213 号

"绍兴文化研究工程成果文库"序

文化是观察世界的窗口，每一种文化都有其独特的符号、价值和历史。文化是理解自身的钥匙，我们的身份认同、思维方式、行为模式等，都深深打上了文化的烙印。文化更是纵览时空的明灯，它映射着我们来时的足迹，照亮了我们前行的道路。

绍兴是中华文明体系中一个极具辨识度的地域样本，早在近万年前的新石器时代早中期，嵊州小黄山就有於越先民繁衍生息。华夏文明的重要奠基人尧、舜、禹等，都在绍兴留下大量的遗迹遗存和典故传说。有历史记载以来，绍兴境域和地名屡有递嬗，春秋时期为越国都城腹地，秦汉时期为会稽郡，隋唐时期称越州，南宋时取"绍奕世之宏休，兴百年之丕绪"之意改越州为绍兴，至今已沿用近千年。

绍兴地处长江三角洲南翼，神奇的北纬 30° 线把绍兴和世界诸多璀璨文明发源地联结在一起。绍兴有会稽山脉南北蜿蜒和浙东运河东西横贯，"从山阴道上行，山川自相映发，使人应接不暇"，"千岩竞秀，万壑争流，草木蒙笼其上，若云兴霞蔚"。基于坐陆面海的独特地理环境，越地先民以山为骨为脊，以水为脉为魂，艰苦卓绝，不断创造，形成了与自然风光交相辉映的壮丽人文景观。

越史数千年，可以说是一部跨越时空的文化史诗，它融合了地域特色、人文特质、时代特征，生动展现了绍兴人民孜孜不倦的热爱、追求与创造，早已渗透到了一代又一代绍兴人的血脉中。绍兴文化以先秦於越民族文化暨越国文化为辉煌起点，在与吴文化、楚文化等交流融合中，不断吐故纳新、丰富发展，逐渐形成了刚柔并济的独有特质，这在"鉴湖越台名士乡"彪炳史册的先贤们身上得到充分展现：从大禹的公而忘私、治水定邦，到勾践的卧薪尝胆、发愤图强；从王充的求真务实、破除谶纬，到谢安的高卧东山、决胜千里；从陆游的壮志未酬、诗成万首，到王阳明的知行合一、"真三不朽"；从徐渭的狂狷奇绝、"有明一人"，到张岱的心怀故国、"私史无贰"；从秋瑾的豪迈任侠、大义昭昭，到蔡元培的兼容并包、开明开放；从周恩来"面壁十年图破壁"的凌云志，到鲁迅"我以我血荐轩辕"的"民族魂"……一代代英雄豪杰无不深刻展现着绍兴鲜明的文化品格。

"稽山何巍巍，浙江水汤汤。"世纪之初，时任浙江省委书记习近平同志敏锐感知文化对经济社会发展的独特作用，强调进一步发挥浙江的人文优势，把"加快建设文化大省"纳入"八八战略"总体布局。他曾多次亲临绍兴调研文化工作，对文化基因挖掘、文化阵地打造、文化设施建设、文化队伍提升、人文经济发展等方面作出重要指示，勉励绍兴为繁荣和发展社会主义文化事业作出新的贡献。习近平总书记还在多种场合反复讲到王充、陆游、王阳明、秋瑾、蔡元培、鲁迅等绍兴文化名人，征引诗文、阐发思想，其言谆谆，其意殷殷。这些年来，绍兴广大干部群众始终把习近平总书记的深情厚爱牢记于心、见效于行，努力把文化这个最深沉的动力充分激发出来，把这个绍兴最鲜明的特质充分彰显出来，把这个共富最靓丽的底色充分展示出来，不断以人文底蕴赋能经济发展，以经济发展助推文化繁荣，全力打造人文经济学绍兴范例。这种人文经济共荣共生的特质，正是这座千年古城穿越时空的独特魅力，也是其阔步前行的深层动力。

2022 年 3 月，为深入贯彻习近平总书记在哲学社会科学工作座谈会上的重要讲话精神，认真落实浙江文化研究工程实施十五周年座谈会精神，绍兴在全省率先启动绍兴市"十四五"文化研究工程，对文化历史与现状展开全面、系统、有序的研究。一方面，借此挖掘和梳理绍兴历史文化资源，繁荣和丰富当代文化建设，规划和指导未来文化发展；另一方面，绍兴文化作为中华文化的重要组成部分，其当代的研究与传承是深入贯彻习近平文化思想的生动体现，对推动中华优秀传统文化保护传承具有重要意义。这是绍兴实施文化研究工程的初心和使命。

绍兴文化研究工程围绕"今、古、人、文"四个方面展开，出版系列图书，打造浙江文化研究工程的"绍兴样板"。在研究内容上，重点聚焦诗路文化、宋韵文化、运河文化、黄酒文化、戏曲文化等文化形态，挖掘绍兴历史文化底蕴；深入开展绍兴名人研究，解码名士之乡的文化基因；全面荟萃地方文献典籍，编纂出版《绍兴大典》，梳理绍兴千年文脉传承；系统展示古城精彩蝶变，解读人文经济绍兴实践。在研究力量上，通过建设特色研究平台、加强市内外院校与研究机构合作、公开邀约全国顶尖学者参与等方式，形成内外联动的整体合力，进一步提升研究层次和学术影响。

2023年9月，习近平总书记再次亲临浙江考察，对浙江提出"要在建设中华民族现代文明上积极探索"的新要求，赋予绍兴"谱写新时代胆剑篇"的新使命。站在新的历史起点上，我们期待，通过深化绍兴文化研究工程，进一步擦亮历史文化名城和"东亚文化之都"的金名片，通过集结文化研究成果，进一步夯实赓续历史文脉、推进文化创造性转化和创新性发展的坚实根基。我们坚信，在习近平文化思想的指引下，坚持历史为根、文化为魂，必将能够更好扛起新的文化使命，打造更多中华民族现代文明建设的标志性成果，创造新时代绍兴文化新的高峰。

是为序。

中共绍兴市委书记 施惠芳

2024年8月

"浙东运河文化研究丛书"序

　　四十余年的水利史、运河史及相关研究厚积薄发，多学科的学者合力推出了"浙东运河文化研究丛书"十卷本，将水利史、运河史研究扩展到水文化、运河文化研究领域，绍兴文化界迎来了又一个丰收季。丛书即将出版，主编嘱我作序。绍兴本就是蕴含深厚历史文化传统的城市，如今重点组织完成一套围绕浙东运河的包括历史、文化、地理、水利等多方面的研究成果，本是顺理成章的事，不需要他人多语。但是绍兴市领导为这个项目的启动和完成注入精力颇多，诸位作者付出了诸多心血和努力，所取得的成绩令人鼓舞，因此必须表示祝贺！并附带着对水文化研究的意义以及水历史与水文化的关系，谈点个人的看法，以就教于方家。

　　历史上的水文化研究蔚为大观。黄河流域的龙山文化、二里头文化，附属于长江流域的三星堆文化、河姆渡文化等，大都保有水文化的内容。当然考古学所揭示出来的物质创造和生产力水平，远落后于当今社会的计算机技术、航天工程所代表的物质进步和科技水平。但由于时代久远，这些远逝的物质成果和精神创造，都已演变成为一种文化符号。可见，文化概念是和历史密切相关的，如都江堰、大运河已被列为世界文化遗产，它们既是文化的物质载体，也是历史文化。进入春秋战国时期，老子、孔子、管子、荀子等先祖，对水的物质性和社会性也有许多深刻的阐释。《管子·水地》揭示了水的物质性，认为水是造就地球、构成生物的基本物质："水者何也？万物之本原也，诸生之宗室也"，"万物莫不以生"。在水的精神文化方面，大师们也都有生动的阐释。例如《荀子·宥坐》记载了孔子和弟子子贡之间的对话，这些对话颇为生动有趣。子贡问孔子：您为什么遇见大水都要停下来仔细观察呢？孔子答曰：你看，水滋养着万种生物，似德；水始终遵循着向低处流的道理，似义；水浩浩荡荡无穷无尽，似道；水跌落万丈悬崖而不恐惧，似勇；水无论居于何种容器，表面都是平的，似法；水满不必用"概"而自然平整，似正；水能深入细小孔隙，似察；水能使万物清洁，似善化；河水虽经过万种曲折，必流向东，似志。因此君子见到大水必然要停下来仔细观察。孔子阐述了对水文化的认知，他说水性，又从水性中提炼出人性和社会性，以及其中蕴含的哲理，展示水文化的美丽、丰富、生动和深刻。类似的认识不胜枚举，这里仅举此例。

近代以来，文科和理科相互融通的理念颇受推崇，许多著名学者纷纷倡导。祖籍绍兴的北大校长蔡元培在 1918 年前后曾多次在文章中提倡文理融通的理念。他曾力主"破学生专己守残之陋见"，要求学生"融通文、理两科之界限：习文科各门者，不可不兼习理科中之某种（如习史学者，兼习地质学；习哲学者，兼习生物学之类）；习理科者，不可不兼习文科之某种（如哲学史、文明史之类）"。他还指出："治自然科学者，局守一门，而不肯稍涉哲学，而不知哲学即科学之归宿，其中如自然哲学一部，尤为科学家所需要。"他坚信文理融通可以生发新思考和新认识。今时今日，融通的理念更应成为学术界的共识。近现代科学巨匠爱因斯坦也曾致力于科学与人文的相互融通。1931 年，他在对加州理工学院学生的演讲中提出："如果你们想使你们一生的工作有益于人类，那么，你们只懂得应用科学本身是不够的。关心人的本身，应当始终成为一切技术上奋斗的主要目标。……在你们埋头于图表和方程时，千万不要忘记这一点！"爱因斯坦自身贯彻实践了他科学应该服务于人文的理念。由此，视文化为政治、经济、科技的原动力，亦无不可。

文化体现出一种思维方式。

无论是东方文明还是西方文明，科学在古代都与人文处于同一体系，后来才发生分化。近百年来，西方更强调分析，而东方更强调综合。历史上的水问题，本来是在多种复杂条件下发生的，如果脱离了人文的背景，将难以获得全面的解读。历史、人文与科学相互融通，才能寻得可信的答案。以水利所属的学科为例，早前它是属于土木工程类的，后来单独分出来，再后来又分属水资源、泥沙、结构、岩土、机电等学科门类。学科门类越分越细，但各学科并非原本就是这样独立存在的，而是由于我们一时从整体上认识不了那么复杂的水问题，于是将其分解成一个个学科来研究，一个学科之中再分若干研究方向。然而细分以后，分解的各个部分就逐渐远离水利的整体，甚至妨碍对整体的理解。对学科的细分促进了认识的深入，但原本的整体被拆分后，在使用单一的、精密的分析方法去解读受多因子影响的问题时，可能得出与实际相差甚远的结论。诺贝尔奖获得者、比利时物理化学家普里高津就认为，"现代科学的新趋势已经走向一个新的综合，一个新的归纳"，他呼吁"将强调实验及定量表述的西方传统，和整合研究的自在系统的中国传统结合起来"，倡导对已有的学科门类进行整合，并要求历史和人文研究的加入。文艺复兴时期，欧洲一些思想家力求在古希腊和古罗马的优秀思想中寻找智慧。如今，我们在科学研究和方法论上是否也需要"复兴"点什么？这种"复兴"或可以使人们的认识得到某种程度的升华。

自然科学需要持有怀疑态度和批判精神，而其来源之一便是比较与融通，便是科学与人文的结合。新的学科生长点往往便生发于可以激发更多想象力的交叉领域研究。苏轼在观察庐山时说："横看成岭侧成峰，远近高低各不同。不识庐山真面目，只缘身在此山中。"大自然千姿百态，有无数个角度可以解读它，科学是一个，人文是另一个，而科学与人文的交叉融合将会使认识更加全面和丰富。既然现代基础科学在继承传统文化的过程中，依然能够推陈出新，正如数学家吴文俊和药理学家屠呦呦的工作所展现的那样，那么像水问题这样以大自然为背景、受人文因素影响更多、边界条件更复杂的学科领域，更要发挥交叉研究的优势。

古往今来，水问题的历史研究相沿不断。即使在近百年来水利科学技术突飞猛进的时代，水问题的历史研究仍不失其光辉，其本质便在于具有整合融通的优势。例如，近几十年来，水利史在着重探讨水利工程技术及其溯源研究的基础上，又加强了水利与社会相互影响的研究，其着眼点是进一步考察社会、政治、经济、文化、环境对水利的影响；同时引入相关自然科学学科如地理、气象和相关社会科学学科如哲学、经济的研究方法，以及开发相关的整合研究途径与方法，在师法古今中引申出对现实水问题，特别是宏观问题有实际价值的意见和办法。

研究水问题，水利史的加入甚至是提供了一条捷径。水利史的研究在大型工程和水利思想建设中的作用是有迹可循的。中国水利水电科学研究院水利史研究所就曾提出有说服力的成果。1989 年，《长江三峡地区大型岩崩与滑坡的历史与现状初步考察》被纳入《长江三峡地质地震专家论证文集》；1991 年提出的"灾害的双重属性"概念，被 2002 年修订的《中华人民共和国水法》所吸收；1991 年在"纪念鉴湖建成 1850 周年暨绍兴平原古代水利研讨会"上提出的"人与自然和谐发展"，被时任水利部部长认为是"破解中国水问题的核心理念"；1994 年完成的"三峡库区移民环境容量研究"项目，提出"分批外迁到环境容量相对宽裕的地区，实施开发性移民"的新方针，由长江水利委员会上报国务院三峡工程建设委员会办公室，两年后直接引起原定的长江三峡水库移民"就地后靠"方针的根本改变。2000 年以来，多项中国灌溉工程遗产的历史研究被国际组织认可，多项工程被纳入世界灌溉工程遗产名录。围绕京杭运河、隋唐运河、浙东运河全线及其重要节点的一系列成果，对中国大运河申遗起到了基础性支撑作用。这些成果是水利史基础研究长期积累的显现，其中一些成果既是水历史研究，又是水文化研究。

现代人有时轻视古人，认为他们的认知"简单"。但哪怕是"简单"的水问题，也包含了最基本的水流与建筑物间错综复杂的相互作用，以及对人与自然关系最基本的理解。这种"简单"其实是在排除了一些非基本的复杂因素的干扰后，问题本质得以更清晰地呈现，体现了大道至简、古今相通的智慧。爱因斯坦曾在 1944 年尖锐地指出："物理学的当前困难，迫使物理学家比其前辈更深入地去掌握哲学问题。"这句话不仅限于物理学范畴，实乃振聋发聩的警世恒言，提醒我们所有学科领域都应重视对历史与文化的探究。在此再一次重申："现代科学技术的发展对古老历史科学提出了新的要求，同时它又为历史研究的深入提供了新的方法和手段。科学的发展非但不应排斥历史与文化，相反地，把历史的经验和信息科学化，正是科学所要完成的重要课题。"

文化还是一种精神。

大禹治水的"禹疏九河""三过家门而不入"的佳话，铸就了中华民族艰苦奋斗的民族精神，其中蕴含的改造与顺应自然、人与自然和谐共生的思想尤为宝贵。世上许多民族有大洪水再造世界的故事流传，但只有大禹治水是讲先民在领袖带领下通过众志成城的奋斗战胜了洪水，奠定了中华大地的繁荣发展，并使得禹文化从此成为民族文化宝库中的一颗璀璨明珠。

又如都江堰飞沙堰与分水鱼嘴和宝瓶口配合，实现了自动调节内外江的分流比，既使枯水期多送水入宝瓶口，又利用凤栖窝前的弯道，强化了弯道环流，使洪水期多排沙到外江，把水力学与河流泥沙动力学原理发挥得近乎完美，可谓"乘势利导，因时制宜"哲学思想在工程实践中的生动应用，深刻诠释了人与自然和谐共生的理念。有赖科学与人文的结合，都江堰实现了运行两千多年的举世公认的卓越成就。

在水文化中，人与自然的和谐是永恒的主题。北宋时期，黄河堤防频繁决溢，治河思想因此空前活跃。苏轼在《禹之所以通水之法》一文中提出："治河之要，宜推其理，而酌之以人情。"这里的"理"，是治河的科学原理，"人情"则是社会。他认为："古者，河之侧无居民，弃其地以为水委。今也，堤之而庐民其上，所谓爱尺寸而忘千里也。"他继承了大禹的治水理念，结合宋代人居情况，建议设置滞洪区以减轻洪灾损失，极有见地。

重视水历史和水文化研究不是一时兴起，它就是中华文化的重要组成部分。在水利科学技术迅猛发展的今天，传统水利工程技术已经陈旧，但随着时代的发展，人们越来越清楚地看到，水利的成败得失不仅取决于对水的运动规律的认知和水利设施安全的保障，也直接受到诸多社会因素的影响。离开广阔而深刻的人文、历史背景来孤立地就水利谈水利是片面的。甚至可以认为，对许多水问题的解答，只靠自然科学是无能为力的，急需人文学科的参与。我们在五千年文明史中积累的许多经验和教训，都来自传统文化。因此，面对水问题，我们需要跨学科的综合视角，将自然科学与人文科学紧密结合。如果我们只寄希望于人为设计的各种各样的模型，其局限性显而易见，我们必须同时向大自然学习，因为大自然才是真正的大师。

以上对水历史和水文化的认识，是我有感于本丛书的布陈表达了类似的理解而就此说点补充的话。

至于夏商周三代之后的我国早期运河工程，《史记·河渠书》就曾历数。司马迁说："此渠皆可行舟，有余则用溉浸，百姓飨其利。"此中所言也包括吴越一带的运河在内。《越绝书》具体记载的有吴国境内太湖西边的胥溪，东边围绕太湖并入长江的常州、无锡、苏州间的水路，再向南横绝钱塘江而直入山阴（即今之绍兴）。山阴再向东则有"山阴故水道"直通曹娥江，这就是本丛书重点讨论的浙东运河的前身。越国有了古代浙东运河之利，就有了向北与吴国争锋以及与诸侯争霸的资本，于是演绎了"卧薪尝胆"和"十年生聚，十年教训"的历史剧目。交通的便利更促进了本地区文化的发展。

学习文化，理解其中丰富的内涵，对研究运河的历史发展大有裨益；同时，深入钻研运河工程和运河历史，也会对其文化内涵有更深度的解读，二者相得益彰，非只注重一方可比。"浙东运河文化研究丛书"十卷本的布陈涵盖了运河史、文化遗存、运河生态廊道、通江达海交通衔接与文化传播、名人行迹、历代文学与诗歌、名城与名镇、民俗与民风、传统产业继承与发扬等诸方面。丛书在以往研究基础上吸纳了最新的研究成果，通过近年来对史料的进一步挖掘和多视角的解读，以及对文化遗存的新发现，还原了浙东运河历史文化的诸多细节，将浙东运河与中国大运河的相关性、独特性及其在中国历史中的地位更为生动地呈现了出来，诠释了主流学界对文化的定义，即文化是"人类知识、信仰和行为的整体。在这一定义上，文化包括语言、思想、信仰、风俗习惯、禁忌、法规、制度、工具、技术、艺术品、礼仪、仪式及其他有关成分"（《不列颠百科全书》国际中文版）。由此也可见本丛书的内容丰富和意义深远。

丛书作者们通过努力完成了一项创新性的工作，促进了水利史尤其是运河史和运河文化研究的进一步成长。由此继之，也期待浙东运河与文化交叉研究的再深入，产出更多的优秀成果，让古老的浙东运河展现出时代的风采。

谨致祝贺。

周魁一

2024 年 1 月 26 日于白浮泉畔

目　录 ｜ C O N T E N T S

001　概　述

目 录 I C O N T E N T S

第二章
沿运湖泊

第三章 塘坝、堰、升船机

第四章
斗门、水闸

第六章 纤道、古桥、水城门

第七章 管理设施

第八章
信仰祭祀

第九章
文献、碑文

目 录 ｜ C O N T E N T S

372　第三节　碑文

一、绍兴 / 372

概　述

钱塘艳若花，山阴芊如草。六朝以上人，不闻西湖好。

平生王献之，酷爱山阴道。彼此俱清奇，输他得名早。

—— ［明］袁宏道《山阴道上》

大运河是世界上距离最长、规模最大的运河，是我国古代人民的一项伟大工程，是一部书写在华夏大地上的宏伟诗篇。它展现出我国劳动人民的伟大智慧和勇气，传承着中华民族的悠久历史和文明。浙东运河是中国大运河三大组成部分（京杭运河、隋唐运河、浙东运河）之一。2014 年 6 月 22 日，中国大运河申遗成功，列入世界遗产名录；浙东运河本体及杭州段西兴过塘行码头，绍兴段古纤道、八字桥、八字桥历史文化街区，宁波段三江口庆安会馆列为世界遗产点。

一

浙东运河西起西兴 ①，经钱清、柯桥、绍兴古城，过曹娥江后——南线四十里河，东至上虞丰惠到通明坝与姚江汇合，长约 125 千米；北线，从上虞百官经驿亭到五夫的长坝连接余姚的马渚横河，称为虞余运河（五

---

① 西兴原属萧山，现属杭州市滨江区。

夫河），经余姚、宁波市区与奉化江汇合成甬江，东流至镇海招宝山入海。浙东运河主流全长约200千米。

浙东运河是我国最早的人工运河之一。中国今存可考最早的人工运河有两条：一是春秋后期鲁哀公九年（前486）吴人开的邗沟，沟通了江淮两大水系；二是越国的山阴故水道，这条运河的文献记载、开挖年代和所处地理位置十分明确，它不仅是越国之基础命脉，还是实现吴越两地沟通的关键所在，并通过钱塘江沿海码头沟通海外，是中国历史上兴建年代最早，并且至今依然保存较好的人工运河之一。

浙东运河位于中国大运河的南端。自秦始皇巡越开始，浙东运河就一直是中国大运河不可分割的重要组成部分；"隋大业中将东巡会稽，乃发民开江南河"①，说明隋炀帝开挖江南运河的目的之一也是东巡会稽；至宋代，浙东运河成为国家运河至关重要的一段；清代康熙、乾隆二帝南巡，明确在国家运河地图中把绍兴定格为大运河南端。②

浙东运河是海上丝绸之路南起始端。早在古越国时期，这里就有航海世界的证明。③越国对外贸易、文化交流是以山阴故水道为主要航线。从越国的固陵、句章开始形成的对外港口，使绍兴丰盛物产与宁波良港融为一体，成为中国大运河南端连接国外的唯一出口，渐成海上丝绸之路，常常"樯橹接天，藩舶如云"。

浙东运河是振兴经济的黄金水道。浙东运河体现了多功能一体的特征：农田水利与水运交通一体开发；人工运河与自然江河利用以及塘河水工建设并行共举；城镇乡村发展与运河水运发展息息相关；既是通江达海的重要水运通道，也是出海口。民国时期杨建在《浙东运河之重要性与整理意

① ［清］顾祖禹：《读史方舆纪要》卷八十九，贺次君、施和金点校，中华书局2005年版，第4110页。
② 刘枫主编，全国政协文史和学习委员会编：《九省运河泉源水利情形图》，浙江古籍出版社2006年版。
③ 陈桥驿：《吴越文化和中日两国的史前交流》，载陈桥驿《吴越文化论丛》，中华书局1999年版，第59—60页。

见》中指出：

> 吾国主要江河，流向均由西而东，惟运河则由北而南，起自北平，南迄宁波，长达二千余公里，贯通后可使黄河、扬子、钱塘、曹娥各流域之航运，得以联络一气，产物得以相互接济，关系全国交通、经济、国防者甚大。故整理运河，为整个国家之建设大计；而宁绍杭为沿运生产最富之区，整理浙东运河，实为贯通全运之嚆矢。[①]

浙东运河是涵养文化的重要源流。大禹治水，句践创业，秦始皇"上会稽，祭大禹"[②]，"山阴道上行，如在镜中游"的诗句等等，不少历史中有它的身影。绍兴更是著名的水乡、桥乡、酒乡、名士之乡、戏曲之乡，可见浙东运河之文化厚重。不仅如此，千年古河拥有诸多名胜古迹，绍兴、宁波先后成为国家历史文化名城，沿河的水运文物数量多、品位高且地域特色鲜明。

浙东运河是我国保存最好的运河之一。浙东运河200千米的主航道至今保存完好，并仍在水利、航运、文化、生态、经济等方面发挥着重要作用。浙东有水路、塘路、铁路、公路贯穿东西，或平行，或相交，融合古今，好运天下，被誉为"正在使用的活态交通博物馆"[③]。

二

2019年印发的《大运河文化保护传承利用规划纲要》以专门章节突出强调，要深入挖掘和丰富大运河文化内涵，充分展现"大运河遗存承

---

① 杨建：《浙东运河之重要性与整理意见》，《浙江省建设月刊》民国二十五年（1936）第十卷第三期。

② ［汉］司马迁：《史记》卷六，［南朝宋］裴骃集解，［唐］司马贞索隐，［唐］张守节正义，中华书局1982年版，第260页。

③ 邱志荣：《浙东古运河 千里泛清波》，《新华每日电讯》2017年7月28日12版。

载的文化"，活化"大运河流淌伴生的文化"，弘扬"大运河历史凝练的文化"。①

大运河遗存承载的文化是指与大运河相关的各种遗存所代表、蕴含的文化，以大运河沿线遗存的"物"为基础，其载体是大运河沿线的运河文物遗存、水工遗存、运河附属遗存以及其他关联遗存，是大运河千年历史的真实印记。

大运河流淌伴生的文化是指以与大运河相关的各类非物质文化遗产和传统习俗等为代表的文化，以大运河相关的"人"为基础，其载体是大运河沿线的手工技艺、工程技术、戏曲文艺、生活习俗、传统节日、餐饮习惯、礼仪规制等，是时至今日仍在影响着沿线居民日常生活的文化力量。

大运河历史凝练的文化是指大运河于数千年历史中在推动南北融合、东西交汇、中外交流过程中逐步凝练、升华形成的文化精髓和价值观念，体现中华民族精神特质，其载体是大运河沿线乃至全体中国人所具有的伦理道德、理想信念、情感性格等，包括中华民族和中国人民追求国家统一、民族团结的执着信念，勤劳勇敢、自强不息的民族精神，开放包容、兼收并蓄的文化态度，天人合一、和谐共生的思想智慧等，是大运河沿线的人们在千年历史中不断去芜存菁、激浊扬清形成的价值判断体系，是涵养社会主义核心价值观的源泉。

以上对运河文化遗产的定义，系统而精准。本书以"浙东运河工程文化遗存"为名，是"浙东运河文化研究丛书"的一种，考虑到内容侧重和总体平衡，故内容以上述第一方面为基础，而适当延伸到第二、第三方面。

本书分上篇和下篇。上篇共分九章。第一章为"运河航道"。除了客观地分段记述河道的现状情况，也对浙东运河历经 2500 年之久依然保存着较为完好状态的原因进行了研究，认为即使在现代航运功能下降的状况下运河依然得以保存的原因，主要是其功能的多样性与综合性，它既有航

---

① 参见新华社:《中共中央办公厅 国务院办公厅印发〈大运河文化保护传承利用规划纲要〉》，https://www.gov.cn/zhengce/2019-05/09/content_5390046.htm。

运的功能，又有农田灌溉、水资源调配、景观旅游等功能，而民众对水的情感与依赖也是一个不可否认的因素。

上篇第二章为"沿运湖泊"。研究表明，浙东运河沿线周边自古至今有众多的湖泊存在。在上游的湖泊我们称之为水源工程，但在浙东，有的湖泊本身就是运河的一部分，如山会平原的鉴湖，其中东鉴湖以及现在的水域就是浙东运河的主要航道组成部分，这也是浙东地区河网密布的特殊性所致。这里的湖泊有天然的，也有人工的，还有的是天然形成又加上人工改造的。这些湖泊又是动态变化的。如在春秋战国时期，主要湖泊如南池、坡塘、吴塘等多在山区丘陵地带，到了汉代如回涌湖、鉴湖等已在平原南部的山麓地带。到唐代，人口增多，经济发展，出现了与水争地的状况。到了宋代，宁绍地区湖泊又有较多埋废的情况，如鉴湖、夏盖湖、广德湖等先后埋废，湖泊又有向滨海地区发展的趋势，一些潟湖转变为经人工改造的淡水湖，如狭㮤湖等。而到近现代，由于上游水库的兴建，湖泊又有向南部和山区回归的趋势，如平水江水库、汤浦水库、四明湖水库等，但功能上发生了变化，多为防洪、供水、引水等。

上篇第三章为"塘坝、堰、升船机"。浙东运河的最西端便是钱塘江，钱塘江是著名的潮汐河流，而运河是内河，不能直接与之相通，因之必须设置港口码头和埭以供船只停泊、阻水和交通盘驳。早在 2500 年以前建成的越国山阴故水道，在东西向运河和南北向自然河道的交汇处，已设有木制的水闸类控水工程。浙东运河是诸多的河流和湖泊连接而成的，其所穿越的钱塘江、钱清江、曹娥江、余姚江落差较大，又受潮汐影响，因之，运河通航水位必须依赖闸、堰调节。

西兴运河开凿之初必须解决钱塘江与运河的堰坝之隔，因此可以肯定运河形成之始堰坝体系已经存在。北宋浙东运河所谓的"三江重复，百怪垂涎，七堰相望，万牛回首"[①]，"三江重复"是指把运河分隔成多段落

---

① ［宋］沈作宾等修，［宋］施宿等纂：《嘉泰会稽志》卷十，民国十五年（1926）刻本，第 16 页。本文献以下简录为《嘉泰会稽志》。

的钱塘江、钱清江、曹娥江三条潮汐河流，一条接一条横截于运河上，最后总归杭州湾；"百怪垂涎"是指运河上游沿途山丘河流众多，蜿蜒而下，变化多端；"七堰相望"中的"七堰"是指西兴堰、钱清北堰、钱清南堰、都泗堰、曹娥堰、梁湖堰及通明堰；"万牛回首"是指小者挽牵、大者盘驳，主要依靠牛力，老牛负重，盘旋回首，步履艰难，形成一条运河风景线。通明堰是浙东运河东部人工运河和自然河流的标志性分界点。

在浙东的堰坝工程中，杰出的代表是唐大和七年（833）鄞县（今宁波市鄞州区）县令王元暐兴建的位于宁波西南50余里的鄞江桥西樟溪之上的它山堰工程。其技术水平处于我国同时期水利工程的领先地位，"是我国建坝史上首次出现的以大块石叠砌而成的拦河滚水坝"[1]。

上篇第四章为"斗门、水闸"。中国运河遗产的性质与核心构成是水利工程体系。[2] 斗门、水闸类是水利工程体系中的核心组成部分，负责控制水位、蓄泄通航。浙东运河水系环境比较复杂，其山—原—海的地形，以及多种水旱灾害的存在，决定了其水利工程体系的丰富与特色的鲜明。[3]

2011年发掘的绍兴市越城区若耶溪下游东侧的香山越国大墓，发现了全木制作的坚实牢固的基础处理，还有先进合理的排水系统，以及具有较高水平的防腐技术。[4] 这种基础处理、排水系统、防腐技术，必然会在当时被广泛应用到水工技术中。至于后来东汉的鉴湖能建各类形制的斗门、闸、堰等水门69所，当与此技术的推广和应用关联密切。

浙东地区水利关键控制工程，是明代绍兴知府汤绍恩于嘉靖十五年

[1] 武汉水利电力学院《中国水利史稿》编写组：《中国水利史稿·中册》，水利电力出版社1987年版，第36页。

[2] 于冰、谭徐明：《中国大运河遗产性质与遗产构成原则探讨》，《世界遗产保护·杭州论坛暨2008国际古迹遗址理事会亚太地区会议论文集》，第89—99页。此文经完善后正式发表，见谭徐明、于冰、王英华、张念强：《京杭大运河遗产的特性与核心构成》，《水利学报》2009年第10期，第1219—1226页。

[3]（法）李明：《中国近事报道（1687—1692）》，郭强、龙云、李伟译，大象出版社2004年版，第108页。

[4] 邱志荣：《上善之水：绍兴水文化》，学林出版社2012年版，第50—53页。

（1536）主持修建、嘉靖十六年（1537）建成的三江闸。三江闸是我国古代最大的滨海砌石结构多孔水闸，代表了中国传统水利工程建筑科技和管理的最高水平。

上篇第五章为"渡、码头、港口"。渡是河流两岸有舟筏或其他工具摆渡的地方，为渡场的主要组成部分，包括两岸进出路和渡河设备。一个渡场可以有一到数个渡口。码头则是供船舶停靠、装卸货物和上下旅客用的水工建筑物。广义地说，还包括同码头配套的仓库、堆场、候船厅、装卸设备和铁路、道路等。码头是港口最重要的组成部分。

关于早期的港口码头，《越绝书》卷八记载有："石塘者，越所害军船也。塘广六十五步，长三百五十三步。去县四十里。防坞者，越所以遏吴军也。去县四十里。杭坞者，句践杭也。二百石长买卒七十人，度之会夷。去县四十里。"[①]这里的"石塘"应是越国防御吴国海上侵犯的水军基地和航船码头，从越国当时的石砌技术来看，此石塘应是抛石为主、砌石为辅；防坞亦是同类性质的码头，位置应在"石塘"近处；至于"杭坞"则位置可考，在今萧山境内坎山镇、衙前镇和瓜沥镇境域的杭坞山山麓。杭坞既是越国的造船场所，又是通航渡口和水上战略要地。

《越绝书》卷八又记："浙江南路西城者，范蠡敦兵城也。其陵固可守，故谓之固陵。所以然者，以其大船军所置也。"[②]一般认为固陵即萧山之越王城山，位于萧山城西偏南约 1.5 千米处。越王城山以钱塘江为天堑连山相接，易守难攻，越国以此为水军基地和通至钱塘江北岸的码头。固陵是越国第一大沿海港口，在越国钱塘江航运及对外军事、经济、文化等活动中发挥着极为重要的作用。此外，钱塘江畔还有柳浦、浦阳南津、浦阳北津等埭。柳浦埭在今杭州市上城区南星桥，沟通钱塘江与江南运河的航运；浦阳南津埭位于浦阳江口的渔浦，沟通浦阳江与钱塘江的航运；浦阳北津埭地处今杭州市周浦山，与渔浦隔江相对，是钱塘江北岸的一个重要渡口。

---

① ［东汉］袁康:《越绝书校释》卷八，李步嘉校释，中华书局 2013 年版，第 228 页。
② ［东汉］袁康:《越绝书校释》卷八，李步嘉校释，中华书局 2013 年版，第 228 页。

《史记》唐张守节正义云:"句章故城在越州鄮县西一百里。"①《宝庆四明志》卷十七则说:"古句章县在今县(慈溪)南十五里,面江为邑,城基尚存,故老相传曰城山,旁有城山渡。西去二十五里有句余山。"②"城山渡"在今宁波江北区慈城镇王家坝村。明清以来的地方志书记载多与此一致,即句章故址城山位于余姚江南岸岸边,东距三江口(余姚江和奉化江合流为甬江之处)22千米,由此顺余姚江流东去,可经由三江口入甬江,再北行由镇海大浃口(今属宁波镇海区)入海。③

以上都可证明浙东地区码头港口兴建之早及其通江达海地位之重要。

上篇第六章为"纤道、古桥、水城门"。浙东运河以水为纽带东西横贯宁绍平原,联通诸多水系,为满足水陆交通之需就在运河及周边建设了众多的桥梁,反而形成了浙东运河上的特色奇观。

灵汜桥是浙东运河历史上有史料可查的第一座古桥。灵汜乃越国神秘水道,通吴国震泽,又处越国最早园林"灵文园"之中。《水经注》卷四十"渐江水"条载:"城东郭外有灵汜,下水甚深,旧传下有地道,通于震泽。"④

《嘉泰会稽志》卷十一载:

> 灵汜桥在县东二里,石桥二,相去各十步。《舆地志》云:
> 山阴城东有桥,名灵汜。《吴越春秋》:句践领功于灵汜。《汉

---

① [汉]司马迁:《史记》卷一百一十四,[南朝宋]裴骃集解,[唐]司马贞索隐,[唐]张守节正义,中华书局1982年版,第2983页。

② [清]徐时栋辑,[宋]胡榘修,[宋]方万里、[宋]罗濬等纂:《宝庆四明志》卷十七,清咸丰四年(1854)甬上徐氏烟屿楼刻本,第21页。本文献以下简录为《宝庆四明志》。

③ 刘恒武、王力军:《试论宁波港城的形成与浙东对外海上航路的开辟》,载宁波"海上丝绸之路"申报世界文化遗产办公室、宁波市文物保护管理所、宁波市文物考古研究所编著《宁波与海上丝绸之路》,科学出版社2006年版,第124页。

④ [北魏]郦道元:《水经注校证》,陈桥驿校证,中华书局2007年版,第943页。本书引自《水经注》的内容均引自本文献,以下直接简录为"[北魏]郦道元《水经注》",所注页码为此版本页码。

书》：山阴有灵文园。此园之桥也，自前代已有之。[①]

灵汜桥是越王句践接受封赠之地，故历来文人学士、迁客骚人至此多有伤感之作。据记载，当时越国被吴国打败，后句践入吴为奴三年，吴王夫差赦免句践回越，仅封他百里之地——东至离越国都城 60 里的炭渎，西至都城以西约 40 里的周宗，南到会稽山，北到后海（杭州湾），东西窄长的狭小之地，即《吴越春秋·句践归国外传第八》所记之"东至炭渎，西止周宗，南造于山，北薄于海"[②]。灵汜桥既是越王句践受封之地，也是他之后"十年生聚，十年教训"的发祥之地。经考证，今绍兴五云门外"小陵桥"位置应为古灵汜桥遗址。

至于运河南北行人的往返，便必须有赖于横跨运河的、一端衔接纤道的大中型石桥。据统计，浙东运河上多横架之桥，仅绍兴古纤道上就有这类石桥 40 余座。[③] 它们形式多样，多姿多彩，是纤道不可分割的组成部分。其中荫毓桥、融光桥、太平桥、迎恩桥、会龙桥和泾口大桥，在我国水利桥梁建筑史上具有较高的研究价值和地位。至于余姚的通济桥，是浙东地区跨度最大的圆拱大石桥，故被称为"浙东第一桥"。建桥碑记载："海舶过而风帆不解。"

运河为人工开挖，必须筑堤岸护河。自山阴故水道建设以来，堤岸除涵闸设施采用部分石砌及木制外，基本为土堤。至唐代观察使孟简在山阴县西兴运河南岸建运道塘（此为岸路合一的工程），部分路段已从泥塘改为石塘，之后运河堤岸建设渐渐向石塘路发展。

浙东运河航船之动力在古代或靠摇橹，或靠风帆，或依靠堤岸纤夫背纤。由于摇橹费力且速度慢，而浙东地区一般风力平常，背纤便成为行船的主要方式之一。保护运河要筑堤岸，背纤要有纤道路，于是便形成了闻

---

① 《嘉泰会稽志》卷十一，第 26 页。
② 崔冶译注：《吴越春秋》，中华书局 2019 年版，第 201 页。
③ 周燕儿：《绍兴古纤道考查记》，载盛鸿郎主编《鉴湖与绍兴水利》，中国书店 1991 年版，第 224 页。

名于世的浙东运河古纤道。古纤道是古人于浙东运河上行舟背纤和躲避风浪的通道，也是我国航运技术史上的杰出创造，主要位于柯桥至钱清一带的运河上。纤道路可分为单面临水和双面临水两大类，根据地形和实际需要建造。

石墩纤道桥，一名"铁锁桥"，位于阮社太平桥至湖塘板桥一带的运河上，有两段。据现存于纤道桥上的清光绪九年（1883）八月由乡绅章文镇、章彩彰以及匠人毛文珍、周大宝凿刻的《重修纤道桥碑记》，自太平桥起至板桥止，所有塘路以及玉带桥、宝带桥，计281洞。今其中的一段全长有502米，桥孔149个；另一段全长有377.4米，桥孔112个。

上篇第七章为"管理设施"。浙东地区山—原—海的地形、复杂的水系、不同类型的工程、在不同历史时期经常变化的行政区域，对运河管理提出了行政、技术管理方面的要求。因地制宜，浙东运河管理水平同样杰出。

代表之一就是水则。浙东运河在绍兴平原段河湖密布，东西又存在水位差，由于各地和不同季节对河湖的防洪、排涝、灌溉、航运有着不同的要求，对水位必须统一调度。南朝宋孔灵符《会稽记》称："筑塘蓄水，水高（田）丈余，田又高海丈余。若水少，则泄湖灌田。如水多，则闭湖泄田中水入海。"[①] 这个控制鉴湖河网水位入海的枢纽工程便是位于绍兴城正北12.5千米的玉山斗门。宋曾巩在《越州鉴湖图序》中说得更清楚：

> 其北曰朱储斗门[②]，去湖最远。盖因三江之上、两山之间，疏为二门，而以时视田中之水，小溢则纵其一，大溢则尽纵之，使入于三江之口。[③]

这便是鉴湖早期的水位调控。

---

① 转引自《孔灵符会稽记》，载鲁迅先生纪念委员会编《鲁迅全集》第八卷《会稽郡故书杂集》，花城出版社2021年版，第46页。原文"闭湖"为"开湖"，有误。
② 即玉山斗门。
③ ［宋］曾巩：《曾巩集》卷十三，陈杏珍、晁继周点校，中华书局1984年版，第205页。

北宋庆历中，任两浙转运使兵部员外郎杜杞又根据当时水位实际，立水则于鉴湖，在管理调控水位上制定了明确有效的操作规范和制度。此于《越州鉴湖图序》亦有记述：

> 杜杞则谓盗湖为田者，利在纵湖水，一雨则放声以动州县，而斗门辄发。故为之立石则水，一在五云桥，水深八尺有五寸，会稽主之；一在跨湖桥，水深四尺有五寸，山阴主之。而斗门之钥，使皆纳于州，水溢则遣官视则，而谨其闭纵。[①]

鉴湖堙废后，水体北移，而平原各地出现了河湖水位的深浅及耕地、微地貌各不相同的情况。农田灌溉、水产养殖、航运对河湖水位也有不同的要求。对此，戴琥于成化十二年（1476），在深入实地调查和总结历史经验的基础上创建了一座山会水则（水位尺），置于河道贯通于山会平原诸河湖的绍兴府城内佑圣观前河中，并在观内立有一块可供观测使用的"山会水则碑"，以碑观测水位，管理十几千米以外的玉山斗门的启闭，可以调节整个山会平原河网高、中、低田的灌溉和航运。这是山会平原河湖网系统整治和有效管理的标志，也是绍兴水利、航运史上的一个杰出创造。这座水则碑一直使用到明代汤绍恩主持建成三江闸为止，计有60余年。

三江闸建成后，在闸上游三江城外和绍兴府城内各立了一石制水则，自上而下刻有"金、木、水、火、土"五字以作启闭准则，按水则启闭，外御潮汐，内则涝排旱蓄，控制水位，确保航运。

宁波月湖水则位于今宁波市海曙区镇明路西侧平桥街口（原为平桥河）。清徐兆昺《四明谈助》卷二十载："宝祐间，丞相吴潜来治郡，三年，凡碶闸堰堘，皆为修改。又于郡城平桥南立水则，书'平'字于石，视字之出没，为启闭潴泄之准。潜自为之记。[②] 宋代在限于交通不能及时传递

---

① ［宋］曾巩：《曾巩集》卷十三，陈杏珍、晁继周点校，中华书局1984年版，第206页。
② ［清］徐兆昺：《四明谈助》，桂心仪、周冠明、卢学恕、何敏求点注，宁波出版社2003年版，第692页。

水情的情况下，把周边农业地区碶闸正常水位刻石标记于宁波城中心的水则碑，根据平水原理通过水则碑得知水情信息、测量水势和统一调度。据现今科学测定，"平字首横上缘为黄海海拔高度 1.62 米，二横上缘为 1.36 米，下端为 1.09 米"[1]。比照当时常水位线，这与现在的宁波常水位 1.33 米基本符合。这说明当时的水位测量技术已十分先进。

代表之二为水驿。古代驿站为官办之接力式通信运输机构，专司传达朝廷诏书、奏报地方文书及进呈贡物等职责。每驿派有驿丞，配置驿吏，雇用驿夫，址建有驿舍，备有舟车，供过往官员之需。自秦汉始，会稽境内已有驿、铺之设，延至唐宋，绍兴已成为浙东之漕运与驿运中心。沿古运河两岸，水驿依次相连，深具特色，在我国水运史上占有重要一页。

值得一提的还有宁波奉宪勒石。这是清末设置的记述宁郡内河航运管理章程的石碑。迄今为止，该碑是浙东地区发现的有关运河航运检查卡、登记、验证、处罚、免税、管理等章程的第一块文献石碑。

此外，浙东运河建设管理还有一大特点是民间（包括绅士、作坊业主等）参与。

上篇第八章为"信仰祭祀"。越族"陆事寡而水事众"[2]。水造就了越族的生活环境，既带来丰富的资源，也造成无尽灾难。水浪滔天，常常是"船失不能救，未知命之所维"[3]。在当时的生产力条件下，以当时人们的认识水平，水是大自然一种神秘的力量，是神，越人只能敬畏水、顺应水、崇拜水，于是有"春祭三江，秋祭五湖"[4]的风俗。而浙东地区历史最为悠久、具有全国性意义的、最重要的祭祀活动恐怕便是大禹祭祀活动了。大禹是治水英雄、夏王朝的建立者，宛委山得天书、毕功于了溪、会诸侯于会稽山、病死埋葬在会稽山，种种事迹见于文献记载与历史传说，

① 戴自立：《吴潜与"平"字碑》，海曙新闻网，2020 年 8 月 6 日。
② ［汉］刘安编：《淮南子》卷一，陈广忠译注，中华书局 2012 年版，第 17 页。
③ ［东汉］袁康：《越绝书校释》卷四，李步嘉校释，中华书局 2013 年版，第 109 页。
④ ［东汉］袁康：《越绝书校释》卷十四，李步嘉校释，中华书局 2013 年版，第 367 页。

之后沿着大运河，秦始皇"上会稽，祭大禹"①，直至康熙、乾隆南巡，无不与沿着大运河到会稽拜祭大禹有关。

上篇第九章为"文献、碑文"。浙东是文献之邦，多藏书之家。据陈桥驿先生考证，仅绍兴一地，古代就有方志 146 种、名胜游记 284 种、水利 141 种、人物 69 种等等总计 1400 余种文献。② 有关浙东运河的相关著述最早见于《越绝书》中有关越国水利之记载，此后历代绵延不绝，且文体多样、内涵丰富、名家集聚、名篇迭出。考虑到本丛书的平衡性，以及受限于篇幅，本章分史志、论述、碑文三部分分别辑录相关文献，并且主要辑录民国时期及之前的文献，诗词等不再选入。

本书下篇主要是与浙东运河相关的研究成果、资料文章，以供各位有兴趣的读者深入了解。

三

浙东运河有着约 2500 年的历史，自春秋越国直到今天仍发挥着重要的交通、运输、行洪、灌溉、输水、文化、景观等作用。而且，其航道、水源、水利、纤道、桥梁、航运工程设施等遗存大多完存，可以说是中国大运河中文化遗存保护的翘楚。

随着时代的发展，由于文化建设要求的提高、多样性需求的存在、认识上的偏差、发展理念的不统一、区域位置的局限，在运河工程文化遗产的保护上还存在着诸多不足和矛盾。据 2017 年绍兴市调查③，主要存在的问题有：

---

① ［汉］司马迁:《史记》卷六，［南朝宋］裴骃集解，［唐］司马贞索隐，［唐］张守节正义，中华书局 1982 年版，第 260 页。

② 参见陈桥驿:《绍兴地方文献考录》，浙江人民出版社 1983 年版；陈桥驿:《绍兴修志刍议》，载陈桥驿《吴越文化论丛》，中华书局 1999 年版。

③ 主要参考绍兴市发展和改革委员会编制，绍兴市鉴湖研究会编写:《浙东运河绍兴段文化带建设前期专题研究》(2017 年)。

其一，部分河段阻塞，影响航运水利。钱清方家桥段运河由于桥梁过低，已不能通航；绍兴市区喜临门段运河的公路桥、铁路桥、部分南北向企业桥梁偏低影响通航；绍兴城内运河段河道因中兴路桥阻塞已不能正常通航，运河支河城内南北向府河也已部分成为路下沟渠；东关镇段运河老河道已堵塞改道；曹娥江两岸过坝运河老河道部分已堵塞；丰惠街区老河道部分堵塞；十八里河部分堵塞。此外，运河所处绍兴河网东西向的部分主河道，由于河道阻断，行洪排涝、活水功能得不到发挥。

其二，管理体制未理顺。对申遗后的浙东运河在保护、传承、利用上没有一个系统全面的规划；缺少一个权威并可协调的部门；一些部门运河保护意识不强，没有将其列入重要工作或任务不具有可操作性。管理体制不顺，影响维修落实。如陶堰镇茅洋桥段运河，日常保洁承包给村民，但周边古亭散落的石构件与破损的亭体，由于是国家文物，当地政府无法进行修复。

其三，遗产保护不力。主要存在以下四种情况：一是运河建设工程中未按既定规划设计要求实施。如运河迎恩门工程原有老河礁、古纤道基本在建设中被拆除。运河沿岸独一无二的市级文保点如安徽会馆、宋理宗全后宅、李慈铭故居部分老台门等也已无存。二是沿运拆迁随意性大。绍兴城东著名的米行街未得到有选择的保护，目前除纤道老河礁还保留，其余基本拆完。运河所经阮社古村在拆迁中缺少运河古村保护意识，在未编制保护规划、合理评估的情况下，全面拆迁。运河所经上虞曹娥段历史文化风情街未得到有效保护，多处已拆毁。三是运河水工程遗址破损严重。如驿亭堰坝遗址、上虞余姚交界处的牟山牛车盘遗址等亟待修缮，全国重点文保单位宁波压赛堰遗址现场也陈旧破损，亟待保护管理。四是周边河段被填占和设障。运河所经河道，如城东部分南北向河道多处已被填占，运河主塘路上有企业多种管道直铺，其成为路障并严重影响景观和人行安全。

其四，修复缺少规范标准。主要体现为以下五种：一是未按传统工艺修复工程。破损纤道、桥、亭等一类设施由于技术、体制、经费等无法得到及时规范修复。以现代施工工艺修复，在基础处理、取材、砌筑、连接等方面明显存在不协调和品位不高的情况。二是风貌不够协调。原运河老纤道主要在南岸，北岸大多为土堤。20世纪70年代以来根据航道护岸和河道、环境整治需要，又对北岸进行了接连不断的砌磡，现已基本连成一线，已无纤道功能。一些地段还仿古做了纤道桥，但工艺上已完全与传统不同。三是建设标准不高。如迎恩门新建塘路河磡现代建筑痕迹明显，缺少特色；东关段纤道及桥部分也未按传统工艺修复，标准较低。四是缺少民间工匠。现代运河施工、修缮缺少传统工匠参与，多以现代机械、材料、工艺施工代替。五是修复造价标准过低。施工单位无法以普通的造价，实施高标准的修缮。

其五，基础研究较薄弱。文物部门对运河沿线文物有过普查和保护要求，但对沿运其他历史文化资源诸如水利设施、古城、古镇、古村，文化风情、文化遗存、旅游发展未作全面梳理和提出保护、传承要求。

按照习近平总书记提出的"大运河是祖先留给我们的宝贵遗产，是流动的文化，要统筹保护好、传承好、利用好"[1]的指导思想，遵循"保护优先、合理利用、融合发展、绿色生态"的工作方针，以浙东运河文化有效保护和延续为根本目标，我们就推进浙东运河沿运文化遗产保护、城镇开发开放、生态文明建设的有机融合，打造"千年运河、越国文化"鲜活文化典范提出以下建议：

其一，针对"遗存承载"的文化，要树立正确保护理念，久久为功，多学科、跨区域系统研究，全面保护，文物、水利、交通要组织专班，摸清资源家底，建立档案，划定保护空间，提升保护水平，严控开发强度，实现对各类遗产的真实性、完整性保护，并通过挖掘和展示这些遗存所承载的文化，使人们充分了解浙东运河沿线具有突出地域人文特征和时代特色的漕运文化、水利文化、船舶文化、商事文化等，系统认知周边城乡与运河关系的发展脉络，深入感受大运河的伟大历史。

---

① 本书编写组编：《习近平的小康情怀》，人民出版社2022年版，第523页。

河道水域是运河的根本基础，要由环保、文物部门牵头，对正在实施的破坏运河水域、文化的建设、开发项目要及时采取停工、调整项目或整改等措施。依法处理一批破坏运河文化、文物的案件。组织港航、环保、水利等有关部门开展一次运河沿线清障活动，清除违章建设的码头、管线，清理沉船，尽可能使被非法侵占的河道恢复原状。

当前的一项重点保护工作是全线贯通航线，传承千古运河之路。面对浙东地区运河的演变和环境变迁，确定功能上浙东古运河段以文化、旅游、休闲、客运为主；新杭甬运河以货运为主。运河本体是浙东运河文化和发展之基，浙东运河航道要全线贯通。在确保不损坏历史遗存的基础上，恢复和打通阻塞河段，抬高碍航的现代桥梁，使之达到旅游通航标准。

纤道是绍兴运河的特色形象，要抓紧由文物部门牵头，组织专业队伍和人员对运河沿岸古纤道进行一次原真性的保护修整，做到全线可以人行贯通，并建立长效保护机制。

近年水利部门全面开展水文化遗产调查，其中多有运河遗产部分，对此，切实加强保护也是后续应及时跟进的工作，尤其在法制上要有具体的制度规范。

其二，针对"流淌伴生"的文化，要准确认识其对形成共建共治共享社会治理格局、乡村振兴格局的重要意义，在全面研究基础上，加强记录保存，取其精华、传其精髓，倡导教育实践，强化古为今用，重塑活态传承，创新发展社会环境和文化空间。通过将这些非物质文化遗产和传统习俗等有效融入浙东运河沿线居民的生产生活，增强人们运用传统文化精髓解决当代所面临难题的智慧，鼓励人们向上向善，营造和谐社会关系。

要发挥优秀传统文化对运河文化带建设的引领作用，在已有浙东区域非遗文化保护项目中梳理运河重点特色项目，充分挖掘运河沿线地区丰富的地方民俗、传统技艺、戏曲演艺等非物质文化遗产，开展活态化保护、展示和传承利用，彰显浙东文化风情特色。

其三，针对"历史凝练"的文化，要加强对其精神内涵的挖掘，尤其是对于如尧、舜、禹文化，越国传承的"胆剑精神"，阳明文化的"知行合一"等优秀的中华传统文化，要结合时代条件加以继承和发扬，赋予其新的时代含义和文化价值，与时俱进、继承创新，使人们能够深刻认识和理解、自觉传承和弘扬大运河这一宝贵遗产所蕴含的丰富哲学思想、人文精神和道德理念，从而不断增强人们的凝聚力和向心力，让大家精神饱满地投入社会主义现代化建设。

要以古越文化、山水文化、名人文化为核心，整合戏曲文化、书法文化、民俗文化、传统产业文化等地域文化特色，形成强大的人无我有、人有我优的浙东运河文化资源优势。

浙东运河文化遗产是浙江的，也是中国和世界的。我们要充分利用新建的浙东运河博物馆的平台，强化对外交流开放和务实合作，讲好中国故事，传播好中国声音，展示真实、立体、全面的中国。

上 篇

第一章
运河航道

潮落江平未有风，扁舟共济与君同。

时时引领望天末，何处青山是越中。

——［唐］孟浩然《渡浙江问舟中人》

　　浙东运河自越国山阴故水道起至今已历经 2500 年之久，其主航道为：西起杭州市钱塘江南岸西兴，经绍兴市，跨曹娥江，向东汇入宁波市甬江并于此入海，与海上丝绸之路相连。[①] 康熙《会稽县志》卷四有言："善治越者当以浚河为急。"[②] 在漫长的历史之中，运河有一个不断完善和相应管理水平不断提高的过程。浙东运河由于其独特的地域环境和水利、水运工程以及文化景观紧密结合并发挥综合作用的特点，使人们对其主体工程设施有持久不断的功能和使用上的需求，也就是说对运河的维护、更新已成为一种常态化的工程内容，因此，运河工程也有较好的保护、利用环境。浙东运河上的航道、水源、水利、纤道、桥梁、航运工程设施等遗存目前大多完存，仍发挥着重要的交通、行洪、灌溉、输水、文化、景观等作用，是中国大运河中文化遗存保护的翘楚。

---

① 参见国家文物局《申报世界文化遗产文本·中国大运河》（2013 年 3 月 7 日）。

② ［清］吕化龙修，［清］董钦德纂：康熙《会稽县志》卷四，民国二十五年（1936）绍兴县修志委员会重印本。本文献以下简录为"康熙《会稽县志》"。

第一节　西兴—曹娥江以西段

《读史方舆纪要》记绍兴府运河:"自西兴渡历萧山县而东,接钱清江,长五十里;又东迄府城,长五十五里;复自城西东南出,又东而入上虞县接曹娥江,长一百里;自府城而南至嵩坝,长八十里,则为嵊县之运河矣。盖运河纵广俱二百里。"① 此为古代西兴到曹娥江以西段运河的大致走向情况。

一、西兴运河

西兴运河开凿于公元 300 年前后,由晋会稽内史贺循(260—319)主持,《嘉泰会稽志》卷十:"运河在府西一里,属山阴县,自会稽东流县界五十余里入萧山县,《旧经》云:晋司徒贺循临郡,凿此以溉田。"② 它自郡城西郭西经柯桥、钱清、萧山直到钱塘江边,起初称漕渠。因运河从萧山向北在固陵镇与钱塘江汇合,而固陵从晋代即称西兴,故名西兴运河。

西兴镇,位于钱塘江南岸,临江扼(运)河,地势险要,交通发达。历史时期系钱塘古渡,浙东运河起点,萧绍海塘之西江塘与北海塘的分界处,为浙东地区西出钱塘江的主要通道,史称两浙门户。"旧有戍兵,西兴驿亦置于此。下临西兴渡,渡浙江而西至钱塘水驿十八里,公私商旅必经之道也。"③ 唐李绅有《渡西陵十六韵》诗:

> 雨送奔涛远,风收骇浪平。截流张旆影,分岸走鼙声。兽逐
> 衔波涌,龟艨喷棹轻。海门凝雾暗,江渚湿云横。雁翼看舟子,
> 鱼鳞辨水营。骑交遮戍合,戈簇拥沙明。谬履千夫长,将询百吏

---

① 〔清〕顾祖禹:《读史方舆纪要》卷九十二,贺次君、施和金点校,中华书局 2005 年版,第 4213 页。
② 《嘉泰会稽志》卷十,第 1 页。
③ 〔清〕顾祖禹:《读史方舆纪要》卷九十二,贺次君、施和金点校,中华书局 2005 年版,第 4217 页。

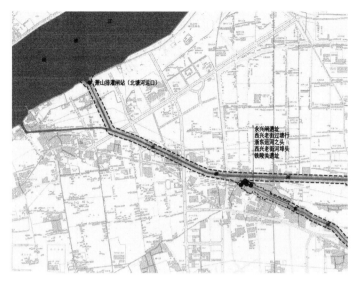

浙东运河杭州西兴段

图片来源：《大运河（杭州段）遗产保护规划》（2012 年）。

情。下车占黍稷，冬雨害粢盛。望祷依前圣，垂休冀厚生。半江犹惨澹，全野已澄清。爱景三辰朗，祥农万庾盈。浦程通曲屿，海色媚重城。弓日鞬囊动，旗风虎豹争。及郊挥白羽，入里卷红旌。恺悌思陈力，端庄冀表诚。临人与安俗，非止奉师贞。①

此诗写唐代钱塘江的地理形势、海门潮水，两岸风情、人文习俗；彰显其时的城邑繁华、经济发达，商旅兴盛、戌营严整。

西兴运河主要航道为自西兴起经萧山县城、衙前、钱清、柯桥、东浦、灵芝到绍兴迎恩门。《嘉泰会稽志》卷十二载，山阴运河水路"东来自会稽县界，经县界五十三里一百六十步，西入萧山县界，胜舟五百石"②。从迎恩门进入绍兴城后的运河水道为现存的上大路河、萧山街河、蕺山河香桥至长桥一段（现为中兴路下暗河）和都泗河这四段河道，护城河北段则是浙东运河的城外航线。

---

① 载于乾隆《萧山县志》。此诗收录于［清］彭定求等编:《全唐诗》卷四八一，中华书局 1960 年版，第 5475 页。

② 《嘉泰会稽志》卷十二，第 6 页。

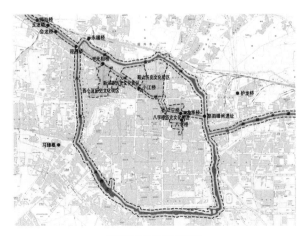

浙东运河绍兴城区段

图片来源：《大运河（绍兴段）遗产保护规划》（2012 年）。

西兴运河西通钱塘江，由于钱塘江的泥沙作用，岸线多变，运口常为泥沙淤塞，故为运河疏浚之重点。如《宋史》卷九十七"越州水"记载：

> 萧山县西兴镇通江两闸，近为江沙壅塞，舟楫不通。乾道三年，守臣言："募人自西兴至大江，疏沙河二十里，并浚闸里运河十三里，通便纲运，民旅皆利。复恐潮水不定，复有填淤，且通江六堰，纲运至多，宜差注指使一人，专以'开撩西兴沙河'系衔，及发捍江兵士五十名，转充开撩沙浦，不得杂役，仍从本府起立营屋居之。"[1]

陆游写有《夜归》一诗，记其于西兴运河之上坐船回家[2]所见夜色风情及感受到的旅途辛苦：

> 晡时捩柁离西兴，钱清夜渡见月升。浮桥沽酒市嘈嘈，江口过埭牛凌兢。寒斋煮饼坐茅店，小鲜供馔寻鱼罾。偶逢估客问姓字，欢笑便足为交朋。须臾一饱各散去，帆席健快如超腾。云间

---

① ［元］脱脱等：《宋史》卷九十七，中华书局 1985 年版，第 2408 页。

② 路程大概为西兴到绍兴城西三山附近。

戍楼鼓坎坎，山尾佛塔灯层层。夜分到家趋篝火，稚子惊起头鬖鬙。道途辛苦未暇说，一尊且复驱严凝。①

明万历《绍兴府志》卷七载："运河自西兴抵曹娥，横亘二百余里，历三县，萧山河至钱清长五十里，东入山阴，迳（经）府城中至小江桥长五十五里，又东入会稽长一百里。"②

西兴运河是浙东运河的精华河段，不仅航道畅达、纤道蜿蜒、古桥多姿、名镇濒河、园林近岸，而且文化深厚、风情浓郁、经济发达、人民富裕。

西兴运河目前平均河宽约为30米。其中萧山段长21.6千米，河面宽约30米，常水位约5.7米，最高水位7.21米（1962年9月6日萧山水文站测），水深1.5～2米。运河西与湘湖、白马湖、小砾山输水河道相连，南与南门江、西小江相通，北与北塘河沟通。③

至20世纪末，由于铁路、公路迅速发展，运河航运功能已逐渐下降，出现了部分航道变窄、航道淤泥增多，部分新建设的公路和铁路桥梁低平，距水面高程较小，阻碍航船、影响景观的情况。20世纪末以来，运河沿岸政府及民众保护古运河的意识增强，开展了以保护为主的运河环境综合整治，航运条件得到改善。现绍兴市段为6级航道。实际航运方面，货船较少，已无客运。西兴运河作为绍萧平原上东西向连通的主河道，功能上以排涝、景观为主。

目前，西兴运河段也有部分河段阻塞，影响到航运水利。现主要碍航地段为：钱清方家桥段运河由于桥梁过低，运河已不能通航；绍兴市区喜临门段运河由于公路桥、铁路桥、部分企业单位在建南北向桥梁时控制高程偏低，影响通航。绍兴城内运河段河道因中兴路桥阻塞已不能正常通航；运河

---

① ［宋］陆游：《剑南诗稿》卷十七，明末毛晋汲古阁刻清初毛扆重修陆放翁全本集，第24—25页。本文献以下简录为"［宋］陆游《剑南诗稿》"。
② ［明］萧良干修，［明］张元忭、［明］孙矿纂：《绍兴府志》卷七，明万历十五年（1587）刻本，第14—15页。本文献以下简录为"万历《绍兴府志》"。
③ 杭州市萧山区人民政府地方志办公室编著：《萧山市志》，浙江人民出版社2013年版，第129页。

支河城内南北向府河也已部分成为路下沟渠。此外，运河所处绍兴河网东西向的部分主河道，由于河道阻断，行洪排涝、活水功能得不到发挥。[①]

钱清段运河桥梁碍航
邱志荣 / 摄影

二、山阴故水道

（一）主河

山阴故水道在春秋时期已存在，是我国最早的人工运河之一。当时西起绍兴城东郭门，东至练塘，全长约20.7千米。练塘在今上虞区东关街道西首，2007年与邻村合并后改名联星村，村外运河古纤道上尚有练塘桥。

汉顺帝永和五年（140），鉴湖兴建，山阴故水道被纳至湖中，鉴湖也就成为山阴会稽地区主航道。自晋以后，西鉴湖航道渐为西兴运河所取代，而东鉴湖仍为主航道并延承至今。其主航道航线为出绍兴府城经东湖、皋埠、陶堰、东关、曹娥至曹娥江坝下，故又称会稽运河。其长度按明万历《绍兴府志》卷七载："又东入会稽长一百里。"[②] 又按修于光绪十六年（1890）至光绪十九年（1893）的《浙江全省舆图并水陆道里记》"绍兴府会稽县·运河"载：自曹娥镇之拖船坝起，经白米堰（7.7里），

---

① 参考绍兴市发展和改革委员会编制，绍兴市鉴湖研究会编写：《浙东运河绍兴段文化带建设前期专题研究》（2017年）。

② 万历《绍兴府志》卷七，第15页。

至东关市（4.7里），至太平桥（4里），至白塔桥（6里），至陶堰市（6里），至正平桥（3.7里），至皋埠市（5.1里），至会龙桥（1.4里），至通陵桥（4.1里），至梅龙桥（6里），至五云门钓桥（1.5里），又经都泗门在探花桥与山阴县运河会（4里），以上总计为54.2里。

目前，山阴故水道主要为东西贯通水系，兼具排涝、蓄水、航运等功能，航运以货运为主。其中，东关镇段运河老河道已堵塞改道；此外，曹娥江两岸过坝运河老河道部分已堵塞。

东鉴湖山阴故水道
邱志荣／摄影

（二）支河

1. 攒宫段运河（御河）

攒宫段运河（御河）为山阴故水道的南向支河，也是浙东运河的支流。御河，亦称攒宫江，南宋时整治建成，修建目的是将南宋帝王棺椁从临安运到攒宫皇陵。御河的起端在绍兴东湖镇东湖村董家堰，与运河至通陵桥相连，终端在皋埠镇攒宫村埠头，长5.5千米。《读史方舆纪要》记载："又宝山，在府东南三十里。一名上皋山，以南接下皋山而名，宋攒宫在焉。下有御河，自府东南十五里董家堰抵山下，亦宋时攒陵河也。"[①]现陵虽已不见，但陵基保存尚完整。

---

① ［清］顾祖禹：《读史方舆纪要》卷九十二，贺次君、施和金点校，中华书局2005年版，第4209页。

御河上有 5 座陵桥，由北向南分别为：通陵桥，位于东湖镇的坝口附近；长山桥，古称延陵桥，位于腰鼓山村；护陵桥，位于横山村；又有金陵桥；云陵桥，今名拈宫桥（"拈"系"攒"的俗写），在攒宫附近，为陆路通宋六陵而铺设。目前御河部分河段已成溪流，不再通航。

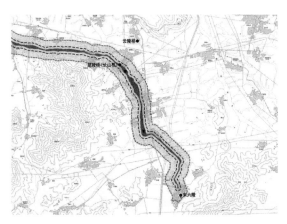

浙东运河绍兴宋六陵段
图片来源：《大运河（绍兴段）遗产保护规划》（2012 年）。

2. 蒿坝段樟塘古运河

山阴故水道最早由此段运河进入曹娥江。山阴故水道在上虞中塘乡白米堰南折经大湖沿、新桥头村过蒿坝（约 9 里）进入曹娥江。鉴湖全盛时这里亦为湖的东缘[①]，有蒿口斗门。

《世说新语·任诞第二十三》载：

> 王子猷居山阴，夜大雪，眠觉，开室命酌酒，四望皎然。因起彷徨，咏左思《招隐诗》，忽忆戴安道。时戴在剡，即便夜乘小船就之。经宿方至，造门不前而返。人问其故，王曰："吾本乘兴而行，兴尽而返，何必见戴！"[②]

---

① 盛鸿郎、邱志荣：《古鉴湖新证》，载盛鸿郎主编《鉴湖与绍兴水利》，中国书店1991 年版，第 19 页。
② ［南朝宋］刘义庆：《世说新语校笺》卷下，［梁］刘孝标注，徐震堮校笺，中华书局 1984 年版，第 408 页。

王子猷，王羲之之子，东晋名士。他从山阴乘小船，必须经鉴湖过蒿坝至曹娥江上溯才能到剡（今嵊州市），100余里的路程，"经宿方至"。对此姚汉源先生认为："冬日水小，逆流，大概是两天两夜。宋代此亦为绍兴至台州通途。"[①]说明此水路东晋已有之。

　　今河道主体部分还在，但至蒿坝清水闸段已堵塞，之外为萧绍海塘蒿坝塘。

浙东运河绍兴蒿坝段
图片来源：《大运河（绍兴段）遗产保护规划》（2012年）。

第二节　上虞至余姚段运河

一、四十里河

　　始于上虞区梁湖堰，流经丰惠镇到通明堰，入姚江上游的干流四明江，再东由永和镇安家渡村下坝运口与十八里河汇合，又经永丰桥在曹墅桥与虞

① 姚汉源：《浙东运河史考略》，载姚汉源《京杭运河史》，中国水利水电出版社1998年版，第740页。

甬运河汇合，流入余姚境，全长约 23 千米。其中绍兴段 14 千米，西起上虞梁湖镇江坎头村（梁湖堰），东至通明闸，平均河宽 18 米，水深 1.3 米。

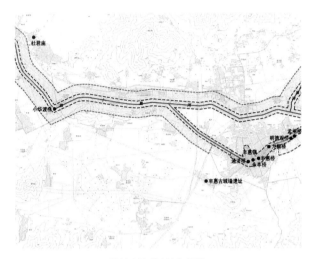

浙东运河绍兴丰惠段
图片来源：《大运河（绍兴段）遗产保护规划》（2012 年）。

万历《绍兴府志》卷七载：

> 上虞运河，在县治前，通衢之南。东接通明堰，西距梁湖坝，绵三十里。源出百楼、坤象诸山，由溪涧会注于河。潴滀皂李、西溪二湖水，以通舟楫、资灌溉，杀于孟宅、清水二闸。第河浅窄，旱则涸，涝则溢。宋陆游诗："鄞江久不到，乘兴遇来[1]游。涨水崩沙岸，归去抱县楼。"旧有则水牌二，一在九狮桥侧，一在姜家桥南，今皆湮没。城内河向为居民所侵。嘉靖三年，知县杨绍芳归河南侵地为牵路，约广六尺，自通明门抵昼锦门，自后往来舟皆由城内，颇称便。十四年，知县张光祖因灾余复归河北地，自通济桥至水馆亭，约长五十丈，广八尺，连南者共二丈九尺矣。然说者犹云归官未尽也。[2]

---

① 据《陆游全集校注》，"遇来"应为"偶东"。
② 万历《绍兴府志》卷七，第 19 页。

文中所言"上虞运河"即四十里河。这条曹娥以东联通姚江的运河在秦汉时就有人工运河入海的记载。《汉书·地理志》会稽郡句章县[①]记有"渠水东入海"[②]。"渠水"是经人工疏凿整治的运河。这说明这条曹娥江以东的运河,在秦汉时(或更早)是畅达的。句章城于春秋越国时已存,北魏阚骃的《十三州志》关于"句章"的记载,见于《后汉书·臧洪传》李贤注所引:"《十三州志》云:句践之地,南至句余,其后并吴,因大城之,章伯功以示子孙,故曰句章。"[③]既然句章是越国东部沿海的一个港口,必然会有一条内河航线与之相通。

从会稽到曹娥江与姚江水路通航的证明,还可从晋人陆云写给他姐姐的信中得到佐证:"(鄞)县去郡治,不出三日,直东而出,水陆并通。"[④]这里的"郡治"应是会稽郡,水路显然就是由郡城东出山阴故水道过曹娥江经上虞通明,然后沿姚江东去而直达今宁波的航道,并且这里是水路和陆路皆通达。

南宋有疏浚此段运河的记载:

> 绍兴初,高宗次越,以上虞县梁湖堰东运河浅涩,令发六千五百余工,委本县令、佐监督浚治。既而都省言,余姚县境内运河浅涩,坝闸隳坏,阻滞纲运,遂命漕臣发一万七千余卒,自都泗堰至曹娥塔桥,开撩河身、夹塘,诏漕司给钱米。[⑤]

《读史方舆纪要》记载:

---

① 原治余姚东南,东晋隆安四年(400)移治宁波市南鄞江南岸。

② [汉]班固著,[唐]颜师古注:《汉书》卷二十八,中华书局1962年版,第1591页。

③ [南朝宋]范晔撰,[唐]李贤等注:《后汉书》卷五十八,中华书局编辑部点校,中华书局1965年版,第1884页。

④ 陆士龙:《答车茂安书》,载《陆士龙集》卷十,明汪士贤刻汉魏六朝二十名家集本,第7页。亦见于:[清]徐时栋辑,[元]马泽修,[元]袁桷等纂:《延祐四明志》卷一,清光绪五年(1879)刻本。

⑤ [元]脱脱等:《宋史》卷九十七,中华书局1985年版,第2408页。

通明江，在县东十里，即姚江之上流。以通明坝当其上，因名。其西即运河也。起县西三十里之梁湖堰，经县治前，至通明坝，亘三十里，潴溪湖众水以通舟楫，资灌溉，又为孟宅、清水两闸以杀其流。嘉靖间邑令杨绍芳复堤塘，浚壅塞，往来者便之。[①]

以上为通明江运河的基本走向及建筑疏浚情况，说明通明江一带运河水运条件不是很好，航道常为淤沙所阻塞，人工改道不断。

《上虞县志·水文》载：

原旧河由西黄浦桥流经县城（今丰惠镇）西门，经城河在通明坝与姚江相通。明永乐九年（1411），鄞人郑度将后旧沟开溶，自西黄浦桥直抵郑监山堰。清道光十九年（1839），又新开通水河，自外梁湖至曹娥江边，长约1公里。[②]

四十里河水源补给主要靠梁湖的沙湖、洪山湖、皂李湖、丰惠的大小查湖，20世纪60年代又引曹娥江水补充水源。

今四十里河已成为新杭甬运河航线中的一段。

二、十八里河

十八里河西起谢桥镇新通明闸，东至余姚市云楼余上团结闸，在上虞境内长5.5千米，河宽18米，水深1.6米。

上虞城（丰惠镇）东七里，通明南堰下有七里滩，沙积水浅，舟常待潮而行。明永乐九年（1411），郑度请开河自城西二里西黄浦桥至郑监山堰，修复该堰，又向东北开十八里河直抵江口坝，入余姚江。郑监山堰又名中坝。永乐官民船皆走十八里河，路虽不甚方便，但可免候潮之难。

① ［清］顾祖禹：《读史方舆纪要》卷九十二，贺次君、施和金点校，中华书局2005年版，第4229页。

② 上虞县志编纂委员会编：《上虞县志》，浙江人民出版社1990年版，第125页。

万历《绍兴府志》卷七：

> 新河，在县东北十里，旧水道北，由百官渡抵菁江南，由曹娥渡抵通明江。永乐九年，鄞人郏度以通明江七里滩阻塞不便，上言将县后旧沟开浚，名后新河，置西黄浦桥，直抵郑监山堰，复旧通明坝，又开十八里河，直抵江口坝，官民船皆由之路，虽不甚便，然免潮候之难。嘉靖三年，知县杨绍芳拆西黄浦桥，作凳桥，舟复由城中行，而黄浦桥东至十八里河则仍郏度迹不改。[①]

又据光绪《余姚县志》：

> 大江口坝，在治西南三十五里云楼乡，亦名下新坝。左江右河，河高于江丈有五尺，明越舟航往来所必经。[②]

崔溥《漂海录》也有关于这段运河的记载：

> ……至余姚县，江抱城而西，有联锦乡、曹墅桥，桥三虹门。又过登科门、张氏光明堂，夜三更到下新坝[③]，坝又与前所见新堰同。又挽舟过坝，经一大桥，有大树数十株列立江中。将曙，到中坝[④]，坝又与下新坝同。又挽舟逆上，江即上虞江[⑤]也。[⑥]

十八里河（云楼段）长1千米，曾经是杭甬运河主线。今十八里河有部分河段堵塞。

---

① 万历《绍兴府志》卷七，第19—20页。
② ［清］周炳麟修，［清］邵友濂等纂：《余姚县志》卷八，清光绪二十五年（1899）刻本，第29页。本文献以下简录为"光绪《余姚县志》"。
③ 即云楼乡下坝。
④ 即通明坝。
⑤ 即四十里河。
⑥ （朝鲜）崔溥著，葛振家点注：《漂海录——中国行记》卷一，社会科学文献出版社1992年版，第79页。

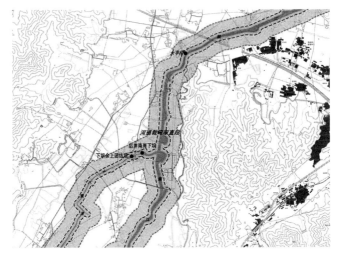

浙东运河宁波十八里河姚江连接段
图片来源：《大运河（宁波段）遗产保护规划》（2013年）。

三、虞甬运河

虞甬运河包括上虞段五夫（百官）河和马渚（马渚横河，又名西横河）段，位于浙东运河的中段，西起绍兴市上虞区百官街道赵家村，东于长坝闸流入余姚，经马渚至斗门闸汇入姚江。虞甬运河在上虞境内长 15.7 千米，余姚境内长 11.4 千米，全长 27.1 千米。此区域地势低缓，水网密布，运河乃是利用湖泊沼泽，经人工整理后形成的，具有航运、农业灌溉、蓄洪行洪等多种功能。《东山志》记载：虞甬运河"东接马渚，西通五夫、百官，唐宋时明越往来之官道。《嘉泰志》云：五夫河三十里，东流入余姚县之菁江。《郡志》云：东达西横河，注于江（姚江）。自改驿梁湖，而此河但为商旅通渠矣，然明初上有百官之驿"，"明越舟楫往还经涉之所也"[①]。清代有怀古诗"怀古新亭筑，低徊过客舟"[②]，就是描述当年虞甬运河航运畅通的情景。

---

① 《东山志》卷一《山水》，清雍正刻本，转引自叶树望：《历史时期虞余运河水资源的保护和利用》，载鲁怒放主编《余姚文博文萃》，杭州出版社 2021 年版，第 202 页。
② ［清］朱文治：《云楼乡怀古》，载光绪《余姚县志》卷十四，第 2 页。

自宋迄明，此段运河一直是宁绍平原的重要水运通道。它所流经的上虞东部及余姚西部，是姚江西部平原与丘陵山麓的交接处，历史上湖泊星罗棋布，面积万亩[①]以上的就有夏盖湖、白马湖、汝仇湖、余支湖和牟山湖。

（一）上虞段

虞甬运河（上虞段）旧名五夫河、百官河，西起绍兴市上虞区百官街道赵家村，东至驿亭镇五夫长坝闸，流入余姚市，在上虞境内长15.7千米。驿亭以西河床平均宽22米，水深1.5米；驿亭至长坝闸河床平均宽28米，深1.8米。

《嘉泰会稽志》卷十载："五夫河，在县北三十五里。源出夏盖湖，曰驿亭堰，凡三十里，东流入余姚县之菁江。"[②]《读史方舆纪要》载："又五夫河，在县东北三十里，纳夏盖、白马、上妃诸湖水，东达于余姚之西横河，以注于姚江。"[③]

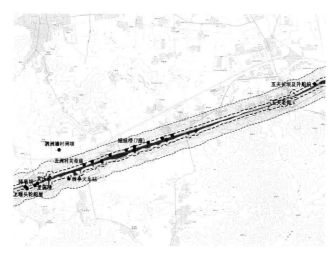

浙东运河绍兴虞甬运河驿亭段
图片来源：《大运河（绍兴段）遗产保护规划》（2012年）。

---

① 一万亩约等于6.7平方千米。1平方千米为1500亩。

② 《嘉泰会稽志》卷十，第16页。

③ ［清］顾祖禹：《读史方舆纪要》卷九十二，贺次君、施和金点校，中华书局2005年版，第4229页。

（二）马渚段

虞甬运河（马渚段）由马渚横河、湖塘江、马渚中河等河道组成，自上虞百官、驿亭，至余姚斗门曹墅桥，入姚江干流，长 11.4 千米。余姚市马渚镇西横河村以西称湖塘江，西横河村以东称马渚中河，由西横河闸节制上下河区。虞甬运河（马渚段）乃利用当地的湖泊沼泽，经人工整理后形成。

五夫长坝到西横河闸，虞甬运河（马渚段）汇入的支流有高桥江、牟山湖、青山港、长冷江、贺墅江等。

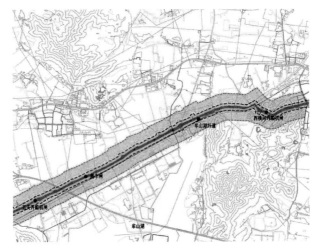

浙东运河宁波西横河牟山湖段
图片来源：《大运河（宁波段）遗产保护规划》（2013 年）。

虞甬运河处于水网交叉、水位高差大之地。历史上这里堰闸众多，用以御潮阻咸、排除洪涝、蓄引淡水、控制航运水位等。《牟山湖志》载，清光绪二十四年（1898）曾对虞余运河姚西地区的堰坝做过一次调查：

> 以长冷港为干河，照邑志所载逐细访查，凡长冷以东诸堰有今昔异名者，有今改为闸者，有今改车坝者，皆下通潮汐，勘历详明。至长冷以西诸堰西南与余支湖交界，西北与汝仇湖交界，图内照旧志用点线分出。其堰有仅存基址者，有已无形迹者，有

今改为桥者，有开通中流者，挨查清确，历志诸图。[①]

当时统计出姚西地区长泠江以东有堰闸 48 处，下均有涵洞，以通潮汐；长泠江以西有 30 处堰闸，均与牟山湖关联。长泠江东西共分布有堰闸 78 处之多，其中尤以土堰和石闸为主，也有石土混合堰。堰闸大多建有过船堰坝，用来解决不同水位河流之间的航运功能。过船堰坝有两种：一为车坝，坝身较狭，两旁设辘轳人工运转，拉船过堰；一为拖船坝，坝身较阔，上下河斜坡较平缓，由人力拖拉而过，当地人称为"拔堰"。这两种过船的堰坝就是在我国出现的早期斜面升船设施。为保证汛期安全，在堰坝旁往往建有闸门，平时用来引水，汛期时堰坝溢流不及可开闸泄洪。

这些堰坝都为拦河坝，平时用以挡水、过船，洪水时作为溢洪堰，洪水从堰顶通过，以在虞甬运河河网上控制水位，并使运河渠化，以保障航运和灌溉。[②]

第三节　宁波段

一、姚江—甬江

姚江—甬江由西向东从余姚、宁波穿过，至镇海甬江口入海（杭州湾南岸），航道全长 106.6 千米。其中余姚城区段已改线南部最良江，姚江 21 世纪以来多处已裁弯取直，成为新杭甬运河出海通道。

---

① 《长泠东西诸堰考》，载《牟山湖志》，清光绪二十五年（1899）刻本，转引自叶树望：《历史时期虞余运河水资源的保护和利用》，载鲁怒放主编《余姚文博文萃》，杭州出版社 2021 年版，第 208 页。

② 本节内容主要参考叶树望：《历史时期虞余运河水资源的保护和利用》，载鲁怒放主编《余姚文博文萃》，杭州出版社 2021 年版，第 201—212 页。

（一）姚江

《嘉泰会稽志》卷十载："余姚江，在县南一十步。源出上虞县通明堰，东流十余里，经县江东入于海。江阔四十丈，潮上下二百余里，虽通海而水不咸。"[①] 姚江，别名余姚江，又称舜江、舜水，发源于余姚市大岚镇夏家岭村东的四明山眠岗头东坡，向北流经四明湖（建有四明湖水库），在上虞永和镇新江口接通明江（承接四十里河水）汇成姚江干流，四明湖水库到上虞永和镇新江口段称四明江。姚江干流全长106千米，流域面积2440平方千米，其中，自上虞永和镇新江口到宁波市区三江口河段原长86.16千米，1959年建设姚江闸后截去湾头5千米，加上引河1.24千米，河段长约82.4千米；2005年建设蜀山大闸新开河道长0.814千米，截去河湾约2千米，则河段长约81千米。

姚江为杭甬运河4级航道，原为潮汐河。如果连续晴20～30天，海水逆河而上可抵丈亭；连续晴40天，海水可抵上虞通明。海水退潮后，水流湍急。1959年建设姚江闸后，姚江闸之上的姚江河段成为内河，境内上游相对平直，江面宽度一般为100～150米，最宽处为250米左右，水深5米左右。[②]

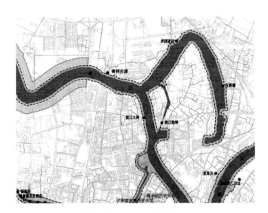

浙东运河宁波姚江大闸段
图片来源：《大运河（宁波段）遗产保护规划》（2013年）。

---

① 《嘉泰会稽志》卷十，第15页。
② 《大运河宁波段重要遗产构成和保存评估一览表》，载《大运河（宁波段）遗产保护规划》，中国城市规划设计研究院，2009年8月。

（二）甬江

奉化江、姚江在宁波市区三江口汇合的下游河段通常被称为甬江，亦称大浃江。关于甬江、奉化江、姚江于此的交汇，《读史方舆纪要》作以下记载：

> 鄞江，府东北二里，一名甬江。其上流自四明诸山汇溪涧之水，引流东北，势盛流驶至它山下，堰而为渠，自它山东折而北二十五里经长塘堰，又东经府东南三十里之临江堰，复南折而东，至府东南四十里之坊桥而会于奉化江。奉化江自奉化县北流经坊桥合于鄞江，又北出而西折经府南十里之铜盆浦，又北至府东南五里之林郎坝，历东门外浮桥至城东北三里之桃花渡，而慈溪江流合焉。慈溪江承上虞、余姚之水，东南流至府西二十五里西江渡，又经府西北七里王家湾，又东经北门外至桃花渡合于鄞江，又东北为定海之大浃江。其地亦谓之三江口，亦曰三港口，府境诸水悉汇入焉。①

约距今 6000 年前，甬江入海口距三江口约 8 千米；约距今 4000 年前，入海口距三江口约 20 千米，之后历 4000 年未变。1978 年镇海港区拦海大堤和 1983 年游山外导流堤建成，北岸延长至大游山以外，三江口以下甬江河段全长已达 25.6 千米。

甬江是潮汐河，潮汐属不正规半日期潮型，一日有两个高潮和两个低潮。甬江河道底坡平缓，长期来看比较稳定。甬江有宁波老港区和甬江口的镇海港区，可供 3000 吨级船舶进出。

（三）兰墅江（最良江）

姚江流经余姚县城。这座古城里有诸多水道，除了姚江主航道穿城而过，南有最良港，北有候青江，东江、中江、西江分别分布于古城的东、北、西部，与三北余慈地区的运河系统相互关联，余姚成为浙东运河宁波

---

① ［清］顾祖禹：《读史方舆纪要》卷九十二，贺次君、施和金点校，中华书局 2005 年版，第 4241 页。

西段的枢纽及重要的内河港埠。[1]

最良港集新丰河、中山河、东山河及南庙大溪、三溪口大溪等水，其一支过最良桥东北折，经竹山节制闸与姚江干流汇合，另一支流经白山，东出郁浪浦闸与姚江干流汇合。

候青江过舜水桥、武胜门桥、候青门桥、三官桥，接纳西江、中江、东江，向东南至皇山节制闸，于三江口与姚江干流汇合。

二、慈江—中大河

慈江—中大河西起丈亭（属余姚），经慈城、化子闸（慈江、中大河的分界点），至镇海涨鉴碶[2]入甬江，是浙东运河的主要河道，以及为避免潮汐影响的复线航道。

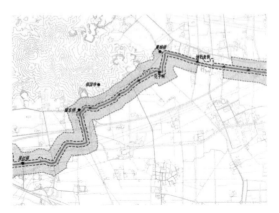

浙东运河宁波中大河化子闸段
图片来源：《大运河（宁波段）遗产保护规划》（2013 年）。

姚江山余姚城后，在郁家湾与今慈城交界，流经丈亭古镇，与慈江交汇后形成丈亭三江口。古代姚江此段又称丈亭江，江上设丈亭渡和南渡以

---

[1]　参见邬向东：《宁波：中国大运河南端河海转运的重要港口与海上丝绸之路启航地》"附：浙东运河宁波段主要人工运河段（塘河）考证"，载江怀海、赵莹莹主编《大运河宁波段研究文集》，浙江古籍出版社 2014 年版，第 62 页。

[2]　涨鉴碶，又写作"张鑑碶""涨鑑碶"，为方便计，本书统一使用"涨鉴碶"。

通往来。慈江在北称后江，姚江在南称前江。有文献记载："慈溪江分流处，有石矶十七八丈，筑方丈室其上，为老尉廨宇，旧曰丈亭，吴越钱氏改为上亭。"[①] 丈亭是姚江中段的水陆交通枢纽。

古代商贾客旅、船舶往来汇聚于此。走水路往来余姚、慈溪和鄞县（今宁波市鄞州区）、镇海之间的船只，大多不走前江（丈亭以东姚江自然段），而是走已经基本人工化的慈江、中大河、刹子港和西塘河。如《宝庆四明志》卷十六云："大江乘潮多风险，故舟行每由小江，小江即后江也。"[②] 从丈亭三江口（姚江与慈江交汇处）沿慈江经化子闸进入中大河，在白龙洋进入前大河，通过涨鉴碶入甬江。《宝庆四明志》载："自桃花渡[③] 而东，讫定海西市，绵亘六十里，元港久湮，田畴失溉，舟楫不通，民旅病之。"[④] 南宋淳祐六年（1246），制使颜颐仲会合鄞、定、慈三县之力共同疏浚开拓，"才越三旬，而六十里河道尽复，广五丈，深丈二尺……置碶三，跨桥六。民便其利而颂其德，因刻石曰颜公渠"[⑤]。从此，其成为丈亭到镇海的浙东运河乙线航道，也是镇海联通杭甬运河的主航道，河道总长 49 千米，目前航运功能已减弱。

（一）慈江

在姚江以北，又名后江，即在姚江之后。慈江发源于镇海的桃花岭，汇汶溪之水，向南流至化子闸，以上称中大河（向东流），以下为慈江（向西流），沿程有北山诸水汇入慈江，往西至丈亭汇入姚江。宋丞相制使吴潜在刹子浦的南端建小西坝，隔江与鄞县的大西坝对接。《宝庆四明志》记载，古代船舶往来"每由小江"[⑥]，小江就是后江，也即慈江，包括刹子港。《读史方舆纪要》载：

---

① 转引自余姚市地名委员会办公室编：《余姚市地名志》，内部发行，1987 年版，第 137 页。
② 《宝庆四明志》卷十六，第 18 页。
③ 即今三江口北岸。
④ 《宝庆四明志》卷四，第 4 页。
⑤ 《宝庆四明志》卷四，第 5 页。
⑥ 《宝庆四明志》卷十六，第 18 页。

前江，县南十五里。源出余姚县太平山，流为姚江，入县境至丈亭渡分为二：一由车厩渡历县南十五里之赭山渡，又东十余里即鄞县之西渡也；一由丈亭北折而东贯县城中，出东郭抵县东南十五里之茅洲闸，又东南流七里为化纸闸，而入定海县境。宋宝祐五年制使吴潜于县东南五里夹田桥引流导江，凡十余里，为沾溉之利。一名管山江，合流入鄞县界亦谓之慈溪江。又有新堰，在县东南十二里，亦宋吴潜所建，堰下之田不患斥卤，舟楫往来下江者胥利焉。[①]

走前江、后江的运河水路往来余姚、慈溪和鄞县、镇海之间的船只大多要穿行官山河。慈江全长 28.88 千米。

（二）中大河

中大河发源于汶溪尖山、大斗山、万丈山，经三圣殿水库流至黄杨桥，与来自化子闸一流汇合后东流，经长石桥、骆驼桥、贵驷桥、万嘉桥，折向东北，过新添庙桥，至镇海县城西门平水桥，在白龙洋与前大河汇合，过涨鉴碶入甬江。全长 22 千米。

从慈江经中大河到镇海的河道，基本就是现在从丈亭到镇海的杭甬运河乙线航道，总长 49 千米，为镇海连通杭甬运河的主航道。

三、刹子港—西塘河

（一）刹子港（刹子浦）

刹子港，又称刹了浦，北起慈城，向南经小西坝、大西坝（刹子港、西塘河分界点）转向，东至宁波，是沟通慈江和姚江的南北向直河。

[①] ［清］顾祖禹：《读史方舆纪要》卷九十二，贺次君、施和金点校，中华书局 2005 年版，第 4246 页。

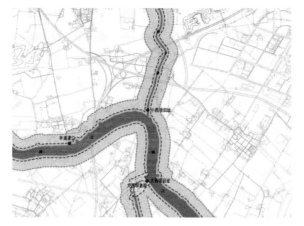

浙东运河宁波刹子江大西坝段
图片来源:《大运河（宁波段）遗产保护规划》（2013 年）。

《薛士学河渠记事》载:"江水西行为鄞之桃花渡,又北折至慈溪,与慈南之水渠交合,而咸水易侵渠,唐开元中筑小西坝以截潮流。"[1] 此记载说明刹子港不仅在唐代之前就存在,而且其南端的小西坝构建于唐开元年间（713—741）,也与置慈溪县时相近。因此,小西坝的构筑可以视作慈溪县城外围城市的基础水利设施。并且,小西坝最初的建设目的是灌溉刹子港两岸农田。[2]

唐至宋,依托明州港发展,刹子港也成为明州港货物转运、人员往来的主航道之一。

宝祐五年（1257）,知庆元府并兼任沿海制置使的吴潜（1195—1262）买民田开挖三板桥至姚江的刹子港运河,长约 4 千米,并在姚江北岸建小西坝,隔江与鄞县的大西坝对接,并新建庆丰驿。《开庆四明续志》有载:

> 慈溪县之东德门乡有新堰,捍江潮而护河流者也。堰以圮
> 告,宝祐五年八月,大使丞相吴公给钱下县鼎新修筑,辇石以

---

[1] ［清］于万川修,［清］俞樾纂:《镇海县志》卷七,清光绪五年（1879）刻本,第15 页。本文献以下简录为"光绪《镇海县志》"。
[2] 李本侹:《从史料记载中解释刹子港航道的形成和繁荣》,载江怀海、赵莹莹主编《大运河宁波段研究文集》,浙江古籍出版社 2014 年版,第 130 页。

鄞江岸二十余丈，水步一所，址益丰而堤益壮，水自此东达慈溪、定海。两邑之田无斥卤浸淫之害，风帆浪楫往来下上者胥利焉。合桥亭、江道头之费共为钱二万三千六百一十贯八百文，米一百一十三石四斗，桥亭见于别目。所谓江道头者，在堰之东，异时堰无道头，步啮而堰溃于穴，今重甃以石，而堰复藉道头以完固，盖两便之。①

庆丰驿，在广利桥之北，先是新堰广利桥成，又重甃石路于桥之东北。居民王姓者遽作屋以罔利，反俾官买西南僻隘地以置驿。众有词，大使丞相下之本县，图上，始命以元钱给王姓者别买地，而以此地建驿，公私便之，驿屋洁壮爽垲于知津。宝祐五年五月五日建，大使丞相题匾。②

（二）西塘河

西塘河又称后塘河。西塘河原为广德湖北岸。《鄞县通志》记载，广德湖废于宋政和七年（1117）并开挖塘河，即西塘河和中塘河。从小西坝摆渡通过南岸的大西坝，过高桥镇后进入西塘河，水路直达宁波城西望京门，与宁波城内水系和鄞西平原的南塘河、中塘河等运河水系连通。《宝庆四明志》卷三载："回城门凡十，西曰望京门。有水门通漕运。"③西塘河完成了浙东运河从西往宁波的最后一段航程，故称为浙东运河南端末段。

《甬江志》载：西塘河源出大雷山诸溪，由山下庄注石塘，上接上游河，经岐阳、高桥、望春入宁波市区西门口，全长13.18千米，平均宽度32米，平均水深3.12米。通航能力为30吨。④

---

① ［清］徐时栋辑，［宋］吴潜修，［宋］梅应发、［宋］刘锡纂：《开庆四明续志》卷三，清咸丰四年（1854）甬上徐氏烟屿楼刻本，第6页。本文献以下简录为"《开庆四明续志》"。
② 《开庆四明续志》卷二，第4页。
③ 《宝庆四明志》卷三，第1页。
④ 《甬江志》编纂委员会编：《甬江志》，中华书局2000年版，第59页。

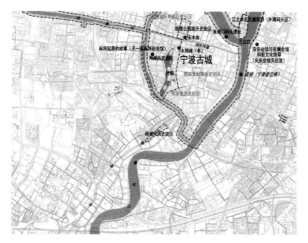

浙东运河宁波古城西塘河段

图片来源：《大运河（宁波段）遗产保护规划》（2013年）。

　　由余姚段、慈溪镇海段、鄞西西塘河段自然与人工相融合的河道组成了浙东运河宁波段，其中基本由人工开掘利用的有70多千米（包括甲、乙两线运河和西塘河）。在漫长的历史发展过程中，以姚江、甬江自然河道为主体的航道（即改造后的杭甬运河，全程94千米）沿线沿岸多修筑土塘、石塘和各类内河及外江的航运码头，并利用两岸支流开浦建闸、筑堰起坝、造桥铺路，自然形成了综合防洪、水利、航运等功能的河道、航道水运体系。

四、支线[①]

（一）运瓷专线（东横河、快船江）

　　运瓷专线由东横河、快船江组成，自余姚向北、向东直通慈溪市上林湖越窑遗址，并通往海港，长52千米，为重要支线运河，也是越窑青瓷外销的重要通道。

---

① 主要参考《大运河（宁波段）遗产保护规划》，中国城市规划设计研究院，2009年8月。

（二）小浃江

小浃江自宁波市鄞州区五乡育王向东北镇海甬江口，长 23 千米，为重要支线运河。

（三）前大河

甬江前大河，古称夹江河，又称颜公渠，位于甬江北、镇海西南，长 6 千米，属甬江镇海段复线，为重要支线运河。

（四）宁波城六塘河

宁波城六塘河指城西南塘河、中塘河、西塘河与城东前塘河、中塘河、后塘河，它们以宁波古城为中心向周边辐射，长度合计 67 千米。"三江六塘河，一湖居城中"，"三江"指姚江、奉化江、甬江，"一湖"指月湖，它们与六塘河等城河系统沟通，共同形成了宁波三江平原的核心水系。

第二章
沿运湖泊

闻道稽山去，偏宜谢客才。千岩泉洒落，万壑树萦回。

东海横秦望，西陵绕越台。湖清霜镜晓，涛白雪山来。

八月枚乘笔，三吴张翰杯。此中多逸兴，早晚向天台。

——［唐］李白《送友人寻越中山水》

浙东原为"万流所凑，涛湖泛决，触地成川，枝津交渠"[1]之地，因此，浙东运河沿线周边自古至今有众多的湖泊存在，就运河体系而言，在上游的称之为水源工程，而在浙东有的湖泊本身也是运河的一部分，如鉴湖，其中东鉴湖以及现在的水域一直是浙东运河的主要航道组成部分，这是浙东地区河网密布的特点所致。这里的湖泊有天然的，也有人工的，还有的是自然形成加上人工改造的。这些湖泊是动态变化的，呈现了由山丘向平原南部的山麓地带发展，又向滨海地区发展的趋势，而到近现代，上游水库的兴建使得湖泊又有向南部和山区回归的趋势，湖泊功能上也发生了变化，多为防洪、供水、引水等。

---

[1] ［北魏］郦道元《水经注》卷二十九"沔水"，第688页。

第一节　杭州

一、湘湖

湘湖在萧山城西约 1 千米处。万历《绍兴府志》卷七载：

> 湘湖，在县西二里。本民田，低洼受浸。宋神宗时，居民吴姓者奏乞为湖，而政和二年，杨龟山先生来知县事，遂成之。四面距山，缺处筑堤障水。水利所及者九乡，以贩渔为生者不可胜计。生莼丝最美。[①]

（一）历史演变

在假轮虫海侵海退的鼎盛时期（距今约 2.5 万年前），湘湖之地远离海岸线，钱塘江河道流贯其西缘，浦阳江下游河道约在这一地区散漫，沿着自西而东的半爿山、回龙山—冠山—城山、老虎洞山—西山、石岩山、杨岐山—木根山—越王峥等的山麓地带最后汇入钱塘江，并且在这里的低洼之地会有一些自然湖泊，是跨湖桥等先民的生息之地。

卷转虫海侵的全盛期（距今 7000—6000 年前），宁绍平原成为一片浅海，湘湖之地也就成为海域，所在大部分山体成为海中岛屿，形成了一个海湾。海退后，这里又成为一片沼泽之地。之后，在这一地区又形成了诸多湖泊，最主要的是临浦、湘湖和渔浦。郦道元《水经注》卷四十"浙江水"中记："浙江又迳固陵城北，昔范蠡筑城于浙江之滨，言可以固守，谓之固陵，今之西陵也。"[②] 又载孙策"破朗于固陵。有西陵湖，亦谓之西城湖。湖西有湖城山，东有夏架山，湖水上承妖皋溪，而下注浙江"[③]。

---

①　万历《绍兴府志》卷七，第 25 页。
②　[北魏]郦道元《水经注》卷四十"浙江水"，第 940 页。
③　[北魏]郦道元《水经注》卷四十"浙江水"，第 940 页。

清李慈铭在《越缦堂文集》卷十二中称："湘湖即汉志之潘水，郦注之西城湖。"[①]陈桥驿先生则认为："由于这一带河湖杂出，因此古人所谓的临浦，有时往往泛指这一带所有湖泊而言。"[②]李慈铭也说："而西陵湖者，……亦谓之西城湖，盖即今之临浦，六朝所谓渔浦也。"[③]

由于钱塘江潮汐、浦阳江洪水的影响，湘湖北侧和西侧的沙滩不断淤浅成滩地，大约自南北朝起，湘湖与钱塘江逐渐隔离，浦阳江原先在湘湖北端和西端的入江口也阻塞不通，湘湖成了内陆湖。由于洪潮的持续影响以及沿湖居民不断垦湖为田，到唐朝末年，渔浦埋废，之后吴越钱镠修西江塘，湘湖围垦加快，很快只留下狭长的河道和多个小湖泊。[④]

北宋政和二年（1112），由萧山县令杨时主持，在古代湘湖留下的低洼之地筑堤蓄水造湖。湖周82.5里，湖面积3.72万亩，沿湖堤开18处穴口，灌溉九乡农田14.7万亩。湖成后，废湖垦田与禁垦保湖之争不断，淤涨垦种之事也常有发生，政府虽然重视，管护亦及时，历宋、元、明、清800余年，湖面积仍减少了4600余亩。湘湖正常蓄水量为183.8万立方米，灌溉农田5800余亩，放水穴减至7处。1966年湖面尚存3040亩。

（二）湘湖和浙东运河

湘湖曾是浙东运河的古航道，并一直是运河的水源补给工程。春秋时期越国的山阴故水道经山阴（今绍兴）城南南缘河道经偏门外至今柯岩、宾舍、钱清，过西小江至固陵达钱塘江。"其渡江之处，自草桥门外江西岸渡者曰浙江渡，对萧山县西兴；自六和塔渡者曰龙山渡，对萧山渔浦。"[⑤]

当时浙东运河在流经湘湖地区时分为两条：一是经后来的西小江至临

---

① ［清］李慈铭:《越缦堂文集》卷十二，民国北平图书馆排印本，第1页。
② 陈桥驿:《论历史时期浦阳江下游的河道变迁》，载陈桥驿《吴越文化论丛》，中华书局1999年版，第298页。
③ ［清］李慈铭:《越缦堂读书记》，中华书局2006年版，第754页。
④ 蔡堂根:《萧山湘湖史》，浙江人民出版社2011年版，第95—96页。
⑤ ［清］顾祖禹:《读史方舆纪要》卷九十二，贺次君、施和金点校，中华书局2005年版，第4129页。

浦到达渔浦港；二是渡过西小江至湘湖海湾到达固陵港。渔浦港和固陵港是山阴故水道在钱塘江的两个港口。

湘湖通运河闸坝老照片
图片来源：戴秀丽提供。

至南宋时期，由于渔浦、湘湖一带湖泊的堙废，以及碛堰开堵对运河古水道的扰动，渔浦至西小江到浙东运河的航运能力下降。钱塘江北岸的定山渡到南岸的渔浦渡，原是古代的一个主要渡口，到南宋时已逐渐为"便道"南岸的西陵渡所取代。

湘湖还是西兴运河的水源调节补充工程：

> 湘湖。萧山西部滨海处有一高阜，四周多山。北宋政和二年（1112）将乐人杨时知萧山令，在县西部滨海高阜处兴筑湘湖。沿湖灌水穴口 18 处，北边有石湫口穴，与运河相通注。[1]

民国二十四年（1935）《萧山县志稿》载：

> 运河。旧志：宋令顾冲《水利事迹》：萧山自西兴闸至钱清堰，计四十五里，中有运河。河之南有湘湖，河之北为由化、夏

---

[1] 杨钧：《明代中叶浦阳江河口地区水利建设与水道变迁》，载盛鸿郎主编《鉴湖与绍兴水利》，中国书店 1991 年版，第 179 页。

孝二乡。每遇岁旱，各得湘湖水利，如欲取水，先于运河两头作坝，方决望湖桥下坝，引入运河……按：运河自西达东，横穿县境而过，为各溪河之干流，沿途闸坝甚众，其通塞关于本邑之水利，亦极巨也。[①]

此为萧山段运河之状况及其与湘湖水利之关系。

民国二十四年（1935）《萧山县志稿》中的《萧山县县境全图》，显示萧山城西的湘湖以北出口连通西兴运河，以南通过义桥镇连接浦阳江。在1987年出版的《萧山县志》中的《萧山县水利图》中，湘湖仍是以北通过下湘湖闸连接西兴运河，以南更是与多条河流连接，沟通浦阳江和西小江等河道。

（三）湘湖景观

湘湖在黛色的群山中，碧水浩渺，犹如天宫宝镜，清代诗人周起莘称"涵虚天镜落灵湖"[②]。在明代张岱眼中，"湘湖如处子，眠娗羞涩，犹及见其未嫁时也"[③]。湘湖老八景为"龙井双涌""跨湖春涨""水漾鸣蛙""湘湖秋月""尖峰积雪""越城晚钟""柴岭樵歌""湖中落雁"。[④]嘉庆《山阴县志》卷二十八记有《乡物十咏》，其中有一首《湘湖莼菜》：

> 旁邑湘湖菜，吴淞可并称。未经千里致，日拟一帆乘。勺水银丝滑，盂羹雉尾登。先秋须记忆，时过也堪憎。[⑤]

此为绍兴民间对湘湖的厚爱。

---

① 彭延庆修，姚莹俊纂，张宗海续修，杨士龙续纂：《萧山县志稿》卷三，民国二十四年（1935）铅印本，第55页。本文献以下简录为"民国《萧山县志稿》"。
② 见周起莘诗《新秋月夜湖塘即景》。
③ ［明］张岱：《陶庵梦忆》，浙江古籍出版社2018年版，第74页。
④ 据湘湖西北岸湖里孙村《湘湖孙氏宗谱》所载，转引自沈青松主编：《历史文化名湖：湘湖》，方志出版社2006年版，第63—66页。
⑤ ［清］徐元梅修，［清］朱文翰纂：《山阴县志》卷二十八，清嘉庆八年（1803）刻本，第35页。本文献以后简录为"嘉庆《山阴县志》"。

（四）考古发现

1990 年，在湘湖中心地段的跨湖桥近处发现著名的跨湖桥遗址。遗址距今已有七八千年，是浙江境内年代较早的新石器时代文化遗存。[1]其中出土了一条独木舟遗骸，舟呈梭形，其舟体和前端头部基本保存较好，唯舟体后端已残缺。独木舟残存长度为 560 厘米，宽 53 厘米；舟体厚度 3～4 厘米，船舱深仅 15 厘米，年代为距今 8000～7000 年前，堪称我国最早而又最长的独木舟实物。[2]

越王城山南近湘湖，海拔 128 米，据考，此山即为《越绝书》卷八中所记的固陵。[3]

（五）湘湖现代整治

近年，湘湖景区得到较充分的开发，绿水青山之中，古风犹存。

恢复和开发湘湖一直是萧山人民的期待。1958 年编制的萧山县《城厢镇规划总图》，就提出湘湖"风景优美，远景将成为萧山的一个大公园及休闲的佳地"。1960 年，更是明确地提出了"逐步建设湘湖风景区"的规划。1995 年，经萧山市人民政府报告，浙江省人民政府批准，湘湖度假区建立。至 2016 年，湘湖一期至三期开发全部完成，水域面积 6.1 平方千米。

一期开发恢复湖面 1.2 平方千米，初步形成"一心、一湖、二带、二区"的格局，共形成跨湖桥景区、城山景区、湖上景区、湘湖景区、越楼景区五大景区，于 2006 年 4 月 22 日正式对外开放。

二期开发于 2010 年开始，总开发面积 5.95 平方千米。东北与一期相连，西南与以后的三期相接，总体延续一期历史文化、自然生态、休闲度假三大定位。2011 年 9 月中旬，湘湖第二期开发正式对外开放，成为第二

---

[1]　浙江省文物考古研究所：《萧山跨湖桥新石器时代文化遗址》，《浙江省文物考古研究所学刊》，1974 年，第 6—21 页。

[2]　徐峰等：《中国第一舟完整再现》，《杭州日报》2002 年 11 月 26 日第 3 版；潘剑凯：《萧山挖掘出世界上最早的船》，《光明日报》2002 年 12 月 1 日第 2 版。

[3]　陈志富：《萧山水利史》，方志出版社 2006 年版，第 149 页。

届世界休闲博览会的主园区。经过两期建设，湘湖形成了"一湖、二带、三园、四中心、五大酒店、十大景区、五十个景点"。

　　三期开发于 2015 年 10 月全面开工。2016 年 4 月 30 日，完成土方挖运和桥梁下部工程，5 月 1 日第一次蓄水，6 月 1 日第二次蓄水，6 月 30 日完成乔木种植，8 月 30 日全面完工，9 月 1 日试开园，10 月 1 日正式对外开放。

湘湖一期"越堤"
图片来源：戴秀丽提供。

湘湖二期跨湖桥博物馆
图片来源：戴秀丽提供。

湘湖三期花海
图片来源：戴秀丽提供。

至 2016 年 9 月，整个湘湖保护与开发的政府性投资，一期为 30 亿元，二期为 60 亿元，三期为 130 亿元，总建设资金 220 亿元。

湘湖一、二、三期建设，开挖土方近千万立方米，修建景区交通道路 29.5 千米、电瓶车观光慢行道路 17.8 千米、步行道 41.6 千米以及景观桥梁 108 座，恢复湖面 6.1 平方千米。湘湖西与钱塘江三江口相通，东与南门江水系相连，南与东方文化园相接，引入活水、连峦、园景，环湖景观绿化面积为 2.6 平方千米，江、湖、山、园四景融为一体。湘湖目前已成为萧山最美丽、最具人气的地方。

二、白马湖

白马湖位于越王城山西北，杭州市萧山区城厢街道与滨江区西兴、长河街道交界处，与湘湖仅一山之隔。白马湖旧称排马湖，又有西陵湖、石姥湖、白茫湖之名。

春秋末期，白马湖是江海相连的浅海湾。海湾上承山洪，下纳海潮，湾口淤积起大量泥沙，形成沙嘴。沙嘴扩大延伸，成为沙洲，沙洲堵塞了海湾与外海的通道，渐渐形成陆地；沙嘴内，海水被围，成为潟湖，今之白马湖、井山湖即由潟湖演变而来。

白马湖名称之由来，说法有三。其一，南朝夏侯曾先的《会稽地志》载：汉周举乘白马游而不出，以地为仙，故名。其二，清人毛奇龄《九怀词·水仙五郎》云：有兄弟五人事母至孝，湘湖水仙花开时，其母思鱼羹，五人便入江取鱼，被潮水卷去而成水神。次年水仙花开时，五人骑白马回家探母，"上湘湖傍有白马湖，是其迹也"[1]，故名。其三，后人说此湖形状酷似一匹马，湖水白光浩渺，据其形而名之。

《水经注》载："有西陵湖，亦谓之西城湖。"[2] 清人毛奇龄《萧山县志

---

① ［清］毛奇龄：《九怀词》，载［清］毛奇龄《西河文集》，清康熙李塨刻西河合集本。
② ［北魏］郦道元《水经注》卷四十"浙江水"，第 940 页。

刊误》载："西陵湖。即白马湖。说见后。《水经注》：西陵湖，亦名西城湖。以地近西陵，则名西陵湖；以其在（越王）城山之西，则名西城湖。"[①]

相传此处原系洼地，2500年前的春秋末期，吴国十万大军在此排列兵马，布阵攻打被困于傅家峙山顶（越王城山）的越军，久攻未克而退。此地后随岁月变迁而成湖，遂称其为"排马湖"。20世纪90年代，在白马湖底出土过印纹陶器和穿甲胄的武士雕像。白马湖之所以称"石姥湖"，是因湖边有石姥祠（已圮），祀石瑰。唐长庆二年（822），江潮为患，石瑰奋力筑堤，以抗水势，不幸丧生，唐咸通年间（860—873）受封"潮王"，立祠湖边。

据文献记载，南宋时，白马湖有水面200公顷[②]，后经淤积和围垦，面积逐渐减小。民国时期湖中沙洲面积就达39.7公顷。到1984年，全湖面积缩减至115公顷，湖岸线周长约10千米。湖中有马湖桥，桥东称"东白马湖"，面积约48公顷；桥西称"西白马湖"，面积约66.7公顷。湖水正常水位3.78～3.98米（吴淞高程5.6～5.8米），水深1～3米，最大蓄水量为300万立方米，正常水量约140万立方米。湖中有大小不等的天然绿洲12块，如西渡墩、天香炉、大鼻头等，最大绿洲"蛤包墩"面积约12公顷，其余绿洲面积小的也有近1公顷。

三、井山湖

井山湖位于杭州市滨江区长河街道塘子堰村南的井山坞中，四面环山，湖北通塘子堰河与白马湖相接，全湖面积14公顷。湖中有一小山，形似珍珠，故又名"珠山"；山上有一石井，称"石井山"。相传石井山顶有秦始皇妃子墓，引人探踪，惜已毁圮。20世纪70年代，社队企业如雨后春笋般发展，井山湖水也一度被抽干，成为红旗砖瓦厂挖泥制砖的工

---

① ［清］毛奇龄:《萧山县志刊误》卷一，载［清］毛奇龄《西河文集》，清康熙李塨刻西河合集本，第13页。

② 1公顷＝0.01平方千米＝15亩。

地，湖光山色黯然远去。20世纪末，为改善生态环境，还湖于民，砖瓦厂停办，井山湖风光又重现于世人面前。

四、詹家湖

詹家湖位于杭州市滨江区长河街道山一村，是滨江区古代最大的人造湖，成于北宋时期。当时有詹姓者在此聚族而居，有田600余亩，因无水灌溉，收成欠佳，全族商议后，便将部分田地（面积约150亩）挖为湖泊，引入白马湖水以灌溉。后有族人詹八百者，将此湖献于知宗赵承宣，赵承宣不久即复湖为田，于是民怨沸腾。至南宋淳熙年间（1174—1189），乡贤郑京下状户部，遂获准开掘还湖，詹家湖于此得复。但至明末，湖面大为缩小，只十之四焉，约60亩。

第二节　绍兴

一、芝塘湖

芝塘湖又称茭塘湖、菱塘湖、芝湖，地处今绍兴市柯桥区江桥东南，位于西兴运河之南，上承夏履江，下通西小江。湖东有大寺坞山，南近安钱山，西望黄大尖，北临庙坞山。《嘉泰会稽志》卷十载："茭塘湖在（山阴）县西五十五里新安乡，以塘湖多茭苇，故名。"[①] 万历《绍兴府志》卷七载："茭塘湖在府城西五十里，多茭苇焉。后产水芝，更名芝塘湖。"[②]

芝塘湖原为自然湖泊，明洪武年间（1368—1398）始筑塘建闸，蓄泄能

---

① 《嘉泰会稽志》卷十，第20页。
② 万历《绍兴府志》卷七，第24页。

力提高。宋末明初，浦阳江因碛堰堵塞借道钱清江入海，使钱清江、夏履江洪、潮及涝、旱加剧，芝塘湖一带"山洪暴发，则平地水高数尺；累月乏雨，则河床爆裂飞灰"[1]。明洪武二十七年（1394）简放钦差何启明奉工部露字一百三十号勘令建芰塘湖，湖面积 3260.2 亩，主要工程为塘、郑家闸、舍浦闸、涨吴渡堰闸和穆程闸等。[2]

之后，当地十分重视芝塘湖的维修和管理。其用水管理制度自明洪武二十八年（1395）画图造册成文，申解户、工二部，遂为定例，一直沿用到新中国成立之初。嘉庆（1796—1820）以后，芝塘湖始被侵占围田。光绪二十年（1894）监生洪介堂等请县勒石永禁围湖。1973 年江桥公社围芝塘湖造田，湖面减至 40.3 万平方米，容积 109.05 万立方米。现除湖堤和界塘尚存，诸闸均已改桥。

芝塘湖夜色
邱志荣 / 摄影

二、鉴湖

鉴湖别名镜湖、长湖、人湖、庆湖等，位于古代山阴、会稽两县境内（今分属绍兴市越城区、柯桥区、上虞区），建于东汉永和五年（140），堙

---

① 《芝塘湖水利考》，载绍兴县修志委员会辑《绍兴县志资料·第一辑·塘闸汇记》，民国二十六年（1937）铅印本，第 55 页。
② 参见《芝塘湖水利考》，载绍兴县修志委员会辑《绍兴县志资料·第一辑·塘闸汇记》，民国二十六年（1937）铅印本，第 55 页。

废于南宋初年，是我国古代著名的大型人工蓄水工程之一。

自宋以后，鉴湖的面积不断减少。鉴湖又被称为"长湖"，如今更几成一条狭长的河道，并且现代对鉴湖范围的理解与认定也有所不同。此根据古鉴湖范围[①]，对今存水域及相关资源做一阐述。

（一）水源

鉴湖汇聚了"三十六源"之水。"三十六源"泛指会稽山西干山脉、化山山脉流入绍兴平原河网之水。古今山不变，水源也无大的变移。

（二）上游水库建设

中华人民共和国成立以来，由政府组织或村里组织，在上游山区兴建了数量众多的水库，原直接进入鉴湖之水多有被拦截的。主要水库如下：

1. 平水江水库

平水江水库位于会稽山的主要溪河若耶溪上，控制流域面积70平方千米，占该溪河集雨面积136.7平方千米的一半以上。该水库经2001年除险加固，总库容达5457万立方米，正常库容3955万立方米。

2. 解放水库

解放水库位于娄宫江上，集雨面积7.35平方千米，正常蓄水量135万立方米，总蓄水量202万立方米。

3. 方家坞水库

方家坞水库位于石泄江上，集雨面积1.6平方千米，正常蓄水量106.5万立方米，总蓄水量150万立方米。

4. 其他

小（二）型水库（10万～100万立方米）共52座，正常蓄水量1239.38万立方米。

小（三）型水库（1万～10万立方米）共368座，正常蓄水量899.11万

---

① 参见盛鸿郎、邱志荣：《古鉴湖新证》，载盛鸿郎主编《鉴湖与绍兴水利》，中国书店1991年版，第13—32页。

立方米。

山塘（1 万立方米以下）1035 座，正常蓄水量 400 万立方米。

（三）引水

1. 汤浦水库引水

小舜江是鉴湖南部泛指的会稽山区"三十六源"之一，主流发源于会稽山山脉，有南溪、北溪二源。南溪和鉴湖主源平水江（若耶溪）同出于骆家尖和龙塘江之间的会稽山脉，之后汇合于绍兴市柯桥区王坛镇，东北流经上虞区汤浦镇，原在上浦小江口汇入曹娥江。小舜江主流长 69.3 千米，流域面积 547.9 平方千米，河床平均宽度 40 米，属常年性溪流。[1]

汤浦水库是小舜江供水工程的枢纽工程，因位于上虞区汤浦镇而得名。汤浦水库始建于 1996 年，总库容 2.35 亿立方米，日供水能力达 100 万吨，水质达国家城市一类水标准。2001 年元旦起，汤浦水库开始向绍兴市越城区、绍兴县（今绍兴市柯桥区）、上虞市（今绍兴市上虞区）供水，使绍兴近 200 万人民喝上了优质的小舜江水。

汤浦水库建成后，小舜江的性质发生改变，从原来的自然河流改变成为人工湖泊舜湖。随之，小舜江江水的流向也发生改变，从原来的东北全部注入潮汐河流曹娥江，改为 70% 的水量向西北流，经过河道至达郭水库，再经暗河到富盛江，进入东鉴湖核心区域，成为鉴湖水的一部分，此部分水主要用作饮用水。其余 20% 的水直接引入上虞等地，仅约 10% 的水于汛期泄洪流入古道。

汤浦水库已成为鉴湖地区水资源的重要补充来源。

2. 富春江引水

浦阳江下游古道，历史上或走钱塘江，或出钱清江以北散漫入海。南宋初在临浦碛堰山筑起堰坝，浦阳江下游走钱清江入海，钱清江成通海大河，由于防洪潮标准不高，山会平原受灾严重。明成化年间，戴琥任绍兴

---

[1] 绍兴市水利局、绍兴市鉴湖研究会编：《绍兴市水利志》，中国水利水电出版社 2021 年版，第 187 页。

知府，下令拆除碛堰，使浦阳江水入钱塘江，减少了灾害，但同时也减少了入境山会平原的水资源总量。浙东引水工程萧山枢纽位于钱塘江、富春江、浦阳江三江汇合口杭州市萧山区义桥镇，工程完成后，设计流经绍兴引水量为 8.9 亿米³/ 年，每年可为绍兴平原提供水量 2 亿～3 亿立方米。从历史角度看，这是浦阳江水进入绍兴平原河网水的部分回归。此部分新增水量会对绍兴平原西鉴湖河网产生显著的影响。

3. 曹娥江引水

明代绍兴知府汤绍恩在三江闸建成后，又在原东鉴湖蒿口斗门之外的曹娥江左岸建清水闸，通过蒿坝等老河道沟通鉴湖水系与曹娥江水系，与三江闸形成"东首北尾"互相呼应的水利调控，如此不但可以调控山会平原的"水旱之事"，而且开绍兴平原以水利工程引曹娥江水进东部平原水系之先例。后因当地乡民阻碍及闸外曹娥江淤塞、改道等，此工程几经开堵后废弃。2011 年 1 月，曹娥江引水工程建成，从上虞小舜江附近的四峰山设泵站，通过总长约 15 千米的隧洞，将曹娥江水引到绍兴平水东江东鉴湖区域后入古城河道，如果引水流量达到 10 米³/ 秒，多年的年平均引水量可达约 2.5 亿立方米。此工程除作为绍兴城河清水工程的主要措施之一，长远来看，也将成为补充绍兴平原中部、东部水资源的重要工程。

（四）水域

1. 今鉴湖范围与划分

此处指按古鉴湖原范围，今所遗留水面。

古鉴湖埋废后，虽大部分成为耕地，却又形成了为数众多的小湖泊和港汊河道。当时，在原东湖新潴成的有浮湖、白塔洋、谢憩湖、康家湖、泉湖、西對湖等；在原西湖的新湖则有周湖、孔湖、铸浦、石湖、容山湖、秋湖、阳湖等。之后这些湖泊继续埋废，今则除了稠密的河流外，湖泊所剩不多。

据 1989 年的统计，古鉴湖范围内尚存的河湖面积中，原西湖区域内为 14.78 平方千米，东湖区域内为 15.66 平方千米，合计为 30.44 平方千米。正常蓄水量按平均水深 2 米计，约为 6000 万立方米。[①]

按原西鉴湖范围内，今一般称鉴湖的主水域为鉴湖。按《浙江省鉴湖水域保护条例》，除原西鉴湖范围水域，以北的青甸湖也被纳入主体保护水域。陈桥驿认为，鉴湖堙废后，水体北移，故绍兴平原河网均可被称为新鉴湖。

2. 主要湖泊

今鉴湖水域分布可参见绍兴平原主要湖泊图。

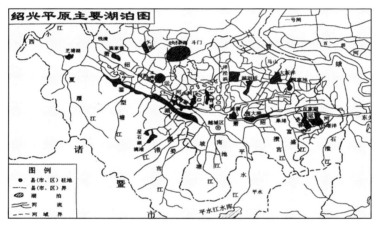

绍兴平原主要湖泊图
图片来源：作者自绘。

（1）鉴湖

鉴湖是古鉴湖西湖的残余部分。其主干道东起今越城区府山街道（原亭山乡），西至今柯桥区湖塘街道（原湖塘乡），东西长 22.5 千米，最宽处可达 300 米以上，最窄处仅十几米，平均宽度 108.4 米，平均水深 2.77 米，正常蓄水量 875.9 万立方米。鉴湖形如·条宽窄相间的河道，镶嵌在绍兴平原上，并在平原南部构成了特有的河港相通、河湖一体的塘浦河湖体系，长期以来一直是这一带人畜、工农业生产用水、航运等综合利用的水源。

---

① 盛鸿郎、邱志荣：《古鉴湖新证》，载盛鸿郎主编《鉴湖与绍兴水利》，中国书店 1991 年版，第 29 页。

（2）顼石湖

顼石湖在今绍兴市柯桥区福全街道，属古鉴湖东湖的残留水域。水域面积 17.9 万平方米，正常蓄水量 50.48 万立方米。

（3）白塔洋

白塔洋在今绍兴市越城区陶堰街道，面积 125.4 万平方米，容积 339.33 万立方米。白塔洋属古鉴湖东湖的一部分，南与百家湖相连，是浙东运河主体中的一段，水面宽阔，多在百米以上，水运条件优越。

白塔洋东北有白塔山，西麓有白塔寺。据《绍兴摩崖碑版集成》[1] 所载，距绍兴城东五十里旧为白塔护圣寺。白塔寺在绍兴城东六十里瓜山西麓，坐北朝南，面对白塔洋，现存明代建筑二进，据传该寺为"竹林七贤"之一嵇康（字叔夜）得古琴名曲《广陵散》之处。唐独孤及在唐至德（756—758）中居越州，有赋白塔洋诗：

> 贺监湖东越岭湾，地形平处有禅关。塔高影落门前水，茶熟香飘院后山。幽谷鸟啼青桧老，上方僧伴白云闲。有人若问广陵散，叔夜曾经到此间。[2]

今寺屋尚在，但已破旧不堪。现有陶堰镇白塔头村，或湖因此名。

（4）洋湖泊

洋湖泊在今绍兴市越城区皋埠街道，为古鉴湖东湖残余水域，东有百家湖。水域面积 43.3 万立方米，正常蓄水量 117.17 万立方米。

（5）百家湖

百家湖在今绍兴市越城区陶堰街道，东为古代东鉴湖的残余水域，水面宽阔，河道纵横，面积 66.9 万平方米，正常蓄水量 149.94 万立方米。

3. 水位

古鉴湖正常水位高程（黄海）约为 5 米。今绍兴平原河网古鉴湖区域内正常水位高程为 3.5 米。

---

① 陈五六主编：《绍兴摩崖碑版集成》，中华书局 2005 年版。

② 《绍兴佛教志》编纂委员会编：《绍兴佛教志》，浙江人民出版社 2003 年版，第 61 页。

（五）遗存

1. 古堤

（1）鉴湖古堤

鉴湖古堤至今大部分保存完好，主要位于绍兴市柯桥区湖塘街道。沿湖村落绵延十里，故称十里湖塘，有"十里湖塘一镜园"之誉。所在的塘路又被称为南塘。

20世纪90年代，通过对鉴湖古堤部分地段开挖，测定堤之基础所见木桩年代为距今1670±189年。[①] 鉴湖建于公元140年，距木桩出土时隔1847年，因此，基本可以认为木桩就是建鉴湖时打入的桩基。木桩所在地即为鉴湖古堤位置，由西到东一直延伸至今上虞东关。

鉴湖南塘古堤坝
邱志荣 / 摄影

（2）东西湖湖堤

鉴湖分为西湖和东湖。鉴湖西湖北堤为稽山门到广陵斗门，堤长26.25千米；鉴湖东湖北堤为稽山门至上虞樟塘新桥头村，长30.25千米，湖的南缘为稽北丘陵的山麓线。东西湖的分界为稽山门至禹陵的道路。

---

① 盛鸿郎、邱志荣:《古鉴湖新证》，载盛鸿郎主编《鉴湖与绍兴水利》，中国书店1991年版，第14页。

1988 年笔者曾走访禹陵村老农陶云水，陶云水说稽山门到禹陵原有之路称驿路，又称庙下官塘、南塘、夹塘，阔 2 米余，高过田面约 1.5 米，两边都有河，村民挖河时塘底多有木桩；又说此路自古有之，祭祀大禹的皇帝和达官贵人、游客都从此路进入禹陵。此应为古鉴湖东西湖分界之塘路，亦即原至禹陵之老路，全长约 6 千米。

2. 古桥（西鉴湖）

（1）东跨湖桥

东跨湖桥因跨鉴湖而得名，位于绍兴偏门外，桥南西端为马臻墓与马臻庙。陆游有《柳》一诗描写湖桥春色："春来无处不春风，偏在湖桥柳色中。看得浅黄成嫩绿，始知造物有全功。"①

（2）西跨湖桥

西跨湖桥在今绍兴市柯桥区湖塘街道。李慈铭《微雨中过湖塘二首》描绘了雨中跨湖桥胜景，其中一首云："西跨湖桥雨到时，四山烟景碧参差。白云忽过青林出，一角斜阳贺监祠。"桥南北向，为一单孔石栏拱桥，另有引桥四孔，桥高二丈余。明徐渭有桥联："岩壑迎人，到此已无尘市想；杖藜扶我，往来都作画图看。"

（3）画桥

画桥位于今绍兴市越城区东浦街道鉴湖村，为 15 孔石梁桥，由 5 个大孔和 10 个小孔组成，大孔最大跨径 5.7 米，全桥总长（不计桥墩长）62.7 米。桥架于古鉴湖南塘之上，下为南北向排涝河道，古鉴湖时此应为闸桥。这里地处古鉴湖西鉴湖中心地段，桥以南水面宽广，稽山苍翠可见；以北有著名的三山② 盘桓，农田连片，屋舍点缀。画桥宜水中望，陆游曾以"一湾画桥出林薄，两岸红蓼连菰蒲"③描绘在鉴湖中所见画桥景色，此外还写过"何由唤得王摩诘，为画湖桥一片愁"④。

---

① ［宋］陆游：《柳》，载［宋］陆游《剑南诗稿》卷七十，第 3 页。

② 三山在绍兴城西约 4 千米处，为陆游故里，由行宫山、石堰山、韩家山组成。

③ ［宋］陆游：《思故山》，载［宋］陆游《剑南诗稿》卷十一，第 5 页。

④ ［宋］陆游：《纵游归泊湖桥有作》，载［宋］陆游《剑南诗稿》卷四十八，第 7 页。

鉴湖画桥
邱志荣 / 摄影

3. 湖底泥煤

在萧甬铁路以南至会稽山麓之间原鉴湖湖区的广阔平原中，分布着广泛的泥煤层，分布面积 81 平方千米，约占鉴湖东西长度 56.5 千米的 78%，泥煤分上下两层，分别形成于距今 7000 年海侵最盛以来的"海湾—湖沼—平原"的演变过程中。当时生长在沼泽地的蒉草、芦苇、咸草子和细柳大量繁殖乃至死亡，未及氧化和细菌分解就被淤泥掩盖，成为泥煤。海退或湖沼消失后，泥煤被埋藏于灰黄黏土之下。[①]

20 世纪 80 年代初，环保等部门进行了地质调查，发现：上层泥煤埋藏在 1.5～3.0 米地表浅层，层厚 10～30 厘米，层位稳定，连续性好；下层埋藏在 4～6 米深处，层厚 5～20 厘米，层位不稳定，分布范围小。[②] 今鉴湖湖水平均深度 2.77 米，即几乎所有上层泥煤都分布在水深范围内，接触极其广泛。这些泥煤对鉴湖浅层地下水有渗滤净化作用，对水体中的污染物也有吸附作用，同时影响水体的生态和物化性质，对保护改善水质、保持鉴湖生态平衡具有十分重要的作用。

---

① 邱志荣、张卫东、茹静文：《良渚文化遗址水利工程的考证与研究》，《浙江水利水电学院学报》2016 年第 3 期，第 2 页。

② 参考绍兴地区环保科研所等：《鉴湖底质泥煤层分布特征调查及其对水质影响的试验研究》，1983 年。

（六）现存主要功能

今鉴湖除在绍兴河网有着重要的蓄水、排涝、灌溉、种植与养殖的功用，还有着航运、酿酒、生态三大功能。

1. 航运

今鉴湖主要为宽狭相间、东西延伸的河道，主干道水路依然有着重要的水运功能。《绍兴县交通志》记载 1989 年航道概况时说："南塘航线（即鉴湖航线）西起钱清铁路桥，经宾舍、湖塘、柯岩、西泽、清水闸、壶觞，东到皋埠东堰，全长 36.8 公里。河底宽 6～50 米，水深 1.4～3.0 米，能通航 20～40 吨船只。"[①] 在所记 26 条航线中，南塘航线列第三，位于杭甬运河甲线、杭甬运河乙线之后，可见其航运地位重要。

2. 酿酒

大越酿酒业已为河姆渡遗文化遗存所证明，当时的酒就已开始由自然酿成变为人工酿造。名酒必有佳泉。绍兴黄酒名声大振，便得益于鉴湖提供的优质水源。宋孙因在《越问》中说"湑镜流之香洁兮，贮秘色之新瓮"[②]，所谓"镜流"即鉴湖之水。

鉴湖有着良好的自然环境和水文条件。其上游源于会稽山麓，那里植被良好，污染不多，水质清冽；在平原地区湖中进出很流畅，更兼有斗门、闸、堰、阴沟适时启闭，使总集雨面积约为 610 平方千米、年产径流量 4.6 亿立方米左右的来水得到调蓄，故湖水更换频繁的次数为一般湖泊所不及。上文曾言及，在原鉴湖湖区的广阔平原中，分布着广泛的上、下泥煤层，这些泥煤对鉴湖浅层地下水有渗滤净化作用，对水体中的污染物也有吸附作用，同时影响水体的生态和物理化学特性。以上条件使鉴湖水具有水色低（色度 10）、透明度高（平均透明度为 0.86 米）、溶解氧高（平均为 8.75 毫克／升）、耗氧量少［平均生化需氧量（BOD5）为 2.53 毫克／升］

---

① 绍兴县交通局编：《绍兴县交通志》，中国大百科全书出版社上海分社 1993 年版，第 11 页。

② 万历《绍兴府志》卷一，第 46 页。

等特点，亚硝酸盐含量低于0.1毫克/升，总铁含量0.06毫克/升，硬度3.35德国度，且含有多种为人体所必需的微量元素，宜于酿酒。清梁章钜在《浪迹续谈》中称："盖山阴，会稽之间，水最宜酒，易地则不能为良，故他府皆有绍兴人如法制酿，而水既不同，味即远逊。"[1]

每年11月至次年2月（立冬到翌年立春）为黄酒酿造季节，此时农田污水很少排向鉴湖，湖水也恢复到接近贫营养化状态，水中溶解氧高，水质稳定，最宜用于酿酒。

明、清两代酿酒中心在鉴湖及运河沿岸的阮社、柯桥、东浦、斗门、东关等地（或直接取鉴湖水，或取由鉴湖流入之水）。绍兴酒业在全盛时年产约300万坛。

3. 生态

2017年12月，经国家林业局审批，浙江绍兴鉴湖国家湿地公园获批试点建设项目；2019年2月1日，列入国家规划。[2]

浙江绍兴鉴湖国家湿地公园（试点）地处陶堰街道、皋埠街道，主要包括山阴故水道主体部分，古鉴湖余留湖泊洋湖泊、百家湖、白塔洋（简称"三个湖"）和周边部分农田。鉴湖国家湿地公园（试点）西起东湖风景区边界（樊江桥），东至越城、上虞两区交界处，东西长约10.6千米；北面以浙东古运河河岸线为界，南面至洋湖泊、白塔洋湖岸，南北宽约2.9千米，建设总面积约8400亩，其中水域面积约6100亩，耕地面积约2000亩，村庄宅基地面积共约260亩。湿地公园内生态保存较为完好，生物多样性较高，其中国家一级保护动物有1种，国家二级保护动物有7种，国家二级保护野生植物有2种。

2020年8月，浙江绍兴鉴湖省级湿地公园管理委员会（以下简称管委会）成立，与陶堰街道办事处合署办公。2022年4月，中共浙江绍兴鉴湖省级湿地公园工作委员会建立。2022年5月，鉴湖国家湿地公园创建工作

---

[1] ［清］梁章钜:《浪迹续谈》卷四，清道光二十八年（1848）刻本，第10页。
[2] 列入2019年2月1日中共中央办公厅、国务院办公厅印发的《大运河文化保护传承利用规划纲要》中的"滨水生态空间建设"项目。

专班成立。鉴湖国家湿地公园（试点）围绕"重塑越乡风情地、原生态风貌展示地"目标全面开展工作，致力建设美丽田园综合体，积极开展文旅融合。

2020 年以来，在百家湖沿岸新建生态砌块挡墙护岸 1 千米、松木桩护岸 2 千米，并投资 875 万元对百家湖进行清淤种植，清淤量 6.3 万立方米，水生植物种植 4.1 万平方米。同时，在湿地公园内 7 个水面监测断面，各项指标均达到功能要求，其中 4 个断面水质从三类水提升为二类水。全面清理围网、内部界箔等养殖设施，已完成洋湖泊、百家湖、白塔洋三个湖内的围网、界箔的清理工作，共计清理 5102 米。集中开展一体化水面保洁服务，严禁在河湖内投喂饲料。大力发展渔业生态养殖，探索实行人放天养、以鱼养水的生态养殖模式，形成健康、合理、有效的生态生物链，促进水域生态环境的良性循环。在 2021 年底全省迁徙水鸟调研中，陆续发现鸳鸯、罗纹鸭、凤头䴙䴘等新增的国家级、省级保护鸟类，新增发现国家重点保护动物 2 种，其中国家一级保护动物 1 种（黄胸鹀）、国家二级保护动物 1 种（日本松雀鹰）。截至 2023 年，鉴湖国家湿地公园（试点）范围内的国家重点保护动植物增加到 20 种。这充分证明了鉴湖水质提升显著，生态环境持续优化。

利用平原湿地特点，探索"鉴湖水、鉴湖稻，酿绍兴酒"，联合古越龙山黄酒集团打造糯稻基地，植入黄酒文化，建设糯稻农文旅千亩示范方。截至 2022 年 4 月，已流转周边土地 2082 亩。

依托当地深厚文化优势通过"互联网＋农业"、"文创＋农业"的融合，转化产业发展高度，串联运河文化、鉴湖风光，串点串岛成线，发展休闲农业、观光农业。以观光、采摘、民宿、露营等形式打造新的经济增长模式，推进乡村旅游、促进城乡融合、提高就业率、解决农产品销售难等问题；举办首届陶堰东鉴湖旅游文化节，策划举办一年一度的湿地油菜花节，纳入"捕鱼节""稻田文化节""湿地日""爱鸟周"等活动。①

---

① 此小节相关资料由浙江绍兴鉴湖省级湿地公园管理委员会提供。

三、瓜渚湖

嘉庆《山阴县志》卷四载："瓜渚湖在县西三十里，有前后二湖，广千余亩，旱则涸。"[①] 湖面积 149.2 万平方米，容积 417.41 万立方米。湖东南为浙东运河流经的历史名镇柯桥，西北为自古便以"日出万丈绸"闻名的水乡纺织之地华舍，东南为历史古镇东浦。

瓜渚湖畔自古多名人名居。瓜渚湖周边以"梅"为地名之首字者颇多，除"双梅"，还有"梅墅""梅巷""梅山"等，据地方文献，这些地名均与汉代梅福有关。此外名人还有：谢夷吾，字尧卿，东汉时会稽山阴人，曾任荆州刺史、钜鹿太守，为瓜渚湖西南侧谢桥人；谢承，字伟平，三国吴会稽山阴人，史学家，亦为瓜渚湖西南侧谢桥人。鲁迅在《会稽郡故书杂集》中收入谢承所著《会稽先贤传》，并于序中称其"吉光片羽，皆可宝也"。

古时的瓜渚湖风景秀丽，具典型的平原水乡风光。这里既有水面宽广、水平如镜的湖泊，又密布弯曲的河流，还有四通八达的港汊、形制多样的石桥，民居屋舍隐现在连片的农田和绿树丛中，颇具"山重水复疑无路，柳暗花明又一村"[②] 之风光。

随着绍兴的发展，如今的瓜渚湖已全部隶属于柯桥区。在这块以国际纺织品商贸为中心的繁华富庶之地，瓜渚湖以其迷人的风光，成为聚生态、休闲、旅游、景观等诸多效益于一体的水城明珠，魅力无穷。

四、青甸湖

青甸湖又称青田湖，地处绍兴西缘，处于今绍兴市越城区东浦街道及灵芝街道，在西鉴湖之北，西兴运河之南，面积 77.5 万平方米，容积

---

① 嘉庆《山阴县志》卷四，第 2 页。
② ［宋］陆游：《游山西村》，载［宋］陆游《剑南诗稿》卷一，第 40 页。

195.94 万立方米。嘉庆《山阴县志》卷四："青田湖在县西十五里，周回二十余里。"① 青甸湖 2019 年至 2020 年为绍兴市自来水有限公司取水口，汤浦水库建成供水后，转为备用水源。

根据清代康熙、乾隆二帝来绍兴驻跸城西龙横江"麓湖庄"的记载，② 当时的龙舟应是在青甸湖北侧的运河南折，经青甸湖往东进新桥江，再到龙横江上麓湖庄的。此段河道应为运河进入绍兴城的支河。

青甸湖水面宽广，湖山秀丽，民风淳朴，景色迷人，有泗龙桥横亘湖上。泗龙桥为越中名桥，又名廿眼桥，已有近千年历史。民国二十三年（1934），以里人王氏和东浦袁家蛟、陈忠义，酒坊主陈阿龙为首集资重建，为绍兴文保单位。

泗龙桥系南北向拱梁组合石桥，由 3 孔石桥孔和 20 孔石梁桥组成，全长 96.4 米，宽 3 米，3 孔拱净跨分别为 5.4 米、6.1 米、5.4 米。烟波缥缈之中，泗龙桥宛如一条巨龙伏波，气势不凡。站在桥以西望之，会稽山、绍兴古城、青甸湖水均为泗龙桥之后景，而泗龙桥常有欲腾跃水波之态。

青甸湖泗龙桥上有对联两副：

> 建近千年，路达南北；名驰廿眼，水通东西。
> 整旧规程，前承鉴水；登新阶级，高拥梅峰。

从两副对联中可见此桥历史之久、交通之便，以及桥的重建与桥周风景。

桥南有一精美石亭，南有联为：

> 为仁不富流芳百世，为富不仁遗臭万年。

北有联为：

> 退一步天宽地阔，忍三分心气和平。

---

① 嘉庆《山阴县志》卷四，第 2 页。
② 邱志荣：《绍兴风景园林与水》，学林出版社 2008 年版，第 426 页。

青甸湖承西鉴湖水，水质清澈，水产丰盛，河鲫、河虾名闻越中。其湖光山色为古城增辉添彩，又是绍兴城西著名龙舟竞渡之地。清李慈铭多有描写此湖竞渡之诗，如《癸未四月五日梦舟行故里青田湖中乐甚醒而赋之次日是湖中竞渡日也》便将运河和青甸湖的水道记述得很清楚，对龙舟竞技更是描绘得惟妙惟肖：

> 故乡霞川水，南汇青田湖。湖周七八里，四浸山葰葰。其中多曲港，夹树枫柏株。霞川为运河，帆樯如鹜趋。过桥入湖口，顿觉心神殊。清光启明镜，千百螺鬟梳。缘堤富菱芡，亦种红芙蕖。丽景四时足，郁为神仙都。昨梦驾一叶，驶入烟波区。其时旭日出，金翠相卷舒。渔舠正四散，点缀鸥与凫。树色蔚若荠，下映澄练铺。岚光滴晓露，浮青满衣裾。顾之忻然笑，身复入画图。栩蝶忽以觉，苍碧犹能摹。始悟明日事，竞渡相嬉娱。龙舟狎翠浪，出没跳惊鱼。汀花岸草间，时时拂旌旟。川驿织锦绣，酒国开枌榆。时适田事隙，清和当夏初。年少随里集，此乐长无渝。安得附翼归，箫鼓趁村墟。[1]

五、狭猻湖

嘉庆《山阴县志》卷四："狭猻湖在具北一十里，周回约十余里，俗呼黄鳝湖，潦则盈，旱则涸。"[2] 狭猻湖位于今绍兴市越城区灵芝街道，若耶溪下游直落江西侧，面积 234.68 万平方米，容积 635.04 万立方米，是目前绍兴平原最大的湖泊。

（一）狭猻湖避塘

狭猻湖避塘位于越城区东浦镇湖口村狭猻湖上，始建于明崇祯十五年

---

① ［清］李慈铭：《越缦堂诗文集》，刘再华校点，上海古籍出版社 2008 年版，第 425 页。
② 嘉庆《山阴县志》卷四，第 2 页。

（1642），清代重修，为全国文物保护单位。嘉庆《山阴县志》卷二十载：

> 狭猹湖塘湖周回四十里。……明天启中有石工覆舟，遇救得免，遂为僧，发愿誓筑石塘，十余年不成，抑郁以死。会稽张贤臣闻而悯之，于崇祯十五年建塘六里。[①]

避塘全长 3500 米，宽约 2 米，高约 5 米。塘路弯曲，其中有天济、普济、德济、平济、中济 5 座石桥，与路亭连成一体。避塘建成后形成了俗称的外湖内河。内湖河面宽约 20 米。如遇大风，外湖船只只要进入内湖，便无风浪冲击之患。避塘以本地的青石大条石从湖底叠垒而成，坚实稳固，又面铺大青石板，造型大气恢宏、厚重质朴，宛如一条玉龙起伏跃腾，可与运河古纤道相媲美，可谓越中奇观。常水位下避塘距水面仅约 1 米，行人行走于上，与水相亲。

狭猹湖避塘
图片来源：戴秀丽提供。

（二）梅山

梅山位于狭猹湖东南近侧，与南绍兴城及北斗门镇处同一条纵轴线上。嘉庆《山阴县志》卷三载：

---

① 嘉庆《山阴县志》卷二十，第 2 页。

梅山在县北一十五里。……陆农师《适南亭记》云"昔子真之所居也"。少西有里曰梅市。西南有永觉寺、梅子真泉、适南亭、竹径、茶坞。①

适南亭之"适南","盖取庄周'大鹏图南'之义"②，山高78.1米（黄海），山体面积20万平方米，孤峰突起于平原之上，山为水所环绕，山体平缓，且弯曲多岩坡；植被丰富，树种颇多，尤多梅林。山上栖息着大批国家二级保护动物——黄嘴白鹭。陆佃曾撰《适南亭记》，记录往游所见："峰峦如削，间见层出。……已而北顾，见其烟海杳冥，风帆隐映，有魁伟绝特之观，而高情爽气，适相值也。"③

梅山图
图片来源：清康熙十年（1671）《山阴县志》。

2005年狭鉴湖改名镜湖，并以此湖为中心，由建设部批准设立绍兴市镜湖国家城市湿地公园。

---

① 嘉庆《山阴县志》卷三，第11页。
② 嘉庆《山阴县志》卷二十八，第27页。
③ ［宋］陆佃:《适南亭记》，载［宋］吕祖谦编、齐治平点校《宋文鉴》卷八十三，中华书局1992年版，第1188页。

六、夏盖湖

　　夏盖湖位于今绍兴市上虞区北部，夏盖山以南，北枕大海。夏盖湖因夏盖山得名。而夏盖山因有山如盖，故曰盖山；又有人说大禹曾登此山，故又曰夏盖山。[①]《嘉泰会稽志》卷十载："五夫河，在县北三十五里。源出夏盖湖，曰驿亭堰，凡三十里，东流入余姚县之菁江。"[②]据此，夏盖湖也是浙东运河虞甬段的水源工程。

　　据记载，虞北地区在东汉时已有白马、上妃两湖，以蓄水灌田。白马湖在夏盖湖之南，建于东汉时，周围共四十五里八步，湖三面皆壁立大山，三十六涧水均汇合于此。建湖之初，边塘多次崩坏，村民以白马祭之，湖始成，因此得名。上妃湖在白马湖之西，亦创建于东汉，周围长三十五里。

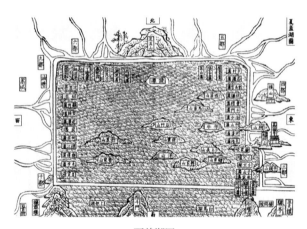

夏盖湖图
图片来源：明万历《绍兴府志》。

　　唐代后期，因当地人口增多，田多湖狭，水利失调，长庆年间（821—824）由永丰、上虞、宁远、新兴、孝义五乡之民割己田建成夏盖湖，"周

---

① 参考《上虞县五乡水利本末》之《三湖沿革》，载冯建荣主编《绍兴水利文献丛集》，广陵书社2014年版，第822页。本节有关夏盖湖的引文，凡未特殊标注者，基本出此文献。
② 《嘉泰会稽志》卷十，第16页。

一百五里。"① 又据传此湖由唐朝诗人、越州刺史元稹动员兴建。

夏盖湖在丰惠古县城西北四十里，北距海仅里许。以夏盖山为界，湖堤分东西两段，东堤"二千五百七十丈"，西堤"四千五百八十三丈"。"凡堤防之制，趾广二丈五尺，上广一丈，高如上广之数。每塘一丈间植榆柳一株，如遇坍塌，随即修理。"② 湖塘上共设沟门 36 所，湖东、湖西各置 18 所，湖水分别通过湖旁沟渠流入灌区。东堤上还建有 2 座石闸。

上妃湖地势高于夏盖湖，来水由穰草堰进入夏盖湖；白马湖地势比夏盖湖略低，于是筑孔堰接山涧之水进白马湖，再经石堰入夏盖湖，因而形成了由喉（上妃湖、白马湖）注腹（夏盖湖）、由腹散支的灌排系统，元代陈恬在为《上虞县五乡水利本末》作的序言中，称："上虞之有夏盖、白马、上妃三湖，如人有脏腑。"

据《三湖沿革》所述，夏盖湖"周围一百五里，以为旱涝之防，旱则导湖水以灌田，涝则决田水以入江，所以赖其利者博矣。凡水利所被由二都至十都，镇都沾溉既足，余流分荫会稽县延德乡、余姚州兰风乡之茹谦三保"，为当地约 13 万亩农田提供了较充足的灌溉用水，使这片曾经旱涝频仍的盐碱之地得到了改善。其灌区面积虽只有全县的五分之二，但粮食产量占全县大半，赋税占全县一半。此外"兼有菱、芡、芙蕖、茭苇及鱼虾之利，俗谓日产黄金方寸云"③。

夏盖湖在管理上也有一套严格的办法："叠堰分埭，以时蓄泄；限量晷刻，以节多寡；序次先后，以均远近。"④

宋代时，由于战事纷乱，人口较多迁入当地，夏盖湖开始被围垦成

① ［清］嵇曾筠修，［清］陆奎勋纂：《（雍正）浙江通志》卷十五，清光绪二十五年（1899）浙江书局重刻本，第 46 页。本文献以下简录为"雍正《浙江通志》"。
② ［清］唐煦春修，［清］朱士黻纂：《上虞县志》卷二十，清光绪十七年（1891）刻本，第 16 页。本文献以下简录为"光绪《上虞县志》"。
③ 万历《绍兴府志》卷七，第 29 页。
④ ［元］贡师泰：《上虞县复湖记》，载李修生主编《全元文》卷一四〇一，江苏古籍出版社 1998 年版，第 239 页。

田。首次提出废湖为田在熙宁六年（1073）。有较大影响的一次废湖在政和年间（1111—1118），越州太守王仲嶷想要向朝廷邀宠，为了多交湖田租税以供皇室享用，竟不顾黎民生计，滥用权势对夏盖湖、鉴湖等进行围垦，对夏盖湖的最后废毁产生了极坏的作用。民间有古谣云："坏我陂，王仲嶷，夺我食，使我饥。天高高，无所知。复陂谁，南渡时。"[1]歌谣记载了当时夏盖湖毁坏后，自然灾害增多的状况，也表达了当地人民对王仲嶷的深恶痛绝和对昏聩朝廷的抨击。

建炎二年（1128），上虞县令陈休锡经过调查，毅然决定恢复夏盖湖。虽然当时的绍兴知府翟汝文曾几次以未得到朝廷正式命令为由进行阻挠，但陈休锡义无反顾，最终复湖成功。是年越地大旱，诸暨、新昌、嵊县遭灾严重，赤地数百里，唯上虞、余姚因有夏盖湖蓄水灌溉，大获丰收。该年冬，新昌、嵊县到上虞、余姚购买粮食的人络绎不绝。时人评之："向使陈令行之不果，则邑民救死不暇，况他境乎？"[2]从中亦可见兴修水利之效益。

自宋至元、明、清各朝，夏盖湖的废湖、复湖争斗有十余次之多，湖面不断缩小，到清代雍正六年（1728）后，更是逐步彻底废毁，水利布局也有所调整。现仅残余小越湖、东泊、西泊、破岗泊等小湖泊。

记载夏盖湖水利与文化的《上虞县五乡水利本末》，是目前所能见到的绍兴最早一部区域性水利专志，由元至正二十二年（1362）上虞陈恬（字晏如）所著。

清光绪十年（1884），连蘅《续水利本末》刻印，记述明清时期三湖水利。《上虞县五乡水利本末》中的《五乡歌谣》中载有一首《兴湖歌》，描述并赞美了夏盖湖水利的兴建和历史功绩，从中亦可见夏盖湖在上虞民众心目中的地位：

---

① 程杰、范晓婧、张石川编著：《宋辽金元歌谣谚语集》，南京师范大学出版社 2014年版，第 41 页。
② ［宋］陈橐：《夏盖河议》，载［明］徐光启《农政全书》卷十六，明崇祯十二年（1639）平露堂刻本，第 9 页。

虞邑西乡，碱土如霜。雨泽愆期，禾稼致伤。古人忧远，筑湖以防。谢陂渔浦，源深流长。夏盖在后，开于李唐。民割己田，包输其粮。启闭周密，积水汪洋。灌我田亩，定限立疆。维兹有秋，禾黍登场。含饴鼓腹，咸乐平康。愿言此歌，彻彼上苍。

七、白马湖

白马湖位于今绍兴市上虞区东北部驿亭镇横塘、五驿二村，湖形狭长，呈东南—西北向，湖面面积 250 亩，最深处约 8 米，三面环山，风景秀丽。①

白马湖原名渔浦湖，传说虞舜曾在此捕鱼。《水经注》卷四十载：

县之东郭外有渔浦，湖中有大独、小独二山。又有覆舟山，覆舟山下有渔浦王庙，庙今移入里山。此三山孤立水中，湖外有青山、黄山、泽兰山，重岫叠岭，参差入云。泽兰山头有深潭，山影临水，水色青绿。山中有诸坞，有石榰一所，右临白马潭，潭之深无底。传云：创湖之始，边塘屡崩，百姓以白马祭之。因以名水。②

光绪《上虞县志》引夏侯曾先《会稽地志》云："晋县令周鹏举尝乘白马入湖中不出，人以为地仙，由此得名。"③

关于白马湖得名由来，《上虞县五乡水利本末》另有一说：虞北地区在东汉时已建有白马、上妃两湖，以蓄水灌田。白马湖在夏盖湖之南，周围共四十五里八步，湖三面皆壁立大山，三十六涧水均汇合于此。建湖之初，边塘多次崩坏，村民以白马祭之，湖始成，因此得名。④ 万历《上虞

---

① 上虞县志编纂委员会编：《上虞县志》，浙江人民出版社 1990 年版，第 127 页。
② ［北魏］郦道元《水经注》卷四十"浙江水"，第 947 页。
③ 光绪《上虞县志》卷二十，第 11 页。
④ 此在夏盖湖一节已有介绍。

县志》载其"旁有沟闸，溉永丰之田四十余顷"[1]。

白马湖畔有20世纪20年代创办的春晖中学。清光绪三十四年（1908），上虞乡绅陈春澜顺应清朝政府"废科举、兴学堂"之潮流，在家乡小越横山创办春晖学堂，并声明"办至中学程序为止"[2]。1919年起，陈春澜为"践予前言"，出资委托乡贤王佑、经亨颐等续办中学，从此，白马湖畔有了春晖中学。学校以春晖为名，寓意如春天的阳光之于万物一样培育青少年茁壮成长，并含有纪念陈氏之意。

由于经亨颐的声望以及白马湖幽雅的自然环境，众多国内名师受聘于春晖中学任教。如夏丏尊、朱自清、丰子恺、刘薰宇、刘淑琴、朱光潜、匡互生、王任叔、冯三昧、赵廷为、杨贤江、方光焘等20世纪20年代都曾在校内任教。又如何香凝、蔡元培、黄炎培、陈望道、李叔同、吴觉农、俞平伯、吴稚晖等都曾来校讲学；张闻天、刘大白、沈定一、叶圣陶、胡愈之等大师亦曾来校考察指导。春晖中学也由此赢得了"北南开，南春晖"的美誉。[3]

著名电影导演谢晋曾于1937年秋就读于春晖中学，在此生活、学习一年。他对春晖中学感情至深，在20世纪70年代执导《春苗》时，部分外景就取景自春晖中学。拍摄电视剧《围城》时，谢晋曾向导演黄蜀芹举荐春晖中学作为"三闾大学"的取景地，剧中的曲院、一字楼、白马湖等均是此地实景。

八、石宕

绍兴的石宕起始多是在平原的一些孤丘之中的采石场，之后又形成了石宕湖。

---

[1] ［明］徐待聘等修：《新修上虞县志》卷三，明万历三十四年（1606）刻本，第4页。
[2] 严禄标编著：《百年春晖》，西泠印社2011年版，第15页。
[3] 上虞县志编纂委员会编：《上虞县志》，浙江人民出版社1990年版，第631页。

（一）东湖

东湖位于绍兴古城东约 6 千米处的古运河畔，今属绍兴市越城区皋埠街道。湖外有鸟门山，又称绕门山、龙池山。相传公元前 210 年，秦始皇东巡至越，曾在此山歇马喂草，故此山又名箬簣山。鸟门山是一座青石岩山，石质颇优，始开如白玉，日久变青。此山距绍兴古城不远，交通便利，记载及实物考证显示绍兴古代城墙建设、古运河砌石，以及周边大部分民居用石，都取自此山。东湖之名有明确记载应在清光绪年间，但这里的奇岩、怪洞、石壁、石宕湖形成年代应是十分久远。鸟门山采石，并非杂乱无章，而是依山势起伏变化，万仞千削，百壁如挂，或高耸，或低仰，或似仙，或似兽，横看成剑，侧又成柱，千姿百态，其妙无穷。岩壁之下，又为石宕湖水所环绕，刚柔相济，幽深莫测。

清光绪年间，陶堰人陶浚宣（1846—1912）购得鸟门山，并对鸟门山的悬崖绝壁进行了巧夺天工的设置规划——先在河中筑起一道长堤，堤上全部砌成围墙，使堤以南的河道变成一泓河水，环绕着峭壁奇岩的残山剩水；再将是处山水经过精心加工，分成三个景区：

其一，仙桃洞。相传洞顶有仙桃树，故名。洞前有"洞五百尺不见底，桃三千年一开花"石刻联句。顶端崖壁上有一岩石，形若石椅，传为神仙看管仙桃所坐。人在舟中抬头仰望，可见顶端有一大洞天，形似天桃。

东湖仙桃洞
邱志荣／摄影

其二，陶公洞。陶浚宣有镌有"渊明四十五代孙"篆文图章一方。陶公洞原是为纪念陶渊明而设。洞在悬崖绝壁之中，舟行其中，可见水色深碧，仰视天际，洞天高达百丈。

其三，桂岭水景。此处多植桂树，郁郁葱葱，每至金秋十月，丹桂飘香，令人心旷神怡。

此外，东湖的亭台楼阁以及假山石桥等建筑，也经过精心设计，因地制宜，就材施用，浓妆淡抹，处处相宜。堤上桃柳成荫，池中游鱼可数，湖光山色，相映成趣。

（二）柯岩

柯岩位于今绍兴市柯桥区柯岩街道，在鉴湖之畔，柯山脚下。据载，自三国以来，便有石工在此采石不止。柯岩因柯山取名，其景或孤岩突兀，或深潭通泉，但要说最奇之景，还数"炉柱晴烟"。此景是一块巨石，是隋唐以来采石刻凿而成，高30余米，底围仅4米，最薄处不足1米，石顶还有千年古柏，远观宛若一柱烟霭袅袅升空，故名"炉柱晴烟"，又叫"云骨"。相传宋代书法家米芾来此，见此奇景"癫狂"数日才依依不舍离去。云骨之西又有开凿于隋代、竣工于初唐的大佛，高20.8米，是浙江四大名佛之一。石宕湖边上还有蚕花洞、七星岩等景观。

柯山因采石形成了云骨、大佛、石宕、深洞、残崖等景观后，明清二代当地文人学士、释家高僧又在此地布景造园、吟诗作文，于是柯岩便成为山阴胜景，并被归纳为"柯山八景"。

在《柯山小志》中，清山阴梅溪周铭鼎的《柯山八景传并小记》[①] 详细描写了八景，每一景均有记有诗。

东山春望。周铭鼎将在东山之上所见古鉴湖一带风光，以及登山倚松之乐，一一记于文中、诗中：

---

① ［清］周铭鼎：《柯山八景传并小记》，载绍兴县修志委员会辑《绍兴县志资料第一辑》第八册《柯山小志》卷下，民国二十六年（1937）铅印版，第16—18页。以下八景介绍中引文均出自此文，不再赘述。

东山与柯山、棋盘山相连属，前后绝无障碍，足以眺远，为一乡登临之胜。陟其巅可二三里，春时四望，见绣塍棋布，村居院落似鳞次栉比然。花木炊烟，错杂莫辨，南塘一带镜影，天光晴澈如画。至小雨之际，冥朦万态，惟乌篷叶叶浮沉远近而已。山麓多种松，岁久偃寒，俱作虬龙状，予每登是山，足力稍疲，辄倚松盘桓而不忍去。

携得一双屐，游山学谢公。人来千磴上，春在四围中。大地韶光丽，长天眼界空，倘非澄霁日，花柳雾蒙蒙。

炉柱晴烟。云骨是柯岩最神奇之石，将其与禹陵之香炉峰相连观赏，南北呼应，使其风景地位为合郡中不可缺少，独一无二。

石佛寺西，偏立石柱，一石工凿佛后，用其余力，特为点缀，以当供佛之炉。顶形突兀圆转，其似博山，何匠心狡狯若此。柱较瘦，矗然壁立，直上于霄，与禹陵之香炉峰遥遥相接，大小烟鬟，青苍斗色。晴日则朝暾烘染，暮岚掩映，常有烟云蓊翳其上，蓬蓬勃勃，如釜上气焉。石本奇崛，其位置不在无为州署之下，使漫士见之，必具袍笏而拜矣。

神工何代凿，炉顶特超然。暖翠烘朝旭，寒空聚暮烟，有香堪供佛，此柱欲擎天。石丈端岩甚，相应拜米颠。

七岩观鱼。岩喻为七星，已合天文之奇。又岩下有荡，荡中有鱼，又有大鱼，其幻莫测。天然广厦，亦可人居，天人合一。

七岩，一名七星岩，其外夹壁如门，内则东西两荡并列，潭澄水阔，为古放生处，常蓄鱼千余头。闻有一大鱼，潜于东荡之底，每当月明人静，跳跃而起，激响成雷。又东荡壁间，镌明吴环州公兑手书"天然广厦"四大字。公出仕时，著有防边御寇诸勋，详载《明史》，后人瞻观遗迹，如见公冠裳簪笏之容。则此岩之足重者，其在斯乎！其在斯乎！

广厦浓云覆，澄潭古黛皴。阴森积寒潦，泼剌见游鳞。知乐常依藻，忘机不避人，此中有腾鲤，慎勿久沉沦。

清潭看竹。翠竹映清潭而水更碧，清水照翠竹而竹更幽，神奇传说，久之假已成真。

清潭在石竹居傍，即祁忠惠公《越中园亭记》所载潘长史完宁之园，此其遗址也。潭边种竹数百竿，皆大于臂，苍翠之色与潭水相映，照人眉须俱碧，而潭顾为荇潦堆积，不甚了了。其一种寒冷幽邃，视之辄生怖心。山畔居民，有指点路径者云，昔莲师投锡于是，以故潭形似林，此附会其说。乃后人立碑，题为莲池大师放生处。讹以传讹，予徒叹其谬焉！

十亩青池曲，筼筜几百竿。素波晴染碧，赤日午生寒。对尔殊非俗，无人只独看。追思园上在，筱饮傍栏杆。

石室烹泉。石室之中，名泉既可烹茶，观泉又可思世态。不为寒酸自惭，且看山川灵秀，高士自有乐。

自放生庵而西为石室，其石如覆。盖横撑半岭，悬悬欲坠，下可用百许人。有泉从石罅中出，澄不满尺，而终岁不绝，名虾蟆泉。以其形似虾蟆，从俗称也。味清冽，烹茶尤美，特游人过此，相与陈肴置酒，宴饮为欢，未闻拾枯枝煮瓦铛辨别泉味者。予谓世人每轻寒酸而重富贵，仅慕浅斟低唱，自惭取雪煎茶，得毋为山灵所笑！

幽泉渟石屋，汲取瓦炉烹。烟袅藤萝细，音参竹树青。一瓯尝日铸，两腋快风生。自笑寒酸态，无劳斗酒倾。

南洋秋泛。山之胜景，全凭湖光见灵。霜叶红于二月花，此处乌桕经霜满树红，可与桃花争艳。此景必要湖中泛舟，饮酒品菱，方得真趣。

鉴湖周三百五十八里，而南洋得百之一。三面依山，独缺其西，以远岫补之。湖上多种菱，沿堤偏值乌桕，霜后叶尽丹，与二月桃花争艳，初从秋杪冬初，荡小舟沽村酒，买菱以佐之，邀二三知己，赋诗酌酒其下，朱霞照人，颜色愈姣，红村之景为最丽。迨流连竟日，兴尽而返，柔橹一声，夕阳明灭，诵老杜青惜峰峦黄知橘柚之句，致足乐也。

艇子无时出，湖南水一涯。酒人看病叶，溪女妒寒花。渚涉闲依鹭，村荒暮噪鸦。归途犹盼望，镜影断残霞。

五桥步月。非仅鉴湖第五桥才能见月，而此处秋月更皎洁。此种清景，人间少有。长啸声中，僧人起而夜更寂。烹茶啖芋栗，已无多余之言。

五桥即鉴湖之第五桥。因东跨湖桥至此，数居第五，故名。与湖南山相近，旁有古朝阳殿，僧人居之。地非孔道，形迹甚稀，入夜则尤寂。值秋月皎洁时，偕友人乘舟到岸，缓步其上，山色幽冷，湖影澄明，堤树枝叶扶疏，漏下月光，碎同残雪。此种清景，许几人消受耶？余划然长啸，天地俱空，庵僧悉惊起问讯。夜半烹茶，啖以芋栗，清谈片刻而归。

五桥桥畔路，夜景最清幽。皎皎一轮月，行行半里秋。星晨攀欲堕，藻荇踏远流。倚树发长啸，惊醒萝里鸥。

棋枰残雪。方志不记棋石而石更奇，或为烂柯故事而忘之。仙气长留，虽岁月变迁，来人思绪有在白云之间。此种境界，几人可得？

棋盘山有青石一方，相传为仙子下棋处。至今花飞六出之后，残痕万点，凝积石上，如作方卦样也。山为郡邑志所不载，而独以棋盘名。想当时必有橘叟其人相对手谈，如王质观棋下山烂柯故事。夫以人世百年岁月，转望消磨，作仙亦复何益？然偶对楸枰，一壶一着，则因萧闲之最也。余访求遗迹，见片石犹存，羽人已去，安得于白云缥缈间遇之？

空岩棋石上，万点白模糊。疑是仙人奕，缘何黑子无？溪山留玉屑，猿鹤住冰壶。要倩蓝田叔，重描残雪图。

（三）羊山①

羊山位于绍兴古城西北约 15 千米处，今属绍兴市柯桥区齐贤街道。据载隋开皇年间（581—600），杨素封越国公，采羊山之石以筑罗城。采石后，此处留下数峰耸立的孤岩于石宕湖中，其主峰如宝剑一把，剑峰如削，似有雄风万丈，题曰"剑魂"。羊山中另一著名景点便是在一块高 80 余丈，周 50 余丈的孤岩上所凿刻的石佛寺。传说为凿刻寺中石佛，曾用了 30 年。佛成之日，空中有鹫鸟飞翔，时人认为此为吉祥之物，便依岩建成"灵鹫禅院"，以容石佛。隋大业年间（605—618）赐额石佛寺。寺院内多岩壁石刻，书法古朴苍老、气势不凡。其中南宋一代抗金名将韩世忠所题"飞跃"二字，钢筋铁骨，有所向披靡的大将风采。又据史籍记载，唐乾宁年间（894—897），节度使董昌僭位，钱镠举兵讨伐，便屯兵羊山一带，后人为纪念钱镠平乱，尊其为城隍菩萨，建"武肃王殿"供奉。石佛寺外围，古石累累，各具神态。水池大小不一，环山依石，形成了羊山石佛、寺庙、摩崖和山水风景相结合的越中著名园林。

羊山潮灾记碑
邱志荣／摄影

---

① 主要参考邱志荣：《绍兴风景园林与水》，学林出版社 2008 年版，第 60—61 页。

（四）吼山

吼山在绍兴古城东 13 千米的皋埠境内，今属绍兴市越城区皋埠街道。越王句践时这里曾是一个畜养基地。《越绝书》卷八载："犬山者，句践罢吴，畜犬猎南山白鹿，欲得献吴，神不可得，故曰犬山。其高为犬亭，去县二十五里。"[①] 古代吼山与附近的东湖一样，也是一处人工采石基地，经过采石形成景观。

一景为石宕。山西之水石宕，残岩千姿百态，宕水深不可测。石宕东北隅，有山称曹山，有石梁长 20 余米，横跃石宕之上，形成洞门，又宛如一只石象长鼻吸水，惟妙惟肖，自然天成，游船可贯穿其中，成别有洞天胜景。明代徐渭有诗赞曰：

> 小桥一洞莲花巘，大蜃残虹撑水面。江妃水面不禁寒，却来人世开宫殿。[②]

徐渭此诗不但热情赞美吼山石宕奇景，也说明吼山石景早在明代之时已形成。

一景为放生池。池水清澈蔚蓝，池边残宕石壁多历代名家题刻。吼山多洞，其中以烟萝洞最著名。进到洞中，如入城堡。采石所存岩壁有一尊越王句践石像。岩壁直冲云霄，藤蔓草丛之间，有飞泉直下，人称"龙涎水"。又有"一洞天"景观，由一块与岩壁相连的巨石向天外伸展。剩水宕，二面陡壁，形似风帆，直挂天际。

至于石景，吼山更是著称于世。自山脚至山顶，象鼻石、神犬石、蛤蟆石、飞来石、僧帽石不胜枚举，千姿百态，各显鬼斧神工，其中以云石、棋盘石为最。云石高 22 米，似一倒置靴子，又似天然灵芝。棋盘石高耸云天，上覆巨石数块，传说古代常有神仙于此弈棋，登临两石，其间或有

---

① ［东汉］袁康:《越绝书校释》卷八，李步嘉校释，中华书局 2013 年版，第 226 页。
② ［明］徐渭:《游石宕二首·其二》，载［明］徐渭《徐渭集》卷五，中华书局 1983 年版，第 142 页。

云雾飘越，难辨真云与真石。这里要指出的是：吼山棋盘石是典型的"石蘑菇"，属于地质科学的研究范畴，是岩石水平节理与垂直节理不同侵蚀所造成。吼山的石蘑菇，后人或经过雕琢，但程度不大，基本保持原态。

第三节　宁波

一、牟山湖[①]

（一）形成及现状功能

牟山湖，又名西湖、元宝湖、新湖，位于今宁波市余姚市牟山镇境内，东、南、西三面环山，北面筑堤。《嘉泰会稽志·余姚县》载："牟山湖，在县西北三十五里。周三十里，东北有土门。"[②]牟山湖在余姚的西面，故称西湖；因形如元宝，又称元宝湖。又《东山志》："牟山，山形似牟，其地为兰风，有牟山港、牟山庙。"[③]

牟山湖的前身是潟湖。在约7000～6000年前的河姆渡文化时期，姚江并非由今水道入海，而是经现在的牟山湖东岸一带向北入海。当时牟山湖一带还是海湾。至约5000年前卷转虫海退，由于钱塘江河口潮汐作用，泥沙沉积，北部地势抬高，姚江被迫改道向东入海。牟山湖在秦朝时称新湖，唐宋时期为姚西农田灌溉主要水源，也是运河重要水源之一。1949年时有水面6.76平方千米，后经多次加固整治，现存湖面面积3.36平方千

---

① 　主要参考《牟山镇志》编纂委员会：《牟山镇志》，方志出版社2021年版，第151—154页。

② 　《嘉泰会稽志》卷十，第25页。

③ 　转引自余姚市地名委员会办公室编：《余姚市地名志》，内部发行，1987年版，第260页。

米，^① 总蓄水量 885 万立方米。^②

牟山湖具有显著的调蓄功能。湖东、南、西汇聚三面山溪入湖，北为挡水塘坝，上筑堰闸三、歇水石湫一（溢洪道），通过联合运作，很好地发挥了蓄水、供水作用。在虞余运河高水位时，牟山湖会实行滞洪，同运河错峰，以缓冲姚西地区，即虞余运河流域的农田洪涝压力。

牟山湖
邱志荣／摄影

（二）历史上整治

光绪《余姚县志》记载，明万历十六年（1588），官府修复牟山湖，"邑人赵锦有记，文录金石"^③。官府另立《复牟山湖碑记》，以期引起公众重视。

姚西一带六乡公议，订有"春筑秋放"的乡规民约。明代后期，地方豪强盗湖占田的不义之举愈演愈烈，牟山湖面积急剧减少，引起周围六乡乡民的义愤。人们为了保卫牟山湖，多次与之斗争，还有人为之付出生命的代价。

明万历年间（1573—1620），豪官邵梦弼之弟邵梦龄勾结地方豪强，仗势围湖造田，使牟山湖水面急剧减少，引发了周围乡民的强烈不满。魏汉

---

① 《余姚市地名志》编纂委员会编：《余姚市地名志》，浙江古籍出版社 2021 年版，第446 页。

② 据余姚市人民政府网站 2021 年 1 月 30 日发布的数据，http：//www.yy.gov.cn/art/2020/7/22/art_1229132735_47660306.html。

③ 光绪《余姚县志》卷八，第 3 页。

等正义人士至抚台联名上诉，却遭到当地豪强迫害，不但魏汉被公然杖杀，多名参与上诉的正义人士也被诬告陷害。魏氏族人再次上告至抚台、按台，诉讼达20年之久而得不到解决。明万历三十五年（1607），魏汉之侄魏官（一作观）冒死告御状，上书万历皇帝，写下了《复牟山湖御呈》，终于引起明廷重视。朝廷派员查究，牟山湖才得以恢复原状。

清初，湖塘多次坍塌。清乾隆三十九年（1774），周巷商人王生道出资千金，修堤塘、碶闸，造凉亭。乾隆四十五年（1780），县署立碑，禁止湖堤放牧、垦殖。嘉庆二十一年（1816），重修湖塘及大有（双孔）、屡丰（单孔）两闸。同治十一至十二年（1872—1873），"连遭亢旱，蓄水无多。邑人刘月瑞创捐钱二千七百余缗。并集六乡绅耆浚湖培堤。堤加三尺，长十里。费不足，又有邑人刘青钱邀周培元、魏鼎三等，捐钱二千缗，堤闸始一律竣工"[1]。光绪二年（1876），重修大有闸，增高湖塘0.67米，光绪十年（1884）竣工。

牟山湖运河
邱志荣／摄影

光绪二十一年（1895），陈君笙郊邀集众人，首倡浚湖修闸之议，同诣县君请示，将牟山湖私田先行铲复。光绪二十三至二十四年（1897—

---

[1]　光绪《余姚县志》卷八，第4页。

1898），勘湖界，测湖图，立两闸启闭成规，划定湖区。牟山湖开闸放水时，须备牲醴致祭。

民国三十六年（1947）10—12月，在湖北部围田226.67公顷。翌年，开渠3条，重修大有闸和屡丰闸。

（三）当代整治

1. 历年整治

1952年，重建大有、屡丰两闸，耗资3.7万元。1954年、1957年，两次整修重点湖塘4952.5米，完成土方3.85万立方米。1962年，修理被洪水冲毁的湖塘930米，投工5051个工，完成土方880立方米、石方2138立方米。1969年11月，为引四明湖水增加蓄水量，加高加固湖塘8000米，塘面高4米，相应高程7.5米，完成土方34.12万立方米。1970年，砌石护岸，完成石方8000立方米。

1996年5月24日，决定从保护整治的角度对牟山湖进行整治，以增加牟山湖蓄水量为目标，以达到20世纪50年代初的牟山湖梅雨季节后的蓄水位（4.95米）为标准，加固、加高修复湖堤，废除围湖取泥的封闭式泥塘，恢复牟山湖面积，增加蓄水量。

此次整治工程投资282万元，于1996年11月开工，至1998年10月完工，共挖除封闭式堤塘15730米，计土方25.99万立方米，复湖72.23公顷，加固加高双眼闸—湖滨村—大园村—西湖岙防洪堤8000米，填筑土方15.6万立方米，计浆砌块石2750立方米、混凝土887.5立方米。

经过整治，牟山湖增加蓄水量173万立方米，使年供水量达到1208万立方米。其中，灌溉年供水量达到428万立方米，其他供水量达到780万立方米，年供水量比整治前增加512万立方米。同时，通过现有泵站以2米³/秒的流量翻水入湖，提高复蓄指数。通过此次整治，牟山湖水面达3.36平方千米，正常蓄水位4.95米，防洪标准达到20年一遇，汛限水位控制4.00米，最高洪水位5.20米，比湖塘江最高水位5.12米略高0.08米，滞洪库容376.6万立方米。

2. 牟山湖增容工程

（1）一期

牟山湖增容工程（一期）主要由疏浚与堤防、泵站工程组成。工程设计标准为 50 年一遇。工程始于 2005 年。工程共完成土方 333.6 万立方米，其中疏浚 318 万立方米（包括试验区块 35 万立方米）、其他土方 15.6 万立方米；石方 14.3 万立方米，混凝土 3712 立方米；钢材 69.4 吨。征用鱼塘 4.67 公顷，拆迁房屋 2069.02 平方米。工程总概算投资 9425 万元，实际完成总投资 8475.8 万元，节余 949.2 万元，占总概算投资的 10.07%。

牟山湖增容成效明显，防洪标准达到 50 年一遇，减轻了内涝威胁；供水和灌溉能力提高，使牟山湖每年多蓄 700 万立方米左右水量。加上翻水量，牟山湖日供水能力达到 8 万立方米，年供水能力达 2920 万立方米，有效改善了姚西北地区人民群众和企事业单位生产、生活用水和生态环境，为下游姚江的应急用水需求提供了保障，改善了水库和周边水环境，改善了水质，水库水质由四类、五类水达到二类、三类水标准。

除增容工程外，实际还进行了水土保持和环境保护工程。水土保持工程实际扰动面积 52.07 公顷，主要措施是排水渠挡墙、护坡、护底、绿化、排水等。工程水下开挖土方约 283 万立方米；完成填筑堤防约 2105 米，围堰填筑 4705 米，新建排水渠道约 385 米；水土保持措施防治面积合计为 52.07 公顷。扰动土地的治理率为 100%，水土流失治理程度为 100%，拦渣率为 100%，植被恢复系数为 97%，土地整治率为 100%。工程一律在指定地点堆弃清理的淤泥，并根据地形、堆土高度等实际条件采取相应的防护措施，如挡墙、护坡、绿化等工程或非工程措施，同时加大水质保护监管力度，农田禁用高毒、高残留农药，防止湖水受到污染，以有效保护生态环境。

（2）二期

二期工程于 2009 年完工。二期工程累计总投资在 1 亿元以上，内容包括：疏浚湖底，湖底平均挖深 1 米；加固湖堤，新建湖区堤防 1900 米；修复四明湖引水渠。

牟山湖增容整治历经两个工程期，为期 4 年，整治后的湖面为 3.36 平方千米，正常蓄水量达到 1498 万立方米，比整治前的 555 万立方米增加 943 万立方米。

（四）文化积淀

在余姚、上虞境内，尤其是牟山湖周边，许多地名据传都与舜有关，如舜江、姚江、姚氏、冯村等。黄宗羲亦说：

> 今余姚、上虞两县，皆以舜得名，其水之经余姚者曰姚江，亦曰舜江；其水经上虞者，曰百官江。余姚有历山。上虞有握登山，舜母之名也。有虹漾，握登见大虹，意感而生；有象田，其土中耕者往往得古陶器。舜之古迹，在此两县为最多……然大概舜之生在余姚、上虞，故曰"东夷之人"。①

相传虞舜出生在牟山湖东南姚江之滨的姚墟。在余姚龙泉山东大门，入口牌坊有"姚墟古迹"题刻。此题刻乃著名考古学家、古文物专家史树青教授所写。所谓"姚墟"，指的就是虞舜出生地。又在姚江上游，在牟山湖东南十余里，有一座形似金谷、溪流缠绕的小山，这座小山叫罗壁山。山东麓有小山村叫冯村，旧称"诸冯废墟"，民间传说此即为舜所生之地。另一种说法是，舜出生在紧靠牟山湖东岸的马渚之地。

当地又传，大禹牢记舜的指令，要把姚江水患治理好。大禹认真观察余姚的地形，认为要根治姚江下游地区的洪水泛滥，最好采用疏导的办法。姚江上游水势凶猛，必须缓解水流。牟山湖一带的位置，三面环山，易于拦水。大禹于其北面筑堤，并疏通上游水道，分流入内，同时疏通姚江，因势利导，往东泄洪入海，从而彻底解决了姚江洪水泛滥的问题。当然，这也是传说。

春秋战国时期，牟山湖一带是越国的主要粮仓基地。越王句践组织在

---

① ［明］黄宗羲：《孟子师说·卷四·"舜生于诸冯"章》，载［明］黄宗羲《黄宗羲全集》，浙江古籍出版社 2012 年版，第 98 页。

此筑水闸。湖与河流相通的地方，两边用泥土筑牢，中间用木板闸住。蓄水时把木板闸住，放水时把木板抽起，这样就能调节水位，解决洪涝和干涸的问题。

民间所说的越王句践建闸的位置，今日正是牟山湖屡丰闸的位置。

公元前 210 年，秦始皇南巡，上会稽、祭大禹后，开始寻访虞舜故迹。他来到了余姚、上虞交界的牟山湖畔一个叫诸冯的地方。那时的牟山湖背靠四明山余脉，水面方圆 5 万多亩，要比现在大十倍之多，烟波浩渺。秦始皇赞不绝口，当晚就在东边的狮子山下的湖边住下。这个地方，现在就叫"皇宿湾"。

又传贺循任会稽内史时，在重修山阴故水道的同时，又沟通曹娥江和姚江两大水系。贺循沿着牟山湖边的古道开掘了一条新河道，即湖塘江。湖塘江开通后，不仅沟通了浙东两条大河，还起到了调节牟山湖水位的作用。

又载当时贺循与余姚人虞喜多有诗文唱和，他常乘船沿浙东运河东行余姚，路经马渚一带。贺循晚年隐居于牟山湖东边姚江支流边上的一个小村，人们为了纪念他，就将村名改为贺墅村，村边的这条江也就叫贺墅江。村名、江名沿袭至今。另有贺溪、贺墅堰等遗存。

南宋时，康王赵构为避金兵，曾来牟山湖避乱。《东山志》载："鞍山迤东有小山，宋建炎三年，高宗避金兵，自越趋明州，驻跸于此，土人为建康王庙，故名康山。"[1]

牟山湖不但人文底蕴深厚，且自然风光绮丽，资源丰富，其中姜山、美女池、古樟群、红枫林均是风光绝胜之地。五代十国时期，吴越高僧智觉禅师（904—975，释名延寿），路过姜山，看到五峰（凌云、积翠、峨眉、金鸡、白马）的秀丽景色，写下了《姜山五咏》。百年后，一位云游僧人通律诗，来到五峰围绕的小山村——姜山，便将携带的《姜山五咏》刻在了方丈碑上。[2]

---

① 转引自余姚市地名委员会办公室编：《余姚市地名志》，内部发行，1987 年版，第76 页。

② 王祥林主编：《金牛出水牟山湖》，中国文化出版社 2011 年版，第 62 页。

二、东钱湖

东钱湖，又名万金湖、黄金湖，位于今宁波市鄞州区。夏侯曾先《会稽地志》记："其湖承钱埭水，故号钱湖。"[①] 东钱湖最早应是天然潟湖，东南两面临山，西北为平原。湖又可分为三部分：西部以师姑山、笠山（又名大笠山）为界，称"谷子湖"；东北部以湖里塘为界，称"梅湖"；其余部分称"外湖"。梅湖废于 1960 年。

《读史方舆纪要》载：

> 东钱湖，府东三十五里。一名黄金湖，唐时亦曰西湖，时县治未徙也。天宝三载令陆南金尝开浚。四面环山，受七十二溪之水，周八百顷。湖岸叠石为塘，亘八十里。又于其旁各为石碶，水溢则分泄之使注于江。宋天禧元年郡守李夷庚复修治，庆历以后修堤浚湖，相继不绝。中有四闸、七堰，溉田五十四万亩。绍兴十八年复诏有司修浚，淳熙以至淳祐亦再经浚治。元大德中势家请湖壖为田，不许，旋侵占日滋。明朝洪武二十四年及宣德、嘉靖间皆禁侵啮，复旧制。而菱苇沙土，滋蔓淤塞，豪民得藉为奸利，其弊未革也。湖中有霞屿、大慈诸山，去郡城皆数十里。鄞县、定海、奉化三境之田，亦俱被灌溉之利。说者谓郡境农事之修废，系东钱之开塞云。[②]

民间相传东钱湖的隐学山曾为西周末年徐国国君徐偃王隐居之地。[③]

东钱湖在晋代已有记载。陆云《答车茂安书》称鄞县县治"西有大湖，广纵千顷"[④]。鄞县县治在今宝幢附近，其西的大湖即今东钱湖。唐

---

① 转引自 [清] 戴枚修，[清] 董沛等纂：同治《鄞县志》卷五，清光绪三年（1877）刻本，第 12 页。本文献以下简录为"同治《鄞县志》"。

② [清] 顾祖禹：《读史方舆纪要》卷九十二，贺次君、施和金点校，中华书局 2005 年版，第 4242 页。

③ 参见浙江偃王文化研究会主办《浙江徐氏文化简报》（内部刊物）第 2 期第 2 版。

④ 陆士龙：《答车茂安书》，载《陆士龙集》卷十，明汪士贤刻汉魏六朝二十名家集本，第 10 页。

天宝三载（744）鄞县令陆南金重新开拓，将湖外缘山间缺口筑堤封堵，有堤8条、堰4座，废田12.12万亩（唐制），蓄水灌溉鄞奉平原农田。宋嘉祐年间（1056—1063）置四碶，立水平石作放水标准，又建有七堰——钱堰、大堰、莫枝堰、高湫堰、栗木堰、平水堰（平湖堰）、梅湖堰等，组成一个灌排系统控制水位并有效供水。由于湖区存在着自然淤积、工程老化、人为侵占、易生荇草等问题，须经常清除，历经多年修治不止。

东钱湖太平堰
邱志荣 / 摄影

中华人民共和国成立前夕，湖内蓄水容积约3000万立方米，是区域内最大的蓄水工程。中华人民共和国成立后，迁移沿湖低处房屋，加高加固湖堤，增加蓄水容积；开渠引三溪浦水库水入湖，增加集水量；开柴基岭引水渠，便利灌溉；建新闸，便利泄流；改车船堰为电力升船坝，便利通航；从大公至沙家山筑湖心塘，以分区疏浚等工程措施增加蓄水量，提升防洪、水利、航运等综合能力。湖的输水河主要有前塘河、后塘河、中塘河及小浃江；尾闾之水主要通奉化江、甬江。①

今东钱湖，有集水面积79.1平方千米，环湖周长45千米，湖面积19.91平方千米，总库容4428.9万立方米。湖堤8条，总长4771.95米（包括湖心塘1700米），堰坝5条，泄水闸5座，总净宽13.7米。防汛及用水采取与亭下、横山、三溪浦、横溪等水库统一调度的方式。灌溉农田67.4万

---

① 《宁波市水利志》编纂委员会编：《宁波市水利志》，中华书局2006年版，第83页。

亩，并补给宁波市工业、城市、航运等用水。① 东钱湖功能巨大、效益卓著，福泽黎民百姓千秋万代。

古代东钱湖有十景著称，分别为"陶公钓矶""余相书楼""百步耸翠""霞屿锁岚""双虹落彩""二灵夕照""上林晓钟""芦汀宿雁""殷湾渔火""白石仙坪"。东钱湖为群山环抱，山重水复、岸线弯回，气象万千、景色如画，历代为文人墨客歌咏之地。如明代范钦有《泛东湖》诗，赞湖光山色之美：

> 澄波四望空，画舸溯泠风。野寺轻鸥外，人家细雨中。菰蒲临水映，洞壑与天通。即拟寻真去，花源杳未穷。②

从月湖迁居到东钱湖下水村的史氏望族有"一门三宰相，四世两封王"之称。四明之地又有"生居月湖边，死葬钱湖边"之说。今湖边的山麓之地多墓冢石雕碑刻，精美绝伦。

东钱湖山水风光
邱志荣 / 摄影

三、杜湖

杜湖位于今宁波市慈溪市观海卫镇。明万历十八年（1590）前浙藩左

---

① 《甬江志》编纂委员会编：《甬江志》，中华书局 2000 年版，第 71 页。
② ［明］范钦：《范钦集》，袁慧点校，浙江古籍出版社 2012 年版，第 101 页。

使柴桑劳《鸣鹤杜白二官湖纪事序》载：

> 汉时始作杜湖、白洋湖，东西南距山，北通故塘，注近乡诸山水以溉田，时其钟泄，于是兹乡为沃野，无凶年。其后湖堙。唐刺史任侗大兴卒浚筑之，民颂"二天"，因命曰"二天湖"。宋庆历初，湖又堙，邑主簿周常习灌溉事，于湖中为石堤，激列东门、张郎、西碶、白洋诸闸，潴水入湖以备旱，松浦、淹浦、洋浦诸闸，泄水入海以防涝。历千百年，世蒙其利。[①]

又《读史方舆纪要》载：

> 杜湖，县西北五十里。湖南为杜湖岭。旧有湖淤塞，唐刺史任侗复浚筑之，民赖其利。其相近者又有白洋湖。志云：鸣鹤一乡方四十里，不通江潮，惟资杜湖、白洋以灌溉。宋庆历初主簿周常相地高下，筑塘制碶以时蓄泄，为利甚溥。今豪民侵蚀过半矣。[②]

从此记载看，湖之建筑年代或早于唐代，因是淡水湖，地位甚重要，屡加修浚，豪强时有侵湖为田之举。

清光绪三十一年（1905），旅日华侨吴锦堂捐银7万余元修葺杜、白二湖湖堤和水闸，增设减水坝，并请日本人测绘湖区，测得杜湖面积为7006.66亩，白洋湖面积为1285.71亩。宣统元年（1909），沿湖塘开河以利灌溉输水。中华人民共和国成立后多次进行大修。1969年，杜湖的里湖改建为杜湖水库；外湖面积存3.3平方千米，总库容800万立方米，其中正常库容600万立方米，与里杜湖水库、白洋湖统一运行，灌田16.1万亩。

---

① ［明］柴桑劳：《鸣鹤杜白二官湖纪事序》，载［清］王相能辑《慈溪县鸣鹤乡杜白二湖全书》，清嘉庆道光间（1796—1850）刻本。

② ［清］顾祖禹：《读史方舆纪要》卷九十二，贺次君、施和金点校，中华书局2005年版，第4247页。

四、广德湖

广德湖在鄞西平原东北部，今已不存。清咸丰《鄞县志》记其四址为：南对青垫、夹塘、俞家宅一带，西枕林村、凤岙市，北界高桥、石塘、东界新庄一带。北宋曾巩《广德湖记》对此湖有专记。文中称："湖之大五十里，而在鄞之西十二里，其源出于四明山，而引其北为漕渠，泄其东北入江。凡鄞之乡十有四，其东七乡之田，钱湖溉之；其西七乡之田，水注之者，则此湖也。舟之通越者皆由此湖。"[1]可见广德湖是慈溪到鄞县段运河的重要水源工程。

湖之始创，曾巩据唐大中初刻石"湖成三百年矣"句推算，约在"梁齐之际"（502—557），而湖之开拓则在唐大历八年（773）："其旧名曰莺脰湖，而今名，大历八年令储仙舟之所更也。贞元元年，刺史任侗又治而大之。"以后又有几次修治。宋熙宁元年（1068）十一月县令张峋面对干旱灾情及民众支持，大力整治，"筑环湖之堤，凡九千一百三十四丈，其广一丈八尺，而其高八尺"，比旧堤底宽加一倍，高加三分之二，又筑碶九座，为埭二十，在护堤之上"植榆柳，益旧总为三万一百"。到熙宁二年（1069）二月完工，"其用民之力八万二千七百九十有二工"。广德湖治理后，综合效益显著："既成，而田不病旱，舟不病涸，鱼雁茭苇、果蔬水产之良皆复其旧，而其余及于比县旁州。"[2]

和同时期宁绍平原的其他湖泊一样，自唐以来广德湖也遇到了盗垦之举和废湖为田的不同意见："观广德之兴，以数百年，危于废者数矣，骤屡有人，故益以治。盖大历之间，溉田四百顷，大中八百顷，而今二千顷矣。"[3]效益的增加，全凭严格的治理管护。

但到了政和八年（1118），明州府尹楼异为献媚朝廷，提议废湖垦田

---

① ［宋］曾巩：《广德湖记》，载《曾巩散文全集》，今日中国出版社 1996 年版，第 353 页。

② 本段所引文字参见［宋］曾巩：《广德湖记》，载《曾巩散文全集》，今日中国出版社 1996 年版，第 353—354 页。

③ ［宋］曾巩：《广德湖记》，载《曾巩散文全集》，今日中国出版社 1996 年版，第 354 页。

增加岁入，并得到朝廷批准，历六七百年的浙东名湖广德湖至此填废，得田八百顷，岁入租米二万石。

五、日、月两湖

日、月两湖乃从南湖发展而来，是以州名湖，析明州之"明"字。全祖望《鲒埼亭集》载：

> 城中双湖，其始但称"南湖"，钱公辅《众乐亭序》可考也。其后乃有"西湖"之名，而割长春门右一带为南湖。因以西湖为月湖，南湖为日湖矣。[①]

《读史方舆纪要》载：

> 日湖，府治东南一里。一名细湖，周二百五十丈。治西南又有月湖，周七百三十丈。志曰：二湖之源，俱出四明山：一从它山堰经仲夏堰入南门为日湖，亦名南湖；一从府西南五十里大雷山经林村十字港，汇望春桥入西门为月湖，亦名西湖。宋元祐间郡守刘理尝浚治之，为郡城之胜。其下流自城北三里保丰碶泄入于鄞江。[②]

（一）日湖

历史上的日湖已废，今宁波市江北区的日湖乃宁波市城投公司2002年新建。

新建的日湖东起江北区大庆南路延伸段，南到通途路，西界湖滨路，

---

① ［清］全祖望：《南湖西湖小湖异同》，载［清］全祖望《鲒埼亭集》外编卷四十七，民国八年（1919）上海商务印书馆四部丛刊景刻本，第23—24页。
② ［清］顾祖禹：《读史方舆纪要》卷九十二，贺次君、施和金点校，中华书局2005年版，第4241页。

北接环城北路，是一个开放型的城市公园，占地 43.6 公顷，水域面积约为 15.5 公顷。

（二）月湖[①]

月湖位于今宁波市海曙区三江口到中山西路范宅西边，文化深厚，素有"浙东邹鲁"之称。今月湖景区面积有 96.7 公顷，水域呈狭长曲折之形，水域面积 9 公顷。

月湖航拍
戴秀丽 / 摄影

月湖乃由鄞县县令王君照开凿于唐贞观十年（636），至唐太和七年（833），鄞县县令王元暐为兴修水利，"导它山之水作堰江溪"[②]，引四明山之水入城，潴为日、月两湖。

至两宋时期，宁波渐成繁华都市，城中水利相继修浚，以至沟洫脉连，"二水支派，缭绕城市；往往家映修渠、人酌清沚"[③]，形成以月湖为核心的"三江六塘河，两湖居城中"的城市水网系统。

"月湖之所以奇绝者，以其中有十洲。十洲，神仙所居也，此取象矣。……湖山之胜，岂惟常与邦人共之，虽远方之好游者，亦使至焉。"[④]

① 主要参考田杨编著：《宁波旅游》，西安地图出版社 2009 年版，第 29—32 页。

② 同治《鄞县志》卷七，第 36 页。

③ 转引自［清］徐兆昺：《四明谈助》，桂心仪、周冠明、卢学恕、何敏求点注，宁波出版社 2003 年版，第 470 页。

④ 转引自［清］徐兆昺：《四明谈助》，桂心仪、周冠明、卢学恕、何敏求点注，宁波出版社 2003 年版，第 599 页。

宋元祐八年（1093），户部侍郎刘淑主事明州，浚湖植树，利用积土筑成月湖十洲。南宋绍兴年间，刘珵又布楼阁亭榭，植四时花木，建成十洲胜景，即湖西的烟屿、雪汀、芙蓉洲，湖东的竹屿、月岛、菊花洲，以及湖中的松岛（后改名"竹洲"）、花屿、柳汀、芳草洲。此外，还有七桥与三堤交相辉映。七桥是湖心西桥、湖心东桥、憧憧西桥、憧憧东桥、虹桥、袞绣桥、四明桥；三堤是偃月堤、广生堤、桃花堤。

宋时，有四明世家望族环湖寓居，墨客文人行吟湖滨，宿儒名流设馆讲学，著书立说，"里为冠盖，门成邹鲁"，月湖一度成为浙东学术中心，宋元以来文风特盛。僧侣道士占据胜境，诵经说法；贾客靓女行乐佳处，附庸风雅。湖水清波，画船箫鼓，亭台楼阁，飞盖成阴，四时之景不同，春夏佳日更是游人不绝。

十洲之上，世家宅第林立，书楼讲台遍布，庙堂奇祠众多。明清以来，文脉相承——范氏天一阁、徐氏烟雨楼、张氏方岳第、童氏白华堂，是处名人辈出，书香不绝。

如今的月湖是1998年由宁波市政府依据古月湖文化传承重新设计建设的。新月湖十洲仍以古月湖十洲胜景之名命名，位置大致不变。在园林造景中，开挖了月亮湾、菊花洲、水则、芳草洲等4处水域，架设了芳草西桥、芳草东桥等8座桥。又对烟屿、月岛、菊花洲进行了堆山填土改造，在花果园周围新建亭阁、水榭、回廊、戏台，四周开河，成为"园中园"，今称"月园"。为改善月湖水质，一是南边从望湖桥、西面从马牙漕与护城河沟通，使湖水成为活水；二是将月湖周边污水截流。

月湖景区保留了宝奎巷、银台第、蒋宅、李宅、大方岳第、吴氏宗祠等13处有代表性的古建筑，按"修旧如旧"原则进行修缮，并利用这些旧宅布置与环境相协调的博物馆、纪念馆、陈列馆，以丰富月湖文化内涵。

新月湖景区基本体现了"浙东水乡特色、江南园林风格、历史文化内涵"。目前的月湖景区是宁波市区最大的园林景区，也是宁波城内最重要的历史文化保护区。

第三章
塘坝、堰、升船机

小风吹树寒流止，始觉西江潮正起。

须臾倒卷縠纹来，已没岸痕犹未已。

江流自下河自高，逆上更堪行罔水。

九牛回首竹索细，十丈沙泥拒舟底。

舟师绝叫鼙鼓喧，观者骈肩汗如洗。

未经破碎亦偶然，得造涟漪真幸尔。

世间何事非人力，计久终须倚天理。

他年我欲治河源，要使黄流贯清泚。

——［宋］陈渊《钱清过堰》

浙东运河与诸多的河流和湖泊相连，其所穿越的钱塘江、钱清江、曹娥江、余姚江落差较大，又受潮汐影响，故而运河通航水位必须依赖闸、堰调节。这就是北宋浙东运河所谓的"三江重复，百怪垂涎，七堰相望，万牛回首"[①]。浙东堰坝工程中的杰出代表是唐大和七年（833）鄞县县令王元𬀩兴建的它山堰工程（位于今宁波市海曙区西樟溪之上）。它山堰的技术水平处于我国同时期水利工程的领先地位，"是我国建坝史上首次出现的以大块石叠砌而成的拦河滚水坝"[②]。

---

① 《嘉泰会稽志》卷十，第 16 页。

② 武汉水利电力学院《中国水利史稿》编写组：《中国水利史稿·中册》，水利电力出版社 1987 年版，第 36 页。

第一节　海塘

一、萧绍海塘

《吴越春秋·句践伐吴外传》中有这样一个传说：越国大夫文种被害后，葬于种山（今绍兴市卧龙山）上。一年后，伍子胥掀怒潮挟其而去，以后钱江潮来时，潮前是伍子胥，潮后则是文种。虽然是传说，但古代山会平原以北后海海潮可经平原诸河直达会稽山北麓却是事实。"滔天浊浪排空来，翻江倒海山为摧"[1]，在这种自然条件下，古代越族人民要想在山会平原上生产、生活和航运，就必须兴筑海塘、隔断潮汐、控制平原河湖水位，所谓"启闭有闸，捍御有塘"[2]，于是，经过一代又一代绍兴人民的经营规划、辛勤劳作，有了历史悠久的萧绍海塘。

萧绍海塘西起今杭州市萧山区临浦镇麻溪东侧山脚，经绍兴市柯桥区、越城区等地，直至绍兴市上虞区嵩坝村清水闸闸西山麓，全长117千米。自西向东分别由西江塘（麻溪—西兴）、北海塘（西兴—瓜沥）、后海塘（瓜沥—宋家娄）、东江塘（宋家娄—曹娥）以及嵩坝塘组成，海塘保护范围为今杭州市萧山区、绍兴市境内的海塘以南，西界浦阳江、东濒曹娥江、南倚会稽山北麓的萧绍平原地区。

萧绍海塘的始筑年代有说是"莫原所始"[3]，清程鹤翥纂辑的《闸务全书》则记为"汉唐以来"[4]。《越绝书》卷八记："石塘者，越所害军船

---

[1]　［元］叶颙：《浙江潮》，载［清］翟均廉《海塘录》卷二十三，清乾隆文渊阁四库全书本，第23页。

[2]　［清］李亨特修，［清］平恕、［清］徐嵩纂：《绍兴府志》卷十四，清乾隆五十七年（1792）刻本，第3页。本文献以下简录为"乾隆《绍兴府志》"。

[3]　《嘉泰会稽志》卷十，第38页。

[4]　［清］程鹤翥纂辑：《闸务全书·上卷·郡守汤公新建塘闸实绩》，载冯建荣主编《绍兴水利文献丛集》，广陵书社2014年版，第24页。

也。塘广六十五步，长三百五十三步。去县四十里。"①萧绍海塘最初大概是为军事服务的港口堤塘，同时还建有防坞和航坞，距城都是40里，地点在今萧山境内的航坞山一带。石塘应是当时后海沿岸零星海塘的其中一段。筑造石塘不仅出于越对吴交战之需，也是早期钱塘江走南大门的证明。东汉时鉴湖建成，同时在沿海建玉山斗门，附近必然也会有连片海塘、涵闸，否则斗门不能发挥控制作用，但当时的海塘以土塘为主，标准较低。

《嘉泰会稽志》卷十载："界塘在县西四十七里，唐垂拱二年始筑，为堤五十里，阔九尺，与萧山县分界，故曰界塘。"②界塘位于山阴与萧山两县交界的后海沿岸。《新唐书·地理志》云："（会稽）东北四十里有防海塘，自上虞江抵山阴百余里，以蓄水溉田，开元十年令李俊之增修，大历十年观察使皇甫温、大和六年令李左次又增修之。"③防海塘大部分位于会稽县的北部沿海，建成后，使山会平原东部内河与后海及曹娥江隔绝。与此同时又建成山阴海塘，山会平原后海沿岸的海塘除西小江外，已基本形成。

宋代时，萧绍海塘修筑时虽将部分土塘改为石塘，但结构还比较简单，难以抵御较大潮汐的冲击，而且"斗门海沙易淤，江流泛涨时有横决之患"④。清人陈绂在《俞公塘纪事略》一文中，开篇即言："海塘者，越之巨患也。"⑤海塘建成后不断遭受风暴潮汐的冲击。宋宁宗嘉定四年（1211）"八月，山阴县海败堤，漂民田数十里，斥地十万亩"⑥。宋宁宗嘉定六年（1213）的一次风潮，使山阴海塘"溃决五千余丈，田庐漂没

① ［东汉］袁康：《越绝书校释》卷八，李步嘉校释，中华书局2013年版，第228页。
② 《嘉泰会稽志》卷十，第39页。
③ ［宋］欧阳修、［宋］宋祁：《新唐书》卷四十一，中华书局编辑部点校，中华书局1975年版，第1061页。
④ 朱孟晖：《麻溪坝开塞议辨》，载王念祖编纂《麻溪改坝为桥始末记》卷一，民国八年（1919）戢社印本。
⑤ 嘉庆《山阴县志》卷二十，第31页。
⑥ ［元］脱脱等：《宋史》卷六十一，中华书局1985年版，第1336页。

转徙者二万余户，斥卤渐坏者七万余亩"①。时任绍兴知府赵彦俅，召民工万余人，主持大规模海塘修复工程，将自汤湾至王家浦全长6120丈的堤塘全部修复一新，其中有三分之一用石料砌筑，此为绍兴历史上时间最早、规模最大的石砌塘工程。

明嘉靖十六年（1537）三江闸建成后，又建有长400余丈、广40丈的三江闸东、西两侧海塘，至此萧绍海塘才全部连成一片，沿海塘挡潮、排涝水闸基本配套齐全，并形成通过海塘和三江闸全控平原水利的格局。

镇塘殿村及海塘
戴秀丽 / 摄影

有清一代海塘建设得到进一步加强，康熙五十五年至五十六年（1716—1717），绍兴知府俞卿主持修筑自九墩至宋家娄的海塘，耗资四万两，投劳十余万工，"长堤四十里，俱累累叠以巨石，牝牡相衔"②。清代海塘建筑技术也不断提高，根据海塘所处的位置险要程度分别将土塘、柴塘、簖石塘改建为各种类型的重力式石塘，主要有鱼鳞石塘、丁由石塘（条块石塘）、丁石塘、块石塘、石板塘等。现存的重力式石塘基本是清代新建或改建的。险要地段还筑有备塘，主塘一旦发生漫溃，备塘即可启用，从而减少受淹范围。塘前有坦水护塘，塘后还有塘河与护塘地，以便堆料、运料、取土、抢险，成为一整套布局合理而又有实效的防御体系。

---

① 万历《绍兴府志》卷十七，第2页。
② ［清］陈绂：《俞公塘记事略》，载嘉庆《山阴县志》卷二十，第32页。

民国时期"西学东渐",新技术、新材料、新机具逐步推广,应用于萧绍海塘建设之中。萧绍海塘上不但有著名的三江闸,还有山西、姚家埠、刷沙、宜桥、楝树、西湖等闸。

长数百里,犹若巨龙的萧绍海塘是水乡绍兴的壮丽奇观。"声飞两浙天槌鼓,浪压三江雪满城"①,形成了独特的气势澎湃的钱江潮景。三江潮是钱江涌潮的一部分,虽不及杭州湾之潮有翻江倒海、吞天盖日之气势,但变化无穷、跌宕起伏,寓奔腾千里与奇秀气象于一体。每至农历七、八月间,尤其是八月十八那日,海塘上常是人头攒动,随着一声"潮来了",但见水天相连之处有一条纤纤的白波飘曳而来,近则潮声隆隆,如千军万马奔腾而过,雪白浪花翻滚起伏,有的冲入弯曲堤岸之处,溅起飞瀑数丈。更有英俊少年、粗壮汉子组成一班"弄潮儿",形成抢潮头鱼的惊心动魄场景。

中华人民共和国成立后,沿塘各地针对海塘薄弱环节,对海塘予以加固、改造;还建成了新三江闸、马山闸,从而提高了海塘抗洪御潮和内涝排泄能力。星转物移,沧海变成了良田。随着海涂围垦的发展,萧绍海塘许多已成为内塘,但仍是塘外海涂围垦和保护萧绍平原的坚强后盾。1998年12月,萧绍海塘绍兴段被浙江省人民政府列为省重点文保单位。

二、百沥海塘

百沥海塘位于今绍兴市上虞区,南起百官龙山头,向北至曹娥江中利村(属百官街道),转向西北至崧厦街道吕家埠村,又转向北至越城区沥海街道后倪村,转东至夏盖山西麓止。百沥海塘由前江塘(百官龙山头至张家埠)、会稽后海塘(张家塘至蒋邵村东)②、上虞后海塘(蒋邵村东至

① [清]沈香岩:《南塘观潮》,载绍兴县修志委员会辑《绍兴县志资料第一辑·乡镇》,民国二十六年(1937)铅印本,第86页。
② 张家塘至蒋绍村东段亦称会稽后海塘,全长8.6千米,历史上曾属会稽县,今属绍兴市越城区沥海街道,应是海塘和沥海所统一管理的需要。

夏盖山）三段组成，全长 39.73 千米，与沿海水闸配套调度控制，主要功能是保护姚北地区人民生产、生活安全，以及控制航运水位。

百沥海塘自宋代以后，塘线基本不变。元至正二十二年（1362）绍兴路史王永督修，砌筑条石丁由塘 1944 丈。明、清两代，海塘又经多次修筑，石塘规模渐次扩大。至民国十三年（1924），在潭村、塘湾两处修建混凝土塘 1554.5 米。1949 年，百沥海塘高仅 2～3 米，塘体多处存有险情隐患。

1950 年起，采用国家投资、农民投工的办法，分别对百沥海塘进行抢险补缺；统一加固和加强外围堤岸建设；临水地段进行分期加固等三期修建工程。其中赵家村东至中利三叉塘，迎水面灌砌块石二级直立塘，百官立交桥至余塘下建成标准塘 1.72 千米，自中利三叉塘至吕家埠一段之外，建有王公沙塘，花宫到前倪一段建有保江塘，百沥海塘从此逐渐转为二线塘。1969 年起，百沥海塘外六九丘涂地围成，自后倪至夏盖山段，外围建有各丘堤塘，百沥海塘成为二、三线备塘。

三、镇海后海塘

镇海后海塘东起巾子山麓，西北至俞范嘉燮亭，全长 4.8 千米，宽 3 米，高 9.9～10.6 米，为夹层石塘，东段 1.3 千米为"城塘合一"部分。

古代镇海城北临海，常年遭受海潮冲击，于是在唐乾宁四年（897）修建泥塘，在宋淳熙十六年（1189）将已经溃塌多次的泥塘改为石塘，但仍然抵御不了狂风巨浪的冲击，再次坍塌。清乾隆年间（1736—1795），县令王梦弼在旧塘基础上重建新塘，新塘将单层石塘改为夹层石塘。为防御倭寇在海塘上登岸，又把山下一千多米长的一段改成下塘、上城，使"城塘合一"，并在塘上安置了 12 座警铺（类似亭子）、25 尊大炮等防御倭寇的设施。以后历代都有修葺，海塘得以保存。1974 年因建镇海港围涂造地，捍城防汛的功能已不再存。

镇海后海塘碑
邱志荣 / 摄影

第二节　坝

一、上沙顶坝底堰坝

上沙顶坝底堰坝又名曹娥堰，位于今绍兴市上虞区曹娥街道上沙村南，萧曹运河端点，是萧曹运河沟通曹娥江之间最早的堰坝。

清光绪《上虞县志》记载："《水经注》：浦阳江南北各有埭，司以稽察行旅。胡梅涧曰浦阳江南津即今之梁湖堰，北津即今之曹娥堰。"[1]《上虞水利志》记载："公元300年前后，会稽内史贺循主持开凿了西兴运河（萧曹运河），西起萧山西兴，东至绍兴郡城西郭门，再向东过郡城东部的都赐堰进入鉴湖，经鉴湖到达曹娥江，沟通了钱塘江和曹娥江两大河流。"[2]过萧曹运河端点上沙顶坝底进入曹娥江，从梁湖坝进入虞甬运河，正是虞

---

① 　光绪《上虞县志》卷二十三，第3页。

② 　上虞市水利局编：《上虞市水利志》，中国水利水电出版社1997年版，第153页。

甬乙线航道。可见，上沙顶坝底至迟在西晋时已存在，随着历代疏浚整治，现存建筑当属清代。

坝头原为曹娥江下游绍兴与上虞间水陆运输、货物转运的集散地，西为百步街，东为庙后街。河道宽泛，可停靠多艘运输船只，大批货物进出频繁，来往行人、客商、船工、搬运工川流不息。周围除设路亭、关公殿、四明公所等公共场所，商铺林立，有酒店、米店、南货店等，人气极旺。

随着经济发展，人力拖船过坝受到限制，顶坝底遂于1964年拆石坝改建升船机渡船过坝，直至1984年运河改道，直接从曹娥老坝底入曹娥江，顶坝底遂失去作用并逐渐废弃，并于20世纪八九十年代修筑萧绍海塘时被拆除。昔日的枢纽要塞、繁华之地转而沦为村民居住场所，路亭、关公殿无存，原来的商铺酒肆也改为村民的居住用房。目前遗址上架设水泥桥梁，桥下运河淤塞、狭小，甚至被填埋，失去了往日的大坝面貌。

二、梁湖堰坝

梁湖堰坝位于今曹娥江东岸的绍兴市上虞区梁湖街道外梁湖村江坎头。自魏晋南北朝有记载以来至20世纪70年代，梁湖堰坝在浙东运河上起着重要的交通枢纽作用。

根据清光绪《上虞县志》的记载："《水经注》：浦阳江南北各有堥，司以稽察行旅。胡梅涧曰浦阳江南津即今之梁湖堰，北津即今之曹娥堰。"[①]可见梁湖堰在魏晋南北朝时已经存在。明代以前，由于曹娥江河道的变迁及潮水的冲击，坝址经常变换。据载，明嘉靖年间（1522—1566），曹娥江沙泥淤积，河床上升，涨沙约7里。县令郑芸为便内外通舟楫，把堤移至江边，坝仍以旧名。[②]自此坝址固定至今。

早期，梁湖堰坝曾是绍兴经上虞、余姚至宁波水口运输的主要堰坝之

---

① 光绪《上虞县志》卷二十三，第3页。
② 参见人文丛刊编辑委员会编：《唐宋运河考察记》，1985年版，第17页。

一。据黄宗羲的记载，由于运河（即四十里河）"半贯其中，高于江水丈余，故南北皆筑堰止水"[①]，船只过堰进出四十里河，必须人力抬、拖。根据《上虞县交通志》的记载，至民国时期，梁湖堰坝为上虞境内十大能通航的古坝之一。[②]20世纪50年代此堰坝船只过往仍相当频繁，60年代开始减少，70年代上浦闸总干渠建成开通致使运河改道，因而已无船只再过此坝。21世纪以来对杭甬运河进行整治，在老坝南约500米的娥江东岸边新建大库闸坝一座，重新开通新的运河航线。

造成堰坝不通航的主要原因是梁湖堰坝四十里运河一带航道狭窄、河床淤积而不断抬高、水源不足等。20世纪90年代，百沥海塘百官段修建，四十里运河与曹娥江之间筑高堤已不通水，航道封闭，梁湖堰坝至外梁湖自然村一段运河遂成为一个溇底。航道中杂草丛生，两侧芦苇遍布，但尚能辨别驳岸石阶故迹。目前只有当总干渠水源丰富时，才有水灌入河道，一般情况下，河道都是干枯状态。

堰坝虽已废弃，但在江滩下仍有过坝遗物。江滩上尚留有五间砖木结构的老坝管理房。在坝东至外梁湖村一带，也有早年与运河相关的官厅头、官厅、关帝庙、接官亭等遗址，见证了当年坝头的繁华与热闹。

三、五夫长坝

五夫长坝又名柯家闸，位于驿亭镇五夫村虞甬运河终端，是堰坝、桥闸一体的水利、交通设施。

由于五夫一带河道地势西高东低，上游来水不易调蓄，明代上虞知县濮阳公决定筑坝造闸，在柯家村（今属绍兴市上虞区驿亭镇五夫村），筑成一条拦河长坝。

清咸丰年间（1851—1861），坝上有"货盘班"盘驳过往物资，同时也

---

① ［清］黄宗羲:《余姚至省下路程沿革记》，载［清］黄宗羲《黄梨洲文集》，中华书局2009年版，第390—391页。

② 参见浙江省上虞县交通局编:《上虞县交通志》，1988年版，第106页。

拖小划船等类的小船过堰。民国期间，过往长坝的货物颇多，坝上有 3 个货盘组织和 3 家过塘行，专为来往船只盘驳物资。1953 年，人力拖坝改为人力绞盘车坝。1977 年 7 月，在原坝址上建造了 30 吨级的升船机，但为确保船舶安全过坝，暂定为 25 吨级。长坝升船机是小型斜面高低轮升船机，轨道长度 115 米，坡度 1：8，宽轨轨距 3 米，窄轨轨距 2.2 米。

桥闸全长为 19 米，闸面宽为 9 米，下面为三孔闸门，孔与孔之间的距离为 3 米，上面有 3 间二层平顶楼房。现水闸系 1987 年在原址重建。五夫长坝南侧设有五夫长坝管理处，北侧设有上虞升船机管理所。

随着现代交通运输业的发展，五夫长坝逐渐失去运输功能，现已基本废弃，但其仍在防洪和抗旱方面发挥着重大作用。

五夫长坝、五夫船闸
邱志荣 / 摄影

四、驿亭坝

驿亭坝位于今绍兴市上虞区驿亭镇新驿亭村新力自然村，横跨虞甬运河。

驿亭坝建于清咸丰年间（1851—1861），南北走向，坝基用条石铺成，长 13.4 米，坝宽 3.2 米，上下段落差约 0.5 米，在落差处用大石板铺成斜坡，便于船只平缓过坝。旧时坝两侧尚有草亭、文昌阁、关帝庙等建筑，现均已毁。坝东南侧有一上堰头轮船屋，为二层楼房，是民国时期的建筑。从北立面、东立面看，其外形似轮船，故得名轮船屋，是昔日运河上过往人员短暂休憩、购物之地。

驿亭坝
邱志荣 / 摄影

五、西陡门闸坝

西陡门闸坝今已不存，遗址位于今绍兴市上虞区驿亭镇西陡门村白马湖与运河交汇处，为闸坝一体的水利设施。

西陡门闸建于宋，是白马湖与夏盖湖的水利调节设施，主要用于调节白马湖水位，同时也是白马湖与运河水上运输的主要堰坝。原西侧为闸，东侧为坝。闸为单孔，石质闸门，闸基用规整条石干砌。坝为人力拖船坝。

西陡门闸坝于1986年7月修建百驿（百官—驿亭）公路时被拆除，今河西侧岸边尚残存部分闸基。

六、通明闸坝

通明闸坝今已不存，遗址位于今绍兴市上虞区丰惠镇通明村。通明闸坝由水闸、桥梁、坝堰组成，是原四十里河与姚江的分界点，曾是浙东运河绍兴经上虞通往余姚、宁波的主要堰坝之一。

通明闸原名古清水闸，建于北宋景德年间（1004—1007）。坝西为四十里河，坝东为姚江，姚江曾名四明江，故坝名为"通明"，即通四明江之意。

通明闸是绍兴较早的挡潮、灌溉、排涝闸。后经多次修缮扩建，拆毁前闸为三孔，中孔净宽2.8米，边孔净宽2.7米，总净宽8.2米，过闸流量25米^3/秒。钢筋混凝土梁板式闸门，电动螺杆式启闭，闸下用钢筋混凝土护坦，接长闸墩，两岸砌石坝。1973 年，将闸旁过水堰改建为闸，二孔，钢筋混凝土结构，称通明新闸。

通明闸坝建成以来，过往船只较多，且都用人力拖船过坝。当地姚奇寿等人约在民国九年（1920）为闸坝安装了滚筒手摇车船机，一直使用到 1978 年。

2008 年 8 月，在对杭甬运河拓宽疏浚时，通明闸坝被整体拆除，部分石构件尚堆积在江边。

通明闸留存的"古清水闸"横额
邱志荣／摄影

七、新通明坝

新通明坝又称中坝，始建于宋，位于今绍兴市上虞区丰惠镇虞光村通明自然村十八里河上，东距新通明闸 350 米。

清光绪《上虞县志》载：

> 新通明坝，一名中坝。在一都郑监山下急递铺西南，距县东十里。宋淳熙间，县令汪大定置名通明北堰。明永乐间鄞人郑度以舟经旧通明坝，滩流壅塞，盐运到必需潮水大汛始得达。舟常坐困，建言将县东北旧港开浚，自西黄浦达是坝，又名郑监山堰。官商往来便之。①

---

① 光绪《上虞县志》卷二十六，第 4 页。

由此可知，新通明坝乃于明代永乐年间，因旧通明坝壅塞不利于通行，而由郏度建言，以旧港开浚。为区别于老通明坝，人们将之命名为新通明坝，并有别名新堰头，它是十八里河的起点。

1953年，新通明坝改为节制水闸。坝宽4.2米，两侧呈喇叭状，入口宽6.2米，坝基用规整长方形条石砌筑，南侧保存基本完好，北侧部分改建。坝上新建简易梁桥，以方便人们通行。由于航线改道，以及年久失修，该坝逐渐损毁，最终废弃不用。

八、百官坝

百官坝位于今绍兴市上虞区百官街道南部，曹娥江东岸，故址在今龙山酒家，俗称上堰头。坝身全长165米。清咸丰初年，堤上设四门旱闸，于光绪年间重修。清末民初在闸门中以盘驳出入曹娥江的缸、坛等杂货而著名。民国九年（1920）前后，开始在坝上用抬和拖的方法使少数小吨位的船只得以通行。中华人民共和国成立后，1950年改称舜江码头；1962年因曹娥江洪水泛滥，旱闸被冲毁，之后改筑为堤塘。21世纪初，因对曹娥江城防河岸进行改建，百官坝已被埋在城防堤塘之下。

九、大坝

大坝位于今绍兴市上虞区百官街道大坝社区，曹娥江东岸，故址在今半山路西端。大坝旁有广济涵。碑刻记载：广济涵建于清咸丰八年（1858）四月，当时大坝村民已在广济涵旁盘驳曹娥江的缸、坛等物资，后又在坝上增添石板，开始抬、拖5吨左右的小吨位船只。民国二十四年（1935）前后是船只进出该坝最多的时期。1950年以后过堰船只逐渐减少。1970年后以装卸曹娥江黄沙为主，但仍有船只被拖拉过坝。1980年以后，赵家升船机建成，此坝再无船只过堰。为加固曹娥江江岸，20世纪80年代此坝被填埋加高。

十、上沙拖船弄闸口

上沙拖船弄闸口遗址位于今绍兴市上虞区曹娥街道上沙村中，东西走向，长约 100 米，宽约 5 米，占地约 500 平方米。其原系西边萧曹运河与东边曹娥江的连接枢纽，是旱闸坝。东西两端原均设有盘车旋转推绞，使船脱离水面被牵引上岸，然后船下垫擂棍，通过交替前移擂棍把船拖出旱闸坝，推入江河之中。据当地村民讲述，此弄（坝）历史久远，可追溯至晋代，距今已有一千余年。

随着水运衰落，该弄（坝）也渐渐废弃，现为水泥铺地（原为青石板），两边为民居，原来弄（坝）面较宽，约 6 米，现渐为两边民居所侵。

十一、大西坝

大西坝为古之西渡堰所在地，始建于宋。
《开庆四明续志》载：

> 西渡堰。堰东距望京门二十里，西入慈溪江，舳舻相衔，上下堰无虚日，盖明越往来者必经由之地。淳祐间稍加葺治，未几，堰复坏。宝祐六年八月，大使丞相吴公给钱五千七百三十九贯五百文，委司法赵良坦同副吏许枢监莅修筑，伐石辇材，费一出于公所，济博矣。①

《宝庆四明志》记载：

> 西渡，望京门西二十里，往慈溪路。管堰洪子，原管一十八名，每名月支和雇钱二贯文；牛畜原额八头，每头月支草料钱一贯文；索缆月支三贯文。初委鄞县丞于所收役钱内支。丞不任职，所支有名无实，人畜俱亡。宝庆三年，洪子存者一十三名，牛存

---

① 《开庆四明续志》卷三，第 6—7 页。

大西坝
邱志荣 / 摄影

者一头，舟上下甚艰。守胡榘买牛增人，收丞厅役钱入板帐，按
月支给。逾西渡堰入慈溪江，舟行历慈溪、余姚以至上虞之通明
堰，率视潮候。[①]

由此可见，大西坝在宋宝庆三年（1227）前已经建成。淳祐年间
（1241—1252）及宋宝祐六年（1258）都进行过维修。最初的大西坝是由牛
牵引过船的泥坝，后在宋宝祐六年修筑为石质堰坝。这与修筑小西坝时间
相同，吴公即为吴潜（1195—1262），曾知庆元府，兼沿海制置使。

经实地勘察[②]，在今大西坝闸以西约百米处，伸向河道中有弧线条石
建筑基础，砌筑规整，且该遗迹两侧河道骤然变宽，由此可以认定，在迁
往今大西坝闸门位置以前，大西坝原址应在此地，惜已废弃，加之后期改
建严重，原址上的后期建筑没有清理，具体保存情况不明。

古坝早已毁，现存坝为20世纪60年代建造，位于今宁波市海曙区高
桥镇高桥村大西坝自然村西侧，大西坝河与姚江交汇处，呈南北向横跨于
大西坝河上。今日的大西坝依然是控制姚江与大西坝河水位的重要水利设
施之一，也是内河船舶进出姚江的必经之路。碶闸主体为一单孔水泥闸，

---

① 《宝庆四明志》卷四，第 15—16 页。
② 参见陈存瑶：《大运河宁波段重要水利工程设施——大西坝价值研究》，载江怀海、
赵莹莹主编《大运河宁波段研究文集》，浙江古籍出版社 2014 年版，第 189 页。

全长4.66米，宽3.28米，电动启闭，上部为闸屋，可由14阶台阶上下；闸西侧为碶桥，与闸同长，宽1.91米；闸北侧为原管理办公室，是五开间的两层楼房，现已废弃。

十二、小西坝

小西坝位于今宁波市江北区慈城镇前洋村，官山河与姚江连接处。老闸现已废弃。新闸建成于1993年12月20日，有4个水闸孔，闸孔净宽16米，设计流量111.7米^3/秒，主要功能为排灌。

小西坝
邱志荣 / 摄影

第三节　坝

一、钱清堰

钱清堰在萧山、山阴二县交界处，北宋时称钱清旧堰，在萧山县城东50里，东南距山阴亦50里，分别为在西小江南北两岸各建一堰。民谚云："十里湖塘七尺庙，百里小江廿眼桥。"这里也是西小江和东小江的分界处。

钱清运河与萧山运河交界河段
邱志荣／摄影

南宋时商旅拥挤，遇潮汛西下，常堵塞不通。嘉泰元年（1201），提举浙东茶盐叶籈别建新堰，距萧山、山阴各 51 里，亦为南北两堰，或更缩短了西小江与运河的距离，减少了西小江对运河的干扰和泥沙淤积。堰旁建住房及牛棚，新旧两堰并用，水路始畅通。

成寻《参天台五台山记》中记录过堰时用牛左右各二头，以绞盘绳索拖船过堰，人则在下游浮桥过江。

《嘉泰会稽志》卷四记两堰设堰营，有堰兵 50 人戍守车坝。[1] 清康熙十八年（1679）黄宗羲作《余姚至省下路程沿革记》，指出宋代过钱清江甚艰险，引南宋周必大《思陵录》谓钱清江东自三江口来，西过诸暨，300 余里，阔十余丈。"运河半贯其中，高于江水丈余，故南北皆筑堰止水，别设浮桥渡行旅。大舟例剥载，小舟则拖堰而过。"[2] 文中还记载了南宋淳熙十六年（1189）葬宋高宗赵构于会稽山宝山时过江的情景：

> 梓宫船欲渡，待其潮水平漫，开闸，水势奔注，久之稍定。
> 两岸以索牵制，始放御舟，将达南闸，大升舆继之。御舟受触，

---

① 参见《嘉泰会稽志》卷四，第 4 页。
② ［清］黄宗羲：《余姚至省下路程沿革记》，载［清］黄宗羲《黄梨洲文集》，中华书局 2009 年版，第 390—391 页。

幸而篙工能事，得入闸口。舆舟不能入，横截南岸。册宝又往，江流端急，舟人力不能加，直冲其腰。既而灵主亦来，复冲册宝，势尤可畏。运使赵不流顿足垂涕，几欲赴水。[①]

明代成化（1465—1487）中，钱清江自上流改入钱塘江。三江口筑闸，潮水亦不能至钱清江。江与运河相混，无复险阻，有江之名，无江之实。曹娥之西至萧山，较其东难易悬殊。黄氏所记宋人语，说明堰旁有闸门可启闭。又据万历《绍兴府志》："钱清镇在府城西五十里，接萧山界。旧有江，有坝。今江已湮废。舟行由运河直抵西兴。"[②]可知钱清江通为运河而江废。江废而坝自不复存在，所以永兴闸之建为泄鉴湖直接倒灌之雨洪，无钱清通泄，亦无坝梗阻。钱清江（西小江）之废，由于萧山南30里碛堰之开，浦阳江正流由碛堰向西北入钱塘江。

姚汉源先生认为：钱清堰废，原新旧坝不复存在，当在成化时。至弘治七年（1494）坝旁浮桥改为石桥，是江成河。

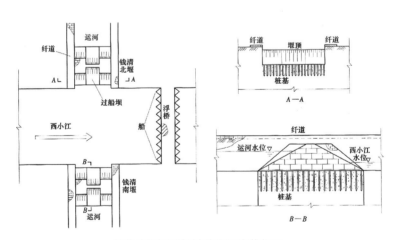

明代成化年间钱清堰枢纽工程推想图
图片来源：李云鹏提供。

① ［清］黄宗羲：《余姚至省下路程沿革记》，载［清］黄宗羲《黄梨洲文集》，中华书局2009年版，第391页。
② 万历《绍兴府志》卷一，第28页。

据实地考证，今运河钱清江段水道，钱清南北堰及浮桥遗址尚在，均已改为现代桥梁。当地水利工作者记，在建桥时开挖基础，还见有大批木桩和石条遗存。

二、都泗堰

都泗堰位于绍兴东城门都泗门。都泗门亦名都赐门，历史上早有记载。《梁书·何胤传》记梁天监十三年（514）衡阳王萧元简离会稽太守任，与何胤告别，何胤"送至都赐埭，去郡三里"[①]。后绍兴城屡经扩修，城东水门曰都泗门，都泗即都赐，系晋时王恺修。门有堰，即都泗堰。都泗门是古代绍兴水城沟通运河及外江的水上主通道之一，都泗堰的主要作用是控制运河与鉴湖的水位差，保护鉴湖水不致倾泻。北宋日僧成寻记过都赐埭去郡三里堰时用牛两头。堰设营，有堰兵25人。堰旁有闸。据《宋会要辑稿·食货八》，闸乃北宋宣和（1119—1125）时为便于高丽使臣来往而在都泗堰旁所设。南宋末鉴湖既废，不再存在泄水入运河问题，都泗堰被自然废弃。都泗门于1938年2月与绍兴城墙同时被拆除，但当时尚有部分遗存；2001年环城河整治建设时在原址重建，地下遗存应犹在。

三、倪家上下堰

倪家上下堰，顾名思义，有上下二堰，位于原鄞县的西北姚江南岸，今宁波市海曙区青林湾大桥的南侧。

清乾隆《鄞县志》载："（县西北）倪家上下堰，各长六十五丈，阔二丈，在五十都一图。"[②]同治《鄞县志》记载："（县西北）倪家上下堰，

---

① ［唐］姚思廉：《梁书》卷五十一，中华书局编辑部点校，中华书局1973年版，第738页。

② ［清］钱维乔修，［清］钱大昕纂：《鄞县志》卷四，清乾隆五十三年（1788）刻本，第39页。

各长六十五丈，阔二丈，在五十都一图，今废。"[1]民国《鄞县通志·舆地志》载："倪家堰。县西北六区九龙乡新渡。有上下二堰，各长二〇八公尺，阔六点四公尺。阻咸蓄淡。倪堰钱志谓在五十都一图，惟光绪志则云今废，今查县政府十九年特刊仍存，新渡即设于是处。"[2]

四、倪家堰

倪家堰位于今宁波市江北区甬江街道，在现压赛河由东西向转向南北向转弯处的西侧。清雍正《浙江通志》载："压赛塔堰、倪家堰、虞家堰、钟家堰，俱在西管五都。"[3]清光绪《镇海县志》载："倪家堰。南邻鄞县，（西管乡）五都一二三四图四庄乡长承修七分，鄞县沾利人户承修三分。"[4]民国《镇海县志》所载与清光绪《镇海县志》一致。[5]

当时倪家堰附近还有裕通桥、卫阁桥和鄞定桥，现仍存。民国《鄞县通志·舆地志》载："裕通桥。江北岸泗洲塘倪家堰南。清光绪十九年镇海方氏守约居重修。跨颜公渠（一名泗洲塘河），北通倪家堰鄞定桥。卫阁桥。江北岸倪家堰鄞定桥东。清光绪十九年镇海方氏守约居重修。跨颜公渠，西通湾头渡，北属镇海境。"[6]民国《镇海县志》载："鄞定桥，大河从此东流直至白沙庄，南流至鄞县。"[7]倪家堰旁设鄞定桥。

根据光绪三十四年（1908）《奉宪勒石》碑的记载，"倪家堰卡改为

① 同治《鄞县志》卷七，第 45 页。
② 张传保、汪焕章修，陈训正，马瀛纂：《鄞县通志》，铅印本，第 604 页。本志撰写始于 1935 年，终于 1951 年，因大部分工作在民国时期完成，以下简录为"民国《鄞县通志》"。
③ 雍正《浙江通志》卷五十六，第 19 页。
④ 光绪《镇海县志》卷八，第 16 页。
⑤ 参见洪锡范、盛鸿焘修，王荣商、杨敏曾纂：《镇海县志》卷五，民国二十年（1931）上海蔚文印刷局版，第 19 页。本文献以下简录为"民国《镇海县志》"。
⑥ 民国《鄞县通志》，第 638 页。
⑦ 民国《镇海县志》卷四，第 38 页。

查验卡，专查外江绕越之货"，"免捐之地，绘呈图说，画定界线，以内河、外江分界。自倪家堰西北二十里至贵胜堰、东北四十里至蟹浦，均为内河免捐地界"。"凡外江船只装有北门局派捐之货，不准拖进倪家堰坝绕走内河，如有贪图内河免捐，私自拖坝者，一经倪卡查获，□□则立即究办船户，□□□□议罚"；"凡内河免捐之货，只准照局章在江北岸内河李家后门老埠头装货，经过倪家堰北往内河免捐界内卸货，不准在□□□□□□□□□□□□倪家堰坝口"。由此可知倪家堰为当时两县交界处重要的水运节点。又因其位于外江内河交汇处，外江船只可直接拖入倪家堰走内河，故在此设卡专查外江绕越企图免捐之货。同时也发现，根据当时税捐章程，若外江船只装有内江免捐之货物，应从江北李家后门改装内河船，走内河颜公渠至倪家堰而入免捐界。

五、压赛堰

压赛堰，又名压赛塔堰，始建于宋代，位于今宁波市江北区甬江街道压赛村北侧，现倪家堰河与压赛河交界处。它是姚江北岸通往慈城、镇海地区内河（运口）的重要关卡，也是姚江与塘河间的重要水工设施，包括升船机、水闸、碶闸，保存较完好。

清雍正《浙江通志》载："压赛塔堰、倪家堰、虞家堰、钟家堰，俱在西管五都。"[1] 清光绪《镇海县志》载："压赛塔堰（西管乡）五都。"[2] 民国《镇海县志》载："压赛塔堰（西管乡）五都。"[3] 根据《镇海县交通志》的记载，1930 年前后，镇北航区终点为江北岸李家后门的，基本上都是经过压赛堰、倪家堰、泗洲塘、砖桥而达的。

明嘉靖《定海县志》中还有关于压赛堰桥的记载，其附近有压赛桥与压赛庙。民国《镇海县志》载："压赛庙，五都二图，宋德祐间秘书监

---

① 雍正《浙江通志》卷五十六，第 19 页。
② 光绪《镇海县志》卷八，第 16 页。
③ 民国《镇海县志》卷五，第 19 页。

陈茂以死勤事，乡人立祠祀之，后圮。元大德中曾孙梦麟与里人余方两姓协力重建庙并压赛桥，故名。"①

压赛堰遗址
邱志荣 / 摄影

六、虞家堰、虞家碶

清雍正《浙江通志》载："压赛塔堰、倪家堰、虞家堰、钟家堰，俱在西管五都。"②清光绪《镇海县志》载："虞家堰，（西管乡）五都。虞家碶。（西管乡）五都，碶为众流所泄，两旁有虾须塘。碶有碶租，每年征收存库为修葺费。虾须塘系一二三四图四庄公修。"③民国《镇海县志》载："虞家堰，五都，在文昌阁下古虞家桥之内，西为湾头下江，俗呼石堰头，左右均有石碶。"④"虞家碶，五都，碶为众流所泄，两旁有虾须塘。碶有碶租。每年征收存库为修葺费，虾须塘系一二三四图四庄公修，在虞家堰

---

① 民国《镇海县志》卷十四，第4页。
② 雍正《浙江通志》卷五十六，第19页。
③ 光绪《镇海县志》卷八，第17页。
④ 民国《镇海县志》卷五，第19页。

之左。"[1]"虞家桥，诸河之水皆由此桥趋虞家碶归大海。"[2]

由上述记载可知，镇海方志中的虞家堰位于古虞家桥之内，西为湾头下江，其应处于湾头下江对面的姚江边，也可见镇海诸河之水由虞家桥到虞家碶而泻入大海，当时镇海此处只有通过姚江达海，当时姚江未裁弯取直，姚江大闸未建，海水可直通湾头姚江，所以虞家碶也应位于姚江边，且应位于虞家堰旁边。

七、郭公碶

郭公碶位于虞家堰旁边。民国《镇海县志》载："郭公碶，在虞家堰之右，一名清水碶，遇外江水清淡时可以引入内河。"[3]据民国二十二年（1933）《重修郭公碶五眼碶碑记》所记"镇北古虞家桥左近有名郭公碶者……"，可知古虞家桥位于郭公碶的右侧。现存郭公碶旁船闸位置应为古虞家桥及虞家堰的位置。现船闸底部为人字形斜坡，两旁仍留存有亭柱及绞盘石，推测此处原应为过船坝。据现存亭柱上留存的"左萦江濑，右带河流，秀毓蛟川留杰构""光绪九年季秋重建"等题刻推测，此亭柱应为原址，至光绪九年（1883）重建时仍为船堰。而现存郭公碶旁边之五眼碶则应为虞家碶。

八、它山堰

它山堰位于今宁波市海曙区鄞江镇它山旁，始建于唐大和七年（833），为阻咸引淡渠首工程，坝体为由大块石叠砌的拦河滚水坝。

它山堰全长113.7米，堰面全部用条石砌筑而成，堰面宽度为：顶级3.2米，第二级4.8米。堰总高5.0米（1995年钻孔显示：堰底高程1.95米，

① 民国《镇海县志》卷五，第20页。
② 民国《镇海县志》卷四，第38页。
③ 民国《镇海县志》卷五，第20页。

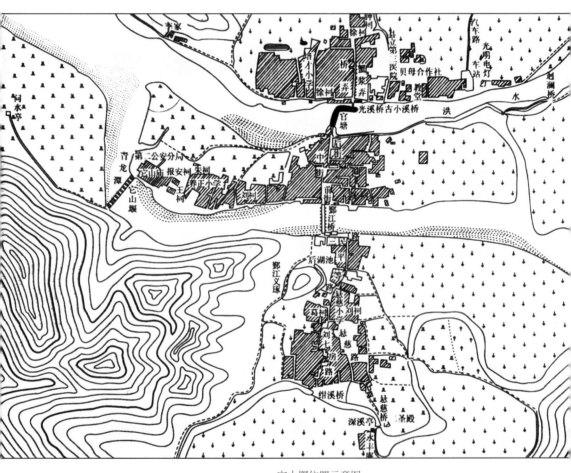

它山堰位置示意图

图片来源：戴秀丽提供。

堰顶高程 3.05 米）。其砌筑所用石块为长 2～3 米、宽 0.5～1.4 米、厚 0.2～0.35 米的条石（从今所见），堰顶可以溢流。堰身为木石结构，有逾抱大梅木枕卧堰中，历千余年不腐，被称为"它山堰梅梁"。它山堰的堰体倾斜度、黏土夹碎石层、堰体平面布局以及多级护理消能防冲方式等，都处于我国同时期水利工程的领先水平。其中前两项为全国古水利工程之首创，比国外同类技术的运用早 200 多年。

它山堰历经近 1200 年的风霜雨雪和洪水冲击，至今仍基本完好，继续发挥着阻咸、蓄淡、排涝功能。其附近仍保留有历代增建的回沙闸、官池塘、洪水湾塘等配套工程的遗迹和它山庙、片山留香碑亭等纪念建筑，关于它山堰的山川形势、灌溉效益、历史功绩、祭祀活动多有所涉。

第四节　升船机

一、曹娥丁坝底升船机

曹娥丁坝底升船机位于曹娥江西岸，为绍兴第一座叉道式升船机。该升船机由斜坡轨道（轨道半径 40 米，坡度 1∶8，轨道水斗段总长 193.4 米）、承船车卷扬机机房、操纵室等组成，1964 年动工，1971 年 4 月建成，同年 5 月 1 日投产，能过载 30 吨级以下的各类船舶。1977 年 8 月成立上虞县升船机管理所。1983 年，由于杭甬运河干线改道，通过该升船机的船舶减少，同年 9 月起停止使用。

二、曹娥老坝底升船机

曹娥老坝底升船机位于曹娥江西岸的杭甬运河航道上，是萧绍运河终点。该址原有曹娥堰，即六朝浦阳北津埭，乃是浙东运河上重要的交通堰坝和货物盘驳点。20 世纪 80 年代杭甬运河沟通后，于 1982 年 4 月 25 日在原坝址上动工建造 40 吨级小型斜面高低轮升船机，升船机轨道长度 150米，轨道坡度 1：8，宽轨轨距 3.35 米，窄轨轨距 2.35 米。1983 年 6 月 20日主体工程完工，同年 7 月 1 日正式通航。其附属工程于 1983 年底全部竣工。工程总投资 100 万元。

曹娥老坝底升船机
邱志荣 / 摄影

三、驿亭升船机（泗洲塘村闸坝）

驿亭升船机位于今绍兴市上虞区驿亭镇五洲村泗洲塘自然村东西流向的中河之上（虞甬运河甲线航道），由驿亭闸和两侧电坝组成。

驿亭闸建成于 1956 年，为上虞—余姚引水工程中的水闸。闸为 2 孔，桥墩由条石浆砌，两侧墩作八字形喇叭口，中间桥墩平面呈椭圆形，桥面和闸门钢筋混凝土结构，梁板式闸门，螺杆电动启闭。全长 1.03 米，单孔 5 米，桥面宽 1.5 米。该闸保存尚好，仍在使用中。闸两侧有电坝（升船机），为1976—1979年建造，均为小型斜面高低轮升船机，北侧轨道长150米，南侧轨道长95米，钢筋混凝土铺设，上覆铁轨。北侧电坝运载能力仅30吨，难以满足过坝需求，早年已废弃。南侧升船机过坝能力50吨，目前尚在使用。南北两电坝河道向前汇合为一处，折向沪杭高速公路桥洞直通五爱村运河老航道。

四、五夫升船机

五夫升船机位于今绍兴市上虞区驿亭镇长坝闸北面的杭甬运河甲级航道上，为小型斜面高低轮升船机。设计轨道长度115米，坡度为1∶8，宽轨轨距3米，窄轨轨距2.2米。工程投资19万元，于1975年10月动工，1977年7月建成通航，设计过载能力为30吨级。

五、赵家升船机

赵家升船机位于今绍兴市上虞区百官街道赵家村，在曹娥江东岸。升船机轨道长度129米，坡度1∶8，宽轨轨距3米，窄轨轨距2.2米。工程投资56万元，于1978年动工建造，1979年12月建成通航，原设计过载能力为30吨级。

六、大西坝升船机

大西坝升船机位于今宁波市海曙区高桥镇至余姚江航道3千米处。初为人力车坝，坝长1.4丈，分2孔，每孔置硬板2道，用石砌成。1970年改建高低轮自动控制升船机，惯性过顶。升船机承船车长8米，宽4米；传动系统平均运行速度40米/分，过坝时间1.5分钟，最大通过能力30吨级。

七、杨木碶升船机

杨木碶升船机位于原鄞县东乡梅墟（今宁波市鄞州区梅墟街道）至甬江航道1千米处。清乾隆初，改堰为碶。乾隆四十年（1775）重修，碶长6.2丈，宽1丈，高1丈。1970年改建为高低轮自动控制升船机，惯性过顶。升船机承船车长8米，宽4.2米，钢轨长90米；传动系统平均运行速度40米/分，过坝时间2分钟，最大通过能力30吨级。

八、陡门升船机

陡门升船机位于余姚江曹墅桥上游1千米处。1983年6月建成，采用高低轮斜面平运电子自控，惯性过顶。升船机承船车长11米，宽5.5米，钢轨长118米；传动系统平均运行速度40米/分，过坝时间2.5~3分钟，最大通过能力40吨级。

九、西横河升船机

西横河升船机位于余姚江马渚上游2千米处。1983年6月建成，采用高低轮斜面平运电子自控，惯性过顶。升船机承船车长11米，宽5.5米，钢轨长136米；传动系统平均运行速度40米/分，过坝时间2.5~3分钟，最大通过能力40吨级。

十、姚江升船机

姚江升船机位于姚江大闸东首245米处。1983年6月建成，采用高低轮斜面平运电子自控，惯性过顶。升船机承船车长10米，宽5.3米，钢轨长131.6米；传动系统平均运行速度40米/分，过坝时间3分钟，最大通过能力40吨级。

第四章
斗门、水闸

胼胝深感昔人劳，百尺洪梁压巨鳌。

潮应三江天堑逼，山分两岸海门高。

溅空飞雪和天白，激石冲雷动地号。

圣代不忧陵谷变，坤维千古护江皋。

——［明］王守仁《玉山斗门》

斗门、水闸类是水利、航运工程体系的核心组成部分。浙东运河水系环境比较复杂，其山—原—海的地形，以及多种水旱灾害的存在，使得其需要斗门、水闸类水利工程来控制水位、蓄泄通航，也决定了此类工程需要因地制宜，从而具有多样性。如东汉的鉴湖就有各类形制的斗门、闸、堰等水门 69 所。

浙东地区水利关键控制工程，是明代绍兴知府汤绍恩于嘉靖十六年（1537）主持修建的三江闸。三江闸是我国古代最大的滨海砌石结构多孔水闸，代表了中国传统水利工程建筑科技和管理的最高水平。

第一节　鉴湖斗门

斗门，又称陡门。万历《绍兴府志》卷十七目录中称"闸陡门"，在正文中又称"闸斗门"。姚汉源认为："闸、斗门、水门三者常混称，但严格说实有区别：闸有门，可启闭通舟船；水门为铁棂窗，可上下启闭通船；斗门与闸不易区别，但浙东通舟船者常不名斗门。"[1] 鉴湖斗门一般设置在湖与外江的交汇处，多选择在两山河道流经的峡谷地，形似门斗，上下水位落差和变化较大；主要作用为泄洪、御咸、蓄淡，不通航。鉴湖工程的4种排灌设施，以斗门为最大，斗门相当于一种大的水闸。由于斗门是鉴湖最大的泄水工程，故若鉴湖水位高出正常水位，且外江低于鉴湖时，可开斗门泄洪；若鉴湖水位正常，则斗门通常是关闭的。

南宋庆元二年（1196）五月，时任会稽县尉的徐次铎于《复鉴湖议》中言：

> 其在会稽者为斗门，凡四所：一曰瓜山斗门，二曰少微斗门，三曰曹娥斗门，四曰蒿口斗门。……在山阴者为斗门，凡有三所：一曰广陵斗门，二曰新迳斗门，三曰西墟斗门。[2]

综合来看，历代文献记载中的斗门主要有广陵斗门、新迳斗门、柯山斗门、西墟斗门、玉山斗门、瓜山斗门、曹娥斗门、蒿口斗门等。其中有东汉鉴湖建成后再修建完善的，也有于之后与闸混同取名的情况。现可考在鉴湖的主要斗门有玉山斗门、蒿口斗门、广陵斗门和西墟斗门。

一、玉山斗门

玉山斗门又称朱储斗门，为鉴湖初创三大斗门之一，位于原斗门镇（今绍兴市越城区斗门街道）东侧金鸡、玉蟾两峰的峡口水道之上。三江闸建成以前，玉山斗门是山会平原水利枢纽工程，发挥效益800多年。

据《新唐书·地理志》，玉山斗门建于唐贞元元年（785）：

---

① 姚汉源:《浙东运河史考略》，载姚汉源《京杭运河史》，中国水利水电出版社1998年版，第745页。
② 《嘉泰会稽志》卷十三，第7—8页。

山阴……北三十里有越王山堰，贞元元年，观察使皇甫政凿山以蓄泄水利，又东北二十里作朱储斗门。[1]

宋嘉祐四年（1059），沈绅所撰《山阴县朱储石斗门记》云：

乃知后汉太守马臻初筑塘而大兴民利也，自尔沿湖水门众矣。今广陵、曹娥是皆故道，而朱储特为宏大。[2]

宋曾巩于熙宁二年（1069）作《越州鉴湖图序》云：

其北曰朱储斗门，去湖最远。盖因三江之上、两山之间，疏为二门，而以时视田中之水，小溢则纵其一，大溢则尽纵之，使入于三江之口。[3]

以上是北宋以前记载的唐以前玉山斗门的情况，当时均以“朱储”之名称呼玉山斗门。

鉴湖工程体系包括水库、大坝、河流渠系、沿海塘坝、涵闸、斗门等。孔灵符《会稽记》虽未专记玉山斗门，然“若水少，则泄湖灌田。如水多，则闭湖泄田中水入海”[4]，“泄田中水”说明这是一个蓄泄可控的工程，这个关键性工程显然就是玉山斗门。若无此工程，鉴湖的效益便无法实现。陈桥驿认为：

……在永和年代，作为鉴湖枢纽工程的玉山斗门，作用还不十分显著，因为当时海塘和江塘尚未修筑完整，从鉴湖流出的各河，大部分注入曹娥、浦阳二江下流，而并不汇入直落江。因此，

① ［宋］欧阳修、［宋］宋祁：《新唐书》卷四十一，中华书局编辑部点校，中华书局1975年版，第1061页。

② ［宋］沈绅：《山阴县朱储石斗门记》，载［宋］孔延之辑《会稽掇英总集》卷十九，清道光元年（1821）山阴杜氏浣花宗塾刻本，第12页。

③ ［宋］曾巩：《曾巩集》卷十三，陈杏珍、晁继周点校，中华书局1984年版，第205页。

④ 《孔灵符会稽记》，载鲁迅先生纪念委员会编《鲁迅全集》第八卷《会稽郡故书杂集》，花城出版社2021年版，第46页。

玉山斗门所能控制的范围不大，其调节作用自然也就不能和后来相比。所以从永和以至唐贞元的六百多年中，玉山斗门还没有受到很大的重视。唐玄宗开元十年（722），会稽县令李俊之主持修筑会稽县境内的海塘，这是山会海塘有历史记载的首次修筑。此次修筑以后，山阴诸水虽仍和浦阳江密切相关，但会稽诸水，由于曹娥江下流江塘连接完成，从此不再注入曹娥江而汇入直落江。于是，山会平原上的内河水系范围扩大，玉山斗门对鉴湖的调节作用也就提高。因此，在李俊之主持修塘50年以后，浙东观察使皇甫政接着于贞元初（788年前后）将玉山斗门进行改建，把原来的简易斗门改成八孔闸门，以适应流域范围扩大而增加的排水负荷。[①]

唐开元十年（722），会稽县令李俊之主持修建防海塘。防海塘东起上虞，北到山阴，全长百余里，基本隔绝了平原河流与潮汐河流曹娥江的关系，使原北流注入曹娥江的东部河流，从此汇入平原中部的直落江河道，北出玉山斗门入海。玉山斗门对鉴湖和平原河流的调节作用也随之提高。

唐贞元年间（785—805）皇甫政任浙东观察使时，在山会平原沿海多有水利建树。据上文所引陈桥驿观点，朱储斗门在皇甫政手中是改建，则之前此水道和斗门无疑已在——无此斗门鉴湖形不成灌区。皇甫政把2孔斗门扩建成8孔闸门，名之玉山闸或玉山斗门闸，使玉山闸适应控制范围扩大而增加的排水负荷。

宋嘉祐四年（1059），沈绅撰《山阴县朱储石斗门记》，较详细地记载了嘉祐三年（1058）五月整修玉山斗门的情形："赞善大夫李侯茂先既至山阴，尽得湖之所宜。与其尉试校书郎翁君仲通，始以石治朱储斗门八间，覆以行阁，中为之亭，以节二县塘北之水。"[②]宋以前斗门是木制的，

———————

① 陈桥驿：《古代鉴湖兴废与山会平原农田水利》，《地理学报》1962年第3期，第194—195页。

② ［宋］沈绅：《山阴县朱储石斗门记》，载［宋］孔延之辑《会稽掇英总集》卷十九，清道光元年（1821）山阴杜氏浣花宗塾刻本，第11页。

故而整修频繁乃常态，这次整修将原玉山斗门的木结构改成了石结构。

沈绅对朱储斗门蓄淡水灌溉的功能也有具体的记载："东西距江百有十五里，总一十五乡，溉田三千一百十九顷有奇。"[1] 这与孔灵符《会稽记》中的"溉田九千余顷"还是有较大差距的，但主要是因为统计范围不一。沈文所言是指山会平原北部"东西距江百有十五里，总一十五乡"的农田面积，实际受益的农田当远不止这些。当然，沿江海塘也会有其他配套水闸。

> 及观《地志》与乡先生赵万宗石记，则谓：贞元中，观察使皇甫政所造，此特纪一时之功尔。后景德二年大理丞段棐为县修之，其记存焉。繇汉已来且千岁，唯政、棐二人名表于世，而人不忘。[2]

由沈绅上述记载可知，汉代以来对玉山斗门多有整修，但除唐皇甫政、宋段棐两次年代较近的修治外，其余均湮没在历史长河。

有关玉山斗门修复的记载，主要收于宋及之后的碑文，以下略举几例。

其一，宋赵宗万撰《修朱储斗门记》。此文撰于景德年间（1004—1007），碑文已不存。邵权在《越州重修山阴县朱储斗门记》中提及此文。杜春生《越中金石记》卷三按："朱储斗门建于唐，一修于景德间，乡人赵仲困宗万为之记，其文不传。"[3] 撰者赵宗万，字仲困，大中祥符年间（1008—1016）山阴人，宝庆《会稽续志》卷五及《宋诗纪事》卷八有传。

其二，宋邵权撰、江峤书《越州重修山阴县朱储斗门记》。元祐三年（1088）立碑。此碑原在府学宫明伦堂，今已不存。文收入《越中金石记》卷三、嘉庆《山阴县志》卷二十七等。此碑除记述了鉴湖及玉山斗门的重要地位和该次维修过程，更有价值的是记述了玉山斗门在管理和建设中的

---

[1] ［宋］沈绅：《山阴县朱储石斗门记》，载［宋］孔延之辑《会稽掇英总集》卷十九，清道光元年（1821）山阴杜氏浣花宗塾刻本，第11页。

[2] ［宋］沈绅：《山阴县朱储石斗门记》，载［宋］孔延之辑《会稽掇英总集》卷十九，清道光元年（1821）山阴杜氏浣花宗塾刻本，第12—13页。

[3] 绍兴县修志委员会辑：《绍兴县志资料第一辑·碑刻》，民国二十六年（1937）铅印本，第55页。

一些具体事宜，如：村民、渔夫在"非启放之时，则相与刌限剧闸盗泄之"①的危害斗门的状况；斗门的地质及工程处理技术、经费来源；赞扬为官之道；等等。此文是十分珍贵的绍兴水利史料。

其三，清高辉撰《重建玉山陡门闸记》。此文撰于康熙五十七年（1718），收入康熙《绍兴府志》（王志）卷十七、雍正《浙江通志》卷五十七、乾隆《绍兴府志》卷十四、道光《会稽县志稿》卷六等。文记康熙五十七年知府俞卿修玉山斗门事。嘉庆《山阴县志》卷二十"玉山斗门闸"条云：

> 康熙五十七年，知府俞卿改建，盖自应宿闸建而斗门之启闭遂废，然洞狭水急，往往碎舟，俞卿扩之高三尺，复去其柱之碍舟者，有中书舍人高辉碑记。②

后来海塘标准提升，明代三江闸建成，切断了钱清江的入海口，平原内河与后海隔绝，三江闸替代了玉山闸，玉山闸遂撤闸板、废启闭，成为闸桥。

1954年9月实测，玉山闸桥全长34.58米。流水总净孔宽18.13米（下游侧），东3孔，净孔宽6.95米；已堵塞张神殿边一孔成3孔，净孔宽11.18米，中孔净宽5.90米，系全闸桥主孔。中间部分为张神殿殿基，长22.27米，宽12.11米，丁由条石砌筑。是年10月拆除闸桥，在原闸基上建成每孔宽11.6米、桥面3.3米的3孔钢筋混凝土平梁桥，名"建设桥"。1981年又拆除建设桥，拓宽河道，建成2孔、净孔宽78米（40米＋38米）、桥面4.8米的钢架拱公路桥，名"斗门大桥"。

玉山斗门是鉴湖灌区地处滨海的控水、挡潮枢纽工程，当时鉴湖以北的平原河网之水依赖鉴湖补充，而其下总的控制靠海塘和玉山斗门蓄泄。也就是说，自鉴湖建成到明代绍兴三江闸建成（140—1537）期间，绍兴平原之水主要由玉山斗门调控。

2003年6月中旬，绍兴市古运河整治办工作人员在河道调查中发现，

---

① ［宋］邵权：《越州重修山阴县朱储斗门记》，载绍兴县修志委员会辑《绍兴县志资料第一辑·碑刻》，民国二十六年（1937）铅印本，第54页。

② 嘉庆《山阴县志》卷二十，第5页。

斗门大桥原金鸡山侧河岸中有微露水面的石槽，请人下水勘察后，发现水底有不少散落石柱和石板，于是决定打捞上岸收集保护。[①] 经研究考证，这是一组完整的闸体纵立面，包括主闸柱 2 根（靠岸闸柱，用以置放内外闸门板），石砌横挡土石墙 3 幅，石柱 2 根。此立面全部直立于山体上，与岩基凿榫相接。闸体宽约 4.5 米，残高 1.8 米，估计上部闸柱已断。

玉山斗门遗存
邱志荣 / 摄影

玉山斗门遗存 2003 年已移至绍兴运河园"运河风情"景点重组保护。陈桥驿先生有《古玉山斗门移存碑记》：

> 此是汉唐越中水利遗迹，亦为越人治水之千古物证。后汉永和五年，会稽太守马臻兴修鉴湖，于玉山与金鸡山间建玉山斗门（亦称朱储斗门），为全湖蓄泄枢组。而稽北九千顷土地得以次第垦殖。至唐贞元二年，浙东观察使皇甫政改两孔斗门为八孔闸门，以适应垦区扩展而日益增加之蓄泄负荷。自此以后，鉴湖南塘以北连片沼泽悉成良田，皆玉山斗门蓄泄之功。明成化十二年，太守戴琥在郡城佑圣观前府河中设置水则，并立碑明示，按水则所标水位，控全境涵闸启闭蓄泄，而玉山斗门仍是其中枢组。嘉靖十六年，太守汤绍恩兴建三江闸，玉山斗门于是功成身退。综观

---

① 邱志荣：《上善之水：绍兴水文化》，学林出版社 2012 年版，第 509 页。

越中水利，自马臻初创至汤绍恩建闸，玉山斗门枢纽全境蓄泄排灌达一千四百年，变沮洳泥泞为平畴阡陌，化潮汐斥卤成沃壤良田，诚越人繁衍生息之命脉、越地富庶昌盛之关键。兹岁绍兴市致力于古运河整治，而此千古水利遗迹，竟于斗门镇原地发现，石柱依旧，闸槽宛然，溯昔抚今，令人钦敬振奋。现移存此千古水工杰构于古运河之滨，用以展示越中水利文化之悠远璀璨，既可供后人纪念凭吊，亦有俾学者考察研究。特书数言，以志其盛。

陈桥驿谨识
二〇〇三年七月

二、蒿口斗门

蒿口斗门位于鉴湖东部边缘，建成年代不明，是沟通东鉴湖与曹娥江的主要通道，此斗门边或有堰之类水利设施相辅之，以资通航。

现存最早的记载鉴湖具体涵闸设施的著述为曾巩的《越州鉴湖图序》，文内列入的斗门有朱储、新迳、柯山、广陵、曹娥、蒿口6处，其中新迳斗门建于唐大和年间（827—835），曹娥斗门建于宋天圣年间（1023—1032），均有史可考。[①] 而蒿口斗门则在当时便无从稽考，表明其建筑年代要远早于曹娥斗门。此于《新建广陵斗门记》有载：

> 按《记》云马侯作三大斗门，自广陵外不著其名……。惟广陵、柯山、蒿口不详其自始，当即《记》所称之三大斗门矣。且就地势而论，广陵泄西湖之水以入于西江，蒿口泄东湖之水以入于东江，又于其中置柯山以资灌溉、助宣泄。[②]

---

① 参见《新建广陵斗门记》，载绍兴县修志委员会辑《绍兴县志资料第一辑·碑刻》，民国二十六年（1937）铅印本，第11—15页。

② 《新建广陵斗门记》，载绍兴县修志委员会辑《绍兴县志资料第一辑·碑刻》，民国二十六年（1937）铅印本，第12—13页。

蒿口斗门遗址
邱志荣 / 摄影

1988 年 9 月 15 日，在上虞蒿一村考察时，老人钟本杰（其上数代均管清水闸等闸门启闭事）介绍，该斗门遗存应在当时茶叶公司蒿市附近的峡谷之中，现已为桥。[1]

三、广陵斗门

广陵斗门在原绍兴县南钱清镇（今属绍兴市柯桥区钱清街道）虎象村虎山与象山之间。《嘉泰会稽志》卷四：“广陵斗门，在县西北六十四里。”[2]据 1988 年考察[3]情况，虎象村的虎山和象山之间有广陵桥。在桥西侧 60 米处原有一三眼闸，于 20 世纪 70 年代初填废，所填之处至今还可见原闸槽。在桥与闸之间又有一堤坝遗址，约高于地面 1 米。1971 年大旱，村民挖河，见有较多木桩和泥煤，此即应为古广陵斗门所在。20 世纪 80 年代初，环保等部门对鉴湖底质泥煤进行了地质调查，发现广泛分布于鉴湖范围的泥煤，唯有夏履江一带及清水闸（西墟斗门遗址）缺失，这是河流有

---

① 参见盛鸿郎、邱志荣：《古鉴湖新证》，载盛鸿郎主编《鉴湖与绍兴水利》，中国书店1991 年版。

② 《嘉泰会稽志》卷四，第 24 页。

③ 参见盛鸿郎、邱志荣：《古鉴湖新证》，载盛鸿郎主编《鉴湖与绍兴水利》，中国书店 1991 年版。

力冲刷的结果。①

今广陵桥所处的地面高程为5.2~5.4米，古代咸潮可沿夏履江上溯于此，如遇涨潮或夏履江洪水来，可关闭斗门，以防洪、御咸、蓄淡。

古代关于广陵斗门记载较详细的是宋嘉祐八年（1063），由张焘撰并书、李公度篆额的《越州山阴新建广陵斗门记》（即前述《新建广陵斗门记》）。此碑记述山会地理大势，马臻筑鉴湖的功德及广陵斗门的位置、作用、修复过程、材料、费用、用工等，还从大禹治水方略谈到了马臻和鉴湖工程功绩，期望水利永固，造福于民。

碑高6尺3寸，广3尺，额篆书"斗门记"，三字横列，径5寸2分，记17行，行35字，正书径1寸4分，又立石衔名3行，径1寸。经多方努力，碑在农舍找到后，于2002年3月25日移至绍兴治水纪念馆保存。

鉴湖堙废，广陵斗门功能改变，随之废弃，但之后其址仍建有闸，因为此时夏履江的洪水及咸潮仍需阻挡在外。或要到钱清江成为内河后，闸才渐废。所见遗址地河岸中尚存闸柱。

广陵斗门遗址
邱志荣／摄影

---

① 绍兴地区环保科研所等：《鉴湖底质泥煤层分布特征调查及其对水质影响的试验研究》，1983年。

四、西墟斗门

南宋徐次铎的《复鉴湖议》记有西鉴湖斗门："其在山阴者为斗门，凡有三所，一曰广陵斗门，二曰新泾斗门，三曰西墟斗门。"[1] 经发掘考证[2]，在今绍兴市越城区东浦街道鲁西村与清水闸村交界河道处，有古鉴湖西墟斗门遗址。其地有残存闸柱及部分基础砌石，其中闸柱高约 5 米，宽 0.6 米×0.6 米，闸槽清晰可辨，浸水表层部分已侵蚀成圆柱。对闸柱开挖过程中，发现其基础处理坚实，底部有较多松桩打入加固，经北京大学历史系以碳–14 法测定年代为距今 1670±70 年，可以说与 20 世纪 80 年代末测定的古鉴湖堤底木桩的年代（距今 1670±189 年）基本吻合。[3]

西墟斗门为古鉴湖早期所兴建，唐代山会平原北部海塘修建逐渐完成后，西墟斗门功能逐渐减弱，至宋代基本废坏，后在稍南的河道上新建清水闸，以拦蓄、抬高水位及排洪，遗址尚存。西墟斗门遗址下的木桩应为东汉修建鉴湖时期打入，但所见石闸柱亦有可能与玉山斗门类同为宋代改建，之前为木结构。

第二节　沿运主要水闸

一、杭州市

（一）三堡船闸

五代时，吴越钱氏曾在杭州今闸口和三郎庙附近分别兴建龙山、浙江

---

① 　转引自《嘉泰会稽志》卷十三，第 8 页。

② 　参见盛鸿郎、邱志荣：《古鉴湖西墟斗门考述》，《绍兴晚报》2001 年 7 月 26 日第 9 版。

③ 　盛鸿郎、邱志荣：《古鉴湖新证》，载盛鸿郎《鉴湖与绍兴水利》，中国书店 1991 年版。

两闸，沟通江南运河与钱塘江之间航道。北宋天圣四年（1026），侍御史方
容因海潮冲坏水闸，舟船有阻滞之艰，奏请修理。后在龙山闸内添建清
水闸，浙江闸内添建清水、保安两闸，而原闸称浑水闸。南宋乾道五年
（1169）又修理浙江浑水、清水和保安三闸，并置监官一员；是时，龙山
河和闸因地近皇宫，已废。元延祐三年（1316），丞相康里脱脱开复龙山
河，重立上、下两闸。明洪武五年（1372），浙江省参政徐本等扩浚龙山
河道，可通军舰，仍置闸限潮水。清道光八年（1828）五月，龙山两座闸
被冲坏，浙江巡抚刘彬士奏请修复。民国二十三年（1934）10月时，龙山
闸下尚有细流相通，闸址犹存。浙江闸废于何时尚待考证。民国时期亦曾
多次计划兴建钱塘江与京杭运河的沟通工程，均未能实施。中华人民共和
国成立后，1951年10月12日，华东水利部邀请交通大学教授严恺、华东
交通部总工程师罗英、华东财政经济委员会专员孙辅世、南京水利实验处
处长黄文熙等赴杭踏勘、研讨京杭运河与钱塘江沟通方案，但未曾实施。
后来在河口段建有内河与钱塘江沟通的建筑物。钱塘江南岸萧山境内有岩
山闸、新坝闸，钱江排灌总站和钱江排灌站等有配套闸可以通航；北岸在
余杭七堡建有上游闸。

　　1976年，作为长江水系九省一市统一航运网规划建设的一个项目，以
三堡船闸为主的京杭运河与钱塘江沟通工程列入交通部年度计划补助地方项
目，于当年动工。1980年9月，因缩短基建战线而停工缓建。1983年11月
复工；1988年12月31日竣工；1989年1月通过国家验收，正式通航。工
程建成后，连接京杭运河与钱塘江水系，以杭州为中心构成江海衔接、江河
直达的水运网络。沟通工程起自运河艮山港作业区东端，拆除拦河坝，利
用原卜塘河部分航道，穿越建国北路、环城东路，接贴沙河，在艮山门电
厂穿沪杭铁路、机场路，接通官河部分河道，跨大寨路，在新塘镇东转至
三堡，经过船闸通钱塘江，全长6.97千米，其中新开航道长5.56千米，船
闸及上、下游引航道长1.41千米。沟通工程按五级航道标准通航300吨级
船队设计，永久建筑物按四级航道标准适当结合本地区特点设计。三堡闸
闸室净长160米，口门宽（同闸室宽）12米，门槛水深2.5米，上、下闸首

平面尺寸为长 16 米，宽 23.4 米。上闸首顶标高 10.5 米，底标高 1.7 米；下闸首及闸室顶标高 8 米，底标高 -0.2 米。两闸首均为钢筋混凝土整体式底板、块石混凝土空箱边墩、短廊道输水。闸室为钢筋混凝土双铰式平底板，浆砌块石重力式墙。闸门采用卷扬加平衡重式启闭机，用 10 吨油压启闭。

（二）永兴闸[①]

永兴闸位于今杭州市滨江区西兴街道，由西兴堰演变而成。

南宋嘉定末年，汪纲开浚西兴运河，疏浚西兴堰内外河道 8000 余丈，又在疏浚后的西兴运河入钱塘江口建闸，闸建在西兴堰上，故称之西兴堰闸。闸毁于元、明期间，后再改建为堰，名大堰。明代相关文献记载为县治西十里有大堰。

明代绍兴知府汤绍恩创立三江闸后，包括西江塘和北海塘在内的山会海塘连成一线，位于西江塘终点和北海塘起点的运河临江（钱塘江）大堰，已经成为阻截钱塘涌潮内入萧山的主要屏障和排泄萧山南部洪涝的主要溢口，此外还要承担保持运河灌溉、航运正常水位的功能，拒潮、泄洪、灌溉、航运之间矛盾交结，十分复杂。特别是在雨季汛期，萧山南部之水汇注运河，山阴鉴湖之水逆入运河，而三江闸排涝又一时鞭长莫及，遂使运河两岸的昭名、崇化、由化诸乡汇为巨浸。于是，当地乡民争相开大堰放水，而一旦开掘大堰泄洪，钱塘江涌潮从大堰口奔涌直入运河，就会酿成严重潮害，且堵口也十分困难。嘉靖三十年（1551），乡民"创鬼祠于堰外，塞龙口，水无从泄"[②]，只能转从大堰附近的西兴镇股堰泄洪入江。但由于股堰所处并非水道要冲，规模又不及大堰，排涝不足，而潮害依旧。万历十四年（1586）秋，台风、暴雨叠加天文大潮，江潮撼激，风浪滔天，海塘外"沙地洗荡者千余丈"[③]，海塘内"室

---

① 　主要参考邱志荣、陈鹏儿：《浙东运河史（上卷）》，中国文史出版社 2014 年版，第326 页。

② 　来裕恂：《萧山县志》，天津古籍出版社 1991 年版，第 87 页。"龙口"即大堰口。

③ 　乾隆《绍兴府志》卷十五，第 32 页。

庐冲坏者数百间"①，江流主槽再次逼临西兴大堰，"灌入内河，势在咫尺"②，形势十分危急。万历十五年（1587），萧山县令刘会重修西兴塘（西江塘一部分），改筑石塘后，随即改建大堰为永兴闸。闸称二座，很可能是一闸二孔，以萧山古称永兴而得名，因位于西兴运河入江口，俗名龙口闸③。

万历《绍兴府志》谓："闸基故大堰，外障江潮，内节运渠二百里之水道。"④闸建于故大堰上，基础十分稳固，又提升了拦截高度，足以阻障闸外涌潮不入内河。"内节运渠二百里之水道"则包含了多层意义：其一，"二百里水道"说明当时山会萧区域的内河运河水系已经形成，水系的主干水道就是东起曹娥坝（堰已改坝）、西止永兴闸的二百里运河。其时三江闸已建成，浦阳江已归复故道，钱清江已成内河，钱清南北堰坝自不复存在，"自曹娥而西，路无支径，地势平衍，无拖堰之劳，无候潮之苦，较曹娥而东相悬绝矣"⑤。其二，"节"即节制，表明永兴闸具有在山会萧运河（简称萧绍运河）水系中协助三江闸泄蓄的重要地位。其时运河东端泄水入曹娥江的曹娥斗门和曹娥堰闸均废，而独存曹娥一坝，失去了排涝功能，二百里运河汇聚的上游稽北丘陵和古鉴湖区域（约1000平方千米）的降水，主要通过众多南北向自然河流由三江闸节制入海，而经东西向运河干道节制入钱塘江的唯有永兴闸。其三，此句强调了永兴闸对于解除萧山内涝的关键作用，正如刘会在《垦建永兴（龙口）闸申文》中所说的："此闸一建，不惟本县可免鱼鳖，而山、会既无萧山上流之增注，则三江之水亦可分杀其势。"⑥

---

① 乾隆《绍兴府志》卷十五，第32页。

② 乾隆《绍兴府志》卷十五，第32页。

③ 乾隆《绍兴府志》卷十五，第42页。

④ 转引自乾隆《绍兴府志》卷十五，第42页。

⑤ ［明］黄宗羲：《余姚至省下路程沿革记》，载［清］黄宗羲《黄梨洲文集》，中华书局2009年版，第390页。

⑥ 乾隆《绍兴府志》卷十五，第43页。

永兴闸在明末清初尚存，在西兴镇古运河上至今仍保存有永兴闸的闸槽遗迹，此遗迹在浙东运河申遗时已得到妥善保护。

永兴闸遗存
邱志荣 / 摄影

二、绍兴市

（一）三江闸

三江闸位于今绍兴市越城区斗门街道三江村，与浙东运河南北直线距离约 10 千米。因处钱塘、曹娥、钱清三江的汇合地，故名三江闸；因闸孔以星宿名，又称应宿闸。

三江闸由明代绍兴知府汤绍恩兴建于嘉靖十五年（1536），是中国古代最早、最大的滨海大闸。其所控制的山会地区水流域面积达 1520 平方千米，有效消除了萧绍平原的洪、潮灾害，保障了运河的水位。作为萧绍平原海岸线上规模最大、保存最为完整的泄洪、御潮水利枢纽工程，历经近 500 年的历史变迁，三江闸依然屹立在东海之滨，充分代表了传统水利工程建筑科技和管理的最高水平。

三江闸筑于彩凤山、浮山之间，东西走向，全长 108 米。除中段作改建外，现左右两段基本保持原状。东段老闸宽 9.16 米，计 11 墩 12 孔；西段老闸宽 9.16 米，计 10 墩 11 孔。梭墩均用大石叠砌。每隔 5 孔置一大墩，各墩位间距不尽一致，长、宽也不尽相等，墩与墩间架筑大石梁。梁

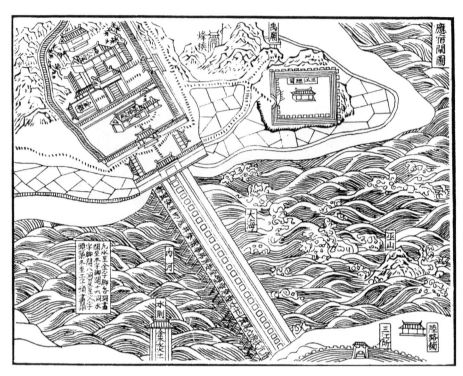

三江应宿闸平面图

图片来源：明万历《绍兴府志》。

侧面阴刻楷书闸洞星宿名称，现多斑驳不清。闸墩内侧开凿三条闸槽，槽内设置厚为 0.12 米的闸板，以供开闭。三江闸 1963 年已成为浙江省重点文物保护单位。

据 2013 年的调查，三江闸在保护和管理上也存在着诸多问题①，主要是：

其一，闸体破损严重，文物多遭损坏。20 世纪末及 21 世纪初，这里是周边工程几十吨塘渣车主要运输通道，对闸体内外已造成伤害。原三江闸东西两边有关于三江闸和汤绍恩的多处文物，如汤公祠、碑石等，现已不存。

其二，存在危桥隐患，环境差。与三江闸西端相连的建于 1987 年的汤公大桥，因不堪承受来往重车之压已成危桥。由于大桥封航，从南部过

---

① 参见邱志荣：《绍兴三江闸保护、利用、工作的思路》，载浙江省钱塘江管理局编《萧绍海塘文化专题研讨会论文集》，上海古籍出版社 2016 年版，第 155 页。

往几百吨的大型泥浆运输船，在不符通航要求的情况下，已开通三江闸孔通航，狭窄的闸洞一旦被撞击，就会使大闸整体倾倒。东边的凤凰山荒草离离，河岸多垃圾堆放；上下游有沉船数十条；有十几处固定渔船和扳罾，影响行洪排涝。

其三，长期失管、失修。对出现的交通超载、航道险阻、桥闸破损、文物不存、违章捕鱼、清障保洁等问题，缺少协调与实际有效的综合管理。

其四，管理体制不顺。三江闸闸体原属绍兴县管理。21世纪初市、县体制改变，划定汤公桥、三江闸本体及上游河段属绍兴市越城区袍江经济技术开发区管理，文物管理单位则为绍兴市文物局。新三江闸与老三江闸之间的长约2.5千米的河道（包括河道管理范围）现属绍兴市柯桥区塘闸管理处管理。西侧的古海塘则由浙江省钱塘江管理局委托绍兴市柯桥区塘闸管理处管理。

2014年11月4日，绍兴市人民政府办公室印发绍兴市政府《三江闸保护、利用、传承工作方案》，以三江闸为核心，以玉山斗门至新三江闸约5千米的河道为纽带，划定3～5平方千米范围为重点保护区域，按"统一规划、分期实施；突出保护、综合治理；先易后难、有序推进；属地管理、条块结合"的原则要求开展实施。

（二）蒿坝清水闸

蒿坝清水闸，或径呼之清水闸，位于今绍兴市上虞区曹娥江西岸上游蒿坝境内（今属曹娥街道）萧绍海塘上。此闸为明嘉靖十六年（1537）汤绍恩继三江闸后所建，闸1孔。"借闸以防江，借闸以通源"[1]，与三江闸为"东首北尾"。工程引曹娥江水入平原河网，意在"俾内河水常有余，应宿不至久闭，得长流以为出口刷沙之用"[2]。工程日久堙废。清光绪二十五年（1899），地方乡绅集资在原闸偏右凤山之麓重建新闸，于光绪

---

① 绍兴县修志委员会辑：《绍兴县志资料第一辑·塘闸汇记》，民国二十六年（1937）铅印本，第53页。

② 绍兴县修志委员会辑：《绍兴县志资料第一辑·塘闸汇记》，民国二十六年（1937）铅印本，第44页。

二十七年（1901）竣工。闸设3孔，总净宽6.75米。受地形制约，闸外引水道极易阻塞，工程逐渐失去作用。1951年汛期防洪中封堵闸门。现闸体保存还较完好。

（三）新三江闸

自20世纪70年代初，三江闸因闸外河道淤塞及滩涂围垦等排泄渐封堵后，萧绍平原泄洪排涝全赖马山、红旗、大寨、楝树下、西湖底五闸外泄，但五闸的总泄流量尚不及原泄流量的60%，同时因排涝河道配套不完善以及外江淤积导致泄水不畅，萧绍平原受水、旱威胁的程度日益严重，兴建新三江闸成为扭转萧绍平原蓄淡排涝被动局面的必然选择。

新三江闸系大型滨海排涝闸（泄水＞1000米³/秒），在三江闸下游2.5千米处，位于原绍兴县（今属绍兴市越城区）北部。闸为东西走向，东与马山海涂七○丘围堤相接，西与县围七○丘东堤正交。闸外是曹娥江下游左岸弯道之凹岸，对面江岸是原上虞市七七丘围涂，两岸江道面宽约3.3千米。新三江闸于1977年9月经浙江省水电厅批准建造，1977年11月5日动工，1981年6月30日全部竣工，实际施工时间32个月。

闸总15孔，单孔净宽6米，总净孔宽90米。闸东西总宽158米，上下游闸面宽19米。东侧附设长262米、宽2米的鱼道。每孔上下游均设有双道钢筋混凝土平板闸门，共30扇，每扇闸门重量约29吨。闸室上游侧设有宽7米的公路桥面。闸室下游侧分为3层。

闸建在新淤成的粉砂土基上，易受震动液化，故采用沉井群组成整体的地下基础处理方法，保证闸基稳固，开创了国内在软土基上进行大型基础处理的先例，也成了后来许多水利学教科书中的经典案例。"沉井群基础"于1983年10月被浙江省人民政府评为科研成果三等奖，1984年6月、10月又分别被浙江省计经委评为优秀设计二等奖和优质工程。

新三江闸按十年一遇防洪标准设计，在3日雨量254毫米、曹娥江下泄洪峰流量4000米³/秒的条件下，4天排完来水恢复内河正常水位。设计平均过闸流量528米³/秒，最大过闸流量1420米³/秒。建立之时，在与沿海诸闸配合下，承担萧绍平原约 5.5 万公顷农田（其中萧山 1.27 万公顷、上虞 0.6 万公顷、越城区 0.48 万公顷、绍兴县 3.13 万公顷）的排涝任务。平原可免除中涝，减轻大涝的损失。基于排涝能力的增强，平原内河蓄水位可提高 8～10 厘米，相应增加 1400 万立方米的蓄水量，增强平原的抗旱、航运能力。新三江闸建成后，显著提高了萧绍平原的除涝抗旱效益。

（四）无量闸

无量闸位于今绍兴市上虞区梁湖街道华山居委会西山下四十里河上，始建于北宋，为一节制水闸，南北走向。《上虞市水利志》记载："北宋时，邑人张达创置沙湖塘，堤长三里，建石闸（今无量闸）一座。"[1] 清《上虞县志校续》记载："道光三十年洪水为灾，桥闸冲圮，咸丰初年知县张致高、署知县林钧次第修复。"[2]

无量闸为单孔，孔径高 2.6 米，宽 5.0 米，闸底高程 1.1 米，最大流量 13 米^3/ 秒，灌溉受益农田 5 万亩。闸门型式为梁板，现用电动螺杆启闭机启闭。闸旁有一单孔石拱桥，即无量桥，单孔净跨 10 米，桥面长 12 米、宽 3.6 米。闸桥目前尚在使用，结构与样式已有较大改变。

上虞无量闸
邱志荣 / 摄影

---

① 上虞市水利局编：《上虞市水利志》，中国水利水电出版社 1997 年版，第 9 页。
② ［清］储家藻修，［清］徐致靖纂：《上虞县志校续》卷二十六，清光绪二十五年（1899）刻本，第 20 页。

（五）通明闸

通明闸位于今绍兴市上虞区四十里河与姚江相接处，闸上下地势高低悬殊，为节制水位而设。此闸堰始建于北宋景德年间（1004—1007），南宋淳熙间（1174—1189）置通明北堰，嘉泰元年（1201）置通明南堰。通明闸于南宋初圮废，嘉定元年（1208）重建，之后多次修缮扩建。1966年改建成3孔，中孔净宽2.8米，边孔净宽2.7米，总净宽8.2米，过闸流量25米³/秒。1973年，将闸旁过水堰改建为闸，即通明新闸，2孔，各宽4.3米，总净宽8.6米，合计过闸流量120米³/秒。1984年上虞县在疏浚四十里河时再次有所修建。通明闸于2008年在杭甬运河拓宽疏浚工程中被拆除。

三、宁波市[①]

（一）牟山湖闸[②]

牟山湖闸
邱志荣 / 摄影

---

① 主要参考《宁波市水利志》编纂委员会编：《宁波市水利志》，中华书局2006年版；《甬江志》编纂委员会编：《甬江志》，中华书局2000年版。

② 主要参考《牟山镇志》编纂委员会编：《牟山镇志》，方志出版社2021年版，第163页。

牟山湖闸，古名大有闸，土名双眼闸，位于今宁波市余姚市牟山湖东侧北岸湖塘上。牟山湖闸始筑于宋代，为牟山湖放水土门之一，明代改建为石门。清乾隆三十九年（1774），周巷商人王生道出资千金，修堤塘、碶闸，[①]曾对大有闸进行过修缮。清嘉庆二十一年（1816），重修大有闸。清光绪二年（1876），大有闸再次重修。其时，闸高一丈二尺三寸（约 4.1米），仍保留双孔格局，东孔阔九尺五寸（约 3.17米），西孔阔四尺四寸（约 1.46米）。民国三十六年（1947）也曾重修过大有闸。1952年，余姚县政府彻底重建大有闸，改石闸为钢筋水泥结构，木闸拦板。1970年，将木闸拦板改为水泥拦板，电动螺杆启闭，改人力拖坝为船闸，船闸厢长100米，平均宽度为 30米，面积 3800平方米，可容纳 100吨级船只通过。上游闸宽 4.1米，下游闸宽 4米，为木质摇门。

（二）屡丰闸

屡丰闸又名单眼闸，位于今余姚市牟山镇牟山村九洞桥（古称跨湖桥）西 300米的湖塘上。闸为单孔水泥闸，高一丈二尺四寸（约 4.13米），阔九尺（3米）。此闸始筑于宋代，为牟山湖放水土门之一，明代改为石门。此后历经清乾隆三十九年（1774）、嘉庆二十一年（1816）、光绪二年（1876）和民国三十六年（1947）四次重修。1952年，余姚县政府对屡丰闸进行彻底重建，改石闸为钢筋水泥结构，木闸拦板。1970年，将木闸拦板改为水泥拦板，电动螺杆启闭。

（三）化子闸

化子闸又名关潮闸、化纸闸，位于今宁波市镇海区九龙湖镇长石村长石自然村，横跨慈江，是慈江干流引水、节制两用闸。化子闸在历史上是慈江重要的水利设施，也是如今宁波市镇海区和江北区东部引纳慈江水的主要通道。

化子闸原址在今宁波市镇海区九龙湖镇长石村黄杨自然村安乐寺南边

---

① 　余姚市地方志编纂委员会编：《余姚市志》，浙江人民出版社 1993年版，第 277页。

30 米处，处于中大河、江北大河交汇处，闸槽在靠安乐寺一岸。闸始建于宋宝祐年间（1253—1258），历代多次修缮。元至正年间（1341—1370）里人倪可久重修，明清两朝屡有修葺。1959 年 12 月拆除老闸，在原闸西 100 米左右处重建新闸一座，闸为 4 孔，总宽度 9.73 米；基础处理采用黄泥垫层，木质插板闸门，人力启闭；闸旁建管理房 3 间，管理员 2 名。在是年拆除闸底板时，发现在闸底板下埋有一石匣，石匣内装有一石刻小碑记：

> 化子闸建自宋宝祐间，吴公潜、倪公可久。其后废兴不一。国朝乾隆间，镇邑戴质明、郑国桢、陈维彪先后捐修。至光绪初，闸又圮，仍系绪乡陈公简可同子曰亨、孙廷钰出资重建。督办：童彩堂、陈毓卿。[1]

1986 年又扩建化子闸，1987 年建成。新闸为钢筋混凝土结构，2 孔，孔宽 5 米，总净宽 10 米。

宁波化子闸遗存
图片来源：邱志荣提供。

---

① 转引自宁波市镇海区政协文史资料委员会编：《海天拾贝：镇海古塘古碶古桥古道》，宁波出版社 2021 年版，第 59 页。

（四）涨鉴碶（闸）旧址

涨鉴碶，亦写作张鑑碶、涨鑑碶、张监碶、张鉴碶，位于今宁波市镇海区招宝山街道张鑑碶社区中大河段，是中大河重要排涝工程。涨鉴碶闸由新老两部分组成，老闸始建年代现无考。据民国《镇海县志》，此处南宋宝庆年间（1225—1227）时已有闸，现留部分遗址，原名"张鉴碶"。"张鉴碶。二都。东乡之水借碶宣泄，额设碶夫二名，司其启闭，并立两庄乡长以协守之。"[1]

老闸已无存，现闸为20世纪80年代后新建造的。闸建在前大河右岸，离庙桥250米，共3孔，中孔为1.4米，两个边孔各为1.2米，闸旁有过船堰。清乾隆十七年（1752），邑令王梦弼详请移建并获批准。[2]东首又新建三孔新闸，取名为张鑑碶新闸。1972年改为三孔电动卷扬启闭水泥闸，船形墩，横跨中大河，南北走向，南侧接甬江；闸两旁各建有一幢管理房。闸长9.1米，宽8.4米。

（五）慈江大闸

慈江大闸建于1974年，位于今宁波市江北区慈城镇民丰村芳江村，横截慈江干流，是抗旱时慈江灌区与余姚慈江段的分界闸。闸为9孔，总净宽33米，设计过闸流量132米³/秒。

（六）浦口闸

浦口闸建丁1976年，位丁今宁波市余姚市蜀山大闸以南，陆埠溪姚江出口处，是陆埠水库配套工程，控制水库西干渠入原明伟乡（今属余姚市梨洲街道）河道之水。

（七）长坝闸群

长坝闸群是余姚湖塘河与马渚中河长12千米的河道上的一系列闸坝，包括西横河闸、斗门升船机闸、斗门爱国增产水闸等，始建于宋代，反映

---

[1] 民国《镇海县志》卷五，第17页。

[2] 参见民国《镇海县志》卷八，第14页。

了宋元以来此段运河水利航运设施的技术演进过程。长坝闸群是姚江与曹娥江之间十分重要的枢纽，是杭甬运河体系中不可或缺的节点，是两岸水利灌溉至关重要的保障。

1. 西横河闸

西横河闸位于今宁波市余姚市马渚镇马渚中河西端，与湖塘江及奖嘉隆江相接。清光绪以前此处已建有堰坝，后改建为减水闸。1951 年又将原减水闸改建为 3 孔水闸。水闸傍山，右侧又增建一处人力拖坝，仍保留右岸车坝。1968 年在原车坝处建设船闸。1983 年将船闸改建成杭甬运河 40 吨级电动升船机站，架长 11 米，宽 5.5 米。1986 年为配合东排工程，改建水闸，闸前设桥，于 1987 年竣工。闸为 3 孔，每孔宽 7 米，闸身总宽 34.6 米，高 4.2 米，平均排涝流量 130 米³/ 秒，分为升船闸和水闸两个部分，可通过 40 吨级船舶。

西横河闸及升船机
邱志荣 / 摄影

2. 斗门升船机闸

斗门升船机闸位于今宁波市余姚市马渚镇斗门村马渚中河南端，靠近姚江。闸系 20 世纪 80 年代所建，分为升船闸和水闸两个部分。升船闸建于 1983 年，水闸完工于 1987 年。升船闸宽 5.5 米，架长 11 米，钢轨长 118 米，能过 40 吨级船舶。现升船闸已极少使用。

3. 斗门爱国增产水闸

斗门爱国增产水闸位于今宁波市余姚市马渚镇斗门村河东 30 号东侧的河道岔口。该闸西北原为古代斗门所在，历史悠久，《宝庆四明志》卷四等文献均有记载。现斗门闸建于 1952 年 7 月 15 日。

斗门爱国增产水闸东西截断运河支流，闸北为中河，南为下河，上下游水位差达 0.5 米。闸包括闸门、通行便桥、导流渠、蓄水池及导流渠便桥。闸门为钢筋混凝土建筑，设 3 孔。闸北设两桥墩，迎水面置分水尖，墩上并铺两块水泥板成维修便道，外侧置水泥护栏。便道顶部为闸顶，由闸东岸阶梯可至。闸南紧连水泥平桥，桥墩外侧置分水尖。两侧桥栏分置桥额"爱国增产水闸　公元 1952 年 7 月 15 日竣工"。闸南北两侧沿西河岸分置斜坡，铺石板加固，既可供船只从此斜坡拖过闸门，又可测量水位。闸东 15 米设导流渠和蓄水池。导流渠呈沙漏形，两头宽，中束腰。束腰处设闸门，宽度 1 米。导流渠北侧上游为蓄水池，四方形，长 35 米，宽 15 米。蓄水池北侧中间又设一闸门，可控制蓄水量。导流渠及蓄水池沿岸均用石块护坎。导流渠上又建有长 7 米、宽 3 米的平板水泥桥供居民通行。现该闸虽形制基本完整，但闸门已封死，无法起吊；水泥护栏断裂，桥面及桥栏水泥脱落严重；蓄水池北侧闸门废弃被封；河道堵塞严重，水闸功能部分丧失。

（八）安家渡闸群

安家渡闸群四十里河系列闸坝群中位于宁波的有后岸南岸下坝、下坝余上团结闸。

1. 后岸南岸下坝

后岸南岸下坝位于今宁波市余姚市马渚镇四联村后岸南岸自然村 22 号南侧，十八里河河口，原为下坝坝体（古江口坝）。下坝南北向横跨十八里河，西侧为姚江，全长 13.3 米，宽 1.4 米。现下坝坝体改为石梁桥，设两桥墩，上铺桥板。南侧有河堤及埠头，存有闸门槽口。后岸南岸下坝原有升船设备。

2. 下坝余上团结闸

下坝余上团结闸位于今宁波市余姚市马渚镇四联村下坝自然村西南，建于 1954 年。闸所在的十八里河，从余姚下坝至上虞丰惠。十八里河西连四十里河，再与曹娥江相通。余上团结闸下游也有运河与姚江相连。因此该闸是姚江与曹娥江之间重要的水利枢纽。

余上团结闸总长度达 8 米，宽度达 3.5 米；设两道凹槽，闸门原为手动卷动，现为电动；闸额镌"余上团结闸 1945 年建"；闸东有石板桥并列设置，现已改为水泥板桥。此闸建成时，闸门宽度为余姚之最。该闸建成后上游水位抬高近 3 米，得以蓄水灌溉两岸的农田。

余上团结闸
邱志荣 / 摄影

（九）蜀山大闸（船闸）

蜀山大闸位于今宁波市余姚市东部凤山街道蜀山村姚江干道上。此闸于 2003 年 10 月动工兴建，2005 年 12 月竣工，是宁波历史上首座船闸与水闸合一的大闸，也是宁波历史上规模最大的大闸。作为姚江流域防洪灌溉的骨干工程、杭甬运河的重要航运枢纽，该闸建成后改善了杭甬运河的通航条件，提高了余姚市的防洪能力和姚江流域的排涝能力。水闸总净宽 96 米，排水流量 556 米³/ 秒，防洪标准为 50 年一遇。蜀山船闸位于水闸左侧，通航标准为 500 吨级，可一次性通行 500 吨级船舶 4 艘。蜀山大闸在建设过程中创新了国内软土地基大跨度连续多孔水闸设计施工关键技术。

（十）姚江节制闸

姚江在余姚东南区域河床较高，旱时水位下降快，影响城区工业用水、生活用水、农田灌溉和航运。1961年至1964年，先后在姚江四路主、岔江上建造皇山、竹山、郁浪浦、中舜江4座节制闸，控制水位，并使江南四明湖等水库放水注入姚江通向江北时不致流往下游。4座节制闸控制上游面积1082平方千米，江道槽蓄容积344万立方米，设计过闸流量659米³/秒。

皇山闸，建于候青江出口，闸门9孔，总净宽31.4米，闸底高程−1.84米，设计过闸流量180米³/秒。

竹山闸，建于最良江出口，闸门7孔，总净宽23.1米，闸底高程−1.57米，设计过闸流量138米³/秒。

郁浪浦闸，建于郁浪浦出口，闸门5孔，总净宽15米，闸底高程−1.82米，设计过闸流量96米³/秒。

中舜江闸，建于姚江干流余姚城厢附近三江口西约1千米处，闸门7孔，总净宽42米，闸底高程−1.57米，设计过闸流量245米³/秒。

（十一）姚江闸

姚江闸位于宁波市江北区湾头。1958年9月动工，1959年6月建成。闸上集水面积1748平方千米，按重现期20年一遇日净雨量130.7毫米（降雨量159毫米）3天排出，设计过闸流量725米³/秒。闸身全长165.2米。闸门36孔，每孔宽3.3米，总净孔径118.8米，闸孔净高4.4米，中间2孔升高作过船孔。闸底高程−1米（吴淞高程，下同），桥面高程5.5米。主车道宽7米，按汽—13级设计，两侧人行道各宽1.5米。闸身上下游两端各设深1.8米的截水齿墙。上游护坦38.7米，下游护坦61.5米，用浆砌及干砌块石砌筑，厚0.6米。下游设消力池。闸基为粉质软黏土，无桩基础，用1.2米厚黄泥垫层，上浇0.8米厚钢筋混凝土底板。为防止不均匀沉降，底板分离为每3孔1块，块宽14米；闸座岸墙后用煤渣填充，减轻基础荷载。稳定控制上下游最大水位差为3.07米，挡潮3.5米。蓄水标准如下：高水位梅雨期为 2.8 米，梅雨末期起为 3.20 米；低水位为 2.60 米（通航水位）。上下游引河全长 1240 米，底宽 190 米，边坡为 1：2 到 1：3。老江道堵坝长 300 米，坝顶高程 5 米，宽 12 米。

建闸后，闸内江道槽蓄容积自 −1.0 米至 3.2 米间为 4042 万立方米，因集水面积大，复蓄指数高，52 万亩农田灌溉水量得到基本保证；江道渠化，水位相对稳定，有利航行。但一日两次潮汐吞吐被截，引起闸外尾闾和甬江干流严重淤积，影响排涝、航运。

（十二）姚江船闸

姚江船闸位于今宁波市姚江闸东首 245 米处，宁波动物园旁原姚江升船机旧址。1999 年开始筹建，2000 年正式动工，2005 年 4 月 19 日通过验收。姚江船闸解决了潮汐影响下的姚江通航入海问题，是杭甬运河到达宁波市区的最后一个通航设施，使船舶通航能力从过去的 40 吨级提升至 300 吨级。原升船机于 1981 年兴建，1983 年建成。采用高低轮斜面平运电子自控、惯性过顶。承船车长 10 米，宽 5.5 米，钢轨长 131.6 米，最大通过能力为 40 吨级船舶。现船闸闸室长 160 米，宽 12 米，门槛水深 2.5 米，上下游水位差 0～2.5 米。船闸采用中央自动控制系统，一次可以通过 8 艘船，通行时间大致为半小时。

第五章
渡、码头、港口

四明古称文献邦，望京门外西渡江。

水驿一程车厩远，舜江楼头横石杠。

新中二坝相连接，上虞港内还通楫。

梁湖曹娥潮易枯，大舟小艒重难涉。

东关渐近樊江来，熏风廿里芙蕖开。

贺监湖光净如练，绕门山色浓如苔。

绍兴城外水如碧，橹声摇过蓬莱驿。

柯桥远抵钱清湾，刘公庙食居其间。

新林白鹤路迢递，日斜始得瞻萧山。

梦笔桥高对江寺，双塔亭亭各相峙。

古碑无字草芊芊，犹美文通好才思。

西陵古号今西兴，越山隔岸吴山青。

钱唐江接海门阔，胥潮怒卷轰雷声。

杭州旧是临安府，藩臬三司列文武。

——［明］张得中《北京水路歌》

关于浙东地区早期的港口码头，《越绝书》卷八记载有"石塘""防坞""杭坞"等，在功能上主要是越国防御吴国海上侵犯的水军基地和航船码头，从越国当时的石砌技术看，此石塘应是抛石为主、砌石为辅。《越绝书》卷八则记："浙江南路西城者，范蠡敦兵城也。其陵固可守，故谓之固陵。所以然者，以其大船军所置也。"^①其中所言之固陵，是越国水军基地所在和北通钱塘江至北岸的码头，可谓当时越国第一大沿海港口，一般认为位于今杭州市滨江区西兴镇。《史记》卷六唐张守节正义云："句章故城在越州鄞县西一百里。"^②《宝庆四明志》卷十七则说："古句章县在今县（慈溪）南十五里，面江为邑，城基尚存，故老相传曰城山，旁有城山渡。西去二十五里有句余山。"^③"城山渡"在今宁波江北区慈城镇王家坝村。明清以来的地方志书记载多与此一致，即句章故址城山位于余姚江南岸岸边，东距三江口（余姚江和奉化江合流为甬江之处）22千米，由此顺余姚江流东去，可经由三江口入甬江，再北行由镇海大浃口（今属宁波镇海区）入海。^④

第一节　渡

一、钱塘江渡口^⑤

宋代以前的钱塘江渡，主要官渡有两处：一为浙江渡，对岸为西兴渡；二为龙山渡，对岸为萧山渔浦渡。浙江渡在杭州城东南候潮门外浙江亭江边，亭北即六朝时之柳浦埭所在。龙山渡在六和塔下江边。渔浦渡在萧山

---

① ［东汉］袁康：《越绝书校释》卷八，李步嘉校释，中华书局2013年版，第228页。
② ［汉］司马迁：《史记》卷一百一十四，［南朝宋］裴骃集解，［唐］司马贞索隐，［唐］张守节正义，中华书局1982年版，第2983页。
③ 《宝庆四明志》卷十七，第21页。
④ 刘恒武、王力军：《试论宁波港城的形成与浙东对外海上航路的开辟》，载宁波"海上丝绸之路"申报世界文化遗产办公室、宁波市文物保护管理所、宁波市文物考古研究所编著《宁波与海上丝绸之路》，科学出版社2006年版，第124页。
⑤ 本节主要参考姚汉源：《浙东运河史考略》，载姚汉源《京杭运河史》，中国水利水电出版社1998年版。

县西南 35 里，西兴渡在萧山县西 12 里。北宋天圣四年（1026）修杭州江岸斗门，通温州、台州等水路。浙江、龙山两渡之北有运河，河上有浙江清水闸、浑水闸及龙山清水闸、浑水闸等。唐代已有官渡，宋有专官监察。绍兴六年（1136）六月，右司谏王缙上奏钱塘江船渡原为防"覆溺，差使臣以察之，而百端阻节，往来反受其害"[①]，已是日久弊生，贪婪索贿。《宋会要辑稿》载：

> （绍兴）三十年十二月十四日诏：浙江、西兴镇两处监渡官系枢密院差到使臣。今后一年一替。……依绍兴七年六月四日立定，渡船三百料许载空手一百人，二百料六十人，一百料三十人，一百料之下递减。如有担仗，比二人。……其龙山、渔浦监镇并是兼管，不得专一。今后渔浦渡依旧就委监镇巡检，依浙江卖牌发渡。龙山渡从朝廷选差枢密使臣一年一替。赏罚并依浙江、西兴体例。[②]

主要渡口浙江渡、西兴渡两处是由中央专差武职官一员，任期一年。龙山、渔浦两处渡口较为次要，是监镇官兼管。绍兴三十年（1160）龙山渡升格，设专职武官。后渔浦渡亦设专官。至嘉泰二年（1202）改武职官为文官。至开禧三年（1207）仍改为武官。

所用船只据庆元二年（1196）两浙漕臣王溉奏，改照镇江都统制司所造扬子江现用渡船样打造。船有不同规格，有三百、二百、一百及一百以下各料。这里的"料"是容积单位。前引文献明确指出，三百料船可载空手 100 人，二百料船 60 人，一百料船 30 人，其余类推；行李、货物要占用荷载人数的额度。

行旅过渡需买牌上船。据嘉泰元年（1201）临安府奏，按规定每牌卖

① ［清］徐松辑，［民国］缪荃孙重订：《宋会要辑稿·方域十三》，民国二十五年（1936）影印本。

② ［清］徐松辑，［民国］缪荃孙重订：《宋会要辑稿·方域十三》，民国二十五年（1936）影印本。

31 文足钱，担杖、轿马亦折成人数买牌。官吏、军兵、茶、盐、钞客、乞丐、僧道可免买牌。当时四渡有转运司船 35 只，临安府所管 16 只。所得牌钱一成分给两官府作修船用，九成归官库及船工开支。黄宗羲在《余姚至省下路程沿革记》中记有一事，当即绍兴中整顿钱塘四渡事，所记稍有不同：

> 钱塘之渡，自昔为难。孙觌志汪思恩云：会稽渡钱塘，舟人冒利，捆载而行，半渡弭楫，邀取钱物，而暴风猝至，举舟尽溺死，操舟者皆善泅，独免。公为临安守，曰："不戮此辈，则杀人未艾也。"悉论杀之。更造大舰十数，每一舰受若干人，制号如其数，以五采别异之，置吏监总，渡者给号登舟，即过数而号与舟不类者皆不受。舟人给直有定估，除十之一备修葺之费。抵今二十年，无一舟之覆。[1]

渡是迎来送往之所，常有诗文记录。唐代张乔《越州赠别》一诗就明确提到了"西陵渡"：

> 东越相逢几醉眠，满楼明月鉴湖边。别离吟断西陵渡，杨柳秋风两岸蝉。[2]

清代尤侗也有《渡钱塘》一诗，更是将渡口形势、钱塘潮水、过江感受尽收诗中：

> 不嫌子夜雨，来趁午时潮。风急水如立，帆飞山欲摇。鸣榔闻隔岸，射弩说前朝。已入西兴路，南屏青未消。[3]

① ［清］黄宗羲：《余姚至省下路程沿革记》，载［清］黄宗羲《黄梨洲文集》，中华书局 2009 年版，第 391 页。

② 转引自萧山县志编纂委员会：《萧山县志》，浙江人民出版社 1987 年版，第 1100 页。

③ 转引自萧山县志编纂委员会：《萧山县志》，浙江人民出版社 1987 年版，第 1113 页。

二、曹娥江渡

《嘉泰会稽志》中除记有钱塘江四渡外，还记有曹娥江四渡。曹娥江西岸属会稽界，曹娥渡在县东72里，东小江渡在县东南90里。曹娥江东岸属上虞县，百官渡在旧县西30里，梁湖渡在旧县西北25里。东小江渡与百官渡并不相对，但曹娥渡与梁湖渡相对。后代相对位置与宋代不同。后代四渡历久不废，但里程与位置均有变动。如雍正《浙江通志》引明《绍兴府志》，记曹娥渡在府城东90里；引明《上虞县志》，记梁湖渡在旧县西曹娥庙前，而曹娥庙在绍兴府东92里。

渡船由驿站管理。钱清堰处据成寻及黄宗羲所记，有浮桥过西小江。元明清均曾重建。

三、菁江渡

菁江渡位于菁江西数百米处。此渡是姚西较为繁忙的千年古渡。旧时浙东地区交通运输一靠水路船运，二靠肩挑。宁波到杭州的浙东运河，沿河的官道与姚西地区南北走向的古道在菁江渡交会，渡口繁忙。

菁江渡的主要建筑物在菁江北岸，由码头、凉亭、小庙、临江平台等组成。凉亭东西走向，共五间，沿河官道穿越其中，凉亭内设有石凳数条，供来往行人休憩。石柱上刻着一副楹联："丹楼碧阁无处所，惟有青山放眼明。"此联出自北宋王安石《离鄞至菁江东望》，乃宋仁宗皇祐二年（1050），王安石任明州鄞县县令期满回京城，所乘航船溯浙东古运河西行至菁江时所作。凉亭后面是一座小庙，名为菁江庙，供有一尊大王菩萨及其他佛像，常有人到庙里烧香拜佛，祈求风调雨顺，五谷丰登。20世纪50年代，废庙为小学和小商店，现小学和小商店已撤。凉亭的南面临江建有宽广的半月形临江平台，平台由花岗岩砌成，非常牢固。菁江渡口北首紧靠着后场址村（今属余姚市马渚镇菁江渡村），该村是余姚五状元之一、明朝嘉靖十四年（1535）乙未科状元韩应龙的故里。

四、城山渡

《宝庆四明志》卷十七载："古句章县在今县（慈溪）南十五里，面江为邑，城基尚存，故老相传曰城山，旁有城山渡。"[1] 古句章城由越王句践于公元前 472 年所建，为句章县治。离城不远的城山渡，在当时还是商贸发达的句章港，是春秋战国时期我国五大港口[2] 之一。东晋安帝隆安四年（400），孙恩起义军寇浹口，破句章，入余姚，破上虞。句章县城被毁，县治被迫迁到小溪（今鄞江桥），而渡口仍是南来北往之人的承运之地。

时至今日，城山渡两岸的渡亭还有迹可寻，北渡头的灯柱不存，南渡头的灯柱断成两截，小字依稀可辨——"信女阮门胡氏喜助天灯"。渡亭、埠头、灯柱是渡口的配套设施，都是像胡氏这样的善男信女捐建的。

今日城山渡
图片来源：王文成提供。

作为越国的海防要塞，港口东距三江口 40 余里，西去当时越王停车置厩、秣马厉兵、囤积粮草的军事基地车厩 20 余里。沿江向西，可直达余姚城区。

---

① 《宝庆四明志》卷十七，第 21 页。

② 春秋战国时期，我国有五大港口，分别是碣石（今河北秦皇岛）、转附（今山东烟台）、琅琊（今山东青岛）、会稽（今浙江绍兴）、句章（今浙江宁波）。参见董楚平：《吴越文化新探》，浙江人民出版社 1988 年版，第 278 页。

城山渡向西是黄墓渡（河姆渡）、车厩渡，向东即赭山渡、半浦渡。它们都是南宋古渡。

五、丈亭渡

丈亭渡与城山渡、鹳浦渡是宋代姚江的三大渡口。丈亭自古设镇，是南宋时期临庆（临安—庆元）航道的重要枢纽，沿江街市十分热闹。此地有两个渡口。东边是慈江的丈亭渡，因渡南有宋家也称宋家渡，俗呼镬头渡，1988 年建桥废渡。西边是姚江的丈亭南渡，因渡南有郑家又称郑家渡。后因为河姆渡大桥建成，郑家渡也几近消亡。①

"向东流，向西流，涨落江潮无日休，那堪几度游。"②"东江清，西江清，海上潮来两岸平，行人分棹行。"③这两首词描绘出了丈亭的地理位置。向东流的姚江和向西流的慈江，50 里水路自东而来，至丈亭与姚江合流后折东。

慈江的西流，归功于宋丞相吴潜。吴潜是著名的军事家，也是杰出的水利专家。他创设"海上十二铺"，绵延百里，构成了海上长城，对海盗起到有效的震慑作用。吴潜任浙东制置使时，筑堰坝，造碶闸，修塘堤，兴建了无数的水利工程，有的至今还在发挥作用。他首创"水则线"，使中国最早的水文观察站得以诞生。明人冯瑛说："堰双河、浦吴闸、坝小新，种种不可枚举。公尝有诗云：'数茎半黑半白发，一片忧晴忧雨心。'即慈溪一邑可见。"④无论是在地方任职还是入京为官，吴潜都能正直无私、忧国忧民，为后世景仰。

---

① 诸焕灿主编：《余姚运河史话》，浙江古籍出版社 2017 年版，第 81 页。

② ［清］刘光裕：《长相思》，载余姚市政协文史委员会等编著《余姚历代风物诗选》，1998 年版，第 187 页。

③ ［宋］刘叔温：《长相思》，载余姚市政协文史委员会等编著《余姚历代风物诗选》，1998 年版，第 178 页。

④ ［明］冯瑛：《宋丞相吴公闸记》，载［清］杨泰亨修，［清］冯可镛纂：光绪《慈溪县志》卷十四，民国三年（1914）刻本，第 44 页。此县志以下简录为"光绪《慈溪县志》"。

今日丈亭古渡
图片来源：王文成提供。

六、祝家渡

祝家渡又名竺家渡，成化《宁波府志》曾有记载。南、北渡口旧设亭，供行人憩息。与车厩渡、黄墓渡一样，祝家渡也在渡口设市。清代乾嘉年间，祝家渡曾先后立过五座牌坊，其中四座是节孝坊，一座是嘉靖二年（1523）进士袁载的进士坊。

老街位于渡北，一条几十米长的直街加上两头不长的横街，至今还是工字格局。据光绪《慈溪县志》所载，祝家渡市逢农历二、四、六、九集市。一到市日，四乡八都的人都来赶市，把老街挤得水泄不通，车厩山民的竹器、丈亭渔民的水产、当地农民的时令菜蔬琳琅满目。集市的繁华一直持续到 20 世纪 80 年代。

近集市的渡口一般有渡头、码头、埠头诸种功能。1966 年，祝家渡建成钢结构铁索斜拉桥，从此失去渡头功能；1992 年，祝家渡至甬至姚的航线取消，码头功能也就此丧失。

清人孙旭照有《过祝家渡》诗描写渡口意境：

> 一抹林梢落照留，片帆如驶坐中流。芦花似识诗人面，满岸
> 秋风乱点头。[1]

---

[1] ［清］孙旭照：《过祝家渡》，载余姚市政协文史委员会等编著《余姚历代风物诗选》，1998 年版，第 188 页。

七、西石山渡

西山渡位于老西门外，因山得名，是余姚市最西端的渡口。由于西来余姚的官员大多在此下船，故渡口附近建有接官亭，亭东大路旁竖着清乾隆年间所立的"四先贤故里碑"（现已移至龙泉山上）。1958年渡废。

八、仓前渡

仓前渡又名还金渡，位于余姚老西门南侧。明代时这里姚江江面宽阔，漕运粮船往往在此卸粮转运，所以筑有大量廒仓以储囤粮食，"仓前"因此得名。清雍正七年（1729）粮仓迁至署东（府前路），粮库废弃，但"仓前"名称沿用至今。渡口于1955年1月改为余姚至梁弄的汽车渡，1959年渡乃废。

九、迎龙渡

迎龙渡又名施家渡，位于龙泉山南山门前。据传，宋高宗赵构曾由此渡登龙泉山，遂有迎龙之名。渡东侧也曾设过接官亭。民国三十年（1941），渡东建成木桥，渡遂废。

十、杯渡

杯渡原名旱门头渡，位于余姚城东旱门外（今余姚市念德桥西首）。渡名取自杜甫诗句"杯渡不惊鸥"。北岸为姚江驿，清雍正十年（1732）废弃，改建为节孝祠，设姚江驿石牌坊，现皆不存，是余姚城东迎送官员之地；南岸有关帝庙拔廊，来自舟山、宁波等地的海船渔民多云集于此。清代诗人宋梦良曾有诗云：

东门以外树行街，遍泊宁航向晚开。西上东下都过此，扬帆送往又迎来。①

民国时，往来宁波、余姚的客船码头也设于此渡附近。1964年姚江节制闸竣工，上可通车，遂不再摆渡。

古代渡船大都由庙产与祀产作施主，田租收起后给摇船者年酬，过渡者随意给予零星钱币以作补助。也有少数埠头是摇船者自备船只，规定摆渡费用。渡船大都是无篷的空壳船，可乘十来个人，过一次江五六分钟。②

十一、镇海渡

镇海渡位于今宁波市北仑区小港街道红联社区渡口路北端。镇海渡宋时称定海江南渡，又叫大浃渡；明称南关渡或大关渡；清称大道头渡。渡旁"有亭三楹，曰利涉"，因而又称大道头利涉亭渡。③与大道头对岸的是江南道头，其上"旧有海济亭，光绪六年里人谢绍禹捐资重修，又建明远亭、明远阁于渡侧"④。两边岸坡石板台阶形道头，20世纪60年代尚存。

镇海渡于宋初为官渡。时间久了，滋生弊端，掌管者往往以官办为幌子，仗势对过渡者肆意敲索，甚至谩骂殴辱，变便民为害民。南宋淳祐年间（1241—1252），知府颜颐仲奏准朝廷，使之改为民渡，由当地民船渡之，人收渡钱2文。⑤明清之际，过渡者日益增加，渡口遂亦增加。据民国《镇海

① ［清］宋梦良：《姚江竹枝词·第八十五首》，载［清］宋梦良《步梅诗钞续编》，浙江图书馆馆藏抄本。

② 参见叶凯：《浙东运河与余姚文化》，载江怀海、赵莹莹主编《大运河宁波段研究文集》，浙江古籍出版社2014年版，第142页。

③ 见《宝庆四明志》、嘉靖《镇海县志》、乾隆《镇海县志》、光绪《镇海县志》记载。参见《镇海县交通志》编审委员会编：《镇海县交通志》，海洋出版社1997年版，第71页。

④ 民国《镇海县志》卷四，第49页。

⑤ 参见《镇海县交通志》编审委员会编：《镇海县交通志》，海洋出版社1997年版，第71—72页。

县志》所记，先后有：拦江浦渡（俗称镇大道头渡，南岸为江南道头）、济川渡（即小道头，南岸为江南小道头）、薛家道头渡、邵家道头渡、县望道头渡、泥道头渡、练子道头渡、白家浦渡等。渡船多至40～50只。

1955年对渡口进行整顿，保留大道头至江南道头和小道头至江南小道头两对渡口。1963年，始置"镇渡1号"渡轮（15马力，限载51人），新造渡轮码头。江北码头建在大道头边上，江南码头建在江南新道头，小道头渡停废。1981年，江北码头西移150米至县望道头公记码头旧址新建。1984年，扩建江南新道头码头；1987年改建为客滚渡运码头。码头为浮码头，前沿设计水深、实际水深均为3米，码头长19.2米、宽8米，靠泊能力500吨级。年客运量约2502万人次。1985年后，镇海渡由宁波市镇海区管辖，现仍在使用中。

十二、半浦渡口

半浦渡口位于宁波市江北区慈城镇半浦村最南端，濒临姚江，古称"鹳浦古渡"，后人以其谐音简作"半浦"。自雍正年间郑时陛等人起，直至同治年间，郑氏家族陆续捐田造渡，捐资以备义渡开支。咸丰元年（1851），郑氏族人郑显煜、郑显泰等各捐己资，会集绅者，打造了三艘渡船，雇工分撑，昼夜轮替，以便利行人，同时重筑了南北两岸埠头、船夫住屋，布置了夜航引渡的天灯。郑尔毅等6人将此义举上报宁波府，此义举获得嘉奖。[①]

现古渡口设有渡亭一间，保留石柱天灯一座，右侧涉水下坡有20余级石阶。渡口仍在使用中，渡程170米。置钢制非机动船1艘，核定载客量35人。渡工1人，日渡客200人次左右。

---

① 参见光绪《慈溪县志》卷五，第45页；《慈溪县为灌浦义渡告示碑 清同治七年（1868）闰四月》，载慈溪市文物管理办公室委员会、宁波市江北区文物管理所编《慈溪碑碣墓志汇编：清代民国卷》，浙江古籍出版社2017年版，第306页。

今日半浦古渡

图片来源：王文成提供。

第二节　码头

一、南星桥浙江第一码头

南星桥浙江第一码头，又称南星桥轮渡码头、南星桥客运码头，曾是浙江全省最大的内河码头。民国三年（1914），钱江义渡由于与萧绍内河客运航线联运的需要，改帆渡为轮渡，之后，因两岸省级、省际公路干线逐渐建成，渡江客流与车流与日俱增，因此又于民国十七年（1928）将钱江义渡局划属建设厅，并以官办民助的方式筹集资金，建设浙江第一码头。民国十七年第三季度开工兴建，次年5月，北岸三廊庙码头首先建成。栈桥长268米，平均宽5米，头尾放宽作为工作、休息之用的钢筋混凝土平桥码头伸入江中，并配以铁壳码头趸船和钢引桥。南岸码头随后完工，除桥长只有27.45米，其余与北岸同。民国二十年（1931），绍兴巨商俞襄国再次捐款，在三廊庙码头平桥上加建廊顶。民国二十一年（1932），南岸钢筋混凝土码头落成使用不久，因码头前沿淤沙涨出数百米而无法使用，钱江义渡局又筹资在码头上游100多米处建木质平桥码头一座，民国二十三年（1934）

竣工使用，从而解决了南北过渡难的问题，同时实现汽车过渡。后几经改建，南星桥的浙江第一码头达到总长 581 米，拥有 4 座南趸船轮渡码头和两座钢筋混凝土趸船码头；并有 4 艘大渡轮对开，渡客、自行车、钢丝车、拖拉机和小客车可同时上、下过渡；并将 300 吨级码头端的原轮渡码头改作杭诸线客轮停靠码头，使杭诸、杭桐线的客轮可同时靠离码头和上、下旅客。南星桥浙江第一码头不仅是萧山至杭州的钱江轮渡码头，还是开往临浦、尖山、诸暨、富阳、桐庐、建德、兰溪各航线站点的长途客班码头。但自 20 世纪 80 年代陆上公路交通大建设以来，钱塘江上陆续架起了桥梁，南星桥码头也于 1998 年停运。

浙江第一码头钱塘江东岸西兴江边老照片
图片来源：戴秀丽提供。

二、西兴过塘行码头

西兴码头是沟通钱塘江与浙东运河的运口码头。西兴古称固陵、西陵，春秋时为越国渡钱塘江主要渡口，设越王城、铁陵关固守，唐以前设驿站，五代末改名西兴，宋为西兴镇，元置西兴场，明设盐课司，清时并入钱清场，康熙年间西兴驿为浙东入境首站。

西兴自古为钱塘江与浙东运河运口，市廛繁盛。西兴老街保存大量"过塘行"，鼎盛时达 72 家之多。按经营性质分，摆渡旅客的有赵水利过塘行等 8 家过塘行，摆渡货物的有专过茶叶、烟叶、药材、棉花绸缎、百杂货的等等。今官河路 110 号原为"钟大椿过塘行"，是专过牛羊猪禽蓄的。

老街过塘行保存较多，过塘行码头现存一处。过塘行，即转运栈，相传由乾隆皇帝赐额命名。[①]

三、渔浦门码头

渔浦门码头位于今宁波市海曙区姚江南岸和义路东段。2006年11月在和义路东段姚江南岸考古时发现码头遗迹。根据民国《鄞县通志》等文献的记载，遗址正处在唐宋渔浦门城门外，是联结姚江南岸的水运码头。清理的码头，构筑成L形，长5.7米左右，宽5.38米，残高1.04米。码头采用木桩、衬石作基础，其上全用规整条石和块石包砌，上下条石有收分，包石宽0.71～1米不等。在码头转角处包石加宽，并有木桩加固。衬石外侧另有护脚石，石宽0.5～0.8米，用碎石铺成。遗址已被回填保护。

四、王家泾石灰码头遗址

王家泾石灰码头遗址位于今绍兴市上虞区东关街道高泾村王家泾自然村五里牌桥东北侧，紧靠萧曹运河左岸，北距104国道100米。码头建于1975年，占地约3000平方米。当时石灰属于紧俏物资，需求较大，所以码头上专门建有一座石灰窑，石灰岩由诸暨经绍兴过萧曹运河运至东关五里牌上岸，就地经石灰窑烧制后，再由运河陆续销往各地。20世纪七八十年代生意兴隆时，码头边船来船往，装货卸货，一派繁忙景象。后由于运输业的发展，新的水泥制品出现，石灰码头生意渐渐冷清，以至废弃，仅残存一座石灰窑和两排简易房。2002年，码头所在河面由村委出租给个体作石料中转使用。2009年7月，遗址上残存的建筑被整体拆除。

---

① 杭州市滨江区地方志编纂委员会编：《杭州市滨江区志》，方志出版社2020年版，第1457页。

五、和义门瓮城遗址及和义路海船遗址

和义门（俗称盐仓门）瓮城遗址位于今宁波市海曙区姚江南岸解放桥东侧，现已保留并展示。瓮城外即转驳码头。海船遗址发掘出尖底船，说明此处可能是海船与内河船的换船处，为内河航运与海运转换提供了证据。

第三节　港口

一、柯桥港

柯桥港位于今绍兴市柯桥区北，杭甬运河横贯该港，公、铁、水相互衔接，交通便利。

港区东起柯桥新区码头，西至西官塘粮管所仓库，岸线长度113米，港区总面积3.25万平方米。其中，陆域面积1.15万平方米，水域面积2.1万平方米，利用自然坡作业长度80米，共有泊位45个，均为货运码头，码头总延长842米。港口历年最高水位6.7米，最低水位4.81米，年均水位5.69米，最大靠泊能力40吨。有各类装卸机械27台。主要出港物资为轻纺产品、煤炭、石料和粮食；进港物资为铁矿粉、矿建材料和非金属矿石。港口年吞吐量为20万～50万吨。

港口主要码头有柯桥火车站货运码头、柯桥街河货物装卸码头、轻纺市场码头。

二、绍兴港

绍兴港位于绍兴市越城区东湖街道，处于杭甬运河中段，由大城湾港区、铁路货物中转港区、厂矿港区、城北桥客运港区组成。杭甬铁路和

104 国道平行穿过港区，铁、公、水相衔接，交通便利。港区历年最高水位 6.73 米，最低水位 4.74 米，平均水位 5.64 米。

中华人民共和国成立前，绍兴港船舶靠泊装卸均利用河道自然岸坡。1958 年，绍兴搬运公司在火车站等地挖河、砌磡、建码头，之后又陆续装置吊机等机械工具作业。1971 年至 1980 年，绍航公司、二航公司在城北桥河道建造客运码头。1982 年杭甬运河疏浚工程开始，绍兴航管处和绍兴市第二运输公司联合投资，修建大城湾北、南、东三个码头，使绍兴港区码头初具规模。1990 年，绍兴港区总面积 16.7 万平方米，其中，水域面积 2.43 万平方米，陆域面积 4.27 万平方米，自然岸线长 2.78 千米，利用自然坡作业长度 180 米，码头长 2701.8 米，拥有泊位 151 个。其中货运码头 133 个，码头长 2416.8 米；客运码头 18 个，码头长 285 米；靠泊能力 100～300 吨级的码头 13 个，50～100 吨级的码头 39 个，50 吨级以下的码头 99 个。库场总面积 6584 平方米。其中仓库总面积 1053 平方米，堆场总面积 5531 平方米。拥有各类装卸机械 36 台。

该港于 1952 年由宁绍航管处绍兴航管站管理，1976 年后由绍兴航管处负责管理。港口年吞吐量为 200 万～500 万吨。

三、东关港

东关港位于今绍兴市上虞区东关街道，杭甬运河、杭甬铁路和 104 国道平行穿越港区，东 107 千米达宁波，西 135 千米至杭州，交通便利，港区处萧绍内河水系历年最高水位 6.52 米，最低水位 4.77 米，平均水位 5.64 米。

1965 年，上虞航管所在东关设立航管组。1972 年上虞水泥厂建成投产，由此新建东关码头，随着黄沙吞吐量的增大，港区日益扩大。港区南起东关水泥厂码头，北至东关火车站码头，自然岸线长 0.32 千米，港区总面积 1.1 万平方米，其中，陆域面积 0.3 万平方米，水域面积 0.8 万平方米，利用自然坡作业长度 180 米。港区内计有泊位 10 个，均为货运码头，码头总延长 140 米，最大靠泊能力 20 吨。出港货物主要是曹娥江的黄沙，进港货物主要为石灰石。年货物吞吐量为 20 万~50 万吨。

四、百官港

百官港位于今绍兴市上虞区百官街道，杭甬运河穿越港区，杭甬铁路、329 国道通过港区南面。历年最高水位 5.73 米，最低水位 2.84 米，平均水位 4.75 米。

百官港自 1857 年在大坝村建造广济涵洞后，就有货物进出港口，余姚、宁波等地的货物均在此中转。1956 年杭甬铁路通车后，中转货物趋于减少。港区西起曹娥江南侧上源闸码头，东至大坝头货运码头，自然岸线长 0.45 千米，总面积 3.07 万平方米。利用自然坡作业长度 150 米，拥有泊位 12 个；码头总延长 185 米，其中，货运码头 8 个，客运码头 4 个。百官港以出口曹娥江黄沙为主，数量占全部吞吐量的 85% 以上，主要流向余姚、宁波等地，出港货物还有石灰石以及附近崧厦镇（今崧厦街道）等乡村产的粮、棉、麻等农副产品，进港货物主要是化肥、农药及粮食，港区全年吞吐量为 50 万~100 万吨。

五、曹娥港

曹娥港位于曹娥江中游，今绍兴市上虞区曹娥街道，南起孝女庙砂场，北至曹娥江大桥以北原上虞建材公司码头，内河东起曹娥升船机，西至三角站作业区，总面积 8.15 万平方米，其中陆域面积 2.13 万平方米，水域面积 6.02 万平方米，自然岸线长 0.74 千米，利用自然坡作业长度 224.6 米，泊位 21 个，均为货运码头，码头总延长 307 米。自港区溯江 35 千米可至嵊州三界，顺江下行 3.8 千米可抵百官升船机，东距宁波 99 千米；西至杭州 143 千米；杭甬运河、杭甬铁路、329 国道均通过该港，交通便利。港区地处曹娥江感潮河段，历年最高潮位 10.79 米，最低潮位 3.56 米，平均潮位 5.61 米，最大径流量 1950 米³/秒，年平均流量 76.2 米³/秒。

民国期间，港区内设有 12 个码头。中华人民共和国成立后，1954 年成立曹娥航管站。物资吞吐集中在丁坝底、老坝底、下沙等埠头，年吞吐量为 50 万吨左右。1958 年，上虞县建材公司在曹娥大桥边建造码头，黄沙由码头上岸，经铁路运至杭、沪各地。1963 年，上虞县航管所在老坝底设航管组。1977 年以后，黄沙运量增加，老坝底等埠头以装卸黄沙为主，其他物资中转移向三角站码头。随着铁路运输日趋饱和，大部分黄沙运输由铁路转向水路，由曹娥江经杭州湾至上海或经杭甬运河至杭州、宁波等地，港口得到迅速发展。1990 年，港区库场总面积 9240 平方米。年货物吞吐量为 100 万～200 万吨。

六、蒿坝港

蒿坝港位于今绍兴市上虞区曹娥街道，东临曹娥江和 104 国道。港区处于杭甬运河的支流断头，距杭甬运河 6 千米，东可达宁波、镇海，西至杭州，该港系内河水系，历年最高水位 6.52 米，最低水位 4.77 米，平均水位 5.64 米。

蒿坝港南起蒿坝公路桥，北至蒿庄清水桥，港区面积为 1 万平方米，水域面积 0.66 万平方米，自然岸线长 0.35 千米，利用自然坡作业长度 50 米，共有泊位 19 个，均为货运泊位，码头总延长 245 米，最大靠泊能力 20 吨。蒿坝港是四明山地区的货物集散地之一，主要承担曹娥江的黄沙中转，此外，嵊县、新昌、天台、仙居等县的粮食、化肥、食糖、石灰石等物资也在此中转。年吞吐量为 20 万～50 万吨。

七、通明港

通明港位于今绍兴市上虞区丰惠镇，西起上河砂码头，东至航管所联办码头，面积 0.98 万平方米，其中水域面积 0.59 万平方米，陆域面积

0.39 万平方米，岸线长度 0.21 千米，利用自然坡作业长度 75 米。港区分东西两部分，闸东为姚江，俗称下河，顺此可达余姚、宁波。自 1959 年下游建姚江大闸后，受潮汐的影响，历年最高水位 5.62 米，最低水位 1.27 米，平均水位 2.74 米。闸西是四十里河，俗称上河，系内河水系，顺此可达曹娥江边的江坎头，历年最高水位 6.01 米，最低水位 3.87 米，平均水位 5.01 米，内河流速平缓，常年变化不大。该港距县城百官镇 13.6 千米。杭甬铁路未建前，宁波至绍兴、杭州的大量货物在该港中转，每年在 13 万吨以上。1956 年杭甬铁路开通后，货物运输逐步转向，70 年代后期开始以黄沙中转为主。1975 年，由上虞航管所在通明设立航管组，负责港区内的装卸管理。

通明港为黄沙出口专业港。黄沙产自曹娥江，在江坎头过驳，进四十里河到该港，再经通明坝过驳运往余姚、宁波等地。港区内有货运泊位 12 个，码头总延长 133 米，最大靠泊能力 30 吨。年货物吞吐量为 50 万～100 万吨。

八、宁波港

宁波港兴自 8 世纪 30 年代。它内联大运河，外通东亚、东南亚、中东地区，贸易发达，到晚清被迫辟为五个通商口岸之一，为我国重要港口。

五口通商开埠前，进出船舶为木帆船，吨位不大，吃水不深，码头主要建在宁波市区江东江厦一带，结构为石墈式。1844 年五口通商正式开埠，江北岸定为通商区域，外国轮船进港渐多，轮船逐渐代替木帆船，吨位由几十吨、几百吨提高到上千吨，江东旧式石墈码头和前沿水深不相适应，码头遂向江北岸转移。1862 年，由美国旗昌洋行造趸船式浮码头；1874 年，招商局始造千吨级栈桥式铁木结构趸船码头；1875 年，丹麦宝隆洋行建华顺码头；1877 年，英国太古公司建千吨级铁木结构北京码头；1909 年，宁绍公司建 2000 吨级铁木结构宁绍码头。19 世纪末、20 世纪初的 30 余年间，宁波港在江北岸建成千吨级码头 4 座。从此，江东的帆船港转变为江北的轮船港，新型码头代替了石墈码头，泊位吨位也上了一个台阶。货物吞吐量由 1875 年的 21.56 万吨，发展到 1910 年的 153.69 万吨；客运量由 1880

年的 12.58 万人次，发展到 1910 年的 159.68 万人次。

此后，上海、大连、青岛等港规模扩大，杭州、温州等港开埠，甬江进出口中转货物向他港分流，发展到 1932 年，宁波港货物吞吐量 195 万吨，客运量 175 万人次，已达顶点。抗日战争开始后，原有码头久用失修，几经破坏，只剩下 4 座尚可勉强使用，甬江航道又经沉船封江、泥沙淤积，货物吞吐量减至 4 万吨，客运量减至 27 万人次。中华人民共和国成立后，残存码头于 1956 年基本修复，1957 年萧甬铁路通车，实行"水铁联运"，增辟了白沙作业区。到 1973 年，港内已有 500 吨级以上泊位 12 座，其中 3000 吨级 4 座、2000 吨级 2 座、1000 吨级 5 座，货物吞吐量 138 万吨，客运量 92 万人次，已有相当起色。

20 世纪 70 年代初期，巨型外轮来华日增，原有港口设施不能适应，外轮压船压货严重，港口扩容建设需求迫切。1973 年 10 月，全国港口建设会议明确指出，东南沿海的港口布局应以上海港为骨干，宁波港可在镇海建设新港区，经杭州、浙赣线同全国铁路网连接，以分流上海港运量，同时承担浙江地区的物资进出。1974 年，镇海新港工程动工，1978 年连接游山的拦海大堤建成，延长港口岸线 3.16 千米，建成万吨级煤码头。宁波港由此实现从口内港到河口港的历史性转变，泊位由千吨级到万吨级，上了一个台阶。到 1978 年，宁波、镇海两港区共有 500 吨级以上泊位 24 座，其中万吨级 1 座、千吨级 16 座。货物吞吐量 214 万吨，首次突破 200 万吨；客运量达 109 万人次。

1978 年以后，宁波石油、电力等大型企业发展迅速，运量激增。上海建设宝山钢铁总厂急需一座 10 万吨级以上矿石转运码头，选中北仑港址，并于 1979 年 1 月开工，1982 年，10 万吨级矿石卸货码头和 2 座 2.5 万吨级装货泊位竣工运行。宁波港由河口港到海港又一次实现历史性转变，泊位从万吨级到 10 万吨级又上了一个台阶。1984 年，宁波市被列为对外开放的 14 个沿海港口城市之一，被要求建设成为华东地区重要工业城市和对外贸易口岸。1987 年宁波市被列为计划单列市，宁波港也被列为中国大陆沿海四大国际深水中转枢纽之一。1980 年至 1990 年，宁波老港建成客运大楼和客运码头，形成泊位5000吨级以下，为浙东地区经济生产和人民生活服务为主，并承担沿海客运任务的港区；镇海港新建万吨级泊位6座，形成泊位万吨级的承担省内外中等批量物资中转服务的港区；北仑港新建10万吨级矿石码头和15万吨级原油码头各1座，5万吨级泊位3座，2.5万吨级泊位3座，形成超万吨级大型泊位的国内外大批量货物中转港区。

至1990年，宁波港宁波、镇海、北仑3个港区共拥有500吨级以上泊位47座。其中10万～15万吨级2座、5万吨级3座、2.5万吨级3座、万吨级6座、千吨级18座。全港吞吐能力4969万吨，年度吞吐量2553万吨，客运量295万人次。国内开辟沿海南北航线和江海联运，形成T字形的航线结构，腹地覆盖沿海各省，深入长江。国外则同56个国家和地区、189个港口直接通航，面向世界。宁波港成为多功能、多层次、综合性的国内、国际转运枢纽港。

（一）宁波港区

宁波港区位于宁波市三江口，码头主要建在江北岸。经日军侵占和国民党撤退时的两次破坏，原有大小11座码头，至宁波解放时，只剩下江天、宁绍、宁兴、美孚4座尚可勉强使用。1950年开始对码头进行修理，至1956年基本修复，江天码头首先恢复3000吨级泊位，其间陆续兴建7座货主码头。1956年10月，萧甬铁路修复至庄桥，决定货运线接至白沙，开辟水铁联运，1957年在白沙新建3000吨级浮码头1座，定名"联运一号"。1958年，在"大跃进"形势下，货运量大增，又于"联运一号"码头下游新建3000吨级煤栈专用码头1座，定名"联运二号"。从此，货运业务逐渐转移至白沙，白沙形成宁波港区装卸三区，而称原江北岸外马路老装卸区为一区，江东装卸小区为二区。1964年开始计划改造，扩建白沙联运泊位，于1968年完成。1972年，在白沙和江东建成小泊位5座。1972年至1977年，改建、新建三区整片式固定码头4座、浮码头1座，新建3座货主码头。1980年建成客运大楼，1984年至1985年在一区改建客运码头。至1990年，宁波港区拥有500吨级以上泊位18座，其中3000

吨级以上散杂货泊位 4 座，客运泊位 2 座，年吞吐能力 220 万吨，客运量 295 万人次。

（二）镇海港区

镇海港区位于甬江口左岸，镇海城关东南端。工程由削平小招宝山、虎蹲山、大游山、小游山，抛石筑堤连接各岛，延长甬江左岸岸线、建筑码头及相应设施而成。1974 年始筑拦海大堤，1975 年合龙，1978 年建成。堤长 3160 米，基宽 16 米，面宽 9 米，堤顶高程 3.63 米，上加高 3 米、厚 1 米防浪墙，共抛石 62.6 万立方米。1976 年至 1977 年，削平小招宝山，共开挖土石方 82 万立方米。1982 年至 1984 年，削平 7 号与 8 号泊位前的虎蹲山，在大、小游山采石 31 万立方米，在 5 号至 9 号泊位前后抛填石渣 72.34 万立方米，加固防浪堤长 879 米。至 1990 年，镇海港区拥有 500 吨级以上泊位 17 座，其中万吨级 6 座、5000 吨级 1 座、3000 吨级 5 座、2000 吨级 1 座、1000 吨级 1 座。年吞吐能力 627 万吨。

镇海港区
戴秀丽 / 摄影

（三）北仑港区

北仑港区位于宁波市北仑区从算山到穿山西口轮渡的深水岸段。1977 年，国家决定兴建上海宝山钢铁总厂，每年从国外输入铁矿石 1000 万吨，需要建设一座 10 万吨级的中转码头，选定北仑港址。工程于 1979 年 1 月动工，1982 年建成，揭开了建设现代化大型深水国际中转港的序幕。1986 年至 1987 年，利用矿石码头工作船码头基础，建成宁波港首座 2.5 万吨级通用泊位。1989 年 5 月，北仑港二期工程 6 座 3.5 万～5 万吨级泊位动工，1990 年水工工程已基本完成，投入设备安装。二期工程设计吞吐能力 350 万吨，装卸第三、第四代国际集装箱，开辟国际航线。

北仑深水岸线早于 1975 年已开始利用。浙江炼油厂（今镇海石化总厂）为运入原油，在深水岸线北段老鼠山至算山之间建设原油码头，1978 年建成 2.4 万吨级（后改装成 5 万吨级）泊位 2 座，1990 年又建成 15 万吨级泊位 1 座。北仑电厂为运入燃料，自建煤码头 5 万吨级泊位 1 座，3000 吨级泊位 2 座。

至 1990 年，作为中国大陆沿海四大国际深水中转枢纽之一的北仑港已初具规模。

北仑港区共拥有千吨级以上泊位 12 座。其中 10 万～15 万吨级 2 座、5 万吨级 3 座、2.5 万吨级 3 座、1000～5000 吨级 4 座，合计设计吞吐能力 4422 万吨。

北仑港区
图片来源：戴秀丽提供。

第六章
纤道、古桥、水城门

> 镜中看竹树，人地总神仙。白玉长堤路，乌篷小画船。
>
> 有山多抱墅，无水不连天。朝暮分南北，风犹感昔贤。
>
> ——［清］齐召南《山阴》

运河为人工开挖，必须筑堤岸护河。至唐代观察使孟简在山阴县西兴运河南岸建运道塘（此为岸路合一的工程），部分路段已从泥塘改为石塘，之后运河堤岸建设渐渐向石塘路发展。由于摇橹费力且速度慢，而浙东地区一般风力平常，背纤便成为行船的主要方式之一。保护运河要筑堤岸，背纤要有纤道路，浙东运河闻名于世的古纤道就此形成。古纤道是浙东运河上古代人们行舟背纤和躲避风浪的通道，也是我国航运技术史上的杰出创造。

浙东运河横贯宁绍平原，联通诸多水系，为满足水陆交通之需就在运河及周边建设了众多的桥梁，形式多样，成为浙东运河上的特色景观。据统计，仅绍兴古纤道上就有横架石桥 40 余座。[①] 还有不得不一提的灵汜桥，它是浙东运河历史上最古老的一座桥，文化底蕴深厚——灵汜是越国神秘水道，通吴国震泽，又处于越国最早的园林"灵文园"之中。还有余姚的通济桥，被誉为"浙东第一桥"，因为它是浙东地区跨度最大的圆拱大石桥。这些古桥不仅让运河美景更加多姿多彩，在我国水利桥梁建筑史上也具有较高的研究价值和地位。

---

① 周燕儿：《绍兴古纤道考查记》，载盛鸿郎主编《鉴湖与绍兴水利》，中国书店 1991 年版，第 224 页。

第一节　纤道

一、萧山官河古纤道

萧山官河古纤道位于西兴至衙前的官河沿线，为运河南堤。纤道长达数十千米，整体保存一般，局部有损坏，部分生活岸线现作为步行道使用。现保存较好的为新塘街道和平桥村之间的一段，长 3 千米。

二、柯桥段古纤道

西兴运河护岸早期应以泥塘为主。唐元和十年（815）观察使孟简开运道塘，使西兴运河南岸塘路合一。运道塘可认定为最早的有一定规模的纤道路。它们一般处于城镇周边，主要作用为保护河岸及农田，以及供纤夫背纤、路人行走等。

现在所见到的纤道路多建于清及民国时期。纤道可分单面临水及双面临水两种。单面临水则依河平铺砌石护岸；双面临水则多筑于河面宽广之处，又主要可分为墩上架梁平桥式和实体砌筑式两类。纤道以北河道宽广，系主航道，称"外官塘"；以南河道相对较窄，称里官塘，旧时主要用于小型农用船通行、水生作物养殖，以及作为风急浪大时船只避风之地。

古纤道以绍兴市柯桥以西至阮社板桥 7.5 千米的塘路建筑最为古朴奇特。在阮社太平桥以西一线，又多为石梁平桥式纤道桥——河中约每隔 2.5 米置一桥墩，上架 3 块大小大致相同的大石梁，桥面宽一般 1.5 米。因沿途桥洞的多少，几处纤道桥在当地分别被称为"十八洞头""一百洞头""一千洞头"。《纤道桥碑记》载："自太平桥至板桥止，所有塘路以及玉、宝带桥，计二百八十一洞，光绪九年八月，乡绅士章文镇、章彩彰重修。匠人毛文珍、周大宝修。"碑文不但记载了规模，还说明当时修筑纤道是民间捐修之举。匠人"毛文珍、周大宝"应是现场的主要施工技术负责人，凿其名于其上，这建筑好与坏的责任便终身铭刻。可见这民间捐修的公共事业也有着约定俗成的严格管理。

章文镇、章彩彰修塘碑
图片来源：戴秀丽提供。

民国《绍兴县志资料第一辑》多有民间善士修缮纤道的记载：

冯士毅，字再可，山阴柯桥人，隐于市肆而乐善好施，镇之南岸，东西官塘一带，绵亘数百里，日久倾仄，行者苦之。士毅先自捐金若干，与二三同志协力修复……[1]

冯光昂，山阴柯桥人。邑之西，有玉带桥、行义桥者，连络数十里，西至萧邑，东达余上，千万人往来之通衢也。岁久倾圮，行人苦之。光昂出重金，首行捐修，复向亲友劝输，逾年而巨工始竣，利及行人。[2]

倪兆锦，字绣章，山阴亭后人。……太平桥至柯桥官塘水涨

① 绍兴县修志委员会辑：《绍兴县志资料第一辑·人物列传》，民国二十六年（1937）铅印本，第7页。
② 绍兴县修志委员会辑：《绍兴县志资料第一辑·人物列传》，民国二十六年（1937）铅印本，第7页。

时，行旅病涉，锦出资培高尺余。[1]

实体砌筑式纤道双面临水，保存较好的一段位于今绍兴市柯桥区柯桥街道东首上谢桥至柯桥以西柯华大桥，长约 2.5 千米。修筑时首先筑实路基，再用条石错缝间丁石平砌，层层上叠，面上铺石板。这段古纤道立面隐现弯曲，在一定程度上可抵消波浪对路基的冲击。

双面临水纤道修筑于宽广的河道之中，而古代的工程技术不可能抽干河水后再筑坝，而是直接于水中砌筑，如此长的纤道，其难度可想而知。一般基础处理采用打木套桩，或水盘石压底，或条石排列的方法，只有技艺高超、熟习水性的专业石匠才能做到。

纤道桥犹如一条玉带蜿蜒连贯于运河之上。最长的一段纤道桥，全长386.2 米，由 115 孔石梁桥构成。其中有 2 孔稍高以成平桥式，以通一般船只，其余均接近水面约 1 米，其桥之长、桥孔数量之多为国内仅存，被誉为"中国桥梁的一个奇迹"[2]。

中华人民共和国成立后，于 20 世纪 70 年代中期对古纤道进行过一次修理。20 世纪 90 年代以来，又对古纤道一些残破缺失地段进行全面大修理。修复古纤道是难度较大的技术工作，主要困难是不能以现代技术取代传统工艺，如以现代施工方法修复纤道，基础处理、取材、砌筑、连接等会明显存在不协调和品位不高的情况。

原老纤道主要在南岸，20 世纪 70 年代以来根据航道护岸和河道、环境整治需要，又对北岸进行了接连不断的砌墈，现已基本连成一线，但已无纤道功能。一些地段还仿古做了纤道桥，或收集一些老石材重新组合，或完全是用新石材重建，但工艺上已完全不同于传统。基础处理一般采用围堰抽干水后先用塘渣作垫层，再用钢筋混凝土做基层，然后又用浆砌块石做立面，再以塘渣回垫立面其内，其上再铺以条石作为路面。即使是新

---

① 绍兴县修志委员会辑:《绍兴县志资料第一辑·人物列传》，民国二十六年（1937）铅印本，第 154—155 页。

② 唐寰澄:《中国科学技术史·桥梁卷》，科学出版社 2000 年版，第 88 页。

建纤道桥面上以大条石叠加仿真，其余也都用的是现代工艺。

中华人民共和国成立以来，《阿 Q 正传》《祝福》《舞台姐妹》《九斤姑娘》《琵琶行》等著名影视作品，都在这里拍摄过外景。

1988 年 1 月 13 日，古纤道被定为全国重点文物保护单位。

三、渔后桥古纤道

渔后桥古纤道位于今绍兴市柯桥区钱清街道联兴村渔后自然村，为清代建筑。西兴运河柯桥西段有一条在南钱清村南北向经墅后—下蒋—后赵约 2.5 千米通东小江大湾的航道。渔后桥古纤道东西向横跨东小江大湾南侧，全长 183 米，两面临河，北面即为东小江主河道。纤道共 30 余孔，每孔跨度 2～5 米不等，平均跨度 3.6 米。纤道平面通体以两块石板平铺而成。纤道东起 20 米处设单跨梁桥一座，即渔后桥。渔后桥桥台以条石顺丁错缝叠砌而成，桥面以三块石板铺设而成，长 5.2 米，宽 2 米，净跨 3.7 米。桥东、西两边各设 10 级、11 级台阶，台阶略呈喇叭形，上窄下宽，不设栏板与垂带，较为朴素。

纤道目前整体保存尚好，但因现今已失去其原有功能，年久失修，局部已有坍塌现象。浙东运河纤道—绍兴渔后桥段 2011 年被定为浙江省文物保护单位，并于 2013 年升为全国重点文物保护单位。

渔后桥古纤道
邱志荣 / 摄影

四、皋埠段古纤道

皋埠段古纤道位于今绍兴市越城区皋埠街道，东起独树村，西至樊江村，全长约 5 千米，部分为运河北堤。该段纤道有依岸临水和双面临水二类，均为石砌。其中依岸临水纤道靠运河一侧多为石板竖砌，石板与石板之间施丁石榫卯牢固，石板面每隔数米刻有捐款修建者姓名，题刻如"同治十年朱学瑞房重修壹佰伍拾丈""□□□盂德裕堂修塘五仓""松林傅兆桂室王氏造一仓""上虞县高鸿达造一仓""王墩□盂光裕堂修官塘五仓""王门董氏三千""屠继仁堂造五仓"等。双面临水纤道则采用条石层层叠砌。纤道路面皆铺石板，路面高出水面约 0.7 米。

2012 年起，绍兴市水利局组织绍兴市河道综合整治投资开发有限公司对浙东古运河（皋埠段）进行保护整治，主要内容包括河道砌埠和环境改造两部分，通过砌埠等工程措施保护运河，改善运河水环境，同时结合沿线绿化、立面改造等改善运河沿线周边环境。

在工程建设过程中，根据绍兴市文物局绍文物〔2012〕6 号文件，按照《文物保护法》（2007 年修订）第二十一条中"对不可移动文物进行修缮、保养、迁移，必须遵守不改变文物原状的原则"，尽量保护文物建筑的真实性。

工程分两期实施。一期工程概算总投资为 1815.06 万元，于 2012 年 6 月 12 日正式开始施工，至 2013 年 2 月 2 日完工。一期工程东起集体村，西至塘下赵村东湖风景区，全长 2.6 千米，主要工程量包括重建河埠 915 米，修复老河埠 1653 米，保留现状河埠 1627 米，新建围墙 305 米，围墙改造 930 米，立面改造 12280 平方米，绿化 1026 平方米，铺装 22 平方米，修复桥梁 2 座。

二期工程概算总投资 1555.66 万元。工程于 2013 年 10 月 20 日正式开始施工，至 2014 年 3 月 27 日完工。工程西起集体村，东至樊江村，北侧紧邻 104 国道，整治长度 5.3 千米。主要工程量包括修缮原有河埠 1282.4 米，维修河埠 3091 米，土坡挡墙加固 583 米，绿化布置 5230 平方米，原址恢复古桥梁和古亭各 1 座。

五、上虞东关段古纤道

上虞古纤道是萧曹运河上的交通水利设施，自西向东从今绍兴市越城区陶堰街道泾口村进入上虞区东关街道，经曹娥街道止于曹娥江口老坝底，上虞境内段全长10.7千米，部分为运河北堤。运河始建于越国的山阴故水道，但当时的曹娥江岸线还在今东关街道—曹娥街道白米堰—凤凰山一线。现存纤道建筑多为清代修建。护岸大多采用大石板间丁石横铺或条石一顺一丁砌筑，层层上叠，面铺青石板。古纤道有的一面临水，一面依岸；有的两面临水，筑于水中。古纤道上今还存有诸多纤道桥，如炼塘桥、崇新桥、大安桥等。原有运河穿原东关镇而过，由于建筑侵占部分老运河，最后以疏通环镇河道替代。原老运河遗迹尚可辨，断断续续有东关街道镇西桥以西至联星村浙江恒祥实业公司一段约2千米。

上虞东关段古纤道
邱志荣／摄影

据中国城市规划设计研究院调查[①]：镇西桥以西至浙江恒祥实业公司2千米纤道保存情况分三个层次：现被定为文保单位的一段和炼塘村加油站西一段保存基本完好；其余段严重毁损；桥梁多数全毁。河道严重污染，水质发臭，对建筑有一定腐蚀，纤道口所建码头吊机和泊船装卸石料构成严重破坏，调查时间近几年也有偷盗石板等情况，违规填河建房办厂情况严重，古纤道长年失修。2004年12月，对古纤道开展了一次专题调查。其中镇西桥

---

① 调查内容参见《大运河（绍兴段）遗产保护规划》（2009年6月）。

以西 200 余米一段于 2006 年被定为市级文保单位，并立保护标志加以保护。

2012 年至 2013 年，当时的上虞市政府投资 1000 万元对东关、曹娥两街道境内的浙东运河古纤道进行了整修，恢复了古纤道往日的风采。

六、牟山湖古纤道

牟山湖古纤道自上虞长坝入境，即进入古运河牟山湖塘江段。庆元二年（1196），施宿任余姚县令，在治姚期间曾整治牟山湖，始筑塘堤，时称十里长堤，并建有土门三座以及胡吉保歇水石湫。明清时，这条长堤又被利用为杭甬间官道之一段。又据《牟山湖志》的记载，古运河境内段自百丈塘起至狮子山桥，全长十里二百四十步，加上桥东的 100 余米，全长约合 5.2 千米。又据《东山志》的记载，该运河为唐宋时明（州）越（州）往来之官道。牟山湖古纤道为余姚市级文物保护单位。

牟山湖古纤道
图片来源：戴秀丽提供。

第二节 古桥

运河上的桥梁，建造时首先考虑行船便利。因通漕船且涉及船只交会，故对桥梁孔洞的宽度与高度皆有较高的要求，一般建为拱桥。这些桥梁主孔洞净跨皆在 13 米以上，高在 7 米以上，便于大部分船只不用落帆就能通行。若因河道较窄或受地域空间限制而桥孔相对较小时，为保证桥洞高度，孔高与孔跨比超过 1：2，形成高陡的马蹄拱。[①] 运河主河道宽度以 40～50 米为主，如单孔跨度与高度太大，桥易断裂，一般采用三孔，主孔保证大船通行，次孔还可通行小船、泄洪，也有三孔以上的，当然也有多孔和梁、拱结合的。

一、杭州市[②]

（一）屋子桥

屋子桥位于今杭州市滨江区西兴街道西陵社区，旧称板桥，上建屋宇，横跨浙东运河两岸。明万历《萧山县志》已有此桥相关记载。清康熙年间此桥重建为单拱石桥，有踏跺、护栏，总长 16.7 米，宽 2.8 米。今存。

（二）古资福桥

古资福桥位于今杭州市滨江区西兴街道西陵社区官河与后河交汇处，始建于明代，清乾隆十八年（1753）重修。

桥梁为半圆形单孔石拱桥，东南—西北走向，桥长 18.5 米，宽 4.21 米。拱券为纵联分节并列式砌筑，净矢高 2.66 米，净跨径 5.1 米，高出水面 5 米。券顶正中拱板刻太极图案（阴阳鱼），两侧金刚墙用条石分隔平砌，西侧金刚墙上嵌"捐助修桥题名之碑"一方，装饰较为独特。桥面平铺石板，桥心平台 2 米见方，两端为斜坡，桥面两侧围栏板、望柱和抱鼓石，龙门石北面阳刻"古资福桥"四字，桥身两端均有石台阶通河面。

2005 年，古资福桥被列入第五批杭州市市级文物保护单位。

---

① 参见冯宝英：《浙江运河古桥梁初探》，载绍兴市柯桥区文化发展中心、越国文化博物馆编《古桥文化学术研讨会论文集》，西泠印社 2014 年版。

② 杭州部分古桥主要参考杭州市萧山区人民政府地方志办公室编：《萧山市志》，浙江人民出版社 2013 年版；内部资料《浙江水文化遗产》（2021 年 11 月）。

（三）永兴桥

永兴桥位于今杭州市萧山区城厢街道西门文化路，跨城河，始建于宋代，重建于清代。南宋《嘉泰会稽志》称其为"新桥"，明嘉靖《萧山县志》称"永兴桥"。清乾隆《绍兴府志》引《萧山县志》载："在治西北，一名新桥，俗呼西桥。"[①]

市心桥为单孔石拱桥，桥长11.2米，跨径5.2米，桥宽3.3米，桥南北两侧各有9级、7级台阶。有石板护栏，东西两侧护栏共有4个望柱。桥墩用顺向相错缝法平砌，桥洞用纵联分节并列砌置法砌成，在东西拱券顶端正中有额刻"永兴桥"字样。

该桥整体布局保存完好，造型优美，风格典雅古朴，为研究萧山古桥提供了实物依据。2009年，永兴桥被列为杭州市市级文物保护单位。

永兴桥
邱志荣 / 摄影

（四）市心桥

市心桥位于今杭州市萧山区城厢街道西门文化路，跨城河，始建于南宋，道光十九年（1839）九月重修。此桥又名真济桥、都亭桥。南宋《嘉泰会稽志》载："真济桥，在县北一百步。旧都亭桥。"[②]明嘉靖《萧山县

---

① 乾隆《绍兴府志》卷八，第34页。
② 《嘉泰会稽志》卷十一，第32页。

志》注真济桥曰："一曰都亭桥，即市心桥。"[①]

市心桥为单孔石拱桥，桥长 9.6 米，宽 3.3 米，桥面长 4.7 米，跨径 4.6 米，以石板护栏，桥南北分别有 3 级和 4 级台阶。拱券使用纵联分节并列砌置法。桥顶东侧栏石刻有"古真济桥，道光十九年九月重建"字样，西侧栏石刻有"市心桥，道光十九年九月重建"字样。

该桥整体布局保存完好，造型优美，风格典雅古朴。2009 年，市心桥被列为杭州市市级文物保护单位。

（五）仓桥

仓桥又叫丰济桥，位于今杭州市萧山区城厢街道西门文化路，跨城河。仓桥始建于明代。明嘉靖《萧山县志》载其"在便民仓前"[②]。清道光十六年（1836）重修。1998 年 6 月维修过。

仓桥是一座单孔石拱桥。桥宽 3.6 米，长 15 米，跨径 5.4 米，石板护栏。桥南北两侧各有 14 级台阶。拱券使用纵联分布并列砌置法，西拱券顶端刻有"丰济桥"。东、西桥栏上分别刻有"城中第四桥"和"古仓桥"。东侧南、北桥墩各有碑一通，一碑刻有"道光丙申桂月里人重修"文字，一碑乃 1998 年仓桥重修时所立。

仓桥整体布局保存完好，造型优美，风格典雅古朴，至今仍在发挥交通作用。2009 年，仓桥被列为杭州市市级文物保护单位。

（六）惠济桥

惠济桥位于今杭州市萧山区城厢街道文化路竹林寺弄口的城河上，始建于明代，现存桥为清代同治六年（1867）重建。惠济桥又叫凤堰桥、竹林寺桥。明嘉靖《萧山县志》记载："在惠济寺前，曰惠济桥，即凤堰桥。"[③]民

---

① ［明］林策修，［明］张烛纂，［明］魏堂续增：嘉靖《萧山县志》卷二，明万历三年（1575）刻本，第 38 页。本文献以下简录为"嘉靖《萧山县志》"。
② 嘉靖《萧山县志》卷二，第 38 页。
③ 嘉靖《萧山县志》卷二，第 37 页。

国《萧山县志稿》记载惠济桥乃"同治六年竹林寺僧善缘重修"[1]，"竹林寺桥"之名或与此有关。

惠济桥为单孔石拱桥，占地面积152.5平方米，桥全长16.5米，桥面宽3.3米，长2.6米，南北各有台阶13级和18级，桥东西两侧设有对称桥栏，以对称4个望柱间隔。桥跨径6.3米，拱券采用纵联分节并列砌置法，两侧金刚墙用条石顺向错缝平砌上饰龙头的锁石各一。桥栏东西两侧各刻有"古惠济桥"四字，桥北侧金刚墙面刻有"大清同治六年八月吉日重建"字样。

惠济桥结构稳定，保存状况较好，能够反映当地水文化历史，具有一定的艺术、科学、历史价值。2004年，惠济桥被杭州市园文局公布为杭州市文物保护点；2009年4月，惠济桥被杭州市公布为杭州市市级文物保护单位。

惠济桥
邱志荣／摄影

（七）东旸桥

东旸桥位于今杭州市萧山区城厢街道东门文化路，南北跨城河，始建于明嘉靖三十六年（1557），现存桥为清代重修。清乾隆《绍兴府志》引万历《萧山县志》："嘉靖癸丑筑城，民多借用桥石。乙卯防倭寇奔突，桥道又多折毁。丁巳令魏堂督民修之。国朝顺治间重修。"[2]民国《萧山县志稿》

---

① 民国《萧山县志稿》卷二，第22页。

② 乾隆《绍兴府志》卷八，第24页。

载："清乾隆二十一年，邑人汤克敬邀同陆巡呈请重建，并立石闸以收湘湖水利，经费汤克敬独任。"[1]

东旸桥为单孔石拱桥，占地面积 139.8 平方米，桥全长 24.50 米，跨径宽 8.40 米。拱券采用纵联分节并列砌置法，肩部饰有龙形的锁石各二，两侧金刚墙用条石顺向错缝平砌，上承桥面。桥面长 2.4 米，宽 3.6 米，南北各有台阶 8 级和 12 级，桥栏东西两侧刻有"东旸桥"，文字已模糊不清。金刚墙上有题刻，已风化，辨识不清。

2009 年，东旸桥被列为杭州市市级文物保护单位。

（八）回澜桥

回澜桥位于今杭州市萧山区城厢街道东门外，南北跨城河。回澜桥始建于清乾隆五十七年（1792），是一座单孔石拱桥。该桥拱券采用纵联分节并列砌置法，桥长 21.40 米，桥面长 3.2 米，宽 3.80 米。南北各有 21 级踏跺。东西两侧有栏杆、望柱、抱鼓石，桥额有"回澜"二字，外有龙头镇桥，龙头下有对联"半市七桥足证东土人烟聚，一河六港汇使南流地利兴"，落款"乾隆壬子秋孟月"。

1993 年，回澜桥被列为萧山文物保护单位；2009 年，该桥被列为杭州市市级文物保护单位。

回澜桥
邱志荣 / 摄影

---

① 民国《萧山县志稿》卷二，第 23 页。

二、绍兴市

（一）太平桥

太平桥位于今绍兴市柯桥区柯岩街道阮社的西兴运河上，始建于明天启二年（1622），清乾隆六年（1741）、道光五年（1825）重修。现太平桥为清咸丰八年（1858）重建。

太平桥是绍兴水乡桥与风景结合的典范，为人们所推崇。太平桥景观主要由以下几部分组成：

桥体。系南北跨向拱梁组合石桥，主桥为单孔半圆形石拱桥，高6.6米，拱高5.3米，跨径10米，通宽3.5米。引桥为8孔石梁桥，依南向北逐渐降落，连接以北河岸。全长60米。桥下拱脚内侧铺设一条1.4米的石板纤道，与桥孔呈十字形交叉。

桥亭。原在南岸桥西侧，为一古朴小石亭。

小广场及庙。原桥北岸有数百平方米大的广场，并有一低平小庙及古樟树。庙名天医庙，系纪念清初绍籍名医倪宗贤而建，也有祈求太平之意。

古时太平桥之高、长均在西兴运河之桥中居首位。主桥孔端庄秀美，形制精巧。古代水运繁忙，有舟船穿梭其间，由于桥顶高耸，一般的帆船可直接穿桥而过。一般的小船亦可从引桥出入，井然有序。桥上可行人，桥下既有水路通舟，亦留纤道供行人背纤。太平桥主桥孔圆而引桥方，主桥高而引桥低平，方圆相衬，高低错落，凌波缥缈，与运河水网、附近的田野、村庄构成了一幅水乡泼墨画。

太平桥桥饰雕刻精美，寓意深刻，可谓一件以道佛文化为主、综合多样传统文化的精美艺术作品。桥上望柱顶上的4只石狮形态各异，或活泼可爱，或神态威武。主桥斜坡八根望柱雕刻着精美的"暗八仙""八音""佛八吉祥""琴棋书画"等图案。拱桥栏板的"万字流水""万象如意""马到成功"等图案整齐美观，表示连绵久长、万事如意、吉祥欢乐之意。此外如人物浮雕、如意兰草抱鼓、万寿伴菊等亦都颇为生动。

太平桥作为绍兴古桥群^①之一，2013 年被评为第七批全国重点文物保护单位。

太平桥
戴秀丽 / 摄影

（二）融光桥

融光桥建于明代，位于今绍兴市柯桥区柯桥街道老街中心，横跨浙东古运河，西侧有柯水南来北去。这里古为帆船飘越、撑杆林立、商贸云集、人来客往之地，现亦民居集聚，街市喧闹，水运繁忙，舟船不息。

融光桥为南北跨向单孔半圆形石拱桥，桥面长 3.5 米，净宽 3.55 米。桥南置 21 级石台阶，长 9.40 米；桥北置 27 级石台阶，长 11.1 米。桥高 6.4 米，拱高 6.15 米，桥跨径 10.1 米。券顶嵌深雕盘龙图案龙门石 3 块，有吸水兽头长系石，桥栏实体素面。

融光桥造型优美，古朴大气，西侧柯水南北两端分别有柯桥、永丰桥之组合，形成方圆之景。融光桥砌石厚重，其下之官塘路均为巨大石块，压顶弧线优美，为一般塘路上少见。有纤道路可从南面桥洞底穿越而过。桥栏之上有百年古藤生长，翠团拥簇，蔓挂而下，宛若画帘。从融光桥西侧桥洞东望，水面宽阔，稍远有著名的柯亭、融光寺。融光寺又称灵秘院、灵秘寺，初创于南宋，时寺宇宏敞，御经楼尤为壮丽，为登临之胜地。晨曦起时，从融光桥东望，但见红光万里，云霞五色，柯亭与融光寺金光四射，无限风光，均映入融光桥洞。

---

① 绍兴古桥群包括八字桥、光相桥、广宁桥、泗龙桥、太平桥、谢公桥、题扇桥、迎恩桥、拜王桥、接渡桥、融光桥、泾口大桥等 12 座古桥。

1987 年，融光桥被绍兴县人民政府公布为绍兴县文物保护单位。2013
年，融光桥作为绍兴古桥群之一，被评为第七批全国重点文物保护单位。

（三）柯桥

《嘉泰会稽志》卷十一记：

> 柯桥在县西北二十五里。《文选》伏滔《长笛赋序》云：蔡邕避难
> 江南，宿柯亭之馆，取屋椽为笛。注，柯亭在会稽郡，宋褚淡之为会
> 稽太守，孙法亮等攻没郡县，淡之破之于柯亭，贼遂走永兴。柯亭即
> 此地也。汉《地志》：上虞县仇亭，柯水东入海。然俗传柯水即此。①

蔡邕（132—192），字伯喈，陈留圉（今属河南省开封市杞县）人，东
汉文学家、书法家、音乐家。伏滔（约317—396），字玄度，平昌安丘（今
山东省安丘市）人。蔡邕取椽为笛事传之甚早，在《世说新语》中即有记：

> 余同僚桓子野，有故长笛，传之耆老，云蔡邕伯喈之所制也。
> 初，邕避难江南，宿于柯亭之馆，以竹为椽。邕仰眄之，曰："良竹
> 也。"取以为笛，音声独绝，历代传之至于今。②

明刘基《横碧楼记》云："会稽山阴之柯桥，即古之柯亭也。"③清嘉
庆《山阴县志》卷七亦载：

> 柯亭，在山阴县西南四十里。《郡国志》云千秋亭，一名柯
> 亭，一名高迁亭。汉末蔡邕避难会稽，宿于柯亭，仰观椽竹，知
> 有奇响，因取为笛。……乾隆十六年翠华临幸有御制题柯亭诗。④

---

① 《嘉泰会稽志》卷十一，第 29 页。
② ［南朝宋］刘义庆：《世说新语校笺》卷下，［梁］刘孝标注，徐震堮校笺，中华书
局 1984 年版，第 450 页。
③ ［明］刘基：《横碧楼记》，载［明］刘基《刘伯温集》，林家骊点校，浙江古籍出版
社 2011 年版，第 146 页。
④ 嘉庆《山阴县志》卷七，第 4—5 页。

综合上述记载分析，柯桥是因柯亭而得名。现代常有人把融光桥误为柯桥，其实柯桥应为融光桥南侧西边之桥，惜今已改作现代材料制作之桥梁。柯水发源于会稽山南麓的型塘江，经柯岩后流经柯桥，之后过浙东运河，经永丰桥后称管墅直江，又北流去。

古柯桥虽不甚高大，但很精巧，与融光桥、永丰桥形成三桥相连的水乡奇观，更有蔡邕椽笛之文史佳话，得名甚早，其地也聚灵气，繁华富庶。

柯桥古镇三桥四水，左为永丰桥，中为融光桥，右为柯桥
邱志荣 / 摄影

（四）玉龙桥 [①]

玉龙桥又名虹桥、灵芝桥，南北走向，横跨古运河，为单孔拱桥。桥拱纵联分节并列砌置，桥面设桥心石，两侧设踏跺，南侧 16 级，北侧 18 级，桥长 18.64 米，宽 3.44 米，矢高 2.74 米。桥面上置石栏板，西侧刻"玉龙桥"，东侧刻"灵芝桥"，并有"民国拾叁""季秋重修"等题刻。踏跺两侧设垂带，上立栏板、望柱，望柱头雕成球形，龙门石外侧亦刻繁体"灵芝桥"三字。桥面中间置有一整块石板，长 2.28 米，宽 2.36 米，当时可能为方便独轮车通行而设置。

清悔堂老人《越中杂识》中有记载："虹桥，在西郭门外三里，宋理宗少时尝浴于此。稍东有会龙堰，为余天锡遇宋理宗处。" [②] 虹桥就是玉龙

---

① 引自《大运河浙东运河（越城区段）遗产保护名录》。

② ［清］悔堂老人：《越中杂识》，浙江人民出版社 1983 年版，第 8 页。

桥，因该桥横跨古运河，气势恢宏，如长虹卧波而得名。据传，宋理宗赵昀（初名赵与莒）外婆家全氏宅屋就在西郭门外，与玉龙桥和会龙桥相距不远。幼时的赵与莒和弟弟常在此地洗浴玩水。赵与莒成了皇帝后，其幼时常洗浴戏水的地方就被人们称为浴龙潭，旁边的石拱桥就叫玉（浴）龙桥了。因此地旧时盛产灵芝，故此桥又名"灵芝桥"。

清代著名文史学家李慈铭于咸丰十一年（1861）写的《青田湖竞渡词十六首》中的一首诗细致地描写了玉龙桥边旧时女子为看龙舟竞渡而忙于梳妆的热闹情景："虹桥三里小红楼，楼下人家早舣舟。钏影隔窗灯未灭，晓星帘幕各梳头。"①

玉龙桥与会龙桥一西一东、一横一竖的组合，成为绍兴境内浙东古运河上的一大景观。

（五）迎恩桥②

迎恩桥位于今绍兴市柯桥区柯岩街道西兴运河进城处，跨于古运河之上，是古代绍兴水路进城的西门户。古代皇帝驾临绍兴，百官迎候在此，故城门名迎恩门，桥名迎恩桥。原桥旁存清雍正十一年（1733）立"见龙在恩"碑，现该碑残件仍置于迎恩桥旁。桥东面即为迎恩门（水门，后期复建）。

迎恩桥
邱志荣 / 摄影

---

① ［清］李慈铭:《越缦堂诗文集》，刘再华校点，上海古籍出版社 2008 年版，第 121 页。
② 引自《大运河浙东运河（越城区段）遗产保护名录》。

迎恩桥始建年代不详。《绍兴县志余辑》记载，迎恩桥建于"明天启六年（1626年），方向南北，质料用石，一方洞，桥面广度一丈，上有石栏"[1]。由此可知，迎恩桥至迟在明代天启年间就已存在，为梁式结构石桥。清乾隆《绍兴府志》引《山阴县志》，说迎恩桥"在迎恩门外，旧名菜市桥"[2]。今迎恩桥桥面栏板题刻"迎恩桥"三字，落款刻"清咸丰八年六月立"字样。据此推断，现迎恩桥为清咸丰八年（1858）重建，其桥面部分或曾重修过。

迎恩桥为南北向单孔七折边石拱桥，拱券为七折边纵联分节并列砌置，跨径达8.96米，为绍兴现存跨径最大的七折边拱桥。拱券造型舒展又不失厚重，拱券纵联石略厚于拱券石。迎恩桥全长18.45米，桥面净宽3.55米，矢高2.67米，总平面布局呈银锭状，落坡踏跺上窄下宽，平面呈喇叭状。北侧置踏跺17级，直线长度6.18米；南侧置踏跺12级，直线长度5.32米。南侧踏跺因现状地面有所抬高而部分埋入地下，故南面踏跺有所减少。南北踏跺两侧均设垂带，外侧凿成枭线，上置石栏板，间立望柱，末端置抱鼓石。迎恩桥皆为实体栏板，栏板内外侧均有浮雕图案，有回字纹、香草纹、钱纹、菱形纹等，雕刻工艺精湛、技艺娴熟。其中桥面栏板由整石雕凿成座椅，它既是栏板，又可作为座椅供过往行人小憩，或供沿岸居民纳凉聊天，形式独特。各栏板之间立望柱稳固，栏板与望柱结合处均施以榫卯咬合，以资牢固。望柱头雕刻成形态各异的狮子，或母狮扶幼狮，或雄狮踩绣球，形态逼真、雕刻精致，现部分石狮有所损坏或残缺，残缺部位石质日趋风化。栏板与望柱前后左右均作对称布置。桥面栏板外侧居中凿成扇面形图案，扇面内镌刻"迎恩桥"三字，楷书线刻，落款题刻"咸丰八年六月立"字样。桥面千斤石用整块石板铺设，正对拱券中心，呈正方形，千斤石四周均由整块大条石铺设成边框，大条石纵向至桥面东西两侧，横向至落坡踏跺，以此稳固拱券。拱券简洁朴实，券脸石

① 转引自陈从周、潘洪萱编著：《绍兴石桥》，上海科学技术出版社1986年版，第37页。
② 乾隆《绍兴府志》卷八，第12页。

均作素面处理。拱券两侧金刚墙为条石干砌，其间施以丁石。

迎恩桥的雕刻内容丰富，形式多样，工艺精湛，体现了较高的工艺水平。此外，迎恩桥座椅式栏板的设计匠心独具，别出心裁，入选了《中国科学技术史·桥梁卷》。

（六）梅仙桥 [①]

梅仙桥位于今绍兴市越城区北海街道。桥在运河北岸，与钟山寺隔运河相望，横跨古运河支流梅仙坊内河，与运河河道平行。梅仙桥具体始建年代不详，但于明代地方志上就有相关记载。现桥根据形制推断，应为清代修建。

梅仙桥为东西向单孔梁式平桥，桥长 12 米，宽 3.24 米，矢高 2.5 米；桥面四拼，不设桥心石。原石栏板断裂，被放置在桥西岸边，旁竖"原有桥栏板"的木牌作为展览使用，其上刻有"梅仙桥"桥名。现桥面南北两侧均为新换的石栏板。桥东西两侧设石台阶，东侧置 10 级石台阶，西侧置 9 级石台阶，台阶上窄下宽，呈梯形，台阶两端设垂带斜坡石。桥台用条石错缝叠砌，上置冒石伸出以搁梁石和栏石，桥两端连接河岸石堤路。

现古桥在近年运河沿岸环境景观改造过程中得到修缮，除少量石材为后期新换外，其余均为原有老构件，是一座传统的水乡梁式石桥。桥北侧新建有"西天竺"两层楼阁亭，西边及运河对岸新建了仿古石拱桥"钟山桥"，以及"接官亭""九龙照壁""冲天牌坊"等景点，与桥南对岸的文保点钟山寺一起成了运河边的一处重要景观。

相传，汉代名士梅福曾弃官隐居会稽巫山（后改为梅山），人们称之为梅仙，本处梅仙桥就是为纪念他而得名。公元 8 年，王莽篡位称帝，梅福为逃避王莽的挟嫌追究，离家云游。后人崇奉梅福气节，南宋绍兴二年（1132），宋高宗赵构赐封梅福为"吏隐真人"。

---

① 引自《大运河浙东运河（越城区段）遗产保护名录》。

（七）会龙桥 ①

会龙桥始建年代不详，但嘉庆《山阴县志》中载瓜咸桥即会龙桥 ②；瓜咸桥在南宋《嘉泰会稽志》中有载，说明会龙桥在宋朝嘉泰年间就已存在。

根据桥上题刻，现桥为清光绪十九年（1893）修建。会龙桥、迎恩桥、玉龙桥在此形成一组水乡古桥景观。会龙桥临古运河而建，东西走向，跨于古运河支流之上，是一座与运河平行的廊桥。会龙桥为梁式平桥，桥长 15.9 米，宽 4.18 米，矢高 2.6 米，桥面不设桥心石。东、西两侧各设踏跺，东侧 10 级，西侧 14 级。两端设垂带，上设方形石柱。南侧为三开间建筑。北侧垂带上设栏板，末端为抱鼓石，石柱上托梁架，形成过廊，屋面为歇山顶，阴阳合瓦。过廊面阔三开间，明间两柱五檩抬梁式，次间梁架同明间，廊桥的石柱上刻有桥联一副："亭旁钟山望月俨同望海，桥临鉴水会龙即是会源。"北侧桥面石外凸阳刻"会龙桥"三字，并有"光绪癸巳""里人重修"字样。

会龙桥近年来在迎恩门风情水街修建过程中得到了修缮，原南侧开辟为三开间张神殿，是祭祀水神张夏的场所；现维修后更改为钟山月老祠。

会龙桥
邱志荣／摄影

---

① 引自《大运河浙东运河（越城区段）遗产保护名录》。

② 参见嘉庆《山阴县志》卷五，第 9 页。

会龙桥与南宋理宗皇帝的发迹有着密切的关系。《越中杂识》载：

> 浴龙宫，在西郭门外虹桥北，宋理宗母全氏家也。理宗童时，值秋暑，偕弟与芮浴于河。适鄞人余天锡自杭来，舟抵此，忽雷雨，帝与芮趋避舫侧。天锡卧舟中，梦龙负舟，惊起视之，则两儿也。……宁宗崩，即位，是为理宗。……按今西郭门外有会龙堰，云是余天锡会宋理宗处，而桥北一村，地名宫后，亦理宗遗迹也。①

当时余天锡相会理宗兄弟处，后人称之为"会龙堰"，堰上之桥便谓之"会龙桥"，桥上之亭曰"会龙桥亭"。会龙桥因此而得名。

（八）光相桥

光相桥为元代石桥，位于今绍兴市越城区北海街道下大路社区环城北路越王桥西首，旧时桥畔有光相寺，故名。光相桥造型雄浑，结构稳固，是绍兴市区年代最早的石拱桥。

《嘉泰会稽志》载："光相桥，在城西北。"《绍兴县志资料第一辑》载有《光相桥题记》："古有光相桥，□□颓圮，妨碍经行□□□，今自备己资鼎新，重建光相洞桥，以图永固。岁时辛巳至正□年闰五月吉日□□。上虞县石匠丁寿造。"②现桥应为元至正年间（1341—1370）于原址重建。桥北堍西侧望柱刻"隆庆元年吉日重修"题记。

光相桥系南北跨单孔石拱桥，全长29.75米，宽5.79米，矢高4.35米。拱券纵联分节并列砌置，券顶石镌刻"南无阿弥陀佛"字样。桥身块石叠砌，桥面两侧置须弥座状实体石栏，间立覆莲头石望柱，栏末置抱鼓石收结。桥面南、北各设落坡石阶。设有兽头形长系石二根。

光相桥保存完整，由于时代久远，石质略有风化。1961年被公布为绍

---

① ［清］悔堂老人：《越中杂识》，浙江人民出版社1983年版，第159—160页。
② 绍兴县修志委员会辑：《绍兴县志资料第一辑·碑刻》，民国二十六年（1937）铅印本，第29页。

兴县文物保护单位，1989 年被公布为浙江省文物保护单位。

（九）八字桥

八字桥位于今绍兴市越城区八字桥直街东端，是全国重点文物保护单位。《嘉泰会稽志》载："八字桥，在府城东南，两桥相对而斜，状如八字，故得名。"[①] 八字桥又名"八士桥"，或因附近名士多之故。八字桥始建于南宋嘉泰年间（1201—1204），南宋宝祐四年（1256）重建。民国《绍兴县志资料第一辑》明确指出了此点："时宝祐丙辰仲冬吉日建。按，桥已载《嘉泰志》，……此盖记重建之岁月，非创造也。"[②]

八字桥
邱志荣 / 摄影

八字桥系梁式石桥，筑于三河汇合处，兼跨三河，又与三条街路相通，沟通了这里复杂多变、民居参差的交通网络。主桥东西走向，横跨稽山河，桥面长 5.5 米，宽 3.1 米，桥高 5.75 米，孔高 4.15 米，跨径 4.8 米。桥东端南落坡长 14.6 米，北西向落坡长 19.5 米；桥西端南、西向落坡，分别长 15.8 米、22.7 米，相对成八字。两南落坡下各设有桥洞，一桥成三桥。

[①] 《嘉泰会稽志》卷十一，第 25 页。

[②] 绍兴县修志委员会辑：《绍兴县志资料第一辑·碑刻》，民国二十六年（1937）铅印本，第 99 页。

八字桥形制庄重，主桥洞方整厚实，如一水城门，两边各立9根石柱，石柱下平铺大条石。[①]据陈从周先生调查："石柱下的结构，是用大石条二层。下层约高80厘米，上层约高1米，其上置石柱，石柱之底置于槽内以资牢固，条石下系大块乱石，以当地一般桥势做法而论，最下当有木桩。"[②]

八字桥桥型独特，古朴大气，建筑稳固，雕刻精美；八字斜坡，宏壮大气，充满古意。边坡两个小桥洞，大小不一，自成趣味，形成错落之美。它是我国现存最古老的城市桥梁，在中国桥梁史上有重要地位。

八字桥沿河民宅集中，粉墙黛瓦，鳞次栉比，南北百米之遥有东双桥、广宁桥与其互为烘云托月。河水映照古桥、人家、古树，平静如画，轻舟过桥，则见别有洞天，光景奇绝。

（十）广宁桥

广宁桥位于今绍兴市越城区广宁桥直街南端，在八字桥北数十米，南北向跨越浙东运河市区段。广宁桥始建于南宋高宗以前，至明万历二年（1574）重修，是全国文物保护单位。

广宁桥东面
邱志荣／摄影

2005年，新发现明万历三年（1575）商廷试所撰《重修广宁桥记》碑，碑文有言："广宁桥在郡城最为冲要，南北数百尺，上联八字桥，东西与长

---

① 参见绍兴市文物局编：《绍兴文化遗产·石桥卷》，中华书局2012年版，第2页。
② 陈从周：《绍兴的宋桥——八字桥与宝祐桥》，《文物参考资料》1958年第7期。

安、宝祐对峙而起，遂以雄壮甲于越中。自创以来，凡几修筑，……而重建于宋绍圣四年。"[①]

《重修广宁桥记》还详细记载了万历年间重修工程，从中可见建筑坚实，耗资不菲。其文称：

> 桥之倾圮殆甚，行道者危之，……。而择僧之有成行才干，如性贤等者，使董其役，……尽撤其旧而一新之。下盘基石，旁筑埠塘，罔不坚致巩固，可垂长久。其工盖倍于昔，而费亦不下千金，逾年而告成，亦可谓难矣。

广宁桥为单孔纵联分节并列砌置七折边石拱桥。七折边拱桥是我国古代桥梁拱券由三折边拱、五折边拱演变为圆拱的一个重要的过渡桥型，而广宁桥拱券纵联榫卯结构则为古代半圆拱桥结构中的先导。广宁桥独特的七折边拱券构造和较高的技术含量使其在中国古桥演变历史上享有较高的地位，具体表现在：

其一，体广量大。全长57.2米，宽5米，拱券矢高4.6米，净跨5.7米。因此建筑用材也相对硕大。其桥基由7层石板叠成，厚达1米左右，如此厚重的桥基是国内罕见的。桥梁拱券下面的河床上也平铺着大石板，起着稳固桥基的重要作用。另外值得一提的是抱鼓石，长3.7米，高0.65米，厚0.2米，如此之长的抱鼓石实属少见。其二，精准定位。七折边拱的架构对拱板的角度要求比较严格，广宁桥在拱板与桥基接合部采用三角定位石来固定拱板的角度，具有较高的技术含量。其三，三路并用。桥上可通行人，桥下可通行舟，桥的拱券下又为运河古纤道。其四，雕刻精美。原有24根望柱的柱头分别雕作覆莲和石狮，惜16个石狮已经毁于"文革"时期，仅剩底座和覆莲；其拱券顶石也雕刻有"鲤鱼跃龙门""金龙伴玉兔"等6幅精美的圆形浮雕。

广宁桥地处古绍兴城东的都泗门内，曾是宋代学士、官宦聚居交游之

---

① 《重修广宁桥记》全文后附。

地。《嘉泰会稽志》卷十一载："广宁桥在长桥东，漕河至此颇广，民居鲜少，独士人数家在焉。"[1] 站在广宁桥上极目远眺，东面可见流水平缓，西来东去，悠悠不息；西面有卧龙山若隐若现，大善塔高出城头；南面可见会稽山山峦叠翠，气象万千；北面则戴山王家塔高耸，昌安门流水北去，舟船不息。商廷试所撰《重修广宁桥记》云：

> 广宁之基址旧矣，宋时福邸于是地即池为水晶宫，行乐其间，朝出广宁，暮归长安，遂为贵游繁华之地，若韩处士抱德而隐时，曳杖纳凉其上，万叠远青，一川涨绿，故有河梁风月之咏。今繁华之迹销歇泯灭而不可追矣，而风月之景固在也。

其中"韩处士"的典故，于宋《嘉泰会稽志》卷十一"广宁桥"下有记：

> 绍兴中有乡先生韩有功（复禹）为士子领袖。暑夜多与诸生纳凉桥上。有功没，有朱袠封（元宗）追怀风度，作诗云："河梁风月故时秋，不见先生曳杖游。万叠远青愁对起，一川涨绿泪争流。"[2]

可知商廷试所言"韩处士"即韩有功。韩有功是南宋爱国诗人陆游的老师。陆游《斋中杂兴》组诗中有一首回忆韩有功和陆彦远两位老师，称：

> 成童入乡校，诸老席函丈。堂堂韩有功，英概今可想。从父有彦远，早以直自养。始终临川学，力守非有党。纷纷名佗师，有泚在其颡。二公生气存，千载可畏仰。[3]

---

① 《嘉泰会稽志》卷十一，第22页。
② 《嘉泰会稽志》卷十一，第22页。
③ ［宋］陆游：《斋中杂兴十首以丈夫贵壮健惨戚非朱颜为韵》，载［宋］陆游《剑南诗稿》卷四十三，第16—17页。

据中国古典文学研究专家钱仲联先生考证，韩有功可能是北宋宰相韩琦曾孙韩肖胄的同族，而绍兴陆游家族与韩氏家族"有通家谊"。[①]

绍兴城广宁桥运河段
邱志荣 / 摄影

明代时，广宁桥作为浙东运河上重要的码头而日益繁忙，官府在桥旁设置了巡警铺，以备不虞。[②] 清代时，广宁桥附近人烟更加稠密。毛奇龄曾作诗称："广宁桥上坐万人，项背轧札如鱼鳞。广宁桥下水波浅，大船小船波上转。"[③] 其商旅繁盛可见一斑。清乾隆时，会稽知县曾在广宁桥码头创建寄储仓，便利了绍兴城区的货物流通。[④] 今广宁桥与八字桥之间的仓弄就是当年寄储仓的旧址所在。

今桥端西向北墙亦嵌有碑一方，为《重修广宁桥记》，惜文字难辨。仅可辨"会稽具□一都章家塔信士大祥祈求寿命延洪者□□万历二年八月□□立"字样。

---

① 参见钱仲联校注：《陆游全集校注5·剑南诗稿校注5》，浙江教育出版社 2011 年版，第 259 页。

② 参见［明］杨维新修，［明］张元忭、［明］徐渭纂：《会稽县志》卷四，明万历三年（1575）刻本，第 18—19 页。本文献以下简录为"万历《会稽县志》"。

③ ［清］毛奇龄：《看月书事》，载［清］毛奇龄《西河文集·七言古诗》，清康熙李塨刻西河合集本，第 10 页。

④ 参见乾隆《绍兴府志》卷四十三"彭元玮"。

《重修广宁桥记》碑拓照片

图片来源：马峰燕提供。

重修广宁桥记 [1]

赐进士出身、大中大夫、行太仆寺卿邑人商廷试撰文。

中宪大夫、太常寺少卿、管尚宝司事谢敏行书丹。

赐进士出身、中宪大夫、知西楚郎郡事、前刑部云南清吏司郎中叶应春篆额。

尝闻桥梁王政之一事也。老怯溪桥，不惜千金之费；穷临野渡，应遣一生之愁。昔人所咏，良有以也。矧作邑建邦，必据山川之会；行人利涉，每当水陆之冲。废坠允借于作新，干济必资于才力。是故垂虹应星，有光与图；回澜障川，式增形胜，而可不务者乎！吾越古称泽国，城环四十里，列为九门，水门居其六，皆水道之所经也。其地枕江而面山，千岩万壑，溪涧沟渠之水，汇于鉴湖，而北注于江。其间荡为巨浸，分为支流，皆经行城闉阛阓之中，势不得不为桥梁，以通往来。广宁桥在郡城最为冲要，南北数百尺，上联八字桥，东西与长安、宝祐对峙而起，遂以雄壮甲于越中。自创以来，凡几修筑，吾不能纪其详。而重建于宋绍圣四年，则庐普安之志石尚存，迄今将五百祀矣。桥之倾圮殆甚，行道者危之，维时谢兰阜氏、叶镇山氏、成省白氏，相与倡其议，而择僧之有戒行才干，如性贤等者，使董其役，则以闻于郡邑之贤士大夫。适绍坪彭公莅郡事政，先大体惠存兼利。爰及寮属龙石王公、俭齐伍公、半野陈公、理齐张公、孺东徐公、悝泉杨公皆锐意修举，各捐俸有差，以为士民倡。顾白筮口以至落成，诸大夫咸亲莅之，而士民之好义者，亦知所感发而乐于输。故财不衰而集，工不督而劝，尽撤其旧而一新之。下盘基石，旁筑埠塘，罔不坚致巩固，可垂长久。其工盖倍于昔，而费亦不下千金，逾年而告成，亦可谓难矣。桥在予家东，当泗水之会，凡经画规度多遍访而行。事成，诸公以记相属。顾予何言，惟作新之几振于上，而效劳之力竟于下。登是桥者，其无忘所自而已，抑予重有所感

---

[1] 此碑文系罗关洲发现并句读，马峰燕校对。

焉？广宁之基址旧矣，宋时福邸于是地即池为水晶宫，行乐其间，朝出广宁，暮归长安，遂为贵游繁华之地，若韩处士抱德而隐时，曳杖纳凉其上，万叠远青，一川涨绿，故有河梁风月之咏。今繁华之迹销歇泯灭而不可追矣，而风月之景固在也。好修之士，亦有续前贤之游者乎！则此桥将以名胜闻于天下，岂徒以利涉而已耶？故为之记。

万历三年乙亥冬十一月至日立石

余姚夏邦祥镌

（十一）小江桥

小江桥位于今绍兴市北江桥头，跨萧山街河，是绍兴市文物保护单位。《嘉泰会稽志》卷十一中有记"在城东北"。《越中杂识》上卷《桥梁》载："江桥、小江桥，在府城内西北，为城中东西水道要冲。"[1]

小江桥为单孔半圆形石拱桥，全长 23 米，净跨 5.8 米，桥面净宽 3.1 米，拱圆为条石分节并列砌筑，每列 6～7 块。望柱粗壮，栏板与靠背石凳相连，供人憩息赏景。

小江桥东、西分别为萧山街河与上大路河，是浙东运河从迎恩门通过绍兴城往都泗门的水上要道；其西侧又为古代府河北端，可谓城中水道之枢纽所在，舟船四通八达，水城景观尽收眼底。民谚云："大善塔，塔顶尖，尖如笔，笔写五湖四海。小江桥，桥洞圆，圆似镜，镜照山会两县。"

小江桥桥名应与晋永和间会稽内史江彪相关。《嘉泰会稽志》卷十一载：

> 江桥在城东北，《寰宇记》引《山阴记》云："江桥乃宋江彪所居之地，因以名焉。"今郡人乃以为江文通故居。[2]

又《嘉泰会稽志》卷十三载：

---

① ［清］悔堂老人：《越中杂识》，浙江人民出版社 1983 年版，第 7 页。
② 《嘉泰会稽志》卷十一，第 23 页。

《江总传》云：总于会稽龙华寺制《修心赋》云："晋护军将军彪昔莅此邦，卜居山阴都阳里。寺域则宅之旧基。左江右湖，面山背壑，东西连跨，南北纡萦，寝处风云，凭栖水月。"《太平寰宇记》云："郭北有江桥，即彪所居之地。"案：《晋书·江彪传》："永和中尝为护军将军，出补会稽内史，疑即彪也。"[1]

（十二）龙华桥[2]

龙华桥位于今绍兴市越城区八字街历史文化街区内，因桥在龙华寺之东而得名，系东西向单孔石梁桥，跨于绍兴城内运河支流之上，与运河走向平行。龙华桥整体呈厂字形，桥面长 5.50 米，净宽 2.10 米，桥高 4.15 米，孔高 3.35 米，桥跨径 4.40 米。桥东置 16 级石台阶，长 7.10 米；桥西置 2 级石台阶，折而向南置 15 级石台阶。桥面两边置石栏板，栏板外侧刻有"龙华桥"三字。桥北侧河道两岸立有两石柱，石柱均刻有石槽，可以装置闸板，应为水闸设施，用以控制城内河流的水位，是绍兴早期城市中罕见的古闸与古桥的组合桥。桥南壁嵌有石碑一块。据碑文内容，龙华桥相传为南宋时期福王所建，明朝崇祯年间由寺僧募捐重建，于崇祯三年（1630）七月建成。立碑日期"皇明崇祯三年岁在庚午秋七月旦立"可为证。

龙华桥
邱志荣 / 摄影

---

① 《嘉泰会稽志》卷十三，第 27 页。
② 引自《大运河浙东运河（越城区段）遗产保护名录》。

龙华桥西侧即为龙华寺，现为文物保护点。龙华寺俗称龙王堂，初建于南朝宋元嘉二十四年（447），由当时的吏部尚书江夷出资建造。江夷之父江彪于东晋永和中任会稽内史，龙华寺之地原为其宅居。龙华寺在历史上曾是文人雅士、有识之士的聚集之地。建寺以来，几经兴废。抗日战争胜利后，著名的南齐维卫尊佛造像曾一度于寺内供奉十数年。"文革"时，寺内佛像遭毁，寺舍被占用。2005年，龙华寺恢复重建，一批保存完好的石柱、梁坊等构件得以成功复位。龙华寺现为绍兴市佛教协会驻地。

（十三）春波桥

《越中杂识》上卷《桥梁》记：

> 春波桥，俗名罗汉桥，在禹迹寺前。昔陆放翁娶唐氏，伉俪相得，弗获于姑，遂出之，后春日出游，相遇于禹迹寺南之沈氏园，放翁怅然，题词于壁。迨唐卒，放翁过此赋诗，有"伤心桥下春波绿，曾是惊鸿照影来"之句，后人因以名桥。[①]

春波桥又称罗汉桥，因禹迹寺内有罗汉像500尊，故名。此桥原为单孔石拱桥，拱券为纵联分节砌置，桥面坡度甚小，采用两根石梁做桥栏，造型精致而富有灵气。春波桥与春波弄相接，弄因桥而取名。陆游沈园和春波桥的诗[②]主要有《沈园》七绝二首：

> 城上斜阳画角哀，沈园非复旧池台。伤心桥下春波绿，曾是惊鸿照影来。
>
> 梦断香消四十年，沈园柳老不吹绵。此身行作稽山土，犹吊遗踪一泫然。

陆游81岁时，又作《十二月二日夜梦游沈氏亭园》二首：

---

① ［清］悔堂老人：《越中杂识》，浙江人民出版社1983年版，第8页。

② 陆游的诗皆引自《剑南诗稿》。

路近城南已怕行，沈家园里更伤情。香穿客袖梅花在，绿蘸寺桥春水生。

城南小陌又逢春，只见梅花不见人。玉骨久成泉下土，墨痕犹锁壁间尘。

直到去世前一年，他还在《春游》四首之一中写道：

沈家园里花如锦，半是当年识放翁。也信美人终作土，不堪幽梦太匆匆。

沈园与春波桥已是诗人陆游一生感慨所系，二者也因陆游之诗和爱情故事得名。如今水、桥、园仍在，漫游其中，回想起陆游和唐琬的爱情故事，往往让人叹惋不已。

（十四）昌安桥

《嘉泰会稽志》卷十一："昌安桥在城东北，《吴越备史》：乾宁三年，钱镠攻昌安门，桥因门而名。"[1]

钱镠（852—932），字具美，临安人，五代时吴越国王。他出身贫寒，曾以贩盐、卖米为业。《越中杂识》上卷《帝王》载："唐乾符中，浙中王郢作乱，镇将董昌募兵讨贼，表镠偏将，击郢破之。又出奇兵，破黄巢于临安。"[2] 钱镠后又协助董昌讨平越州观察史刘汉之乱，并被朝廷任命为杭州刺史。唐昭宗乾宁二年（895）一月，因董昌在越州反叛，朝廷下诏钱镠为浙江招讨使，讨伐董昌。钱镠认识到董昌对他有知遇和提拔之恩，但平定暴乱又是为国家之大业。他采取了有理、有节的办法，不急速进攻，在绍兴迎恩门附近屯兵，劝说董昌。"昌登城与语。镠下马再拜，指陈祸福。昌感悟，以钱犒军，自请待罪，镠乃还。"[3] 但未多时，董昌又拒不投降，钱镠派兵与董昌在越州北郊等展开激战，终于于次年五月在越城北门

---

① 《嘉泰会稽志》卷十一，第21页。

② ［清］悔堂老人：《越中杂识》，浙江人民出版社1983年版，第40页。

③ ［清］悔堂老人：《越中杂识》，浙江人民出版社1983年版，第40—41页。

将其生擒。在押赴董昌往杭州途中，董昌在西小江投水自杀。之后，"唐拜（钱镠）镇海、镇东节度使，赐铁券，恕九死。镇海，即杭州；镇东，乃越州也。镠至越州，受命而还，治钱塘，以越州为东府，于是镠全有吴越矣。梁太祖即位，封镠为吴越王"①。后人为纪念钱镠平叛之功德，将其平定董昌之地分别命名为昌安和安昌，意为平定董昌得安宁，并在城北门环城运河边建昌安桥。

昌安桥为五边形单孔石拱桥，全长 18 米，拱券为多格式纵联分界砌置，在建桥技术上可谓别树一帜。

（十五）拜王桥

《嘉泰会稽志》卷十一有载："拜王桥在狮子街，旧传以为吴越武肃王平董昌，郡人拜谒于此，桥故以为名。"② 当时越州人民苦于刘宏汉和董昌之乱，钱镠平定叛乱，越民交口赞誉。钱镠率兵进城时，郡人箪食壶浆，夹道欢迎，之后越人便将当年迎谒之桥命名为拜王桥。现存拜王桥为清康熙二十八年（1689）知府李铎重修，更名丰乐桥。桥全长 26.30 米，系南北跨向单孔五折边形石拱桥。

（十六）题扇桥

题扇桥位于今绍兴市越城区府山街道，系东西跨向单孔半圆形石拱桥。桥面长 3.80 米，桥面净宽 4.30 米，造型优美，装饰庄重大气。桥上有龙门石刻，桥面、栏板与拱券几乎是同一圆心的圆弧，为绍兴石拱桥中少见。现桥为清道光八年（1828）重修。

题扇桥的得名与王羲之的一个故事有关。《嘉泰会稽志》卷十一记：

> 题扇桥在戴山下，王右军为老姥题六角竹扇，人竞买之。③

《晋书·王羲之传》对此事的记述更为详细：

---

① ［清］悔堂老人：《越中杂识》，浙江人民出版社 1983 年版，第 41 页。
② 《嘉泰会稽志》卷十一，第 23 页。
③ 《嘉泰会稽志》卷十一，第 22 页。

又尝在蕺山见一老姥，持六角竹扇卖之。羲之书其扇，各为五字。姥初有愠色。因谓姥曰："但言是王右军书，以求百钱邪。"姥如其言，人竞买之。他日，姥又持扇来，羲之笑而不答。[①]

依此所记，绍兴百姓代代演绎相传，编成一个生动优美的故事，赞扬王羲之仗义济贫，亦传颂其超凡的书法造诣。故事是这样的：某日，王羲之路过石桥回家，见一老姥拿着扇子叫卖，或许是制作粗糙，这些六角竹扇无人要买，老姥愁容满面，使人怜悯。王羲之见状顿生同情之心，问老姥此扇多少钱一把，老姥答十文一把。王羲之即向桥旁人借来笔墨，倚桥在扇上题字。老姥不解其意，王羲之道："你再去卖扇，要二百文一把，就说此扇有王右军所题字。"老姥将信将疑，惴惴不安。此时桥上桥下挤满人群，王羲之一走，人们争相购买，不一会儿所有扇子一销而空。王羲之题扇之桥日后也就被称为"题扇桥"，现桥西还有一碑，上刻"晋王右军题扇处"。

王羲之题扇还敷演出一系列故事。据说老姥见王羲之题字之扇如此抢手，第二天又拿着一批扇子请其题字。王羲之知此救助可一不可再，便设法躲进了附近的一条小弄堂，直到老姥离开。后来人们便把此弄称为"躲婆弄"。此弄在戒珠寺蕺山街西侧，距题扇桥约百米。

又传，王羲之轻易不肯将书法予人，体现了他对艺术的珍视。然邻人老妪养有一大群白鹅，却一不送人二不售卖。偏偏王羲之有爱鹅之癖，见老妪之鹅赞赏不已，便常去老妪家观赏鹅之美姿。日子一久，老妪提出愿以白鹅换王羲之几字，王羲之乘兴应允。但不久，一富商从老妪处拿了他所写的"鹅"字出来，王羲之见后顿觉上当，气得他提起那支飞狐笔狠狠地掷于桌上，岂料用力太大，笔从桌上弹起，破窗越户，飞越弄堂，在北端一座桥的石头上落了下来。此石后人便称"笔架石"，这座桥便名"笔架桥"，那笔穿越之弄便称"笔飞弄"。1500多年后，被毛泽东誉为"学界泰斗，人世楷模"的蔡元培先生便诞生于此。

---

① ［唐］房玄龄等：《晋书》卷八十，中华书局编辑部点校，中华书局1974年版，第2100页。

（十七）灵汜桥

灵汜桥位于今绍兴城东五云门外运河北岸，是浙东运河历史上最古老的一座桥，文化底蕴深厚。灵汜是越国神秘水道，又处于越国最早的园林"灵文园"之中。《水经注》载："城东郭外有灵汜，下水甚深，旧传下有地道，通于震泽。"[1]

《嘉泰会稽志》卷十一：

> 灵汜桥在县东二里，石桥二，相去各十步。《舆地志》云：山阴城东有桥，名灵汜。《吴越春秋》：句践领功于灵汜。《汉书》：山阴有灵文园。此园之桥也，自前代已有之。[2]

萧翼以计谋从辨才处巧取《兰亭序》的故事也与此桥有关。《嘉泰会稽志》卷十一又记：

> 《尚书故实》：辨才灵汜桥严迁家赴斋，萧翼遂取《兰亭》，俗呼为灵桥。[3]

灵汜桥是越王句践接受封赠之地，故历来文人学士、迁客骚人至此多有伤感之作。

唐代李绅有《灵汜桥》诗：

> 灵汜桥边多感伤，水分湖派达回塘。岸花前后闻幽鸟，湖月高低映绿杨。能促岁华惟白发，巧乘风马是春光。何须化鹤归华表，却数凋零念越乡。[4]

据记载，当时越国被吴国打败，后句践入吴为奴 3 年，吴王夫差赦免句践回越，仅封其百里之地——东至离越国都城 60 里的炭渎，西至都城

---

[1] ［北魏］郦道元《水经注》卷四十"浙江水"，第 943 页。

[2] 《嘉泰会稽志》卷十一，第 26 页。

[3] 《嘉泰会稽志》卷十一，第 26 页。

[4] 乾隆《绍兴府志》卷八，第 18—19 页。

以西约 40 里的周宗，南到会稽山，北到后海（杭州湾），东西窄长的狭小之地。灵汜桥既是越王句践受封之地，也是他之后"十年生聚，十年教训"的发祥之地。

经考证，确定今绍兴五云门外"小陵桥"位置即为古灵汜桥遗址。

（十八）通陵桥 [①]

现通陵桥位于今绍兴市越城区皋埠街道，正对御河（攒宫段运河），为东西向单孔石梁桥，全长 16.50 米，宽 3.60 米，桥面高 3.10 米，跨径 6.60 米。东西桥台条石错缝叠砌，其上施台冒石，台冒石上搁置桥梁石以作桥面。桥面并列用五拼石梁，只有北侧置实体石栏。石栏北外侧中间扇形石雕上刻"通陵桥"三字桥名，但无纪年题刻。

有资料记载，此桥所处位置历史上原有早期老桥——董家堰桥，为浙东运河的纤道桥，规模较小。1971 年，由于东湖农场交通和水利的需要，在拓宽所处河道（董家堰）后，对该桥进行重建；恰好此时运河南岸的东湖公路也在修建，需要迁建通陵桥，因此将当时通陵桥上的部分石构件以及其他地方拆除来的石构件一起搬迁至此，拼接重建了通陵桥。根据现桥上石构件保存的具体情况，除"通陵桥"栏板石可能为南宋原物外，其余均为清代或者更晚时期的石构件。

宋六陵是我国江南最大的帝皇陵寝，原陵寝外围修建有人工河道攒宫江（御河）直通绍兴城，当年南宋帝王及后宫的棺椁就是通过该条水路运至陵寝的。历史上御河上建有与南宋陵寝有关的桥梁多座，如护陵桥、拱陵桥、金陵桥、延陵桥、道陵桥等，如今除延陵桥（运河遗产点）还可能保留有部分遗存外，其余的陵桥均已不存。通陵桥上的"通陵桥"栏板石可能是仅存的南宋原物。

通陵桥的踏跺下现有一整块镌着"毓麟"二字的石碑被用作铺路石，上款为："康熙辛酉桂月吉日……光绪辛巳年桂月……"据说原桥东有个孝心亭，现台阶中的石碑是孝心亭中石池之物，石池中的水是专供纤夫路

---

① 引自《大运河浙东运河（越城区段）遗产保护名录》。

过饮用的，亭内供的是"孝仙菩萨"。这个"孝仙菩萨"据说与《天仙配》里的董永有关。20 世纪 50 年代初，兴建了东湖农场，孝心亭被农场改作牛棚，"毓麟"石碑因此流落至通陵桥上。

（十九）兴隆桥 [1]

兴隆桥位于今绍兴市越城区皋埠街道镇南祠小区西侧。兴隆桥根据现场判断为清代石桥，东西向单孔石梁桥，跨于村落内的浙东运河支流上，与大运河平行。桥体全长 10 米，宽 2.2 米，跨度为 5.5 米。桥面由三块条石拼成，其中两侧桥板石侧面刻有桥名，但名字不统一，分别为"永宁桥"和"兴隆桥"，无具体纪年落款。桥体两侧各设十余级踏步。桥台用条石纵横错缝叠砌，桥台上口置石帽石用以搁梁。全桥不设栏杆、垂带，做法简洁。兴隆桥是村中百姓沿河的步行用桥。

兴隆桥所处区域历史上为农田，其南侧紧邻坝头山村。坝头山村村中多数姓陆，曾为南宋爱国诗人陆游次子的定居地。历史上坝头山村民除了种田外，还通过本段浙东运河摇着船外出卖稻草，当时稻草主要用于盖草舍，属于"建筑材料"，需求量较大。据村中老人描述，此桥可能是他们为出入运河方便所建，所以当地也称之为"陆家桥"。

（二十）茅洋桥

茅洋桥位于今绍兴市越城区陶堰街道茅洋村茅洋自然村大运河绍兴段北岸，始建于明万历年间（1573—1620），清康熙三十七年（1698）、乾隆十四年（1749）均做过整修。桥为东西走向，横跨烟斗江，系单孔石拱桥。桥面置桥心石，四周条石铺设，拱券由条石纵联分节平列砌置，南北两侧券脸石上均刻有"茅洋桥"三字。拱券内顶雕刻有双狮戏球、二龙戏珠、鲤鱼、梅花鹿等图案，两侧拱券石上刻有平水、西庄、曹娥等地捐款人的姓名。东西端桥堍用条石错缝叠砌，并均设垂带踏跺，其中东端 12 级，西端 14 级，同时东西桥堍南侧边墙上均嵌有石碑一方，其中西端为

---

[1] 引自《大运河浙东运河（越城区段）遗产保护名录》。

清康熙三十八年（1699）重修碑记，东端一方字迹已模糊不清。在拱券及桥堍均设长系石，桥面宽 4.30 米，桥身长 24.50 米，矢高 2.40 米，净跨 4.10 米。西桥堍北侧建有路亭一座，坐北朝南，三面为三板石墙，亭顶为"人字坡"，前后用二拼石板铺设，并设压顶石及瓦楞屋脊，亭内立有清乾隆五十一年（1786）二月"重修茅阳桥碑记"一方，碑额及碑身两边均雕刻夔龙纹，碑身高 2.20 米，宽 1.15 米。

该桥位于大运河绍兴段官道上，是以前行船背纤的必经之地，也是陶堰至绍兴府城间的交通要道。该桥结构坚固，造型古朴厚重，现为全国文物保护单位。

（二十一）泾口大桥

泾口大桥位于今绍兴市越城区陶堰街道泾口村 95 号民居（关帝庙、村老年活动室）南侧，为清代建筑，始建于清早期，重建于清宣统三年（1911）。桥南北走向，横跨大运河绍兴段，由主桥和引桥两部分组成。主桥系三孔石拱桥，桥面均置桥心石，桥面石由青石板横向并列铺设而成，桥面东西两侧置五拼栏板栏杆，望柱柱头雕刻"坐狮"，栏板双面雕刻梅花、万年青等图案，中间一拼栏板侧面均刻有"泾口大桥 大清宣统三年辛亥三月""陶浚宣题"等字样。拱券为纵联分节并列砌置，桥墩由条石错缝叠砌，并各设龙头状长系石一根，底部置水盘石；南北桥堍也由条石叠砌而成，并均设垂带踏跺，且东西两侧置栏板栏杆及抱鼓石，望柱柱头雕刻"仰覆莲"，其中北端踏跺分两层，落坡呈"喇叭状"。引桥系三跨石梁桥，桥面由四拼石梁纵向铺设而成，其东西两侧也置栏板栏杆，桥墩及南端桥堍均由条石叠砌，上部均置台冒石，以承托桥面石梁及栏杆。北侧拱脚设纤道。

该石桥结构坚固，造型优美，栏板、望柱柱头、长系石等均雕刻精致，历来是连接泾口村运河两岸民居的重要交通通道，且是梁桥、拱桥有机结合的典范，为研究绍兴桥梁史提供了非常难得的实物依据。泾口大桥现为全国文物保护单位。

（二十二）九狮桥

九狮桥又名等慈桥，位于今绍兴市上虞区丰惠镇内运河之上，南北跨，为单孔半圆形石拱桥。桥长 26.85 米，桥面宽 8.8 米，净跨度 9.95 米，拱矢高 6.3 米。拱券采用条石错缝叠砌，结构紧凑，风格浑朴。桥面以青石板错缝平铺，正中两侧设有护栏，外侧题"九狮桥"桥额。南置踏阶 26 级，北置踏阶 28 级，踏阶两边直铺长条石板，未设护栏。此地河面较开阔，石桥气势雄伟。《上虞县志校续》记载：

> 九狮桥，在县东等慈寺前（《於越新编》），岁久圮。元至正癸未寺僧永贻、良玉、普益、似兰、大逵等募缘重建洞桥（《正统志》）。沈奎刊补云，九狮桥题字刻"嘉定七年岁次甲戌二月初六日辛丑重修"，此桥不载。于《嘉泰志》《正统志》云：至正间重建洞桥，则九狮桥当属元代改名。《嘉泰志》等慈寺桥即此。①

九狮桥为研究宋、元时期石拱桥提供了重要实物，1997 年被列为浙江省文物保护单位。

丰惠九狮桥
图片来源：许利根提供。

---

① ［清］储家藻修，［清］徐致靖纂：《上虞县志校续》卷二十七，清光绪二十五年（1899）刻本，第 2 页。

（二十三）丰惠桥

丰惠桥原名酒务桥，又名姐夫桥、济富桥，[1] 位于今绍兴市上虞区丰惠镇古街中心，跨街河，是丰惠南街起点，东、西大街的分界点。南宋《嘉泰会稽志》有载。此桥始建于五代十国时期后周显德年间（954—960），宋嘉定十七年（1224）重修时因嫌其旧名"酒务"不雅，改名为德政桥，知县楼杓以为不妥，曰："天以丰岁加惠我民，事幸而集，予何德焉？以丰惠揭之其可。"[2] 遂改名为丰惠桥。宋之后历代重修，桥名常为丰惠桥、济富桥更迭。1973 年 12 月，把原七链六锁石的瓮式古拱桥降低拱矢高，去掉石级踏步，改为如今的五链四锁石的瓮式七拱桥。全桥长由原来的 26 米改为 25 米，全宽5.22 米，净跨 8.5 米，矢高 3.3 米，两侧石栏齐全，并延至两台的垂带，以鼓石收尾。丰惠桥是丰惠镇悠久历史的实物见证，具有较高的历史文化价值。

三、宁波市

（一）通济桥和舜江楼

通济桥又名舜江桥，俗称江桥头，位于今余姚市梨洲街道府前街姚江之上。此桥全长 90 米，原有石阶共 106 级，主孔净跨 14.2 米，沟通余姚南城与北城，如苍龙卧波，气势不凡。因是姚江历史上最早、最长、最高的桥，通济桥被称为"浙东第一桥"，此字样刻于桥顶部栏板的外侧。据光绪《余姚县志》的记载，该桥始建于北宋庆历年间，原系木桥，初名德惠桥，后改名为虹（读作 jiāng）桥，屡建屡毁。元至顺三年（1332），改建成石砌三孔桥，定名为通济桥。当时桥旁曾立一块石碑，上书"海舶过而风帆不解"。[3]

---

[1] 参见绍兴市上虞区乡贤研究会丰惠分会、绍兴市上虞区丰惠镇新乡贤联谊会编：《丰惠古桥》，浙江工商大学出版社 2022 年版，第 43 页。

[2] 乾隆《绍兴府志》卷八，第 49 页。

[3] 参见光绪《余姚县志》卷一，第 19 页。

通济桥现存建筑为陡拱式三孔两墩石桥，系清雍正七年至九年（1729—1731）重建，用木桩2100根，约耗4万工。桥顶栏板里侧刻有对称的莲枝浮雕花纹。24根望柱上都刻有石雕。其中桥顶4根望柱上雕刻着狮首石像，形态逼真，精致秀丽。桥南坡和北坡的望柱顶上雕刻着形态各异的莲花座。在主拱券两侧的边墙上分别刻有对联，朝东联为"千里遥吞沧海月，万年独砥大江流"，朝西联为"一曲蕙兰飞彩鹢，双城烟雨卧长虹"。通济桥桥孔高圆，倒影成环，远远望去，却如长虹腾空，凌驾两岸，体势腾辉。

通济桥北端为舜江楼，南通江南直街，行船东通宁波，西达绍兴、杭州。舜江楼俗称鼓楼，与通济桥相映成辉，组成"长虹腾空，飞阁镇流"之景，乃现今余姚的重要历史地理标识。舜江楼飞檐翘角，古朴庄重。元至元元年（1335），叶恒任余姚州判，时值承宣亭火灾，即于该址作谯楼，制刻漏，作报时之用，建于五米高城墙之上，即舜江楼。作为舜江楼底座的这段城墙，是目前余姚仅存的一段古城墙，楼与城墙造为一体。明万历以及清康熙、乾隆、嘉庆年间，舜江楼均因灾毁而多次重建。清光绪十一年（1885），舜江楼重建后铸大铜钟作报时和火灾报警之用。作为城楼，舜江楼是古代余姚城的重要门户，作用巨大。比如，在明嘉靖年间的抗倭斗争中，通过舜江楼可以有效观望敌情、抵御骚扰。1984年2月25日凌晨，舜江楼被烧毁，当地政府按明代原样重建，于当年年底竣工。

"鲸鱼一击镇海东，下视长江如伏龙。""山郭遗风忆有虞，江楼落日渺苍梧。"古人诗句真切而生动地描述了通济桥和舜江楼的巍巍雄姿。1981年，通济桥、舜江楼同时被列为余姚市文物保护单位。2005年3月16日，通济桥与舜江楼作为一个整体，被公布为浙江省文物保护单位。

（二）大黄桥和小黄桥

大黄桥，原位于今余姚市大黄桥路与南滨江路的交叉处，东西横跨姚江水系的大黄桥江，为单孔陡石拱桥。明嘉靖三十六年（1557）始筑南城，大黄桥正处在城墙内侧，中华人民共和国成立后被拆。万历《绍兴府志》载："大黄桥、小黄桥，在县西南三百步许。《水经注》：江水东迳黄桥下。"[1] 小黄桥位于大黄桥西侧 80 米处。大小两黄桥均处于姚江的南滨。

北魏郦道元《水经注》称："江水又东迳黄桥下，临江有汉蜀郡太守黄昌宅，桥本昌创建也。"[2] 桥因此而得名。据此信息，大黄桥可称是余姚最早的桥梁之一，东汉时即有。清代本邑邵家人写有诗作《大黄桥》："浦阳西隔不通潮，太守遗居访寂寥。江水尚留名姓古，小黄桥接大黄桥。"[3] 可惜，两桥在填埋大黄桥江铺筑大黄桥路时被毁。

大黄桥的建造人黄昌，字圣真，东汉余姚人。他出身孤苦微贱，住在学宫附近，常见诸生学习礼仪，于是立志学习经典儒学和文书法律，成才后，先后出任决曹、宛令、蜀郡太守、陈国相等职，东汉汉安元年（142）转任大司农。他为政主张严猛，勇于揭发暗藏的奸邪之徒，精明能干，执法严厉，断理积案，搜捕盗首，深得百姓信服，但《后汉书》将他列入"酷吏"。

（三）季卫桥

季卫桥，又名候青桥，位于余姚北城的候青门外，南北向横跨在候青江上。东汉始筑北城时，即挖有护城河，候青门外就建有木桥沟通县城内外。元至正十七年（1357）方国珍拓展城池，候青桥改筑为石拱桥，跨江而雄峙。明嘉靖三十四年（1555），倭寇自水路进犯姚城，当地军民将桥拆除以阻止倭寇。事平后，改为平板石梁桥。明万历中期，余姚知县叶炜认为候青门为"邑之要害"，与里人闻人羔、徐伦倡议发起捐资重建，复改为洞桥。由于江水迅急，过桥船只撞击桥墩，约清乾隆十年（1745）时桥毁。乾隆十二年（1747）三月，知县李化楠、邑人倪继宗等，邀请藏经寺住持日重新为董事，募修此桥。原桥在候青门口，重修时将桥东移二十丈，以杀潮势。由此，候青桥与通济桥、最良桥处于同一中轴线上，成余

---

① 万历《绍兴府志》卷八，第 38 页。

② ［北魏］郦道元《水经注》卷二十九"沔水"，第 687 页。

③ 光绪《余姚县志》卷十四，第 1 页。

姚的最佳风水。乾隆十八年（1753）十二月，候青桥竣工，用银2500两，改建成一座三孔石拱桥。道光十三年（1833），石桥倾圮。道光十五年（1835），邑中豪富叶樊（字季卫）出资数万贯，自行设计、督造，改三孔为五孔，终于建成一座余姚境内最长的五孔四墩的石拱桥。为纪念叶樊建桥之功，遂以叶樊的字来命名，改名为"季卫桥"。[1]

季卫桥全长51米，中孔跨径10.22米，南北四孔，其中二孔9米，二孔8米，宽5米，拱矢高6.6米，足够两条大船交会。桥腹置有两座石鳌首，伸出边墙，伸颈向上。拱券采用纵横分布并列砌置法。桥顶石栏板外侧镌刻三个镂空大字"季卫桥"。自此，桥上车马行人、桥下大船小舟通达无阻。抗战时期，日本侵略军轰炸余姚，季卫桥遭到破坏，但仍是进出余姚北门的重要通道。桥北首形成一条热闹的环形街道，店铺林立。1954年，为发展余姚的公路交通，将桥面改建成可通汽车，使桥体有所毁损。1964年，与新建路直通的公路桥建成，季卫桥复为行人桥梁。2009年，在改造余姚火车站广场和南河沿路广场时，拨款加固重修季卫桥，桥体得以完好稳固。

（四）武胜桥

武胜桥，地处余姚古城武胜门外，跨于候青江上，系单孔陡拱石桥，始建年代无考。东晋隆安四年（400）十月，晋宁朔将军高雅之于此战胜孙恩义军，故名此桥为"武胜桥"。元至正十七年（1357），方国珍扩建余姚城时，武胜桥在原址重建，并将城门取名为"武胜门"。明清时期，武胜桥先后多次重修。现桥为民国二十二年（1933）由李姓乡绅等捐资重建。

武胜桥全长23米，桥孔净跨9米，拱矢高5米。桥面筑有望柱21根，其中桥顶4根顶端上刻有石狮两对。桥腹置有两条长系石，并穿出边墙两端，雕成形态逼真的鳌首，引颈向上。东南侧鳌首上方嵌有一方石碑，上书"武胜桥"三个大字，落款为"康熙辛丑季冬钱斌书"。东西桥

---

[1] 参见光绪《余姚县志》卷一，第29页。

壁明柱各镌刻有桥联，东联"武功怀旧凯旋地，胜迹重新普济人"，西联"南北康壮常顺轨，东西潮汐永通津"。

武胜桥自来是县城通往西北的主要通道，与相距不远的季卫桥同为姚城北部要道，出城过桥后，通姚北、方桥、临山、泗门和上虞。桥下水路四通八达，可通大型舟楫。原在武胜桥北堍跨路建有一座牌坊，规模形制较大；南桥堍建有一座武圣庙（关帝庙），香火旺盛，现均已毁。

（五）兰墅桥

兰墅桥，位于今余姚市兰江街道兰墅桥村的东侧，东西跨姚邑西隅奥孟江，临近姚江南岸，系单孔石梁桥。兰墅桥是古代余姚官路和商路的重要通道。从上虞、绍兴进姚城，兰墅桥乃必经之路。从平原地区进姚城，也只能从兰墅桥进新西门。因此，此桥在余姚古城的交通地理位置非常重要。桥全长 12 米，宽 4 米，离水面高 4 米。清光绪《余姚县志》载："乾隆二十九年杨辉祖修。道光二十三年圮。咸丰五年邵海集资重修。"[1] 兰墅桥之名，源自桥河两岸盛长兰蕙花，芬芳馨香。清光绪《余姚县志》引明嘉靖《余姚县志》称："治西南并江有浦，产兰，今其地曰兰墅。"[2] 邑人邵晋涵写有《姚江棹歌》："兰墅青青叶未衰，芳茎含露故低垂。涉江何处寻芳泽，采得芙蓉欲寄谁。"[3] 中华人民共和国成立初期，桥圮，一度改建为木板桥面，在人民公社化时期改建为预制板桥面。

2003 年 10 月，新的双索面斜拉钢筋混凝土的兰墅大桥建成后，原来的兰墅平桥仍然保存在离新桥以北 200 米外的姚江边上，但已快被人们遗忘。

（六）最良桥

最良桥，原名南门桥，又名战场桥、善良桥，位于余姚南城南明门外南门桥之南的主要通道上，原最良村的北村口，南北横跨最良江。

---

① 光绪《余姚县志》卷一，第 25 页。
② 光绪《余姚县志》卷六，第 4 页。
③ 转引自光绪《余姚县志》卷二，第 34 页。

清光绪《余姚县志》载：

> 邑南城而南一里许，曰战场桥。循桥而南，达于四明，蜿蜒数十里，层峰叠嶂，民鲜坟衍，率资樵采艺树以自给，筐携捆载，踵接肩摩，即溽暑凛寒而累累于桥之上者，趾相错也。桥左当西南溪谷诸水之冲，霖雨信宿，则淼涌而下，奔腾澎湃，趋桥而注之江。[①]

北宋宣和二年（1120），方腊义军转战余姚。越帅刘述古率官军迎敌激战，击败方腊于此桥，此桥即改名为战场桥。明万历十四年（1586）桥圮，里人史久熙、卢公朝共同倡导重建。重建后桥的规模形制较前为大：

> 一升桥而寓目，则绿畴苍楚，千顷一色，复岫回峦，紫翠万状。渔歌牧唱，时与潮声相响答，隐然为邑南胜概矣。[②]

清乾隆三十一年（1766）里人修。道光年间（1821—1850），邑人叶樊等重修，改一洞为三洞，更名"善良桥"。光绪十四年（1888）重建，由清举人杨积芳题写桥名和四副桥联。中孔两侧东联是："溪水纳群流，大江东去；石窗供远眺，爽气西来。"西联是："说甚战场，有江山雄秀；寻来过客，无樵牧宽闲。"左右次孔两侧东联："北向依然归市众，南行自北入山深。"西联："古昔转粮闻邑乘，到今行旅便与梁。"

原桥为三孔陡拱石桥，全长48米，宽3.5米。20世纪50年代因通公路，改踏步为接坡，可通小吨位汽车。20世纪80年代，原最良桥废弃，在下游约100米处新建钢筋混凝土梁桥，后又数次拓宽改建，以适应交通需要。2007年，因杭甬运河500吨级航道拓宽改造工程需要，拆除老桥进行重建。现桥为自锚式悬索桥，榫卯结构型塔柱，全长720米，主桥长143米，宽38.5米，主塔高20米，南侧引桥宽23米，为机非混合双向六

---

① 光绪《余姚县志》卷一，第22页。
② 光绪《余姚县志》卷一，第22页。

车道。匝道宽 9 米，两侧辅道宽 12 米。新桥比老桥抬高约 4 米。

老桥拆除后，桥材堆放村中，希望择地改建，至今无果。

（七）锁澜桥

锁澜桥位于余姚马渚镇南边姚江运河的中河段，距饮马桥约 2 里，是一座四墩三孔的高平石桥。

锁澜桥桥面宽约 1.8 米，由三块宽为 0.6 米的石板构成。中间桥板略高于两边，成坡形连接两端桥脚的五级台阶。桥两侧各有四根望柱，三块与桥板长度相当的条石镶嵌在四根望柱间成为护栏。在中间护栏石条的外侧阴刻有"锁澜桥"这三个楷书大字。

旧时姚江上没有水闸，每遇干旱，海潮能直接浸涨到马渚。潮水涨来时，波涛汹涌，浪花拍岸，极大地影响着集镇居民的生活和航行船只的安全。为把这浪涛挡在集镇之外，匠人们在江河略有拐角的河段建起这座石桥，挡住一部分浪潮；再利用歪摆的桥门，使涨潮时的潮水浪涛拍向西边河岸，分散了浪涛对石桥的冲击力，于是进入集镇中河的潮水平静了，此桥因此取名为"锁澜桥"。

20 世纪 80 年代，为拓宽杭甬运河，原锁澜桥被拆除，代之以钢筋混凝土的公路桥。

（八）曹墅桥

曹墅桥在余姚西部马渚镇斗门，坐落在马渚中河与姚江的交汇处，有官道西接上虞，东达余姚城。附近有菁江古渡和斗门古堰坝，是古代姚西的交通要口。20 世纪 80 年代以前的曹墅桥，是一座三孔三板两栏的石梁桥，正桥长 20 多米，宽约 4 米，东边桥孔设有纤道。桥的东堍有一座小土地庙，西头有一块大石碑。石碑是重修曹墅桥碑记，现已毁。

上虞曹娥娘娘的故里曹家堡《虞西板桥曹氏家谱》记载，元朝末期，曹氏家族因遭兵灾，全村极大部分房屋被烧，不少曹氏族人被迫背井离乡，徙居他乡。其中有一户人家搬迁到菁江渡旁的三江口筑舍而居，此舍屋便称"曹墅"。后来造桥时，桥因舍而得名。现"曹墅"舍屋早已不见踪影，而桥仍在。20世纪80年代因通行机动车和排涝等，石桥改建为钢筋水泥桥。

现在能看到的有关"曹墅桥"最早的文字，是朝鲜人崔溥所著的《漂海录》。明朝弘治元年（1488），有一位朝鲜官员乘船从中国返回朝鲜，在海上遇到大风浪，船只漂到台州临海，被当地百姓救起后，从临海回到宁波，沿杭甬运河趋杭州，然后经京杭运河抵北京，不久顺利返回朝鲜。崔溥对这次不平凡的旅程做了详细记录，其中写道：

> （二月）初二日，过余姚县。是日阴。早，发船溯西北而上。江山高大，郊野平铺，人烟稠密，景物万千。日夕，过五灵庙、驿前铺，姚江驿、江桥，至余姚县。江抱城而西，有联锦乡、曹墅桥，桥三虹门。又过登科门、张氏光明堂，夜三更到下新坝……①

从崔溥的这段文字记录来看，五百多年前，"曹墅桥"已存在，且已是杭甬运河上的地标性建筑之一。

据清光绪《余姚县志》，曹墅桥在乾隆十二年（1747）、光绪十五年（1889）均有重修，桥有加高加广。②清光绪年间，此桥处"万派汇流"之地，"下游潮汐盛涨，激湍惊涛，淙啮崖岸，历岁久远，桥不能支"③。1889年，由上虞人经元善发起并领头捐款重修曹墅桥。在沪的上虞、余姚商人慷慨解囊，耗银5350两，于1890年修成。此桥在以后的一百多年里没有损毁过。

浙东运河过去不仅有着重要的漕运作用，还是一条重要的水驿，曹墅桥是这条水驿当中的一个重要节点。余姚属宁绍平原地带，河流、湖泊密布，多水田。明清时期的官路也是在水边或水田间用约1.5米宽的石板铺

---

① 葛振家：《崔溥〈漂海录〉评注》，线装书局2002年版，第76—77页。

② 参见光绪《余姚县志》卷一，第25页。

③ ［清］经元善：《募修余姚曹墅桥碑记》，载虞和平编《经元善集》，华中师范大学出版社1988年版，第111页。

成，不便于车马通行。所以，那时的驿道就选用了水驿。杭甬古运河的甲线、乙线交汇于曹墅桥，明朝时即设驿站于桥畔。清朝时，曹墅桥驿站已有一定规模，是余姚重要的急递铺之一。清光绪《余姚县志》卷一载：

> 治西……二十里曰曹墅桥铺……铺各有厅三间，有厢六间，有邮亭一座，有外门一间，有司兵，有吏一人领之。[①]

又光绪《余姚县志》卷十二载：

> 县城汛，驻防把总一员，外委一员。……兼管郁家湾、接待寺、曹墅桥、下坝四汛兵船，在督司额设之内。[②]

以上四汛各有营房、墩台、瞭楼。清代时曹墅桥驿已集驿、邮、汛于一体，地理位置重要。

（九）学士桥

学士桥，位于今余姚市大隐镇学士桥村与里埠头村之间，南北跨大隐溪。光绪《慈溪县志》载："学士桥，县西南二十里。宋元祐初建。宋学士舒亶居此。"[③] 舒亶（1041—1103），字信道，号懒堂。北宋治平二年（1065）试礼部第一，王安石变法时期被重用，权直学士院，人称舒学士，后任御史中丞，变法失败后罢官，隐居故里慈溪大隐舒夹岙（今属余姚）。学士桥便因其得名。现桥系咸丰四年（1854）重建。1987 年被列为余姚市文物保护单位。

学士桥为多孔石梁平桥，全长 70 米（包括南端已被公路填埋的桥塅 13 米），宽 1.96 米，高 2.7 米，是余姚市现存最长的石梁桥之一。学士桥有桥墩 14 个，桥孔 13 个，中间桥墩西端原耸立有 2 米高的六角形高石经塔一座，现已毁。南端的东边桥板刻"学士桥"三字，边款刻"咸丰四

---

① 　光绪《余姚县志》卷一，第 18 页。
② 　光绪《余姚县志》卷十二，第 1 页。
③ 　光绪《慈溪县志》卷十一，第 27 页。

年""捐资重修"两列小字。桥墩用规整的条石错缝叠砌，西端砌成分水尖状，起到剖水作用。桥面两边铺4～6米不等长条石，中间镶嵌长方形石板，石板上镌刻"五福捧寿""平升三级"等吉祥图案。南端是条石铺砌的石阶，北端连接泥石路。该桥结构古朴，造型别致，整座桥梁呈微弓形向上游弯曲，使洪水往中流直泻，以缓解洪水对两边堤岸的冲击，是浙东地区典型的漫水桥。远望之，其宛如一条长龙漂浮在水面，颇为壮观。

（十）高桥

高桥位于今宁波市鄞州区高桥镇高桥村高桥自然村上街点，大西坝河口与西塘河的交汇处。此桥始建于元符元年（1098），南宋宝祐四年（1256）冬由吴潜重建，现桥为清光绪八年（1882）重修。

高桥
图片来源：许利根提供。

该桥东西向横跨在大西坝与西塘河的汇合处，"舟至此，通西坝，达大江，为南北往来孔道"[①]。它北濒姚江，西连四明山余脉的石塘山、深溪山，南经集仕港、古林而入奉化境内，向东经后塘河即至宁波城，水陆交通十分方便。高桥全长28.5米，面宽4.68米，拱跨10.3米，孔高6.8米，并筑有1米宽纤道。拱孔高大是其特点，船舶过往可不落帆。桥洞上

① ［清］徐兆昺：《四明谈助》，桂心仪、周冠明、卢学恕、何敏求点注，宁波出版社2003年版，第102页。

方两侧各有石匾一方，北刻"指日高升"，南刻"文星高照"。在南北两边各有对联一副，南联为："巨浪长风，想见群公得意；方壶圆桥，都从此处问津。"北联则因年代久远剥蚀不清了。桥的两头各有伸出的鳌头雕饰，桥堍设置踏跺，东33级，西32级，两边有栏板24块。间置双覆莲花望柱，桥堍两侧设有云彩纹抱鼓石，整个桥体中心窄，两头宽，呈菱形透视，给人以稳重雄伟之感。

因高桥而名的高桥镇，是浙东运河的所经之地。古代西塘河上万船云集，往来如织。地方志载，由高桥向东一箭之遥的景安铺，唐宋时又称马铺，为"出望京门十里"之驿站，为官商旅宿所经或驻足之所。

（十一）望春桥

望春桥位于今宁波市海曙区望春街道，横跨西塘河，始建于北宋大中祥符元年（1008），现存桥体为清代建造。望春桥是古代宁波水陆交通的重要枢纽，被称为"鄞西要津"。桥全长25.3米，桥面宽3.7米，拱券为块石砌筑，净跨9.1米，矢高约4米。桥洞北侧有1米宽的纤道，石桥栏中间石柱刻成莲花及方纹形装饰。

（十二）新桥

新桥位于今宁波市鄞州区高桥镇芦港村，横跨西塘河，始建于明洪武十九年（1386），万历四十七年（1619）重建。桥全长30.6米，桥面宽4.6米，拱洞跨度10.4米。桥两边均设浮雕荷叶纹栏板，栏板间置双覆莲望柱，下设云彩纹抱鼓石。桥额镌"新桥"两字，上款"洪武丙寅始建"，下款"万历己未重建"。桥拱北边置有纤道。

（十三）上升永济桥

上升永济桥又称半路庵桥，位于今宁波市鄞州区高桥镇芦港村半路庵南首，横跨西塘河，始建于清乾隆元年（1736），光绪九年（1883）重建。桥全长26米，宽4米，桥孔高6米，跨度8米。桥侧有栏板、望柱，柱上雕石狮，两端有碑石。桥额镌"上升永济桥"，西面落款为"光绪癸未岁募捐重建，邑人李绍椿建"。东面落款为"大清乾隆丙辰岁陈尔康建"。桥北堍有桥亭，面阔七间。

（十四）祝家渡桥

祝家渡桥横跨慈江，沟通余姚三七市与河姆渡两镇，是为满足当时粮食运输需求而建，为浙江最早的钢结构铁索斜拉桥，边有码头、粮仓、老街。

（十五）黄杨桥

黄杨桥，又名何阳桥、河娘桥，位于今宁波市镇海区九龙湖镇长石行政村黄杨自然村，始建年代不详，据传宋元时就有此桥。明天启《慈溪县志》载："何阳桥，县东二十里，有亭。"[①]2000年12月，黄杨桥被公布为区文物保护单位。

黄杨桥
邱志荣 / 摄影

（十六）鄞江桥

鄞江桥位于今宁波市海曙区鄞江镇它山堰村附近，横跨鄞江。鄞江桥一名大德桥，建于宋元丰年间（1078—1085），系石墩木结构廊屋式桥梁，长

---

① ［明］李逢申修，［明］姚宗文等纂：《慈溪县志》卷二，明天启四年（1624）刻本，第29页。

32 丈，宽 3 丈，五墩六孔，上置巨木桥桁 196 根，铺杉木板，通体建瓦屋 28 间，中间连通为甬道，两侧设长木座栏。鄞江桥于 1979 年改建为公路桥。

（十七）光溪桥

光溪桥位于南塘河上游的光溪北侧，属今宁波市海曙区鄞江镇。光溪桥始建于明嘉靖三年（1524），为单孔石拱桥，长 39.95 米，宽 4.5 米，高 7.8 米。桥南端与长约 120 米的官池塘相衔接，沟通光溪南北两岸，桥上有路灯，以为夜间行人和船只经过时照明。光溪桥至今保存尚好，官池塘已于 1978 年拆除，改建水泥大桥。

（十八）灵桥

灵桥俗称老江桥，位于灵桥门旧址附近，横跨三江口南侧的奉化江，连接城内与江东。灵桥是宁波市标志性建筑之一。

灵桥原为船排连锁而成的浮桥。清康熙二十六年（1687），台风过境，灵桥铁链绷断，桥船漂流。知府李煦募银千余两，召船工王海粟重造桥船。王海粟以大小排方厚板密钉坚固，以巨木为栏杆，贯以铁链。桥成，又勒石布告，禁止船只泊桥之内外，以防冲损桥船。1931 年，旅沪甬籍绅商乐振葆、张继先、张申之等发起组成改建宁波老江桥筹备委员会，沪、甬两地共募捐 70 万元，由德商西门子建筑公司承建老江桥改建事宜，1934 年 5 月 1 日开工，1936 年 5 月 25 日竣工。灵桥由浮桥改建为三联钢骨环洞式单跨拱桥，重 1052 吨，长 132 米，跨度 97.5 米，桥面中间为车行道，宽 11 米，两边人行道各 4.6 米。据当时报纸报道：灵桥通桥典礼于 1936 年 6 月 27 日举行。浙江省政府委派杭州市市长周象贤代表参加，上海闻人谢葆生、范恒德，名伶马连良及承包该桥工程之康益洋行、沪上政商及工程界著名人士 70 余人莅会。丹麦公使、德总领事、爪哇（今印度尼西亚）华侨等到甬观光。中西来宾，盛极一时。灵桥周围悬挂彩灯，布置一新。两埙空隙加搭平台，设置木柜。该日晨 6 时 30 分，在平政祠举行公祭。8 时举行通桥典礼，由金廷荪、陈如馨之两女公子持金剪剪彩。杭州市市长周象贤、沪绅杜月笙揭幕，并领导改建灵桥筹备委员会全体委员，由桥之两堍靠左通行过桥。远近民众，以该桥工程之伟大，前来观瞻者大有万人空巷之概，热闹情况前所未有。林森、蒋介石分别为灵桥落成作"安流利涉""政得其平"之题词。[①]

灵桥已于 2005 年列入浙江省重点文物保护单位。

（十九）新江桥

新江桥横跨姚江上，下游末端濒临三江口，是当年连接江北岸与宁波城内的主要通道。桥址即古之桃花渡。1862 年由英国人出资建造，原为 18 艘木船连排浮桥，收过桥费每人 4 文。1869 年 5 月 24 日举行迎赛"都神会"，英人仍索取过桥费，引起民众抗争，不幸桥断，溺死 400 余人。1877 年 6 月，甬人募款赎回新江桥主权，取消行人过桥费。1970 年改建成永久性桥梁。2013 年 7 月，新江桥重建，桥型与老桥相似。

第三节　水城门

一、西郭水城门

关于会稽郡城西郭方位的水门记载，最早见于南宋的《嘉泰会稽志》。该志在"城郭"下记载了西郭水门，称之为迎恩门："城门九。……正西曰迎恩门，北曰三江门。凡城东南门有埭，皆以护湖水，使不入河。西门因渠漕属于江，以达行在所。北门引众水入于海。"[②]

这段记载将迎恩门列为正西门，说明该门在九大城门中地位靠前，而且它的始建年代是在罗城修筑时的隋代或以前；又把迎恩门与"渠漕"（即

① 参见宁波市档案馆编：《〈申报〉宁波史料集（七）》，宁波出版社 2013 年版，第 3433—3434 页。

② 《嘉泰会稽志》卷一，第 19 页。

西兴运河）和"江"（指钱塘江）联系起来，说明迎恩门设有水门，是连接城内外西兴运河的水城门。明万历《绍兴府志》对《嘉泰会稽志》的记载作了补充："又西转而北约五里，面西曰迎恩门。钱镠讨董昌，以兵三万屯迎恩门，望楼再拜而谕之，即此。有水陆二门。"[①] 由此可知，迎恩门并非单一的水门或旱门，而是一座兼具水陆二门的复合式城门。

二、都赐门

都赐门位于会稽郡城东郭五云门之北。最早记载都赐门的是《嘉泰会稽志》。该志卷一云：

> 城门九。东曰都赐门。有都赐隶。门之名盖久矣，见南史何
> （太祖庙讳）传。[②]

都赐门又名督护门。万历《绍兴府志》卷二有记：

> 《十道志》又有督护门。云：晋中将军王愔成帝时拜为督护，
> 到郡，开此门出入。时人贵之，因以为名。梁元帝《玄览赋》：
> "御史之床犹在，督护之门不修。"督护一作都督，今不知何所，
> 岂即都赐门耶？[③]

据顾祖禹《读史方舆纪要》，都泗门乃其讹称：

> 稍北不二里曰都赐门，或曰本名都护门，晋中军王愔所作，
> 今讹都泗门。[④]

① 万历《绍兴府志》卷二，第 2 页。
② 《嘉泰会稽志》卷一，第 19 页。
③ 万历《绍兴府志》卷二，第 2 页。
④ ［清］顾祖禹：《读史方舆纪要》卷九十二，贺次君、施和金点校，中华书局 2005年版，第 4207 页。

第七章
管理设施

烟波尽处一点白，应是西陵古驿台。

知在台边望不见，暮潮空送渡船回。

—— ［唐］白居易《答微之泊西陵驿见寄》

浙东地区山—原—海的地形、复杂的水系、不同类型的工程，带来管理和控制上的困难。对此，古代浙东各地的政府和人民依靠自己的智慧，因地制宜，创新发展，采取不同的技术实施有效管理，其代表性的技术是采用水则、水闸联合控制，实行运河和河网的管理调控。水则就是浙东运河水位控制调度的杰出创造和实践。历史上浙东运河著名的水则有鉴湖玉山斗门水则、北宋杜杞鉴湖水则、宁波月湖水则、戴琥山会水则等。

通江达海，好运天下。浙东运河一直具有重要的水利、航运、海运功能，历代变化的行政区域和复杂的地段则对运河提出了行政秩序、水运、经济等管理方面的要求。自汉唐始，会稽境内已有驿、铺之设。古运河两岸水驿依次相连，深具特色。到了明清则开始有钱庄、会馆、会所等。这些设施都反映了浙东运河在我国水运史上占有重要地位。

第一节　水则 ①

水则即中国古代的水位尺，又名水志，用以观测水位和水量。北宋时江河湖泊上普遍设立水则。明清时期江河为防洪、报汛，往往多处设立水则。浙东地区有关水则的记载和使用有着悠久历史。

一、鉴湖水则

宋曾巩《越州鉴湖图序》云：

> 杜杞则谓盗湖为田者，利在纵湖水，一雨则放声以动州县，而斗门辄发，故为之立石则水，一在五云桥，水深八尺有五寸，会稽主之；一在跨湖桥，水深四尺有五寸，山阴主之。而斗门之钥，使皆纳于州，水溢则遣官视则，而谨其闭纵。②

鉴湖、运河堤上的斗门、堰闸的启闭，主要以上文提及的两座水则为依据。湖之北灌区内的水位控制则依据建在都泗门东、会稽山阴交界处的水则确定。徐次铎《复鉴湖图议》云："凡水如则，乃固斗门以蓄之；其或过则，然后开斗门以泄之。"③此指玉山斗门的启闭。总的调控应由水利官员根据调度原则进行综合监管。用测水牌量测控制水位调蓄，是当时一流的管理水平。

《嘉泰会稽志》卷四"堰"条中载："白楼堰。在县西四里常喜门外。堰之西有则水牌，政和中立。"④这一则水牌应在鉴湖之中。又载："三江

① 主要参考邱志荣主编：《通江达海　好运天下：浙东运河博物馆文本解读》，广陵书社 2022 版，第 160—166 页。
② ［宋］曾巩：《曾巩集》卷十三，陈杏珍、晁继周点校，中华书局 1984 年版，第 206 页。
③ 转引自《嘉泰会稽志》卷十三，第 6 页。
④ 《嘉泰会稽志》卷四，第 16 页。

门外堰。在县东北七里。堰之北有则水牌。"^① 这一则水牌应该在鉴湖之外的直落江上，是对鉴湖之外水位的控制。这里的"三江门"是指绍兴城的北水城门，此门在《嘉泰会稽志》卷一"城郭"条有载："正西曰迎恩门，北曰三江门。……北门引众水入于海。"^②

二、宛委山杜杞刻石

杜杞（1005—1050），字伟长，宋常州无锡人（一说金陵人），曾任两浙转运使，是主管两浙水陆运输等事务的地方行政长官。他所处的北宋时代，古鉴湖被侵占情况日益严重，鉴湖被占及水位降低导致蓄水减少、水患增多、农业减产，同时影响了航运，杜杞对此事高度重视，于是与其他相关官员"同定水则于稽山之下"。此水则题记在今绍兴市东南若耶溪边的宛委山飞来石摩崖石刻上还可见到，题记曰：

> 转运使、兵部员外郎、直集贤院杜杞议复鉴湖畜水溉田，时与司封郎中知州事陈亚、左班殿直勾当检计余元，太常寺太祝知会稽县谢景温、权节度推官陈绛同定水则于稽山之下，永为民利。庆历七年十月一日题。^③

三、山会水则碑

鉴湖水利工程堙废后，由于山会平原的农田灌溉、水产养殖、航运对河湖水位也有不同的要求，明成化十二年（1476），绍兴知府戴琥创建了一座山会水则，置于河道贯通于山会平原诸河湖的绍兴府城内佑圣观前河

---

① 《嘉泰会稽志》卷四，第 16 页。
② 《嘉泰会稽志》卷一，第 19 页。
③ ［宋］杜杞：《鉴湖题名》，载曾枣庄、刘琳主编《全宋文》第三十册卷六三八，上海辞书出版社、安徽教育出版社 2006 年版，第 76 页。

中，观内立有一块山会水则碑，碑文写明了水则的观测与使用办法：

> 种高田，水宜至中则；种中高田，水宜至中则下五寸；种低田，水宜至下则，稍上五寸亦无伤，低田秧已旺。及常时，及菜、麦未收时，宜在中则下五寸，决不可令过中则也。收稻时，宜在下则上五寸，再下恐妨舟楫矣。水在中则上，各闸俱用开；至中则下五寸，只开玉山斗门、扁拖、龛山闸；至下则上五寸，各闸俱用闭。正、二、三、四、五、八、九、十月不用土筑，余月及久旱用土筑。及水旱非常时月，又当临时按视以为开闭，不在此例也。成化十二年十二月朔旦。[①]

按山会水则碑观测水则，管理十多公里以外的玉山斗门的启闭，可以调节整个山会平原河网高、中、低田的灌溉和航运，这是山会平原河湖网系统整治和有效管理的标志，也是绍兴水利史上的一个杰出创造。这座水则一直使用了 60 年，直到汤绍恩主持建成三江闸。

四、戴琥水利碑

明成化十八年（1482），戴琥在离任绍兴前夕，将他在绍兴 10 年的治水经验撰写成文，镌刻于碑，并立碑于府署，以供后来治水者沿用或参考。此碑即著明的戴琥水利碑。碑面分图、文上下两部分。上半部高 84.2 厘米，为绍兴府境全图，绘刻府属八县的山川河湖、城池、堰闸的位置等内容。此图所标方位上北下南、左西右东，与现代地图一样，极易辨认，在明代绍兴水利地形图示中是最详尽、逼真、全面的一幅。此碑下半部81.9 厘米，刻有碑文。今山会水则碑和戴琥水利碑均存于绍兴大禹陵内，成为珍稀的历史文物。

---

① 文字出自碑文。

五、绍兴三江水则 [①]

三江闸之启闭，按三江城侧之"金、木、水、火、土"水则所示，28 孔均配以闸夫和规则启闭：

> 闭闸先下内板，开闸先起外板。角、轸二洞名常平，里人呼减水洞，十一闸夫所共也。……除此二洞外，每夫派管二洞，深浅相配，……。管闸二洞三分，如开十一洞，则每夫一洞，倍之则一人二洞，如开多开少不一，自有公议。……水小先开浅洞，大则先开深洞，倘闸内外俱有沙涨，又宜于小水微流处，先开几洞，借势疏通之。……要之，洞虽分管，启闭未尝不通融相助。[②]

水位调度，据民国时期对三江闸前水则牌所刻各字的高度测量，其黄海高程为：金字脚 4.5 米，木字脚 4.34 米，水字脚 4.22 米，火字脚 4.09 米，土字脚 3.95 米。按照《修闸事宜条例》"如水至金字脚，各洞尽开；至木字脚，开十六洞；至水字脚，开八洞" [③] 的启闭规定，金字脚、木字脚作为排涝水位不计，则内河高水位为 4.22 米，中水位为 4.09 米，比当今水位分别高出 2 厘米和 19 厘米，当时的灌溉、航运条件甚至还优于现在。

六、宁波月湖水则

宁波月湖水则位于今宁波市海曙区镇明路西侧平桥街口（原为平桥河）。清徐兆昺《四明谈助》卷二十载："宝祐间，丞相吴潜来治郡，三

---

① 主要参考绍兴县水利志编纂委员会编：《绍兴县水利志》，中华书局 2012 年版，第 205 页。

② ［清］程鹤翥纂辑：《闸务全书·上卷·郡守汤公新建塘闸实迹》，载冯建荣主编《绍兴水利文献丛集》，广陵书社 2014 年版，第 25 页。

③ ［清］程鹤翥纂辑：《闸务全书·上卷·萧公大闸事宜条例》，载冯建荣主编《绍兴水利文献丛集》，广陵书社 2014 年版，第 30 页。

年，凡碶闸堰埭，皆为修改。又于郡城平桥南立水则，书'平'字于石，视字之出没，为启闭潴泄之准。"① 宋代在交通和通信条件不能及时传递水情的情况下，把周边农业地区碶闸正常水位，刻石标记于宁波城中心的水则碑，根据平水原理通过水则碑得知水情信息，测量水势和统一调度。

七、它山堰水则

南宋淳祐二年（1242），庆元知府陈恺在它山堰西北 150 米处建了一座三孔回沙闸，以阻沙入渠，今尚存石柱 4 根，西首第二石柱上刻有"水则"，为计放水准则。

第二节　会馆

一、绍兴钱业会馆

绍兴钱业会馆位于绍兴书圣故里笔飞弄，蔡元培故居隔壁。

1934 年出版的《中国经济年鉴》指出："中国钱庄的起源，迄无准确之夷考，据一般说法，则有南北两派，北派为山西票号，南派为绍兴钱庄，经营范围，以此定界，如严格定之，则前山西票号，因性质与钱庄不同，当不能目之为钱庄。"② 学术界一般把绍兴作为中国钱庄的发源地之一。

明代中后期，随着绍兴境内商品经济的发展，内地货物和外洋货物的

---

① ［清］徐兆昺：《四明谈助》，桂心仪、周冠明、卢学恕、何敏求点注，宁波出版社2003 年版，第 692 页。

② 转引自邱志荣主编：《通江达海　好运天下：浙东运河博物馆文本解读》，广陵书社2022 年版，第 207 页。

流通日益频繁，这导致绍兴市场上货币种类增多，出现了制钱、银两并用的局面，以兑银、资金借贷和资金异地转划的需要，从而促使了绍兴早期钱庄的兴起。

至清康熙、乾隆时期，绍兴人开始在北京、上海、杭州、汉口等地创办钱庄，逐渐形成了在中国钱庄业实力非常强的"绍派"钱庄，王孝通《中国商业史》称："清代钱庄，绍兴一派最有势力，当时阻止票号势力不得越长江而南者，此派之力也。"① 到 1935 年，绍兴城区拥有钱庄 65 家。至 1952 年，绍兴钱庄业退出历史舞台。

绍兴钱业会馆
图片来源：许利根提供。

绍兴钱业会馆大厅
图片来源：许利根提供。

---

① 王孝通：《中国商业史》，商务印书馆 1936 年版，第 221 页。

绍兴钱业会馆碑记

图片来源：许利根提供。

二、安徽会馆

安徽会馆位于今绍兴市越城区迎恩门段运河边上，系安徽驻绍商业同人集资建造，为清代建筑，在迎恩门风情水街规划建设中被拆除。

建筑坐北朝南，原存两进，为徽派做法。第一进前厅，五开间，两柱四檩，置船篷轩。其中东尽间辟门作通道。第二进大厅，三开间，明间五架抬梁造，次间穿斗式，明、次间前槽作船篷轩，后槽为一单步廊。建筑为单檐硬山顶。

安徽会馆

图片来源：许利根提供。

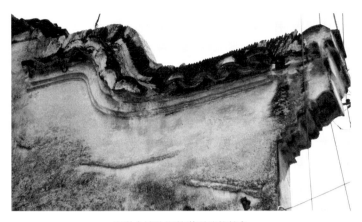

安徽会馆体现的徽派建筑特色
图片来源：许利根提供。

三、穗康钱庄

穗康钱庄位于今绍兴市柯桥区安昌街道东市局弄。安昌素为越北绍萧边界的商贸金融中心，是棉花集散之地、蚕茧收购中心，资金周转活跃，故钱业很早就应需而生。穗康钱庄始创于清道光年间（1821—1850），由梅林於氏投资经营，是安昌的百年商号，见证了安昌曾经的繁荣。

安昌穗康钱庄一角
图片来源：许利根提供。

四、布业会馆

布业会馆位于今绍兴市越城区迪荡街道蕺山社区解放北路后街。清末绍兴商人陶琴士于清同治年间以经营布业致富，为联络同行，便利交易、集散，购入胡氏花巷之地近 20 亩，于光绪三年（1877）与同人集资营建布业会馆。这是一处集住、商、娱乐于一体的公共建筑。

民国五年（1916）秋，孙中山先生下榻布业会馆，第二天在觉民舞台发表"必须合众人之力，而后可以成为世界最强盛之国"的演讲。民国六年（1917），蔡元培先生亦在觉民舞台向绍兴各界代表作"愿天下无病人，无懒人，无穷人"的演说。抗战时期绍兴沦陷，布业会馆挂上了"烟糖合作社"的牌子。民国三十四年（1945）秋，绍兴各界人士在觉民舞台召开庆祝抗日战争胜利大会。后布业会馆被县参议会用作会址，现为绍兴市文物保护单位。

五、江浙闽三省烟商会馆（嵊州烟商会馆）

江浙闽三省烟商会馆在今绍兴市嵊州市东后街 16 号。2004 年 9 月，曾在烟叶公所天井内发现石碑，正面刻有"江浙闽三省烟商会馆重修碑记"篆文字样，详细记载了会馆名称"永安会馆"及民国时期原地址编号"东后街 66 号"，重修年代为民国九年（1920），并有用正楷字体刻的当年重建会馆时的捐资人姓名和金额。此碑被发现后，由浙江省烟草公司出面协调处理，原碑由上海"中国烟草博物馆"珍藏。

今东后街 16 号的位置，早在清代就已是当时江苏、浙江和福建三省烟商会馆。清末民初，部分烟商压价导致新昌种植烟叶的民众激愤，纵火焚毁会馆。民国九年，会馆重修，一直保存至今。

新嵊一带历来产黄晒烟，烟叶大多需经曹娥江水路运出，销至绍兴、宁波、上海和福建各地。嵊州成为重要中转枢纽。

江浙闽三省烟商会馆前门
图片来源：朱刚提供。

会馆主体建筑"关帝庙"
图片来源：朱刚提供。

江浙闽三省烟商会馆侧门石刻
图片来源：朱刚提供。

六、庆安会馆（含安澜会馆）

庆安会馆位于今宁波市江东区江东北路156号，西临甬江、姚江、奉化江汇合的三江口。庆安会馆与安澜会馆是宁波漕粮海运的主要管理和服务设施，也是航运从业者的主要聚集地之一。

自唐宋以来，宁波地区经济繁荣，商贾云集，各地商人依托宁波港优越的地理环境，开设商号、打造船只、经营货物，逐渐形成了南号、北号两大商业船帮。清道光三年（1823），南号舶商建立会馆，取名"安澜"，意为"信赖神佑，安定波澜"，亦称南号会馆。道光三十年（1850），北号舶商在三江口木行路、安澜会馆北侧建北号会馆，取名"庆安"，寓意"海不扬庆兮安澜"，其建筑规模、体量、工艺均超过安澜会馆。庆安会馆、安澜会馆均内设船运行业董事办公室，负责处理日常事务，解决行业纠纷，谋求业务发展。经过咸丰、同治年间的发展，宁波南北两号舶商达到鼎盛。在官府资助下，庆安会馆曾于咸丰四年（1854）购进中国第一艘机动船"宝顺轮"。

会馆同时又是祀神的庙宇，供奉航海保护神妈祖。现庆安会馆是我国"八大天后宫"之一，也是浙江省内现存规模最大的天后宫。建筑装饰采用砖雕、石雕和朱金木雕等宁波传统工艺，堪称地方工艺之杰作。其内建有两座戏台，分别为祭祀妈祖和行业聚会时演戏用。两会馆整体建筑格局严谨、规模宏大，建筑构造独特、工艺精湛，是宁波古代海上贸易交通的历史见证。

庆安会馆前门
戴秀丽／摄影

庆安会馆前戏台
图片来源：邱志荣／摄影

庆安会馆正殿
戴秀丽／摄影

七、宁波钱业会馆

宁波钱业会馆位于今宁波市海曙区鼓楼街道战船街 10 号，姚江南岸，毗邻三江口，是民国时期宁波金融业聚会、交易的场所。

宁波钱庄业历史悠久，清乾隆年间（1736—1795）即在滨江形成"钱行街"，同治年间（1862—1874）首创了"过账（簿）"结算法，一度与山西票号齐名。清同治三年（1864）钱业会商处（会馆前身）在江厦滨江庙设有公所议事。民国十二年（1923）在今址购地兴建钱业会馆，至 1926 年竣工使用。

现会馆占地 1500 余平方米，由前后两进组成，均为中西混合式砖木结构。前进廊舍环绕，中有戏台；后进议事厅则是旧时宁波金融业最高决策地。会馆北侧，附有西式花园。1994 年，宁波钱业会馆改建成"宁波钱币博物馆"。

宁波钱业会馆门楼
图片来源：许利根提供。

宁波钱业会馆全景
图片来源：许利根提供。

钱业会馆主楼
图片来源：许利根提供。

钱业会馆戏台
图片来源：许利根提供。

第三节　库房

一、梁湖堰坝管理用房

梁湖堰坝管理用房位于曹娥江东岸的绍兴市上虞区梁湖镇外梁湖村江坎头。堰坝虽已废弃，但在江滩下仍有过坝遗物。江滩上尚留有五间砖木结构的老坝管理房。在坝东至外梁湖村一带也有早年与运河相关的官厅头、官厅、关帝庙、接官亭等遗址，见证着当年坝头的繁华与热闹。

《上虞县交通志》记载，至民国时期，梁湖堰坝为上虞境内十大能通航的古坝之一。自魏晋南北朝有记载以来至 20 世纪 70 年代，梁湖堰坝在浙东运河上曾起着重要的交通枢纽作用。据黄宗羲所记，由于运河（即四十里河）"半贯其中，高于江水丈余，故南北皆筑堰止水"[①]，船只过堰进出四十里河，须人力抬、拖。20 世纪 70 年代，由于上浦闸总干渠建成开通，运河改道，已无船只再过此坝。近几年，杭甬运河进行整治，在老坝南 500 米左右的曹娥江东岸边新建大库闸坝一座，重新开通新的运河航线。

二、永丰库遗址

永丰库遗址位于今宁波市中山西路北侧，府桥街之南，鼓楼以东，蔡家弄以西的原市公安局地块。永丰库遗址是以两处单体建筑基址为核心，砖砌甬道、庭院、排水明沟、水井、河道等与之相互联系，布局相对完整的宋元明时期的大型衙署仓储机构遗址。

在永丰库遗址中发现了大量重要文物，尤其是出土的瓷器中汇集了大多数江南和中原地区宋元时期著名窑系的产品，如越窑、龙泉窑青瓷，景

---

① ［清］黄宗羲：《余姚至省下路程沿革记》，载［清］黄宗羲《黄梨洲文集》，中华书局 2009 年版，第 390—391 页。

德镇窑系的影青瓷、仿定器、枢府瓷，福建产的影青瓷、白瓷、德化窑白瓷，定窑的白瓷、紫定，建窑的黑釉盏、兔毫盏，以及磁州窑、仿钧窑、磁灶窑和吉川窑等产品。另外还发现了珍贵的唐代波斯釉陶片。这是继福州、扬州发现波斯孔雀蓝釉陶器后的又一次重大发现。

遗址中丰富的出土器物充分反映了古代宁波在联内畅外的经济贸易中的重要地位，对研究内河外海交通史和陶瓷贸易之路具有特别重要的价值，也为宋元对外贸易港口城市保存了一处无可替代的历史遗迹。

第四节　关、驿

一、关[①]

在浙东运河上关津驿站沿水道多有设置。南宋最为严密，元明以后，常废弃裁撤。于此亦可见运河之盛衰。

（一）西兴铁陵关[②]

铁陵关又名铁岭关，位于今杭州市滨江区西兴街西端，为固陵城唯一关隘。相传固陵城为春秋末期越国大夫范蠡所筑，五代吴越国王钱镠增筑。铁陵关建关时间无考，关楼"玩江楼"（因关外"玩江亭"得名）始建于明洪武、宣德间。明弘治十年（1497），萧山县令邹鲁重建，改称"镇海楼"；嘉靖十八年（1539）修葺；万历十五年（1587）重修时，增高四尺，架楼三楹。清嘉庆年间（1796—1820）受潮水冲击，又圮。据民国《萧山县志稿》所载，铁陵关即固陵城遗址。古时，铁陵关地介海塘，形

---

① 主要参考姚汉源：《浙东运河史考略》，载姚汉源《京杭运河史》，中国水利水电出版社 1998 年版。

② 主要参考浙江省文物局编：《大运河遗产》，浙江古籍出版社 2012 年版，第 489 页。

势险要，为兵家必争之地。随着西兴已远离钱塘江江道，铁陵关也遭废。1966年，铁陵关被拆，仅存关基遗址两段、直柱两根。后因建设，遗址被毁，直柱仅存北面一根，柱高0.9米，长0.34米，宽0.26米。铁陵关为固陵城重要遗迹，具有一定的历史意义和地理坐标作用。

（二）渔临关

渔临关在萧山县东南15里，凡竹木自徽、处、衢、严等府水路经诸暨者，泊临浦抽分（税），往宁、绍者过义桥等坝，在白露塘抽分。在县南30里有义桥镇，是商旅往来要道。义桥坝在县南35里。白露塘在县西20里，为西江塘一部分。往宁、绍即自运河东航。

（三）蒿斗关

蒿斗关在会稽县东90里。明仁宗洪熙元年（1425）废。工部分司乃遣人抽分。明嘉靖二十七年（1548）始全废。

（四）梁湖关

梁湖关在上虞县，万历《绍兴府志》亦记明洪熙（1425）中废，至嘉靖（1522—1566）中全裁。

二、驿站

（一）西兴驿

西兴驿在西兴运河南岸。唐代白居易有《答微之泊西陵驿见寄》诗：

> 烟波尽处一点白，应是西陵古驿台。知在台边望不见，暮潮空送渡船回。[1]

足见其设置年代之早，影响之大。

---

[1] ［唐］白居易：《答微之泊西陵驿见寄》，载［唐］白居易《白居易集》卷二十三，顾学颉点校，中华书局1979年版，第502页。

明设驿函与攒典各1人，领水夫98名，明代裁18人，岸夫96名，明代裁6名，内马夫10人。中河船只10只。萧山宋代尚有6处驿或馆、亭，均早经废撤。

（二）蓬莱驿

蓬莱驿在绍兴府城迎恩门外，唐已有。

（三）柯桥驿、钱清驿

柯桥、钱清二驿在山阴县，宋代已有，明久废。钱清驿系明正德十年（1515）裁。

（四）东关驿

《嘉泰会稽志》卷四载："会稽县有东城驿，在县东六十里，今废。"[①]东城驿即后世之东关驿。东关驿名随地名而变。《浙江古今地名词典》介绍说："东关驿，古驿名。《方舆纪要》卷九二：'在（绍兴）府东九十里，曹

百官渡、东关驿、梁湖渡位置图
图片来源：明万历《会稽县境图》。

---

① 《嘉泰会稽志》卷四，第11页。

娥江西岸，旧名东城驿，明初改今名．'"① 东关驿与曹娥驿隔江相望，故址即今绍兴市上虞区东关街道。明嘉靖年间（1522—1566）再移至凤凰山东北顶坝底处。清雍正十三年（1735）归并曹娥巡检兼管。驿站在鼎盛时期设驿丞1员，书办1名，驿皂2名，走递夫9名，水驿夫159名，站船5只并水手20名，河船20只并水手20名。② 至民国元年（1912），驿、铺尽撤。

（五）曹娥驿

曹娥驿旧在上虞县西30里梁湖镇，名曹娥站。元大德七年（1303）为江涛冲毁，迁县治西。明洪武初又移旧处，嘉靖间移至江口。驿丞仍给夫船送迎。计有站船5只，每只水夫3人；红船2只，每只水夫3人；中河船24只，每只水夫2人；小河船12，每只水夫1人。另走岸差夫51人，馆夫3人。又余姚协济站船2只。值倭寇兵兴，支应过多。按院庞尚鹏裁革，夫船仍留一半，驿丞由梁湖坝兼管。

（六）百官驿

百官驿在上虞百官市南。明置，旋废。上虞宋代尚有一二处，明已废。

（七）姚江驿

姚江驿在余姚东门外大江北岸，旧官一员，吏一名，清裁。馆夫8人，水夫67人，陆夫18人，杂役8人。船7只，清裁。宋代县西之宁波驿，已废。

（八）车厩驿

车厩驿在慈溪县西南40里。至清乾隆时绍兴各驿裁并归县管辖，只余西兴一驿。

（九）四明驿

《明成化宁波府简要志》载：

---

① 陈桥驿主编：《浙江古今地名词典》，浙江教育出版社1991年版，第159页。
② 邱志荣主编：《通江达海 好运天下：浙东运河博物馆文本解读》，广陵书社2022年版，第168页。

四明驿。府治西南二里十步月湖中。本唐贺知章读书故地。宋置涵虚馆，为迎送宾客之所。至元十三年改置水马站，分南北二馆，中通桥路。国朝洪武元年，改置水驿，选官置吏，站船八只，每船水夫十名，带管递运船二十四只，每船水夫六名，南北驿房各四间，各房设正副铺陈四床，馆夫二十四名。[①]

四明驿是送贡使赴京的处所，一般日本使团从四明驿上船，经由运河去北京。

（十）接官亭

旧时官员从京城、省城来宁波，不论走水路还是陆路，都是由西门（望京门）进城，接官亭就在西门外。

（十一）驿站管理及其他

1. 驿程

杭州武林驿 25 里至西兴驿，又 100 里至山阴蓬莱驿，又 50 里至东关驿，又 25 里至曹娥驿，又 100 里至姚江驿，又 75 里至慈溪车厩驿，又 30 里至鄞县四明驿。

2. 水驿裁并

宋代沿运河水驿颇多，如：萧山之西兴驿、梦笔驿、日边驿；山阴之柯桥驿、钱清驿；会稽之东城（即后之东关）驿；上虞之曹娥驿，金罍驿、百官驿；余姚之姚江驿、宁波驿；等等。明代已减少。清代西兴驿仍在，有驿丞一员驻西兴镇运河南岸；蓬莱驿原设驿丞一员，乾隆二十年（1755）裁归山阴县管；东关驿原设驿丞一员，雍正十三年（1735）改并曹娥巡检兼管；曹娥驿，康熙元年（1662）裁驿丞，归并上虞县；姚江驿，康熙元年裁并归余姚县。此五驿原为雍正六年（1728）裁定，乾隆二十年后，除西兴一驿外，余皆并入县管。然各县设驿，仍有驿政。

---

① ［明］黄润玉：《明成化宁波府简要志》，载宁波市地方志编纂委员会编《宁波市志外编》，中华书局 1998 年版，第 284—285 页。

3. 设夫及船只

乾隆《绍兴府志》卷十二记康熙三十一年（1692）后：西兴驿水夫 70 名，渡夫 16 名，肩舆夫 10 名，探听夫 1 名，又马改膳兜夫 25 名，驿皂 2 名。蓬莱驿水夫 110 名。东关驿水夫 147 名，公文夫 7 名，报夫 2 名，驿皂 2 名。曹娥驿夫 33 名，拨贴东关驿坝夫 12 名。姚江驿夫 50 名。

此外萧山县有养膳应差夫 142 名，山阴县有 138 名，会稽县有 80 名。上虞县有养膳应差夫 100 名，代马兜夫 20 名。余姚县有养膳应差夫 100 名，代马兜夫 20 名。此项应差夫等服役似不限于沿运河。

乾隆《绍兴府志》又记各驿船只，站船、红船以及中、小河船共 106 只，年派修造工食不等。计：西兴驿站船 7 只，红船 4 只，中河船 6 只。蓬莱驿站船 7 只，红船 8 只。曹娥驿拨贴东关驿站船 5 只、水手 20 名；河船 25 只，水手 20 名。曹娥驿并归上虞县站船 5 只，红船 2 只，中河船 20 只，小河船 10 只。姚江驿站船 7 只。[①]

民国三十二年至三十八年（1943—1949），余绍宋等《重修浙江通志稿》记载绍兴府口水驿情形：每驿设船 5～20 只，各站船数历年增减不一，水夫数亦量情设置，不固定；原定一府驿船 45 只，后屡次裁减。嘉庆二十四年（1819）驿船定额：西兴驿 6 只，蓬莱驿 2 只，曹娥驿 2 只，姚江驿 2 只。水驿夫定额：山阴县驿 140 名，蓬莱驿 110 名；会稽县驿 80 名，东关驿 159 名，另递夫 9 名，驿皂 2 名；萧山县驿 142 名，西兴驿 96 名，另兜夫 25 名，驿皂 2 名；余姚县驿 100 名，兜夫 20 名，姚江驿 50 名；上虞县驿 134 名，兜夫 20 名，曹娥驿水手 20 名。

4. 铺

所谓"铺"即邮舍，俗称急递铺。每铺计管 10 里，有厅舍、铺司、铺兵，并设日晷一座计时刻。元代驿站，每 10 里或 15 里或 20 里设一铺，10 铺设 1 名邮长、5 名铺卒。明代 10 里一铺，设铺司 1 人，铺兵则要路 10 人，僻路 4～5 人，由附近粮户纳粮 1.5～2 石之丁夫派充。

---

① 以上参见乾隆《绍兴府志》卷十二，第 16—17 页。

第五节　沿海卫所

一、观海卫

观海卫地处东海之滨，杭州湾出海口南岸，即今慈溪市境内。此处地位险要："三山为右翼，龙山为左翼，居中节制应援，地属慈溪，而辖于绍兴，犬牙势也，不欲以全险与宁波也。"[1]

浙中诸府中，宁、绍实为咽喉。而绍之重地在观海。观海安，则自余姚、上虞、会稽、山阴、萧山以抵钱塘，海寇难以出没。明洪武二十年（1387），信国公汤和筑慈溪县三十都定水寺涂田为观海卫。初制只东、南二门；永乐十六年（1418），都指挥谷祥增阔四门，门之外罗以月城，置吊桥各一。城之上，敌楼二十八，巡警铺三十六，雉堞一千三百七十，水关二。嘉靖三十五年（1556），倭奴入寇，总兵官卢镗建议增置木栅于城上列，比视雉堞，而高倍之，防御甚便。军民赖焉。城周围914丈，阔6丈，深6尺。同年，指挥孙荣重竣之，加深5尺。明万历年间（1573—1620），卫城"为方三里三十步，高二丈四尺，厚二丈八尺，城门四，水门二，城楼大小各四，角楼四，敌楼二十五。月城四，池深八尺，广六丈八尺，吊桥四，窝铺三十七，女墙一千一百七十八。兵马司厅四，墩台六"[2]。城内西南角为城隍庙，与卫城同建。城西门外为练兵之演武场，系一方形场地，长宽各约400米，总面积达16万平方米。有厅五间，二库，将台一座，金鼓台二座。演武场旁有牧马场、草场等附属设施，以及有通海大马路三条。观海卫城有"东南雄镇，两浙咽喉"之誉。

明代，观海卫配有指挥以下军官95员，额军5704名。观海卫东有龙山所，西有三山所。所下辖巡检司各配弓兵100名。龙山所辖松浦巡检司、洋

---

① 万历《绍兴府志》卷二十三，第24页。

② 万历《绍兴府志》卷二，第13—14页。

浦巡检司；三山所辖三山巡检司、眉山巡检司。卫辖三关，卫之南 30 里为长溪关；卫之西南 20 里为杜湖关；卫之西南 60 里为丈亭关。三处关台均有军戍守之。又有战船 30 只，每船拨军 20 名。又设置向头、爪誓、西陇山、新浦、古窑、西龙屋等 6 处烽堠。由此构成了今慈溪一带完备的海防网络。

明嘉靖年间（1522—1566），倭患遍及沿海。宁波争贡之乱后，处于观海卫东隅的双屿岛成了倭寇巢穴，而后又窝据于观海卫辖内的邱洋，频频作乱，四处骚扰，邑民深受其害。于是，观海卫成了东南抗倭主要指挥所。胡宗宪、朱纨、戚继光、俞大猷、卢镗等都曾亲临观海卫，或指挥，或亲自与倭寇作战。明嘉靖三十三年至三十五年（1554—1556），观海卫抗倭取得 5 次大捷。

清初，卫所削弱。康熙八年（1669），观海卫驻守备、把总各一员，兵 300 名。康熙十年（1671），减兵 100 名。雍正七年（1729），观海卫千总、协防外委千总各一员，兵 139 名。

由于观海卫的军事功能渐失，兵转民、商，故观海卫逐步从明代的军事重镇演变为此后浙东的主要集镇和三北经济中心。从清代始，此处集市兴盛，商贸流通。民国元年（1912），观海卫改为永义乡。民国二十一年（1932）设观城镇，今为观海卫镇。

观海卫城至今保存完整，城内有 36 街、72 巷。城内外抗倭遗迹众多，留给后人一段重要的历史记忆。

二、临山卫

临山卫位于余姚，明清为绍兴府管辖。它东接三山，西临沥海，为余姚、上虞两县北部海口要冲。因其背海面山，环卫皆山，故名临山卫。

元末起，日本武士、浪人勾结中国海盗，不断骚扰我东南沿海，史称倭患。明初，贼势蔓延，倭寇十分猖獗，烧杀抢掠，祸害百姓，江浙无不被蹂躏。朝廷为平定倭患，需在沿海一带建立卫所。信国公汤和受明太祖朱元璋委派，巡视浙东，筹建卫所，以御倭寇。因见庙山一带地势险要，东接三山，西接沥海，北有临山港直冲大海，为汛守要地，遂于洪武二十年（1387）筑城建卫。明万历《绍兴府志》卷二载：

> 洪武二十年二月，信国公汤和经画浙东，以余姚东北控大海，虑岛夷或窃发，上虞非要冲也，乃奏徙上虞故嵩城于余姚西北五十里庙山之上，并海而城之，是为临山卫城。初用土石半，其秋，指挥同知武瑛督筑，乃尽用石。为方五里三十步，高一丈八尺。永乐十六年，增五尺址，厚四丈五尺，面半之。陆门四，水门一，城楼大五小三，敌楼十四，月城三。池深一丈五尺，广五丈五尺。吊桥四，窝铺三十八，女墙九百九十，兵马司厅七，瞭望台一，墩台九。[①]

此外，东门外半里有校场。

临山卫地形独特，山中建城，城中有山，山脉连绵，群峰起伏。明嘉靖《临山卫志》卷一载：

> 我临山之地为会稽东土，东西联姚、虞二邑之疆，径直而坦夷，南北坐龟、凤两山之冈，蜒蜿而秀拔。夏盖雄峙乎兑庚，东山绵亘于巽巳，真天造之寰区，东南之巨镇也。[②]

临山卫下辖沥海所、三山所、罗家山台和赵岙、乌盆、庙山、荷花池、方家路、道塘、周家路、泗门、夏盖山等九烽堠。辖有三隘，即泗门隘、乌盆隘、化龙隘。庙山设有巡检司，配备弓兵100名。

明代，临山卫设指挥17员，镇抚2员，千户18员，百户43员，所镇抚11员，额军5600名，带管200名，召募355名。

明嘉靖三十二年（1553）四月，贼寇萧显自平湖来犯，被参将汤克宽击败于鳖子门。是月，倭寇又从胜山港登陆，陷临山，被参将俞大猷击退。此后，倭寇数次骚扰、抢掠。嘉靖三十七年（1558），抗倭将领戚继

---

① 万历《绍兴府志》卷二，第 13 页。
② ［明］朱冠等修，［明］张训等纂:《临山卫志》卷一，民国三年（1914）刻本，第 7 页。

光指挥临山卫军兵抗倭，击退倭寇。

清初裁减卫所，临山卫驻兵数大减。清康熙八年（1669），临山卫千总一员，兵200名。康熙十年（1671），临山卫减兵50名。

三、三江所城

三江所城位于今绍兴市越城区斗门街道三江村，因地处三江入海口而得名。三江所城是在倭寇入侵浙东、明初实行卫所制的特定背景下建设的军事设施。当时，绍兴府由于地处东南海防前哨，形势险要，所以打破常规，特设绍兴卫、临山卫、观海卫三卫，下设三江所、沥海所、龙山所、三山所、余姚所等五所。三卫五所，隶浙江都指挥使司。绍兴三江所城等均为明洪武二十年（1387）由信国公汤和所筑。万历《绍兴府志》卷二载：

> 三江所城，在府城北三十里，山阴浮山之阳，践山背海。为方三里二十步，高一丈八尺，厚如之。水门一，陆门四，北则堵焉。城楼四，敌楼三，月城三。引河为池，可通舟楫。兵马司厅四，窝铺二十，女墙六百五十八，墩台七。①

据《绍兴县志资料第一辑·三江所志》等文献所载，三江所城军势颇盛：旧制，三江所设千户5员，百户15员，镇抚1员，额军1352名。下辖蒙池山台和航坞山、马鞍山、乌峰山、宋家溇、周家墩、桑盆等6处烽堠。三江和白洋设有巡检司，分别配备弓兵100名和32名。

又据《读史方舆纪要》所记，三江所位置十分重要：

> 下为三江城河，各县粮运往来之道也。所东为三江场，东南即宋家溇，防维最切。②

---

① 万历《绍兴府志》卷二，第14页。

② ［清］顾祖禹：《读史方舆纪要》卷九十二，贺次君、施和金点校，中华书局2005年版，第4237页。

万历《绍兴府志》卷二十三有《三江所城图》，乾隆《绍兴府志》载有《海防全图》。

三江所城当时为军事机构，属国家所有，其内核心的构建是军事设施，并非聚落民居之地。当然，之后随着海防、三江河口形势的改变，以及军屯、军民人口的集聚，三江所城军事功能衰退，军事人员大量减少。至清同治年间（1862—1874）尚有三江所公署、守城营、三江教场、火药房、风火池、三江仓、三江盐课场公署、三江铺等建筑，具体情况如下：

三江所公署。三间三进，东西广 19 丈 8 尺，南北深 46 丈 2 尺，总面积 4 亩 3 分。左库镇抚司在仪门东首，千户、百户在堂东西，各 5 间。

守城营。康熙初驻扎绍兴城内，后移驻三江所城，无专用衙署，以借用民房为署。

三江教场。在南门外，占地 62 亩，原有点将台、旗杆石等。

火药房。在城隍庙东北。

风火池。在城东南隅。

三江仓。山阴县仓，位于城隍庙东首。

三江盐课场公署。在斗门南市，宋元以来，这里灶户煮盐，徽商办税，管辖东西灶户，盐仓面积 12 亩多。

三江铺。是按十里一铺古制所设的驿站，在所城南门外，设于明洪武十八年（1385）。

三江所城历代多有修建。如清乾隆九年（1744），山阴知县林其茂修建；乾隆二十三年（1758）所城为风潮所坏，乾隆三十五年（1770）知县万以敦重修。

三江所城历史文化底蕴深厚，仅明代就有文武进士 35 名，城内原有进士台门、城隍庙、减水闸、会龙桥等古迹，曾有"九庙九桥十三弄七十二进"之称。留有东海朝暾、西山夕照、春水轰雷、秋潮奔马、宿闸渔灯、月瓢樵唱、汤堤绿荫、司岭丹枫等三江八景。现三江所城东城门为绍兴市市级文物保护单位。

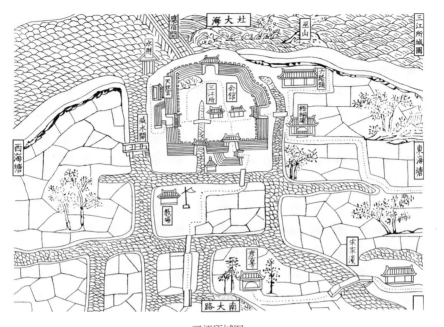

三江所城图

图片来源：明万历《绍兴府志》卷二十三。

海防全图

图片来源：清乾隆《绍兴府志》。

四、沥海所

沥海所位于绍兴府城东北 70 里，会稽三十三都之薛家沥，即今绍兴市及宁波市上虞区北部边缘。此地古为海防要地，东卫临山，西捍黄家堰。"三面环海，东通虞、姚、甬江，水陆津程。"[1]

沥海所城，明洪武二十年（1387）信国公汤和建。"沥海所城心高于四门，南有偶山来朝，西有马鞍山，东有夏盖山，北有海，北大山五行金、木、水、火、土齐全。相传为刘基度形势以制胜。前有剡溪，曹娥、蛏江巨流环绕，会三江水，归入后海。"[2]沥海所城"方三里三十步，高二丈二尺，厚一丈八尺。城门、城楼、角楼、敌楼、月城各四。池深一丈五尺，广五丈五尺。兵马司厅四，窝铺十六，女墙六百十一，墩台四"[3]。内设教场一所。所城原由会稽、上虞分辖。会稽管辖西北二门，上虞管辖东南二门。[4]北门外为校场。东门外有张神庙、纂风寺。西门外有普慈寺。清顺治十五年（1658）重修。雍正八年（1730）会稽县知县杨沛又重修。

明代，沥海所配有千户 1 员，百户 8 员，镇抚 2 员，额军 1120 名，带管 100 名，召募 105 名。下辖槎浦、胡家池、楝树三烽墩；西海塘台一；施湖、四汇两隘，此二处海水动激，贼船易泊，特立寨，委官 1 员，旗军 50 名守之。后废。黄家堰设有巡检司，配备弓兵 100 名。黄家堰巡检司城，旧在府城东北 60 里黄家堰，明洪武二十年徙沥海所西，为海潮所侵。明孝宗弘治年间（1488—1505），徙会稽上虞之界，曰纂风镇。为方一百四十丈，高一丈三尺，厚二丈五尺，南北环以月城，城楼一，窝铺四，女墙一百十。城下有池，深一丈二尺，广四丈五尺。清康熙年间（1662—1722），巡检司裁，

---

[1]　绍兴县修志委员会辑：《绍兴县志资料第一辑·沥海所志稿》，民国二十六年（1937）铅印本，第 5 页。

[2]　绍兴县修志委员会辑：《绍兴县志资料第一辑·沥海所志稿》，民国二十六年（1937）铅印本，第 5 页。

[3]　万历《绍兴府志》卷二，第 14 页。

[4]　康熙《会稽县志》卷二，第 1 页。

城废。在黄家堰又有西汇嘴，明嘉靖三十二年（1553）倭贼登犯。清康熙五十六年（1717）增设口次，为边海紧要，东至沥海所城5里，西北抵海。

清康熙八年（1669），沥海所千总1员，兵200名；康熙十年（1671），减兵100名；雍正七年（1729），千总、协防外委把总各1员，战守兵94名；乾隆二十六年（1761），千把总1员，额外外委1员，马兵7名，战守兵50名。

沥海所城城墙已于1956年后陆续拆除，现存护城河，城池轮廓尚清晰可辨。

五、招宝山

招宝山原名候涛山，又名鳌柱山，因山当海口，商舶所经，百珍交集，为招财进宝之处而又名招宝山。招宝山位于今宁波市镇海区东北角。招宝山海拔81.6米。原由前山、后山（小招宝山）和山下宫祠三部分组成。今后山已炸平，建成煤码头，仅存前山。

招宝山盘踞甬江出海口北岸，与南岸金鸡山隔江对峙，东北为一望无垠的东海，西北为坦荡的平原。由于独特的地理位置，这里以海防遗迹、山景海色、宗教文化著名于世。其中海防遗迹是招宝山文化内涵的主调，最具代表性的就是被列入第四批全国重点文物保护单位的镇海口海防遗址。

镇海口海防遗址位于甬江出海处镇海门两岸，地跨宁波市镇海、北仑两区，其范围东北起笠山、戚家山，西至后海塘的进港公路，北以笠山、招宝山为界，南至镇海区的古城墙遗址，面积为4.56平方千米。该地曾是中国东南沿海人民抗倭、抗英、抗法、抗日斗争的主要战场之一，现存有招宝山威远城、月城、戚家山营垒、金鸡山瞭望台、吴杰故居、记功碑及安远、靖远、镇远、洪远、平远炮台等海防斗争史迹。

（一）海防遗迹

招宝山地处甬江出海口，与对岸金鸡山镇海锁江，是"六邑之咽喉，全浙之关键"，素有"海天雄镇""浙东玉门关""南邦锁钥"之称，号称"东南屏翰无双地，万里海疆第一关"。镇海口历来是兵家必争之地。从唐始就屯兵山上，明清以来，这里留下了许多可歌可泣的抗击外侮的英雄史迹。

以招宝山为中心，在不足 2 万平方千米的范围内，集中了从始建于唐的城塘合一的后海塘到明代用以抗倭的威远城，到清代的月城、安远炮台，到 20 世纪的抗日碉堡等 30 多处清晰的海防遗址。

（二）威远城

威远城是招宝山巅一处抗倭海防遗址，始建于明嘉靖三十九年（1560），是当时都督卢镗与海道副使谭纶请命于总制胡宗宪主持修建。明嘉靖四十一年（1562）增筑戍屋 40 余间，并置铁炮 4 尊。全城周围 200 丈，高 3 丈，厚 1 丈，雉堞 167 个。威远城历经战争损毁，屡毁屡修，至清道光十三年（1833），进行过 4 次重修。道光二十五年（1845），督办浙东善后事务的陈之骥又募集资金大修。1983 年始，由镇海园林处按原样修复前城。

威远城遗址
邱志荣 / 摄影

（三）月城

光绪九年（1883）八月，中法战争镇海口之役前夕，提督欧阳利见嫌上城太高，炮台太露，遇急恐难持之，遂于山之北腰增建月城。城周长 71 丈，高 1 丈 2 尺，宽 9 尺，城门题额"海宇义安"，门壁嵌勒增修招宝山月城碑。月城于 1985 年进行了修缮。

（四）安远炮台

安远炮台位于招宝山南麓，是中法战争镇海之役在甬江口北岸的一处重要遗迹，始建于光绪十年（1884），竣工于光绪十三年（1887）。炮台呈圆形，占地 269 平方米，台内原置克虏伯 21 厘米后膛炮一座，炮口朝江海，台西北开一洞门。今顶已毁，炮无存，仅存台壁。

中法战争镇海口之役后，清政府为加强防务，于光绪十三年，由知府杜冠英和参将吴杰在甬江南岸增建宏远、平远、绥远炮台，北岸续建安远炮台。四炮台与威远、定远等炮台，掎角交叉，扼守海口，使来犯之敌舰均在射程之内。

（五）后海塘

在招宝山西麓，镇海城以北，东起巾子山，西至东管乡下岚山，横亘着一条看似古城而实为城塘合一的长达 12800 米的古海塘。历经 1100 多年风浪的后海塘，是一部镇海官民战海御敌的历史。

后海塘原名定海塘（镇海古为定海县），始建于唐昭宗乾宁四年（897）。宋淳熙十六年（1189），由土塘改为石塘。清乾隆十三年（1748），镇海县令王梦弼以"夹层石塘"工艺修塘，夹层石塘有效地防止了海水渗透石缝、抽空塘土。同时，又在塘上建城，使"城塘合一"，增强抗风浪耐受力，又发挥了御敌功用。夹层石塘历经近百年风浪，依然牢固无恙，未曾大修。清道光十年（1830）之后，因屡遭狂风恶浪，难以支撑，不得不多次修整加固。王梦弼的夹层海塘工艺，当时全国无双，可称我国海塘建筑史上伟大创举。后海塘从巾子山至建城碑城堞 1200 米，1991 年由镇海区政府拨款修建，留有 100 米左右城堞未修，保持原状。

附：镇海口海防历史纪念馆

素称"海天雄镇"的海防要地镇海口海防遗址，不仅历史悠久，而且遗址多、类型全、位置集中、保存较好，为我国海岸线上少见。1996 年，镇海口海防遗址被列入全国重点文物保护单位。而镇海口历经抗倭、抗英、抗法、抗日等反侵略战争，也留下了诸多令人钦佩的英雄事迹——被称为南宋三大忠臣之一的张世杰，抗倭名将戚继光、俞大猷、卢镗，鸦片战争时为国殉节的裕谦、为国为民不避趋祸福的林则徐，抗法英雄吴杰……故而，这里还是浙江省国防教育基地、全国青少年教育基地、全国爱国主义教育示范基地。

为了更好地发挥遗址史迹在爱国主义教育和国防教育方面的重要作用，今已在招宝山南麓建成镇海口海防历史纪念馆。

纪念馆建筑面积3200平方米，整体造型简洁而有历史凝重感。纪念馆陈列分上下两层六个部分（序厅、抗倭厅、抗英厅、抗法厅、抗日厅、现代海防厅），以镇海口四次反侵略战争史迹为基本内容，将传统陈列方式、高科技和艺术手段与文物、史料相结合，并综合应用影视等多媒体手法，向人们展示先辈们抗侮御敌、威武不屈的英姿雄风，也向人们昭示：落后就要挨打，自强才能自立！现代海防厅展示了中华民族的觉醒自强，也强调了：只有走科技强军之路，国家强盛，才能使悲剧不再。

镇海口海防历史纪念馆
戴秀丽／摄影

第八章
信仰祭祀

削平水土穷沧海，畚锸东南尽会稽。

山拥翠屏朝玉帛，穴通金阙架云霓。

秘文镂石藏青壁，宝检封云化紫泥。

清庙万年长血食，始知明德与天齐。

——［唐］李绅《禹庙》

越族"陆事寡而水事众"[1]。水造就了越族的生活环境，既带来丰富的资源，也造成无尽灾难。水浪滔天，常常是"船失不能救，未知命之所维"[2]。在当时的生产力条件下，以当时人们的认识水平，水是大自然一种神秘的力量，是神，越人只能敬畏水、顺应水、崇拜水，于是有"春祭三江，秋祭五湖"[3]的风俗。而浙东地区历史最为悠久、具有全国性意义的、最重要的祭祀活动恐怕便是大禹祭祀活动了。大禹是治水英雄、夏王朝的建立者，宛委山得天书、毕功于了溪、会诸侯于会稽山、病死埋葬在会稽山，种种事迹见于文献记载与历史传说，之后沿着大运河，秦始皇"上会稽，祭大禹"[4]，直至康熙、乾隆南巡，无不与沿着大运河到会稽拜祭大禹陵有关。

---

① ［汉］刘安编：《淮南子》卷一，陈广忠译注，中华书局2012年版，第17页。

② ［东汉］袁康：《越绝书校释》卷四，李步嘉校释，中华书局2013年版，第109页。

③ ［东汉］袁康：《越绝书校释》卷十四，李步嘉校释，中华书局2013年版，第367页。

④ ［汉］司马迁：《史记》卷六，［南朝宋］裴骃集解，［唐］司马贞索隐，［唐］张守节正义，中华书局1982年版，第260页。

第一节　沿运禹迹

一、绍兴市

（一）会稽山

会稽山位于今绍兴市越城区稽山街道大禹陵景区。会稽山丘陵的主峰聚于绍兴市区和诸暨、嵊州边界，海拔 700 米左右。从主干按西南—东北走向，分出一批海拔 500 米左右的丘陵，形成西干山丘陵和化山丘陵，亦分别成为浦阳江和曹娥江的分水岭。万历《绍兴府志》卷一《疆域志》记：

> 《南新志》曰：天下之山祖于昆仑，其分支于岷山者为南条之宗。掖江汉之流奔驰数千余里，历衡逾郴，包络瓯闽而东赴于海，又折而北以尽于会稽，故会稽为南镇。镇，止也。南条诸山所止也。越郡正当会稽诸山之中，郡城之外，万峰回合，若连雉环载而中涵八山。八山者，又会稽诸山之所止也。[①]

此说明会稽之山为传统之说的中华祖山昆仑山向南山脉终止处，其地位由此可见。

《越绝书》卷八记载的"茅山"，亦称"苗山"，在今绍兴东南，即"会稽山，在会稽县东南十三里，其山袤延数十里"[②]。《水经注》卷四十载：

> 又有会稽之山，古防山也，亦谓之为茅山，又曰栋山。《越绝》云：栋，犹镇也。盖《周礼》所谓扬州之镇矣。山形四方，上多金玉，下多砆石。《山海经》曰：夕水出焉，南流注于湖。

---

① 万历《绍兴府志》卷一，第 33—34 页。
② ［清］悔堂老人:《越中杂识》，浙江人民出版社 1983 年版，第 2 页。

《吴越春秋》称，覆釜山之中有金简玉字之书，黄帝之遗谶也。山下有禹庙，庙有圣姑像，《礼乐纬》云：禹治水毕，天赐神女圣姑，即其像也。山上有禹冢，昔大禹即位十年，东巡狩，崩于会稽，因而葬之。有鸟来，为之耘，春拔草根，秋啄其秽，是以县官禁民，不得妄害此鸟，犯则刑无赦。山东有湮井，去庙七里，深不见底，谓之禹井。①

《嘉泰会稽志》卷九除记述《水经注》等说法外，又引《旧经》："会稽山周回三百五十里，盖总言东南诸山之隶会稽郡者。"②秦王朝建立后，在吴越地设立会稽郡，治吴县（今属江苏省苏州市），在今浙江省境内有10个县。西汉的会稽郡领县26个，包括今浙江省和江苏、福建等省的部分地区。此后会稽郡的属地逐渐缩小。至清代，会稽仅为绍兴府所属的八县之一，和当时的山阴县一起，基本在今柯桥区和越城区范围之内。

"会稽者，会计也"③，追根溯源，是因传说大禹在"茅山""大会计"而名"会稽山"，再因此而名其地为会稽。

《浙江古今地名词典》释"会稽山"："古山名。原名茅山，又名苗山。"④《史记·夏本纪》："禹会诸侯江南，计功而崩，因葬焉，命曰会稽。会稽者，会计也。"⑤春秋时越王句践为夫差所败，以甲楯五千退保会稽山，即此。秦始皇曾上会稽，祭大禹，望南海，并立刻石颂秦德。司马迁也曾上会稽探禹穴。其时会稽山指今绍兴东南和南部诸山。今会稽山在越城、柯桥、嵊州、诸暨、东阳、上虞等区市间，南连大盘山，北接宁绍平原，为浦阳江和曹娥江分水岭。今会稽山以古会稽山得名，呈东北—西南走向，长约90千米，宽约30千米。海拔一般在500米左右，几个千米

---

① ［北魏］郦道元《水经注》卷四十"浙江水"，第941页。

② 万历《绍兴府志》卷四，第14页。

③ 《嘉泰会稽志》卷九，第6页。

④ 陈桥驿主编：《浙江古今地名词典》，浙江教育出版社1991年版，第276页。

⑤ ［汉］司马迁：《史记》卷二，［南朝宋］裴骃集解，［唐］司马贞索隐，［唐］张守节正义，中华书局1982年版，第89页。

以上的山峰集居南部。主峰鹅鼻山，在嵊州市西北，海拔 700 米以上。最高点为东白山，在东阳、诸暨两市界上，海拔 1194 米。山体主要由中生代火山熔岩、碎屑岩组成，局部有砂岩、页岩等分布。岩性松软的岩石构成山间小盆地。中段有新生代玄武岩，形成条带状台地。

会稽山及大禹陵
郭民军 / 摄影

南镇会稽山牌
戴秀丽 / 摄影

（二）大禹陵

大禹陵位于今绍兴市越城区稽山街道大禹陵景区。大禹陵在绍兴城稽山门外东南 3 千米处，位于会稽山麓、鉴湖南畔，是一处合陵、庙、祠于一体的古建筑群，高低错落，各抱形势，展示了中国传统的建筑美。

大禹在越治水的历史传说在古代普遍流传，见于众多史籍文献，如《竹书纪年·夏纪·帝禹夏后氏》"（禹）八年春，会诸侯于会稽，杀防风氏"[1]；《国语·鲁语下》"昔禹致群神于会稽之山，防风氏后至，禹杀而戮之"[2]；《淮南子》"禹葬会稽之山，农不易其亩"[3]。此外，司马迁在年轻时，曾经南游江、淮，"上会稽，探禹穴"[4]。他在《史记·夏本纪》中记述："十年，帝禹东巡狩，至于会稽而崩。"[5]《史记·秦始皇本纪》又记秦始皇三十七年（前210）来到越地，"上会稽，祭大禹，望于南海，而立石刻颂秦德"[6]。

对大禹来越治水，当以战国人著述，东汉人袁康、吴平加以辑录增删的《越绝书》之记载为详。此书卷八记大禹曾两次来越，并葬于会稽山：

> 禹始也，忧民救水，到大越，上茅山，大会计，爵有德，封有功，更名茅山曰会稽。及其王也，巡狩大越，见耆老，纳诗书，审铨衡，平斗斛。因病亡死，葬会稽。苇椁桐棺，穿圹七尺，上无漏泄，下无即水。坛高三尺，土阶三等，延袤一亩。[7]

万历《绍兴府志》卷二十载："《皇览》：禹冢在会稽山。自先秦古书，帝王墓皆不称陵。陵之名，实自汉始。"[8]《汉书·地理志》载："山阴，会稽山在南，上有禹冢、禹井，扬州山。"[9] 这说明汉代禹冢在会稽山的记

① ［清］郝懿行：《竹书纪年校证》卷二，李念孔点校，齐鲁书社 2010 年版，第 3831 页。
② ［东周］左丘明撰，［吴］韦昭解：《国语》卷五，清嘉庆道光间刻本，第 11 页。
③ ［汉］刘安编：《淮南子》卷十一，陈广忠译注，中华书局 2012 年版，第 587 页。
④ ［汉］司马迁：《太史公自序》，载［汉］司马迁《史记》卷一百三十，［南朝宋］裴骃集解，［唐］司马贞索隐，［唐］张守节正义，中华书局 1982 年版，第 3293 页。
⑤ ［汉］司马迁：《史记》卷二，［南朝宋］裴骃集解，［唐］司马贞索隐，［唐］张守节正义，中华书局 1982 年版，第 83 页。
⑥ ［汉］司马迁：《史记》卷六，［南朝宋］裴骃集解，［唐］司马贞索隐，［唐］张守节正义，中华书局 1982 年版，第 260 页。
⑦ ［东汉］袁康：《越绝书校释》卷八，李步嘉校释，中华书局 2013 年版，第 221 页。
⑧ 万历《绍兴府志》卷二十，第 1 页。
⑨ ［汉］班固著，［唐］颜师古注：《汉书》卷二十八，中华书局 1962 年版，第 1591 页。

载是十分明确的。《水经注》记载：会稽山"山上有禹冢，昔大禹即位十年，东巡狩，崩于会稽，因而葬之"①。据《墨子·节葬》禹"葬会稽之山。衣衾三领，桐棺三寸"②和《越绝书》卷八禹葬"苇椁桐棺，穿圹七尺，上无漏泄，下无即水。坛高三尺，土阶三等，延袤一亩"之说，似为薄棺深葬，葬礼简朴。由于年代久远，冢基确址已无从稽考。"近嘉靖中，闽人郑善夫定在庙南可数十步许，知府南大吉信之。"③嘉靖十九年（1540），于山之西麓，原禹祠之上，立"大禹陵"碑，碑高 4 米，宽 1.9 米。"大禹陵"三字，每字达一米见方，端庄凝重，气势宏大，系南大吉所书。大禹陵坐东朝西，面临禹池，前有山丘分列左右，会稽主峰环绕其后。入口处有牌坊，内辟百尺青石通道。

大禹陵目前是全国重点文物保护单位，有非物质文化遗产"大禹祭典"。

20 世纪末大禹陵牌坊
邱志荣 / 摄影

（三）禹陵村

禹陵村位于今绍兴市越城区稽山街道大禹陵景区。禹陵村旧时也称

---

① ［北魏］郦道元《水经注》卷四十"浙江水"，第 941 页。

② 吴毓江：《墨子校注》卷六，孙启治点校，中华书局 2006 年版，第 267 页。

③ 万历《绍兴府志》卷二十，第 1—2 页。

"庙下"，大禹后裔姒氏族人多住在这里，他们每年按时祭祀大禹。绍兴姒氏主要居住于庙下禹陵村，市内外其他散居的也是从庙下发展出去的。大禹姓姒，禹陵旁就有负责守陵的姒姓后裔。

禹陵村航拍
戴秀丽 / 摄影

村中姒姓族人在清末时共分五房。祖上传下祭祀田 20 亩，五房轮流种植，轮到的一房称作当年房，当年祭禹开支全由当年房负责。农历正月初一清晨，姒姓全体人员都能领到一支签，然后肃衣整冠到禹庙大殿（未婚女子除外）叩拜大禹。仪式结束后持竹签在当年房换取相当于 1 斤猪肉的钱，新媳妇可以领 2 份。六月初六大禹生日，当年房备足三牲福礼，全族至禹庙举行祭礼，礼仪甚为隆重。

2006 年，禹陵村进行了全面整修，此后成了一处文化景观。村口新立镌有"禹陵村"三个篆字的巨石，巨石侧面有边款小记曰："大禹治水，劳身焦思，最后病死在南巡途中的会稽山下。为缅怀大禹，其第五代孙少康便派庶子无余到大禹陵守陵司祭，日久繁衍，遂成村落。大禹姓姒，相传因其母吃了薏苡而怀上了他，上古苡、姒相通。以后，由于各种原因，姒姓不断分化，衍生出百余姓氏，至今沿用。"另村门石柱上还刻有"四千年一脉，百余姓同根"。因此，村中设立了禹祀馆和禹裔馆等。村后还有大禹后裔姒承家写的《禹陵村记》。

（四）禹河

禹河位于今绍兴市越城区稽山街道大禹陵景区。绍兴历史上的禹河，在大禹陵附门前告成桥下。2003 年又挖掘了一条河，全长约 9 千米，因为连通大禹陵，人们就称其为禹河。禹河东连若耶溪，西接山阴道，是一条自然风光秀美、人文积淀深厚的历史名河。在禹河古井园东侧新建有禹贡桥，以传承和丰富绍兴大禹文化。

禹庙前河
邱志荣 / 摄影

禹河桥下禹河流
邱志荣 / 摄影

（五）禹穴

禹穴位于今绍兴市越城区宛委山阳明洞天禹穴边。宛委山中今有一巨石，石长丈余，中为裂罅，阔不盈尺，深莫知底，传闻此洞即禹穴，亦名阳明洞。"自《旧经》诸书皆以禹穴系之会稽宛委山，里人以阳明洞为禹穴"①，众口相传与记载相符。相传大禹在治水之始遇到艰难险阻，睡梦中受玄夷苍水使者指点，便在若耶溪边的宛委山下设斋三月，得到金简玉字之书，读后知晓山河体势、通水之理，治水终于大获成功。此事在《水经注》《吴越春秋》《十道志》《太平御览》等典籍中均有记载。司马迁《史记·太史公自序》叙及"二十而南游江、淮，上会稽，探禹穴"②中的"禹穴"即是大禹得天书处。《水经注》载"东游者多探其穴也"③。

① 《嘉泰会稽志》卷九，第 9 页。
② ［汉］司马迁：《太史公自序》，载［汉］司马迁《史记》卷一百三十，［南朝宋］裴骃集解，［唐］司马贞索隐，［唐］张守节正义，中华书局 1982 年版，第 3293 页。
③ ［北魏］郦道元《水经注》卷四十"浙江水"，第 941 页。

大禹取得治水书之宛委山
邱志荣 / 摄影

（六）禹迹寺古井

禹迹寺遗址在今鲁迅故里与沈园之间的姜家园小区，现仅存马路边禹迹寺古井一口。禹迹寺现已不存，旧址在绍兴古城春波桥北。《越中杂识》载："春波桥，俗名罗汉桥，在禹迹寺前。"[①]现春波桥北的鲁迅中路521号商铺正门口存有名叫"禹迹寺古井"的双井遗迹。

禹迹寺古井
戴秀丽 / 摄影

井边立碑：

禹迹寺始建于晋义熙十二年（公元四一六年）。唐大中五年

---

① ［清］悔堂老人：《越中杂识》，浙江人民出版社 1983 年版，第 8 页。

（公元八五一年）诏赐名"大中禹迹"。寺宇年久废圮，唯存此古井。宋爱国学者、诗人曾几尝寓居于内，青年陆游从曾为师，进城必访。古沈园西北隅与禹迹寺仅一桥之隔。陆游晚年多次登寺楼，眺望沈园景色，缅怀前妻唐琬。寺前小桥，因陆游"伤心桥下春波绿，曾是惊鸿照影来"句而名"春波桥"。

绍兴市文物管理处立

一九八五年十一月

（七）禹会殿

禹会殿位于今绍兴市柯桥区华舍街道张溇村。清宣统二年（1910）有禹会乡，驻地在今华舍街道之张溇。张溇有禹会桥与禹会殿。桥为一座三孔梁式石桥，于 2001 年拆除。禹会桥至涂山的一段河道，古时即被称为诸侯江。岸边旧有诸侯江村。

张溇村禹会桥
邱志荣 / 摄影

禹会殿残壁断墙
戴秀丽 / 摄影

（八）型塘

型塘位于今绍兴市柯桥区湖塘街道岭下村。据传禹治水会诸侯于会稽，长人防风氏后至，禹乃诛之。防风氏身长三丈，刑者不及，筑高台临之，故曰"刑塘"。后人为记其事，留刑塘之名，岁久谐音，亦避"刑"字，雅称"型塘"。

明万历《绍兴府志》卷九有言："斩将台在涂山东，禹会诸侯，防风氏后至，以其人长，筑台斩之。"[1]清《越中杂识》讲述"斩将台"时也说："在涂山东。……今府城北十五里有刑塘，是其地也。"[2]

型塘鉴湖第一源碑　　　　型塘乡碑
图片来源：戴秀丽提供。　　张钧德／摄影

（九）金帛山

金帛山位于今绍兴市柯桥区齐贤街道禹降、山西、朝阳三村之间，北与壶瓶山、陶渊明故里陶里咫尺相望，南与上方山、下方山遥为呼应。

古时，金帛山濒海。明万历《绍兴府志》云："金帛山在府城西北四十三里，世传禹至涂山，诸侯执玉帛朝会于此。其岭有九龙池。"[3]

---

① 万历《绍兴府志》卷九，第1页。
② ［清］悔堂老人：《越中杂识》，浙江人民出版社1983年版，第153页。
③ 万历《绍兴府志》卷四，第10页。

金帛山东南麓有禹降村，相传禹治水到过此地，故村以"禹降"为名。1994年因建高速公路穿破金帛山，当时绍兴县文保所对遗址进行过抢救性考古发掘，发现了金帛山新石器时代晚期古文化遗址。

金帛山龙王禅寺碑
邱志荣／摄影

（十）涂山

涂山位于今绍兴市柯桥区安昌街道西扆村。《安昌镇志》载："西扆山，位于镇之东南，属西干山脉，牛头山东分支，东西710米，南北755米，海拔116米，面积481亩，古也称涂山、旗山。"[1]

《越绝书》卷八载："涂山者，禹所取妻之山也，去县五十里。"[2]《嘉泰会稽志》卷九载："涂山在县西北四十五里，《旧经》云：禹会万国之所。"[3] 山之东有斩将台（今称"平台"，在山顶东南），禹在涂山会诸侯，防风氏后至，因其人身高长，须筑台斩之。[4] 相传血流至山下河中，故有红桥（今红桥村）。扆是帝王宫殿上户牖之间的屏风。禹以山为扆，朝见万国诸侯，西扆由此得名。今山之东麓谓西扆村。唐时胡曾有诗《涂山》，

① 安昌镇镇志编纂委员会编：《安昌镇志》，中华书局2000年版，第365页。
② ［东汉］袁康：《越绝书校释》卷八，李步嘉校释，中华书局2013年版，第228页。
③ 《嘉泰会稽志》卷九，第18页。
④ 转引自绍兴县文物保护管理所：《绍兴县文物志》，浙江古籍出版社2002年版，第236页。

专述此典故："大禹涂山御座开，诸侯玉帛走如雷。防风谩有专车骨，何事兹辰最后来。"

据《绍兴山岭古道记略》，西扆山在安昌镇西扆山村与星光村之间，又称旗山。[①] 明代以前山上有禹庙，为祭禹之处。山西面，今有诸侯江、禹会桥等名称。据传明国师刘基认为此山形似旗，其西白马山形似鼓，是兴龙之象，故而拆除山顶之庙，破其风水，禹庙移至大禹陵下。现山东侧有涂山寺，民居式。山上多坟茔，没有石级。山南自东向西有一条横贯山腰的小路。山间几条小道可供上下，山上植被以杂树为主。

西扆涂山现状航拍
戴秀丽 / 摄影

西扆涂山斩将台位置
戴秀丽 / 摄影

涂山寺
戴秀丽 / 摄影

① 参见胡文炜：《绍兴山岭古道记略》，浙江古籍出版社 2017 年版，第 69 页。

（十一）稽山大王庙

稽山大王庙位于今绍兴市柯桥区兰亭街道里木栅村，古也称伯益庙。嘉庆《山阴县志》载："伯益庙，在（绍兴）城西十五里三十都二图木栅山头金。"① 《绍兴史迹风土丛谈》第二册载："稽山大王，盖伯益也。"② 康熙《山阴县志》卷十六《祠祀志三·稽山大王庙》载："明萧鸣凤读书处，有记。"③ 萧鸣凤《伯益庙记略》载于嘉庆《山阴县志》卷二十一《坛庙》，文中云："前后八乡庙是神而俎豆焉。……庙初址构于他处，一夕风雨移之。"④

《史记·秦本纪》载：

> 秦之先，帝颛顼之苗裔……女华生大费，与禹平水土。已成，帝锡玄圭。禹受曰："非予能成，亦大费为辅。"帝舜曰："咨尔费，赞禹功，其赐尔皂游。尔后嗣将大出。"乃妻之姚姓之玉女。大费拜受，佐舜调驯鸟兽，鸟兽多驯服，是为柏翳。舜赐姓嬴氏。⑤

据《尚书》《史记》等古籍的记载，伯益是高阳氏颛顼的后代，又作伯翳，亦称大费。他善于畜牧和狩猎，被舜任为"虞"（古代管山林川泽之官），为百虫将军。伯益为禹所重用，辅助大禹治水有功，又辅佐舜驯服了以鸟兽为图腾的许多部族，舜赐姓嬴氏。因此，伯益是嬴氏先祖，秦始皇嬴政乃其后裔。伯益因助禹治水有功而被选为王位继承人。禹崩，三年之丧毕，伯益避禹子启于箕山之阴，启继承了王位，是为夏朝。据《吴越春秋》，伯益还是《山海经》一书的作者。

---

① 嘉庆《山阴县志》卷二十一，第9页。

② 转引自陈桥驿：《绍兴地方文献考录》，浙江人民出版社1983年版，第327页。

③ ［清］高登山修，［清］沈麟趾等纂：《山阴县志》卷十六，清康熙十年（1671）刻本，第5页。

④ 嘉庆《山阴县志》卷二十一，第27页。

⑤ ［汉］司马迁：《史记》卷五，［南朝宋］裴骃集解，［唐］司马贞索隐，［唐］张守节正义，中华书局1982年版，第173页。

稽山寺正大门
邱志荣 / 摄影

（十二）夏履桥

夏履桥位于今绍兴市柯桥区夏履镇夏履村。《吴越春秋·越王无余外传第六》记大禹："乃劳身焦思以行，七年闻乐不听，过门不入，冠挂不顾，履遗不蹑。"[①] 据传，大禹治水经过此地，曾失履一只，因治水时间紧迫，他竟顾不得拾取穿上，便赤脚行走。后人感念禹王的治水功绩和勤业操劳精神，建桥以志，名为"夏履桥"。村因桥而名。

夏履桥与夏履江
戴秀丽 / 摄影

（十三）夏盖山

夏盖山位于今绍兴市上虞区谢塘镇。清光绪《上虞县志》记载："夏盖山在县西北六十里，一峰崒嵂，高出天半，其形如盖。一名夏驾山，相

---

① 崔冶译注：《吴越春秋》，中华书局 2019 年版，第 153 页。

传神禹曾驻于此。"① 山南有纪念大禹的净众寺，宋侍郎张即之书其门匾"大禹峰"，"禹峰"两字典出于此。《嘉泰会稽志》卷六载："夏盖夫人庙，在县北五十里。"②

据《上虞区地名志》所载，夏盖山位于盖北、谢塘两镇交界处，海拔168米，方圆0.5平方千米。③ 夏盖山因孤山独立于虞北平原上，靠近杭州湾，地势险要，历来是军事要地。明嘉靖年间（1522—1566）通判雷鸣阳为抗倭寇曾驻兵山巅，并建有亭子（已废）。抗日战争时期，我新四军三五支队在山顶西北高8.5米的石崖上凿刻下"还我河山""卧薪尝胆，湔雪国耻"等隶体大字。

"还我河山"刻字
邱志荣／摄影

夏盖山辰洲娘娘殿
邱志荣／摄影

夏盖山航拍
戴秀丽／摄影

① 光绪《上虞县志》卷十九，第29页。
② 《嘉泰会稽志》卷六，第25页。
③ 参见上虞区民政局《上虞区地名志》编纂委员会编：《上虞区地名志》，中国文史出版社2018年版，第348—349页。

（十四）了溪

了溪位于今绍兴市嵊州市剡湖街道禹溪村。据传，古时这里是沼泽之地，庄稼常被洪水淹没，大禹治水到此，水患得以治理，治水终获成功，"了溪"因而得名。后来形成村落，亦名"了溪"。人们为纪念大禹治水之功，建禹王庙，塑大禹像，又将村名改为"禹溪"。近处的"禹岭"据说曾是大禹治水时弃余粮之处，即禹余粮岭。岭在了山，山下为了溪。

史称禹治水毕功于了溪，就在此地。宋朝王十朋《了溪诗》曰："禹迹始壶口，禹功终了溪。"[1] 宋宝庆《会稽续志》曰："剡溪古谓之了溪，图志谓禹治水至此毕矣。"[2] 宋嘉定《剡录》载有唐李绅《龙宫寺碑》，文中云：

> 会稽地滨沧海，西控长江，自大禹疏凿了溪，人方宅土。而南岩海迹，高下犹存，则司其水旱，泄为云雨，乃神龙之乡、为福之所。寺曰龙宫，在剡之界灵芝乡嵊亭里……铭曰：沧海之隅，会稽巨泽。惟禹功力，生人始籍……[3]

了溪（即剡溪）
戴秀丽/摄影

---

① 雍正《浙江通志》卷十五，第 57 页。

② ［宋］张淏纂修：宝庆《会稽续志》卷四，清嘉庆十三年（1808）刻本，第 5 页。本文献以下简录为"宝庆《会稽续志》"。

③ 转引自［宋］高似孙：《剡录》卷五，清道光八年（1828）刻本，第 10—12 页。

了溪源头
戴秀丽 / 摄影

（十五）禹余粮山

禹余粮山位于今绍兴市嵊州市剡湖街道八何洋村。《嵊县地名志》载："据老农座谈，从前这里东南面有个湖，周围长约八里，一片汪洋，故名八里洋。村庄位于县城北面6公里处，坐落在余粮山东南面，杭温公路穿村而过。"① "余粮山"即"禹余粮山"。嘉定《剡录》卷四载："张华《博物志》曰：禹治水，弃余食于江，为禹余粮。"② 禹余粮之说在越地流传长久。禹溪一带山岭还常可寻找到"禹余粮石"，石为黄褐色，大致呈圆形，手摇可感觉到内有核动，破之，可见核为泥丸状，据载具有化瘀的功能，可治病。

原嵊县禹余粮山
邱志荣 / 摄影

① 浙江省嵊县基本建设委员会编：《嵊县地名志》，内部资料，1983年版，第31页。
② ［宋］高似孙：《剡录》卷四，清道光八年（1828）刻本，第1页。

（十六）了山

了山位于今绍兴市诸暨市暨南街道三和村。

诸暨是古越发祥地之一。乾隆《诸暨县志》引隆庆《诸暨县志》，对诸暨之得名进行了分析，推测此地得名或与大禹有关：

> 诸暨之得名，……考之字义，诸者众也，暨者及也，或曰禹会计而诸侯毕及也，又曰诸物萃聚暨诸货之生息也，似为近之，然毕竟皆无证据。[①]

光绪《诸暨县志》载，世人曾在了山建有禹思亭、了山祠、了山闸等，[②]后毁。

了山之得名亦相传与大禹有关。传说大禹为治浣江洪水，曾亲临诸暨，在斗岩石室中得黄帝《水经》。大禹便按书中指点，沿浦阳江而上，到了擂鼓山北侧，得神力相助，平定水患。治水大业到此完成（终了），便欣然命之为"了山"。

了山航拍
戴秀丽 / 摄影

---

① ［清］沈椿龄修，［清］楼卜瀍纂：《诸暨县志》卷一，清乾隆三十八年（1773）刻本，第3—4页。

② ［清］陈遹声修，［清］蒋鸿藻纂：光绪《诸暨县志》卷五，清宣统二年（1910）刻本，第12页。

二、宁波市

（一）秘图山

秘图山位于今宁波市余姚市舜水楼边。秘图山原名方山、方丈山，天宝六载（747）改为今名。余姚有"禹藏秘图，舜耕历山"的典故，传说大禹曾把治水的秘图藏此山中，故而名之。

《嘉泰会稽志》卷九载：

> 秘图山，在县北六十七步。《旧经》云：上有石匮，夏禹所藏灵秘图之所。旧号方山，天宝六年改今名。上有严公堂、高风阁，皆以子陵而名。此山旧为寿圣观址，县治在其南麓，观既废于建炎兵火，遂以弓手营地为广福观，易之以广县治。①

万历《绍兴府志》卷五载：

> 余姚密图山，在县署北。署垣据北麓半，其南麓为知县廨。上有石如匮。《旧经》云：神禹藏灵密图之所。山高止丈许，周广数十步。初盖名方丈山，唐天宝六年改今名。②

据传，从秘图山流下的水汇集成了秘图湖。《越中杂识》载：

> 秘图湖，在余姚丞廨之前，初本石窦，微有泉流，好事者因而广之，才丈许。岩石陡处，镌曰"神禹秘图"。③

秘图湖1995年被地方政府卖给开发商，开发商移山填湖后造起了广厦，今仅存一高墩。

---

① 《嘉泰会稽志》卷九，第32页。
② 万历《绍兴府志》卷五，第1页。
③ ［清］悔堂老人：《越中杂识》，浙江人民出版社1983年版，第6页。

秘图山残迹
邱志荣 / 摄影

（二）禹王庙

禹王庙位于今宁波市余姚市阳明街道双河村。该庙始建于宋朝，原在青山乡星光村朱家，2016 年移于此。

庙有联二副：

> 治四渎定九州功盖华夏，受舜禅置税赋德维大禹。
>
> 水行舟涂行橇，三过家门而不入；左准绳右规矩，辛勤治水十三载。

当地传说余姚江是大禹治水的最后一条水道。

双河村禹王庙
邱志荣 / 摄影

三、舟山市

（一）禹王庙

舟山市禹王庙，俗称禹王殿，位于今舟山市岱山县岱西镇前岸村，建于嘉庆二十四年（1819）。民国《岱山镇志》卷十记载：

> 大禹王庙，在剪刀头前岸山麓。嘉庆二十四年徐廷侯等募建。
> 相传是处向发大水，因思治水莫如大禹，故立大禹王庙以镇之。[1]

据 1994 年出版的《岱山县志》，在岱西剪刀头山嘴，还有一巨石篆刻"圣路"二字，约 10 厘米见方。[2]

禹王庙原在现村委会所在地，规模比现在大。1843 年、1905 年、1965 年、1983 年、1993 年屡屡重建。1965 年拆移至青黑山，一说 20 世纪 90 年代重建时迁至现址。

后岸村也有禹王庙，是近年新建。岱西镇剪刀头湾又称禹王湾。

舟山禹王庙
邱志荣 / 摄影

---

① ［民国］汤浚纂：《岱山镇志》卷十，民国十六年（1927）木活字印本，第 6 页。

② 参见岱山县志编纂委员会编：《岱山县志》，浙江人民出版社 1994 年版，第 613 页。

四、湖州市

（一）防风祠

防风祠位于今湖州市德清县三合乡二都防风山。

相传防风为尧舜时期的治水英雄，后被禹封为防风国王。有一天，禹在会稽涂山开庆功会，防风因迟到被禹斩杀。事后禹又下令建造防风祠以资纪念。下渚湖畔的防风祠是为纪念防风氏于西晋元康初年（约291）由武康[①]知县贺循筹建。后唐五代时又由钱镠新建，由唐至清，其中可考的就有6次重修。清光绪武康县秀才梁英为其撰楹联：

> 五千年藩分虞夏，矢志靡陀，追思洪水龙蛇，捍患到今留圣泽；
>
> 一百里壤守封禹，功垂不朽，试看崇祠俎豆，酬庸终古沐神庥。

清康熙《武康县志》引旧序云："古防风氏国于封禺，为今武康之地。"[②]古防风氏之国在封禺两山间之说，在唐《元和郡县志》、宋《太平寰宇记》及《余英志》等古文献中均有记载。防风氏神话在这片故土世代传承。如今，防风祠内还完好地保存着一块后唐五代时期吴越王钱镠为防风祠所立的石碑，这块石碑在清阮元《两浙金石志》、陆心源《吴兴金石记》及清道光《武康县志》中均有著录，是浙江省内极为罕见的千年古碑。碑文向后人展示了唐朝时防风祠的规模和祭祀防风氏的盛大排场，从中可见防风氏当时在太湖流域的地位。相传由防风氏开拓的下渚湖，现仍发挥着滞蓄东苕溪洪水和灌溉周边农田的功能，并因它优美的水生态环境，近年被列为国家湿地公园、省级风景名胜区。

此地有非物质文化遗产"防风传说"。

[①] 武康县于1958年并入德清县。

[②] ［清］冯圣泽修，［清］骆维恭纂：《武康县志》，清康熙十一年（1672）刻本，旧序第1页。

第二节　庙祀

一、杭州市

（一）孚佑王

孚佑王为旧时浙江绍兴府所敬奉之潮神。因为钱塘江潮经常给沿岸地区带来灾害，所以各地建庙祭祀潮神以求保佑。万历《绍兴府志》卷十九记载："萧山宁济庙在西兴镇，浙江潮神也。"① 宁济庙是绍兴府祭祀潮神的地方。北宋政和六年（1116），"高丽入贡使者将至，而潮不应，有司请祷，潮即大至。诏封顺应侯。宣和二年进封武济公"②。南宋时期，杭州成为行在之地，自然希望这一地区平安，故潮神信仰愈盛。"绍兴十四年，徽宗皇帝灵驾渡江，加武济忠应公。三十年，显仁皇太后合祔，加武济忠应翊顺公。淳熙十五年……诏加武济忠应翊顺灵佑公。"③ "庆元四年，赐爵孚祐王。有司以八月十五日祭。"④ 然而作为地方性潮神，绍兴潮神孚佑王的地位和影响远不及伍子胥。

（二）晏公庙

晏公原为江西地方性水神，相传因救朱元璋而受封。《陔余丛考》卷三十五引《续通考》云："临江府清江镇旧有晏公庙，神名戍仔。明初封为平浪侯。"⑤ 乾隆《绍兴府志》卷三十六《祠祀志·晏公庙》所述更为详细：

> 许尚质《越州祠祀记》："公名戍仔，江西临江县人。元初为

---

① 万历《绍兴府志》卷十九，第 18 页。
② 《嘉泰会稽志》卷六，第 20—21 页。
③ 《嘉泰会稽志》卷六，第 21 页。
④ 万历《绍兴府志》卷十九，第 18 页。
⑤ ［清］赵翼：《陔余丛考》卷三十五，中华书局 1963 年版，第 774 页。

文锦局堂长，因病归，登舟即尸解，有灵显于江湖，立庙祀之。入明，太祖渡江取张士诚，舟将覆，红袍救上，且指之以舟者。问何神，曰晏公也。后猪婆龙攻崩江岸，复为老翁示杀鼍法。问何人，曰晏姓也。太祖感之，遂封神霄玉府都督大元帅，仍命有司祀之。今误以公为刘晏也。"徐渭《路史》："封平浪侯。"[1]

至明代前期，吴越之地建多所晏公庙。今杭州市萧山区临浦镇麻溪坝边即有晏公庙。嘉庆《山阴县志》卷二十一载："晏公庙在三江城仓后巷。"[2] 由此可知绍兴也有祀晏公者。

二、绍兴市

（一）伍子胥庙

春秋时期已开始流传伍子胥和文种的神话故事。

吴王夫差杀伍子胥后，由于内心存有恐惧，对子胥的遗体采取了极端残忍和愚蠢的处置办法。《吴越春秋·夫差内传》记载，伍子胥自尽后：

> 吴王乃取子胥尸，盛以鸱夷之器，投之于江中，言曰："胥，汝一死之后，何能有知？"即断其头，置高楼上，谓之曰："日月炙汝肉，飘风飘汝眼，炎光烧汝骨，鱼鳖食汝肉。汝骨变形灰，有何所见？"乃弃其躯，投之江中。子胥因随流扬波，依潮来往，荡激崩岸。[3]

《吴越春秋·句践伐吴外传》记文种将被句践所害：

> （文种）自笑曰："后百世之末，忠臣必以吾为喻矣。"遂伏

---

① 乾隆《绍兴府志》卷三十六，第60页。
② 嘉庆《山阴县志》卷二十一，第16页。
③ 崔冶译注:《吴越春秋》，中华书局2019年版，第130页。

剑而死。越王葬种于国之西山，楼船之卒三千余人，造鼎足之美，或入三峰之下。葬一年，伍子胥从海上穿山胁而持种去，与之俱浮于海。故前潮水潘候者，伍子胥也。后重水者，大夫种也。[①]

《水经注》也有记载：

> 阖闾云：山出钱水，东入海。《吴地记》言，县惟浙江，今无此水。县东有定、包诸山，皆西临浙江。水流于两山之间，江川急浚，兼涛水昼夜再来，来应时刻，常以月晦及望尤大，至二月、八月最高，峨峨二丈有余。《吴越春秋》以为子胥、文种之神也。昔子胥亮于吴，而浮尸于江，吴人怜之，立祠于江上，名曰胥山。《吴录》云：胥山在太湖边，去江不百里，故曰江上。文种诚于越，而伏剑于山阴，越人哀之，葬于重山。文种既葬一年，子胥从海上负种俱去，游夫江海。故潮水之前扬波者，伍子胥；后重水者，大夫种。[②]

《吴越春秋·句践伐吴外传》则云：

> 越王追奔攻吴，兵入于江阳松陵，欲入胥门。来至六七里，望吴南城，见伍子胥头巨若车轮，目若耀电，须发四张，射于十里。越军大惧，留兵假道。即日夜半，暴风疾雨，雷奔电激，飞石扬砂，疾于弓弩。越军坏败，松陵却退，兵士僵毙，人众分解，莫能救止。[③]

到东汉时期，吴越地区的伍子胥庙已有多处，并把伍子胥作为潮神来祭祀信奉："会稽丹徒大江，钱唐浙江，皆立子胥之庙，盖欲慰其恨心，

---

① 崔冶译注：《吴越春秋》，中华书局 2019 年版，第 285 页。
② ［北魏］郦道元《水经注》卷四十"浙江水"，第 939—940 页。
③ 崔冶译注：《吴越春秋》，中华书局 2019 年版，第 270 页。

止其猛涛也。"①

《后汉书·孝女曹娥》载："孝女曹娥者，会稽上虞人也。父盱，能弦歌，为巫祝。汉安二年五月五日，于县江溯涛，婆娑迎神，溺死，不得尸骸。"② 这里的"迎神"就是在"舜江中迎潮神伍君"，即迎伍子胥神。

（二）马臻墓、庙

东汉马臻为筑鉴湖含冤而死，《后汉书》也不为其立传，故正式文献资料记载甚少，但"太守功德在人，虽远益彰"③。人们没有忘记这位治水功臣，散见绍兴民间的记载及祭祀较多。

据民间传说，在马臻被害时，会稽百姓暗地冒着生命危险，将其遗骸运回会稽，并葬于郡城偏门外的鉴湖之畔。岁月沧桑，马臻墓依然屹立在今鉴湖之畔。相传农历三月十四日为马臻生日，民间年年祭祀。

据唐代韦瓘《修汉太守马君庙记》，元和九年（814）前，墓已建立。墓坐北朝南，前临沃野，仰对亭山，墓前青石牌坊肃立。马臻墓前有石坊一座，题刻"利济王墓"，为北宋嘉祐元年（1056）仁宗所赐封号，石坊中柱正面有长联：

> 作牧会稽，八百里堰曲陂深，永固鉴湖保障；奠灵窀穸，
> 十万家春祈秋报，长留汉代衣冠。

长联深切地表达了后人对马太守的崇仰之情。墓前石栏挺立，四周以青石砌垒，顶上青草离离，正中横置墓碑一块，上刻有"敕封利济王东汉会稽太守马公之墓"，系清康熙五十六年（1717）二月，郡守俞卿修墓时所立。墓碑边框有双龙抢珠、卷云海水图案的浮雕，两侧为狮头方石柱，设盘头纹抱鼓石，中有青石长方祭桌一张。整座古墓给人以庄严肃穆之感。

---

① ［汉］王充著，黄晖撰：《论衡校释》，中华书局 1990 年版，第 180—181 页。
② ［南北朝］范晔撰，［唐］李贤等注：《后汉书》卷八十四，中华书局编辑部点校，中华书局 1965 年版，第 2794 页。
③ ［清］李慈铭：《越缦堂日记》，广陵书社 2004 年版，第 4012 页。

墓旁建太守庙，亦朝南，始建于唐开元年间（713—741），宋代以后屡经修建。清代所建庙原大殿东西两壁绘有32幅精彩壁画，是一组绍兴民间版的鉴湖与绍兴水利史。

马臻墓
邱志荣 / 摄影

马臻庙
邱志荣 / 摄影

（三）山阴马太守庙

山阴马太守庙位于今绍兴市柯桥区钱清街道江南村虎象自然村。

1989年8月，笔者曾走访当时南钱清大王庙村村民。从29岁起便主管大王庙的骆印明师傅，当年80岁。骆师傅称，大王菩萨即为东汉会稽郡太守马臻，同绍兴偏门外太守庙中的太守是同一人。因马太守主持筑鉴湖时用去了许多钱粮，淹没了大户人家的农田和墓地，又未能按规定交纳皇粮，便有奸人上奏诬陷马太守贪污，皇帝偏信后将其定为死罪，剥皮楦草，马太守死得十分惨烈。后任太守到会稽郡后，见水旱灾害锐减，农田连年大稔；又会稽黎民百姓深念马臻恩德，志士乡贤颇多为马太守平反之词，于是便上报朝廷马太守筑湖缘由和功绩。后人感念其功德，建造此庙，并尊称马太守为大王菩萨。马太守的生日为农历三月十四日。是日，民间要举行迎神赛会，隆重祭祀。与绍兴城偏门外马太守庙不同的是，此庙中原还有其夫人冯太娘娘的塑像。据传太守夫人原是绍兴县江桥乡江塘村人。大王庙坐西朝东，庙田加地基总占地面积约 19 亩，庙前后共分三进，共 18 间。大王庙历来香火旺盛，"文革"前此庙还较完好，惜庙中菩萨、碑文都在"文革"中被毁弃，成为空庙一座。

在庙中寻迹，见房前屋后还多处横斜着依稀可辨部分文字的断碑和残联。其中一石碑有以下文字可辨："太守马公讳臻，字叔荐，茂陵人。"关于马臻的籍贯，历来少有文字记载，该碑提供了难得的参考资料。[①]

根据以上历史文献资料的记载和实地考察所见所闻，可以认为：此大王庙即是清绍兴著名学者李慈铭在《马臻与鉴湖考》中所载的离"县西六十四里"的"山阴马太守庙"。大王庙位于古鉴湖西端广陵斗门以北的象山麓下。广陵斗门担负着泄洪、御潮等作用，位于鉴湖西缘的顶端，地理位置十分重要，是马太守的大成之处，于此建一太守庙，其旨意也很明确。

（四）柳姑庙

柳姑庙位于今绍兴市越城区胜利西路金昌美苑小区西 3 里。柳姑庙再往西 1 里到胜利西路南边的鉴湖之畔，有柳姑亭和柳姑像。

柳姑庙祀柳姑，一位传说中居住在鉴湖边的美丽善良的柳氏姑娘。从史书记载看，柳姑庙自梁代已存，至今已有约 1500 年的悠久历史。历代地方志及文人诗词对柳姑庙的记载越来越丰富，使得柳姑的人物形象也越来越丰满。

比如梁沈约之诗《少年新婚为之咏》：

---

① 邱志荣:《大王庙考》,《绍兴日报》1989 年 8 月 13 日。

山阴柳家女，莫言出田墅。丰容好姿颜，便辟工言语。腰肢既软弱，衣服亦华楚。红轮映早寒，画扇迎初暑。锦履并花纹，绣带同心苣。罗襦金薄厕，云鬟花钗举。我情已郁纡，何用表崎岖？托意眉间黛，申心口上朱。莫争三春价，坐丧千金躯。盈尺青铜镜，径寸合浦珠。无因达往意，欲寄双飞凫。裾开见玉趾，衫薄映凝肤。羞言赵飞燕，笑杀秦罗敷。自顾虽悴薄，冠盖曜城隅。高门列驷驾，广路从骊驹。何惭鹿卢剑，诅减府中趋。还家问乡里，诅堪持作夫。①

还有唐代万楚的《杂曲歌辞·茱萸女》：

山阴柳家女，九日采茱萸。复得东邻伴，双为陌上姝。插花向高髻，结子置长裾。作性恒迟缓，非关诧丈夫。平明折林树，日入反城隅。侠客邀罗袖，行人挑短书。蛾眉自有主，年少莫踟蹰。②

嘉庆《山阴县志》卷二十一载：

柳姑庙在县西一十里，湖桑埭之东。前临镜湖，盖湖山胜绝处也。旧传罗江东尝题诗，今不传。③

万历《绍兴府志》卷十九载：

柳姑庙，在府城西十里，胡桑埭之东。前临鉴湖，盖湖山胜绝处也。宋陆游诗："客路风尘化素衣，闲愁冉冉鬓成丝。平生不负月明处，神女庙前闻竹枝。"明王埜诗："柳姑庙前杨柳青，

① ［南朝梁］沈约：《沈约集校笺》，陈庆元校笺，浙江古籍出版社 1995 年版，第 366 页。
② 周振甫主编：《唐诗宋词元曲全集·全唐诗·第一册》，黄山书社 1999 年版，第 243 页。
③ 嘉庆《山阴县志》卷二十一，第 12 页。

柳姑庙下春水生。渔郎放舟入湖去，斜日短歌无限情。"①

除地方志多有记载，柳姑庙还因陆游而名声远播。陆游长期居住在山阴镜湖之三山。陆游不少诗作里都写到了柳姑庙，除却上面万历《绍兴府志》"柳姑庙"下所引，其他如《思故山》云：

> 千金不须买画图，听我长歌歌镜湖。湖山奇丽说不尽，且复与子陈吾庐。柳姑庙前鱼作市，道士庄畔菱为租。一弯画桥出林薄，两岸红蓼连菰蒲。陂南陂北鸦阵黑，舍西舍东枫叶赤……②

关于柳姑的一些美丽的传说口口相传流传下来。有说她为鉴湖船民护航的，有说她为乡亲邻里治病的。总之，她被敬为"鉴湖女神"。

（五）张神庙

嘉庆《山阴县志》卷二十一载："张神庙在城东北三十三里五都二图陡亹闸上，祀宋漕运判官张行五六者。"③张神名夏，北宋时萧山长山人。其父为吴越国刑部尚书。张夏曾任泗州知州。宋景祐年间（1034—1038），张夏以工部郎中出任两浙转运使。据传，由于浙东海塘常为海潮所侵，危害无穷，张夏以石砌塘，使塘身坚实稳定。明代绍兴知府汤绍恩认为张夏之英灵有捍海灭倭之功，便立庙于三江闸上，春秋致祭。之后，西郭门外、偏门外钟堰头、南门外念庙头及城中府山西麓、江桥桥塀等地，均建起了张神庙或张神殿。张夏从此成为水神，护佑水乡平安，被称为张神菩萨，又被尊称为张老相公。④今西郭门外、则水牌村水心亭、三江所城边等张神庙尤在。

---

① 万历《绍兴府志》卷十九，第9页。
② 万历《绍兴府志》卷七，第23页。
③ 嘉庆《山阴县志》卷二十一，第14页。
④ 参见陈天成:《船户祭张神》，载绍兴市文联编《绍兴百俗图赞》，百花文艺出版社1997年版，第298—299页。

（六）金龙四大王庙

金龙四大王是越地一位出名的江河神。康熙《会稽县志》卷十四载：

> 金龙四大王庙，在东府坊。庙中并塑灵应大帝、府城隍二神，嗣运官与京商相争，另建于朝东坊，曰水神庙。[1]

乾隆《绍兴府志》卷三十六载：

> 金龙四大王庙：《会稽县志》：在东府坊。山阴王岵《浣云集》：王姓谢，名绪，钱塘安溪里人，籍会稽，诸生。祖达，死为神，建炎时率冥兵驱北骑。咸淳七年，疏请立庙，封广应侯，有孙纲、纪、统皆为神。王，其第四孙也，曰金龙四大王……案庙系万历四十二年建。由康熙十九年总督姚启圣立水神庙额，故俗称水神庙云。[2]

嘉庆《山阴县志》卷二十一记：

> 四王庙去县西一十里，蓬莱驿前。案四王即金龙四大王也。[3]

明徐渭有题金龙四大王祠联："灵满江湖，万里波涛平如掌；神游燕越，两方庙貌俨如生。"[4] 并在《金龙四大王传》一文中记载了相关传说：

> 王姓谢，名绪，宋会稽诸生，晋太傅安之裔。祖达，父某，有兄三人，曰纪，曰纲，曰统。王最少，行第四，居钱塘之安溪，后隐金笼山白云亭，素有壮志，知宋鼎将移，每慷慨愤激。甲戌秋八月大雨，天目山颓，王会众泣曰："天目乃临安之镇，苕水长流，昔人称为龙飞凤舞。今颓，宋其危乎？"未几宋鼎移，

---

① 康熙《会稽县志》卷十四，第10页。
② 乾隆《绍兴府志》卷三十六，第12页。
③ 嘉庆《山阴县志》卷二十一，第16页。
④ 李永鑫主编：《绍兴县、越城区对联集成》，西泠印社出版社2012年版，第400页。

王昼夜泣，语其徒曰："吾将以死报国。"其徒泣曰："先生之志果难挽矣，殁而不泯，得伸素志，将何以为验?"曰："异日黄河北流，是予遂志之日也。"遂赴水死。时水势高丈余，汹汹若怒，人咸异之。寻得其尸，葬金笼之麓，立祠于旁。元末，我太祖与元将蛮子海牙战于吕梁，元师顺流而下，我师将溃，太祖忽见空中有神，披甲执鞭，惊涛涌浪，河忽北流，遏绝敌舟，震动颠撼，旌旗闪烁，阴相协助。元师大败。太祖异之，是夜梦一儒生披帏语曰："余有宋会稽谢绪也，宋亡赴水死，行间相助，用纾宿愤。"太祖嘉其忠义，诏封为"金龙四大王"。金龙者，因其所葬地也；四大王者，因其生时行列也。自洪武迄今，江淮河汉四渎之间，屡著灵异。商舶粮艘，舳舻千里，风高浪恶，往来无恙，佥曰王赐，敬奉弗懈。各于河滨建庙以祀，报赛无虚日。九月十七日为其诞辰，祭赛尤盛。[①]

（七）湖口庙

湖口庙位于今绍兴市越城区狭猻湖西岸，避风塘北段，相传建于明朝末年，光绪三年（1877）重修，东面加建二间行宫殿，增铺石板道地，重砌河塎。1957年大台风刮倒湖口庙西边三间，1967年遗址上石碑、塑像被毁，后改成生产队仓库。1987年倒塌后改建纺织厂。20世纪以来，湖口庙得以修建，现七间坐北朝南，前面建有宽约6米的走廊。东西向石天沟，走廊全部采用石廊柱，走廊中间建一字低亭，上书"敬惜字纸"四字。当时湖岸人家户户有字纸簿，每逢初一月半，将字纸在亭中火化（字纸亭全部石砌而成），将纸灰撒于狭猻湖中避塘两侧，祈求狭猻湖风平浪静，沿湖而居、靠水而生的百姓能够出行平安，渔获而归。

当地村民把纸灰撒于狭猻湖中避塘两侧，是为了祭奠建造避塘的功臣

① ［明］徐渭:《金龙四大王传》，载［明］徐渭《徐渭集》第四册《补编》，中华书局1983年版，第1298—1299页。

张贤臣。张贤臣是明代绍兴府城广宁桥商人，经营有方且好捐乐施，于明崇祯十五年（1642）起捐巨资建造避塘，大大保障了绍兴北部要湖的通行安全。《闸务全书》下卷《越郡治水总论》载："近闸之区，有狭漈巨湖，屡遭覆舟之患，附郭广宁桥张贤臣号思溪者，罄产捐资六千两，于湖西一带建塘六里，舟行塘内，以避风涛，全活甚众。"[1]

湖口庙西边第一间的张公祠中，张贤臣的塑像（当地老一辈称"张天成"）穿明朝官服。两边四个附从的配像。门前石廊栏上有联："三眼石桥横跨东西普济四面，七里塘堤纵贯南北总恩泽八方。"上联暗嵌石桥原名"普济桥"，下联不忘令避风避塘之恩泽。走廊西侧朝东建有记事碑两块，主要记载为抵御狭漈湖风浪，确保过往行船安全与岸边百姓良田，以张公为首经三代建成六里避塘事，并附各界名流捐款记录。

（八）总管庙

此庙在光绪《上虞县志校续》卷三十四记载甚详，今移录于下：

总管庙，在十都梁湖镇，祀宋陈贤。凡莅虞任者，入境必宰牲致祭。《万历志》：案《备稿》引《嵊志》曰：神字希文，先世阆中人，讳尧叟者，宋端拱己丑状元。至四世孙铨，大观己丑授山阴令，致政，遂居剡之清化乡。子昱，字世嘉，绍兴丁丑进士，官兵部侍郎，是为侯父。但查附志、选举表，未曾载入，姑存备考。王振纲《梁湖总管庙记略》：总管神者，姓陈讳贤号恺山，嵊县人，生于乾道戊子，殁于绍定庚寅，由进士官太医院院使。生有异瑞，红光绕室，天乐鸣空。稍长，遇仙人，授神术，以医药济人，有奇验。更异者，生能为神，不问昼夜，遇寝辄神游江海间，拯护舟楫，每祭潮神，皆与享焉。嘉定庚辰，潮怒啮堤，朝廷命有司起徒卒奋筑，势不可遏。召侯问计，侯植竹于沙

---

① ［清］程鹤翥纂辑：《闸务全书·下卷·越郡治水总论》，载冯建荣主编《绍兴水利文献丛集》，广陵书社 2014 年版，第 64 页。

涂，呼江神喻以关系利病，潮即折而东行。未几，植竹之处拥沙成阜，而堤工就绪。其生时灵迹类如此。侯既殁，捍灾御患，所在响应。宋端平甲午，以水战助王师，败金兵于蔡州，封灵济侯。淳祐壬子，逆风退浪，不坏民居，加善应侯。景定庚申，又借潮浙江航贵人舆翼，加协惠侯。其著功于宋时又如此。我虞与侯之故乡为邻邑，侯生时足迹曾至与否，年湮不可考。相传前明邑中大疫，侯现形驾舟运药赐救，士民感之，具告太守，详请立庙于梁湖。正德间，七乡患水，筑堤不成，侯化老人插芦为标，堤工始就。嘉靖癸丑，兵部陈洙备奏神功，奉旨敕封今爵，则总管之隆号所由称也。国朝乾隆间毁于火，里人重建，庙貌巍焕，更增于旧。每岁正月元夕，张灯演剧。六月、十月，鼓乐仪卫导从巡游。三月十六日为侯诞辰，四方奉牲祷祝者肩摩踵接，几与曹娥庙香火相埒。爰述大略，而为之记。国朝同治元年，时王师克复上虞梁湖，居民见有神兵御贼之异。里人王淦等禀请题封，敕封护国王，有司春秋致祭。光绪二十年，前后殿被毁，里人王耀绂募捐重建。[①]

（九）汤公祠

明代万历年间（1573—1620），绍兴人民就在绍兴府城开元寺和三江闸旁建有汤公祠，每年春秋祭祀。清康熙四十一年（1702），汤绍恩被敕赐"灵济"封号，雍正三年（1725）被敕封为"宁江伯"，咸丰元年（1851）被敕赐"功襄清安"。《绍兴县志资料第一辑·三江所志》载：

汤公祠在张神殿后，三间二进。公讳绍恩，字汝承，号笃斋，四川富顺县人，或云安岳县人。嘉靖丙戌进士，丙申由湖广德安莅绍，即于是年秋七月经始建闸，六易朔而告成。堤筑于次

---

① ［清］储家藻修，［清］徐致靖纂：《上虞县志校续》卷三十四，清光绪二十五年（1899）刻本，第17—18页。

年春三月，五易朔而告成。当堤初筑时，随筑随溃。公惧甚，疏告海若祝曰：如再溃，当以身殉。每闻风雨声，即危惧呕血，精诚感格，天人协应，成此不朽，诚伟矣哉！官至山东左布政，归休林下。越有人以经商至蜀者，矍铄甚时，公已九十有七矣。[①]

原汤公祠内多匾对楹联，有匾额 16 块，如"砥柱中流""泉流既清""泽被三江""后事之师"等。有祠联一副，乃乾隆二十一年（1756）总制闽浙使者喀尔吉善题，道光二十八年（1848）郡人重修时会稽宗稷辰再书：

回四邑之狂澜，三百年击壤歌衢，咸仰当年经济；建千秋之伟业，廿八洞惊涛飞雪，长留此日恩波。[②]

此联对汤绍恩治水功绩高度赞扬，缅怀其对越之不朽恩德。又有碑刻 20 余块，现可见的尚有《捐奉置田添造三江应宿闸每岁闸板铁环碑记》《重修三江闸碑》《重修三江闸记》等，已移至环城河治水广场，成为珍贵的文物。[③]

（十）莫龙庙

此庙于《越中杂识》载为"三江司闸正神庙"，"莫龙"也写为"莫隆"（大概后世讹为"龙"）：

三江司闸正神庙，在西郭门外三江闸上，祀明莫隆。按隆系郡守汤绍公绍恩皂隶。公建三江闸，隆董夫役，悉心所事。一日在工所，方下探闸底，巨石猝下，被压以死。汤公震悼，为恤其母终身，闸成，祀为司闸之神。每闸流久闭，沙土壅淤，虽千百

---

① 绍兴县修志委员会辑：《绍兴县志资料第一辑·三江所志》，民国二十六年（1937）铅印本，第 32 页。

② 此联收于［清］平衡辑：《闸务全书续刻》卷一，清刻本，第 40 页。

③ 参见邱志荣：《汤绍恩与三江闸》，载邱志荣《鉴水流长》，新华出版社 2002 年版。

人力不能开，开则潮水冲塞如故。有司虔祷于神则闸下，始则细流涓涓，继则湍啮淤去，顷刻间百里豁然矣。[①]

由于莫龙（隆）之记载未有详细资料，又作为神祀之，清乾隆年间任过南塘通判[②]的顾元揆对其事迹经过一番考查后，撰写了《三江司闸正神莫隆庙碑》[③]，碑中记他"复加遍访，则其事昭昭在人耳目，虽妇人孺子犹能言之，乃始信其非虚"[④]。据考查："神实姓莫，山阴人，充府舆皂，其为汤公董夫役也，悉心所事。一日在工所，方入深水探闸底，巨石猝下，遂被压以死。汤公震掉，为恤其母终身。"[⑤]据此，莫龙（隆）应是在建闸时沉入水底施工探险，被巨石压死，至于史籍无其事迹记载，顾元揆认为是因为莫龙是一个普通的差役，身份低贱。

咸丰元年（1851）清文宗奕詝敕封莫龙为"广济"。[⑥]

（十一）五龙庙[⑦]

五龙庙始建于明代，位于今绍兴市上虞区崧厦街道五龙庙村，背靠浙东海塘（今称百沥海塘）。

五龙庙坐北朝南，五间开面，前后两进，东西相互的厢房将"山门"和大殿连成一体。其建筑结构紧凑朴实，大殿的石柱子具有典型的明代风格。2000年9月15日（当日是农历八月十八日），五龙庙正式成为上虞市文物保护单位。2010年10月，五龙庙会被列入第四批绍兴市非物质文化遗产名录。

明朝宣德年间（1426—1435），当时五龙庙所在的村落是一个渔村，村民以渔业为生，因此信奉以龙滋民、以龙造福的说法。当时，村里的一个

---

① ［清］悔堂老人：《越中杂识》，浙江人民出版社1983年版，第21页。
② 主管当地塘工的官职，任所在绍兴三江闸。
③ 此碑文收录于［清］平衡辑：《闸务全书续刻》卷一，清刻本，第22—24页。
④ ［清］平衡辑：《闸务全书续刻》卷一，清刻本，第23页。
⑤ ［清］平衡辑：《闸务全书续刻》卷一，清刻本，第23页。
⑥ ［清］平衡辑：《闸务全书续刻》卷一，清刻本，第20页。
⑦ 参引内部资料《浙江水文化遗产》（2021年11月）。

潭中被发现有五条龙在嬉水，当地村民为防五条龙逃走而建造五龙庙镇龙，并把这个潭叫作五龙潭。自建庙起，民间约定俗成，每年农历八月十五日至二十日举行传统庙会，届时四面八方的善男信女云集于此，念经、祈祷、烧香、点烛，进行民间祭祀，组织大型迎神活动，以保佑一方风调雨顺和家人平安。庙会期间，村民还请来各路戏班表演助兴，热闹非凡。此庙会活动绵延数百年，直至中华人民共和国成立。

历史上庙会主要由姜、王、金、陈、吕、范六姓族长主持，其中最大姓为姜，故而中华人民共和国成立前基本一直由姜氏老太爷为庙会最高统帅。1993 年，五龙庙恢复对外开放，五龙庙会活动也得以继续。1993 年恢复庙会后的传承谱系为：王张潮（原主持者）；姜云芳（现主持者）；金炳康（后任接班人）。自 2000 年起，庙会活动已形成每年一届的定式。

（十二）妈祖庙

妈祖是流传于中国沿海地区的民间信仰，体现了中国从内陆农耕文明走向海洋文明的海洋文化和贸易文化的融合。浙东地区，不仅沿海、沿河，甚至山区各城镇、乡村，凡有聚落便多有妈祖庙和妈祖信仰存在，其密度甚至超过妈祖信仰的发祥故里福建莆田。[1]

明嘉靖《山阴县志》卷十二载："天妃宫，一在水沟营，一在铁甲营，一在线场营，一在塔下营。"[2] 由此可见，仅绍兴城内山阴县管辖范围内就有 4 座妈祖庙。

又据明万历《绍兴府志》卷二十二：

> 天妃宫，绍兴一卫五所，每一所领伍者十，每一伍置宫者
> 一。临山卫、观海卫、三江所、沥海所、三山所、龙山所，各置

---

① 参见潘承玉：《其枢在水：水环境对越地文化人格的发育》，载邱志荣主编《中国鉴湖·第二辑》，中国文史出版社 2015 年版，第 290 页。
② ［明］许东望修，［明］张天复、［明］柳文纂：《山阴县志》卷十二，明嘉靖三十年（1551）刻本，第 10 页。本文献以下简录为"嘉靖《山阴县志》"。

宫一，祀其神以护海运。[①]

万历《会稽县志》卷十六又载：

> 天妃宫，绍兴卫一所五，每一所领伍者十，每一伍置宫者
> 一，祀其神以护海运。左、前、中三所之宫凡三十，及左所亦
> 有数宫，悉属会稽。[②]

绍兴府城以北至东北的沿海军事卫所要塞内，又有多达 50 座妈祖庙，其中处在会稽县管辖范围内的有 30 多座。

三、宁波市

（一）灵龙宫[③]

灵龙宫俗称龙廷，位于今宁波市慈溪市掌起镇任佳溪村，东接灵绪湖，南临龙廷河，西隔路与沙湖庙相邻。民国《镇海县志》记载："灵龙宫，五都一图在任家溪，祀石陇龙神，向在沙湖庙内附祀。清道光间，于庙东南隅又建龙宫，祈祷甚验。"[④]

灵龙宫青砖黛瓦，古朴雄伟，中轴线上有宫门、戏台、大殿以及左右厢房五个单元，占地面积 700 多平方米。宫门为五开间硬山顶楼房，明间与戏台衔接，东西梢间和两侧三开间厢楼相连。戏台为歇山顶，台内顶部用八角形藻井，由八组斗拱层叠而成，结构严谨。宫门、戏台、厢楼三者巧妙组合，素栏楼台，韵味典雅。后进为主建筑大殿，平面呈正方形，面宽三开间，重檐歇山顶，廊檐装饰卷篷式抬头轩，雀替、月梁上雕刻着双凤、花卉等富贵吉祥图案，展示了较高的艺术水准。大殿东西二壁描绘着

---

① 万历《绍兴府志》卷二十二，第 8 页。
② 万历《会稽县志》卷十六，第 12 页。
③ 参引内部资料《浙江水文化遗产》（2021 年 11 月）。
④ 民国《镇海县志》卷十四，第 9 页。

"云龙喷水"大型壁画，气势磅礴。

灵龙宫是旧时里人敬奉龙神的重要场所，每逢旱情，必抬龙王到此求雨，尤以端午节龙廷庙会的场面为盛。届时三北一带善男信女云集，祈求龙神保佑风调雨顺，国泰民安，这一习俗沿袭至今。

灵龙宫几经修缮，至今保存完好，是慈溪市独一无二的清代重檐歇山顶建筑。灵龙宫集藻井、斗拱、卷篷等建筑结构以及壁画等装饰艺术于一体，凝聚了一代工匠的高度智慧和卓越才能，具有较高的民俗研究价值和建筑史料价值。1982 年，被列入慈溪县文物保护单位。

（二）天妃宫 [①]

天妃宫原称海德庵，位于今慈溪市观海卫镇天妃宫村中部，坐北朝南，现存五开间正屋，占地 200 平方米，据称始建于明隆庆三年（1569）。

天妃宫原由坐北朝南正屋及东侧屋组成，中为天井。正屋称后德庵，为硬山顶五开间高平房，明间为五架梁，六柱十檩，次间为抬梁穿斗结构，七柱十檩。在后德庵西侧水泥墙上嵌着一块残损的"捐资碑"，字迹模糊，但可见"慈余两邑，道光二十年□□庚子九月吉立"字样。东侧房为硬山顶两层楼房，柱体结构简单，体积较小，与后德庵屋檐相连。天井内现存两个清同治年间（1862—1874）遗留的香炉。现后德庵南另有两进建筑，为近期扩建。

明初，信国公汤和建立观海卫，建卫初期兵员在余姚征用，但因军士离家太近，难以管理，于洪武二十七年（1394）征调福宁卫（驻守地为今福建省宁德市霞浦县）旗军，屯兵驻守，世袭军户。福宁卫军士不仅补充了慈溪的人口，同时还带来了他们的生活习惯和宗教信仰，于是福建的"妈祖文化"在本地迅速传开。

妈祖名林默，民间又称林默娘，福建莆田湄洲岛人。因林默娘救世济人，泽被一方，沿海人民便尊其为海神，尊称其为"海峡女神"，立庙祭祀，屡屡显应于海上。元天历二年（1329）被封为"护国庇民广济福惠明

---

① 参引内部资料《浙江水文化遗产》（2021 年 11 月）。

著天妃"。明洪武年间（1368—1398），改封为"圣妃"。永乐七年（1409），又加封为"护国率民妙灵昭应宏仁普济天妃"。清康熙年间（1662—1722）加封为"天后"。妈祖信仰从产生至今，经历了1000多年，起初作为民间信仰，最终成为历朝历代国家祭祀的对象，对东亚海洋文化及南中国海产生重大影响，被称为"妈祖文化"。

天妃宫初建时临近海岸，村民在此崇拜天妃娘娘以祈求海波平静，家园安宁，出海的渔人能平安回家，是展示三北地区海洋文化和民间传统风俗的遗迹，具有一定的社会学研究价值。1986年，被列入慈溪县文物保护点。

（三）它山遗德庙 [1]

它山遗德庙位于今宁波市鄞州区鄞江镇它山堰村村委以西，它山堰以北它山之上，樟溪北岸，系后人为纪念唐代鄮县县令王元暐而建。此庙始建于北宋，屡毁屡建。现存建筑为清光绪后陆续重建、重修。庙为三进院落，由山门、大殿、后殿组成，山门前有清代片石留香碑亭一座，总占地面积约2000余平方米。逢三月三、六月六、十月十都有庙会祭祀活动，每年都在此处进行。除它山遗德庙外，鄞西其他各地修建王元暐祠庙尚有18处。

它山庙
邱志荣 / 摄影

---

[1] 参引内部资料《浙江水文化遗产》（2021年11月）。

王元暐，山东琅邪人，唐大和七年（833）朝议郎，行鄞县令，筑它山堰，浚小江湖，建乌金土塘，又置乌金、积渎、行春三碶，在城区建食喉（斗门）、气喉等排泄工程。南宋乾道四年（1168），诏封"善政侯"。清嘉庆六年（1801）封"孚惠侯"。

（四）它山贤德庙庙会 [①]

为纪念我国古代四大著名的水利工程之一它山堰的建设者唐代鄞县县令王元暐，特建它山遗德庙以祀。它山贤德庙会起自北宋咸平四年（1001），源自庙宇落成的庆祝仪式。后王元暐又不断受到历代朝廷褒封，此庙会便成为鄞州西乡一带的著名庙会，迄今有逾千年的历史。

原庙曾于1941年因日军侵华而被毁，抗战胜利后重建恢复，1993年再次重修至今。与他地庙会不同的是，该庙会一年有三期，即每逢农历三月三、六月六、十月十都要举行。

十月十是它山堰的奠基日，也是王元暐的生日。唐大和五年（831）十月初十，各地方官员、士绅百姓按例向父母官贺寿，这一年王县令33岁，王公向鄞县各方士绅阐述修建它山堰的打算，贺寿的全部官员、士绅一致赞同，决定将十月初十王公生辰作为开工奠基之日。

三月三是它山堰竣工日，也是王元暐夫人的生日。它山堰开工的第三年三月初三，即唐大和七年（833），王县令的夫人程氏30岁寿诞，除堰下游西岸石墈还未筑成，堰体基本完工。地方各官员士绅按惯例向程氏贺寿，王县令于宴席之间当众宣告它山堰竣工。后世人民为纪念王元暐夫妇，将它山堰开工和竣工之日定为鄞江桥庙会，千余年盛况不绝。

六月六为"淘沙日"，意为修建它山堰而开工淘沙。它山堰还未建成之前，光溪及北溪港一带常有沙石淤塞，樟溪之水直下鄞江，淡水难以蓄积。鄞西梅园、蜃蛟、古林、凤岙等地乡民，很难用上淡水。在"六月六"前后农闲季节，民众自发组织，携带土箕、扁担、沙耙等淘沙工具，到鄞江桥光溪和北溪港二地淘沙，疏通河道。六月初六，附近商贩也汇集

---

① 参引内部资料《浙江水文化遗产》（2021年11月）。

鄞江桥经商，久而久之，形成了鄞江桥的独特会市，俗称"淘沙会"。它山堰建成之后，鄞西七乡的农耕饮用水源得以保障。夏天农闲时节，乡民无须再来鄞江桥淘沙，但人们仍记着六月初六的淘沙会。每年这个时节人们都要到鄞江桥赶集，就形成了继"十月十""三月三"之外的另一个庙会——"稻花会"。

三期庙会以六月六为主期，最为盛大，从六月初五到六月初七持续三天，三月三和十月十的庙会均只举行两天。主期时要为神像开脸、换袍、请进轿后出殿巡行附近四个乡镇后回殿，总行程有20多里。巡行时除彩旗、爆竹、铜铳、炮担、灯笼外，各类民间文艺表演紧随其后，人们还要争抢着去抬神像，以讨取吉利，所以行会非常热闹。会期同时，各地商贾云集，来客众多，人潮涌动，商业兴旺。

1988年它山庙被定为全国文物保护单位的附属设施，重塑王元暐神像后，游人和香火不断，但庙会内容仅局限于商品和物资的交换贸易，其他盛况均已消失。

第三节　信仰祭典

一、大禹祭奠

古代绍兴祭禹的日子，通常是在俗传为大禹诞辰的农历三月五日。民国时期，绍兴地方政府曾定九月十九日为会稽山大禹陵庙年祭之期。中华人民共和国成立以来，政府十分重视对大禹陵庙的保护，经常拨款修缮。1995年4月20日，隆重举行了"浙江省暨绍兴市各界公祭大禹陵典礼"，中央、省、市领导和海内外包括大禹后裔在内的各界代表数千人致祭，规模空前，是20世纪30年代后期停祭以后的第一祭。不久，时任国家主席江泽民亲临大禹陵视察，并亲笔题写了"大禹陵"坊额。自1995年以来，祭禹已成为绍兴市的一个常设节会，采取公祭与民祭相结合的方式，每年举行祭祀活动。

民国时期的大禹陵牌坊
图片来源：邱志荣提供。

目前的祭禹，公祭时，往往由各级政府派员主祭，仪式也非常隆重。民祭已经突破了原有的传统，凡对大禹精神抱有崇敬之情的百姓都可以参加祭禹活动，形式也比较灵活。禹氏后裔的祭祀最富有特色，被称为族祭。现大禹陵的禹陵村，至今仍有姒姓居住，他们是大禹的后裔，祖传的职责就是守陵与祭禹。

2007年4月20日，文化部与浙江省人民政府共同主办2007年公祭大禹陵典礼，使祭禹典礼成为国家级祭祀活动。这次公祭典礼采用"禘礼"（古代最高礼祭）形式，仪式主要分为13道程序，分别为肃立雅静、鸣铳、献贡品、敬香、击鼓撞钟、奏乐、献酒、敬酒、恭读祭文、行礼、颂歌、乐舞告祭、礼成等。祭祀典礼从9点50分开始，意寓"九五之尊"，表现对大禹的尊重；随后鸣铳9响，寓意大禹平洪水、定九州的不朽功绩；鼓手擂鼓34响，表达全国32个省（区、市）和香港、澳门特别行政区对先贤的缅怀；撞钟13响，传达出13亿中华儿女对先祖的绵绵追思。鼓乐声中，14名文身、着豹纹皮裙的壮汉抬着三牲、五谷、五果进入祭坛献上贡品。文身的图案是一种龙图腾，前胸后背都要文，这是古越国的一种风俗，以防止水中蛟龙的伤害。祭品中的三牲是牛、羊、鹅，五谷是稻谷、高粱、玉米、麦和大豆。五果则都是绍兴当地的特产，有上虞的板栗、新昌的小京生花生、诸暨的香榧、嵊州的柑橘以及绍兴各地都有的枣子。之后参祭人员向大禹献上50年陈酿，全体参祭人员面向大禹陵三鞠躬。主祭人致祭文毕，便是身穿古代服装的少男少女跳起粗犷的祭舞，由衷赞美大禹泽被后世的丰功伟绩和万民敬仰的道德操守……

整个仪式紧凑规范，全程近一小时。典礼后，祭祀人员前往大禹陵举行谒陵仪式。公祭典礼参加人员分主祭、主参祭、参祭。公祭典礼邀请党和国家领导人、中央和国家部委领导、兄弟省市领导、海外侨胞、港澳同胞、台湾同胞、大禹后裔代表及社会各界代表4000多人参加，人数为历年之最。

大禹祭典是中国历代王朝的重要祀典之一，因其绵延不绝，保存完好，是研究中国礼仪文化和祭祀形式的重要历史资料。大禹祭典的制度和礼仪，包括祭品、祭器、祭乐、祭舞和祭文等等，蕴含着丰富的中华传统文化，具有重要的历史价值、人文价值、艺术价值和学术价值。可以肯定，加强对它的保护，对传承中华历史悠久的传统文化有巨大的意义。

2006年5月，"大禹祭典"入选第一批国家级非物质文化遗产名录。

二、龙信仰

（一）龙崇拜

越地多水，江河湖海均有之，因此关于龙的信仰和崇拜起源甚早。古代越国有龙舟竞渡，以龙为乘水吉祥之物。《吴越春秋·句践阴谋外传》记句践向吴王进献"巧工良材，使之起宫室，以尽其财"[①]。其所献之物就有"分以丹青，错画文章，婴以白璧，镂以黄金，状类龙蛇，文彩生光"[②]的雕饰巨木。越国礼物的雕饰纹样上有龙，证明吴越之地早在春秋时期已把龙

---

① 崔冶译注：《吴越春秋》，中华书局2019年版，第226页。
② 崔冶译注：《吴越春秋》，中华书局2019年版，第227—228页。

作为水神加以崇拜。至于刘向《说苑·奉使》"彼越……以像龙子者，将避水神也"[1]，以及《汉书·地理志》"粤地，牵牛、婺女之分野也。……其君禹后，帝少康之庶子云，封于会稽，文身断发，以避蛟龙之害"[2]等记载，也反映了吴越人对龙的信仰，希求龙的庇佑以及不受龙的侵害之思想。

唐宋以后，吴越地区对龙的信仰达到鼎盛。[3]首先，出现了各种形式的龙神崇拜类型，如白龙、青龙、土龙、甘泉龙、双角龙、独角龙、小金龙、飞天龙、老龙、八香龙、雨山龙、八爪龙等。其次，佛教与道教中的"龙王"通过各种龙王庙融合。佛教中"龙王"本属外来信仰，佛教传入中国后，龙王信仰也随之传入。宋人赵彦卫《云麓漫钞》卷十云："古祭水神曰河伯，自释氏书入中土有龙王之说，而河伯无闻矣。"[4]之后道教亦引进佛教龙王加以改造，形成本教的神灵体系，主要龙王有"诸天龙王""四海龙王""五方龙王"等。龙的广谱化，使凡有水之处，无论江河湖海、渊潭塘井，均有龙王，职司所在水旱丰歉。最后，由于"龙"取代了"神仙"，成为新的水神，越地祭祀龙的庙庵也增多。如山阴县秦望山的龙潭庵，"俗呼龙王堂，有龙潭，祷雨辄应，万历中僧圆通重修"[5]。旧时绍兴境内各地都建有龙王庙、龙王殿，如会稽县的龙池庙、龙池庵、见龙庵，山阴县的赞禹龙王庙、铜井瑞泽龙王庙，诸暨牌头斗岩龙王殿、五泄龙堂，上虞顺圣龙王祠，嵊县五龙堂，等等。

（二）龙瑞宫

龙瑞宫位于今绍兴市越城区东南宛委山中。这里早期就是道家的一个活动基地，到唐开元二年（714）才改名为龙瑞宫，《嘉泰会稽志》卷七有记："龙瑞宫在县东南二十五里，有禹穴及阳明洞天。道家以为黄帝时尝

---

① ［西汉］刘向：《说苑》卷十二，明万历二十年（1592）新安程氏刻汉魏丛书本，第9页。
② ［汉］班固著，［唐］颜师古注：《汉书》卷二十八，中华书局1962年版，第1669页。
③ 相关内容参见蔡丰明：《吴越地区的水神信仰》，载越文化与水环境国际研讨会组委会编《越文化与水环境研究》，人民出版社2008年版。
④ ［宋］赵彦卫：《云麓漫钞》，傅根清点校，中华书局1996年版，第178页。
⑤ 嘉庆《山阴县志》卷二十四，第10页。

建候神馆于此，至唐神龙元年置怀仙馆，开元二年，因龙见，改今额。"①
南宋嘉定十四年（1221）浙东提刑汪纲以旱来此设醮，祭神于宫，"忽有物蜿蜒于坛上，体状殊异，不类凡虺，人皆知神龙所变化也。继而雨如倾注"②，后汪领事，遂重建龙祠，朝赐龙神庙额曰"嘉应庙"。"候神馆""怀仙馆""嘉应庙"到"龙瑞宫"的名称变化，也多少说明了龙文化在后世的广泛传播，以及龙瑞宫的水神信仰。

龙瑞宫正居会稽山南，峰峦叠翠，其东南一峰崛起，上平如砥，号苗龙上升台。苗龙，唐初人，善画龙而得仙去。龙瑞宫尤宜烟雨望之，重峰叠巘，画图莫及，故人旧有"晴禹祠，雨龙瑞"之说，意为晴天可看大禹陵景观，雨天可观龙瑞宫风景。宫边又有阳明洞天，乃道教"三十六洞天之十一洞也。一名极玄太元之天"③。在阳明洞天边有飞来石，其势欲倾，石高4米，长8.8米，世传此石从安息国飞来，上有索痕二道，并有唐贺知章《龙瑞宫记》题刻。据记载，东晋学者、医学家、道教理论家葛洪（约281—341）曾炼丹于此。葛洪为道教神仙派代表，据《晋书·葛洪传》所载，他少时好学，但家贫，只能亲自砍柴以换纸笔。葛洪诚心求学，广泛阅读各类典籍，尤其喜好神仙导养之法，又精通医术，才华横溢，著述颇多。在道教理论上，葛洪首次提出"玄"这个道教核心概念。今上虞兰芎山、若耶溪宛委山、云门寺、嵊县西白山多留下其踪迹和传说。

宛委山龙瑞宫之地深厚的历史文化、幽雅的自然风光以及道教活动的重要地位对之后越中名士学者产生了极大的吸引力和影响，比如创立"心学"、举世闻名的阳明先生王守仁（1472—1529），就曾结庐龙瑞宫侧阳明洞天，设帐讲学，因以为号。后来他被贬贵州，在龙场悟道，大悟"格物致知"，应当自求诸心，不当求诸物的道理，还在龙场辟龙冈山东洞为阳明小洞天居住，可见阳明洞天对其影响之深。

20世纪70年代中期，在宛委山以东的绍兴禹陵乡望仙桥村疏挖若耶

---

① 《嘉泰会稽志》卷七，第5页。
② 宝庆《会稽续志》卷三，第8页。
③ 《嘉泰会稽志》卷十一，第8页。

溪时发现吴越王钱镠银质投简两枚。钱镠（852—932），字具美（一作巨美），小字婆留，唐末临安人。在位时曾组织疏浚鉴湖，加强农田水利，发展生产，对保障一方人民生活与农业经济、社会发展起过较好作用。银简的其中一块是钱镠62岁时所投，希望神明保佑，扫除叛逆，统一国家，国泰民安。另一块是公元928年钱镠77岁时所投，祈求寿龄延远，眼目光明，国家兴隆，子孙繁盛。告文中"过醮""投龙""投简"是道教向名山水府神仙祈祷的一套仪式，地点在当时的五云乡石凡里，即今望仙桥村石帆山、宛委山附近。投简铭文在银板上镂刻阴文，行书挺秀瘦劲，虽沉埋水底千年有余，字迹仍清晰可辨，为印证若耶溪龙瑞宫附近是道教活动重要场所提供了珍贵的实物资料。

（三）祭龙节

绍俗以农历五月二十日为分龙日。[1]《占候书》说，两浙以四月二十日为小分龙，五月二十日为大分龙；闽俗以夏至后为分龙。[2]

古人以为龙主水，而盛夏常有"夏雨隔牛背"的现象。据说这是因为龙的上司在分龙日这天，下发命令，让其分头行雨，以便"察而治之"。分龙日之时间不同，应是古人根据各地气候变化、季节降雨量变化而确定的。如"小分龙"应为进入雨季，五月二十日应为入梅。

分龙日是越俗校龙（消防水龙会）检阅的盛大节日，是日各村坊水龙会之间龙舟进行实力比赛。一般龙兵以村龙会为单位，着各会统一服装，驾龙舟进行速度和喷水比赛。绍兴城区与近郊的各路义龙，习惯在广宁桥附近的龙王塘举行浇龙（喷水）比赛。年年龙兵如蚁，观者似潮。

（四）龙象征

越地普遍信仰和崇拜龙，并以之为水神，在各种建筑中绘刻、雕塑各类有象征意义的龙饰，诸如寺庙、道观、牌坊、石桥等建筑均多龙之雕饰。

---

[1] 参见《水龙会和分龙日》，载绍兴市文联编《绍兴百俗图赞》，百花文艺出版社1997年版，第210—211页。

[2] 参见顾希佳：《中国民俗通志·生产志（下）》，山东教育出版社2007年版，第367页。

绍兴多桥，以龙为饰，主要出于保佑行船、行人安全的心理，因为龙可镇服水族。绍兴古桥一般在核心的顶端刻有龙门石。如太平桥、待驾桥龙门石上之龙，张牙舞爪，气势非凡。广溪桥上的龙门石刻是行走之龙，雕刻精美，栩栩如生。龙的雕饰还较多地用于长系石头部和桥墩顶尖，诸如泾口大桥、华春桥、凤涧桥等。至于如大木桥、广宁桥、阮社桥上的"鲤鱼跳龙门"，也与龙有关。

（五）龙故事

绍兴民间中流传的龙有好坏之分。大禹庙屋脊两头有两条被宝剑刺杀之龙，便是传说中兴风作浪、侵害人类的恶龙，只有将其斩杀才能治服洪水。

斩恶龙的故事也多有流传。今嵊州市仙岩镇曹娥江边有嶀浦古寺，又号济物侯庙，初建于南朝梁大通年间（527—529）。相传在五代梁朝初年，睦州青溪（今属浙江省杭州市淳安县）人陈郭，任仙居县令四年，期满返杭州述职，他乘马车经台州驶入剡县，时当傍晚，就宿于县驿站。陈郭深知百姓疾苦，不愿惊动当地，次日，扮成商人模样，雇了小船改水路悄悄沿剡溪而下。船到嶀浦潭边，见有船夫点起香烛，摆出供品，满面愁容地跪拜起来。陈郭好生奇怪，上前盘问，方知原来潭里有条蛟龙，经常兴风作浪，冲毁良田，吞食人畜，百姓深受其害，陈郭听罢，义愤填膺，大吼一声："孽畜欺人太甚！"唰地抽出利剑，准备杀死恶蛟，为民除害。潜伏潭底的蛟龙听到水面上人们的谈话，立即跃出水面，张开血盆大口直向小船扑来。陈郭毫不畏惧，持剑入水与蛟龙展开搏斗，直杀得天暗水浑难解难分，周围百姓闻讯纷纷赶来助战。蛟龙见力不能敌，转身欲逃，陈郭顺势一剑，刺中孽龙项颈，顿时一股污血染红潭水。蛟龙被杀死了，但陈郭亦因体力不支沉入潭中。当地百姓为纪念为民除害、伏波安澜的陈郭，在嶀浦潭崖顶建造祠庙，塑起神像，尊称他为嶀浦大王，后来他又被吴越王钱镠敕封为"济物侯"，历代民间重祀之。

三、妈祖信仰

妈祖信仰始于宋代，在我国沿海地区比较广泛，宁波庆安会馆是妈祖信仰在浙东地区的重要传承地。妈祖，又称天妃、天后、天上圣母、娘妈，是历代船工、海员、旅客、商人和渔民共同信奉的神祇。古代在海上航行易受到风浪的袭击而船沉人亡，船员们把希望寄托于神灵保佑，在船舶启航前要先祭天妃，祈求保佑顺风和安全，在船舶上还立天妃神位供奉。宁波庆安、安澜会馆同时又是祀神的庙宇，供奉航海保护神妈祖。每逢农历三月二十三日妈祖诞辰和九月九日妈祖升天日，舶商、渔民都聚集在会馆，演戏敬神、祭祀妈祖。庄重的崇拜祭祀仪式、热闹的民间庙会和丰富多彩的民俗表演，蔚为甬上之大观。

第四节　纪念亭

一、古柯亭

古柯亭位于今绍兴市柯桥区柯桥街道柯亭社区的运河边，因东汉辞赋家、书法家、音乐大师蔡邕在山阴取椽为笛之事而名。《世说新语》"轻诋第二十六"第 20 条注引伏滔《长笛赋叙》曰：

> 余同僚桓子野，有故长笛，传之耆老，云蔡邕伯喈之所制也。初，邕避难江南，宿于柯亭之馆，以竹为椽。邕仰眄之，曰："良竹也。"取以为笛，音声独绝，历代传之至于今。[①]

---

① ［南朝宋］刘义庆：《世说新语校笺》卷下，［梁］刘孝标注，徐震堮校笺，中华书局 1984 年版，第 450 页。

清嘉庆《山阴县志》卷七亦载:

> 柯亭,在山阴县西南四十里。《郡国志》云千秋亭,一名柯
> 亭,一名高迁亭。汉末蔡邕避难会稽,宿于柯亭,仰观椽竹,知
> 有奇响,因取为笛。……乾隆十六年翠华临幸有御制题柯亭诗。[①]

柯亭是与音乐艺术相结合的园亭,多少年来笛声悠久,将登亭者带入
一种清净高雅的境界。清代的柯亭曾建有重檐四角方亭,戗角起翘,攒尖
顶,上置葫芦宝顶,周有围墙。临河建四柱三间石牌楼,额枋上刻"古柯
亭"三字,楷书。亭后有屋,惜已圮。现于遗址上建有柯亭公园,为县级
文物保护单位。公园占地万余平方米,建"笛韵千秋"石牌坊、笛韵桥、
渡月桥、银莲桥、挑檐二层"柯亭楼"、风篁榭、蔡邕造像等景点,供游
人玩赏休憩。

二、清水亭

清水亭又名一钱亭,位于今绍兴市柯桥区钱清街道钱清村萧绍古运河
东侧。

嘉庆《山阴县志》引《两浙盐法志》曰:"一钱亭:钱清镇有刘太守
祠,祀汉刘宠,临江有一钱亭。"[②] 又引旧志说:"刘太守庙,旧在禹会乡,
郡人建以祀汉太守宠。唐曰灵应庙,宋改封灵助侯。元至正间周绍祖移建
于钱清北镇。"[③]

"一钱亭"之得名缘于刘宠"一钱太守"之名。刘宠(?—197),字祖
荣,东莱牟平(今属山东烟台)人。他以明经举孝廉,拜会稽太守,曾发
动民众,兴修水利,重视农桑,致令会稽吏治清明,郡中大治。离任之时,
百姓依依送别,携财物相赠,刘宠仅选大钱一枚,将其抛入西小江,后人

---

① 嘉庆《山阴县志》卷七,第4—5页。
② 嘉庆《山阴县志》卷七,第7页。
③ 嘉庆《山阴县志》卷二十一,第10页。

乾隆题诗
邱志荣／摄影

因此改江名为钱清江。而刘宠也因此被称为"一钱太守"。其事在清乾隆《绍兴府志》卷四十一有记。[①]乾隆十六年（1751），清帝乾隆南巡至此，闻听此事有所感，御笔亲题《钱清镇》一首，诗曰："循吏当年齐国刘，大钱留一话千秋。而今若问亲民者，定道一钱不敢留。"

清水亭三面环水，居于河中，四根石柱镌有两副阴刻亭联，一为："庙貌肃钱江，河润千秋，华古衣冠留汉绩；冰心澄鉴水，风流百代，粉香俎豆奠清苑。"另一为："民口为碑，一钱不易；臣心如水，千古同清。"亭之平面呈长方形，坐西朝东，五开间，五架抬梁带前后廊，四柱七檩。柱下有石础。南北山墙各设双扇石库门，上方置"汉太守选钱处"石匾，前后檐墙封闭。每间前后墙各设一砖砌冰裂纹花窗。南面临河一间为重檐、攒尖顶，四角起翘。亭内原有一碑，即乾隆御笔石碑。

1963年，清水亭被列为绍兴县文物保护单位。1981年，因钱清江拓宽，亭被拆除，碑额、碑身存于镇政府大院内。今亭遗址尚存。

---

① 刘宠之事参见乾隆《绍兴府志》卷四十，第21页。

第九章
文献、碑文

昔神禹治水八年，使无《禹贡》一篇，则治水之道不详。若汤公与诸公之建修诸务，使无《全书》一录，则节水之计罔据。岂非皆天地间不可少之人，以补世界之缺陷者哉？昔人有曰："莫为之前，虽美不彰；莫为之后，虽盛不传。"是书也，梓而行之，列之府志，板藏汤祠，仁人之言，其利溥哉！

——《闸务全书》鲁元炅序

据陈桥驿先生之考证，仅绍兴一地，古代就有方志 146 种、名胜游记 284 种、水利 141 种、人物 69 种等等，总计 1400 余种文献。[①] 有关浙东运河的相关著述最早见于《越绝书》中有关越国水利之记载，此后历代绵延不绝，且文体多样、内涵丰富、名家集聚、名篇迭出。窥一斑见全豹，考虑到本丛书的平衡性，以及受限于篇幅，本章分史志、论述、碑文三部分分别介绍、辑录相关文献，并且主要辑录民国时期及之前的文献，诗词等不再选入，以资参阅、研究。

---

① 参见陈桥驿：《绍兴地方文献考录》，浙江人民出版社 1983 年版；陈桥驿：《绍兴修志刍议》，载陈桥驿《吴越文化论丛》，中华书局 1999 年版。

第一节 史志

一、杭州市

《萧山三江闸议》

清毛奇龄撰,稿本一册一卷,浙江图书馆藏。

毛奇龄于康熙四十七年(1708)、康熙四十九年(1710)、康熙五十一年(1712)三次上议,反对起修三江闸,此事遂罢。其所上三议,见毛奇龄《西河集》卷八《议三·请罢修三江闸议》、方观承《敕修两浙海塘通志》卷十八。此稿本相当于康熙四十九年之议,但与所上正式文本相比,差异甚大。

二、绍兴市

《越绝书》

东汉袁康、吴平辑录,被称为我国方志鼻祖。其有较多的水利、航运记述,概括地记述了越国水利形势和特点。《越绝书》卷八还详细地列出了公元前493年至公元前473年越国兴建的一批水利工程,主要有吴塘、南池、坡塘、苦竹塘、富中大塘、故水道、山阴小城、山阴大城、石塘。这些工程,按类型可分为堤塘、河道、防洪城墙、蓄水库等;按地形可分为山麓水利、平原水利和沿海水利。《越绝书》不但为研究越国水利、地理和文化提供了重要史料,而且提高了越国水利、航运在全国的历史地位。

《山居赋》

南北朝谢灵运撰。南朝梁沈约所撰《宋书》卷六十七《谢灵运传》载有《山居赋》全文。

《山居赋》被称为韵文式的地方志,记述的是会稽山地和四明山地一带的自然环境、始宁墅的景物。赋曰："今所赋既非京都宫观游猎声色之盛，而叙山野草木水石谷稼之事。……其居也，左湖右江，往渚还汀。面山背阜，东阻西倾。抱含吸吐，款跨纡萦。绵联邪亘，侧直齐平。"[①]此文是一篇出色的山水之作。

《上虞县五乡水利本末》

上虞陈恬（字晏如）著于元至正二十二年（1362）。此书是绍兴所见到的最早一部区域性水利专志。从仕郎江浙等处儒学提举杨翮在为该书所作序中言：

> 上虞陈晏如，以五乡之水利具有本末，不徒辑而为书，又必刻而传之，以垂永久，是其思以利其乡于后世之意何如也。盖夏盖、上妃、白马之为湖于上虞旧矣，幸而不为田，则其乡之利甚厚，不幸而不为湖，则其乡之害有不可胜言者。利害之分，较然明著。奈何细人之肤见，往往役于小利，率倒施之，可为浩叹。此晏如所为，夙夜惓惓，欲使后世长享厚利而毋蹈害焉。

可见编此志是为了启示后人保护好三湖，不废湖为田，兴利于世。奉直大夫温州路总管内劝农防御事天台刘仁本亦为该书作序。此书元代版本早佚。

明嘉靖十五年（1536），上虞县令汝阴双溪张光祖命成维、陈骥重加校正，捐俸而刊之，始末见张光祖为重刊本所作序。明代版本也已散失。

清光绪八年（1882）重刻《上虞县五乡水利本末》，为三湖塘工合刻本，分上、下两册。此版本今存，经整理后载于《绍兴水利文献丛集》（广陵书社 2014 年版）。上册为《上虞县五乡水利本末》内容；下册为《续刻三湖水利本末》，朱鼎祚作序，连蘅作跋，记述明清时期三湖水利。

《上虞县五乡水利本末》上册内容有：夏盖湖图，上妃、白马湖图，

---

① ［梁］沈约：《宋书》卷六十七，中华书局编辑部点校，中华书局 1974 年版，第1754—1757 页。

三湖源委图，五乡承荫图，三湖沿革，植利乡都，沟门石闸，周围塘岸，抵界堰坝，限水堰闸，御海堤塘，科粮等则，承荫田粮，元佃湖田，五乡歌谣，兴复事迹，古文碑记。下册内容有：改设堰闸，工部覆奏，徐公六议，海塘、湖塘要害议，修筑江塘，陈仓堰事迹，设法议巡，巡水条例，盗决禁约，长坝规制，应巡沟闸，近年得弊等。

清光绪十年（1884），连薇重刻《上虞县五乡水利本末》，在其后续刻《水利案卷》，记录清道光、同治年间有关夏盖湖水利的争讼，书名为《重刻五乡水利本末》，有连薇跋。

《皂李湖湖经》

明正统七年（1442），罗朋编集此书，并由莫雷校正，郭南作序。清康熙年间（1662—1722），重刻《皂李湖湖经》，由曹云庆纂集，徐以清校正。

此书乃专叙上虞皂李湖史实的水利专志。主要内容有：本湖沿革、皂李湖重建三闸之记、上虞县皂李湖水利记、修皂李湖闸水利记、皂李湖水利禁碑记、两朝禁碑、两朝定案、陡门闸坝、堤塘界趾、争讼事迹、古今歌谣、皂李湖事实记、皂李湖辩证说等。

《经野规略》

明刘光复撰，成书于明万历三十一年（1603）。刘光复，字贞一，号见初，明青阳（今安徽青阳县）人。明万历二十六年（1598）进士，曾任诸暨县令。《经野规略》是其在治理浦阳江实践中总结、编撰的一部水利专著，曾先后重刊4次，有清嘉庆二卷版和清同治三卷版存留于今。

此书素有诸暨水利的"治谱"和"成规"之称，至今仍不失其参考价值。内容包括为湖田抗洪、防涝所写的《疏通水利条陈》（11条），《善后事宜》（34款），各埂、闸的禁示，重要水利工程纪实，各埂、畈的丈尺、田亩分段数等，少数为重刊时增辑。刘光复致力于通过治水变水害为水利。他在序中分析了诸暨所处的水环境，认为诸暨田亩"半属下泽"，"骤雨终朝，百里为壑"，"一经漂没，居无庐，野无餐"，经过"凿渠导流，芟秽塞窦，丈埂分筑，高广倍加"的不懈努力，治水终有所成。

《闸务全书》

清程鹤翥纂辑。程鹤翥，字鸣九，明末诸生，世居三江，清康熙二十一年（1682）为三江闸第三次大修司事，收有第一手修闸资料和大量史料，并实记修闸过程，遂于清康熙四十一年（1702）编成此书。

《闸务全书》分上、下两卷，5 万余字，附图 2 幅。卷首有姚启圣、鲁元炅、李元坤、罗京序。上卷记明嘉靖十五至十六年（1536—1537）汤绍恩建闸实绩，以及明万历十二年（1584）萧良干、明崇祯六年（1633）余煌、清康熙二十一年（1682）姚启圣主持的三次大修与管理、修理成规等；下卷为"大闸事宜核实""修闸成规管见"等相关论述与"诸闸附记""时务要略"等等。

除康熙抄本外，有康熙蠡城漱玉斋和咸丰介眉堂两种刊本，现已稀见。

《闸务全书续刻》

清平衡撰。平衡，山阴人，三江闸第五次大修主事之一。继清康熙年间程鹤翥纂辑《闸务全书》后，道光十六年（1836）后，又有《闸务全书续刻》四卷问世。

《闸务全书续刻》共四卷，记述了乾隆六十年（1795）茹棻、道光十三年（1833）周仲墀主持的三江闸第四、第五次大修的全过程，对《闸务全书》进行了补充。第一卷是图说碑记，包括《三江闸水利图说》等；第二卷是修闸备览，包括泄水、筑坝、分修、灌锡、物料、器具、夫匠、监工等方面；第三卷为修闸补遗，主要是工程管理方面的内容，包括如何进行闸夫分管，闸洞板数及启闭、禁渔等；第四卷为修闸事宜，主要讲述工程技术，如墩基、水车、修理等。

《闸务全书续刻》与《闸务全书》各具特色，组成一部出色的三江闸工程专志，总称《三江闸务全书》。

《上虞塘工纪略》

清连仲愚撰。前后相续共四卷。连仲愚（1805—1874），字乐川，上虞崧厦人。两应乡试未中后，回乡兴办实业、修筑海塘、赈济乡人，为世人称颂。

清同治元年（1862），首撰《塘工纪略》二卷，此书为塘工专志，记述上虞前江塘及后海塘塘工历史，也是作者修筑塘堤十余年的经验总结；同治五年（1866），又撰《续塘工纪略》续述前江塘塘工事实，还附有杂说，记述塘工管理方面的经验；同治十年（1871），再撰《三续塘工纪略》，记修塘工程并善后事宜。《上虞塘工纪略》今存光绪四年（1878）刻本，共为四卷。

《上虞塘工纪要》

清连蘅撰，二卷一册。

《上虞塘工纪要》记述前江塘自清光绪七年（1881）至二十四年（1898）期间所遭遇的洪潮大风袭击、抗洪抢险经历，以及堤防修筑和管理经验。上卷为塘工纪要，记于光绪二十二年（1896）正月及后来的三次续塘工纪要。下卷为五续塘工纪要、六续塘工纪要、重筑临江大塘纪要、附刻王公祠序、江塘逐段培修工程并善后事宜。

《上虞五乡水利纪实》

清金鼎撰，清光绪三十四年（1908）柯庄谦守斋版。

本书记述夏盖湖经历清雍正（1723—1735）、嘉庆（1796—1820）间围湖造田 5 万余亩以后，蓄水仅唐时十之一二，旧设放水沟闸俱废，当时靠仅存堰坝涵洞，利用涓滴之水灌溉之事，以及提出加强巡防和管理等建议。

《越中山脉水利形势记》

清李镜燧撰。此文收录于民国《绍兴县志资料第一辑》第十册。李镜燧，字槐卿，会稽县人，光绪二十年（1894）举人。

全文分山脉一、山脉二、山脉三、源流形势、水利沿革和绍兴城形势几部分，并附绍兴县城区各镇土地状况及地税统计表，宏观论述了具有"山—原—海"特定地理环境的绍兴水利数千年的发展历史，堪称地方史料中集地理、水利于一体的史论之作。尤其是水利沿革部分，开篇之"越中地属海隅，南并山，北临海，地势南高而北下，江流溪源下注，海潮怒激，江与海相通，吐纳无节，本天然一泽国耳"，准确描绘了绍兴水乡的原始水环境。接着融诸家之说，综述了自东汉永和五年（140）筑鉴湖至清光绪（1875—1908）中三江闸外浚淤约1750年的绍兴水利历史，并以鉴湖、玉山斗门、麻溪坝、三江闸、石海塘工程建设为标志，划分成5个发展阶段。文中所提出的今后的水利要务——"后之言水利者，第注意于塘闸而勤加保护，及时修整，潴泄得宜，可永免水旱之灾"，"河道日形狭小，……且瓦砾垃圾倾倒淤积，河底日浅，则蓄水不多，一经旱干，不敷灌溉，此后又当以浚河疏源为水利之要务矣"——至今仍具有现实意义。

《麻溪改坝为桥始末记》

清王念祖编印于民国八年（1919）。今存上、下册共四卷，卷一至卷四分别为"论著""记事""公牍上""公牍下"。卷首有序2篇，图7幅，分别为《先贤刘蕺山先生遗像》《山会萧略图》《山阴天乐乡水利图》《麻溪桥图》《茅山闸图》《新闸桥图》《屠家桥图》。编纂者王念祖（1874—1914），山阴人，光绪二十三年（1897）举人。

该书记载了明、清、民国时期浦阳江下游改道对诸暨、山阴、萧山三县水利的影响及麻溪坝的兴废历史，是研究历史时期浦阳江下游江道变迁的重要史料。

《塘闸汇记》

清末至民国时期王世裕编，收入民国《绍兴县志资料第一辑》第十二册。王世裕（1874—1944），字子余，绍兴人，近代绍兴著名爱国人士。

《塘闸汇记》是一部辑录民国时期绍兴、萧山二县塘闸，即萧绍海塘的工程资料总集，兼录明清相关资料。全集按塘工、闸务、闸港疏浚、塘闸经费、塘闸机关及杂记六大类编排，共辑录各种塘闸资料165篇，附图8幅，共约25.4万字，保存了明代建三江闸封闭萧绍海塘后的许多宝贵资料，堪称明代至民国时期的萧绍海塘志。

《会稽方志集成》

傅振照、王志邦、王致涌辑注，团结出版社1992年出版。

《会稽方志集成》乃"六朝地域社会丛书"中之一种。六朝会稽方志多有水利记述。比如谢承《会稽先贤传·贺氏》曰："贺本庆氏，……隐会稽上，越人哀之，予湖泽之田，俾擅其利。表其族曰庆氏，名其田曰庆湖。今为镜湖，传讹也。安帝时，避帝本生讳，改贺氏，水亦号贺家湖。"这是研究鉴湖兴建前历史地理的重要史料。虞预的《会稽典录》以人系事，有越中山川记载。贺循的《会稽记》有关于大禹治水的记述。孔灵符的《会稽记》则不但有大禹治水于宛委山、若耶溪、余姚江等记述，还有关于鉴湖的较详记载，是考证鉴湖工程和效益，为马臻辨冤的权威资料。谢灵运的《山居赋》是用韵文形式撰写的地方志，其中对越地山川形势有较详记述。

三、宁波市

《四明它山水利备览》

宋魏岘撰，二卷。《四库全书》本、《四明丛书》据崇板本刊、《宋元四明方志》本等，藏于今宁波市图书馆、天一阁方志馆。唐大和七年（833）鄞县县令王元玮于它山筑堰，以捍江潮。岁久废坏，南宋嘉定年间（1208—1224）魏岘请重修，且董兴作之役，因作是书记之。上卷杂志源流规制及修造始末，下卷则皆碑记与题咏诗。

《甬上水利志》

清周道遵撰，六卷。清道光二十八年（1848）木活字本，存于天一阁方志馆。

《宁郡城河丈尺图志》

撰者不详，二卷。清光绪十四年（1888）河工局木活字本，存于天一阁方志馆。

《四明水利图说》

明游应乾撰。游应乾（1531—1608），字顺之，号一川，徽州婺源济溪（今属江西）人。明嘉靖四十四年（1565）进士，授户部主事。历宁波知府，迁两浙都盐运使，官终户部侍郎。

此书见《千顷堂书目》，雍正《浙江通志》卷二百五十四著录，未见传本。现著录于宁波市鄞州区水利志编纂委员会编《鄞州水利志》（中华书局2009年版）第697页。

《它山水利图经》

清姚燮撰，共二卷。姚燮（1805—1864），字梅伯，自号复庄，浙江镇海崇邱（今属宁波市北仑区）人。据民国二十五年（1936）《宁属方志目》，此书有传抄本。现著录于宁波市鄞州区水利志编纂委员会编《鄞州水利志》（中华书局2009年版）第697页。

《牟山湖志》

清刘福升著，清刘鹏、刘鳌校对。不分卷。光绪二十五年（1899）刻本，二册，余姚市文保所有藏。

《牟山湖志》是专门记载牟山湖事项的志书，内容包括牟山湖图、牟山湖水利系统图、河道图、私有农田图等。在余姚水利专门志书系列中，有清代《牟山湖志》、清代《余支湖图志》、民国初《六仓志》等，其中《牟山湖志》最具有代表性。中国水利水电出版社出版的《余姚市水利志（1988—2009）》在编纂时，《牟山湖志》是重要参考。

《东钱湖志》

王荣商总纂，共四卷。王荣商（1853—1921），字友莱，浙江镇海（今浙江省宁波市北仑区）人。清光绪十二年（1886）进士，官授京都翰林院庶吉士，授编修，升侍讲，转侍读。历任国史馆纂修、文渊阁校理、顺天同考官和四川正考官。1909年告老还乡。1918年任《镇海县志》总纂。1921年1月病逝。

《东钱湖志》卷一记述东钱湖水利，包括图说、山水、塘堰、碶闸、湫、阙、桥、坝、湖流去向等。卷二记述沿湖祠庙、古迹、冢墓、寺观、物产等。卷三为文献卷，记述名宦、乡贤、技艺、贞烈、仙释等人物和艺文。卷四系工程卷，记述东钱湖浚湖始末。

本志嘉兴图书馆有藏，《宁波方志目》有著录，鄞县文物管理委员会、鄞县水利局有复印本。现著录于宁波市鄞州区水利志编纂委员会编《鄞州水利志》（中华书局2009年版）第697页。

第二节　论述

一、杭州市

水利事迹·郑河口 [1]

[宋] 顾冲 [2]

萧山自西兴闸至钱清堰，计四十五里，中有运河。河之南有湘湖，河之北为由化、夏孝二乡，每遇岁旱，各得湘湖水利。如欲取水，先于运河两头作坝，方决望湖桥下坝，引水入运河，复开郑河口坝，流入二乡。望湖桥乃水之所自出，郑河口乃水之所自入，其

---

[1]　本文辑自乾隆《绍兴府志》卷十五，第38页。文中记述了南宋淳熙年间浙东运河萧山段的灌溉状况，以及顾冲为维护运河水利与侵占水利的官僚进行的激烈争斗。

[2]　顾冲，临安（今杭州）人，南宋淳熙年间（1174—1189）任萧山县令。顾氏致力于湘湖、运河水利，有伟绩，深受萧山人民尊敬，被立祠纪念。

水已足。然后去两坝，复塞望湖桥、郑河口二坝。缘郑河口，系在张提举住宅前，断为船浜，为荷池，水不通者三十余年。

淳熙十一年九月，内勾提举被旨前来掘白马湖。有贾珍等状论郑河口被张提举冒占水利，欲于河内立桩垒石，起造船坊，筑捺强坝，蓄养鱼鳖，栽种荷花，不容放水灌溉田禾，致遭旱伤，农民流移，乞委官毁拆。勾提举于当月二十六日，将归绍兴，行至县，遂询问郑河所在。适在问处，令本县预集夫五十人，不一时顷，其坝尽开通。但未知日后通塞如何也。

山阴县知县林令禁止开垦梅湖示 [①]

为公吁宪思等事，乾隆八年七月二十四日，蒙本府正堂周宪票，本年七月二十一日，蒙布政使司潘宪票内开：乾隆八年七月初一日奉巡抚部院常批，山阴县呈详，民人张裕国、李彦卿等呈请开垦梅湖地亩。查梅湖载入县志，为蓄水灌田之区，相延已久，下乡之田实所利赖。一经垦占，妨碍良多，岂可因数人之得利而贻患于众多田亩。滋讼无已，仰请恩将梅湖禁止开垦，毋许藉词升课，占种湮塞。现有淤涨之处，即饬该地居民各于农隙时用工疏浚深通，俾免日就浅涸，庶一方之水利常存，而地棍、奸民亦无从再觊觎等情。奉批，既据勘明，梅湖有关水利未便开垦，其淤涨之处，应令该地居民疏浚深通如详，行仰布政司转饬遵照，缴图志存，奉此，合亟转饬，仰府文到，迅将山邑梅湖有关水利未便开垦转饬该县出示严禁，仍将淤涨之处应令该地居民，于农隙之时上紧疏浚深通，具详察夺，并毋许奸民仍前垦占湮塞，有碍水利。如有玩法棍徒，藐视不遵，该府立即严拿究治，均毋违延。致于未便等因，蒙此合行转饬，仰县官吏文到迅将梅湖有关水利未便开垦速即出示严禁，仍将淤涨之处应令该地

① 本文辑自《钱清镇志》编纂委员会编：《钱清镇志》，中华书局 2013 年版，第 1257 页。

居民，于农隙之时上紧疏浚深通，具详核转，并毋许奸民仍前垦占湮塞，有碍水利，如有玩法棍徒藐视不遵，该县立即严拿，从重究治，均毋违延。致于未便等因，蒙此，合行出示严禁。为此，示仰该地居民及总甲人等知悉，即便遵照梅湖有关水利未便开垦，已经本县详奉宪批饬禁，其湖内现有淤涨之处，凡有田亩坐落下乡沾利之户，各于农隙时上紧疏浚深通，以免日就浅涸，毋许地棍、奸民仍前垦占湮塞，有碍水利。如有玩法棍徒藐视不遵，许地总居民据实禀县，以凭严拿，从重究治，决不宽贷，各宜凛遵毋违，特示。

浙东运河之重要性与整理意见[①]

[民国] 杨建[②]

一、绪言

考吾国沟洫之制，载在典籍，耕九余三，未尝不足；乃降至近代，水政不修，驯至主要农产物，转须仰给外洋，遂使农村崩溃，民生日蹙。为今之计，以言复兴农村，必先兴办农田灌溉，发展内河航运，使农田无旱潦之患，产物得运输之利，而后国内经济方克渐见恢复。全国经济委员会特拟订全国水利建设大纲，令行各省建设机关拟具工程计划，以俟筹款兴办，循序推进，并指定浙江自杭州钱塘江经绍兴达宁波通海之浙东运河，为全国当前切要水利工程之一。建奉派前往调查是河水道及沿运经济情形，自六月二十五日出发调查，至七月四日完毕回厅。兹将调查所得，分别述下：

---

① 本文辑自《浙江省建设月刊》民国二十五年（1936）第十卷第三期，第1—15页。此文是为民国政府拟订全国水利建设大纲，国家经济委员会指定浙东运河为全国重点水利工程之专题调研报告，也是浙东运河专名的最早出处。
② 杨建，民国时期浙江省建设厅技术官员。

二、浙东运河之重要性

吾国主要江河，流向均由西而东，惟运河则由北而南，起自北平，南迄宁波，长达二千余公里，贯通后可使黄河、扬子、钱塘、曹娥各流域之航运，得以联络一气，产物得以相互接济，关系全国交通、经济、国防者甚大。故整理运河，为整个国家之建设大计；而宁绍杭为沿运生产最富之区，整理浙东运河，实为贯通全运之嚆矢。此关于联络全国航运，浙东运河之应行整理者。

近世陆运交通虽日臻完善，然关于运费与管理维持方面，则远不如水运之经济简单，故各国重要城市，莫不有通海航道。吾浙省会虽滨临钱江，而无海运之利，以故在杭客货售价之昂，远过其他沿海城市；浙东运河贯通后，客货既可由宁波海口直达省会，而钱江流域及浙东西各处之土产，亦易运往海外，省会工商业必大可图发展。此关于繁荣杭州，浙东运河之应行整理者。

一国之经济中心，其重要有甚于政治中心，故必有适宜之分布，以免受袭击封锁时有被一网打尽之虞。吾国沿海贸易，除天津广州外，现尽集中于上海，扬子江流域腹地各处，亦尽为上海所吸收，致上海成为全国经济之中心；又因租界与不平等条约之存在，工商业与庞大之金融机关，均倒持于外人手中；且海防空虚，吴淞门户洞开，固不必飞机战舰来袭，即市况稍有变动，亦足使我全国金融破产。总理孙中山先生所以主张另辟东方大港者，其意盖在于此。然东方大港系世界港规模，非有多量资金与长久时期之经营不可。为今之计，莫如先就上海相近扩充宁波原有商港以分其势为有利。宁波为东南重要商埠之一，以镇海为门户，舟山列岛为屏蔽，形势天成，风涛平静，最合商港地点；徒以腹地水运过短，客货输销不远，以故商业未能充分发展。运河之成，使甬埠可以直接吸收扬子、钱塘、曹娥各流域之富源。且浙赣铁路既已完成，杭甬全线行将通车，宁湘株钦两路再使与浙赣接轨，闽赣闽浙路线渐次完成，则长江以南，徽、赣、湘、桂、闽各省商货，均得罗致于宁波出口；然后以甬人雄厚之金融与商业上之经验，以经营出入口及国际汇兑事业，则不难完成真正中国人之商埠，以转移上海之经济势力。此关于调整全国经济与开发甬埠，浙东运河之应行整理者。

近代兵凶战危，在军事时期，轨道桥梁最易被毁，陆路交通随时有停顿之虑。水道运河既无被阻之可能，而船舶设备简单，航行便捷，辎重运粮之接济工作，非此莫属。况宁绍各处支流分歧，航道四达，在军事上尤有特殊之便利。此关于国防上，浙东运河之应行整理者。

综上各点而观，浙东运河之关系全国全省交通、经济、国防者，其重要尤甚，不仅沿运地方之裨益而已也。

三、沿运各县之经济及交通

交通事业与地方经济之关系，如声与响，如影与形，互为因果，故在工程未计划以前，尤宜明了地方之经济情形。浙东运河所经各处，为滨海平原，浙东农工商各业最发达之区，人烟稠密，甲于全国，出入口货额，仅就鄞海关统计，进口货总值达二千八百六十余万元，出口货总值达二千一百三十余万元，其与邻县贸易及出入沪杭与自给部分之产额，恐为数更巨。兹将沿运各县之经济情形，简述如下：

1. 杭县　全县面积二千九百余方里，田占百分之五二，地占百分之二一，山占百分之一一，荡占百分之六，人口八十二万。杭州为东南第一大都市，浙江省会所在，擅水陆舟车之利，占湖山风景之美，人口五十余万，商业繁盛，工厂林立，蚕丝业之发达为全国冠，工业品之出色者，如绸、缎、纱、罗、绉、纺、火柴、香粉、扇子等类，每年运销他处价在一千五百万元以上；普通者如豆油、麻油、菜油、柏油、酱油、黄酒、药酒、麦粉、布匹、线袜、胰皂、牛革、油纸、锡箔、金银铜铁铅锡等用器、竹木家具、船舶、笔墨、鞭炮等项，为数亦甚可观。其外来者，首推布匹、柴炭，以及苏皖之米，绍兴之酒，宁波之席，江西之瓷，福建之纸，徽州之漆，川广之药材，各国之五金、玻璃、建筑木料，各公司之香烟、南货、海货等，不胜枚举。农产物之主要者，为粳稻、糯稻、大麦、小麦、大豆、各种蔬菜、菱、藕、茶、菊等类；普通者有玉蜀黍、花生、蚕豆、豌豆、各种瓜类、茄、芋、甘蔗、苎麻、桃、李、杏、梅、枇杷、柿等类。惟年产食粮，不足供本地半岁之需，全赖上江兰溪一带，与嘉、吴、无锡各处之接济也。

2. 萧山　全县面积为五千五百方里，人口五十余万。物产以蚕桑较为发达，春秋茧年产一百六十余万斤，谷类以早晚稻为大宗，年产约百万石，大小麦二十余万石，菜子十八万石，烟叶二十余万斤，棉花三千二百万斤，此外如杨梅、桃、李、蔬菜等类，产量虽多而尚无统计。入境货物，以米为最多，咸鲞、海产次之，南货、洋货又次之。出境货物以丝、茧、麻、棉花、烟叶、纸货为大宗，布匹次之。过境货物如绍酒、谷、米、丝、茧、棉花、锡箔、洋广各货及柴、盐等类为大宗。

3. 绍兴　面积八千余方里，人口一百十余万，农民居十分之四，商民居十分之二，工民居十分之三。农产物之主要者，为米、麦、豆、玉蜀黍、花生、麻、棉、茶、蕃薯、萝卜、油菜、菱、藕、柿、桃、李，以及各种瓜类，产额丰歉不同，所出米量，丰年尚不敷十分之四，需由衢、严、新、嵊等处采运接济。工艺品方面，年产黄酒约五百万缸，锡箔一百六十万块，绸缎二十三万余匹，纸三万三千余担，土布二十万匹，砖瓦一千五百万块，石灰二千万斤。外来货品有磁器、夏布、草席、缸、瓮、酒坛、咸鲞、米、面粉，以及沪杭洋广杂货等。

4. 上虞　面积二千九百余方里，人口三十余万。农产物之主要者为稻、麦、棉花、玉蜀黍、蕃薯、茶叶、荸荠、杨梅、蚕豆、黄豆、油菜等，所产之谷，尚不敷一年之粮，需仰外县之接济。工艺品有洋线、缎、绸、土布、竹纸、竹木器具等，而均无较详之统计。出境之货，以南乡之茶叶、竹纸，沿海之丝茧，与西北之棉花为大宗。入境之货，以糖、米、咸货、海味、布匹及各种杂货为大宗。过境者以米粮、布匹、纸、烟酒、茶等物为大宗。

5. 余姚 面积四千四百七十余方里，人口六十四万，农民约三十万，商民二十万，工民八万。沿海人民全赖鱼盐为生，计鲻鱼、梅鱼、白蟹、黄蛤、泥螺、苔菜、白虾等类，年产约十八万五千余斤，食盐年产约五百余万斤。农产有谷、豆、茶叶、棉花、林产、果实、蔬菜、畜产、水产、丝茧、药材、油等十二类，年产值二千五百余万元。工艺品有草帽、花席、溪屏纸、罐头食品等，年产约五百四十余万元。丰年可产米一百二十二万石，平年八十五万四千余石，而全县每年所需米量为一百六十三万五千余石，不足之数，需仰外县之接济。出口货以麦、棉花、盐、竹、水蜜桃、牛、草席、麦冬、罐头食品、草帽为大宗，总值达一千五百四十八万四千余元。进口货以煤油、冰鲜鱼鲞、布匹、绸缎、南货、茶食、米、木材、五金、煤炭、纸、京广杂货、药材、香烟、瓷器、草帽原料、草席原料为大宗。

6. 慈溪 面积约三千四百余方里，田占十分之六，地占十分之一，山占十分之三，人口三十余万，农民与工商业者各半。水产以沿海黄鱼为最多，农产以谷米为大宗，棉花、玉蜀黍、荞麦、大麦、小麦次之。民食虽丰，全年尚欠一二月之粮。出境货物以棉花为大宗，年产值二百余万元，毛竹、杨梅、茶叶等次之。入境货物如绍酒、鲜鱼、海产、绸缎、南货、杂货为大宗。

7. 鄞县 面积四千二百余方里，山少田多，人口七十三万，县城沿甬江一带，店肆整齐，商业繁盛，为东南重要商埠。出口与过境货物，以草席、棉纱、鱼鲞、木器、贝母、棉花、棉子为大宗，总值达二千一百余万元。进口与过境货，以煤油、柴炭、煤、木料、石版、绸缎、洋布、羽缎、南货、药材为大宗，糖类、果品、玻璃、五金次之，总值达二千八百六十余万元。

8.镇海　面积一千八百七十余方里，人口三十八万余，县城枕海沿江，内外市集甚盛。农产物以稻为主要，大麦、小麦、荞麦、玉蜀黍、各种豆类、各种蔬菜、各种瓜类、甘薯、桃、梅、杏、李、杨梅、金橘、棉花、苎麻、蓼、茶、红花、百合、薄荷、藿香、车前、杞子、益母草、金银花等产量尤多；惟所产之米，尚不敷民食甚远。工艺品有布匹、草帽、花边，销行甚广。沿海鱼类年产约四五十万元，并有蛏田，产蛏子甚多。此外如紫菜、蜂蜜①等，产量亦颇可观。入境货以米、麦、木材、柴炭、南货、杂货为大宗，出境货以棉花、茶叶、药材、鱼盐为大宗。

统观沿运各县生产之富与消耗能力之强，加以城镇棋布，人烟稠密，水运之重要，亦可概见。

交通之兴废，关系地方经济之盛衰，已如上述。浙东沿海平原，港道交叉，航运四达，文化生产之所以超越全浙者，实由于此。惜江河水位相差甚大，堰坝高筑，航道被阻，船舶上下，需赖人力抬送，坝费之昂，远过全程运费。以故杭绍余鄞诸大城市，无法联络以收指臂之助，杭鄞货运，反须绕道沪嘉外海，其较由鄞杭直接运输者，经济上所受之损失为何如？陆运方面，公路铁路近年相继完成，鄞杭客运，半日可达，钱江曹娥铁桥完成后，当更为便利。然公路铁路宜于载客与输送急要商品，若大量农产物之装运，究不如水运之经济便利；观于沪杭之农产物及建筑材料等之运输情形，多系取道内河航线，即其明例。可知交通工程，各有特殊之重要性，相辅而不相悖也。兹将沿运各处之水陆交通现状，列表说明于后。

---

① 原文为"蜜蜂"，疑应为"蜂蜜"。

浙东运河航运统计表［（民国）二十五年七月制］

船舶种类	行驶航线	艘数	总载重				一艘最大载量				吃水深（公尺）	拖船总载量	
			总吨	净吨	载货（担）	载客	总吨	净吨	载货（担）	载客		载货（担）	载客
轮汽船	杭萧线	1	27.78	11.69		88	27.78	11.69		88	0.915	2.010	1050
航快船	杭萧线	63			10070	1718			200	30	1.00		
帆篷船	杭萧线	741			64143				500				
轮汽船	萧绍线	15	84.21				8.25			200	0.90		1560
航快船	萧绍线	423			22002	10422			200	30	1.00		
帆篷船	萧绍线	1929							500				
轮汽船	绍虞线	6	34.05		173601		5.5			200	0.80		800
航快船	绍虞线	146			7592	3972			200	40	1.00		
帆篷船	绍虞线	183			37197				900				
轮汽船	虞余线	2	11.00			71	6.0			36	0.80	200	
航快船	虞余线	49			3070	1140			200	40	1.00		
帆篷船	虞余线	1653			205380				900				
轮汽船	余慈线	3	137.53	81.69	650	449	68.96	40.75	250	226	1.50		
航快船	余慈线	46			4370	861			190	46	0.80		
帆篷船	余慈线	1782			241310				900				
轮汽船	慈甬线	3	137.53	81.69	650	449	68.96	40.75	250	226	1.50		
航快船	慈甬线	26			3731	876			400	50	0.90		
帆篷船	慈甬线	1815			245590				900				
轮汽船	甬镇通海线	56	13196.06	6448.3	104891	13300	2151.12	623	21400	1221	4.80		1596
航快船	甬镇通海线	39			8785	1194			2500	110	3.50		

船舶种类	行驶航线	艘数	总载重				一般最大载量				吃水深（公尺）	拖船总载量	
			总吨	净吨	载货（担）	载客	总吨	净吨	载货（担）	载客		载货（担）	载客
帆篷船	甬镇通海线	2077			635598				5000				
总计	轮汽船	86	13628.16	6623.37	279792	14357						2210	5006
	航快船	792			59620	20183							
	帆篷船	10180			1329218								
备考	本表系根据浙省建设厅航政股编制之浙省轮汽船、航快船、帆船等调查表，依经过本运河航道数量统计之。该调查表系自民国二十二年起开始调查，经历年修正，至二十五年三月编制完竣。所列帆篷船数量限于已向管理船舶事务所登记数量，其未登记者照估计约占三分之一强。												

沿运各县陆运调查表

公路			
路名	起讫及经过地点	长度（公里）	阔度（公尺）
萧绍路	西兴　萧山　柯桥　绍兴	48.58	7.50
绍蒿路	绍兴　曹娥　蒿坝	36.69	8.00
观曹路	观海卫　历山　浒山　小越　五平堰　百官	60.58	6.60
余周路	余姚　胜堰　低塘　周巷	14.91	6.50
胜浒路	胜堰　横河　浒山	12.64	6.50
鄞镇慈路	鄞县　骆驼桥　蟹浦　龙山　观海卫	44.18	5.00；6.60
慈骆路	汶溪　骆驼桥	8.15	6.00
慈河路	慈溪　汶溪　河头　邱王	19.20	6.00
镇骆路	骆驼桥　王家头　镇海	13.60	6.60
宁穿路	宁波□盛垫　大铺□穿山	44.27	6.60
宁横路	宁波　横山	33.65	6.50
鄞奉路	鄞县　栎社　江口　奉化	49.25	6.70；7.60
总计		385.70	

续表

铁路			
杭江铁路	自西兴江边站经萧山南行	12.00	已成
杭甬线甬曹段	自百官至鄞县	78.00	已成
杭甬线萧绍曹段	自西兴、绍兴至曹娥	78.00	在建筑中
总计		168.00	

观左表可知现有运河设备之简陋，水道之阻塞，而统计帆船总数达一万余只，快船八百只，汽轮八十六只，载重总量达一百六十六万八千余担。在此一百七十余公里之水道与农村破产之际，尚有是项成绩；如新河计划完成后，江河与各段水道，得以通行无阻，则航运之发达，可操左券。至现有公路路线，长达三百八十余公里，铁路一百六十余公里，客运已有相当之便利，钱江曹娥铁桥行将完成，则陆运更为便捷。此外如电话邮局，四处密布。水陆交通渐臻完善，地方经济与农工商业自必随之发展矣。

四、浙东运河之现状及整理意见

浙东运河，起自钱江南岸之西兴镇，止于鄞县之新江桥，计长一百七十余公里，横贯钱江、曹娥江，并顺姚江达甬江而通于海，就天然阶段，可将全线划分为钱塘曹娥段、曹娥姚江段及姚江本身等三大段。

（一）钱塘曹娥段

该段计程八十公里，起点在钱江南岸西兴镇之老埠头，离江约三公里，有旧河淤道直达江边，在潮汐最大时，水浪可达埠头右边数十步之老坝头。平时由江转运入河之货，系用牛车载至老坝头，再由坝夫肩运过坝，运费每担一二角不等；如遇风浪潮汐，则交通完全停顿，不便可想见矣。考昔人屡有伸河至江之计划，并已将河槽挖成数次，而一遇风浪，辄被淤没。盖以钱江潮浪汹涌，即重达数十吨之块石，亦每被飘动；况西兴一带近岸为新积淤滩，冲没更为速易，此其所以随挖随淤，卒无成效之主因也。运河在西兴镇内部分，长约一公里，阔约七八公尺，两岸市房栉比，放阔极为困难。出镇东行五公里，抵萧山县城，该段河阔约十五六公尺，岸高一公尺许，辟为底阔十六公尺之标准运河，工程尚属便利。

为联贯江河之航运起见，必使运河与江相通，而于相交处设船闸以维持上下游水位与便利船舶之往来。惟船闸地位之重要原则，为内外水道之稳固与不受风涛之威胁，今如以西兴江边为建闸地点，则非独运河伸长部分之施工不易，而钱江淤沙消涨无定，且深水道离岸数公里外，引河工程之困难，可以断言；至每日潮汐起伏，时或风浪汹涌，行船几无时不受危险，则尤其余事矣。西兴运河起点之不适于通江设闸，既如上述，故不得不另选新线；今选比较线二处，以资采择：

（甲）系自闻家堰西北一公里许之潭头起，经东山下村、下新桥、大小白马湖，过横塘坝至萧山与运河相接。该线原有河面，除在潭头横塘坝二端稍狭不过十数公尺外，中间颇为深阔，改为标准河渠，较西兴萧山线尤为便利。潭头起点河埠与江相隔仅一石坝，相距不过数十公尺，现时内河水位与坝顶相差约三公尺，附近民房尚少，坝外又当钱江凹岸深水槽部分，选为通江地点，似颇适宜。

（乙）拟自闻家堰东南之东汪村挖一河与江相通，经上下湘湖，过秋口坝而至萧山。是线除出入口水道需费整理外，其在湘湖部分，阔度已甚充足，且航道平直，通江处深度充足，选为设闸地位，亦颇相宜。

上述二处通江地点，便利均属相仿，疏浚河身工程，亦颇轻易，何舍何从，尚须根据将来测量成果，并兼顾钱江之整个计划，而后取决焉。

运河经萧山县城部分，阔度不过六七公尺，民房毗连不绝，自不便改为标准河渠；现有小轮，系绕城北水道行，而曲折不便，亦有改线之必要。

自萧山城东之转坝东行六公里许至莫家桥，河阔约二十余公尺，尚平直可用，昔时两岸均系丁由石砌，近年因受小轮波浪之激荡，坍毁已逾大半，在莫家桥村前一段，江面甚狭，出莫家桥东行经衙前折南行至钱清镇，计程约十二公里，一路河面甚阔，至镇前又缩狭至十余公尺。过钱清镇东南行，河面又变阔达三四十公尺，两岸石砌，几全部被毁。再前行约九公里抵柯桥镇，河面稍窄，出柯桥后，河面复放阔，西岸石砌，尚属完好，前行十一公里即至绍兴之西郭门。

绍兴为水道集中之地，纵横交错，密如蛛网，其北十七公里许之三江闸，为数百年来调节萧绍各处水道之唯一枢纽，绍属各处之得免旱潦，即是闸管束之功也。闸成于数百年前，因基墩各部侵蚀过甚，经前岁浙省水利局重加修葺，焕然一新，惜闸外淤滩日涨，曹娥江改道，出口似有被淤之现象，深觉可虑耳。

运河在绍兴城内部分之狭窄情形与萧山同，轮运系绕环城水道行，自城东之五云门继续东行约四公里而至东湖，河面狭隘，沿岸多名胜房屋，放阔颇为不易，似应将北面之平行水道，改作渠身，较为妥适。过董家堰独树村后，河面骤行展阔，最宽处达百余公尺。东行约九公里，抵陶家堰，河面又转狭，惟南面有白塔漾，为沿运最深阔之港，可资利用。自陶家堰东行约二公里至白塔桥，再三公里抵王家堰，河面又转狭；再东行二公里而至东关，河阔约二十公尺，东关为沿运大镇，市房栉比，民船荟集，航行至感困难。自东关东行二公里至白米堰，有支流通上虞之蒿坝镇，再三公里而至曹娥镇，河流曲折，渐远渐狭，在曹娥镇之一段，河阔不过五六公尺，市房连续不绝，似无改造为标准河渠之可能，故另拟比较线二处：（一）拟自东关附近之新沙里起，辟一新河，顺铁路公路间之泥沟至大桥附近而入于江，此线土方既甚有限，而可利用东关以上之水道，惟在东关附近，整理稍觉困难。（二）拟自绍兴城东起，采用铁路以北之平行水道，至东关以北一公里之新经庄，折向北行至章家渡而入曹娥江，再溯江东南行至百官，以与百官姚江段相接。是线可利用平行水道，整理甚为轻易，且通江地位当曹娥江凹岸，出口深度易于维持；惟春冬低水期间，江中水深不过数呎，航道势将被阻，有无利用仅在涨潮期间通航与改良之可能性，尚应详加测研也。

萧绍曹运河之现状已如上述，至就水源而言，则其优越地位尤为他处所不及。按萧绍二县地势南高北低，沿运之蓄水湖泊，计有上下湘湖、狭獭湖、芝塘湖、瓜渚湖、贺家池、白塔漾、石家湖等，然面积甚小，蓄水量有限；惟北部平原，港流交叉，既深且阔，水道面积约占平原四分之一，蓄水量远过湖泊多多也。又如春夏水涨，有三江闸为之宣泄，秋冬久旱，有浦阳江之茅山闸与曹娥江之清水闸引江水以供不足，操纵均随人意，便利无以复加矣。

钱江曹娥段水道现状，可总括如下：（一）沿运地势低洼，水量充足，平时河岸水面相差甚微，土肥而松，整理时土方工程，似甚有限。（二）运河经过之城镇村市甚多，附近水道狭窄，桥梁密架，改造极为不易。（三）绍萧水运发达，小艇货船，来往如织，现有一二十吨小轮经过时，已不胜颠簸之苦，日后驶行数百吨大轮时，危险更可想见。有此数种关系，故计划新河路线方针，除利用旧河深阔平直部分外，应以改用平行水道，避免经过重要村镇为原则；至若河狭岸低，轮船经过，农田颇受影响，势必限制航行速度，故护岸工程，未可忽视。此外如通江地点，自以出口深度充足，不受风浪威胁，与闸基土质良好之处，为必备条件，虽绕道稍远，亦属无可如何也。

（二）曹娥姚江段

该段为浙东运河最难整理部分，因天然地势，分南北二河，北河平直而水源不易解决，南河距程较短，整理易于入手，应分别予以比较：

（甲）北河，即马渚横河，起自曹娥江东岸之百官镇，沿江终点河埠有三，与江仅相隔一坝：（1）为百官镇南端之老坝头，（2）为镇西之大坝头，二处过江石坝，建筑甚为坚固，而河阔仅四五公尺，岸高达三四公尺，两岸市廛连续不绝，计长达一千六百余公尺，自无改为新河之可能；（3）为镇西北约三公里之后郭埠头，旁设涵洞与江相通，有水道东行与运河相接，附近民房较少，两岸均系农田草坡，与江贯通地点，当以此线最为适宜。

出百官镇东行六公里而至驿亭镇，该段河身整齐，阔约二十余公尺，在百官附近岸高达三四公尺，入后渐低至数十公分，至驿亭河面收缩，水道被固定石坝截断，坝阔约四五公尺，上下游水面相差为三十公分，行船上下，由十数人拖送而过。驿亭左右之白马牛山二小湖，所蓄水量，仅能供给沿湖农田灌溉之需。

自驿亭东行二公里，南面有湖曰浦塘泛，面积较白马湖稍广，蓄水甚为有限。再东行三公里为五夫镇，一路河身尚深广适度，惟在镇内部分阔不过四五公尺，市肆栉比，整理颇为不易。五夫为沿运最大市镇，户口约三百家，市面似甚拥挤。出镇后河面又转阔，东行数百步至五夫坝，坝长四十余公尺，分坝、闸、堰三部分，上下游水位相差约三十公分，货船过坝，均由坝夫抬送，坝费少则六七角，多则二三元，视船货之大小多寡而异。前行数百步而至牟山湖，湖与河相隔仅一堤，堤顶为铁路路基。按牟山湖又名西湖，与鄞县之东钱湖并著，东西长约四公里，南北广约二公里，为沿运最大湖泊，面积约一万余亩；惜年久淤塞，湖中水草丛生，几已变为牧场矣。自五夫东行七公里至横坝，亦分坝、堰、闸三部，长阔与五夫坝相埒，上下游水面相差为一公尺十余公分，货船过坝，系利用麻绳转柱，由坝夫八九人旋转绳索将船身拖吊而过。再东行一公里许为马渚镇，运河在镇内河身尚阔，有铁桥石桥各一，跨度约在八九公尺左右，桥底距水面五六公尺，均适合运河标准尺度，实为沿运城镇内所未多见。自马渚折东南行约三公里半而至陡亹坝，其设备与横坝同，上下游水面相差约七十公分，每日过坝船舶，多时达百余只，少则十数只，过坝情形已如上述。陡门坝以下即入姚江支流，河阔三十余公尺，岸高一二公尺，前行一公里，出曹墅桥而与姚江相接。

自百官至陡门，运河计程为二十四公里，所经地带，西南高而东北低，灌溉区域达二十余万亩，而水源供给，仅藉上述诸湖与支流水道本身，湖身既多淤塞，水道又甚浅狭；故每值农忙，沿河水车密布，旬日不雨，水量遂感缺乏，农民为自身利益计，不得不设闸造坝，划分区域，水源争执问题因是而起，数百年来尚无解决之途径。近虽于曹江设闸引水，而平时河高于江，仅能于涨潮时期引用一部分之江水，实仍无补于全局。沿运灌溉之困难如是，灌溉而须兼顾航运，其困难更可想见。故在水源问题未充分解决以前，本段运河似无利用为新河路线之可能也。

（乙）南河，又称四十里河，起自百官龙山以南二公里许之江礁头，终点河埠，与江相隔一石坝，坝顶高出水面约三四公尺，过坝费少则二三元，多则五六元，较他处犹多数倍。自江礁头东行一公里至外梁湖，该段河阔不过四五公尺，岸高三四公尺，整理殊为不易。过外梁湖前行数百公尺，抵西新桥，与自上元闸起在施工中之新辟引河相接。上元闸在百官附近之龙山头，闸高约九公尺，为二洞新式板闸，系最近上虞士绅集资所筑，其作用在引入江水，以供给内河水量之不足。引河阔约十余公尺，岸高三四公尺，改为标准河渠，颇为轻易，近尚在积极开挖中。闸基近接龙山，底层为坚实黄土，出口当曹娥江凹岸深水道部分，如于其旁建造运河船闸，尤属相宜。

过西新桥数十步则为无量桥，桥下为条石古闸，高约七八公尺，建筑巩固，两旁为挡浪大堤。出无量桥，河阔约三十余公尺，前行经梁湖镇，河身又转狭至十余公尺。出梁湖镇东行三公里许至蔡山头，再四公里，河分南北二支：北支入西黄浦桥，东行绕上虞县城之北，经落马桥折南行，出东黄浦桥约三公里以与南支会合。该段河面阔约廿至卅公尺，稍行浚治，即可成为标准断面。南支先东南行约二公里，折东北流至上虞县城，河面缩狭仅四五公尺，墙垣壁立，连续达一二公里，出城后北行一公里至东黄浦桥，与北支会合后，前行一公里而至通明闸。通明闸亦称老坝头，分车坝与堰二部，建筑均甚巩固，上下游水面相差约三公尺，船舶过坝，系采用摇车铅索，设备稍较新颖。过通明闸即为姚江上游之通明江，江阔约三四十公尺，潮汐起伏，水色清浊无定，景象与淡水河炯然不同矣。

按南河自江礁头起至老坝头止，计长十四公里，仅北河航程二分之一强，路线既短，浚治尤易。沿运地势，西北高而东南低，平原离山甚近，灌溉范围有限；而洪山、皂李、西溪诸湖尚深阔，足资灌溉湾区以内之农田。故上元闸之设，已足解决运河之水源；至龙山头与老坝头二处，亦为通江设闸之适宜地点。在此数项原则之下，则南河之应选为新河计划线，比较似属妥适矣。

（三）姚江本身

姚江在曹墅桥以上，亦称通明江，源出于余上交界大岭山，分东西二支：东支发源于山之东北麓，北行经梁衕镇约八公里至前方村，折西行约二公里与西支相接；西支发源于山之西北麓，北行约七公里至八字桥与东支会合。然后折向西北约二公里许至米巷村，又分西南二流：西流西行约四公里至通明闸，与自上虞来之四十里河相会合，东行四公里而至江口村；南流自米巷北行，曲折分歧，约四公里至江口镇，与西流汇合。共计自发源处至江口村凡十五公里，所经皆农田广野，地势平坦，附近山岭非石即泥，竹树丛生，故江中沙砾成分较少，拦沙工程易于设施。江口至通明闸一段，阔约四十公尺，江床多已淤积，涨潮时尚可通行民船，退潮时则淤滩露出水面，航道每被断绝，自余姚上行之小轮，平时均以江口为终点。自江口东北行四公里至永福桥，全段岸线平直，惟江床向未疏浚，深度不甚充足。自永福桥以下八公里至曹墅桥，与马渚横河相接，一路水道迂回，航行往复，似有截弯取直之必要。过曹墅桥东行七公里而至余姚，江床加阔倍深，轮运终年无阻。自余姚东行二十公里，航道曲折更甚，至丈亭镇江分东南二流：东行者亦称后江，约十八公里至慈溪县城，再东行可通镇海各处，为慈北主要灌溉水道，可通行民船小轮；南流自丈亭南行至杨梅山折东行，江面渐阔，自五六十公尺至百数十公尺不等，航道迂回如前，东行四十公里至鄞县附近，再由东而南而西绕一大转弯，出新江桥，以与甬江相接。自余姚至此，计程为六十余公里，全年可通行数百吨之小轮。由鄞县顺甬江东北行，二十公里而至镇海县城，全段可行四千吨及大潮时吃水十九呎之大轮，出县城即入大海，可停泊数万吨之巨轮矣。

就天然形势，可将姚江分为上中下三段：自发源至通明闸为上游，计十五公里；自通明闸至余姚为中游，计二十二公里；自余姚至鄞县为下游，计六十公里。上游淤浅部分较多，附近无重要村镇，殊无整理之价值。中游坡度极微，江面宽阔，而深度不足，每日潮汐起伏，水源不成问题，其两边之平行水道，均有挡沙作用，虽向未疏浚，而仍能照常通航，今如再加以人工之疏治，则深度必易维持。至若因江面之宽阔，两岸所受之航行影响甚微，又沿江无重要桥梁村镇，护岸、拆造、绕道等工程均可免去，凡此均非人工河道所能比及。如能再将弯曲截直，使潮汐易于出入，则水道更易维持矣。下游江面辽阔，深度均可勉强，疏浚工程甚为有限，应行截弯取直之处，仅可候全运贯通后从缓进行也。

统观浙东运河各段情形，可包括如下：钱塘曹娥段，地势平坦，水道纵横，虽沿运城镇林立，拆造为难，然可改用附近平等水道，展阔疏深，均可利用人工，整理工程自属省易。曹娥姚江段，可选用上元通明线，路程既短，水源易于解决，疏治工程最易藏事。至通明姚江一段，江面宽阔，上游及附近均有平行水道，拦沙工程易于设施，浚深后水道不难维持，则尽可利用机船开挖，施工尤为便利：姚江下游则不过局部疏治，工程更不成问题矣。此外如通江地点，在潭头、曹娥镇、上元闸、通明闸数处，亦均甚适宜，引河船闸工程，可无重大困难。总是以观，则全运整理计划，似尚易于实现。

五、结语

浙东运河之重要，已可得其大概，而总计整理经费，约为四百数十万元，不过重大陆路桥梁一座之建筑费。运河贯通后，行见全浙运输、经济，必起重大之改革，浙西运河整理费尚不及其半数，亦必继起完成而无疑。

近年中央对于各省水利建设，莫不予以实力之扶植；况甬人执全国商业之牛耳，绍属素称富饶之邦，地方之金融势力颇为雄厚，际此省库穷竭时期，对此偌大工程，恐非政府能力之所能独任，尤赖中央及地方贤达之主持指导，以成此关系整个国家之伟大建设耳。

二、绍兴市

论涛[①]

[东汉] 王充[②]

传书言：吴王夫差杀伍子胥，煮之于镬，乃以鸱夷橐投之于

---

① 此文节录自王充《论衡·书虚篇》，载 [汉] 王充著、黄晖撰《论衡校释》卷四，中华书局 1990 年版，第 180—187 页。标题为编者所加。
② 王充（27—约 97），字仲任，会稽上虞（今绍兴市上虞区）人，东汉思想家。曾任郡功曹、治中，后辞官回家，专心著述，撰成《论衡》85 篇，今存 84 篇，为我国古代唯物主义的重要著作。

江。子胥恚恨，驱水为涛，以溺杀人。今时会稽丹徒大江、钱唐浙江，皆立子胥之庙。盖欲慰其恨心，止其猛涛也。

夫言吴王杀子胥，投之于江，实也；言其恨恚驱水为涛者，虚也。

屈原怀恨，自投湘江，湘江不为涛；申徒狄蹈河而死，河水不为涛。世人必曰："屈原、申徒狄不能勇猛，力怒不如子胥。"夫卫菹子路，而汉烹彭越，子胥勇猛，不过子路、彭越，然二士不能发怒于鼎镬之中，以烹汤菹汁浔渫旁人。子胥亦自先入镬，〔后〕乃入江，在镬中之时，其神安居？岂怯于镬汤，勇于江水哉？何其怒气前后不相副也？

且投于江中，何江也？有丹徒大江，有钱唐浙江，有吴通陵江。或言投于丹徒大江，无涛。欲言投于钱唐浙江，浙江、山阴江、上虞江皆有涛。三江有涛，岂分橐中之体，散置三江中乎？人若恨恚也，仇雠未死，子孙遗在，可也。今吴国已灭，夫差无类，吴为会稽，立置太守，子胥之神，复何怨苦？为涛不止，欲何求索？吴、越在时，分会稽郡，越治山阴，吴都。今吴，余暨以南属越，钱唐以北属吴。钱唐之江，两国界也。山阴、上虞，在越界中，子胥入吴之江为涛，当自止吴界中，何为入越之地？怨恚吴王，发怒越江，违失道理，无神之验也。

且夫水难驱，而人易从也。生任筋力，死用精魂，子胥之生，不能从生人营卫其身，自令身死，筋力消绝，精魂飞散，安能为涛？使子胥之类数百千人，乘船渡江，不能越水；一子胥之身，煮汤镬之中，骨肉糜烂，成为羹菹，何能有害也？周宣王杀其臣杜伯，赵简子杀其臣庄子义。其后杜伯射宣王，庄子义害简子，事理似然，犹为虚言。今子胥不能完体，为杜伯、子义之事以报吴王，而驱水往来，岂报仇之义，有知之验哉？俗语不实，成为丹青，丹青之文，贤圣惑焉！

夫地之有百川也，犹人之有血脉也。血脉流行，泛扬动静，自有节度。百川亦然，其朝夕往来，犹人之呼吸，气出入也，天地之性，自古有之。经曰："江、汉朝宗于海。"唐、虞之前也，其发海中之时，漾驰而已；入三江之中，殆小浅狭，水激沸起，故腾为涛。广陵曲江有涛，文人赋之。大江浩洋，曲江有涛，竟以隘狭也。吴杀其身，为涛广陵，子胥之神，竟无知也。溪谷之深，流者安洋；浅多沙石，激扬为濑。夫涛、濑，一也，谓子胥为涛，谁居溪谷为濑者乎？案涛入三江，〔江〕岸沸踊，中央无声。必以子胥为涛，子胥之身，聚岸濉也？涛之起也，随月盛衰，小大满损不齐也。如子胥为涛，子胥之怒，以月为节也？三江时风，扬疾之波亦溺杀人，子胥之神，复为风也？秦始皇渡湘水遭风，问湘山何祠。左右对曰："尧之女，舜之妻也。"始皇大怒，使刑徒三千人，斩湘山之树而赭之。夫谓子胥之神为涛，犹谓二女之精为风也。

海潮论[①]

［宋］燕肃[②]

观古今诸家海潮之说，多矣。或谓天河激涌，亦云地机翕张；卢肇以日激水而潮生，封演云月周天而潮应。挺空入汉，山涌而涛随；析木大梁，月行而水大。源殊派异，无所适从。索隐探微，宜伸确论。

大中祥符九年冬，奉诏按察岭外，尝经合浦郡，沿南溟而东，过海康，历陵水，涉恩平，住南海，迤由龙川抵潮阳。洎出守会稽、移莅句章，是以上诸郡皆沿海滨，朝夕观望潮汐之候者有日，得以求之刻漏，究之消息，十年用心，颇有准的。

大率元气嘘吸，天随气而涨敛，溟渤往来，潮顺天而进退者

① 本文辑自《嘉泰会稽志》卷十九，第8—9页。

② 燕肃（961—1040），字穆之，青州益都（今山东省潍坊市）人，北宋淳化年间（990—994）进士。曾任广东提点刑狱，知越州、明州等，官至礼部侍郎。除撰写《海潮论》外，另绘有《海潮图》，惜佚。

也。以日者，众阳之母，阴生于阳，故潮附之于日也。月者，太阴之精，水者阴类，故潮依之于月也。是故随日而应月，依阴而附阳。盈于朔望，消于朒魄，虚于上下弦，息于辉朒，故潮有大小焉。今起月朔夜半子时，潮平于地之子位四刻一十六分半，月离于日，在地之辰，次日移三刻七十二分，对月到之位，以日临之，次潮必应之。过月望复东行，潮附日而又西应之。至后朔子时四刻一十六分半，日月潮水亦俱复会于子位，于是知潮当附日而右旋，以月临子午，潮必平矣，月在卯酉，汐必尽矣，或迟速消息之小异，而进退盈虚终不失于时期矣。

或问曰："四海潮平，来皆有渐。唯浙江涛至，则亘如山岳，奋如雷霆，水岸横飞，雪崖傍射，澎腾奔激。吁，可畏也！其涨怒之理，可得闻乎？"

曰："或云夹岸有山，南曰龛，北曰赭，二山相对，谓之海门，岸狭势逼，涌而为涛耳。"

若言狭逼，则东溟自定海吞余姚、奉化二江，侔之浙江，尤甚狭逼，潮来不闻涛有声也。今观浙江之口，起自纂风亭，北望嘉兴大山，水阔二百余里，故海商舶船怖于上滩，惟泛余姚小江，易舟而浮运河，达于杭、越矣。盖以下有沙滩，南北亘之，隔碍洪波，蹙过潮势。夫月离震、兑，他潮已生。惟浙江水未泊，月经巽、乾，潮来已半，浊浪推滞，后水益来，于是溢于沙滩，猛怒顿涌，声势激射，故起而为涛耳，非江山浅逼使之然也，宜哉！

越州鉴湖图序①

［宋］曾巩②

鉴湖，一曰南湖，南并山，北属州城漕渠，东西距江，汉顺帝永和五年，会稽太守马臻之所为也，至今九百七十有五年矣。其周三百五十有八里，凡水之出于东南者皆委之。州之东，自城至于东江，其北堤石楗二，阴沟十有九，通民田，田之南属漕渠，北东西属江者皆溉之。州之东六十里，自东城至于东江，其南堤阴沟十有四，通民田，田之北抵漕渠，南并山，西并堤，东属江者皆溉之。州之西三十里，曰柯山斗门，通民田，田之东并城，南并堤，北滨漕渠，西属江者皆溉之。总之，溉山阴、会稽两县十四乡之田九千顷。非湖能溉田九千顷而已，盖田之至江者尽于九千顷也。其东曰曹娥斗门，曰蒿口斗门，水之循南堤而东者，由之以入于东江。其西曰广陵斗门，曰新迳斗门，水之循北堤而西者，由之以入于西江。其北曰朱储斗门，去湖最远。盖因三江之上、两山之间，疏为二门，而以时视田中之水，小溢则纵其一，大溢则尽纵之，使入于三江之口。所谓湖高于田丈余，田又高海丈余，水少则泄湖溉田，水多则泄田中水入海，故无荒废之田、水旱之岁者也。繇汉以来几千载，其利未尝废也。

宋兴，民始有盗湖为田者。祥符之间二十七户，庆历之间二户，为田四顷。当是时，三司转运司犹下书切责州县，使复田为湖。然自此吏益慢法，而奸民浸起，至于治平之间，盗湖为田者凡八千余户，为田七百余顷，而湖废几尽矣。其仅存者，东为漕

---

① 本文辑自［宋］曾巩：《曾巩集》卷十三，陈杏珍、晁继周点校，中华书局 1984 年版，第 205—209 页。

② 曾巩（1019—1083），字子固，世称南丰先生，宋建昌军南丰（今江西省抚州市南丰县）人。嘉祐二年（1057）进士，唐宋八大家之一。熙宁年间（1068—1077）任越州通判，后任官史修撰等。《宋史·曾巩传》评其"为文章，上下驰骋，愈出而愈工。……一时工作文词者，鲜能过也"。有《曾巩集》52 卷存世。

渠，自州至于东城六十里，南通若耶溪，自樵风泾至于桐坞，十里皆水，广不能十余丈，每岁少雨，田未病而湖盖已先涸矣。

自此以来，人争为计说。蒋堂则谓宜有罚以禁侵耕，有赏以开告者。杜杞则谓盗湖为田者，利在纵湖水，一雨则放声以动州县，而斗门辄发。故为之立石则水，一在五云桥，水深八尺有五寸，会稽主之；一在跨湖桥，水深四尺有五寸，山阴主之。而斗门之钥，使皆纳于州，水溢则遣官视则，而谨其纵闭。又以谓宜益理堤防斗门，其敢田者拔其苗，而责其力以复湖，而重其罚，犹以为未也。又以谓宜加两县之长以提举之名，课其督察而为之殿最。吴奎则谓每岁农隙，当僦人浚湖，积其泥涂以为丘阜，使县主役，而州与转运使、提点刑狱督摄赏罚之。张次山则谓湖废，仅有存者难卒复，宜益广漕路及他便利处，使可漕及注民田里，置石柱以识之，柱之内禁敢田者。刁约则谓宜斥湖三之一与民为田，而益堤使高一丈，则湖可不开，而其利自复。范师道、施元长则谓重侵耕之禁，犹不能使民无犯，而斥湖与民，则侵者孰御？又以湖水较之，高于城中之水，或三尺有六寸，或二尺有六寸，而益堤壅水使高，则水之败城郭庐舍可必也。张伯玉则谓日役五千人浚湖，使至五尺，当十五岁毕；至三尺，当九岁毕。然恐工起之日，浮议外摇，役夫内溃，则虽有智者，犹不能必其成。若日役五千人，益堤使高八尺，当一岁毕。其竹木之费，凡九十二万有三千，计越之户二十万有六千，赋之而复其租，其势易足，如此，则利可坐收，而人不烦弊。陈宗言、赵诚复以水势高下难之，又以谓宜修吴奎之议，以岁月复湖。当是时，都水善其言，又以谓宜增赏罚之令。

其为说如此，可谓博矣。朝廷未尝不听用而著之于法，故罚有自钱三百于千，又至于五万，刑有自杖百至于徒二年，其文可谓密矣。然而田者不止而日愈多，湖不加浚而日愈废，其故何哉？法令不行，而苟且之俗胜也。

昔谢灵运从宋文帝求会稽回踵湖为田，太守孟觊不听，又求休崲湖为田，觊又不听，灵运至以语诋之。则利于请湖为田，越之风俗旧矣。然南湖繇汉历吴、晋以来，接于唐，又接于钱镠父子之有此州，其利未尝废者。彼或以区区之地当天下，或以数州为镇，或以一国自王，内有供养禄廪之须，外有贡输问遗之奉，非得晏然而已也。故强水土之政以力本利农，亦皆有数，而钱镠之法最详，至今尚多传于人者。则其利之不可废，有以也。

　　近世则不然，天下为一，而安于承平之故，在位者重举事而乐因循。而请湖为田者，其语言气力往往足以动人。至于修水土之利，则又费材动众，从古所难。故郑国之役，以谓足以疲秦，而西门豹之治邺渠，人亦以为烦苦，其故如此。则吾之吏，孰肯任难当怨，来易至之责，以待未然之功乎？故说虽博而未尝行，法虽密而未尝举，田之所以日多，湖之所以日废，繇是而已。故以谓法令不行，而苟且之俗胜者，岂非然哉！

　　夫千岁之湖，废兴利害，较然易见。然自庆历以来三十余年，遭吏治之因循，至于既废，而世犹莫窹其所以然，况于事之隐微难得，而考者繇苟简之故，而弛坏于冥冥之中，又可知其所以然乎？

　　今谓湖不必复者，曰湖田之入既饶矣，此游谈之士为利于侵耕者言之也。夫湖未尽废，则湖下之田旱，此方今之害，而众人之所睹也。使湖尽废，则湖之为田亦旱矣，此将来之害，而众人之所未睹也。故曰此游谈之士为利于侵耕者言之，而非实知利害者也。谓湖不必浚者，曰益堤壅水而已，此好辨之士为乐闻苟简者言之也。夫以地势较之，壅水使高，必败城郭，此议者之所已言也。以地势较之，浚湖使下，然后不失其旧；不失其旧，然后不失其宜，此议者之所未言也。又山阴之石则为四尺有五寸，会稽之石则几倍之，壅水使高，则会稽得尺，山阴得半，地之洼隆不并，则益堤未为有补也。故曰，此好辨之士为乐闻苟简者言之，而又非实知利害者也。

二者既不可用，而欲禁侵耕，开告者，则有赏罚之法矣；欲谨水之蓄泄，则有闭纵之法矣；欲痛绝敢田者，则拔其苗，责其力以复湖，而重其罚，又有法矣；或欲任其责于州县与转运使、提点刑狱，或欲以每岁农隙浚湖，或欲禁田石柱之内者，又皆有法矣。欲知浚湖之浅深，用工若干，为日几何；欲知增堤竹木之费几何，使之安出；欲知浚湖之泥涂积之何所，又已计之矣。欲知工起之日，或浮议外摇，役夫内溃，则不可以必其成，又已论之矣。诚能收众说而考其可否，用其可者，而以在我者润泽之，令言必行，法必举，则何功之不可成，何利之不可复哉？

巩初蒙恩通判此州，问湖之废兴于人，未有能言利害之实者也。及到官，然后问图于两县，问书于州与河渠司，至于参核之而图成，熟究之而书具，然后利害之实明。故为论次，庶夫计议者有考焉。熙宁二年冬卧龙斋。

浚河记 [1]

［明］王守仁 [2]

越人以舟楫为车马，滨河而廛者，皆巨室也。日规月筑，水道淤隘。蓄泄既亡，旱涝频仍。商旅日争于涂，至有斗而死者矣。南公乃决阻障，复旧防，夫豪商之壅，削世家之侵。失利之徒，胥怨交谤，从而谣之曰："南守瞿瞿，实破我庐；瞿瞿南守，使我奔走。"人曰："吾守其厉民欤？何其谤者之多也？"阳明子曰："迟之。吾未闻以佚道使民，而或有怨之者也。"既而舟楫通利，行旅

---

① 本文辑自清康熙《会稽县志》卷四，第8页。

② 王守仁（1472—1529），字伯安，明代著名哲学家。本籍山阴（今绍兴市越城区），迁居余姚（今宁波市余姚市）。明弘治十二年（1499）进士。因筑室会稽山阳明洞，世称阳明先生。创心学，或称"阳明学"，其思想约在明代中期传入日本、朝鲜和东南亚诸国，颇有国际影响。现存《王文成公全集》38卷，代表作有《传习录》《大学问》。

欢呼络绎。是秋大旱，江河龟坼，越之人收获、输载如常。明年大水，居民免于垫溺，远近称忭。又从而歌之曰："相彼人兮，昔揭以曳矣，今歌以楫矣。旱之熇矣，微南侯兮，吾其焦矣。霪其弥月矣，微南侯兮，吾其鱼鳖矣。我输我获矣，我游我息矣，长渠之活活兮，维南侯之流泽矣。"人曰："信哉，阳明子之言，未闻以佚道使民，而或有怨之者也。"纪其事于石，以昭来者。

水利考[①]

［明］徐渭[②]

马尧相所述云：会稽水源自西南而流入东北，在昔与海潮相通，洋泻不节，民受其病。自汉马臻筑镜湖以受诸山之水，沿堤置斗门、堰、闸，以时启闭，水少则泄湖之水以灌田，水多则闭湖泄田之水以入于海，九万膏腴，咸沐其利。厥后增筑海塘，开玉山斗门，而湖之堤渐废。

宋时虽有复湖之议，而今则有不必然者矣。何则？会稽支分派别之水，其源数十，其横而受水者，则曰运河焉。自鹅鼻山逶迤东北，出入千岩万壑中而流者曰平水，北会西湖、谢湖、周湖、孔湖、铸浦、上灶诸水，经若耶、樵风泾而分为双溪；西会禹池，通鸭塞港，抵城隍而入于官河，遂由吊桥、梅龙堰而东，会浪港，经大湖头、划船港而入于官河，遂由石堰而下。又源出宝山者曰御河，北流会鳗池，西折通洞浦，入官河而为独树洋，遂由董家、阜埠二堰而下。又源出诸葛山曰青塘等溪，西入卢家荡，南接富盛溪，北流入官河，为茅洋，为白塔洋，遂出樊江、茅洋、政平、陶家、瓜山五堰而下。又源出白木冈曰伦塘溪，会

---

① 本文辑自清康熙《会稽县志》卷十二，第5页。
② 徐渭（1521—1593），字文长，号天池山人、青藤道士，山阴（今绍兴市越城区）人。明代著名的文学家、艺术家、书法家。有《徐文长集》《徐文长逸稿》《徐文长佚草》存世。

谢憩、康家、泉湖、西澍等湖，出于泾，入于河，遂由夏家、黄家、彭家三堰而下。再东为东关河，由白米堰东流为曹娥，南折为蒿坝，俱旧有斗门，遗址尚存也。凡诸河道纵横，一皆镜湖遗迹，而诸堰下注玉山斗门，以入于海。用是观之，田之沿山者，受浸于泉源，而其滨海者，取给于支流；既获其租，又免其患，两利而兼收者，实赖后海塘以为之蓄泄也。是以前乎汉而无海塘，则镜湖不可不筑；后乎宋而无镜湖，则海塘不可不修。

然又有可虑者，盖浦阳、暨阳诸湖之水俱入暨阳江，西北折而入浙江，其势回环，不能直锐，遂逾渔浦流注钱清江，北出白马等闸，以入于海。迄今，闸久淤塞，水道不通，一有泛滥，则不东注，而以会稽为壑，虽有玉山斗门，不足以泄横流之势。每于蒿口、曹娥、贺盘、黄草沥、直落施等处开掘塘缺，虽得少舒一时之急，而即欲修补以备潴蓄，则又难为工矣！是以恒有旱干之虞。为今之计，莫若浚诸河渠而使之深，则可储蓄而不患于旱，近守南大吉之法可遵也；又增修堰闸而使之多，则可散泄水势而不患于潦，旧令曾公亮之迹可复也；又修筑海塘而使之完且高，则可捍御风潮而不患于泛滥，近岁知县王教土塘榆柳之议不可易也。三事既举，黎民尚亦有利哉！

若夫县之东北有湖曰贺家，周围数乡，虽曰鱼、鳖、芰、芦其利颇溥，但地势最下，非若昔之镜湖水高于田，则今固不能使此湖水倒行而逆流也。又有县之东南沿舜溪两岸而田，虽地势高峻，然各有泉可蓄，若曰珠、曰舍、曰汤、曰长、曰嬉、曰石浦、曰舒屈、曰招福、曰丁家、曰鹁鸪、曰沥上、曰沥下、曰白荡、曰洗马等湖，惟各因其势而利导之，则其田皆可获矣。此皆在所必讲者也。金阶所述云：按诸乡之田，一都至二十都、三十一都、三十二都，凡二十二都，其地卑，其土泥淖，其水钟聚，不患其不蓄，而患其所以泄之者有弗时也。山乡之田，二十一都至三十都，凡八都，其地高，其土砂砾，其水涌，不患其不泄，而患其所以蓄之者有弗豫也。山乡东南，又有范洋之湖二十四都，为众山之壑，淫雨浃旬，洪水泛滥，所谓内涨也，内涨不泄，遂成积患，故涨于内者，求所以泄之而已。诸乡东北，又有篡风之镇三十三都，为大海之滨，飓风时作，巨涛啮汰，所谓外涨也，外涨不防，遂成坍江，故涨于外者，求所以防之而已。

一县之水，其利害大略如此。今之志水利者，不究其源，而徒泥其迹，于利害所在，漫不加省，抑惑矣。矧河道纵横错杂，其名琐屑，又不能具载，今姑求其源，溯其流，以志其水道所经，俾牧兹土者得考其利害，而为之兴革也云尔。

钱清江浮桥记①

[明] 王祎②

钱清江古名浦阳江，俗名小江，在山阴东北五十里，江北则萧山境也。《禹贡》："三江既入。"韦昭注："三江者，松江、钱唐江、浦阳江也。"《十道志》云："婺州浦江，一名浦阳江，盖江之导源，实出于此。北流一百二十里，入诸暨溪，又东北流，由峡山直流临浦湾，以达于海。"《十三州志》云："江水至会稽，与浙江合。自临浦，南通浦阳江，亦谓由临浦而北，则达浙江而入海也。"而郦道元《水经注》云："临浦江导源乌伤，东迳诸暨，东流南屈，又东回北转，迳剡县。"又云："浦阳江东北迳始宁。"又云："东迳上虞、乌伤。"今义乌浦江乃其故地，谓之导源，信矣。始宁即上虞剡县，今嵊县。信如其言，以为东回北转，则是自山阴、会稽，溯曹娥江，由上虞至嵊县也，非也。又云："余暨之南，余姚西北，浙江与浦阳江同归海。"余暨即诸暨，

---

① 本文辑自 [明] 王祎：《王祎集》卷五，颜余庆整理，浙江古籍出版社 2016 年版，第 232—234 页。

② 王祎（1322—1373），字子充，义乌（今属浙江）人，元末明初文学家、史学家。有《王忠文公文集》《卮辞》等。王祎之名，《明史》《辞海》等记为"祎"，宗谱记为"祎"。

距余姚二百余里，谓余姚西北浙江入海，亦非也。又云："临平江上通浦江，下注浙江。"临平在浙江之西，其源殊别，谓浦阳江与之通，尤非也。盖道元之论，以谓东南地卑，万流所凑，故川旧渎，难以取悉。又未尝身履浙江以东，故其误如此。案《地理志》："柯水东北，迳永兴，东与浙江合，谓之浦阳江。"永兴即萧山，而山阴北二十里有柯桥，其下为柯水，注于江。然则浦阳江发源浦江，迳诸暨，入临浦，而后合柯水，由萧山以达于浙江，而为海，古今盖不易也。

其复名钱清者，后汉刘宠作守，郡中大化，及去，山阴有五六老叟，人赍百钱送宠，宠为人选一大钱受之，寻投诸江。故后人因名江曰钱清，今俗唯称钱清，而不复道其为浦阳者，地因人而著也。江自临浦而东若干里，是为柯水所注，即所谓钱清。其地控驿道，而江流至是，势以益大。又潮汐之所经，操舟而渡，动致覆溺。旧有浮桥，盖比舟为梁，以济不通。而近岁废不治，厉深济盈，涉者告病。至正十七年秋，宁夏吴君以宪台行军都镇抚，分镇萧山、山阴两县，睹桥之废，慨然叹曰："是不亦有司之缺失欤！"亟命袤民户之义助，斥公帑之羡储。计其物力，度程而新作之。凡为舟十有二，上架板度，相属以为梁。其长三百有六十尺，广十有七尺，联之以铁絙，絙如桥之长，而维其两端于南北堤，使舟常比而梁常属，与波涛相上下，虽水湍悍，而往来者固无虞，人莫不以为利也。桥成，众欲书其事于石，以永君惠，而以文属之祎。

古者辰角见而雨毕则除道，天根见而水涸则成梁。桥梁之修，有司之常事耳。今会稽宪台治所号称会府，而钱清当四会之冲，桥以济人，厥系斯重。乃皆坐视其废，曾弗之顾。君方挈兵民二枋以护台治，威望素著，而且以惠利及物为先务。故兹桥以废为成，有所不难。夫焉可以有司之常事例论乎！是故门关道路，庐馆、舟梁，修除以时，非直为观美也。凡以通国野，敬宾旅，恤老幼，迁有无，实三代为政之法，而《周官》尤谨著之。当时觇陈议郑，皆不越是，而近世亦有以驿传桥道观人者。今君之于桥役，不以诿之有司，而汲汲力成之，其可谓善为政矣。《春秋》之法，常事不书。是役不成，固不宜于不书。祎故备书其事，而并考地理之沿革，特详焉。君名买里古思，字善卿，起家进士，调绍兴录事司达鲁花赤，今擢江东建康道肃政廉访司经历，仍留镇山阴、萧山云。

阅海塘记[①]

[清] 爱新觉罗·弘历[②]

隆古以来，治水者必应以神禹为准。神禹乘四载随山浚川，其大者导河导江胥入于海。禹之迹至于会稽。会稽者，即今浙海之区，所谓南北互为坍涨，迁徙靡常地。神禹亲历其间，何以未治？岂古今异势，尔时可以不治治之乎？抑海之为物最巨，不可与江河同，人力有所难施乎？河之患既以堤防，海之患亦以塘坝。然既有之，莫能已之，已之而其患更烈，仁人君子所弗忍为也，故每补偏救弊，亦云尽人事而已。施堤防于河已难，而况措塘坝于海乎？

海之有塘坝，李唐以前不可考。可考者，盖自太宗贞观间始，历宋、元、明，屡修而屡坏。南岸绍兴有山为之御，故其患常轻；北岸海宁无山为之御，故其患常重。乾隆乙丑以后，丁丑以前，海趋中亹，浙人所谓最吉而最难获者。辛未、丁丑两度临观，为之庆幸，而不敢必其久如是也。无何而戊寅之秋，雷山北首有涨沙痕，己卯之春遂全趋北大亹，而北岸护沙以渐被刷，是柴塘、石塘之保护于斯时为刻不可缓者。易柴以石，费虽巨而经久，去害为民者，所弗惜也。然有云柴塘之下皆活沙不能易石者，

---

① 本文辑自清嘉庆《山阴县志》卷首，第7—8页。

② 爱新觉罗·弘历（1711—1799），清乾隆帝。据《浙江省水利志》（中华书局1998年版）中的《大事记》，自乾隆十六年（1751）至乾隆四十九年（1784），乾隆帝曾6次南巡浙江塘工。

有云移内数十丈则可施工者，督抚以斯事体大，不敢定议。夫朕之巡方问俗，非为展义制宜，措斯民于衽席之安乎？数郡民生休戚之关，孰有大于此者，可以沮洳海滨地险，辞而不为之悉心相度，以期义安吾赤子乎？故于至杭之翼日，即减从趱程，策马堤上，一一履视测度，然后深悉：夫柴塘之下不可施工，以其实系活沙，桩橛弗牢，讫不可以擎石也；柴塘之内可施工，而仓卒不可为，以其拆人庐墓、桑麻填坑堑，未受害而先惊吾民也。即日成大利者不顾小害，然使石塘成而废柴塘，是弃石塘以外之人矣。如仍保柴塘，则徒费帑项，为此无益而有害之举，滋弗当也。于是，定议修柴塘，增坦水，加柴价。一经指示，而海塘大端已具，守土之臣有所遵循，即随时入告，亦以成竹素具，便于进止也。

议者或曰："所损者少而全者众，柴固不如石坚，何为是姑息之论？"然吾闻古人云："井田善政，行于乱之后是求治，行于治之时是求乱。"吾将以是为折中，而不肯冒昧以举者，此也。踏勘尖山之日，守塘者以涨沙闻，后数日，沙涨又增，命御前大臣志石篓以验之，果然，斯诚海神之佑耶！但丁丑以前，已趋中矗者尚不可保，而况今数尺之涨沙乎？然此诚转旋之机，是吾所以默识灵贶，益励敬天勤民之心也；是吾所以望神禹而怵然以惧，惭无奠定之良策也。至海宁日，即虔谒海神庙。皇考御制文在焉，因书此记于碑阴，以识吾阅塘咨度者如是，固不敢以己见为必当也。

论潮汐 [1]

［清］范寅 [2]

天地一气之所鼓铸也：天为气鼓而运于外，廓落焉；地为气

---

[1]　本文辑自［清］范寅：《越谚》卷下，广陵古籍刻印社 1990 年据光绪八年（1882）刊本影印本，第 27—29 页。

[2]　范寅（1827—1897），字啸风，又字虎臣，绍兴会稽（今绍兴市越城区）人。清同治十二年（1873）副贡。作品有《越谚》3 卷、《扁舟子丛稿》等。

铸而动于中，卵实焉。四海之水为天气所逼，浸绕地边，犹人身之血，所以滋地生万物焉。地若不动，则死物矣。地之动不可验，验之于潮汐。海水朝涌逆行曰潮，夕涌逆行曰汐。潮汐者，地动使之也。地之动，非震也，沉浮焉。天，譬之水缸；地，譬之木器。今试置木器于水缸，静则浮，动则沉。沉而水泛器边，即犹海溢江滨之潮汐。水泛器边，或激之而生激，即曲江之涛矣。

涛与潮汐何以异？曰：潮汐，不过水涌逆行耳；涛者，潮汐之怒气高卷，骇浪白喷者也。然则各海溢江滨不过潮汐，曲江何以独为涛？曰：曲江，今之浙江武林诸山迤逦起伏直至尖山，以障江海之口。尖山之脉又迤逦海中，直联上虞之夏盖山。其东岸之宽、赭二山脉，亦迤逦隐联山阴之马鞍山、会稽之俌山、曹娥之凤凰山，为越郡江海之门户。其内外山脉曲折夹绕，故名曲江，又名之江。江既曲，故潮汐至夏盖山陡起，涛头雷轰，风卷不及，一时流转五百里，由夏盖山滚过尖山，南驱钱江，直达富阳港。又东驱宽、赭，席卷鞍、俌，曲进曹娥江、凤凰山，下越城西江、钱塘东江、曹娥北塘。宽、赭、马鞍、俌山外套，乃夏盖及尖山。涛之来钱塘，特一面之反弓，其包越郡，实三面之眠弓也，譬木器之中置一曲套头，套头入水缸舀起，其旁泛之水四涌，而曲套之水更疾卷高喷矣。

潮汐、涛之由于地动，何以异是？然则曲江之潮汐，宜从枚乘《七发》。曰涛名潮者，未确也。且夫论形势，涛固异于潮汐；论理，仍潮汐耳。既曰"朝潮夕汐"，每昼夜必两次乎？则又非也。地配天属阴，其气动荡较迟，犹月配日而有新残盈阙也。月有新残盈阙，故涛亦有迟早大小。土人常计月以测涛，涛固天地之元气。而外省人民之惊涛者，辄曰绍兴水怪，殆未悉其理耳。何怪焉？或曰："昔之涛头止于富阳，而潮涨止于桐庐柳江滩，今则涛头止于钱江，潮涨且未至富阳，其元气未足乎？"曰："非也。此因其涨沙数百里，犹昔之止富阳，阻柳江滩，理势然也。"

或又曰："尖山之脉迤逦海中，直联上虞之夏盖山，子何由见而知之？"曰："访于蜑户，且目睹涛头之来如此，涛神其诏我矣。否则海濊江滨何以皆潮汐，曲江何独有涛，且涛何必如此来？"

疏浚绍兴城区河道之意见 [①]

饶洞九 [②]

查绍兴县所送图表，在事实上究竟应否或能否依照所拟计划施行，非经实地调查，不能决定；当由洞九以验收三江闸工程之便，就地邀同绍萧段塘闸工程处工程师董开章，绍兴市民现任萧山东乡江岸工程委员会工程师俞廷光，暨绍兴县建设科长朱懋灿等，分别查勘，详加讨论，兹将意见述下：

一、疏浚现在航船通行之河道

绍兴城内河渠，依照绍兴县政府所拟计划，如图上加志红线各河流，在理想上似属有疏浚之必要，然其中最扼要之部分，如大云桥至大小江桥一段，荷叶桥至狮子桥出口一段，及藕梗桥至东郭门一段河流，窄处不及二公尺，沿河两岸，房屋蠹立，而均以直砌之条石岸线为基础，此等所在，欲加疏浚，既为事实上或经济上所不许，又就绍兴全城之水位而言，除仅少部分外，若非大旱，大概总可保留四公寸以上之深度（当查勘之日，除少部分特别淤浅者不计外，大概水深总在一公尺以上，是日水标高度为八公寸，最低水位为二公寸云），则在普通对于卫生及市内交通上，负有重要任务之水船、粪船及驳船，尚能畅行无阻，故在目前就各方情形而论，似不必实亦不能完全依照所拟计

① 本文辑自《浙江省建设月刊》民国二十三年（1934）第七卷第十期，第1—9页。
② 饶洞九，据《饬研究石顶留罅隙》中"当即令委本厅视察饶洞九前往验收在案"推测，其曾任职于民国时期浙江省水利厅。参见郑翰献主编：《钱塘江文献集成 第25册 钱塘江大桥史料4》，杭州出版社2017年版，第390页。

划大举疏浚，只得择取航船经过之河流，即原计划自都泗门至西郭门及自风仪桥至北海桥两段，加以适当之疏浚，其疏浚之深度，约可及最低水位以下八公寸，即以府桥附近之水利局水标零点以下六公寸为度，因挖土过深，势必危及多数之桥脚及石□故也。其余图内红线所志各河流，则可于最浅水时查取，其中确有阻浅之处，酌予浚挖，以普通较小之驳船能通过为度。

二、抽水

绍兴城内人烟辐辏，房屋栉比，尤以中部一带河流，既已狭窄，两岸房屋复如前节所述，高耸逼仄，骑楼交错，横盖河面，日光不达，俨同阴沟；加以沿岸厕所丛立，粪船往来如织，湫隘狼藉，莫此为甚。而居民复狃于习惯，动以垃圾及其他秽物遗弃河中，水质污浊，恶臭扬溢，卫生工程诚有不容或缓者。然以目下现实上之可能性观之，则在积极上对于河道之改良，实非旦夕所能举办；至消极上对于卫生之取缔，微特收效微而无济于事，且复格于种种之困难之情势，不能严格执行。故为救济，目前较为有效之办法，厥惟抽水之一途。此项计划之要点：（一）每一水城门设闸一座；（二）于昌安门附近置电力抽水机一台或二台，将城内之水抽出城外，择地而分散之；（三）抽水机之大小，以每次约七小时之时间内（每日抽水约以午后十时起，至翌日午前五时止行之），能抽出全城所有水量之半部乃至三分之一部为度。

年前蔡院长曾提议拆宽绍兴水城门，冀收交通及卫生上之效益。查拆宽水城门，对于交通虽有一部分之利益，然由绍兴全城之流域观之，则此项利益，几等于零；因城内各河流本身及桥洞等，尚有无数较水城门窄至数倍，不能一一拆宽故也。且拆卸及改造两项费用，约略计算，每一门总须四千元以上，六门计之，为数诚不在小。前节已言，以绍兴城内普通之水位，对于市内交通，并无若何重大之阻碍，况在现代都市发展之观点上，就绍兴现在之情形而论，城区之舟楫交通，将随着环境之条件，而渐次蜕变于车辆交通，而失其重要性。是则拆建水城门，似非绍兴目前事政上当务之急。再就其关于卫生方面观之，查绍兴城区附近河流，水面平行，水流速度甚缓，以水之性质而论，非有相当之速力，不能发挥其荡垢涤污之作用；故纵拆宽水城门，而城内与城外之水面，仍保持其原有之坡度，苟非值大雨（大雨亦仅能稀薄污浊之浓度），或以人工障使众流归一，而仅恃其自然之趋向，则水仍不肯径自入城，以遂行其荡涤之职责。然则拆建水城门，对于卫生之功用，可谓微乎其微。

由上所述，拆建水城门一事，对于绍兴目下之情势，实非急要之图，反观该项工程经费实达二万元以上，似不如改用抽水之一法，对于卫生方面，为切实而可靠。至电力抽水机及六座闸门之计划，似可由厅令饬绍萧段塘闸工程处工程师严开章代为设计，预算呈厅核办。

三、赶办自来水

绍兴城内河道，据绍兴县政府建设科测得面积，计有四十八公里之长，自未能一一加以疏浚；而其中部各河之湫隘龌龊，又有如前节所述；欲于交通及卫生上适可有效之限度内，加以整理，自须以拆让两旁房屋、建筑堤岸为必要条件。然而此项工事，在绍兴目前或最近之将来，熟察各方之情势，尚未见有几分实现之可能性。故谈绍兴城内卫生政策，与其牺牲倍大之经费，投诸不彻底之疏凿，反不若填塞无用之河道，以杜绝污秽之源为得计。但查此项计划，目前有两种困难，一是消防问题，一是给水问题。（绍兴城内饮水大都由城外舟运入城，沿流分配。）故为正本清源计划，亟应装设自来水；若自来水成功，则上述问题可以同时解决，从而填河计划可以实现。

卷查民国十七年绍兴县政府曾以组织自来水筹备处，依照杭州市自来水公债派募办法，筹集工款，呈由本厅提请省政府议决照准；并由财政、建设两厅会令该县将办理情形随时具报在案；但迄未据呈报前来，似应令饬该县政府：（一）先行规划小规模之初步工程，究竟需款若干；（二）依照杭州市自来水公债派募办法，在绍兴能筹集款项若干，并年来办理经过情形如何；（三）有无其他筹款办法，分别详细具报查核。

四、处理跨河骑楼

绍兴城中部，如上节所述，骑楼密布，横跨河面；此项骑楼不但阻碍有益日光之直达水面，并且提供居民抛弃秽物于河中以方便之道，其为害于河水，而影响于卫生，自不待言。应令该县政府调查登记，分别轻重，勒限拆除，以清翳障，而重卫生。

以上所列各项办法，曾由洞九面商绍兴汤县长，据云关于筹办自来水一事，曾经拟具派募公债之具体办法，为民政厅所驳；若省方能假以权宜，自有把握等语。

三、宁波市

平桥水则记[①]

［宋］吴潜[②]

四明郡阻山控海。海派于江，其势卑；山达于湖，其势高。水自高而卑，复纳于海，则田无所乎灌注，于是限以碶闸，水溢则启，涸则闭。是故碶闸者，四明水利之命脉，而时其启闭者，四明碶闸之精神。异时加意于碶者，至今犹有遗论，此未暇

---

① 本文辑自开庆《四明续志》卷三，第1—2页。
② 吴潜（1195—1262），字毅夫，号履斋，宣州宁国（今安徽省宁国市）人。南宋宝祐四年（1256），以观文殿大学士、沿海制置使判庆元府，为水利计，于月湖北筑水则。

问也。而考其为启闭之则曰平水尺，往往以入水三尺为平。夫地形在水之下者，不能皆平；水面在地之上者，未尝不平。执三尺以平水，嗟乎异哉！余三年积劳于诸碶，至洪水湾一役，大略尽矣。己未，劭农翠山，自林村由西门泛舟以归。暇日，又自月湖沿竹洲舣城南，遍度水势。其平于田塍下者，刻篙志之，归而验诸平桥下，伐石为准，榜曰"水则"，而大书"平"字于下方。暴雨急涨，水没"平"字，戒吏卒请于郡，亟启钥；若四泽适均，水露"平"字，钥如故。平桥距郡治，巷语可达也。都鄙旱涝之宜，求其平于此而已矣。余数祈归老，行且得请，然于此郡之丰歉不能忘，故置水则于平桥下，而以"平"字准之，后之来者，勿替兹哉。开庆元年春三月戊辰。

余姚至省下路程沿革记 [1]

[清] 黄宗羲 [2]

吾邑至省下，其程不过三百里，而曹娥、钱清、钱塘三江横截其间。又地势卑下，曹娥而东未入姚江，率数十里而一堰，船之大者不能容数十斛，不然则不可以拖堰。风雨之夕，屈折篷底，踯躅泥淖，故行者为甚难。

自余姚至曹娥，其路有二，分于城西二十里之曹墅桥。溯姚江而行，谓之南路；进曹墅桥入支港而行，谓之北路。南路二十里至下坝，又分为二：挽坝而上，旁渣湖行支港中，十八里至新坝，挽坝而上十里，即上虞治也。不挽下坝，仍溯姚江而行，三十里至通明坝，始挽而上，至上虞县城，与支港之路会，又

---

① 本文辑自［清］黄宗羲：《黄梨洲文集》，中华书局2009年版，第390—391页。
② 黄宗羲（1610—1695），字太冲，号南雷，别号梨洲老人等，学者多称梨洲先生，绍兴余姚（今宁波市余姚市）人，师从刘宗周。明末清初的史学家、思想家、地理学家。思想深邃，著作恢宏，与顾炎武、王夫之并称明末清初三大思想家，有"中国思想启蒙之父"之誉。

三十里乃至曹娥。初南路必出通明坝。宋淳熙间，魏王薨于四明，将葬于越，诏遣刑部尚书谢廓然、运副韩彦质护丧，使者旁午，州县震动。知上虞县汪大定以通明坝高峻，潮汐虽登，仅过数舟，则已涸矣，于是增浚渣湖，别于支港创小堰以通舟。募游手二百人，别以旗色分列左右，俟大舟入，引湖水灌之，水溢堰平，众力扶丧舟以进，略无欹侧，舳舻相衔，俄顷俱济。自是以来，反以支港为通衢，非大旱水涸，则无有由通明者矣。世传史弥远所开，有恩多怨多之谣，非也。北路较南弱十里，历陡亹、横河、驿亭三堰。南堰挽舟设辘轳，北堰则徒手举之，故其舟尤小也。三堰尽掠夏盖湖渡百官江，即曹娥之下流也。陆行二里至塔桥，与南路会。自曹娥而西，路无支径，地势平衍，无拖堰之劳，无候潮之苦，较曹娥而东相悬绝矣。

然按周益公《思陵录》，钱清江者，东自三江口来，西过诸暨，约三百余里，阔十余丈，运河半贯其中，高于江水丈余，故南北皆筑堰止水，别设浮桥渡行旅。大舟例剥载，小舟则拖堰而过。梓宫船欲渡，待其潮水平漫，开闸，水势奔注，久之稍定，两岸以索牵制，始放御舟，将达南闸，大升舆继之，御舟受触，幸而篙工能事，得入闸口。舆舟不能入，横截南岸。册宝又往，江流湍急，舟人力不能加，直冲其腰。既而灵主亦来，复冲册宝，势尤可畏。运使赵不流顿足垂涕，几欲赴水。当日之险如此。今自麻溪作堰，钱清上流之水引入钱塘，三江口作闸，潮水亦不入钱清，而钱清与运河相浑，有江之名，无江之实矣。不然，与曹娥而东，其艰难不甚相远也。

钱塘之渡，自昔为难。孙觌志汪思恩云：会稽渡钱塘，舟人冒利，捆载而行，半渡弭楫，邀取钱物，而暴风猝至，举舟尽溺死，操舟者皆善泅，独免。公为临安守，曰："不戮此辈，则杀人未艾也。"悉论杀之。更造大舰十数，每一舰受若干人，制号如其数，以五采别异之，置吏监总，渡者给号登舟，即过数而号与舟不类者皆不受。舟人给直有定估，除十之一备修葺之费。抵今二十年，无一舟之覆。盖钱塘除暴风积水亦不甚险，唯载人过甚，舟力不胜，则有覆沉之祸。舟子侥幸顷刻，往往以寻丈之舟，载至百十人。当事每每以空言申敕，安得如汪守者而与之讲济人之事乎？百官江本不甚阔，而土人轮日取利，止以一舟值渡，余舟不得搀入，往来候渡甚艰。为令者苟革其轮日之例，则行者不滞矣。是故吾邑风气朴略，较之三吴截然不同，无他，地使之然也。然而民生愈促，朴略变为智巧，是则非三江叠堰之所能限也，不能不归之世运耳。

重修陡亹堰碑记 [1]

[清] 陶云升 [2]

姚邑之西二十五里，曰陡亹。邑志载：黄宗羲先生《余姚至省下路程沿革记》，前明时盖有堰焉。嘉靖间，邑绅金宪徐公九皋捐资修葺，立有碑记。今此碑岿然，而堰之废圮久矣。又折而西五里许，曰贺墅堰。又有支堰，曰菁江，曰好义，曰怀清，曰抱道，曰香家。云楼、烛溪、开元三乡，计良田二万余亩，均□潴蓄以资灌沃。古人规划至周且善，而二百年来无复存者。于是支河曲港潮汐不进，一遇旱干，田禾立槁。父老有能言之，顾欲复之，而力未逮也。同治初，粤匪窜踞，桔槔尽毁。次年，旱魃为□，田益槁，而民益瘠。云楼瑶街村职员劳长龄，目击圮敝，慨然有兴复之志。乡民力怂恿之。公议堰内田按亩捐谷，以资经

---

① 本文辑自叶树望编著：《姚江碑碣》，浙江古籍出版社 2011 年版，第 73—74 页。此碑原立于堰侧，20 世纪 70 年代时，曾被生产队用作水渠上的过桥石板，后由余姚市文保所征集，竖于碑林。碑高 1.58 米，宽 0.62 米，厚 0.12 米，硬质，为淡红色梅园石，全文共 14 列，481 字。详见诸焕灿主编：《余姚运河史话》，浙江古籍出版社 2017 年版，第 29 页。
② 陶云升，天津人，清咸丰二年（1852）进士。前后三次出任余姚知县，廉洁勤政，深得百姓爱戴。

费，远近皆踊跃乐输，乃联名具禀到县。余即命劳君董其役，诹吉于癸亥七月，肇之贺墅，次陡壆，次年甲子次第蒇事。石加厚，杙加密。安固经久，利被无穷。且于陡壆、贺墅堰侧添设水闸。而怀清、抱道、香家三堰，各穿小穴凳以石，俾善蓄泄。规划之周，逾于旧制。复以余资置田二亩，备修葺支堰之费。自兹以往，灌溉有资，旱潦有备。瘠土之田复为沃壤，劳君之力也。□□也，木石工料通共用钱八千余缗，除收募捐七千余缗外，皆劳君自行筹垫。乡之人重思其功，请立碑，以垂久远。而嘱余纪其事。余嘉劳君之急公好义，而乐观厥成也，乃为述其颠末如左。

赐同进士出身，补用总捕府，知余姚县事，津门陶云升撰并书。

清同治三年，岁在甲子穀旦。

北渔山灯塔记（节录）[①]

（英）班思德[②]

北渔山灯塔，乃上海区灯塔之最南者，建于黑山群岛北渔山之上，矗立海中，位于冬瓜山之西北约百海里。距大陆约二十五海里，而为指示船只经由远海航线自南驶沪之用。船只经过东涌岛灯塔之后，其首先耀于眼帘者，即此灯塔。

北渔山建设灯塔之问题，海务科早年曾经讨论多次，迨光绪十年（1884年）以还，海务巡工司持之益坚，缘光绪九年（1883年）十一月间，曾有华轮"怀远"号在该处附近失事，旅客船员葬身鱼腹者，计达165名之多。嗣于光绪十六年（1890年）五月，复有德轮"扬子"号相继遇险。且该时沿海航路，南自东犬

---

① 本文辑自民国二十一年（1932）海关副税务司班思德《中国沿海灯塔志》，转引自钱起远主编《宁波市交通志》，海洋出版社1996年版，第647—648页。

② 班思德（Thomas Roger Banister，1890—1955），英国人，1913年从剑桥大学毕业后加入中国海关总税务司，直至1946年退休。民国二十一年（1932）著有《中国沿海灯塔志》。

山，北至小龟山，中间长逾三百海里，灯务连锁，势成中断，灯塔设置，诚属必要。无如经费有限，而他处需要较急，故该塔直至光绪二十一年（1895年）始得落成也。

该塔所置境机，系属特等，直径约八呎九吋，高十二呎，乃巴黎巴比尔公司所制造，体积为世界境机之最大者。内部美丽宏壮，引人注目，不啻为透镜及棱镜所造之巨室也。体重十五吨，置于水银浮槽之上，以手触之，即可旋转自如，灵巧异常。该灯原系六芯灯头，燃用煤油，至宣统二年（1910年），始改置白炽纱罩灯头，烛力由九万四千支增至三十万九千支。迨民国16年（1927年），复改装自然式纱罩，烛力遂增至八十九万支矣。至该灯镜机旋转一周，虽需时二分钟，然每分钟尚能发白色闪光二次。

灯站建于北渔山（英名沙阿岛）之东南端高岩之巅，该岩耸立入云，高可三百呎，灯则高出水面三百四十五呎，乃海关所辖灯塔中之最高者也（按青岛口外大公岛灯塔之光，高出水面四百二十四呎，虽在远东海江中非属最高，而中国灯塔中固无出其右者，惟该塔之管理权，属诸青岛市政府，不在海关管辖范围之内耳）。该塔矮而圆，生铁所铸，建于向南突出小岬之上，该岬地势陡斜，故下行时必须急骤，方免倾跌。灯塔屋宇则建于塔北斜坡之上，坡止于涧，涧则迤逦向东。该站之旗杆，在院落西北隅高丘之上，相距约三百码之遥，盖以每值海关巡轮送物料时，往往于其碇泊处所，或距灯站一二海里内，不克远睹灯站之所在，故特树旗站外以为标识，是亦特异之点耳。至于海滨峭壁，则有数处密迩屋宇，如自灯塔环廊东面，以石下投，可远及海中三百四十呎之处。一夜该站管理员某，赴塔更值之际，偶尔失足，竟为风势挟至悬崖之下。地势险峻，可见一斑。此外，该站西门外通于码头及村落之蹊径，亦临危崖，往来之人，咸存戒心。十载前有站役某，曾往村中作牧猪奴戏，赌负而归，沮丧之余，竟投岩下，于是万斛愁思，偕流俱逝矣。

第三节　碑文

一、绍兴

会稽刻石①

皇帝休烈，平一宇内，德惠修长。三十有七年，亲巡天下，周览远方。遂登会稽，宣省习俗，黔首斋庄。群臣诵功，本原事迹，追首高明。秦圣临国，始定刑名，显陈旧章。初平法式，审别职任，以立恒常。六王专倍，贪戾慠猛，率众自强。暴虐恣行，负力而骄，数动甲兵。阴通间使，以事合从，行为辟方。内饰诈谋，外来侵边，遂起祸殃。义威诛之，殄熄暴悖，乱贼灭亡。圣德广密，六合之中，被泽无疆。皇帝并宇，兼听万事，远近毕清。运理群物，考验事实，各载其名。贵贱并通，善否陈前，靡有隐情。饰省宣义，有子而嫁，倍死不贞。防隔内外，禁止淫泆，男女絜诚。夫为寄豭，杀之无罪，男秉义程。妻为逃嫁，子不得母，咸化廉清。大治濯俗，天下承风，蒙被休经。皆遵度轨，和安敦勉，莫不顺令。黔首修絜，人乐同则，嘉保太平。后敬奉法，常治无极，舆舟不倾。从臣诵烈，请刻此石，光垂休铭。

---

① 据《史记·秦始皇本纪》，秦始皇到会稽登秦望山是为了加强对南方的统治，巩固政权，于是命丞相李斯撰文，立石刻颂秦德，留下了著名的《会稽刻石》。绍兴的刻石山（又称鹅鼻山）便因此事得名。《嘉泰会稽志》卷九载："刻石山在县西南七十里，一名鹅鼻山，自诸暨入会稽，此山为最高。"《会稽刻石》多为颂扬皇恩，歌颂天下太平、国家统一的溢美之词，并宣扬、肯定了秦始皇一系列治国安民的政策。原刻石南宋时字迹已磨灭殆尽。元时申屠駉以家藏旧本摹刻成碑，碑文于康熙年间再度被石工磨损。今绍兴大禹陵碑廊中的《会稽刻石》为乾隆五十七年（1792）知府李亨特命人重刻，附有李亨特自跋及清代学者翁方纲、阮元、陈焯等人题记。现存《会稽刻石》虽几经翻刻，仍不失为小篆的典范之作。

龙瑞宫记[①]

[唐] 贺知章[②]

宫自黄帝建候神馆，宋尚书孔灵产入道，奏改怀仙馆。神龙元年再置。开元二年，敕叶天师醮，龙现，敕改龙瑞宫。管山界至：东秦皇酒瓮、射的山；西石簀山；南望海、玉笥、香炉峰；北禹陵内射的潭、五云溪、水府、白鹤山、淘砂径、茗坞、宫山、麀迹潭、菁田茭池。洞天第十，本名天帝阳明紫府，真仙会处，黄帝藏书，磐石盖门，封宛委穴。禹王开，得书治水，封禹穴。

修汉太守马君庙记[③]

[唐] 韦瓘[④]

东汉太守马君臻，能奉汉制，抚宁越，封仁惠公，利俗民陶。其殊绩章白书于旧史。其尤异则披崄夷高，束波围境，巨浸横合三百余里，决灌稻田，动盈亿计。自汉至今，千有余年。纵阳骄雨淫，烧稼逸种，唯镜湖含泽驱波，流桴注于大海。灾凶岁，谷穰熟，俾生物苏起，贫赢育富，其长计大利，及人如此。孔子称民之父母，马君有焉。

开元中，刺史张楚深念功本，爰立祠宇，久而陵败。今皇帝后元九年，观察使平昌孟公，诛断奸劫，宽遂民类，教化修长，泯

① 此碑位于宛委山飞来石上。

② 贺知章（659—约744），字季真，晚年自号"四明狂客""秘书外监"，越州永兴（今浙江省杭州市萧山区）人。唐代诗人、书法家。少时以诗文知名。武则天证圣元年（695）中乙未科状元，授予国子四门博士。后历任礼部侍郎、秘书监、太子宾客等职。《全唐诗》录其诗19首。

③ 本文辑自［宋］孔延之辑：《会稽掇英总集》卷十八，清道光元年（1821）山阴杜氏浣花宗塾刻本，第9页。

④ 韦瓘（787—852），字茂弘，唐京兆万年（今陕西省西安市）人。曾任明州（今宁波市）长史。

吏畏慕，尝以马君忠利之绩，神气未灭，寿宫不严，何以昭德？十年十一月，乃崇大栋梁，诛翦秽梗，礼物仪像，咸极洁好。后每遇水旱灾变辄加心祷，精意所向，指期如答，则知君子惠物本同于化，树功本同于治。对德相望，是宜刻石。十二年二月三日记。

山阴县朱储石斗门记

［宋］沈绅

朝廷方修天下水职，乃命知山阴、会稽二县事者提举鉴湖。嘉祐三年五月，赞善大夫李侯茂先既至山阴，尽得湖之所宜。与其尉试校书郎翁君仲通，始以石治朱储斗门八间，覆以行阁，中为之亭，以节二县塘北之水。东西距江百有十五里，总一十五乡，溉田三千一百十九顷有奇。昔之为者木，久磨啮，启闭甚艰。众既不能力，当政者复失其原，每岁调民筑遏以苟利，骚然烦费无纪，而水旱未尝不为之戚。大夫之治，如平一身之疹，必先宁其心，而针砭以辅之，诚良民医也。故邑老助教虞元旦，率门长季文用、周文宠，愿发赀以听命效力，唯恐在后。遂择天章寺元耸，相与募财，属之成功。明年秋，众以其成，请书于绅，而为之辞曰：

越比北东，两山束湖。桀石中蹲，厥流于江。喋木植门，自古邦侯。淫霏虐阳，时其畜施。衣食其腴，丰公逮私。岁卒无虞，酣酣笑歌。木腐不支，筑堨以劳。孰究孰惟，民夷有来。大夫至止，手摩百疾。始而眺视，徐迹本末。校书嘉闻，胥抃奏勤。汗饥骭涂，莫我告烦。唯虞季周，倡勇莫逼。唯耸群悦，赀来云委。乃砻于山，壁削林立。逾时门完，庇有宁宇。沸川阗郊，万夫聚观。勿忧勿恫，繄吾二君。材美工坚，曷日之单。智

---

① 本文辑自［宋］孔延之辑：《会稽掇英总集》卷十九，清道光元年（1821）山阴杜氏浣花宗塾刻本，第11—13页。

② 沈绅，字公仪，越州会稽（今属浙江省绍兴市）人，北宋宝元元年（1038）进士。

经其初，仁以绍承。司命尔民，敢告后贤。

绅将为之记，考其言于句践，曰宗庙社稷，在湖之中，乃知后汉太守马臻初筑塘而大兴民利也。自尔沿湖水门众矣。今广陵、曹娥是皆故道，而朱储特为宏大。及观《地志》与乡先生赵万宗《石记》，则谓贞元中观察使皇甫政所造，此特纪一时之功。尔后景德二年，大理丞段棐为县修之，其记存焉。繇汉已来且千岁，唯政、棐二人名表于世，而人不忘。至大夫，始建不朽之绩。宜悉其论次，章示来代，以慰吾民之思。

是冬十二月丙戌谨记

越州山阴新建广陵斗门记[1]

[宋] 张焘[2]

越之为郡，介于江山之间，而濒川以为居，人择其膏腴平浅之地而田之，岁时山源暴流，弥漫数百里，田者废不治，居者走保山阜，患不能支。当东汉之盛时，马侯臻为其太守，为之堤，其宽闲之地以为湖，既以备旱暵之灾，而暴流或下，有以潴之，又备其蓄泄之不宜也。于是作三大斗门于其山隅，以导其川于江海之内，既除其水旱之虞，而民患遂去。越人蒙其利至于数百年之长，而湖积埋塞，与堤略平，而斗门益隳坏不治，水旱大至无所支，越人滋不宁。嘉祐四年，赞善大夫李君茂先适治其县，诱其邑人魏元象、魏组、戴庸等相与谋，于邑之著姓协其力而缮之。凡费木石一千余缗，用人之力千有余工。于是广陵之斗门复完，而越人之患又从而息。

予尝考天下之利患，见水土之事惟《禹贡》为详。今按其书

上 篇 | 375

而求其地之废兴，而禹之迹往往而在。然而昔之酾而为川者，今夔而为丘矣；向之壅而为固者，今凿而为渠矣。盖三代治时之法，废于六国交侵之时，人自保其所有而安之，瀹汇排放，一附以己意，不务循禹之为迹，故民到今病之。今观马侯之遗制，故尝巡行周视，得其利害之详，然后开湖凿门，以纾其患，以至于今使后人袭其迹而治之，其利仍存而不废，以至于无穷矣。使夫禹之遗迹，亦若马侯之利，有以更兴者，则天下水土之事无复病于今矣。故并叙其所感者书之。

嘉祐八年十月望日记

重修山阴县朱储斗门记①

[宋]邵权②

盖越之为州，右江而左海，镜湖巨浸，环绕郊郭。民居、田亩、园圃、庐舍，凡所以养生之具，苟不在于崇山峻岭，则必出于广川巨泽。洲坻岛屿之上，动出入息，非舟楫莫济，民有自生长至耆艾不识陆事。辅郭县山阴、会稽，田切与水者三千一百顷有畸，而膏腴在焉。其自城抵湖，自湖距海，形势高下递若阶级。《图经》言，湖水高平畴丈许，平畴又高丈许。故水不长存，然农事亦不常资乎水。此蓄泄所以多斗门，而朱储之利特为广博。肇兴于唐贞元中，皇甫政为观察使时，而至于今屡作不废也。皇甫之迹无所于考，大抵当众浦之会，因两山之间，得地南北二十步，两端稍陷，则凿而通之，植木为柱，衡木为闸，分为八间，其中石阜隆然则存而不凿，此其制盖已可尚矣。植牌则水，时其启闭焉。然后二邑之田，远近高下，泄之无不及之渊，

---

①　本文辑自嘉庆《山阴县志》卷二十七，第21—24页。参校绍兴县修志委员会辑：《绍兴县志资料第一辑·碑刻》，民国二十六年（1937）铅印本，第53—55页。
②　邵权，宋人，曾知歙州休宁县事。元祐三年（1088）"适在越"。

蓄之无不沃之地，吁！可谓善矣。

自贞元迄唐，逾五代至我宋景德，历岁百数十，其间毁坏至不可用则筑塘拥之，用力勤而收功寡，人以为病。山阴隐者赵万宗号跛鳖先生，因知县事段斐，衷财于众而兴之，斗门复建，稍易以石，民实赖焉。嘉祐二年，县官有适当其弊者，先是虞君元昱以发私财赈乡曲之饥，诏授州助教与其乡人及浮屠元耸出力营治，而斗门内外自闸之余无所不用石矣。上覆行阁，中为大亭，于石阜之上有足观者。启闭之悉归有司于是乎始。厥后斗门多居人，闽商海舶欲交易是邦者，往往由浦而上，间苦潮微沙涌，舟不达于近浒，而非启放之时，则相与刊限别闸盗泄之，号曰"洗浦"，自是稍失绵密。斗门之用，止利于泄而不利于闭，旱暵仍岁矣。

元祐元年，内翰邵武黄公以龙图阁学士出为越州，始至，问民所病，皆曰会稽十乡苦濒巨海，而塘护不固，人将为鱼。朱储斗门，民食所系，而岁久不葺。越明年春，公既为发常平余钱筑塘捍海，人竞歌之，谓得未曾有矣。又为度斗门所费，会朝散大夫嘉禾朱公来倅府事，乐赞其谋，于是进士虞叙闻而悦之曰："是将无所俟公家之赀矣。"叙，元昱之子也，居欲缵袭父志，故其于此能锐然率乡里善士输财协力，而与道士翁怀辩躬任其责。公命县主簿萧君服董其事，于是蹇日庀徒，分八闸以前后其工防役。时壅溢之暴，其摹画制度，悉因前人之善者，乃若因时损益，则相地宜原物性而加之意。闸底旧站以石限地有不平，则粉石为灰，以实其下。水漱灰释，随穴而漏，今为度地之形，稍平易治，则砦错之，例覆石版而置限其上，否则凿地石为渠，而纳限其中。至夫闸掬之金岸甃之甓，木之易蠹者易以难，石之善溃者易以坚，亭阁之旁垣墙而护之，委八闸之一低其木焉，每泄灌浦以为商舶之利，皆所以救弊而图安，防侵而杜毁也。公具酒醴，浮舟而劳之。经始于三月辛酉，讫五月之丙寅，为夫二千，用钱五十万，为日六十有六而告成焉。郡人方德公之赐，而公移舒州。田父野老嘻吁而相谓曰："斗门其成，公其去我矣，咸愿得公再游其上，庶几于公风采得觇其详，以释吾心。"公从之。州人乃相与绘公之像生祠之，咸愿述其事。而权适在越，朱公乐推公美善，因民情，一日顾谓权记之。

夫先王定四民之业以均节天下，相生养之道，惟农为勤，其水旱之际，畎亩之间有大利害焉，欲兴除之，非得为其长者恻怛而从之，则常见其沮遏而难成。贤侯善令，欲兴除农亩之利害，非得其所部之人，劝功乐事而克相之，则多见其功实之不立，至有警然坐视，旷数十世而人不获其益者非一二也。公之为州能同其忧乐，适其避就，昔所利者今必存，其所害者今必去，昔所有者今必具，昔所无者今必有，非特于斗门见之，一言语，一禁令，悉能当人人之心，而无懘拒不协之态，则公之为贤大矣。权尝获从公游，故乐为之书。而闻越人之于公有跂恋不足之意也，复系之诗焉。其辞曰：

越城言言，江海披焉。湖湛一镜，郊萦百川。渺渺巨浸，畇畇大田。越人冲冲，生长乎水。孰营其居，岛屿洲沚。孰致其行，舟艫是倚。农桑耕作，园囿种蓺。防旱决溢，曲为之制。其制伊何？斗门是肆。有山曲阿，川谷萃止。以蓄以泄，以闭以启。悦新而完，愠斁而圮。公之来斯，究尔民瘼。聆以是告，爰咨爰度。士有执功，官有护作。公之宴斯，泛泛其舟。载酒及羞，野詹于芁。以劳劝尔，匪邀匪游。逎观厥成，殖殖其砥。重门复衡，列植齿齿。门之辟斯，若蟁若轰。虢虢巨震，可观可惊。公曰：咨尔邦之农父，尔财既殚，尔利靡鬻，善饬尔功，及尔孙子，启闭以时，民食在此。咸拜曰：俞，我公是若。勿愆勿忘，勿毁勿削，繄公之诚，实实其有。何以荣之，椿柏之茂；维公之德，正直是守，何以永之，乔松之寿。有渝金石，有寒暑易，颂公其昌，永矢弗熄。

元祐三年四月望日，承议郎知越州山阴县事兼提举鉴湖武骑尉丘述雄，州防御推官知县丞庄柔正立石。

山会水则[①]

［明］戴琥[②]

种高田，水宜至中则；种中高田，水宜至中则下五寸；种低田，水宜至下则，稍上五寸亦无伤，低田秧已旺。及常时，及菜、麦未收时，宜在中则下五寸，决不可令过中则也。收稻时，宜在下则上五寸，再下恐妨舟楫矣。水在中则上，各闸俱用开；至中则下五寸，只开玉山斗门、扁拖、凳山闸；至下则上五寸，各闸俱用闭。正、二、三、四、五、八、九、十月不用土筑，余月及久旱用土筑。及水旱非常时月，又当临时按视以为开闭，不在此例也。成化十二年十二月朔旦。

绍兴府境全图记[③]

［明］戴琥

绍兴居浙东南下流，属分八县，经流四条：一出台州之天台，西至新昌，又西至嵊县，北经会稽、上虞而入海，是为东小江；一出山阴，西北经萧山，东复山阴，抵会稽而入海，是为西小江；一出上虞，东经余姚，又东过宁波之慈溪，至定海而入海，是为余姚江；一出金华之东阳、浦江、义乌，合流至诸暨，经山阴，至萧山入浙江，是为诸暨江。其间泉源支派，汇潴堤障，会属从入，如脉络藤蔓之不绝者，又不可不考。

---

① 本文辑自原碑阴面，碑阳即王儵《山阴县新闸记》。碑存绍兴禹陵。

② 戴琥，字廷节，饶州浮梁（今江西省景德镇市）人。明景泰元年（1450）举人，授南京监察御史；成化九年（1473）出知绍兴府；成化十八年（1482）擢升广西右参政。守越十年，勤政爱民，政绩卓著，尤以水利为最。曾厘定《山会水则》，并撰《绍兴府境全图记》，致力于西小江治理，主持开通碛堰，营建麻溪坝、扁拖诸闸等区域关键性水利工程。

③ 本文辑自原碑阴面拓片，字迹难辨者，参照乾隆《绍兴府志》卷十四校补。碑存绍兴禹陵。

东小江，则发源天台关岭，天姥山之水东北来，从东阳之水出白峰岭，诸暨之水出皂角岭，合流会于嵊县之南门，至浦口则罗松溪自西南，三溪、黄泽溪自东南来入，东至上虞东山，会稽汤浦水自西从之，又东至蒿陡，会于曹娥，由东关蛏浦入海。罗松溪之上则有新塘、普惠塘、东湖塘，溪之下则有利湖、下湖、斛岭、路丝、并湖、书院、广利及汉、沃、芦十塘；三溪之上则有爱湖塘、黄塘，溪之下则有何家塘、任骈塘；黄泽溪之下则有西山塘、清隐塘；下湖之上有西溪湖，凡二十所焉。

西小江，则山阴天乐、大岩、慈姑诸山之水，合于上下瀛等五湖，西北出麻溪，东西分流：西由新河闸随诸暨江，从渔浦入浙江；东历萧山白露塘而三峡、苎罗、石岩诸塘，利市、固家、湘湖、排马湖、运河之水，东由螺山等闸注之，又东至钱清，山阴之黄湾、越山、铜井之水西由九眼斗门注之，故道堙塞，并入山会中村。而所谓三十六源，以及秋湖、沸石湖、容山湖之乱于运河，连黄垞、东西瓜汙、央茶等湖，横流出新灶、柘林闸；白洋、西宸、金帛、马鞍诸水，南出夹蓬、扁佗闸。会稽之独树洋、白塔洋、梅湖、亦乱于运河，并贺家池，横流出玉山陡门，合于故道。

余姚江，则上虞、百楼诸山溪涧之水，合于通明而成江。自此以下，则松阳湖、东泉、炉塘、西泉、莫湖、前溪、鸭阳、蒲阳、北闸诸湖塘之水，自西南桐子穴湖，自东北上岙、上林、烛溪北出小河而南，鲤子、劳家、横山、桐树、乌戒、烛老六湖东出小河而西南，各来入。新、年二湖则西北，汝仇、千金、余支三湖则东北，俱从长泠港出曹墅桥；上虞夏盖、上妃、白马三湖亦相属，东从长泠港来会；乐安、藏野会大小查湖，南及皂李湖，俱经南来入。

诸暨江，则金华之义乌、浦江、东阳之水，所谓浦阳江。苏溪、开化溪西北合流于了江，了江之上，西有鲤湖，东有洋湖，下则东有木陈、柳家、诸家、杜家、王四之五湖。了江北经县治，至茅渚步分为东西江：西江则有竹桥溪、受马湖、章家湖，后新亭、柘树二湖，大东二湖，与夫镜子、沈家、道士三湖之水，又有京堂湖及朱家、戚家、江西三湖，神堂、峰山、黄潭三湖；东江则莲、仓、象、菱四湖，横塘、陶湖、高公、落星、上下竹月六湖，张麻、和尚、山后、缸灶四湖，泌湖及桥里、霍湖、家东、马塘、杜家、毕草七湖，前村、石荡、历山、忽睹、白塔、横山六湖。二江之间，则有大侣、黄家二湖，赵湖、泥湖、线鱼湖、西施湖、鲁家湖。二江合处，名三港口，东有吴、金、蒋、下四湖，西又有陶湖、朱公二湖，观庄、湄池、浦朱、里亭四湖，各来入，同归浙江。

东小江，田多高阜，水道深径无所容，力灌溉之功，嵊治以上可以为砩，以下则资之诸塘。西小江，自鉴湖废，海塘成，故道堙，水如盂注，惟一玉山陡门，莫能尽泄，而山、会、萧始受其患，曾为柘林、新灶、扁佗、夹篷、新河、龛山、长山闸共十三洞泄之，遇非常之水亦不能支，须于有石山脚，如山阴顾埭、白洋，会稽枯枝、新坝等处，增置数闸则善矣。

诸暨江，潮至大侣，自此以上诸湖则防水之出，人力可以有为；以下诸湖则防潮之入，亦有尽非人力所能为者，惟使陡门、圩埂有备，余当付之天矣。余姚江通潮，支港能深浚之，使潮得以远入，湖得以不泄，又诸湖放水土门，砌之以石，如汝仇湖之设，则水有余利矣。诸暨江，萧山旧有碛堰，并从西小江入海。堰废，始析而二。好事者不察时务，不审水性，每以修堰为言。殊不知筑堰之初未有海塘，水尚散流，故筑其一道，而余尤可以杀其势，故能成功。兹欲以箦致之土，塞并流之江可乎？设如堰成，障而之东，小江数丈之道果能容之乎？予固谓诸暨将成巨浸，而山、会、萧十余年身行于陆，人将何以为生？或以先浚西小江为言者，亦不知世久故道皆为良田，浚之故土无所安致，虽或暂通，而水势不能敌潮，故潮入则泥澄，不胜其浚，而终无益于埋塞，不然则至今尚通可也。堰决不可成，小江决难复通矣。萧山湘湖，往年禁弛，奸民盗决堰塘，四农失利。近虽石防，而黄竹塘等处石堰仍须修复，如《湖经》所载，则龟山之遗惠不竭矣。大抵湖塘，民赖以为利，侵盗之禁，不可少弛。弛则民受其害，复禁又生怨。如近日堰闸、圩埂，贵时修筑，然而荒弊之秋，材无所出，而请求者不已。故事未举而谤已兴，听者少察，遂致不乐其成，如民事何？后之君子，庶几视如家事，随时葺理，不避嫌，不恤谤，不令大败，以佐吾民，则幸甚。

时成化十八年五月朔旦，知府事浮梁戴琥识。

禁造城河水阁示 [1]

[清] 李亨特 [2]

为申明禁令，立限拆毁私占官河水阁事。粤考志乘内载：绍郡城河自南门受水，直进江桥，分流别澮，四达交通，仍流泻于昌安门，山、会二县于此分界。商贾辐辏，市民恶其地狭，架水阁于河上，舟行几不见日月，或时倾污秽溅人，往来者苦之。又形家言：兹河为郡城血脉，淤塞不通，故间阎凋瘵，文明晦而科甲衰。康熙五十四年，俞前守下令尽撤之，并镌石碑二：一立府仪门，一立江桥张神祠。日后仍有占河架阁等弊，许邻右总甲报官，按律究治；扶同容隐，一体科罪，以昭永禁等。因迄今越年已久，市民复蹈前辙，仍架水阁，致使通衢黑暗，污秽淋漓，水皆臭恶，泥污壅积，甚有妇女踞坐阁上，或当阁曝晒亵衣秽物，舟行其下，恬不知耻。且两岸相接，设遇祝融不戒，必致延烧，尤为大害。更查设有平矮石条、木桥，以图行走自便，不顾下碍舟楫，亦于河道不便，均应拆禁。兹本府委员查得，自张神

---

① 本文辑自乾隆《绍兴府志》卷十四，第8页。原题为《知府李亨特示》，现按陈桥驿《绍兴地方文献考录》（浙江人民出版社1983年版）取题《禁造城河水阁示》。

② 李亨特（？—1815），清汉军正蓝旗人。于乾隆五十五年（1790）出知绍兴府。

祠起，至南门止，共计水阁七十四座，石条四座，木桥八座。本应即行拿究，姑先申明禁令，立限拆毁。为此示仰该市居民等知悉，立将所架水阁、石条、木桥各自拆毁，限二十日内拆竣，以凭委员查勘。倘敢抗违，除委员带匠押拆外，仍将本人严拿，按强占律治罪，断不稍宽。各宜凛遵毋违。

清乾隆御题清水亭诗碑[①]

循吏当年齐国刘，大钱留一话千秋。

而今若问亲民者，定道一钱不敢留。

钱清镇偶题，乾隆御笔（下钤两印）

会稽大禹庙碑[②]

［清］李仪祉[③]

禹何人？斯崇之者以为神，否其为神者则并否有其人。研经者之不以科学之道，而好奇之士喜为诙诡之说以求立异，均非可以为训也。夫禹之德行，孔氏、墨氏言之至矣；禹之功业，孟轲、史迁述之详矣，后起之人虽欲赞一辞而不得。至禹崩何所，禹穴

---

① 此乃清乾隆十六年（1751）三月，乾隆帝南巡，游清水亭后所题七绝。碑文所在之诗碑，总高 356 厘米，由碑额、碑身、基座三部分构成。碑额高 71 厘米，宽 103 厘米，厚 26 厘米，肩圆，正面"双龙戏珠"浮雕。碑身高 205 厘米，宽 97 厘米，厚 26 厘米。碑文行书阴刻，分四竖行，文两侧各具阴刻龙形连续图案。基座高 80 厘米，宽 114 厘米，厚 36 厘米。原在钱清村清水亭内。均为太湖石质。1981 年钱清江拓宽时，亭、碑均被拆除。碑被移作钱清村友谊桥桥墩基石，1998 年 8 月重新出水。由于长年受河水侵蚀，碑文字口浅平，仅隐约可辨。现碑额、碑身保存于清水亭刘宠纪念馆内。

② 本文辑自原碑。碑存绍兴禹陵。

③ 李仪祉（1882—1938），即李协，字宜之，陕西蒲城（今陕西省渭南市蒲城县）人。清宣统元年（1909）从京师大学毕业后，留学德国。曾任河海工程专门学校教授，西北大学校长，陕西省水利局局长，黄河水利委员会委员长、总工程师，浙江省建设厅顾问等职。

何在，论者纷然，窃皆以为无关宏旨。盖九州之中，禹之迹无弗在也，禹之庙亦无弗有也。而论山川之灵秀，殿宇之宏壮，则当以会稽为最。且禹大会诸侯于斯，其一生事功，至是可谓大成，则即以斯地为禹穴所在，又何不可？

同人等来瞻庙貌，缅想前勋，空怀饥渴，鲜裨拯救。思天下大业非一二人所可为力，必众擎乃易举。而此所谓众者，必有一致之目的，一贯之精神，群策群力，申于一涂，乃可有济。惟目的趋于一致尚易，而精神统于一贯实难。必有一极高尚之人格，其德业可以为全国万世之所共同崇仰而不渝者以为师表，始可以合千万人而一之。吾华民族每一行业，必有其所祀之神，旨在乎斯。翘天下大业容有逾于平成者乎！亘古人格容有过于大禹者乎？方今水政废弛，旱潦频仍，民困财竭，国将不国。拯民救国，厥惟继禹而兴者有其人。禹功非一二人所可即，则在吾众。众俱以禹为宗，则千万人者一人也，四千年者旦暮也。朝夕而尸祝，为奉其旨、师其意、本其精神以治事，为旱潦容有不息者乎？同人其勉旃。

中华民国二十三年，时当苏、浙大旱，黄河大水，中国水利学会会长李协率同人敬泐。

运河纪事·序[1]

陈桥驿[2]

中国运河史发轫甚早，先秦古运河至今见诸记载者有三：《水经·济水注》称："偃王治国，仁义著闻，欲舟行上国，乃通沟陈、蔡之间。"徐偃王系传说中人物，时当西周穆王之世，约在公元前十世纪之初。陈、蔡间运河，古称鸿沟，《汉书·地理志》

---

[1] 本文辑自原碑。碑今位于绍兴市运河园。
[2] 陈桥驿（1923—2015），原名庆鋆，后改庆均，浙江绍兴人。中国历史地理学家，尤致力于郦学、吴越史地和历史城市地理方面的研究。

称狼汤渠,隋唐时称汴渠,以后湮废不存。另一先秦运河见《左传》哀公九年(公元前四八六年):"吴城邗沟,通江、淮。"《汉书·地理志》作渠水,《水经·淮水注》作邗冥沟,隋代重开,成为大运河即京杭运河之一段。越中古运河见于《越绝书·地传》:"山阴故水道,出东郭,从郡阳春亭,去县五十里。"《越绝书》为先秦古籍,经东汉初人整理辑缀,增入汉事而删节越史,其所记古运河显有缺佚。山阴为秦所建县,既称"山阴故水道",则此水道必流贯山阴全境;"水道"而称"故",足证此古运河为先秦所存在,越王句践所谓"以船为车,以楫为马"是也。历代以来,山阴古运河多有整治疏浚,尤以晋贺循所从事者为著名,因而载入《旧经》,自此航运灌溉之功益臻完善。又因沿河堰坝之修筑,使流域扩展以至于取代钱塘江河口段,如宋姚宽《西溪丛语》所云:"海商船舶畏避沙潭,不由大江,惟泛余姚小江,易舟而浮运河,达于杭、越矣。"故此河虽因北端始自西兴,曾称西兴运河;而其航运功能,早已及于宁绍平原全境,称为浙东运河,更属名实相符。浙东运河不仅与沟通长江及钱塘江之江南运河同享盛名,而此河为南北大运之东南发端,实乃中国运河史之至要。浙东运河历史悠久,尤以于越中枢之大越城段为最。历代整治,史不绝书;文化积淀,更为深厚。绍兴素有水城之称,古运河与环城河,实为水城骨干。而今河清海晏,百业俱兴,绍兴市于环城河整治完竣,又复古运河修缮成功,实乃百世之盛举,浙东之伟业。铭曰:

越州晔晔,禹迹绵绵。文化璀璨,水利昌明。河川映带,碧流蓝天。业绩留惠,万世有光。

陈桥驿撰文　沈定庵书

二、宁波

鄞县经游记 [①]

[宋] 王安石 [②]

庆历七年十一月丁丑，余自县县出，属民使浚渠川。至万灵乡之左界，宿慈福院。戊寅，升鸡山，观碶工凿石，遂入育王山，宿广利寺。雨，不克东。辛巳，下灵岩，浮石湫之壑以望海，而谋作斗门于海滨，宿灵岩之旌教院。癸未，至芦江，临决渠之口，转以入于瑞岩之开善院，遂宿。

甲申，游天童山，宿景德寺。质明，与其长老瑞新上石望玲珑岩，须猿吟者久之，而还食寺之西堂，遂行。至东吴，具舟以西。质明，泊舟堰下，食大梅山之保福寺庄。过五峰，行十里许，复具舟以西，至小溪，以夜中。质明，观新渠及洪水湾，还食普宁院。日下昃，如林村。夜未中，至资寿院。质明，戒桃源、清道二乡之民以其事。凡东西十有四乡，乡之民毕已受事，而余遂归云。

宁波水则碑

宁波水则碑位于今宁波市海曙区镇明路西侧平桥街口（原为平桥河），始建于南宋，为省级文物保护单位。宋代在交通和通信不能及时传递水情的情况下，把周边农业地区碶闸正常水位，刻石标记于宁波城中心的水则碑，根据平水原理，通过水则碑得知水情信息，以测量水势和统一调度。

据现今科学测定，平字首横上缘为黄海海拔高度 1.62 米，二横上缘为 1.36 米，下端为 1.09 米。推测二横为当时的常水位线，这与现在的宁波常

---

① 本文辑自 [宋] 王安石：《王安石文集》卷八十三，刘成国点校，中华书局 2021 年版，第 1445 页。

② 王安石（1021—1086），字介甫，号半山，抚州临川（今江西省抚州市临川区）人。北宋政治家、思想家、文学家。庆历七年（1047），王安石时年 27 岁，刚调任鄞县令。

水位 1.33 米基本符合。水则碑亭遗址作为运河水利管理设施，水位测量技术已达到了相当先进的水平。

复牟山湖碑记 [1]

夫维扬，泽国也。自夏后氏浚洪而彭蠡、震泽为万世利，从来尚矣。我国朝重农，仿古立制，其去江潮远，无涧溪可通，则凿湖荫亩备旱潦，在我姚为三十一所。牟山湖距邑西三十里，南环姜山诸峰，西芝山，东峨嵋山，北固横塘十二里，石闸三门。案志记载，周五百顷四十三亩三角三十步，溉田二万二千七百顷有奇。东灌长泠，左右直走滨海。盖东山、兰风、孝义、开元、烛溪、云柯六乡九里生灵之命府也，咸赖渥泽，一邑之水利其最矣。夫何嘉隆以来，豪暴射利，大占升课，虎视猬集，佹无湖也。夫占一亩湖，约耗民田数十亩；占一顷湖，约耗民田数十顷。嗟，嗟！安忍此万灶之害以为一家利哉？曩岁大旱侵荫，民之蒿目泣槁，枵腹啼饥，莩骸载道，痛首莫敢谁何。先令我姚者，往往动复湖念，为有力者夺，议随（遂）寝。宛侯先治上高，考最，天子贤之，调治姚，盖视姚为岩邑也。比侯至，培元剔蠹，百废次第举，稜稜有古循良风，姚民窃叹侯来暮。北乡民讼汝仇湖者，岁久弗解，侯即为请复。魏汉、张奕、严奇等，以牟山湖事闻于台司诸大吏事下，侯曰："汝仇、牟山湖一也，民亦一也。吾岂能缩朒坐视，寄民命于天上乎？若辈毋嗷嗷也。"语诸缙绅曰："湖之坏也，水勿可蓄；水不蓄，田无可荫，农人无以为耕。衣食索、贡赋艰矣。湖在矣，乌可以不复哉？湖复矣，不增塘以防之，与不复同。塘筑矣，不甃石以固之，与不筑同。"乃并所规画，丈勘明悉，遂上其事，傅、常二中丞公，直指使黄公，都水使夏公，

---

[1] 本文辑自光绪《余姚县志》卷十六，第37—38页，参《汉书·翟方进传》等校正。据光绪《余姚县志》，原碑已佚，道光中赵氏后人重刻立于牟山湖之跨湖桥。

太傅刘公、石公，佥曰可。因以鸠工启土，伐木运石，枫林、横河，通浚诸渠，悉皆董治，准备漏泄，向之犁然田者，今则汪然复为湖矣。栖亩登场已不在他日，而穰穰可庆。孰非侯之湛恩滋泽哉。"姚民德侯深，更仆未易数，而此治绩最为章灼。民胥辟址构堂，肖像而祝之，请记于余。余闻之传曰："怀生之物有不浸润于泽者，贤者耻之，况数十里生灵之命府乎。宜乎？"侯之深为念也。昔谢灵运从文帝请田回踊湖，会稽守孟𫖮前后坚勿予。翟方进坏坡（陂）以自利，汝南民愤形于谣。后邓辰（晨）治汝南，即复于民。兹两人者，或复于方请，或复于已坏，为不畏强御矣，至今读史者犹壮之。是故兴水利之臣，无如召南阳：初为谷阳长，贤，又调上蔡长，始入为谏议大夫，后以南阳晋少傅（府），列九卿。人美其以功名终也。今上高余姚侯之谷阳、上蔡也，而次迹公卿。姚之人共祝公百世之下，又岂无目侯如邓、如孟者也？

万历戊子年五月　都察院左都御史、太子少保、吏部尚书赵锦立
　太医院使兼纂史，钦升圣济殿太子少保、资德大夫赵世政撰

复牟山湖御呈①

浙江绍兴府余姚县生员魏官，为势豪占湖毁制，坑儒戮民哀恳：圣明垂怜，生民以拯一方以攘群凶事。窃念天下，惟水之利国利民最大，惟妨水利者之祸国祸民最深。浙东海堰，地饶宜谷。祖宗朝择高阜之地，潴水为湖，建闸下注，时其蓄泄而浸灌之。随令承荫之田分佃全湖之税。故粮不亏而利至溥，地无干旱，民无瘠捐，制甚善也。本县牟山湖，灌田二十二万许户，口以数十万计。是数十万户之死生悬之一湖之兴废。湖存民存，湖亡民亡，相依为命，从来久矣。突出豪官邵梦弼弟邵梦龄、邵胜、邵得禄、蒋

---

① 本文辑自《牟山镇志》编纂委员会编：《牟山镇志》，方志出版社2021年版，第155—156页。

一鳌、蒋积、钱贞、张楠、邵福、王望、王五十、宣七、汤天明、黄大章等占湖为田。小潦惧淹，则决水以自完；小旱惧干，则壅水以自灌。数家温饱，万户饥寒。小民无力而谁何？中人畏祸而重发。一旬不雨，即成旱魃之灾，百室无烟，徒悲鸿雁之集。官叔魏汉，拼死告官。幸前后抚台傅某、常某、王某、刘某，按台王某、彭某眦裂贪暴，心恻民瘼，督知府刘庭芥、石崑玉、刘廑，知县叶炜、马从龙亲勘。见阡陌悉龟坼之地，沟壑尽蝇嘬之莩，划去占田，仍复前湖在卷。讵官甫迁，恣势复占。且守道叶炜，知县史树德、黄琰捐俸造闸，官等方幸永永无患。未几而盗毁于群凶之手。恨告捉叔回家殴之至死。当告按台李某，批守道张九年，而死冤不雪。同呈魏守等以撼诬配之，而寻杀魏廿五于狱。生员黄榜元以匿帖黜之，而复官于府县。夫民死于饥犹无操刃之刑也。至叔死于殴，则真持梃杀之矣。魏廿五之死狱，犹戮无罪之民也。至黄榜元之褫革，则及无罪之士矣。官痛民生何日，叔死无天，士黜无名，义激于衷，计不及顾，具呈抚台甘某，按台吴某、金某，批粮道陆某，巡道刘某，守道沈某，行府行县，冰搁如故。讼连二十余年，官经二十余易。抚按下之监司，监司下之府县，历二十余次，而皆不能夺之以活命，尚可谓有法乎？官窃谓抚按而上，独有天子圣明，可诛锄强梗，沃此一方民耳。官自计蚁力负山，螳臂当辙，必蹢叔汉、黄榜元之续，顾以一身之死，易数十万人之死，心之所甚甘也。以一时之祸贻于万人之利，义之所不敢避也。伸朝廷之法，复祖宗之制，慑捍禁犯科之豪，舒深怒积怨之气。又素所郁勃而必欲发者也。况明主在御，良臣在列，是非明，纲纪肃，不以此时祛神丛之奸，兴维桑之利，更何待乎？用是不避斧钺，哀鸣君父之前，伏乞圣慈，敕下法司推鞫。一言诬妄，万死不辞。官不胜激切，哀恳悚惧之至。除具奏外，理合具揭须至。

揭者官（一作观）

万历三十五年岁次丁未

奉宪勒石（碑额）①

　　赏戴花翎兼办宁郡厘捐总局调署宁波府正堂夏，为给示勒石事，照得光绪三十四年六月十八日，奉浙省厘饷总局宪批本局禀复，饬委会同卡员、绅士会议倪家堰内河免捐□□□□章程，绘图□□□□缘由，奉批：如禀办理。仰即转饬遵照，仍仰抚宪查考。既藩司衙门批示缴图折均存等因，奉经转饬尊照在案。兹据北门卡□□□□倪家堰卡司□即于七月初一日起，凡属上河近地货船，由宁波至免捐界内者，一概免捐，以此作为北门局查验分卡。如有杭绍货物盘驳偷运影射等情，一经查获，自当全数充公，以此定章。并在下游添设巡船一只，常用巡缉，以重捐务。随奉前因，理合申报，仰祈给示该绅，以凭勒石等情。据此，查是案先据镇邑刘绅等将会委会议办法缘由，开其章程范围，无请给示勒石在案。据申前情，合行开□□□出示晓谕。为此示仰该处铺户、商民以及船户人等一体遵照后开章程办理。如有违章，一经察觉，□□查获，定即将货全数充公，从重究办。其各懔遵毋违，特示。计开：

　　一、倪家堰卡改为查验卡，专查外江绕越之货。若内河各乡离甬较近，例得免捐。现议一免捐之地，绘呈图说，划定界线，以内河、外江分界。自倪家堰西北二十里至贵胜堰、东北四十里至蟹浦，均为内河免捐地界。倘外江之□□□□□□□走内河，希图偷漏，一经查获，照章议罚。

　　一、凡内河各航船由东西管前绪三乡自行编号，各派埠头一人，五船互立保结。如有包揽外江之货，私将运入内河盘驳超载者，互保之船□□□□□□□□□北门局分卡巡船及乡约局查

---

① 本文辑自吴峰钢：《宁波运河管理实例——奉宪勒石碑考析》，载江怀海、赵莹莹主编《大运河宁波段研究文集》，浙江古籍出版社 2014 年版，第 124—129 页。标点为作者酌情所加。

出，别人举发，查明属实，定将该货充公，船户究办，其互保之船一并究罚。

一、凡外江船只装有北门局派捐之货，不准拖进倪家堰坝绕走内河。如有贪图内河免捐，私自拖坝者，一经倪卡查获，□□则立即究办船户，□□□□议罚。

一、凡内河免捐之货，只准照局章在江北岸内河李家后门老埠头装货，经过倪家堰北往内河免捐界内卸货，不准在□□□□□□□□□□□□倪家堰坝□有违背此项章程者，即由倪卡拘留，送局罚办。

一、凡内河如有水涸过时以及有他项事故须改道外江者，既已经过北门局，即确系内河无捐之货，亦无从辨别。

一、凡外江近地之货向由北门局捐收初次起捐及杭绍之货应收两次起捐者，如因内河免捐，改在内河装运者，一、凡外江信客年卡信货有装运内河，希图偷漏者，经倪卡查获，照章究办。

一、免捐之后，凡查有不守定章之船货，经厘卡、巡船两处查获者，均应送北门局查究，不得自行议罚，收受分文。倘□□□□□□□□□□□□□□□□□□□□门局指名按诉，立予诉示究。

一、此次公同议定免捐章程，启准之后，由北门局禀请□□局合，给示勒石，以垂久远。

　　　　　　　　　　光绪三拾肆年柒月告示

2006 年镇海运河普查队发现了竖立于澥浦北门卡旧址处的一块"奉宪勒石"碑，该碑高 220 厘米、宽 120 厘米、厚 20 厘米，上端切角。全文约 1000 字。此碑已于 2011 年 1 月被浙江省人民政府公布为第六批省级文物保护单位。

该碑是宁郡厘捐总局在光绪三十四年（1908）六月十八日按上级浙省厘饷总局的规定，将宁波段运河运行方式及管理的措施进行公示，又由宁郡厘捐总局报浙省厘饷总局，经藩司衙门批示后，由当时的宁波府知府夏孙桐公布。碑文字虽已有缺，但还是能从碑中较全面地了解当时该段运河管理的相关规定和措施。

1. 主体目的

制定此项章程的主体为宁郡厘捐总局，具体执行者是当时的北门分局，管理对象是"违章者"及该地铺户商民以及船户。内容主要是有关宁波段运河船只征税及相关卡口的职能。目的则是有效地管理区域运河，保证政府的捐务收入到位。

2. 章程内容

此项章程主要内容有二，一为免捐条例，一为具体管理措施。

免捐条例的核心是"内河各乡离甬较近例得免捐"。这条规定有两个要点，一为内河，二为离甬较近。但具体的免捐范围仍以图为准。免捐又分免捐之船与免捐之货。船分为外江船与内河船。货分为近地之货、杭绍之货、信客之货。当时免捐的条件为内河船只并且所装货物为近地之货。

免捐范围与时间。"内河离甬较近"才能免捐。碑文中说明："自倪家堰西北二十里至贵胜堰、东北四十里至蟹浦，均为内河免捐地界。"因绘有地图，具体查验时也容易操作。免捐时间点为光绪三十四年（1908）七月初一，从这个时间点开始，符合条件的船只和货物就可以免捐，否则就得按规定捐税。

具体管理卡口。为实现捐务有效开展，当时此段运河主要有北门局的北门卡与倪家堰设两个查验分卡。位于瀣浦的北门卡主管经此转运出海的杭绍货物，倪家堰卡主管外江绕越之货，即查验外江之货偷走内河者。

限定河埠头装卸。针对内河免捐之货有规定的河埠头，如"内河免捐之货，只准照局章在江北岸内河李家后门老埠头装货，经过倪家堰北往内河免捐界内卸货"，不得私自装卸。这项规定则主要是为了防止内河船只中途偷卸应捐之货，从而逃避捐税。

几种例外情况。原则上外江之船不准走内河，内河之货也不得走外江，但在内河水涸时，内河船只可绕道外江，仍可免捐；外江之货，已捐税者亦可走内河。针对外江信客，其年卡信货仍需捐税，不得走内河。

3. 措施保障

官方由宁郡厘捐总局下的北门分局及其所属北门卡和倪家堰卡进行专门查验。地方则由运河所经各乡对乡内各船自行编号，五船互保，相互监督。

在各埠头派一人进行监督，负责相互监督是否偷转运外江之货。如有发现，由乡约局送交北门局究办。

添设巡船，日常用以巡缉，如有发现即提交北门局进行处置。

惩罚措施一般是船货没收充公，船户从重究办，但各巡船，卡司只有查验之责，无处罚之权。最终处置权都由南北门局实施。

关于浙东运河与京杭大运河分段控制。碑文中多次提到杭绍之货，并将北门卡和倪家堰卡作为北门局查验分卡，"如有杭绍货物盘驳偷运影射等情，一经查获，自当全数充公"，专门明确了管理杭绍之货的机构。

4. 管理层级

关于捐务管理。捐务为政府收入的来源，为当时政务之重，由地方大员直接负责。通过碑文我们也可以看出当时的捐务管理层级。省有巡抚领导下的浙省厘饷总局，藩司衙门负责核准批示。地方如宁郡有厘捐总局专门负责府的捐务，下设各局，北门局就是其中之一。局下设卡，如倪家堰卡、北门卡等。为配合捐务的开展，地方上还有乡绅组织的乡约局及民间自治互保组织共同保障捐务的管理实施。在清代航运管理措施上一般还给每只货船配过卡凭证。货船过卡都要出示之前先办好的凭证，根据运行路线长短，该护照一般由各级官府盖章签发。其内容也是相当详细，有货物的品种、货物的数量、业主姓名、船主姓名、船名及运销地点，并限定日期，过期无效。过卡时凭证与船运实际进行核对，二者一致的才能放行。这种管理措施不仅能实现税捐的有效征收，还能实现政府对市场的宏观管理。

5. 碑中人物

碑刻中出现的夏知府即夏孙桐，时任宁波府知府。据卞孝萱、唐文权编《民国人物碑传集》中《江阴夏闰庵先生墓志铭》，夏孙桐讳孙桐，字闰枝，又字梅生，晚号闰庵，江阴人。祖上多为文儒名宦。壬辰中进士，选翰林院庶吉士。甲午授编修，历充会典馆总纂，国史馆纂修，编书处总纂、提调，兼文渊阁校理，大学堂教习。曾主持四川和广东乡试。丁未授湖州府知府，到任前先任宁波府知府，兼管宁绍台道。未一年，回湖州府本任。后又曾调任杭州府，尽心民事，不遗余力。辛亥革命后入清史馆修史。

刘绅为镇海地方乡绅刘崇照。据《镇海县志》所载，刘崇照，谱名颐，字楚芗，贵驷里洞桥人。光绪十六年（1890）进士，授翰林院庶吉士，后出任江苏盐城知县，清正廉明，揭查奸猾，建北闸，办清丈局，百姓称"刘青天"，建其生祠于闸旁。根据碑刻中所记载的时间，此时刘崇照应还乡担任六县地方自治会董事。正因参与了整个河段的管理，深知税卡林立、税目繁杂有害民商，后来以刘崇照为代表的乡绅"向政府报请免除倪家堰卡税，商民称便"。

综上，此碑文属宁波段运河地方性管理专项法规，所制定的管理条例既严密，又切合实际，具有较强的可操作性；还有着明显的对地方船户的保护色彩，也说明当时浙东地区由于钱塘江河口潮汐落差大，淤积严重，通航不便，因此通海航运多走宁波入海，证明一直以来澥浦就是浙东地区重要的出海商贸港口。此碑文对研究中国大运河，尤其是浙东运河在清代的管理制度有重要的史料价值。

甬东天后宫碑铭 [①]

> 吾郡回图之利，以北洋商舶为最巨，其往也，转浙西之粟，达之于津门；其来也，运辽、燕、齐、莒之产，贸之于甬东。航

[①] 本文辑自原碑。此碑碑文对天后故事及宫之来历作了简要的考证说明，尤其对天后宫祭祀的意义作了颇有深度的论述，此外还对天后宫建设的资金来源、规模、人员等作了说明。

天万里，上下交资，鲸鲵不波，蜃鳄无警，繄惟天后之神是赖。

后姓林氏，宋初莆田人也，生具灵异，里党神之。既辞世，庙于湄洲。宣和中赐额"顺济"。高宗绍兴二十五年锡为"夫人"。光宗绍熙元年晋为"妃"。元初尊为"天妃"。明季改为"元君"。祠宇之广，殆遍海甸。我圣祖仁皇帝平定台湾，俞靖海侯施琅之请，特封"天后"，春秋祀典，岁支帑金，文武官行礼与岳渎等。此前事之大略也。

说者谓地祇之礼与人鬼有别，岳渎视公侯，第以人爵尊之，非以人鬼例之也。天后而称海神，是以人鬼易地祇。前乎此未有天后，孰为主之？明人会稽唐氏，乡人谢山全氏，皆有斯辨。要之，亦偏见也。

夫自有天地即有海，亦自有天地即有江湖。英、皇殉死而为湖神，胥、种冤死而为江神。岂虞周以前，江湖无地祇，必待四人者之死而后神之耶？如谓英、皇之烈，胥、种之忠孝，礼本宜祀，非天后所可同日语，然则谢绪之神于河，王天英之神于湖，其生平亦不甚表著，胡为灵爽赫赫，俨然以人鬼尸地祇耶？《礼》曰："能御大灾则祀之，能捍大患则祀之。"取其能御能捍而已，曷尝以存殁判也！或生而有功，或死而有灵，其征验于事状者不同，其利赖于公私者无不同。下祈之，上报之，斯秩宗掌之，必执一偏之论，而议其无稽，是未窥圣王神道设教之精意也。

吾郡旧有天后庙在东门之外，肇建于宋，实今有司行礼之所。分祠在江东者三，一为闽人所建，一为南洋商舶所建，基址俱狭。惟此宫为北洋商舶所建，规模宏敞，视东门旧庙有其过之。经始于道光三十年之春，落成于咸丰三年之冬，费缗钱十万有奇，户捐者什一，船捐者什九，众力朋举，焕焉作新，牲牢楮帛，崩角恐后，盖非独吾郡然也。后之灵昭昭，元人程端学之记叙綦备。而若《天后志》，若《闽颂编》，若琉球诸《使录》，尤加详焉，亦可见历朝之所以加秩于后者，有自来矣。

宫之制，临江西向，前殿三，后殿三。前西为宫门，又西为大门，南北为翼楼，北之北为庖厨。宫之基，前广六丈，后广十丈，左延三十二丈八尺，右延二十九丈。例得书倡其事者，郡人董秉愚、冯云祥、苏庆和、费纶金、费纶鍉、费辅注、盛炳澄、童祥隆、顾璇、李国相皆有劳于宫，例得附书。系以铭曰：

天生地成，奇阳耦阴；坤道为女，降福于林。维后诞生，出自世族；幼遇异人，授之符箓。庄严宝相，璎珞缤纷；升化湄洲，呼吸风云。一发之愚，万众托命；天吴效灵，海若助顺。凌虚往来，地球之东；三韩日本，在其掌中。莽莽重洋，杳无津渡；后实司之，康庄达路。上以佐国，战舰粮艘；下以佑民，贾舶渔舠。如镜如砥，如席如几；其止如山，其行如矢。昼则扬旗，夜则明灯；翩然引导，燕雀蜻蜓。历代褒嘉，逮我圣世；崇锡徽称，逾二十字。丹青土木，遍于海邦；此亦有祠，俯瞰鄞江。苍龙吹簸，白鼍击鼓；俎豆馨香，式歌且舞。幽明相感，感在一诚；惟灵故信，弥信弥灵。斯理自然，吾为诠释；人或有言，视此刻石。

光绪十年岁在甲申王正月吉旦

赐同进士出身、知州衔江西建昌县、知鄞县董沛撰

赐进士出身、二品顶戴、江苏补用道、前翰林院庶吉士，仁和杨鸿元书丹

赐同进士出身、直隶宣化府知府、前翰林院检讨，镇海郑贤坊篆额

赐进士出身、同知衔浙江鄞县知县，泰州朱庆镛检校上石

宝顺轮船始末碑记 [①]

中国之用轮舟，自宁波宝顺始也。咸丰初，粤寇乱东南，行省大吏注重于腹地，征调络绎，亟亟以防剿为重，而于缘海岁时

[①] 本文辑自原碑。此碑文对宝顺轮购买原因、规模、用途，以及护卫海上商旅安全、打击海盗的赫赫战绩均有详细记载，对时任宁波道府段光清的远见、果断与睿智也给予了高度赞赏。石碑今藏于庆安会馆。

之巡哨，膜（漠）外置之。于是，海盗充斥，肆掠无忌惮，狙截商船，勒赎至千百金不止。

时则黄河溃决，户部仿元人成法，以漕粮归海运，沙船、卫船咸出应命，而以宁波船为大宗。春夏之交，联帆北上，虽有兵船护行，盗不之畏也。每劫一舟，索费尤甚，至遣其党入关，公然登上座，争论价目。诸商人咸慎之。

慈溪费纶铉、盛植琯，镇海李容倡于众议，购夷船为平盗计。顾船值颇巨，未易集事。宿松段光清方兼道府之任，莅事宁波，为请于大府，令官商各垫其半。岁抽船货之入，陆续归还，以乙卯五月十二日始计数捐厘，并充历年薪水、储资、衣粮、弹药诸经费。鄞县杨坊、慈溪张斯臧、镇海俞斌久客上海，与洋人习，遂向粤东夷商购贸大轮船一艘，定价银七万饼，名曰"宝顺"，设庆成局，延鄞县卢以瑛主之，慈溪张斯桂督船勇，镇海贝锦泉司炮舵，一船七十九人。陈牒督抚，咨会海疆文武官，列诸档册，此甲寅冬季事也。

明年，粤盗三十余艘肆掠闽浙，窜至北洋，与他盗合。运船皆被阻，张斯桂急驶轮船于六月出洋，七月七日在复州洋轰击盗艇，沉五艘，毁十艘。十四日，在黄县洋、蓬莱县洋复沉四艘，获一艘，焚六艘，余盗上岸逃窜，船勇奋力追击，毙四十余人，俘三十余人。十八日，在石岛洋沉盗艇一艘，救出江浙回空运船三百余艘。北洋肃清，轮船回上海。二十九日，巡石浦洋，盗船二十三艘在港停泊，轮船率水勇船进扼洞下门，两相攻击，自卯至未，盗船无一存者。余盗窜黄婆岭，追斩三百余级。九月十三日，在岑港洋沉盗船四艘；十四日，在烈港洋沉盗船八艘；十八日，复在石浦洋沉盗船二艘。十月十八日，复在烈港洋沉盗船四艘，南界亦肃清。

三四月间，沉获盗船六十八艘，生擒党及杀溺死者二千余人，宝顺船之名，震于海外。然是时中西猜阻，距五口通商之和约仅十余年，北洋无夷踪，创见轮船，颇为疑惧。山东巡抚崇恩言于朝，诏下浙抚诘问，将治给照者之罪，毋许欺隐。段光清召诸绅士筹所以覆旨者。余曰："此无难也，商出己资购轮船以护商，且以护运，官之所不能禁也。船造于夷，则为夷船；而售于商，即为商船。官给商船之照例也，不计其何自来也。但令毋雇夷人，毋驶北洋。以此入告而已。"光清然之，如吾说奏记巡抚。巡抚何桂清以闻，遂置不问。

又明年丙辰，沪商亦购轮船，与宁波约，一船泊南槎山，杜洋盗北犯之路，一船巡浙海，以备非常，盗益敛迹。未几，西人入天津，重定和议，北海口亦许通商，夷船驶中国洋无间南北，盗遂绝迹。

中外臣工咸知轮船之利有裨于军国，曾文正首购夷船，左文襄首开船厂，二十年来，缘江缘海增多百余艘，皆宝顺船为之倡也。宝顺船虽仅护运，而地方有事亦供调遣，洪秀全踞金陵，调之以守江；法兰西窥镇海，调之以守关。在事诸人，叠受勋赏，而张斯桂、贝锦泉久于船中，以是精洋务；斯桂起书生充日本副使；锦泉起徒步至定海总兵官，尤异数云。

自中原底平，海道无风鹤之警，宝顺船窳朽，亦复无用。然原其始，则费纶锧、盛植琯、李容三君之功不可忘也。周道遵修鄞志，乃以属之鄞人林鸣皋、粤人郑寿阶郢书燕说，流为丹青，恐阅者因而致疑，故详书其本末，勒石于天后祠中，俾后人有考焉。

光绪十四年董沛撰

下 篇

绍兴三江新考[①]

绍兴之地貌总体上呈现由南到北，即会稽山—山会平原—沿海的倾斜特征。绍兴滨海的三江口是会稽山三十六源流经平原河网和北部沿海诸河的交汇之地，历史上地理位置多变，对绍兴水利、航运、区域发展影响甚大。关于三江究竟是哪几条江，三江口又如何变化，文献记载、民间流传和学术界至今各有不同说法，亦是绍兴地理环境未定之题。本文得到陈桥驿先生生前启示和指导（详见文后附注），又根据自己多年研究思考，分析来龙去脉、历史演变，阐述一孔之见，与学界讨论。

一、文献记载中长江下游之三江

相关文献及记载主要有：

《尚书·禹贡》：“淮海惟扬州。……三江既入，震泽砥定。”[②]

《周礼·夏官·司马·职方氏》：“东南曰扬州，其山镇曰会稽，其泽薮曰具区，其川三江，其浸五湖。”[③]

《国语·越语》载伍子胥言：“三江环之，民无所移。”[④]

《史记·夏本纪》：“三江既入，震泽致定。”[⑤]

---

① 本文作者邱志荣，作于 2015 年，首刊于邱志荣主编：《中国鉴湖·第二辑》，中国文史出版社 2015 年版，第 16—50 页。

② 王世舜、王翠叶译注：《尚书》，中华书局 2018 年版，第 65 页。

③ 徐正英、常佩雨译注：《周礼》，中华书局 2018 年版，第 696 页。

④ 陈桐生译注：《国语》，中华书局 2013 年版，第 705 页。

⑤ 张守节正义云：“泽在苏州西南四十五里。三江者，在苏州东南三十里，名三江口。一江西南上七十里至太湖，名曰松江，古笠泽江；一江东南上七十里至白蚬湖，名曰上江，亦曰东江；一江东北下三百余里入海，名曰下江，亦曰娄江：于其分处号曰三江口。”载〔汉〕司马迁：《史记》卷二，〔南朝宋〕裴骃集解，〔唐〕司马贞索隐，〔唐〕张守节正义，中华书局 1982 年版，第 58—59 页。

对上述记载中"三江"的具体认定，到了汉代以后论争纷起，有多种解释。诚如萧穆所说："前人之说地理，言人人殊、不能划一者，莫过于《禹贡》之三江。"①就"三江"的考证，历代延续不断，对清人的研究成果，主要可归纳为以下几种观点②：

第一，班固《汉书·地理志》北、中、南三江说者，认为"三江五湖"的古代三江是北江、中江和南江。这里所谓北江指的是今长江，中江指的是今胥溪和荆溪，南江指的是古松江。

第二，东汉郑玄则以岷江、汉水、彭蠡诸水为三江。"左合汉为北江，会彭蠡为南江，岷江居其中，则为中江"③，这里汉指汉水，彭蠡即指古鄱阳湖，岷江则包括长江干流。

第三，三国韦昭以浙江、浦阳江、松江为三江，见于朱长文《吴郡图经续记》、赵一清《答〈禹贡〉三江震泽问》等。④

第四，以中江、北江、九江为三江，此说详见李绂《三江考》、黎庶昌《〈禹贡〉三江九江辨》等文。⑤

第五，以松江、芜湖江（永阳江）、毗陵江（孟渎河）为三江，见杨椿《三江论》。⑥

①　［清］萧穆：《禹贡三江说》，载［清］萧穆《敬孚类稿》卷一，项纯文点校，安徽古籍出版社1992年版，第10页。

②　参见陈桥驿主编：《中国运河开发史》，中华书局2008年版，第316页。

③　［唐］徐坚等：《初学记》卷六，中华书局2004年版，第123页。

④　参见［宋］朱长文：《吴郡图经续记》卷中，清咸丰三年（1853）刻本，第2页；［清］赵一清：《东潜文稿·卷下·答〈禹贡〉三江震泽问》，载谭其骧主编《清人文集地理类汇编》第四册，浙江人民出版社1987年版，第86—88页。

⑤　参见［清］李绂：《穆堂文稿·卷十九·三江考》，载谭其骧主编《清人文集地理类汇编》第四册，浙江人民出版社1987年版，第7—9页；［清］黎庶昌：《拙尊园丛稿·卷四·〈禹贡〉三江九江辨》，载谭其骧主编《清人文集地理类汇编》第四册，浙江人民出版社1987年版，第89—92页。

⑥　参见［清］杨椿：《孟邻堂文钞·卷一〇·三江论》，载谭其骧主编《清人文集地理类汇编》第四册，浙江人民出版社1987年版，第4—6页。

第六，晋郭璞以岷江、松江、浙江为三江。[①]

在清代学者研究的基础上，现代学者大多认为"三江"应为众多水道的总称，而非确指。[②]

以上的三江诸说，除韦昭所指的"浙江、浦阳江、松江"与萧绍平原以北的三江有涉外，其余多指长江下游地区河流。

二、文献记载中山会平原北部的三江

相关文献及记载主要有：

《越绝书》。这是一部成书于先秦，经东汉人增删整理而成的书。此书卷十四有"越王句践即得平吴，春祭三江，秋祭五湖"[③]。此时句践在吴地，所指的三江或与韦昭所指相同。

王充《论衡》。《论衡·书虚篇》卷四有载："浙江、山阴江、上虞江皆有涛。"[④] 这里的"山阴江"应是"西小江"，而"上虞江"则应是"曹娥江"，但未指明已形成三江口。

谢灵运《山居赋》。《山居赋》被称为我国最早韵文式的地方志，记述的多是会稽山地和四明山地一带的自然环境及始宁墅的景物。"其居也，左湖右江，往渚还汀。面山背阜，东阻西倾。抱含吸吐，款跨纤萦。绵联邪亘，侧直齐平。"[⑤] 这里的"右江"应是曹娥江。又记："远北则长江永归，巨海延纳。昆涨缅旷，岛屿绸沓。山纵横以布护，水同沉而萦泪。信荒极之绵眇，究风波之瞑合。"[⑥] 此处所记应是当时被称为后海的环境。

---

① 参见［北魏］郦道元《水经注》卷二十九"沔水"，第 687 页。

② 参见华林甫：《中国地名学源流》，湖南人民出版社 1999 年版，第 403—404 页。

③ ［东汉］袁康：《越绝书校释》卷十四，李步嘉校释，中华书局 2013 年版，第 367 页。

④ ［汉］王充著，黄晖撰：《论衡校释》卷四，中华书局 1990 年版，第 183 页。

⑤ ［梁］沈约：《宋书》卷六十七，中华书局编辑部点校，中华书局 1974 年版，第 1757 页。

⑥ ［梁］沈约：《宋书》卷六十七，中华书局编辑部点校，中华书局 1974 年版，第 1759 页。

《嘉泰会稽志》。《嘉泰会稽志》卷十载：

> 海。在县北二十里。海水北流入嘉兴府海盐县。……《西
> 汉·地理志》：南江从会稽吴县南入海；中江从丹阳芜湖县西，
> 东至于会稽阳羡，东入海；北江从会稽毗陵县北，东入海。盖汉
> 会稽地广，绵亘数千里，凡三江皆缘此以达于海也。《水经》云：
> 江水奇分，谓之三江口。又东至会稽，东入于海。又云：浙江水
> 出三天子都，北过余杭，东入于海。三江之说不同，至江流入于
> 海，则古今论者不能易也。①

此记载中的三江之说亦较宽泛，指长江下游地区的多条河流，流归
于海。

万历《绍兴府志》。万历《绍兴府志》卷七载："钱塘潮……盖潭中高
而两头渐低，高处适当钱塘之冲，其东稍低处，乃当钱清、曹娥二江所
入之口。钱清江口潭最低，潮头甚小；曹娥江口潭稍高于钱清，故潮头差
大。"② 又："天顺元年，知府彭谊建白马山闸，以遏三江口之潮，闸东尽
涨为田，自是江水不通于海矣。"③ 于此已确定三江口为钱塘、钱清、曹娥
三江。又引《初学记》："凡江带郡县以为名者，则会稽江、山阴江、上虞
江是也。"④《初学记》为唐时作品，"山阴江"与"上虞江"应为"钱清
江"与"曹娥江"，而"会稽江"的问题比较复杂，似应理解为"若耶溪"
及下游汇流入海之河为宜。关于会稽江的存在也可以从绍兴城北的"北海
港"记载中得到佐证。

北海港，一说在绍兴城卧龙山以北今北海池（国际大酒店传有古船出
土）一带。万历《绍兴府志》卷七《海江河湖·海》载：

---

① 《嘉泰会稽志》卷十，第 2 页。
② 万历《绍兴府志》卷七，第 4—5 页。
③ 万历《绍兴府志》卷七，第 7 页。
④ 万历《绍兴府志》卷七，第 8 页。

今绍兴北海，乃海之支港，犹非裨海也。王粲《海赋》云"翼惊风而长驱，集会稽而一眄"是也。北流薄于海盐，东极定海之蛟门，西历凫赭入鳖子门抵钱塘，而江湖之水宗焉。商贾苦内河劳费，或泛海取捷，谓之登潭。潭者，海中沙也。遇风恬浪静，瞬息数百里；狂飙忽作，亦时有覆没，或漂流不知所往。[①]

这一古海港在越王句践时存在是可信的，至鉴湖建成在直落江口筑起玉山斗门，河海隔绝，港口已在玉山斗门之外。[②]

北海港的位置正在若耶溪的下游绍兴城之北。也正因这一史实和传承的印记，《嘉泰会稽志》卷一"城郭"条中有记绍兴城的北门为"三江门"，即："正西曰迎恩门，北曰三江门。……北门引众水入于海。"[③]

《明史·地理志》。《明史》卷四十四《地理五·浙江》"绍兴府"下"山阴"有记：

北滨海，有三江口。三江者，一曰浙江；一曰钱清江，即浦阳江下流，其上源自浦江县流入，至县西钱清镇，曰钱清江；一曰曹娥江，即剡溪下流，其上源自嵊县流入，东折而北，经府东曹娥庙，为曹娥江，又西折而北，会钱清江、浙江而入海。[④]

这段明确的三江阐述作为国家级史书中的记载，必定在当时经权威部门和人士认定过。

清毛奇龄《西河集》。《西河集》卷一一九《三江考》载：

惟浦阳（江）入海，则郦（道）元《水经注》南国颇略，遂讹为入江，不知浦阳者发源于乌伤而东迳诸暨，又东迳山阴，然

---

① 万历《绍兴府志》卷七，第1页。
② 邱志荣、陈鹏儿：《浙东运河史（上卷）》，中国文史出版社2014年版，第447页。
③ 参见《嘉泰会稽志》卷一，第19页。
④ ［清］张廷玉等：《明史》卷四十四，中华书局编辑部点校，中华书局1974年版，第1107页。

后返永兴之东而北入于海。其在入海之上流，即今之钱清江也。其接钱清江之下流，即今之三江口也。故明世绍兴知府戴君、汤君导郡水利，则上遏浦阳之入山阴者而使之注江，下浚浦阳之入海者而使之注海。其在钱清相接之口，名三江口；其在海口之城，名三江城；置卫名三江卫；建闸于其上，以司启闭，名三江闸；其尚名三江则自古相仍，几微不断，饩羊名存，夫亦可以为据矣。①

以上毛奇龄在对浦阳江的源头、流经、人工改道、入海口作考证的同时，还对三江口及相关取名作了分析，认为此三江口也是自古就得名，但对钱清江之外的其余两江尚未论述。

程鹤翥《闸务全书》。上卷中的《三江纪略》称："三江海口，去山阴县东北三十余里，以其有曹娥江、钱清江、浙江之水会归于此，故名焉。"②此文纂辑于清康熙三十七年（1698），当时"三江海口"已有明确的定位。此说一直延续，如1938年《塘闸汇记》中的《吴庆莪字采之陡罾考证》便有"按三江故道，本为南江与浦阳、曹娥两江"③。

嘉庆《山阴县志》。嘉庆《山阴县志》卷二十八收录的清全祖望《答山阴令舒树田水道书》中有记"三江"：

> 大江以南，三江之望不一，有《禹贡》之三江，郭氏以钱塘当其一；有《春秋外传》之三江，韦氏以钱唐及浦阳当其二；其越中之三江，则以钱塘及曹娥及钱清列之为三。《春秋外传》之三江已不可当《禹贡》之三江矣，而况廑廑越中者乎？是不辨而明者也。④

① ［清］毛奇龄：《三江考》，载［清］毛奇龄《西河文集·馆课拟文》，清康熙李塨刻西河合集本，第3页。

② ［清］程鹤翥纂辑：《闸务全书·上卷·三江纪略》，载冯建荣主编《绍兴水利文献丛集》，广陵书社2014年版，第23页。

③ 绍兴县修志委员会辑：《绍兴县志资料第一辑·塘闸汇记》，民国二十六年（1937）铅印本，第54页。"南江"即指浙江。

④ 嘉庆《山阴县志》卷二十八，第48页。

历史文献中的图示^①有：

宋王十朋《会稽三赋》，《南宋绍兴府境域图》中曹娥江、浦阳江以北即以"大海"标注。

明万历十五年（1587）《绍兴府志》刻本，《明绍兴府八县总图》中曹娥江、浦阳江以北标注为"北至大海"。

清光绪二十年（1894）《浙江全省舆图并水陆道里记》，《绍兴府二十里方图》中曹娥江以北亦以"海"注记。

陈桥驿先生的观点又如何呢？

20世纪60年代陈桥驿《古代鉴湖兴废与山会平原农田水利》^②一文认为古代"东小江（曹娥江）掠过会稽东境，西小江（浦阳江）流贯山阴西境和北境，二江均在北部的三江口附近注入后海（杭州湾）"又指出："目前，稽北丘陵诸水均北流径出杭州湾，构成独立的所谓三江水系。但三江水系乃是晚近四百年中一系列水利工程的产物。"于此，陈桥驿先生确认当时的三江水系中的三条江为曹娥江、浦阳江和稽北丘陵诸水。

到2013年，陈桥驿先生在为《绍兴水利文献丛集》所作序中更明确指出：

> "三江"，当然是三条河流，即曹娥江（西汇咀）、钱清江和若耶溪（后称直落江）。^③

> 三江口的"三江"，原来只是"二江"，即曹娥江（西汇咀）和若耶溪。但我在拙撰《论历史时期浦阳江下游的河道变迁》一文中曾经提及，由于浦阳江下游碛堰的开凿与浦阳江改道之事，陈吉余先生曾把这种改道称为"浦阳江人工袭夺"。改道的结果是浦阳江和钱清江的关系从此中断，钱清江从此也注入三江口。^④

---

① 以下诸图参见屠剑虹编著：《绍兴历史地图考释》，中华书局2013年版。
② 发表于《地理学报》1962年第3期。
③ 冯建荣主编：《绍兴水利文献丛集》，广陵书社2014年版，陈桥驿序第2页。
④ 冯建荣主编：《绍兴水利文献丛集》，广陵书社2014年版，陈桥驿序第4—5页。

陈桥驿先生这里所指的若耶溪又名越溪、刘宠溪、五云溪、浣沙溪、平水江，发源于今绍兴市柯桥区平水镇上嵋岙村龙头岗，流经岔路口、平水、铸铺岙、望仙桥后注入若耶溪水，经龙舌嘴，北至市区稽山门，长26.55千米，集雨面积152.42平方千米，多年平均来水量7804万立方米，是绍兴平原南部山区最大的河流，为"三十六源"之首。若耶溪支流至龙舌嘴分为东西两江，东江过绍兴大禹陵东侧进入平原河网，西江沿绍兴城环城东河进入绍兴平原，流注泗汇头，外官塘至三江口入后海（不同时期有不同的变化）。

外官塘河又称直落江，为若耶溪下游河道，通过北部平原，出三江口。东汉鉴湖兴建后若耶溪水纳入鉴湖，通过闸与直落江连通。鉴湖初创时又在今斗门镇拦江建玉山斗门以泄洪，直落江成为重要排涝河道。唐开元十年（722），会稽海塘形成，鉴湖北流注入曹娥江之诸多河流从此汇入直落江，成为山会平原南北向主河道。明代在玉山斗门以北约2.5千米处建成三江闸后，此河得到进一步治理，沿河多置塘路石桥。今直落江河道宽广顺直，从城区昌安门向北经城东、梅山、袍谷与西小江汇合后经三江闸进入新三江闸总干河，全长14.2千米。

若耶溪从源头到会稽山麓为山溪性河流，出会稽山麓到绍兴城为河流近口段，"直落江"为河口段，出"三江闸"（鉴湖时期为玉山斗门）为外海滨段。若耶溪是山会平原一条发源于会稽山脉、历史上始终存在、最后汇流入海的独立主河流。

三、海侵海退时的浙东

从第四纪更新世末期以来，自然界经历了星轮虫、假轮虫和卷转虫三次地理环境沧海桑田的剧烈变迁。[①] 其中星轮虫海侵发生于距今10万年以

---

① 陈桥驿：《越族的发展与流散》，载陈桥驿《吴越文化论丛》，中华书局1999年版，第40—46页。

前，海退则在距今 7 万年以前。这次海侵就全球来说留存下来的地貌标志已经很少了。

假轮虫海侵发生于距今 4 万多年以前，海退则始于距今约 2.5 万年以前。这次海退是全球性的，中国东部海岸后退约 600 千米，东海中的最后一道贝壳堤位于东海大陆架 −155 米，C14 测年为 14780±700 年前。到了 2.3 万年前，东海岸后退到 −136 米的位置上，即在今舟山群岛以东约 360 千米的海域中，不仅今舟山群岛全处内陆，形成宁绍平原和杭嘉湖平原以东一条东北西南的弧形丘陵带，在这丘陵带以东还有大片内陆。当时的"古钱塘江可能从舟山群岛南或大衢山岛北汇入古长江深槽，古钱塘江在陆架上游走，平原显示深切河谷地貌景观"[①]。钱塘江河口约在今河口 300 千米之外，现在的杭州湾及宁绍平原支流不受潮汐的影响。此时期的河口当不能与之后的三江口相提并论。

后一次卷转虫海侵从全新世之初就开始掀起，距今 1.2 万年前后，海岸到达现水深 −110 米的位置。距今 1.1 万年前后，上升到 −60 米的位置。在距今 8000 年前，海面上升到 −5 米的位置，舟山丘陵早已和大陆分离成为群岛。而到距今 7000～6000 年时，这次海侵到达最高峰，东海海域内侵到了今杭嘉湖平原西部和宁绍平原南部，成为一片浅海，宁绍平原的海岸线大致在今萧山—绍兴—余姚—奉化一带浙东山麓。当然，也无杭州湾存在可言。20 世纪 70 年代，在宁绍平原的宁波、余姚、绍兴，杭嘉湖平原的嘉兴、嘉善 带的城区开挖人防工程时，所发现的在地表以下 10～12 米普遍存在着的一层海洋牡蛎贝类化石层，就是海进的最好例证。[②] 此时期的东小江（曹娥江）、西小江（浦阳江）河口于今相比在内延西南山麓之地，而不能汇聚在一起。

海侵在距今 6000 年前后到达高峰以后，海面稳定了一个时期，随后

---

① 韩曾萃、戴泽蘅、李光炳等：《钱塘江河口治理开发》，中国水利水电出版社 2003 年版，第 23—24 页。

② 陈桥驿：《越文化研究四题》，载车越乔主编《越文化实勘研究论文集》，中华书局 2005 年版，第 5 页。

发生了海退。之后海进海退或又几度发生。在距今 4000 年前后，海岸线已推进到了萧山—柯桥—绍兴—上虞—余姚—句章—镇海一线。这一时期各河口与港湾的基本特征是："由于海面略有下降或趋向稳定，陆源泥沙供应相对丰富，河水沙洲开始发育并次第出露成陆，溺谷、海湾和潟湖被充填，河床向自由河曲转化，局部地段海岸线推进较快，其轮廓趋平直化，但大部分缺乏泥沙来源的基岩海岸仍然保持着海侵海岸的特点，并无明显的变化。"[1]

《钱塘江河口治理开发》认为：

> 五六千年前（钱塘江）的河口段原在今富春江的近口段，杭州湾湾顶在杭州—富阳间。[2]

又认为：

> 太湖平原西侧"河口湾"封闭的时间，则各家说法差异甚大，从距今 6000 年前至距今 4000～2500 年前"河口湾"封闭后，钱塘江河口的喇叭状雏形边高形成。
>
> 杭州湾喇叭口奠定后，钱塘江涌潮开始形成，对两岸地貌起了很大的改造作用。涌潮横溢，泥沙加积两岸，使沿江地面比内地高，西部比东部高。同时涌潮不断改变岸线位置。因沿江地面比内地高从而使平原低洼处发育湖泊，也使河流改向。南岸姚江平原上，河姆渡至罗江一线以西的地表流水，由向北入杭州湾而转向东流入甬江。根据姚江切穿河姆渡第一文化层的现象，改道年代距今不到 5000 年。绍兴一带出会稽山的溪流，也同样不能北入钱塘江，而折向东流，汇成西小江，在曹娥江口入杭州湾。[3]

---

① 徐建春：《浙江通史·先秦卷》，浙江人民出版社 2005 年版，第 31 页。

② 韩曾萃、戴泽蘅、李光炳等：《钱塘江河口治理开发》，中国水利水电出版社 2003 年版，第 2 页。

③ 韩曾萃、戴泽蘅、李光炳等：《钱塘江河口治理开发》，中国水利水电出版社 2003 年版，第 25—26 页。

据上，亦可对今浙江姚江、西小江的形成和走向的历史演变过程有一个了解。

"河口湾"，是"河流的河口段因陆地下沉或海面上升被海水侵入而形成的喇叭形海湾"[①]。对于是否在钱塘江喇叭口形成时，河口湾即是今日的杭州湾岸线，笔者认为，既然原来的钱塘江河口在富阳一带，此河口的东北向延伸也会有一个渐进的过程。

海进海退对浦阳江下游河口的影响变化，也可以从萧山湘湖地区的自然环境推测。在假轮虫海侵的海退鼎盛时期，湘湖之地远离海岸线，钱塘江河道流贯其西缘，浦阳江下游河道会在这一地区散漫沿着自西而东的半爿山、回龙山—冠山—城山、老虎洞山—西山、石岩山、杨岐山—木根山—越王峥等的山麓地带最后汇入钱塘江，并且在这里的低洼之地会有一些自然湖泊，是跨湖桥等先民的生息之地。我们可以从跨湖桥地区的山川形势分辨当时与之外沟通的主要水道大致有后来的渔浦出海口、湘湖出海口和临浦出海口，其中临浦出海口即后来的西小江，又是主要的连通萧绍平原的水道。

而到卷转虫海侵的全盛期（距今 7000～6000 年前）宁绍平原成为一片浅海，湘湖之地也就成为海域，所在大部分山体成为海中岛屿，形成了一个海湾。海退后，这里又成为一片沼泽之地。之后，在这一地区又形成了诸多湖泊，最主要的是临浦、湘湖和渔浦。郦道元《水经注》中卷四十"浙江水"中记："西陵湖，亦谓之西城湖。湖西有湖城山，东有夏架山，湖水上承妖皋溪，而下注浙江。"[②] 这一时期的浦阳江主要沿着湘湖一带散漫入海，钱清江是渔浦通往山会平原的一条河道，主要出口并不在后来的三江口。

这里还要举例的是曹娥江大闸工程，《浙江省曹娥江大闸枢纽工程初步设计工程地质勘探报告》为佐证资料。该工程位于曹娥江河口，钱

---

① 夏征农主编：《辞海》，上海辞书出版社 2000 年版，第 1087 页。
② ［北魏］郦道元《水经注》卷四十"浙江水"，第 940 页。

塘江南岸规划堤防控制线上，距绍兴城市直线距离约 29 千米，距上虞城市直线距离约 27 千米。自卷转虫海退以后至 20 世纪 60 年代末，这里一直处在河口海湾之中。地质勘探土（岩）层的数据显示：顶板高程（黄海，下同）-24.8～-21.4 米为淤泥质粉质黏土夹粉土，厚度 10.6～21.9 米；顶板高程 -44～-33.1 米为粉质黏土、粉土互层，厚度 7.0～20.9 米；顶板高程 -55.1～-42.1 米为淤泥质黏土，厚度 0.5～10.6 米；顶板高程 -61.6～-50.22 米为粉砂，厚度 1.4～10.2 米；顶板高程 -67.3～-56.0 米为中粗砂，厚度 8.0～15.5 米；顶板高程 -66.3 米为含砾中粗砂，厚度 7.3 米；顶板高程 -68.71～-71.5 米为粉质黏土，厚度 4.5～11.0 米；顶板高程 -73.6～-82.5 米为粉细砂，厚度 2.7～11.7 米；顶板高程 -85.3～-85.2 米为含砾中粗砂，厚度 3.85～17.4 米；基岩面高程 -102～-89.15 米为砂岩、砂砾岩。以上土（岩）层结构的变化便是当时海侵海退形成地貌景观的很好证明。

四、萧绍海塘兴建对山会平原的影响

《吴越春秋·句践伐吴外传》中有这样一个神话传说：越国大夫文种被害后，葬于种山（今绍兴城内的卧龙山）上。一年后，伍子胥掀怒潮挟其而去，这以后钱江潮来时，潮前是伍子胥，潮后则是文种。这一故事虽是神话，但古代山会平原以北后海海潮可经平原诸河直达会稽山北麓却是事实。"滔天浊浪排空来，翻江倒海山为摧"[1]，在这种自然条件下，古代越族人民要想在山会平原上生存，就必须在沿海兴筑海塘，隔断潮汐，开发平原，所谓"启闭有闸，捍御有塘"[2]。

萧绍海塘西起今杭州市萧山区临浦镇麻溪东侧山脚，经绍兴市柯桥区、越城区等地，直至绍兴市上虞区蒿坝村清水闸闸西山麓，全长 117 千

---

[1] ［元］叶颙：《浙江潮》，载［清］翟均廉《海塘录》卷二十三，清乾隆文渊阁四库全书本，第 22 页。

[2] 乾隆《绍兴府志》卷十四，第 3 页。

米。自西向东分别由西江塘（麻溪—西兴）、北海塘（西兴—瓜沥）、后海塘（瓜沥—宋家娄）、东江塘（宋家娄—曹娥）以及嵩坝塘组成，海塘保护范围为今杭州市萧山区、绍兴市境内的海塘以南，西界浦阳江、东濒曹娥江、南倚会稽山北麓的萧绍平原地区。

萧绍海塘的始筑年代有说是"莫原所始"①，清程鹤翥（字鸣九）纂辑的《三江闸务全书》则记为"汉唐以来"②。《越绝书》卷八记："石塘者，越所害军船也。塘广六十五步，长三百五十三步。去县四十里。"③萧绍海塘最初大概是为军事服务的港口堤塘，同时还建有防坞和航坞，距城都是40里，地点在今萧山境内的航坞山一带。石塘应是当时后海沿岸零星海塘的其中一段。筑造石塘不仅出于越对吴交战之需，也是早期钱塘江走南大门的证明。

东汉鉴湖建成，同时在沿海建玉山斗门，附近必然也会有连片高于海面及内陆的沙岗或土塘、涵闸，否则斗门不能发挥控制作用，但当时的土塘及涵闸标准较低。

《嘉泰会稽志》卷十载："界塘在县西四十七里，唐垂拱二年始筑，为堤五十里，阔九尺，与萧山县分界，故曰界塘。"④界塘位于山阴与萧山两县交界的后海沿岸。《新唐书·地理志》云："（会稽）东北四十里有防海塘，自上虞江抵山阴百余里，以蓄水溉田，开元十年令李俊之增修，大历十年观察使皇甫温、大和六年令李左次又增修之。"⑤防海塘大部分位于会稽县的北部沿海，建成后，使山会平原东部内河与后海及曹娥江隔绝。与此同时又建成山阴海塘，山会平原后海沿岸的海塘除西小江外，已基本形成。

---

① 《嘉泰会稽志》卷十，第38页。
② ［清］程鹤翥纂辑：《闸务全书·上卷·郡守汤公新建塘闸实绩》，载冯建荣主编《绍兴水利文献丛集》，广陵书社2014年版，第24页。
③ ［东汉］袁康：《越绝书校释》卷八，李步嘉校释，中华书局2013年版，第228页。
④ 《嘉泰会稽志》卷十，第39页。
⑤ ［宋］欧阳修、［宋］宋祁：《新唐书》卷四十一，中华书局编辑部点校，中华书局1975年版，第1061页。

宋嘉定六年至嘉定七年（1213—1214），绍兴知府赵彦俊主持大规模山阴后海塘修复工程，自汤湾至王家浦全长6120丈的堤塘全部修复一新，其中有三分之一用石料砌筑，此为绍兴历史上时间最早、规模最大的石砌塘工程。

明嘉靖十六年（1537）三江闸建成后，又建有长400余丈、广40丈的三江闸东、西两侧海塘，萧绍海塘全部连成一片，沿海塘挡潮、排涝水闸基本配套齐全，塘线此后无大变迁。

海塘的全线建成，使山会平原之水不再往以北散漫入海，而是集中汇于西小江和直落江东北流入三江口出海，当然沿江途中也会有一些水闸控制北入海，诸如龛山闸、山西闸、姚家埠闸、宜桥闸、楝树下闸、黄草沥闸、西湖底闸等山、会、萧三邑的滨海排涝蓄水闸系统。

五、浦阳江改道与西小江变化

浦阳江发源于浦江县西部岭脚，河长150千米，流域面积3452平方千米。东南流经花桥折东流经安头，再东流经浦江县城至黄宅折东北流至白马桥入安华，在诸暨安华镇右纳大陈江，续东北流至盛家，右纳开化江，北流经诸暨县城，至下游1.5千米处的茅渚埠分为东西两江。主流西江西北流至石家（祝桥），左汇五泄溪，折北流经姚公埠，经江西湖上蔡至湄池与东江合流。东江自茅渚埠分流后至上沙滩会高湖斗门江，北流至大顾家，右纳枫桥江，经三江口至湄池，与西江汇合。东、西江汇合后，北流经今杭州市萧山区浦阳镇尖山村，左汇凰桐江，经临浦镇，出碛堰山，西北流至义桥，左纳永兴河，至闻堰小砾山，从右岸汇入钱塘江。历史上，浦阳江也曾经由临浦、麻溪经绍兴钱清，至三江入海。

浦阳江下游河口地区古代河湖形势比较复杂，文献记载不一，学术上争论颇多，笔者的观点如下：

其一，唐以前浦阳江下游属自然状态，浦阳江以北出临浦以注入钱塘江为主。《汉书·地理志》中"余暨"之注"萧山，潘水所出，东入海"[1]，《水经注》卷二十九引阚骃《十三州志》"浙江自临平湖南通浦阳江"[2]，均已将之说得很清楚。当时临浦、渔浦水面宽阔，水深不测，亦即《水经注》中所称"万流所凑，涛湖泛决，触地成川，枝津交渠"[3]之地。一遇浦阳江山水盛发，洪水的出口除临浦、渔浦，其余主要呈散漫状态，亦不应排除有部分来水东北出流入西小江。由于当时河口排洪能力大，滞洪区宽广，地多人少，没有给这一地区带来较大的自然灾害，也就没有产生人与洪水之间区域性的较大矛盾。

其二，唐以后出现了浦阳江下游排水不畅的问题。

一是湖泊的淤积、围垦埋废。渔浦在盛唐时尚是一个大湖，而到北宋仁宗时期却出现了"市肆凋疏随浦尽"[4]的状况；湘湖到北宋中期已成为一片低洼的耕地，到北宋末期才又恢复成湖；临浦的围垦埋废到北宋中期，亦已基本完成。这些湖泊的埋废无疑大大减弱了浦阳江下游的排洪、滞洪能力。

二是海塘修筑闭合使浦阳江北出受阻。唐末西兴塘、西江塘、北海塘先后兴建完成，与山会海塘连成一片，使原来遍布河口可顺流直下的浦阳江水已不复故道，排水能力远不如以往。

三是鉴湖埋废加重浦阳江排水压力。南宋鉴湖埋废，原湖西部的滞蓄之水，直接进入平原而到西小江，于是西小江的排洪压力骤然加大。

浦阳江河口排水大部进入西小江有一个较长的过程，湖泊埋废的过程是渐进的，海塘也有一个从泥塘到石塘、修建标准逐渐提高的进程。在尚为泥塘时，每临大汛期间，多人工决塘放水，山阴、萧山、诸暨三县排水矛盾并不突出，但之后随着水利条件的进一步完善，人口、农田的增多，洪涝损失的增加，矛盾便日益增加。《嘉泰会稽志》卷四云"碛堰在县南

---

① ［汉］班固著，［唐］颜师古注：《汉书》卷二十八，中华书局1962年版，第1591页。
② ［北魏］郦道元《水经注》卷二十九"沔水"，第687页。
③ ［北魏］郦道元《水经注》卷二十九"沔水"，第688页。
④ ［宋］刁约：《过渔浦作》，载［宋］孔延之辑《会稽掇英总集》卷五，清道光元年（1821）山阴杜氏浣花宗塾刻本，第5页。

三十里"①，这说明在碛堰山山岙建筑的堰坝在南宋之前就已存在，其作用主要为蓄水、排洪、航运等。陆游有绝句《渔浦》："桐庐处处是新诗，渔浦江山天下稀。安得移家常住此，随潮入县伴潮归。"②说明他是取道渔浦到临浦再到山阴的，但是否走碛堰并不确定。至明代初期，浦阳江来水西出口之路条件更差，在临浦以下，不仅走西小江，还有相当部分是通过萧山中部河网进入西兴运河到西小江入三江口的。

其三，改道完成在明代。碛堰虽早于南宋时期便已存在，但当时肯定不作为浦阳江的主要出口，到了明代中叶，碛堰已到了非开不可的地步，并作为当时当地政府迫切需要实施的重要水利基础工程来对待。至明代中叶完成人工改道，浦阳江经临浦过碛堰山，北流至渔浦到钱塘江。

关于明代浦阳江改道的时间主要有四说：

第一，宣德（1426—1435）说。崇祯初刘宗周《天乐水利议略》记："宣德中有太守某者，相西江上游，开碛堰口，径达之钱塘大江，仍筑坝临浦以断内趋之故道。自此内地水势始杀。"③

第二，天顺（1457—1464）说。嘉靖《萧山县志》卷二载："南三十里曰碛堰。《水利书》云：碛堰决不可开。"④又："天顺间，知府彭谊建议开通碛堰，于西江则筑临浦、麻溪二坝以截之。"⑤

第三，成化（1465—1487）说。黄九皋《上巡按御史傅凤翔书》载："成化年间浮梁戴公琥来守绍兴，……相度临浦之北，渔浦之南，各有小港小舟可通，其中惟有碛堰小山为限，因凿通碛堰之山，引概浦江（浦阳江）而北，使自渔浦而入大江（钱塘江）。"⑥

第四，弘治（1488—1505）说。任三宅《麻溪坝议》载："弘治间郡

---

① 《嘉泰会稽志》卷四，第 17 页。
② ［宋］陆游：《渔浦》，载［宋］陆游《剑南诗稿》卷十三，第 7—8 页。
③ ［明］刘宗周：《天乐水利议略》，载嘉庆《山阴县志》卷二十，第 17 页。
④ 嘉靖《萧山县志》卷二，第 41 页。
⑤ 嘉靖《萧山县志》卷二，第 51 页。
⑥ 万历《绍兴府志》卷十七，第 12 页。

守戴公琥询民疾苦，博采舆论……。因凿通碛堰，令浦阳江水直趋碛堰北流，以与富春江合，并归钱塘入海，不复东折而趋麻溪。"[1]

据今考证，学者多重刘宗周先生之宣德说。陶存焕先生认为，浦阳江主流应在"宣德十年（1435）之前不久改道碛堰而汇入钱塘江，又筑临浦坝（又称为大江堤）以阻水之再入故道后，萧绍平原水利形势顿时改观"[2]。

综上，浦阳江改道时间之长、问题之复杂、涉及知府人数之多，说明了一个边际河流重大的水利工程建设与水资源调整完善会有数次反复，需要政府的决策、决断与行政强制，也要多代人的不息努力。浦阳江改道，至三江闸建成，西小江成为内河，山会平原因此减少了洪、涝、潮灾害，也减少了宝贵的水资源。

又有学者认为，明代浦阳江改道，从闻家堰地段注入钱塘江，导致江道移动加快，这是浦阳江"对于上述江流东移与北进，似予以相当之助力"，"钱塘江接纳浦阳江水后，侵蚀能力加强"[3]的缘故。

今西小江上游为进化溪（古称麻溪，在萧山境内），源于蠡斯岭，经晏公桥进入江桥镇上板，经杨汛桥，在钱清镇附近穿越浙东运河，折东北经南钱清、新甸、管墅、华舍、嘉会、下方桥、狭猱湖，于荷湖江与直落江汇合，经三江闸，入新三江闸总干河注入曹娥江，长91.6千米，绍兴境内共长58千米。

六、玉山斗门、三江闸与三江口

萧绍海塘建设有一个从土塘到石塘、标准逐渐提高的过程，其塘线也

---

① 《驳萧山任三宅麻溪坝议》附《萧山任三宅麻溪坝议》，载王念祖编纂《麻溪改坝为桥始末记》卷一，民国八年（1919）戢社印本。

② 陶存焕：《浦阳江改道碛堰年代辨》，载盛鸿郎主编《鉴湖与绍兴水利》，中国书店1991年版，第178页。

③ 陈吉余：《杭州湾地形述要》，《浙江学刊》1947年第1卷第2期。

有一个逐步北移的过程。玉山斗门与三江闸位置的变化可以作为佐证。

（一）玉山斗门

玉山斗门又称朱储斗门，为鉴湖初创三大斗门之一，位于今绍兴市越城区斗门街道东侧金鸡、玉蟾两峰的峡口水道之上，在三江闸约西南 5 里位置。

鉴湖，又称镜湖、庆湖、长湖、大湖，位于东汉时会稽郡山阴县（今绍兴市）境内，是我国长江以南最古老的大型蓄水工程之一，于东汉永和五年（140）由会稽太守马臻主持兴建。

鉴湖工程巧妙地利用了自南而北的山—原—海台阶式特有地形，在南部平原，筑成东西向围堤，纳会稽的三十六源之水和近山麓湖泊、农田于其中。据考，[①]鉴湖南部山区集雨面积为 419.6 平方千米，主要溪流有 43 条，鉴湖总集雨面积 610 平方千米。湖堤以会稽郡城为中心，分东西两段。东段自城东五云门至原山阴故水道到上虞东关镇（今绍兴市上虞区东关街道），再东到中塘白米堰村南折，过大湖沿村到嵩尖山西侧的嵩口斗门，长 30.25 千米。西段自绍兴城常禧门经原绍兴县的柯岩、阮社及湖塘宾舍村，经南钱清乡的塘湾里村至虎象村再到广陵斗门，长 26.25 千米。以上东西堤总长 56.5 千米。东、西湖的分界为从稽山门到禹陵的古道，全长约 6 千米。东湖水位一般高西湖 0.1～1 米。除去湖中岛屿，水面面积为 172.7 千米，湖底平均高程为 3.45 米，正常水位高程为 5 米上下。正常蓄水量为 2.68 亿立方米左右。

鉴湖工程之功能和效益，在刘宋时期孔灵符的《会稽记》中已有简明扼要之记述：

> 汉顺帝永和五年，会稽太守马臻创立镜湖，在会稽、山阴两县界。筑塘蓄水，高丈余，田又高海丈余。若水少，则泄湖

---

① 参见盛鸿郎、邱志荣：《古鉴湖新证》，载盛鸿郎主编《鉴湖与绍兴水利》，中国书店 1991 年版。

灌田。如水多，则闭湖泄田中水入海。所以无凶年，堤塘周回三百一十里，溉田九千余顷。①

其中"如水多，则闭湖泄田中水入海"的，便是指玉山斗门。

宋嘉祐四年（1059），沈绅《山阴县朱储石斗门记》记玉山斗门"乃知汉太守马臻初筑塘而大兴民利也，自尔沿湖斗门众矣。今广陵、曹娥皆是故道，而朱储特为宏大"②。宋曾巩《越州鉴湖图序》云："其北曰朱储斗门，去湖最远。盖因三江之上、两山之间，疏为二门，而以时视田中之水，小溢则纵其一，大溢则尽纵之，使入于三江之口。"③这里已有了"三江"和"三江口"的提法，但未言明是哪三条江，说是在"三江之上"也不很精确。以上是唐以前玉山斗门的排涝情况。

唐修建防海塘，东起上虞，北到山阴，全长百余里，基本隔绝了平原河流与潮汐河流曹娥江的关系，使原北流注入曹娥江的东部河流，从此汇入平原中部若耶溪下游的直落江河道，北出玉山斗门入海，玉山斗门对鉴湖和平原河流的调节作用也随之提高。唐贞元初（788年前后），浙东观察使皇甫政改建玉山斗门，把二孔斗门扩建成八孔闸门，名玉山闸或玉山斗门闸，以适应流域范围扩大而增加的排水负荷。又至北宋，沈绅《山阴县朱储石斗门记》载嘉祐三年（1058）五月，"赞善大夫李侯茂先既至山阴，尽得湖之所宜。与其尉试校书郎翁君仲通，始以石治朱储斗门八间"④。这次整修将原玉山斗门的木结构改成了石结构。

玉山斗门是一个鉴湖灌区地处滨海的控水、灌溉、挡潮枢纽工程，其

---

① 《孔灵符会稽记》，载鲁迅先生纪念委员会编：《鲁迅全集》第八卷《会稽郡故书杂集》，花城出版社2021年版，第46页。

② ［宋］孔延之辑：《会稽掇英总集》卷十九，清道光元年（1821）山阴杜氏浣花宗塾刻本，第12页。

③ ［宋］曾巩：《曾巩集》卷十三，陈杏珍、晁继周点校，中华书局1984年版，第205页。

④ ［宋］孔延之辑：《会稽掇英总集》卷十九，清道光元年（1821）山阴杜氏浣花宗塾刻本，第11页。

内控制的是以直落江为主的山会平原水系，西小江和曹娥江在斗门之外。

自鉴湖兴建、晋代西兴运河开挖到明代三江闸的建成、玉山斗门（唐改建成玉山闸）废弃的近 1400 年，绍兴平原河网水位及排洪涝、挡潮主要由玉山斗门调控。

三江闸建成后，切断了钱清江的入海口，平原内河与后海隔绝，三江闸替代了玉山闸。其地现为"斗门大桥"。

（二）三江闸

南宋鉴湖堙废，会稽山三十六源之水直接注入北部平原，原鉴湖和海塘、玉山斗门两级控水变成全部由沿海地带海塘控制。平原河网的蓄泄失调，导致水旱灾害频发。而南宋以来，浦阳江下游多次借道钱清江，出三江口入海，进一步加剧了平原的旱、涝、洪、潮灾害。为了减轻鉴湖堙废和浦阳江借道带来的水旱灾害，自宋、明以来，山会人民在兴修水利上付出了巨大的努力，如修筑北部海塘，抵御海潮内侵；整治平原河网，增加调蓄能力；修建扁拖诸闸，宣泄内涝；开碛堰，筑麻溪坝，使浦阳江复归故道等，有效地缓解了平原地区的旱、涝灾害。但正如清程鹤翥《闸务全书》中罗京所作序中所言："於越千岩环郡，北滨大海，古泽国也。方春霖秋涨时，陂谷奔溢，民苦为壑；暴泄之，十日不雨复苦涸；且潮汐横入，厥壤泻卤。患此三者，以故岁比不登。"[1] 因此，兴建一处能够在新的水利形势下控制泄蓄、阻截海潮、总揽山会平原水利全局的枢纽工程，是继明代绍兴知府戴琥筑麻溪坝、建扁拖闸以后，绍兴平原河网水利、浙东航运所必须及时解决的重大水利问题。

嘉靖十五年（1536）七月，绍兴知府汤绍恩毅然决计在钱塘江、曹娥江、钱清江、直落江汇合处的彩凤山与龙背山之间建造三江闸。三江闸历时 6 个月完成，闸身全长 310 尺，共 28 孔，系应上天星宿之意，故又称"应宿闸"。

---

① ［清］程鹤翥纂辑：《闸务全书·上卷·序四》，载冯建荣主编《绍兴水利文献丛集》，广陵书社 2014 年版，第 14 页。

三江闸建成后，与横亘数百里的萧绍海塘连成一体，切断了潮汐河流钱清江的入海口，钱清江成为内河。闸按水则启闭，外御潮汐，内则涝排旱蓄，正常泄流量可达 280 米³/秒。至此，绍兴平原河网新格局基本形成，也开创了绍兴水利史上通过沿海海塘和大闸系统全控水利形势的新格局。三江闸的建成使绍兴水旱灾害锐减，原西小江沿岸一万多亩咸卤地也成为良田沃土。三江闸同时还可调控萧绍平原的水位，调度浙东运河航运。三江闸发挥效益约 450 年。岁月沧桑，随着水利形势的变化发展，1981 年，绍兴人民又在三江闸北 5 里处，建成了流量为 528 米³/秒的大型水闸新三江闸，老三江闸遂完成其光辉的历史使命。

玉山斗门和三江闸均为山会平原沿海控制水闸，但所控制水系的范围有所不同：玉山斗门控制的是不包括西小江和曹娥江的以直落江为主的山会平原水系；三江闸则是控制了直落江包括西小江的山会平原水系，曹娥江在闸之外。

七、三礁变迁与曹娥江河口

钱塘江是浙江省最大的河流，也是我国东南沿海一条独特的河流，以雄伟壮观的涌潮著称于世。钱塘江的历史可以追溯到距今 6000 万年前，地质构造运动导致了钱塘江的诞生，今天所见的上中游河道格局就是当时形成的。钱塘江，古名浙江，最早见于《山海经》，亦名浙江，三国时始有"钱唐江"之名，当时仅指流经钱唐（塘）县境的河段，民国时期才作全江统称。其下游钱塘县（今杭州市）附近河段，又有钱塘江、罗刹江、之江、曲江等名称。近代遂以钱塘江统称整条河流。

钱塘江有南、北两源，均发源于今安徽省黄山市休宁县，在今浙江省杭州市建德市梅城镇汇合后，流经杭州市，东流出杭州湾入东海。河长以北源为长，总长 668 千米，平均坡降 1.8‰；流域面积 55558 平方千米。

钱塘江干流的上游为南、北两源，中游为富春江，下游为钱塘江。富春江在闻家堰小砾山右纳浦阳江后称钱塘江，至河口长 207 千米，区间流域面积 17240 平方千米。钱塘江在小砾山以下东北流折为西北流，经闻家堰又折向东北流，经杭州以后东流，至绍兴新三江闸有曹娥江汇入，继续东流，"在北岸上海市南汇县芦潮港闸与南岸浙江省宁波市镇海区外游山的连线注入东海"[①]。钱塘江河段上承山洪，下纳强潮，洪潮作用剧烈，江道多变无常。

钱塘江河口段的江流主槽，历史上有过三条流路，史称"三门变迁"。三门即南大门、中小门、北大门。清雍正十一年（1733），内大臣望海等备陈江海情形修筑事宜疏云："省城东南龛、赭两山之间，名曰南大亹；禅机、河庄两山之间，名曰中小亹；河庄之北，宁邑海塘之南，名曰北大亹，此三亹形势横江截海，实为浙省之关阑也。"[②] 自春秋至宋代，钱塘江主要是由山会平原北部的龛山与赭山之间宽 6.5 千米的南大门（鳖子门）出入，历史上这一带称后海；山会平原的东小江（曹娥江）、西小江（钱清江）、直落江均汇入于此，史称三江口。到南宋时南大门出口曾一度到海宁（今盐官），随即南返。"明末清初改走中小门，至康熙五十九年（1720），江道又由中小门全部移至北大门。乾隆十二年（1747）人工开通中小门，安流 12 年后至二十四年（1759），又改走北大门迄今。"[③]

钱塘江河口由于海潮和长江口沙流造成的不稳定性也可在南宋姚宽《西溪丛语》中得到佐证：

> 今观浙江之口，起自纂风亭，北望嘉兴大山，水阔二百余里，故海商舶船，畏避沙潬，不由大江，惟泛余姚小江，易舟而浮运河，达于杭、越矣。[④]

这说明杭州湾的航运存在着海潮和沙堆的危险，由明州至杭州商船多

---

① 戴泽蘅主编：《钱塘江志》，方志出版社 1998 年版，第 67 页。
② 雍正《浙江通志》卷六十六，第 5 页。
③ 戴泽蘅主编：《钱塘江志》，方志出版社 1998 年版，第 66 页。
④ ［宋］姚宽：《西溪丛语》卷上，清嘉庆十年（1805）虞山张氏照旷阁刻学津讨原本，第 4 页。

走浙东运河航线。

研究表明，钱塘江三亹变迁对曹娥江河口影响甚大。

曹娥江古名舜江，传说汉代女子曹娥为救父溺于该江，故而得名。干流长 182 千米，流域面积 5931 平方千米，发源于大盘山脉磐安县城塘坪长坞，流经今绍兴市新昌县、嵊州市、上虞区境内，在绍兴新三江闸东北注入钱塘江，总落差 597 米，平均坡降 3.3‰。

曹娥江干流上游称澄潭江，发源于大盘山脉磐安县尚湖镇王村的长坞，东北流入五丈岩水库，再北流入新昌县境，经镜岭、澄潭镇，至捣臼爿右纳新昌江。澄潭江与新昌江汇合后称曹娥江，东北流至嵊州市南左汇长乐江，北流至蒋家埠右纳黄泽江，流至浦口右纳下管溪，流至上浦左汇小舜江，流经蒿坝、曹娥至百官镇，西北流至五甲渡，河道向左转一个环形大湾至新三江闸口，东北流注入钱塘江。

曹娥江在嵊州、上虞交界处东沙埠以上为山溪性河流，源短流急，洪水容易暴涨暴落。章镇以下为感潮河段，上浦闸建后，潮水一般至于闸下，上虞曹娥以下至三江口属平原河段，河宽在 1 千米以上，因受潮汐影响，河床多变。右岸有百沥海塘，左岸有萧绍海塘。

钱塘江河口南侧的岸线在卷转虫海侵最盛时，大致在今萧山、绍兴、余姚、奉化一带的浙东山麓；在距今约 6000 年时岸线在今慈溪童家岙北、余姚历南、上虞百官、绍兴下方桥、萧山瓜沥、龛山和萧山一线。[①] 春秋时越王句践所说的"浩浩之水，朝夕既有时，动作若惊骇，声音若雷霆，波涛援而起"[②] 就是指这里的情景。公元 4 世纪，岸线已外涨到今慈溪浒山，余姚低塘和临山，绍兴的孙端、斗门和新甸，萧山的龛山和西兴一线。当时的曹娥江河口岸线西岸在今大和山、西扆山、马鞍山、马山、孙端、称山一线，东岸在今百官、小越、夏盖山一线。河口远宽大于今，之外就是浩瀚的后海。

---

① 参见韩曾萃、戴泽蘅、李光炳等：《钱塘江河口治理开发》，中国水利水电出版社 2003 年版，第 26 页。

② ［东汉］袁康、［东汉］吴平：《越绝书》卷四，浙江古籍出版社 2013 年版，第 27 页。

对曹娥江河口的汹涌潮水，古代文人的作品中也多有描述，李白有"涛卷海门石"，刘禹锡有"须臾却入海门去"等句。有《斗门》诗记载时玉山斗门外三江口汹涌澎湃的海潮：

> 胼胝深感昔人劳，百尺洪梁压巨鳌。潮应三江天堑逼，山分两岸海门高。溅空飞雪和天白，激石冲雷动地号。圣代不忧陵谷变，坤维千古护江皋。①

明以后三门变迁使钱江潮水对北岸的冲击增大，南岸淤涨，形成南沙，山会海塘受潮汐影响相对减轻。明崇祯十五年（1642）祁彪佳"舟至龟山，因沙涨数十里，望海止一线耳"②。时南大门已成为很小的通道。之后，曹娥江河口不断变窄，清康熙、乾隆年间，萧绍海塘西北段塘外渐淤成大面积涂地。咸丰年间已超过四万亩。清末民初，滩涂向杭州湾延伸了十多千米。③ 广阔的曹娥江河口滩涂资源为现代围涂创造了条件。同时，随着钱塘江南岸滩涂的不断扩大，曹娥江出口江道抬高、流长延伸，三江闸外淤积严重、难以处置，引起排洪涝不畅的问题。此亦被范寅于清光绪八年（1882）在《论古今山海变易》④ 一文中预见："不出百年，三江应宿闸又将北徙而他建矣。"⑤

历史上曹娥江出口江道主槽摆动频繁，亦系曹娥江口外滩面较宽所致。滩面宽窄又取决于钱塘江尖山河湾主槽所处位置。钱塘江流域丰水年，尖山河湾主槽靠北，曹娥江口滩面宽，出口江道主槽易出北，桑盆殿低潮位较高，对萧绍平原排涝不利；反之，钱塘江流域枯水年，尖山河湾主槽靠南，曹娥江口滩面窄，出口江道主槽一般出东，桑盆殿低潮位较

① 万历《会稽县志》卷八，第 2 页。
② ［明］祁彪佳：《祁忠敏公日记·壬午日历》，民国二十六年（1937）排印本，第 22 页。
③ 参见绍兴县水利志编纂委员会编：《绍兴县水利志》，中华书局 2012 年版，第 240 页。
④ 载于范寅《越谚·附论》。
⑤ ［清］范寅：《越谚》卷下《论古今山海变易》，广陵古籍刻印社 1990 年据光绪八年（1882）刊本影印本。

低，对排涝有利。出口江道主槽出东北方向，桑盆殿低潮位介于上述两者之间。根据现代钱塘江尖山河湾治理规划，曹娥江出口江道走向为出东北方向，并一直按此开展整治。在整治过程中，出口江道主槽分别于1988年至1989年春，以及1995年冬至1996年春，两次出北，致使马山、三江闸下低潮位高于平原河网内河水位而形成严重内涝威胁。后幸曹娥江出现1000～2000米³/秒的洪水，导致出口江道主槽向东北方向串通，萧绍平原内涝才得以解除。此后，绍兴、上虞两县市通过治江围涂加快了治理曹娥江出口江道步伐。1995年后，绍兴围垦九七丘，又向外抛筑了东顺坝，使出口江道又向外延伸2千米，出口江道基本上推进到尖山河湾南岸治导线。[①]

现代研究资料[②]也表明：曹娥江河口的泥沙主要来自海域，上游河道来沙较少。曹娥江河口海域来沙属细粉沙，具有易冲易淤的特点。据实测，一般具有小潮期含沙量低、大潮期和洪水期含沙量高、涨潮含沙量大于落潮含沙量等特点。据已有的水文测验资料，小潮时垂线平均含沙量小于1千克/米³，大潮时约为3千克/米³，最大可达10～20千克/米³。当水流受潮汐控制时，因潮波的不对称性，涨潮流速大于落潮流速，涨潮含沙量及输沙量远大于落潮，涨、落潮输沙量比值一般是3～4倍，江道以淤积为主；反之，当上游下泄径流较大时，落潮流速增大，河口段江道发生冲刷。因此，年内河床冲淤特性表现为洪冲潮淤。

今曹娥江大闸位于曹娥江河口与钱塘江交汇处，距绍兴城北东约30千米。该工程是国家批准实施的重大水利项目，是中国在河口建设的规模最大的水闸工程，也是浙东引水的枢纽工程。工程效益以防洪（潮）、治涝为主，综合兼顾水资源开发利用、水环境保护和航运等功能。主体工程于2005年12月30日开工，2009年6月28日竣工，2011年5月通过竣工验收并正式投入运行。大闸建成后曹娥江两岸防洪标准将从50年到100年

---

① 参见浙江省河口海岸研究所主编：《萧绍平原治涝规划报告》送审稿，1998年。

② 参见浙江省水电勘察设计院主编：《曹娥江船闸可行性研究专题报告》，2004年。

一遇提高到 200 年一遇，闸上曹娥江已变成淡水内河，形成长 90 千米、面积 41.3 平方千米、正常蓄水位 3.9 米、相应库容达 1.46 亿立方米的条带状水库湖，总可利用调水量多年平均可达 6.9 亿立方米。

八、结论

（一）文献记载之阐述

历史文献记载中三江诸说。除韦昭的"浙江、浦阳江、松江"的说法与萧绍平原以北的三江有涉外，其余多指长江下游地区河流。

绍兴地方文献关于三江诸说。宋以前记载有的说法为吴越之三江，也有特指浙江、浦阳江（西小江）、东小江（曹娥江）；宋明对绍兴北部三江口比较一致的习惯说法即为浙江、西小江、曹娥江汇聚之口。

现代陈桥驿先生从现代历史地理的角度分析则认为三江口应定为西小江、曹娥江、若耶溪（直落江）。

（二）河口之演变分析

海侵时期的河口。假轮虫海退始于距今约 2.5 万年以前，海岸线在 600 千米之外，此时期的河口当远不能与之后的三江口相提并论。

卷转虫海侵高峰时（距今 7000～6000 年以前）宁绍平原成为一片浅海，钱塘江、浦阳江、曹娥江、若耶溪河口均在山麓线直接入海，此时尚未形成西小江。

海退后，约到距今 4000 年前，钱塘江的喇叭状雏形边高形成。之后，南岸泥沙加积形成西小江，汇部分浦阳江水及会稽山西部之水在山阴北部出后海；若耶溪则通过直落江入海；曹娥江河口也逐步形成并出后海，其时山会平原的后海还不能与钱塘江河口等同，所称之后海或要到公元 4—5 世纪后才能逐渐定位河口湾（杭州湾），此时期的三江口准确的说法应是西小江、若耶溪（直落江）、曹娥江。

唐宋萧绍海塘建设使西小江和直落江的江道走势更确定；明代之前西

小江是浦阳江的一个出海口，不同时期的海岸线变化和海塘建设决定其来水量有较大变化，明代浦阳江改道与西小江关系隔绝，三江闸建成又使西小江成为内河；钱塘江上游来的流域径流和东海涌上的潮流成为河口变迁的主要动力，河口的变化决定于两大势力的消长。钱塘江从南大亹改走北大亹后使萧绍海塘的压力减轻，南沙形成为之后的围涂创造了条件；20世纪60年代以后，河口则被人们全面整治利用改造。今曹娥江出口的走势是人工围涂奠定。

玉山斗门之内只拦截了若耶溪（直落江），之外为西小江和曹娥江；三江闸（包括新三江闸）则把若耶溪（直落江）和西小江一起拦截在内，之外为曹娥江和钱塘江；曹娥江大闸形成了内曹娥江和外钱塘江。

综上，绍兴"三江"及河口在历史上是一个动态变化发展的过程。按照宋代以后传统习惯的说法为钱塘江、西小江、曹娥江。其实不同的历史时期存在着若耶溪（直落江）、西小江、曹娥江、钱塘江；就绍兴山会平原来说，更精准的说法应是若耶溪（直落江）、西小江、曹娥江；按先后顺序是若耶溪（直落江）与西小江交汇，再与曹娥江交汇，再一起汇入钱塘江河口（杭州湾）。

当然，中国古时常以"三"表示多数，从这个角度看也是可以理解的，比如长江流域的"三江"、宁波的"三江"、浦阳江出口处的"三江"、绍兴的"三江"，举不胜举。

绍兴三江口的历史变迁也表明古代绍兴所处"万流所凑，涛湖泛决，触地成川，枝津交渠"[①]之地，水环境的变迁与发展，既有着自然的因素，也离不开人们的治水活动。诚如郦道元所说"水德含和，变通在我"[②]，绍兴是传说中大禹治水的毕竟之地，一代代的绍兴人民"缵禹之绪"[③]，才形成了今天"天人合一"的水利新格局。

---

① ［北魏］郦道元《水经注》卷二十九"沔水"，第 688 页。
② ［北魏］郦道元《水经注》卷十二"巨马水"，第 304 页。
③ "缵禹之绪"出自明徐渭为绍兴三江闸的缔造者汤太守之祠题写的对联，全联为："凿山振河海，千年遗泽在三江，缵禹之绪；炼石补星辰，两月新功当万历，于汤有光。"

附注

我国著名郦学泰斗陈桥驿先生生前曾对本文进行过指导。2013年因点校《三江闸务全书》事，我向陈先生请教三江闸三条江的定名问题，他在给我的信中写道：

自然界都有一定条件下发展、变迁的过程。"三江口"问题并不复杂。首先，"三江"本身就在变化。今天的"三江口"历经了远古、近代到了今天，肯定此"口"已绝非彼"口"了，所以要研究"三江口"需要具备以下条件：

1. 研究要涉及地质学、地史学、第四纪学等学科。

2. 要掌握古地理学（paleogeography）。我们平时所说的地理学其实已略去了"现代"二字。现代地理学以前，还有历史地理学（从第四纪全新世到清），历史地理以前还有古地理学（从晚更新世到全新世），古地理学本来并不重要，但对"三江口"这一地名来讲却大有关系。

3. 须广泛了解国内外学者在这方面的研究成果。比如：

（1）前华东师大河口（海岸）研究所所长陈吉余先生关于浦阳江袭夺的专文（可以清楚知道钱清江为什么从此注入后海）。

（2）我在《地理学报》1962年第三期中发表的对鉴湖的专文。

（3）特别应对钱塘江下游段从宋朝开始发生的摆动现象进行深入研究，不要仅依据一两篇文章的内容做出结论。陶存焕工程师（也是绍兴人）曾供职于钱塘江水利局，对此有专文研究，请读读他的专文。

（4）钱塘江（古越时称"浙江"）河口由于海潮和长江口沙流的关系，没有固定河道，所以不可通行，这一点，宋姚宽《西溪丛语》卷四已经说得很清楚了。

（5）要严格区别 Bore 和 Tide 两词的区别，这与钱塘江河口的研究很有关系。Bore 和 Tide 是两种完全不同的自然现象。前者除在钱塘江外，世界上只在巴西的亚马逊河存在。为此，我对这两大江河河口都作过实地考察。

4. 有阅读外文文献的能力。美国国会图书馆及日本关西大学图书馆都藏有大量的 paleogeography 文献，经我查阅，对第四纪晚更新世发生的三次海进和海退记载甚明，而其中全新世发生的卷转虫（Asnmonia）海进持续近 7000 年，它对宁绍平原的影响很大，且与"三江口"地名有很大关系。

6. 顺便提一下我本人对"三江口"就有两种提法：马臻太守建鉴湖时，"三江口"就在今陡门镇，这是毫无疑问的。但在我主编的另一书——浙江教育出版社 1991 年出版的《浙江古今地名词典》中则据情况变化，"三江"已据《明史·地理志》为浙江、钱清江、曹娥江了。

又陈桥驿女儿陈可吟女士在陈先生告别会上的发言《哪天我放下笔，我就走了！》（见《绍兴晚报》2015 年 2 月 16 日第 2 版）称："但是现在你的笔还夹在那份关于绍兴三江口水利论文的第二页上，你说过，里面有好些地方要仔细看看。"先生对本文用心之深和对我之厚爱，我将永远铭记。

良渚文化遗址古堤坝的考证与研究 [①]

良渚文化遗址（距今约 5300～4200 年前），位于钱塘江北岸杭州市余杭区的良渚、瓶窑两镇（街道）地域内，总面积 42 平方千米。文物部门确认良渚古坝为水利工程和距今年代约 5000 年等，是对中国古代水利史研究的重大贡献，也为开展多学科的进一步研究奠定了基础。

① 本文作者邱志荣、张卫东、茹静文，作于 2016 年，首刊于《浙江水利水电学报》2016 年第 3 期。

一、良渚文化遗址所处的时代地理环境

对钱塘江两岸历史地理变迁的研究从史前开端，这就是地理学科按时代分类的所谓"古地理学"。从第四纪晚更新世着手研究，有着特别重要的意义。因为从第四纪更新世末期以来，自然界经历了星轮虫、假轮虫和卷转虫三次海侵，沧海桑田，地理环境发生了剧烈变迁。

第一次变迁：星轮虫海侵发生于距今 10 万年以前，海退则在 7 万年以前，这次海侵就全球来说，留存下来的地貌标志已经很少了。

第二次变迁：假轮虫海侵发生于距今 4 万多年以前，海退则始于距今约 2.5 万年以前。到了距今 2.3 万年前，东海岸后退到 −136 米的位置上，不仅今舟山群岛全处内陆，钱塘江河口也在今河口 300 千米之外。

第三次变迁：卷转虫海侵发生在距今 1.2 万年前后，海岸到达现水深 −110 米的位置。距今 1.1 万年前后，上升到 −60 米的位置。在距今 8000 年前，海面上升到 −5 米的位置，舟山丘陵早已和大陆分离成为群岛。而到距今 7000～6000 年前时，这次海侵到达最高峰，东海海域内侵到了今杭嘉湖平原西部和宁绍平原南部，这里成为一片浅海。20 世纪 70 年代，在宁绍平原的宁波、余姚、绍兴，杭嘉湖平原的嘉兴、嘉善一带城区开挖人防工程时，发现在地表以下 10～12 米之间，相当普遍地存在着一层海洋牡蛎贝类化石层，就是这次海进的最好例证。[①]

海侵在距今 6000 年前到达高峰以后，海面稳定了一个时期，随后发生海退。这其中海进、海退或又几度发生。这一时期各河口与港湾的基本特征是："由于海面略有下降或趋向稳定，陆源泥沙供应相对丰富，河水沙洲开始发育并次第出露成陆，溺谷、海湾和潟湖被充填，河床向自由河曲转化，局部地段海岸线推进较快，其轮廓趋平直化，但大部分缺乏泥沙

---

① 参见陈桥驿：《越文化研究四题》，载车越乔主编《越文化实勘研究论文集》，中华书局 2005 年版，第 5 页。

来源的基岩海岸仍然保持着海侵海岸的特点，并无明显的变化。"[1]

《钱塘江志》认为，钱塘江河口"距今五六千年以来，海面变化不大，河口两岸平原地貌和岸线的变化，主要是江流、潮浪对泥沙冲蚀淤积的结果"[2]。

钱塘江两岸诸多地貌是相似的。据20世纪80年代初绍兴环保等部门的地质调查[3]，在绍兴萧甬铁路以南至会稽山麓之间原鉴湖湖区的广阔平原中，蕴藏着广泛的泥煤层，分布范围81平方千米，占鉴湖南北长度56.5千米的78%左右。泥煤分上下二层，上层泥煤埋藏在1.5～3.0米地表浅层，层厚10～30厘米，层位稳定，连续性好。下层埋藏在4～6米深处，层厚5～20厘米，相对上层泥煤而言，层位不稳定，分布范围小。以上泥煤层分别形成于距今7000年海侵以来的"海湾—湖沼—平原"的演变过程中，当时生长在沼泽地的薹草、芦苇、咸草子和细柳大量繁殖，乃至死亡未及氧化和细菌分解就被淤泥掩盖，成为泥煤。海进、海退或湖沼消失，泥煤被埋藏于灰黄黏土之下，由于年代的不同形成上、下两层。这与冯应俊《东海四万年来海平面变化与最低海平面》所持的"当时滨海平原地区地势比现今低，在海进过程中几乎均被海水淹没，今日长江三角洲、杭嘉湖平原及浙江滨海小平原，均是6000年以来海平面相对稳定后，沉积海退的结果"[4]观点，也是一致的。

有考古学者认为在距今7000年前时海侵达到全盛期，"良渚一带沦为一片浅海，出露于海面的主要是大遮山群岛、大雄山群岛和若干孤岛"[5]。

在距今大约5000年前，良渚地区的地貌景观是：

① 徐建春：《浙江通史·先秦卷》，浙江人民出版社2005年版，第31页。
② 戴泽蘅主编：《钱塘江志》，方志出版社1998年版，第65页。
③ 参见绍兴地区环保科研所等：《鉴湖底质泥煤层分布特征调查及其对水质影响的试验研究》，1983年。
④ 冯应俊：《东海四万年来海平面变化与最低海平面》，《东海海洋》1983年第2期，第40页。
⑤ 赵晔：《良渚文明的圣地》，杭州出版社2013年版，第7页。

北翼有火山喷出岩构成的大遮山丘陵，绵亘于今德清与余杭之间，主峰大遮山，海拔高483米。丘陵西与莫干山南翼诸丘陵相连。从梯子山、中和山等东迤，在主峰以东又有百亩山、上和山诸峰，从今余杭南山林场直抵西塘河西缘。丘陵中的不少峰峦如中和山、王家山、青龙冈、东明山等，均超过海拔300米，200米以上的峰峦则连绵不断。大遮山丘陵以南，分布着一片山体和高度都较小的大雄山丘陵，也是一片火山岩丘陵。主峰大雄山，海拔高178米；此外还有朱家山、大观山、崇福山等。在这两列丘陵间的沼泽平原上，则分布着许多孤丘，最高的如马山超过300米，獐山超过200米。超过100米的就更多，这类孤丘，在海进时期原来就是孤岛。山体较大的孤丘，海进时期也可能有良渚人居住。还有更多在100米以下的……海退以后则星罗棋布地崛起于沼泽平原之间，构成了这片沼泽平原的特殊地貌景观，而且在沼泽平原的开拓中发挥了重要的作用。[①]

距今5000年前的良渚地区的水环境特点是这样的：

其一，沼泽遍布，洪潮频仍。海平面应逐渐趋于下降并稳定，但感潮河段和沼泽地并存，一般的湖泊在洪水季是湖泊，在枯水季则是沼泽。土地盐渍化，淡水资源缺乏。此外就是潮汛和台风期潮汐更会上溯侵入，造成灾害，所谓"万流所凑，涛湖泛决，触地成川，枝津交渠"[②]之地。值得注意的是，今良渚塘山坝边有村名"后潮湾村"，莫原所始，按照地名的演变特点，这里在历史上应是潮水出没之地。

其二，地势低洼。根据地貌变化，其时的平原地带，地面高程至少应比今日低3米，今高程多在黄海2.5～4米。

其三，东苕溪东南注。当时"源出于天目山，经临安、余杭的东苕溪

---

① 陈桥驿：《论良渚文化的基础研究》，载陈桥驿《吴越文化论丛》，中华书局1999年版，第571页。

② ［北魏］郦道元《水经注》卷二十九"沔水"，第688页。

古河道，曾经杭州东郊注入杭州湾。余杭镇附近的东苕溪直角拐转，即是袭夺湾；由余杭经宝塔山、仓前至祥符的古河道，即是袭夺后残留的断头河"[1]。

二、海侵对良渚聚落发展的影响

卷转虫海进时使钱塘江两岸的自然环境遭到了渐进性的破坏，环境开始变得恶劣，越部族生存的土地面积大量缩减。此前生活繁衍于平原上的越族人纷纷迁移。当时的越族主要分四批迁徙：第一批越过钱塘江进入今浙西和苏南丘陵区的越人，以后成为句吴的一族，是马家浜文化、崧泽文化和良渚文化的创造者；第二批到了南部的会稽山麓和四明山麓，河姆渡人就是越人在南迁过程中的一批，他们在山地困苦的自然环境中，度过了几千年的迁徙农业和狩猎业的生活；第三批利用平原上的许多孤丘，特别是今三北半岛南缘和南沙半岛南缘的连绵丘陵而安土重迁；第四批运用长期积累的漂海技术，用简易的木筏或独木舟漂洋过海，足迹可能到达台湾、琉球、南部日本等地。[2]

其时"人民山居"，良渚人主要生活在山丘，过着"随陵陆而耕种，或逐禽鹿而给食"[3]的生活。

如前所述，至卷转虫海退时的良渚地区是一种丘陵、孤丘和湖沼的自然环境，人们开始渐进式地由山丘向山麓地带开拓发展。其部族的活动中心按照山地—山麓—平原（海退之后的滩涂地区、河口三角洲地区）的顺序常态发展。此时"气候之变化促使水稻农业成为维系社会经济之命

---

[1]　韩曾萃、戴泽蘅、李光炳等：《钱塘江河口治理开发》，中国水利水电出版社 2003 年版，第 21 页。

[2]　邱志荣、陈鹏儿：《浙东运河史（上卷）》，中国文史出版社 2014 年版，第 50 页。并参考陈桥驿：《越族的发展与流散》，载陈桥驿《吴越文化论丛》，中华书局 1999 年版，第 43 页。

[3]　张觉校注：《吴越春秋校注》，岳麓书社 2006 年版，第 172 页。

脉，仅靠原有的居住地周边的小块耕地无法满足人口的需求，因此，原先很少涉足的低洼地都必须开发出来，因为这些区域恰恰是水稻的合适作业区"①。人们的生产方式也适应新的自然环境，逐步以稻作农业代替渔猎采集。其间在崧泽末良渚初期，考古专家发现了石犁等，说明稻作农业进入了精耕细作的阶段。水稻种植，必然有农田水利灌溉，《淮南子·说山训》认为"稻生于水，而不能生于湍濑之流"，因为"稻作农业需要有明确的田块和田埂，田块内必须保持水平，否则秧苗就会受旱或被淹。还必须有灌排设施，旱了有水浇灌，淹了可以排渍"②。

考古还发现"崧泽末、良渚早中期新的遗址呈爆发型增长"③，说明了其时农业经济的发展已使人口迅速增长，垦区也随之扩大。又从良渚遗址的分布看，早期的遗址多在山麓冲积扇地带，而之后新开发基地基本都在低地。而这主要应是当时人们的综合生产能力不断提高所致。

有资料显示，在良渚中晚期气候逐渐变冷，已出现了不利于稻作农业生产发展的趋势。④其时年平均气温为 12.98～13.36℃，比今低 2.2～2.7℃；年均降水量约 1100～1264 毫米，比今少 140～300 毫米。又有学者认为良渚文化中晚期存在海平面上升的现象，海水上升使这一地区自然排洪能力下降，洪涝灾害易发。⑤海水上升当然是应考虑的因素之一，但笔者更认为此时期是由于苕溪古河道东南出受阻，改北出，穿越良渚之地，从而出

① 朱金坤、姜军主编:《遥远的村居——良渚文化的聚落和居住形态》，西泠印社出版社 2010 年版，第 35 页。

② 参见严文明:《稻作农业与东方文明》，载严文明《农业发生与文明起源》，科学出版社 2000 年版，第 48 页。

③ 朱金坤、姜军主编:《遥远的村居——良渚文化的聚落和居住形态》，西泠印社出版社 2010 年版，第 40 页。

④ 参见张瑞虎:《江苏苏州绰墩遗址孢粉记录与太湖地区的古环境》，《古生物学报》2005 年第 2 期，第 314—321 页；丁金龙、萧家仪:《绰墩遗址新石器时代自然环境与人类活动》，《东南文化》2003 增刊 1。

⑤ 陈杰:《长江三角洲新石器时代文化环境考古学考察纲要》，《中国社会科学院古代文明研究中心通讯》2002 年第 4 期。

现其地难以容纳浩大的东苕溪来水的情况。目前的资料显示，东苕溪瓶窑以上的集雨面积为 1408 平方千米，河长 80.1 千米，[①] 因此，这里的水环境发生了重大变化，水灾陡然增多。这需要一个很长的调整过程，也必定会影响良渚人的生存与发展。

三、良渚塘坝工程遗存之分析

自然环境演变，海侵发展变化，河流改道，形成独特的地理环境，加上人类生产、生活的需要，就产生了与之相适应的水工程。目前发现的良渚塘坝，位于良渚古城的北面和西面，共由 11 条堤坝组成。[②] 就其区域位置看，可分为上坝堤塘、下坝堤塘和古城城墙堤塘三部分。

（一）上坝堤塘

1. 位置和规模

首先要说明的是文物考古专家按照方位所称的"高坝"应作"上坝"，"低坝"应作"下坝"。因为在坝工领域，"高坝""低坝"有特定含义："按坝的高度可分为低坝、中坝和高坝（中国规定：坝高 30 m 以下为低坝，30～70 m 为中坝，70 m 以上为高坝）。"[③] 上坝位于大遮山之西丘陵的谷口位置，包括岗公岭、老虎岭、周家畈、秋坞、石坞、蜜蜂弄等 6 处。又可分为东岗公岭、老虎岭、周家畈与西秋坞、石坞、蜜蜂弄两组。上坝坝顶海拔高程（黄海高程，下同）一般为 35～40 米。因谷口一般较狭窄，故坝体长度在 50～200 米，大多为 100 米左右。坝体下部厚度几十米或近百米。

① 浙江省水利厅编：《浙江省河流简明手册》，西安地图出版社 1999 年版，第 64 页。

② 除特别注明外，相关数据主要参考浙江省文物考古研究所 2015 年十大田野考古新发现申报材料《良渚古城外围大型水利工程的调查与发掘》，感谢浙江省文物考古所王宁远先生提供资料，给予支持。

③ "坝的类型"，载《中国水利百科全书》编辑委员会、中国水利水电出版社编著：《中国水利百科全书》第二版第一卷，中国水利水电出版社 2006 年版，第 17 页。

值得注意的是，这两组坝体并未把之上集雨面积在山谷形成的主溪流完全截断。现场考察发现，在东坝部分老虎岭和周家畈坝体是存在的，而老虎岭和岗公岭之山岙间海拔高程多为 11～13 米，宽度约为 200 米，现场考察中又发现老虎岭—岗公岭直接流经的彭公溪溪流古河道清晰可见，其中所经（在老虎岭—岗公岭之下约 100 米处）最狭窄之地的山谷东西宽仅为约 40 米，东端东西向由一组最高点海拔高程分别为 27 米、49 米、54.7 米的自然山体组成；西端则为一最高点海拔高程为 50 米的自然山体。上游集雨面积约为 6 平方千米，如要建坝也应在此位置，但现场考察发现，主溪流通过处无筑坝痕迹，为自然山体。或在东端 27 米、49 米、54.7 米自然山体处会有人工筑坝建独立小山塘的可能。

同样，在西坝区秋湖头、石岭之间的坝体也可见遗存，至今依然蓄着不少水，为当地灌溉和旅游之用；而其上白鹤溪流经的主流河道所经的秋湖头和周家畈之间的堤坝遗存则几乎是不存在的，上游集雨面积约 5.5 平方千米。[①] 其上游位于今白鹤溪骑坑里村的小（1）型奇坑水库，于 1967 年 10 月动工，1980 年 6 月竣工。大坝时为黏土心墙混合坝（2004 年标准化建设，大坝迎水面改为干砌块石护坡），坝高 25 米。集雨面积 3.41 平方千米，总库容 119.74 万立方米，兴利库容 96.92 万立方米，灌溉面积 1250 亩。之下的古河道也是沿着山麓盘绕而下。[②]

可以肯定，如果当时分别在白鹤溪和彭公溪所经的主流溪之间建有塘坝，理论上如今会留有遗存。既然现场暂时还未发现确凿的证据，似说明良渚时期所建的塘坝，在技术上未能在山地拦截较大溪流建成小（1）型以上水库。可能当时只控制了一些支流蓄水，集雨面积很小，蓄水量一般应在 10 万立方米以下，多为山塘类。为了取水灌溉下游农田等，上坝各处还要通过堰坝控制。

---

① 现场考察时在河谷西侧山根下新发现一段 20 世纪 70 年代被扒平的堤根，当地老乡称之为"风塘头"，意为山谷里的"挡风墙"，据说原来宽三四米，高不足 2 米，目测长约 50 米，至于是不是良渚时期建筑，有待验证。

② 参见《余杭水利志》编纂委员会编:《余杭水利志》，中华书局 2014 年版，第 254 页。

2. 年代

目前考古已测定的部分坝体最早年代在距今 5100 年前。分析后认为，建坝年代主要在海进高峰期（距今约 6000 年前）和海退期间（距今约 5000 年前），应是良渚早期的堤坝工程。

3. 功能

海侵使得近海山地曾为良渚人主要的生活、生产区（当时部族居住的变动性是较大的），潮汐出没尚在此以下。因此这里的堤坝主要是为蓄淡和灌溉之用，因为如果良渚人要在近海山地生产、生活，必须要有长年不断的淡水可供，蓄淡是必要条件。还应该看到的是，如果仅是蓄水 5 万～10 万立方米，何以要建如此高大（底宽 100 米，顶长 100 米）的塘坝？良渚附近山上有许多"坞"，如童家坞、钱家坞、两水坞、东篁坞、西施坞等等，特别有意思的是，上坝偏西的几个塘坝各自对应着一个带"坞"的地名，即秋坞、石坞、姚坞（村民称姚坞的坝已毁于修路）。关于"坞"的含义，《辞源》的解释是其一为"土堡，小城"，其二为"四面高中间低的谷地，如山坳叫山坞"。[①]《辞海》的解释与此类似："构筑在村落外围作为屏障的土堡。"[②] 与它密切相关的词是"坞壁"，是指一种民间防卫性建筑，在我国分布甚广，历史久远，如河南禹州新郑交界处的具茨山城堡、山东肥城石坞山寨等。大型的坞壁（也叫坞堡）相当于村落，有的旁侧另附田圃、池塘、泉井。今日藏在密林深处的旅游点石坞，依稀可辨古代坞壁地貌景象。所以认为几座卜坝的功能不仅仅是蓄水灌溉，也不仅是后代可能存在过的"坞壁"，可能早在良渚时期就有部落城堡工事的作用。

（二）下坝堤塘

总体看，下坝断续分布在长 10 余千米的范围内，形成东西向的闭合

---

① 参见广东、广西、湖南、河南辞源修订组，商务印书馆编辑部编：《辞源（修订本）》，商务印书馆 1988 年版，第 338 页。

② 夏征农、陈至立主编：《辞海（第六版缩印本）》，上海辞书出版社 2010 年版，第 2019 页。

圈，其内区域略呈三角形，西部宽阔而东部略显狭窄。下坝在目前发现的良渚塘坝中处于主体和核心地位，因此应重点论述。

1. 位置和规模

下坝位于大遮山以南，分别由自然山体"孤丘连坝"和人工山前长堤"塘山坝"组成。

（1）孤丘连坝。位于上坝南侧约5.5千米的平原上，由西到东分别有梧桐弄、官山、鲤鱼山、狮子山4条坝将平原上的孤丘连接成线，坝顶海拔在10米左右。坝长视孤丘的间距而定，在35～360米不等，连坝总长约5千米，人工坝体长度不超过五分之一。其内（北侧）是一片低洼之地，海拔高程多在2.5～3.5米，面积约3平方千米，是较理想的蓄水与垦殖之地。

（2）塘山坝。原称塘山或土垣遗址，位于良渚古城北侧约2千米，北靠大遮山，距离山脚100～200米，全长约5千米，基本呈东西走向，地处山麓与平原交接地带，从西到东可分成三段。西段为矩形单层坝结构。中段为南北双堤结构，北堤和南堤间距20～30米，并保持同步转折，形成渠道结构；北堤堤顶海拔高程在15～20米，南堤略低，堤顶海拔高程12～15米。"渠道"底部海拔高程7～8米。东段为单坝结构，基本呈直线状分布，连接到罗村、葛家村、姚家墩一组密集分布的土墩（部分为山丘）。以上三段合称塘山坝，宽度在20～50米，呈北坡缓、南坡较陡状。塘山坝南侧则有筑坝取土时留下的断断续续的护塘河。

随着考证的深入，还发现这段塘山坝至山麓以内地面海拔高程多在10～15米，更有多处在海拔20米以上，也就是与"孤丘连坝"之内的2～3米的地面海拔高程相差在10米以上，不可能成为同一蓄水之所。

还引起我们注意的是，在大遮山山麓的小冲积扇地带，多有蓄水1万立方米左右的小山塘，沿山棋布。

以上"孤丘连坝"和"塘山坝"多与山丘相连，为人工堆积而成，看似大致相连，其实有明显不同：

其一，所处位置。前者基本是自然山体之间的连接，后者则是在一片山麓台地上连成的人工坝体。

其二，坝的高程。前者海拔高程一般在 10 米，其内地面海拔高程一般为 2.5～3.5 米；后者海拔高程 12～15 米，其内地面高程也多在海拔 10～15 米。

其三，蓄水类型。前者在其内可形成沼泽湖泊水库，蓄水量较大；后者主要是护塘河、小山塘及南北向的自然河流。

其四，集雨面积。前者明显比后者大。

以上两坝比较相同的是坝之外（南侧）的地面海拔高程，多为 2.5～4 米，如果通过堰坝控制实施农种或其他自流灌溉用水，应都是便利的。

2. 年代

考古认为塘山坝在 1996 年、1997 年、2002 年、2008 年、2010 年经过多次发掘，有确凿的地层学依据证实其为良渚时期遗迹，测定为约距今 5000 年前。笔者认为应略迟于上坝年代，主要是基于"山地—山麓—平原"开发顺序的渐进考虑（暂不考虑 6000 年以前的人类活动）。又对后潮湾村开挖段坝下原始基层土取样[1]，测定为海相沉积粉沙土，属碱性土，说明在未筑坝时这里确实为海潮直薄进出之地。

3. 功能

首先需说明：

其一，"下坝"蓄水量是有限的，受制于上游大遮山及坝上游集雨面积和来水的多少。水文部门估算，"下坝"以上的集雨面积约为 30 平方千米，按多年平均年降水 1300 毫米、径流系数 0.4 计，年来水量约为 1500 万立方米。现存水库除奇坑水库外，另在大遮山有一座小（1）型康门水库（坑门水库），1958 年 10 月动工，1960 年 2 月建成。坝型为黄泥心墙坝，坝高 17.30 米。集雨面积仅为 4.65 平方千米，兴利库容 97.61 万立方米，灌溉面积 2316 亩。[2] 因此"下坝"的蓄水能力不能过分夸大。当时的

---

[1] 由现场考古人员帮助提供土样，并由绍兴市水利水电勘测设计院检测中心土工试验，"2016 年 4 月 12 日报告"。

[2] 参见《余杭水利志》编纂委员会编：《余杭水利志》，中华书局 2014 年版，第 249 页。

蓄水主要在其内的湖沼、河道及护塘河之内。按复蓄系数 2、湖沼水面 3 平方千米、水深 2 米计，孤丘连坝之内蓄水量为 500 万～600 万立方米；塘山坝之内的护塘河（按长 5000 米、宽 20 米、深 2 米）、河道、小水塘（十余处）蓄水量约 100 万～150 万立方米。下坝内的正常蓄水量估计有 650 万～750 万立方米。

其二，"下坝"内水位的控制及与外围河道的连通主要靠堰坝（泄水或取水建筑物）。理论上无论是水库泄洪还是对外引水灌溉都必须有溢洪道或堰坝。按良渚时期的技术能力，应以自然古河道加低平堰坝控制蓄水为主。在堤坝未筑时这里存在着多条古河道。建坝后主要会在原水道流经处形成多条堰坝，既能控制正常水位，为下游提供自流水源，又能在汛期溢洪，还能阻挡下游海潮上溯。满足以上条件的堰顶高程有一个合理范围，最低一般不会低于海拔 2 米，同时最高也不会超过海拔 5 米（孤丘连坝之过水堰坝）或 10 米（塘山坝之过水堰坝）。

今存的古河道主要是：从"上坝"白鹤溪、彭公溪流经彭北溪到毛元岭出口至东苕溪的河道；由"双堤"桥头村，经大滩村到东苕溪的河道；由康门水库通往东苕溪的河道。建堰坝的另一位置应主要在堤坝山麓的山岙间，如"孤丘连坝"中康村和低田畈村两山岙间应为古堰坝所在地，又如整条塘山坝又有"九段岗（九个缺口）"①之说。这些缺口，无疑是建堰坝的首选位置。

其三，"下坝"不能形成对良渚古城的保护。缺少"下坝"为古城防御洪水的数据证明，即使后来改道后的苕溪也在"下坝"与古城之间穿过。但古城建立后，通过堰坝及古河道有为城内河道提供淡水资源的功能，如毛元岭出口河道。

基于上述距今约 5000 年前时良渚之地的地理、水文环境条件和人们的生产、生活方式，尤为稻作生产所需，将下坝定性为：所建成的"下坝"严格意义上是在山麓与平原交接地带、多层地形区建成的早期良渚人聚落

---

① 赵晔：《良渚文明的圣地》，杭州出版社 2013 年版，第 174 页。

围垦区。可视其为我国东南沿海最早的围垦塘坝之一（河姆渡有更早的塘坝）。"下坝"主要功能为对外挡潮拒咸，保护其内的人民生命、生产安全；对内蓄淡灌溉，包括自流灌溉和人力提水灌溉，也可为之外的平原地区开发提供部分生产、生活用水。

按山麓线 10 米等高线计，下坝保护区范围约为 8.5 平方千米。又可分为"孤丘连坝"和"塘山坝"两块。前者以蓄水为主，后者可能是生产、生活区。以此推测，这里或许是良渚古城建成之前良渚人聚集活动的中心，可能存在"山麓版"的良渚古城。

至于双堤，笔者认为在其上应是以人居为主的活动区，此外还兼有公共活动场地功能。塘山坝中心位置，尤为宽大平整，适于公共活动，有东西向河道贯穿其中。另外值得关注的是，双堤今所处的村名为"河中村"[①]，似与古村落有关。

（三）古城城墙堤塘

1. 位置和规模

良渚古城（莫角山），俗称"古上顶"。位于"下坝"以下，直线距离最短约 3 千米。古城城墙呈"一个正方向圆角长方形的整体，南北纵长 1800～1900 米，东西通宽 1500～1700 米，总面积约 290 万平方米"[②]。古城城墙底部宽度大多为 40～60 米，最宽处 100 多米。"城墙一般底部先铺一层 20 厘米的青胶泥，再在上面铺设石块基础面，然后用黄土堆筑成墙体。"[③]

2. 年代

只有在良渚文明相对发展的背景下，才有可能建立城市。因此良渚古城建设时间应在下坝系统略后。（这个推断的基本假设是，良渚人没有像河姆渡人那样在海进开始之前就已经在平原上发展出更早的文明。）

---

① 赵晔:《良渚文明的圣地》，杭州出版社 2013 年版，第 174 页。
② 赵晔:《良渚文明的圣地》，杭州出版社 2013 年版，第 132 页。
③ 据现场调查资料。

3. 功能

从水利工程的角度分析，此城墙有着防洪、挡潮的作用。此外古城还有环城河、城内河道、水城门等水系和设施。部分遗迹尚存。诸如城墙西、北、东三面都发现有内外壕沟，宽度20～40米不等。城墙西、南两面还发现有内壕沟，北城墙内侧发现有数十米的河道，也可能是良渚时期的内壕沟。考古者多称良渚时期交通以水运为主，城墙基础铺有一层数量可观的块石，据信是通过护城河和竹筏取自远处的山谷地带。城内城外水网密布，河密率超30%，水门在6处以上，因此，也可称良渚古城是我国最早的水城。

四、同期钱塘江两岸还有类似工程体系

《越绝书》卷四中曾这样描写古越后海的水环境："西则迫江，东则薄海，水属苍天，下不知所止。交错相过，波涛浚流，沉而复起，因复相还。浩浩之水，朝夕既有时，动作若惊骇，声音若雷霆，波涛援而起，船失不能救，不知命之所维。念楼船之苦，涕泣不可止。"[①] 同钱塘江北岸一样，面对卷转虫海侵造成的自然环境沧海桑田的巨大变化和恶化的水环境，大越民族一直致力于开展对自然的抗御和改造，其主要方式之一便是筑堤防蓄淡水、挡洪潮。

（一）余姚河姆渡遗址为阻挡海进的简易塘坝遗存

《浙江通史》认为：距今约6555～5850年前的皇天畈海进开始以后，海水不断上涨，致使"河姆渡人"居住的村落和田地逐渐被海水吞没，之后又渐次为海侵时的沉积物所覆盖，从而构成第四文化层。在皇天畈海进逼近村落之初，河姆渡人不甘心离开自己的家园，使用大小石块进行回填筑堤建坝，借以抵御海水的侵袭，保护自己的家园，因此而造成一些遗物

---

① ［东汉］袁康、［东汉］吴平：《越绝书》卷四，浙江古籍出版社2013年版，第27页。

和回填的石块与海水沉积物相掺混的现象，形成第三文化层。[1] 但由于抗御自然的能力有限，难以抵挡浩浩上涨、汹涌进犯的海水，河姆渡人最后迁到了四明山麓去生活居住。可以认为河姆渡人实施大小石块回填阻止海水侵袭的简易堤坝工程，即是当时一种小规模的阻挡海水的建筑物，是最早的海塘。

（二）会稽山地早期塘坝

与海进一样，海退也是一个持续多年的过程。越人从会稽山区进入平原，是一个复杂的历程。因为海水是逐渐北退的，滩涂平原也是逐渐扩展的。而且随着海退而出现的平原，是一片沼泽。一日两度的咸潮使得土地斥卤，垦殖维艰，越人依靠北流的河川溪涧和天然降水，筑堤建塘，拒咸蓄淡，一小片一小片地从事垦殖。

绍兴会稽山以北的山—原—海之地也发现了诸如位于兰亭、南池、坡塘的古越时期山地古塘。以今兰亭景区南侧（景区入口）一条被称为西长山的山塘为例进行分析：

西长山西接兰渚山麓，东近木鱼山，海拔高程 20～24 米，高约 10 米，东西长 250 余米，宽 30～35 米。西山麓处为今兰亭江通道，约 20 世纪 70 年代初兰亭江裁弯取直时开塘形成。当地年长村民回忆说，20 世纪 70 年代开挖此塘通过兰亭江时，见此塘均为黄泥堆积，部分亦有木桩。2015 年笔者在实地看到兰亭江正在河道砌磡开挖坝体，坝体的各填筑层清晰可见，获得难得的第一手资料，其中青膏泥、黄泥、芦根等在不同堆积层面中显露，明显为人工堆筑。

此西长山即宋吕祖谦《入越录》"寺右臂长冈达桥亭，植以松桧，疑人力所成者"[2] 之"长冈"。西长山应是越国早期的塘坝工程，基本判断是类似良渚下坝的工程，主要作用是为这一带古越聚落御咸、蓄淡、灌溉。

---

① 林华东：《浙江通史·史前卷》，浙江人民出版社 2005 年版，第 74 页。

② ［宋］吕祖谦：《入越录》，载［宋］吕祖谦《东莱集》卷十五，民国十三年（1924）刻本，第 2 页。

西长山西段是全封闭的，到以东与木鱼山交界段明显低于主体段，其原因是，一要溢流过水（之下又为溪流），二是此地亦为原山阴城往兰亭古道（南北向）过往之地。[1]

（三）会稽山麓与平原交接地区的早期围垦区

绍萧平原还可参证的较典型的围垦工程是越国的富中大塘。《越绝书》卷八载："富中大塘者，句践治以为义田，为肥饶，谓之富中。去县二十里二十二步。"[2] 据考[3]，富中大塘在绍兴平原东部，大致范围南至会稽山北麓，东、西两侧分别为富盛江和若耶溪，北为一人工挑筑的长堤，长约10千米。塘内面积约51平方千米，有近6万亩可耕农田。

富中大塘北拒由后海直薄山会平原河流的潮汐，东、西可摒富盛江和若耶溪的洪水于外，塘内又拦截上游溪河形成诸多淡水湖泊以蓄淡灌溉，干旱时又可引塘外之水灌溉。

富中大塘建成以前，越部族的农业生产相当落后，其时产量低下，粮食匮乏，主要农业生产在南部山丘一带。此塘兴建后，山会平原的水利条件有了一定范围的改善，农业生产的重心开始由山丘向平原水网地带转移，是越族自海进后较大规模向平原大范围开发发展的重要围垦工程。水稻已成为主要农作物，良好的种植条件又使稻谷产量和质量不断提高，甚至吴王夫差也称"越地肥沃，其种甚嘉，可留使吾民植之"[4]。其时，越族主要产粮区便在富中大塘。此塘的建成也为山会平原自然环境的改造和经济、文化的发展奠定了重要基础。

复述富中大塘的开发方式，旨在间接地说明良渚下坝并不是单纯的蓄水大坝，而是一个类似富中大塘的围垦工程。垦区内有河湖，也有田地庐舍；外有潮滩，也有不断扩大的可垦区。

---

[1] 参见邱志荣：《绍兴风景园林与水》，学林出版社 2008 年版，第 80—89 页。

[2] ［东汉］袁康：《越绝书校释》卷八，李步嘉校释，中华书局 2013 年版，第 226 页。

[3] 参见陈鹏儿、孙寿刚、邱志荣：《绍兴水利初探》，载盛鸿郎主编《鉴湖与绍兴水利》，中国书店 1979 年版，第 117—119 页。

[4] 张觉校注：《吴越春秋校注》，岳麓书社 2006 年版，第 241 页。

（四）越国都城由山地向平原发展的证明

越国的早期都城也经历了在南部山地嶕岘大城，到山麓地带平阳，再到句践到平原建都城的过程。

《水经注》中记载：越部族的中心原有两处；一是"埤中"，在诸暨北界；二是"山南有嶕岘，岘里有大城，越王无余之旧都也"[①]。无余，相传为禹五世孙少康氏之庶子。所建的大城位置约在若耶溪的源头，即《水经注》中"溪水上承嶕岘麻溪"[②]之说。以上都城均在会稽山地内部。至越王句践（？—前465）时，海进早已经结束，原来的浅海成为一片沼泽之地，山麓与平原交接的地势较高之地，已逐渐成为越族人民耕作和居住之地。越王句践不甘久居山里，将都城迁到了若耶溪以北今绍兴市柯桥区平水镇边的平阳，这里地处会稽山北，地势广阔平坦，又因群山环抱，既利于生产种植，又易守难攻。越部族的生产生活中心，转移到会稽山冲积扇地带。越王句践又于其七至八年（前490—前489）接受了大夫范蠡提出的"今大王欲立国树都，并敌国之境，不处平易之都，据四达之地，将焉立霸主之业"[③]的建议，先筑小城，即"句践小城，山阴城也。周二里二百二十三步"[④]，位置在今卧龙山东南麓。这里位于山会平原的中心地带，是一片有大小孤丘九处之多，东西约五里，南北约七里，相对略高于平原的高燥之地。之后，又建大城，"周二十里七十二步，不筑北面"[⑤]，成为越国政治、军事中枢。当时的大小城已颇具气势和规模，当然城墙建筑应还较简陋，以土木为主。大城设"陆门三，水门三"。大小城范围设四个水门。

---

① ［北魏］郦道元《水经注》卷四十"浙江水"，第941页。
② ［北魏］郦道元《水经注》卷四十"浙江水"，第942页。
③ 张觉校注：《吴越春秋校注》，岳麓书社2006年版，第206—207页。
④ ［东汉］袁康：《越绝书校释》卷八，李步嘉校释，中华书局2013年版，第222页。
⑤ ［东汉］袁康：《越绝书校释》卷八，李步嘉校释，中华书局2013年版，第223页。

五、结语

综上所述，我们可以得出以下结论：

其一，海侵不但使钱塘江两岸的自然环境产生了沧海桑田的巨大变迁，而且对这里史前的人类文明发展有着决定兴衰的作用。良渚文化遗址中的山地（上坝）—山麓（下坝）—平原（城墙与城河等）水利工程的建设与变化发展，遵循着自然的演变和人类适应与改造自然的规律。

其二，良渚山地的上坝出现在良渚早期，控制范围有限，主要溪流白鹤溪和彭公溪没有被拦截成水库。通过堰坝控制，总蓄水量不会超过 50 万立方米。上坝的主要功能为蓄水、灌溉及城堡工事等。这里产生了我国历史上第一批大坝、水库。

其三，下坝出现在良渚的全盛期，为围垦工程，可分为两部分：低丘连坝蓄水量 500 万～600 万立方米；塘山坝蓄水量 100 万～150 万立方米。下坝总蓄水量 650 万～750 万立方米。蓄水主要通过堰坝控制。堰坝等的主要功能是综合的，随着自然环境与人类需要而变化：一个时期主要是挡潮、防洪、蓄淡，保护塘内的农田、人口、聚落安全；另一个时期主要是为下游农业垦种提供灌溉用水，或为良渚古城以及航运等供水。当然，不论什么时期，都还应有渔业养殖等功能。这里有了继河姆渡之后的海塘，有了堤防，有了大坝、水库，有了相应的取水、泄水建筑。

其四，良渚古城是我国最早的水城。城墙有着防洪、挡潮、防卫等作用。此外古城还有环城河、城内河道、水城门等水系和设施，可用于航运。城内城外水网密布，河密率超过 30%，水门在 6 处以上。这里还有了人工运河。

其五，良渚古堤坝是目前发现的现存于我国的上古时期时间最早、规模最大、技术含量最高的水利工程遗址。其水利工程体系的规划布局思想，解决堰坝溢洪等问题的能力，以及鲤鱼山、老虎岭等地发现的草裹泥、草裹黄泥（或黄土）筑坝工艺等等，充分显示了良渚古代文明的发达程度和社会组织能力，也反映了水利在文明发展中的重要地位。

其六，钱塘江两岸的地貌、历史地理演变、人类改造自然活动有着诸多相似性，良渚、河姆渡、富中大塘，同是大越治水，可互为印证。多学科的进一步深入研究对探索钱塘江两岸人类文明的活动形态、系统构成、演变发展、承传关系等有着重要意义。

浙东运河越国第一古桥——灵汜桥寻考^①

灵汜桥应是绍兴历史上第一座古桥，有着深厚的文化底蕴——灵汜乃越国神秘水道，通吴国震泽，又处越国最早园林"灵文园"之中。之所以对灵汜桥进行考证，是因为：其一，古代文献对此桥多有记载，但之前已无法确认其具体位置；其二，在绍兴乃至吴越文化史、中国桥梁史上，其杰出地位尚无展示。

经考证，确定今绍兴五云门外"小陵桥"位置应为古灵汜桥遗址。

一、关于灵汜桥的记载

《水经注》载："城东郭外有灵汜，下水甚深，旧传下有地道，通于震泽。"^②

《嘉泰会稽志》卷十一：

> 灵汜桥在县东二里，石桥二，相去各十步。《舆地志》云：山阴城东有桥，名灵汜。《吴越春秋》：句践领功于灵汜。《汉书》：山阴有灵文园。此园之桥也，自前代已有之。^③

---

① 本文作者邱志荣，作于 2017 年 1 月，首刊于《浙江水利水电学报》2017 年第 1 期。
② ［北魏］郦道元《水经注》卷四十"浙江水"，第 943 页。
③ 《嘉泰会稽志》卷十一，第 26 页。

灵汜桥是越王句践接受封赠之地，故历来文人学士、迁客骚人至此多有感伤之作。据记载，当时越国被吴国打败，后句践入吴为奴 3 年，吴王夫差赦免句践回越，仅封他百里之地——东至离越国都城 60 里的炭渎，西至都城以西约 40 里的周宗，南到会稽山，北到后海（杭州湾），东西窄长的狭小之地，即《吴越春秋·句践归国外传第八》"东至炭渎，西止周宗，南造于山，北薄于海"[1]。由此看来灵汜桥既是越王句践受封之地，也是他之后"十年生聚，十年教训"的发祥之地。

《嘉泰会稽志》卷十一又记：

> 《尚书故实》：辨才灵汜桥严迁家赴斋，萧翼遂取《兰亭》，俗呼为灵桥。[2]

萧翼以计谋从辨才处巧取《兰亭序》的故事也与此桥有关。

唐代李绅有《灵汜桥》诗：

> 灵汜桥边多感伤，水分湖派达回塘。岸花前后闻幽鸟，湖月高低映绿杨。能促岁华惟白发，巧乘风马是春光。何须化鹤归华表，却数凋零念越乡。[3]

或许古人到了鉴湖边的灵汜桥，面对这里的人文历史、自然风光，伤感的情怀便油然而生。

此外唐代元稹《寄乐天》则赞美了灵汜桥一带的山水风光："莫嗟虚老海壖西，天下风光数会稽。灵汜桥前百里镜，石帆山崦五云溪。"[4]

万历《绍兴府志》沿承了《嘉泰会稽志》关于灵汜桥的记载。乾隆《绍兴府志》、康熙《会稽县志》又延续了此记载。

---

[1] 张觉校注：《吴越春秋校注》，岳麓书社 2006 年版，第 205 页。

[2] 《嘉泰会稽志》卷十一，第 26 页。

[3] 乾隆《绍兴府志》卷八，第 18—19 页。

[4] ［清］彭定求等编：《全唐诗》卷四一七，中华书局 1960 年版，第 4601 页。

二、灵氾桥位置确定的条件及相关的问题

（一）确定灵氾桥位置必须满足以下条件

其一，在绍兴城东约1千米的鉴湖堤上。据《嘉泰会稽志》卷第十一"灵氾桥"条所记，不入"府城"目，而入"会稽县"目，因此桥不在城内，在绍兴城东约1千米的山阴故水道上（之后鉴湖建成为东鉴湖堤，又为浙东运河的塘路）；据上述李绅的诗句"水分湖派达回塘"，桥应在弯曲的"回塘"，即古鉴湖北堤，亦为原山阴故水道堤；又从元稹诗句"灵氾桥前百里镜，石帆山崦五云溪"，可知其描述的是南面的鉴湖和石帆山。李绅和元稹分别亲临桥上写过诗，说明唐代此桥就已存在，而且据诗句描述的景物，可推测桥为东西向。

其二，是水上交通要道和迎送之地。是地为若耶溪、鉴湖、古水道及北向水上交通要道，东西南北四通八达。此外，越王句践接受封赠之地，历来文人学士多到于此，辨才前往严迁家赴斋所经之处，都说明此地为城东之迎送之地。

其三，桥是紧贴的两座。两桥东、西相距"各十步"。

（二）关于绍兴古桥木制和石制的演变

1. 灵氾桥的建筑材料

灵氾桥既然在越国时就已存在，那么当时是用什么建筑材料制作的？笔者认为应为木制。这不仅是因为考古至今未发现当时的石制桥梁，更是由于当时的木制建筑水平已很高超，而石砌建筑还比较简陋。

（1）印山越国王陵

印山越国王陵位于今绍兴市柯桥区兰亭街道里木栅印山之巅。文物部门确认是一座越国国王陵墓，[①]墓主人为越王云常。该墓墓室约160平方米，加工规整，所用枋木极为巨大，底木长6.7米，侧墙斜撑木5.9米。

---

① 参考绍兴市文物管理局编：《绍兴文化遗产·遗址、墓葬卷》，中华书局2012年版，第200—201页。

枋木截面宽、厚 0.5～0.8 米，加工极为平整，棱角方整。在斜撑木外侧有人工挖成的牛鼻形穿孔，系抬运和安装时穿绳之用。墓室中间还有一巨大独木棺。如此种种，可见印山大墓木制构建之精细、填筑之考究。墓中没有发现将砌石用作建筑材料。

（2）香山越国大墓

香山越国大墓位于今绍兴市越城区若耶溪下游东侧香山东南麓。这是一座带宽大长墓道的长方形竖穴坑木椁（室）墓。墓室基础全部为木制，长 47.6 米，宽 4.8～5.25 米。文物部门确定香山大墓年代为战国早中期。就水利价值而论，笔者认为至少在以下几方面[①]：

其一，基础处理牢固。该墓室基础先以约 50 厘米 ×50 厘米的柏树方木南北向在平整后的土基上排成两条间距宽约 4 米、长 50 余米的道木，此为第一层。平整后，再以长 5 米多、粗 20 余厘米的杂木（不去皮），东西向紧密架于木道之上，此为第二层。平土后再以长 5 米余、大小约 50 厘米 ×50 厘米的柏树方木东西向每间隔约 5 米铺一条木，此为第三层。再以 50 厘米 ×50 厘米柏树方木以南北向，东西间隔约 3.5 米铺成木道，此为第四层。之上再以长约 5 米、50 厘米 ×50 厘米柏树方木紧拼合成南北向、约 50 米长的墓室底平面，此为第五层，中部承放棺椁。同方木纵横相交处都设榫卯，以起固定作用。以上是墓室之基础，周边还加固坚实条木。从以上基础处理看，充分利用了力学原理，其地基承载面较宽厚，受力宽广均匀，其榫卯结构精密牢固，均是成熟基础处理技术，柏树又为极好之防腐木材。墓室历经 2500 年左右至今不坏，便是其基础坚实之证。

其二，排水系统设置先进合理。整个墓室呈南北向、两头略高、中间稍低状，第四层道木面上中部凿刻一条南北向宽约 10 厘米、深约 3 厘米的排水小沟，在道木中间段分别凿二处约 10 厘米 ×10 厘米深孔，通过第三层横道木凿 15 厘米 ×15 厘米木槽，再承以圆木开排水沟，将积水通过

---

① 参见邱志荣：《上善之水：绍兴水文化》，学林出版社 2012 年版，第 50—53 页。

一长 10 余米的木制排水沟（约 25 厘米树木剖开后凿木槽，再合上）排入以西河沟内。以上可见此木制排水沟制作已非常精细和完备，制作技术也很合理科学。

其三，防腐技术水平高。木椁及排水系统均髹漆，有的至今尚存，而且漆制绘画技术已相当高超。

（3）以禹陵土墩石室为代表的石制墓①

禹陵土墩石室位于今绍兴市越城区禹陵大二房村北的美女山，主要分布在梅岭至美女山的南坡与山巅方圆 3 千米范围。该地有墓葬 40 余座，均为带石室的土墩墓，年代为春秋战国时期，主要以大小不等的自然块石垒砌而成。这说明当时的建筑水平还不能有效处理石材和使用人工加工石材。

以上印山大墓、香山越国大墓的木制基础处理、排水技术、防腐处置，必然会在当时被广泛应用到水工技术之中，诸多的水工基础、闸、桥、排水关键结构部位，也会以上述工艺技术施工处理而充分发挥效益。

这种以木结构为主的技术，也是对河姆渡时期建筑技术的传承与发展，后来在东汉时期会稽山会平原筑鉴湖能建各类形制的斗门、闸、桥、堰等水门，当与此技术的推广和应用关联密切。

2. 石制桥梁应在宋代形成和推广

（1）绍兴几处石宕的开采年代

绍兴自古就有以天然石材建筑水利工程的历史，《越绝书》卷八中就有"石塘"之记载，但当时的"石塘"是以沿海一些孤丘山麓的天然岩基和部分块石垒筑。到了隋唐时期，绍兴的城防、塘路、水闸开始取山石建筑，既坚固又美观。古代绍兴最大的采石场，其一位于绍兴城东约 5 千米的东湖，其二位于绍兴城西约 12 千米的柯岩，其三位于绍兴城西北约 15 千米的羊山。但当时采石主要还是用于建筑基础和铺路等。以羊

---

① 此部分参见绍兴市文物管理局编：《绍兴文化遗产·遗址、墓葬卷》，中华书局 2012 年版，第 56 页。

山为例，有记载在隋开皇时，杨素封越国公，采羊山之石以筑罗城，"罗城周围，旧管四十五里，今实计二十四里二百五十步，城门九"①。陈桥驿先生认为："罗城的规模也比于越大城有了扩充。这一次扩建以后，绍兴城的总体轮廓基本上已经确定，其基址与今日环城公路已经大体吻合了。"②

（2）关于运河石塘的起始年代

《新唐书·地理志》载，山阴县"北五里有新河，西北十里有运道塘，皆元和十年观察使孟简开"③。运道塘是西兴运河南岸塘、路合一的河岸工程，部分主要路段应已从泥塘路改建为石塘路，说明以人工凿成的条石已较多用于水利航运工程，但工艺还是较简单，大规模、技术含量较高的建筑还未开始使用。

《嘉泰会稽志》卷十载："新河在府城西北二里，唐元和十年观察使孟简所浚。"④此"新河"应是相对老河而名，原来运河经府城河道是由西郭经光相桥、鲤鱼桥、水澄桥到小江桥河沿的，由于运河商旅增多，此河通航受到限制，孟简在元和十年（815）便又开一条由城西西郭直通城北大江桥与小江桥相连的"新河"，以缩短航线，避免壅塞，促进沿运商贸。笔者认为这条绍兴城北的运河，当时建设标准必定高于普通运河，应以石砌为主。

（3）关于玉山斗门由木制改为石制的年代

玉山斗门位于今绍兴市越城区斗门街道东侧金鸡、玉蟾两峰的峡口水道之上。三江闸建成以前，玉山斗门作为山会平原鉴湖灌溉的枢纽工程，

① ［宋］沈立：《越州图序》，载［宋］孔延之辑《会稽掇英总集》卷二十，清道光元年（1821）山阴杜氏浣花宗塾刻本，第6页。
② 陈桥驿：《历史时期绍兴城市的形成与发展》，载陈桥驿《吴越文化论丛》，中华书局1999版，第365页。
③ ［宋］欧阳修、［宋］宋祁：《新唐书》卷四十一，中华书局编辑部点校，中华书局1975年版，第1061页。
④ 《嘉泰会稽志》卷十，第1页。

发挥效益 800 多年。

玉山斗门又称朱储斗门，为鉴湖初创三大斗门之一。宋嘉祐四年（1059），沈绅《山阴县朱储石斗门记》首记玉山斗门："乃知汉太守马臻初筑塘而大兴民利也，自而沿湖斗门众矣。今广陵、曹娥皆是故道，而朱储特为宏大。"①

宋曾巩《越州鉴湖图序》云："其北曰朱储斗门，去湖最远。盖因三江之上、两山之间，疏为二门，而以时视田中之水，小溢则纵其一，大溢则尽纵之，使入于三江之口。"②这是唐以前玉山斗门的排涝情况。

唐贞元初（788 年前后），浙东观察使皇甫政改建玉山斗门，把二孔斗门扩建成八孔闸门，名玉山闸或玉山斗门闸，以适应流域范围扩大而增加的排水负荷。

宋沈绅的《山阴县朱储石斗门记》记载了玉山斗门在北宋嘉祐三年（1058）由木制改为石制的过程：

> 嘉祐三年五月，赞善大夫李侯茂先既至山阴，尽得湖之所宜。与其尉试校书郎翁君仲通，始以石治朱储斗门八间，覆以行阁，中为之亭。……昔之为者木，久磨啮，启闭甚艰，众既不能力，当政者复失其原，每岁调民筑遏以苟利，骚然烦费无纪，而水旱未尝不为之戚。③

这次整修将原玉山斗门的木结构改成了石结构，其遗存已迁到今绍兴运河园。如此重要的绍兴鉴湖枢纽水利工程在北宋之前采用的是木制，亦可见之前石制工艺用于较大水利工程的关键技术问题还未能解决。

---

① ［宋］孔延之辑：《会稽掇英总集》卷十九，清道光元年（1821）山阴杜氏浣花宗塾刻本，第 12 页。

② ［宋］曾巩：《曾巩集》卷十三，陈杏珍、晁继周点校，中华书局 1984 年版，第 205 页。

③ ［宋］孔延之辑：《会稽掇英总集》卷十九，清道光元年（1821）山阴杜氏浣花宗塾刻本，第 11—12 页。

对以上山会地区桥梁建筑材料的历史分析，旨在说明灵汜桥初建时必定是木制，之后也必定重建多次，但位置由于水道的存在不会改变。

（三）关于"山阴古故陆道""山阴故水道"和句践大、小城

《越绝书》卷八载："山阴古故陆道，出东郭，随直渎阳春亭。山阴故水道，出东郭，从郡阳春亭。去县五十里。"[①] 这条记载中的山阴故水道，西起今绍兴市越城区东郭门，东至今绍兴市上虞区东关街道西的炼塘村，全长约 25 千米，以北毗邻故陆道，南则为富中大塘，故水道除了航运，还起着挡潮和为以南生产基地蓄水排涝等重要作用。由于故水道横亘于平原南北向的自然河流之中，其人工沟通有一个过程，其连成时间必然早于越王句践至平原建城时。句践到平原建城时只不过将故水道疏挖整治，形成整体，并使其更充分发挥航运、水利等综合作用。同时由于绍兴平原西部的开发和连通钱塘江，以及与中原各地交往的需要，在山会平原西部必然也会有一条东西向与故水道相连的人工运河。因之在越王句践时期已形成了一条东起东小江口（后称曹娥江），过炼塘，西至绍兴古城东郭门，经绍兴古城沿今柯岩、湖塘一带至西小江再至固陵的古越人工水道。它贯通了山会平原东西地区，并与东、西两小江相通，连接吴国及海上航道，又与平原南北向诸河连通，可谓我国最早的人工运河之一。

问题是，为何《越绝书》记故陆道为"出东郭，随直渎阳春亭"，而故水道为"出东郭，从郡阳春亭"？对此或应从句践小城和大城的建设来分析研究。

句践于其七至八年（前490—前489）接受了大夫范蠡提出的"今大王欲立国树都，并敌国之境，不处平易之都，据四达之地，将焉立霸主之业"[②] 的建议，建立小城，即"句践小城，山阴城也。周二里二百二十三步"[③]，位置在今卧龙山东南麓。这里位于山会平原的中心地带，是一片

---

① ［东汉］袁康：《越绝书校释》卷八，李步嘉校释，中华书局2013年版，第229页。
② 张觉校注：《吴越春秋校注》，岳麓书社2006年版，第206—207页。
③ ［东汉］袁康：《越绝书校释》卷八，李步嘉校释，中华书局2013年版，第222页。

有大小孤丘九处之多，东西约五里，南北约七里，相对略高于平原的高燥之地。而山阴故水道环绕其外侧，阻隔了北部潮汐并拦挡了南部山区突发之洪水，并且成为水上航运的主干道和有了较充足的淡水资源；富中大塘又在其城东部，成为城市的主要粮食生产基地。这两处重要的水利工程，正是绍兴城形成的命脉和基础保障，使得建城成为可能。

据考证：小城的西城墙起于府山西尾，止于旱偏门，其长度 110 米左右；南城墙由旱偏门起至凤仪桥，长 820 米左右；东南角连接东城墙，今酒务桥起经作揖坊、宣化坊至府山东北端与宝珠桥相衔接，长约 1030 米；北城墙便为卧龙山体。小城"一圆三方"，城墙周围总长约 3 里，面积约72 公顷。[1] 范蠡在构筑小城时，设"陆门四，水门一"。这是绍兴城市建设中的第一座水城门，位置在今绍兴城卧龙山以南的酒务桥附近，沟通了当时小城内外的河道。之后，又建大城，"大城周二十里七十二步，不筑北面"[2]。城内还建有越王台，位于卧龙山东南麓，为越国政治、军事中枢；飞翼楼，位于卧龙山顶，为军事观察所及天象观察台；龟山怪游台，位于城南飞来山之上，是我国最早见之于文献记载的天文、气象综合性观察台等。此外，还有"雷门"（五云门）建筑的记载。当时的大小城已颇具气势和规模，当然城墙建筑应还较简陋，以土木为主。大城设"陆门三，水门三"。大小城范围设四个水门，表明了城中河道水系之发达。综合历史文献资料和查勘现存水道情况分析，时城内水道有以下几条：一是由东山阴故水道进城东郭门至凤仪桥至水偏门（为城中水门）；二是从凤仪桥至仓桥的南北向环山河；三是从南门至小江桥南北向的府河；四是从酒务桥北向东过府河，再从清道桥经东街到五云门的东西向河；五是从大善桥南北接府河东至都泗门的东西向河道；六是从西迎恩门向东至小江桥，至探花桥，再向南至长安桥，东至都泗门的东西向河道。当然这些河道要比之后宽广，其中也必有诸多小湖、小娄、小池之类水域。大城中的三座水门

---

① 参见方杰主编：《越国文化》，上海社会科学院出版社 1998 年版，第 152 页。

② ［东汉］袁康：《越绝书校释》卷八，李步嘉校释，中华书局 2013 年版，第 223 页。

分别为东郭门、南门及都泗门。城北不筑门，无水门，但必有水道。而不开稽山门水门应是因为此是若耶溪水直冲之地，否则难以抵御山洪灾害。绍兴水城水系之大格局至此已大致形成。

东郭门是水城门无疑，《越绝书》中记载，无论是故水道还是故陆道都是出东郭门的。

关于五云门。《嘉泰会稽志》卷十八载：

> 五云门，古雷门也。《西汉·王尊传》：母持布鼓过雷门。注云：会稽有雷门，旧有大鼓，声闻洛阳。《旧经》云：雷门，句践旧门也，重阙二层。初，吴于陵门格南上有蛇象，而作龙形，越又作此门以胜之，名之为雷。去城百余步。《十道志》云：句践所立。以雷能威于龙也。门下有鼓，长丈八，赤，声闻百里。孙恩乱，为军人打破。有双鹤飞去。晋传亦载之。唐诗云：雷门曾化鹤。谓此雷门。后改为五云门。①

当时五云门水道是不存在，但这既是一陆道，与东郭门必然相通。看来这条故陆道是出东郭门北沿着"直渎"到五云门，再沿故水道毗邻北的故陆道东行。"直渎"是沿着山阴大城东的一条人工运河，在五云门外东连故水道。

（四）关于"阳春亭""美人宫""灵文园"

阳春亭。《越绝书》中记载了"阳春亭"的大致位置：其一，此亭在大城东近处；其二，地处水陆交通要道边；其三，为古越迎送之地。今虽遗址不存，然今五云门外有"伞花亭"遗存，正处合理的位置。又亭东侧还竖"绍兴外运"的大门牌，到20世纪末这里还是绍兴城东的外运基地。

美人宫。《越绝书》卷八载："美人宫，周五百九十步，陆门二，水门

---

① 《嘉泰会稽志》卷十八，第13页。

一。"①《吴越春秋·句践阴谋外传第九》载："乃使相工索国中，得苎萝山鬻薪之女，曰西施、郑旦，饰以罗縠，教以容步，习于土城，临于都巷，三年学服，而献于吴。"②西施姓施，名夷光，一作先施，又称西子，春秋末期越国句元（今诸暨市）苎萝村人。郑旦与西施同为苎萝山中美女。《嘉泰会稽志》载："土城山，在县东六里。"③又载："句践索美女以献吴王，得之诸暨苎萝山卖薪女西施。山下有浣纱石。"④"土城山"，又称"西施山"，是西施习步的宫台遗址，位置在今绍兴市东五云门外，原绍兴钢铁厂处。1959 年在山南开挖河道，见有大量越国青铜器，印纹陶、黑皮陶、原始青瓷等，西施山一带也是重要的越国遗址。唐李白有诗《子夜吴歌·夏歌》，描绘了西施在美人宫边的若耶溪活动的场景：

> 镜湖三百里，菡萏发荷花。五月西施采，人看隘若耶。回舟
> 不待月，归去越王家。⑤

灵文园。《汉书·地理志》卷二十八上载："越王句践本国，有灵文园。"⑥《嘉泰会稽志》明确记载"灵汜桥"为"此园之桥也，自前代已有之"⑦，位置已很明确。

通过对以上绍兴城东附近越国时的东郭门、五云门、故水道、故陆道、灵文园、灵汜桥、美人宫等遗址进行考证，可以认为这里是句践时越国一处重要的水陆交通枢纽、迎送之地、后花园。再向东则是以富中大塘等为中心的生产基地。⑧

① ［东汉］袁康：《越绝书校释》卷八，李步嘉校释，中华书局 2013 年版，第 223 页。
② 张觉校注：《吴越春秋校注》，岳麓书社 2006 年版，第 235 页。
③ 《嘉泰会稽志》卷九，第 14 页。
④ 《嘉泰会稽志》卷九，第 27 页。
⑤ ［清］彭定求等编：《全唐诗》卷一六五，中华书局 1960 年版，第 1711 页。
⑥ ［汉］班固著，［唐］颜师古注：《汉书》卷二十八，中华书局 1962 年版，第 1591 页。
⑦ 《嘉泰会稽志》卷十一，第 26 页。
⑧ 参见邱志荣：《上善之水：绍兴水文化》，学林出版社 2012 年版，第 46 页。

三、灵氾桥两个可能位置的分析

从西距绍兴城几近 1 千米的桥梁及水道地形分析，推测今五云门米行街油车头的梅龙桥及小陵桥位置最有可能是灵氾桥遗址。

（一）梅龙桥

1. 梅龙桥的确定

梅龙桥在绍兴城东今五云门外运河北岸东西向纤道上。这里是绍兴城经东都泗门，经五云门，再东经浙东运河五云门米行街河道，与出东郭门的山阴故水道为交合处。桥南为平水江下游古鉴湖边；出桥往北经沈家庄河道可通迪荡湖、菖蒲溇直江、外官塘，直至三江闸，是为水上交通要道。可以想象，古代这里处东鉴湖之畔，水绕城廊，湖光山色十分动人心境。

梅龙桥源于何时？康熙《会稽县志》卷十二载：

> 梅龙堰，在鸾桥东一里许。因禹庙梅梁故名。南自刻石诸山逶迤东北，出入千岩万壑中而流者曰平水溪，北会西湖、孔湖、铸浦、寒溪、上灶溪诸水，经若耶溪樵风泾而分为双溪，西会禹池，通鸭塞港，抵城隍而入于官河，遂由梅龙堰而北注。[①]

梅龙堰即梅龙桥无疑。

2. 梅龙桥与灵氾桥

（1）水道分析

所在既是故水道也是南北向的河道，处水上交通要道。此"鸾桥"在绍兴城东门外，又到梅龙堰约为 1 里，与记载中的灵氾桥距离几乎相同。

（2）桥堰并存

如果说在鉴湖兴建之前的山阴故水道上有灵氾桥，到鉴湖兴建时，桥下必定有闸或堰，以控制水位及通航。并且到南宋鉴湖堙废后，闸、堰也不会全部废弃，还有一定的控制上下游水位的作用。今西鉴湖清水闸所存

---

① 康熙《会稽县志》卷十二，第 1 页。

之堰就是证明。

（3）梅龙堰记载

鉴湖时是否有此堰？南宋徐次铎《复鉴湖议》是记载古鉴湖斗门、闸、堰最详细的一篇，文中所记在"会稽者"："为堰者凡十有五所。在城内者有二：一曰都泗堰，二曰东郭堰。在官塘者十有三：一曰石堰，二曰大埭堰……"[1]"石堰"在今东湖，为石堰桥。其间无梅龙堰。

（4）关于梅龙桥得名

梅龙堰之得名缘由，康熙《会稽县志》卷十二有很关键的记载："因禹庙梅梁故名。"如何理解此记载，可再上溯看《嘉泰会稽志》卷六的记载：

> 禹庙。在县东南一十二里。《越绝书》云：少康立祠于禹陵所。梁时修庙，唯欠一梁，俄风雨大至，湖中得一木，取以为梁，即梅梁也。夜或大雷雨，梁辄失去。比复归，水草被其上。人以为神，縻以大铁绳，然犹时一失之。[2]

其中的"梅梁"是几度得而复失，近乎神奇。仔细分析判断，事实应该是在梁代（502—557）修庙时，"梅梁"或被大风雨冲走过。冲到何处？其下游主水道必然是禹陵江之下的梅龙桥堰，"梅梁"于此被搁住，此事影响太大，于是有了"梅梁堰"之名。

如此，梅龙堰桥是后起之名。

（5）桥型及位置

20世纪80年代陈从周、潘洪萱编著的《绍兴石桥》[3]一书中所展示的珍贵的"五云门外梅龙桥"照片，与《嘉泰会稽志》中所记载的"灵氿桥在县东二里，石桥二，相去各十步"[4]，距离基本相同，如把桥两孔作为"石桥二"，亦相近。

---

① 转引自《嘉泰会稽志》卷十三，第8页。

② 《嘉泰会稽志》卷六，第11页。

③ 陈从周、潘洪萱编著：《绍兴石桥》，上海科学技术出版社1986年版。

④ 《嘉泰会稽志》卷十一，第26页。

今梅龙桥已改建成一座平梁桥，仍是二孔。这估计是在《绍兴石桥》中的照片拍摄之后的事了。

综上，是否可以判断今梅龙桥位置为古灵汜桥遗址所在，其改名应在清代的一次桥梁新建时？推测之所以改名，一是受到大禹陵梅梁的影响；二是因为当时人们对"灵汜"题名的忧伤情感不认可，心理上希望吉祥因素。

存疑之处有三：一是缺少直接认定改名依据；二是近西约300米的"大、小陵桥"发现，否定梅龙桥认定为灵汜桥的因素增多；三是难以自圆其说。

（二）小陵桥

据2016年12月3日下午现场和张均德考证五云门米行后街段，确定有小陵桥遗址，在距梅龙桥约西300米位置。又据此地年长居民介绍，这里稍西紧邻大陵桥遗址，在米行后街102号。绍兴钢铁厂未建时，这里有河道直通北部。

《嘉泰会稽志》卷十一记载的小陵桥、大陵桥在同一位置，即"会稽县"目中："大凌桥在县东七里。小凌桥在县东七里。"[1] 如果不记这方位，这大、小陵桥倒是可以印证"灵汜桥在县东二里，石桥二，相去各十步"之记载。

还要说明的是南宋徐次铎《复鉴湖议》中载："为闸者凡四所：一曰都泗门闸，二曰东郭闸，三曰三桥闸，四曰小凌桥闸。"[2] 可见鉴湖兴盛时小陵桥既为桥也为闸。又："两县湖及湖下之水启闭，又有石牌以则之，一在五云门外小凌桥之东，今春夏水则深一尺有七寸，秋冬水则深一尺有两寸，会稽主之。"[3] 看来小凌桥之水利地位很重要，也或是对《嘉泰会稽志》"县东七里"的修正。

问题和存疑：

一是《嘉泰会稽志》既出现了"灵汜桥"条，又出现了"大陵桥""小陵桥"条记载，一般来说同一部《嘉泰会稽志》不应有错记。

---

① 《嘉泰会稽志》卷十一，第27页。
② 转引自《嘉泰会稽志》卷十三，第7—8页。
③ 转引自《嘉泰会稽志》卷十三，第5页。

二是《嘉泰会稽志》所记的里程在城东七里，在距"梅龙桥"偏东。

再进一步查找资料佐证和分析，认为《嘉泰会稽志》记"小陵桥"的距离有误。大、小陵桥即是灵汜桥。

其一，徐次铎《复鉴湖议》中所记"小凌桥闸"的位置应在五云门近处。

其二，一个有力的证据是清光绪二十年（1894）《浙江全省舆图并水陆道里记》中的《会稽县图》显示"小陵桥"位置在"钓桥"以东，"梅龙桥"之西，距五云门约1里。看来是《嘉泰会稽志》记小陵桥"七里"有误。

其三，《嘉泰会稽志》中记灵汜桥"俗呼为灵桥"，表明此桥有别称及名称的延续性。

四、结语

其一，灵汜桥的历史地位。灵汜桥在我国诸多重要历史文献中有着明确的记载，距今已有 2500 年以上的历史，是一座有着重要历史文化价值的古桥，也是浙东运河上第一座标志性的桥梁，遗址尚存。其在中国大运河沿线的地位待考。

其二，今小陵桥遗址应是灵汜桥位置。基本确定灵汜桥遗址在小陵桥位置，其特征已印证文献记载和现场调查分析中的灵汜桥。

其三，灵汜桥有过多次修建过程。桥梁建设的材料和其他建筑、水利工程有着相似的发展水平。灵汜桥初建时建筑材料必定是以木制为主，至于改为全部用人工砌石材料的石桥最早应在北宋，此可从绍兴平原北部著名的玉山斗门在北宋改建为石制得到证实。即使成为石桥之后，也会有多次修复或重建。

其四，灵文园是越国重要活动基地。古越句践大、小城之东，以灵文园为中心之地，当时是越国的一处重要水陆交通枢纽、迎送之地、后花园。不但灵汜桥在其中，梅龙桥也是重要桥梁建筑及水道。

其五，建议进一步加强对灵汜桥的研究和保护。对灵汜桥的研究在考察吴越历史、运河文化、古桥变迁、水利发展等方面有着重要意义，建议当地政府和文物部门重视和开展对灵氾桥遗址保护和相关专题研究。

桥梁本是水利、交通的产物，多学科地研究古桥，是学术突破、提升品位、走向世界的方向和途径。

论鉴湖是浙东运河的主航道 [①]

鉴湖，又称镜湖、长湖、大湖，位于东汉时会稽郡山阴县境内（今绍兴市柯桥区、越城区、上虞区），是我国最古老的大型蓄水工程之一。

汉顺帝永和五年（140），会稽郡太守马臻主持兴建了鉴湖。湖的南界是稽北丘陵，北界是人工修筑的湖堤。堤以会稽郡城为中心，分东西两段。据考证，东段自城东五云门至原山阴故水道到上虞东关镇（今绍兴市上虞区东关街道），再东到中塘白米堰村，过大湖沿村到蒿尖山西侧的蒿口斗门，长 30.25 千米。西段自绍兴城常禧门经原绍兴县的柯岩、阮社及湖塘宾舍村，经南钱清乡的塘湾里村至虎象村再到广陵斗门，长 26.25 千米。以上东西堤总长 56.5 千米。东、西湖的分界为从稽山门到禹陵的古道，全长约 6 千米。除去湖中岛屿，水面面积为 172.7 千米，湖底平均高程为 3.45 米（黄海，下同），正常水位高程 5 米上下。正常蓄水量为 2.68 亿立方米左右。

鉴湖围堤后，由于湖面高于北部平原农田约 2.5 米，又由于鉴湖工程的一系列斗门、闸、堰、阴沟四种排灌设施的有效控制，灌溉农田十分便利。

鉴湖是在原山阴故水道的基础上增高堤坝、新建和完善涵闸设施建设而成的。鉴湖建成后，水位抬高和设施的完善使此一线航运条件更为优越；

———————————
① 本文作者邱志荣，作于 2009 年 10 月，首刊于《第五届中国大运河文化节运河保护与申遗高峰论坛文集》，2009 年 11 月，安徽淮北。

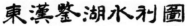

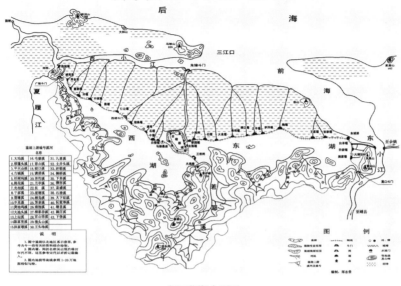

东汉鉴湖水利图
图片来源：作者自绘。

鉴湖初创至晋代，山会地区的人工运河主航线即为鉴湖；晋至唐宋，西线（山阴县）又新辟西兴运河主航线，而东线（会稽县）仍为鉴湖航线并延承至现代。

一、鉴湖堤线和山阴故水道基本在同一线

山阴故水道建于越王句践早期，其位置为：东起练塘，经今绍兴城东阳春亭、东郭门又经城南环城河道经偏门外至柯岩、宾舍、钱清，由抱姑堰过西小江至固陵到达钱塘江。而鉴湖西端位置在今钱清镇虎象村的广陵桥，此处古代鉴湖时为广陵斗门。广陵斗门以西（外）为夏履江，由广陵斗门沿鉴湖以西堤线，过宾舍、叶家堰、蔡堰、湖桑、钟堰、快阁可直达绍兴城西，此为鉴湖西湖西堤。向东过绍兴城稽山门至禹陵的塘路后即为鉴湖之东湖，沿途经过东郭堰、都泗堰、石堰、皋埠堰、陶堰、王家堰、东城驿，至白米堰南折过樊家堰到蒿口斗门。

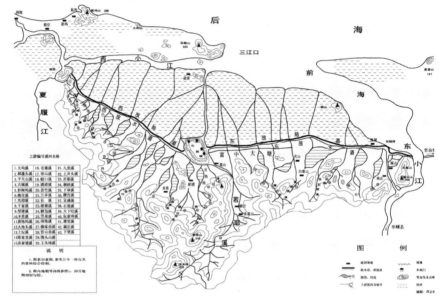

春秋越国山会平原水系图

图片来源：作者自绘。

综上，鉴湖北堤岸线基本与山阴故水道一致，是在原故水道堤线基础上经加固抬高以及完善涵闸设施而建成的，于此又说明了鉴湖能在马臻为守期间较短时间内建成面积达 206 平方千米、当时我国长江以南最大的人工蓄水工程的其中一个原因。

鉴湖航运必须使湖与外江以北平原航线沟通，与外江通航主要依靠堰与闸。鉴湖中的涵闸设施可分斗门、闸、堰、阴沟四种，以斗门为最大。鉴湖初创时期，斗门主要有三座，西为广陵斗门，东为蒿口斗门，北则为玉山斗门。姚汉源先生认为："闸、斗门、水门三者常混称，但严格说实有区别：闸有门，可启闭通舟船；水门为铁棂窗，可上下启闭通船；斗门与闸不易区别。"① 姚先生的这一观点基本可信。据资料记载及玉山斗门遗

---

① 姚汉源：《浙东运河史考略》，载姚汉源《京杭运河史》，中国水利水电出版社 1998 年版，第 745 页。

存考证，斗门设置于鉴湖与外江交界之处，地理位置颇为重要，主要作用是泄洪排涝。嵩口斗门连通曹娥江，应是通航古道；而广陵斗门亦不是通航水道。闸则多处在湖与平原河网的连接处，在水位上下差不是很大的情况下可以开闸通航。而堰是以石砌而成，表面平滑，在鉴湖常水位之间，一般船只通航主要借此。

二、鉴湖使浙东水运条件更完备

古鉴湖在夏履江下游，西过西小江至钱塘江边的西兴渡口，沟通钱塘江航运；向东一条过白米堰、曹娥堰后过曹娥江东经上虞，至姚江可达明州；西北则为通杭州湾航道；另一条至白米堰往南过嵩坝，沿曹娥江可达嵊县。南宋学者姚宽在《西溪丛语》卷上中说："今观浙江之口，起自纂风亭，北望嘉兴大山，水阔二百余里，故海商舶船，畏避沙潬，不由大江，惟泛余姚小江，易舟而浮运河，达于杭、越矣。"① 可以推测鉴湖建成后相当长的一个时期内，以鉴湖为主构成的航道成为浙东水上主航线。

鉴湖兴建与堤坝及涵闸设施建设，使湖中水位比原故水道水位抬高，据考证，鉴湖一般水位距湖底高程为2～2.5米，然鉴湖堤南缘岸线由于有故水道航线基础，水深一般是2.5～3.5米，通航条件十分优越。

鉴湖水面宽阔，东西狭长，南北宽处几十里，最狭处亦有近十里，一般较大航船可以人力或牛盘拉牵由堰坝而进出。鉴湖"沿湖开水门六十九所"②，最多的为堰。据考在鉴湖西端与外江沟通的堰应为抱姑堰。徐次铎《复鉴湖议》记："其在山阴者……为堰者凡十有三所：……十有三曰抱姑堰，皆在官塘。"③ 为文中鉴湖向西方向记载的最后一个堰。嘉庆《山阴县志》卷二十载："抱姑堰在县西北五十里，内总大河，外临小江，所

① ［宋］姚宽：《西溪丛语》卷上，清嘉庆十年（1805）虞山张氏照旷阁刻学津讨原本，第4页。
② ［北魏］郦道元《水经注》卷四十"浙江水"，第941页。
③ 转引自《嘉泰会稽志》卷十三，第8页。

以障潮汐，然低小易溃，宜用桩石垒砌，庶免倾颓。"① 在鉴湖西端，有广陵斗门置于虎山与象山之间，主要作用为蓄淡、泄洪。而抱姑堰此条记载是出自清嘉庆年间，此时鉴湖早已堙废，然其地理位置未变，仍有着"内总大河，外临小江"之势，又必然有着过舟通航鉴湖水道之作用。而古鉴湖通航之作用其实至唐代已渐为晋代开凿的西兴运河（初称漕渠）所取代。《嘉泰会稽志》卷四载："钱清新堰在县西北五十一里，嘉泰元年置。先是小江南北岸各一堰，官舟行旅沿溯往来者如织，每潮汛西下，壅遏不前则纷然斗授，甚至殴伤，堰卒革日继夜不得休，或以病告提举茶盐叶公籲，因寓公之请始为之。仍于堰旁各置屋，以舍人牛盖捐锱二百万，而两堰落成，人皆便之。"② 嘉庆《山阴县志》卷二十记载："钱清堰在县西北五十里，嘉泰元年置，先是小江南北岸各一堰，舟行如织，后因筑白马闸潮汐不至，乃去之以通运河。"③ 以上记载说明，其一，在钱清新堰置前已有钱清旧堰，舟楫往来通行极为频繁。其二，钱清新堰在宋代及以前已是沟通西兴运河主道，此时过抱姑堰到西鉴湖已非主航道。其三，至明代绍兴太守彭谊主持白马闸兴建，阻隔了潮汐，钱清堰被拆除，直接通航。古鉴湖航道则由抱姑堰至西小江，再由西小江通往西兴堰，"西兴堰在县西十三里，古西陵也"④。这里还必须指出的是，徐次铎文中记鉴湖堰时关于东鉴湖记述的是"在官塘者十有三"。西鉴湖则在记述了13个堰后称"皆在官塘"。此表明东西鉴湖均为政府管理的主航道。

在古鉴湖往东连接外江曹娥江的堰首先为白米堰。白米堰在今绍兴市上虞区曹娥街道白米堰村，萧绍运河的分岔就是于此开始的。除前所述，在白米堰通往曹娥之运河以北约250米有一条古海塘遗址，当时东小江的入海口曾在此古塘一线，今日之曹娥所在地在东汉时应是滩涂。

关于白米堰的记载今可见的资料首先在宋代，即"白米堰在县东

① 嘉庆《山阴县志》卷二十，第 3 页。
② 《嘉泰会稽志》卷四，第 16 页。
③ 嘉庆《山阴县志》卷二十，第 3 页。
④ 《嘉泰会稽志》卷四，第 16 页。

六十五里"①。今见有堰桥，当地村民称：相传桥东不远处原有一条滚水堰坝。查勘从古鉴湖堤西开始除抱姑堰之外的堰坝，几乎都是东西向设置的，唯有白米堰是南北向设置。而白米堰南折鉴湖堤过樟塘至蒿坝有蒿口斗门，这一设置与鉴湖西端的虎山、象山之间置广陵斗门以蓄水、泄洪，是基本一致的。在西南端设蒿口斗门以及在东北端置白米堰主要目的之一是沟通鉴湖与东小江的航运。至于曹娥堰，是随着江道岸线的变化而北移的。

宋曾巩在《越州鉴湖图序》中对鉴湖的东部作以下记载："州之东，自城至于东江，其北堤石楗二，阴沟十有九，通民田，田之南属漕渠，北东西属江者皆溉之。州之东六十里，自东城至于东江，其南堤阴沟十有四，通民田，田之北抵漕渠，南并山，西并堤，东属江者皆溉之。"②据此，北堤西起自郡城，东至于东小江。而南堤，"自东城至于东江"。关于东城，《嘉泰会稽志》卷四载："会稽县有东城驿，在县东六十里。"③"东城"即"东城驿"，在今绍兴市上虞区东关街道附近，已在白米堰以西近处，南堤正始于此。此表明于此之西，仅有北堤，堤以南即是鉴湖，而东城以东的南堤已不是鉴湖拦蓄范围。"田之北抵漕渠，南并山，西并堤，东西属江者"，范围正是指凤凰山以西、今绍兴市上虞区樟塘运河以东、"南堤"以南（即通往蒿口斗门之堤线）的灌区，"西并堤"应是鉴湖东缘之堤。由此，也形成了东端的两条航线：一条是由白米堰沿古海塘过东小江，往余姚、明州方向；另一条是沿樟塘运河，过蒿口斗门进东小江往嵊县（今嵊州市）方向。

以上是鉴湖之西端、东端分别沟通西小江和东小江航运的情况，而鉴湖北堤上的其他堰闸主要是沟通湖与北部平原上的水道，其作用之一是通航。由西鉴湖到东鉴湖的水道主要有二：一是东西湖分界南堤上三桥闸。二是城中之堰，西鉴湖上有陶家堰、南堰；东湖上则有都泗堰、东郭堰。

---

① 《嘉泰会稽志》卷四，第 15 页。
② ［宋］曾巩:《曾巩集》卷十三，陈杏珍、晁继周点校，中华书局 1984 年版，第 205 页。
③ 《嘉泰会稽志》卷四，第 11 页。

三、鉴湖的巨大效益促进了西兴运河建设

鉴湖是山会平原从沼泽之地、环境恶坏的状况转变为鱼米之乡的关键性水利工程，效益巨大。

其一，防洪能力全面提高。古鉴湖总集雨面积 610 平方千米，年径流量在 4.6 亿立方米的来水都通过鉴湖得到了调蓄，基本消除了山洪对北部平原的威胁。

其二，灌溉标准极大改善。为古代山会平原鉴湖以北，曹娥江以西，浦阳江东南及其附近，萧绍海塘以南的农田约 47 万亩的灌溉，提供了自流式的丰沛水源，"溉田九千余顷"[①]。

其三，加快了山会平原的综合开发。鉴湖水利兴盛，农业生产得到迅速开发，交通运输业、酿酒业、养殖业也都得到了较快发展，由此带来了经济增长，城市繁荣，人口增多。

其四，改造了生态环境。曾是咸潮直薄、沼泽连片、环境恶坏的山会平原，由于鉴湖兴建成为山清水秀的鱼米之乡。王羲之称"山阴道上行，如在镜中游"。顾长康从会稽还。人问山川之美，顾云："千岩竞秀，万壑争流，草木蒙笼其上，若云兴霞蔚。"[②]

其五，促进了文化经济交流与发展。古鉴湖的山水风光，古越的人文历史，吸引了大批外地优秀文人学士。继王羲之、谢安之后，迁客骚人闻名而来，极大地丰富了会稽文化，沉积了深厚的基础。外地的先进技术也迅速传入会稽，提高了这里的生产力水平；商贸经营也同时得到较快发展。

东汉鉴湖建成之时，湖之北堤通向以北农田的河流大多是南北向的，时至晋怀帝时（307—312）约 160 年时间，这一地区的农业生产的发展、经济的繁荣已对水利灌溉产生了更高的要求。于是晋会稽内史贺循组织当

[①] 《孔灵符会稽记》，载鲁迅先生纪念委员会编《鲁迅全集》第八卷《会稽郡故书杂集》，花城出版社 2021 年版，第 46 页。

[②] ［南朝宋］刘义庆：《世说新语校笺》卷上，［梁］刘孝标注，徐震堮校笺，中华书局 1984 年版，第 81 页。

地民众在此鉴湖以北约2～3千米处建成漕渠,《嘉泰会稽志》卷十称:"运河在府西一里,属山阴县,自会稽东流县界五十余里入萧山县。《旧经》云:晋司徒贺循临郡,凿此以溉田。"[①] 说明这条后来被称作西兴运河的河道,开凿主要是为了满足鉴湖以北农田灌溉的需要。不过这条河道直至宋代仍被称作为"新河",有别于古鉴湖老航道:"新河在府城西北二里,唐元和十年观察使孟简所浚。"[②] 由于这条河流将原南北向的河流连通和疏浚,又处在山会西部的中心位置,日后航运功能随之增大,随着鉴湖淤浅,西兴运河渐成这里的主航道。

四、鉴湖一直是浙东航运的主干航道之一

郦道元《水经注》卷四十之"渐江水"条载:"浙江又东北得长湖口,湖广五里,东西百三十里。沿湖开水门六十九所,下溉田万顷,北泻长江。"[③] "东西百三十里"的长湖,航运条件十分优越,在山会平原及浙东地区所处的航运地位极为重要。

《世说新语·任诞第二十三》载:"王子猷居山阴,夜大雪,眠觉,开室命酌酒,四望皎然。因起彷徨,咏左思《招隐诗》,忽忆戴安道。时戴在剡,即便夜乘小船就之。经宿方至,造门不前而返。人问其故,王曰:'吾本乘兴而行,兴尽而返,何必见戴!'"[④] 王子猷是王羲之之子,东晋名士,他从山阴乘小船至剡(今嵊州市),必须经鉴湖过蒿坝至曹娥江上溯才能到。

李白描写越中山水最瑰丽的诗篇《送王屋山人魏万还王屋》,传神地描绘了他泛舟鉴湖航道之中所见之景色,之后他又由东鉴湖过曹娥江去寻古人遗踪,读脍炙人口的曹娥古碑。诗令人称绝,其中又正确记述了从钱

---

① 《嘉泰会稽志》卷十,第1页。

② 《嘉泰会稽志》卷十,第1页。

③ [北魏]郦道元《水经注》卷四十"渐江水",第941页。

④ [南朝宋]刘义庆:《世说新语校笺》卷下,[梁]刘孝标注,徐震堮校笺,中华书局1984年版,第408页。

塘江到鉴湖再到曹娥江的航线，这正是浙东运河的主航线。

绍兴自古有开山采石铺路、筑塘、建房的传统，而古代绍兴最大的采石场一在东湖，二在柯岩，三在羊山。经过千百年的开凿，古人留给我们一处处鬼斧神工的山水大盆景，而我们细究这些采石场的地理位置，竟无一不在水上交通便捷之地，东湖和柯岩更是分处东、西鉴湖的主干道上。东湖据传为秦始皇东巡到达之地，而柯岩据记载自三国以来便是越中采石场地，可见当时鉴湖水运对山会平原经济开发有着十分重要之影响。

宋吕祖谦《入越录》记其于淳熙元年（1174）自金华至会稽之游，记载了由兰亭泛舟西鉴湖情景，时鉴湖虽大部分堙废为田，但航道十分畅达。同时还记述了绍兴城边及东、西鉴湖航运的情景。

宋曾巩《越州鉴湖图序》云："鉴湖，一曰南湖，南并山，北属州城漕渠，东西距江，汉顺帝永和五年，会稽太守马臻之所为也，至今九百七十有五年矣。"①这里十分清楚地记载了鉴湖南面是山，北是绍兴城和漕渠，鉴湖的北堤是运河。

至南宋，徐次铎《复鉴湖议》（除前述"官塘"之称）载："绍熙五年冬，孝宗皇帝灵驾之行，府县惧漕河浅涸，尽塞诸斗门，固护诸堰闸，虽当霜降水涸之时，不雨者逾月，而湖水仅减一二寸。"②可见当时鉴湖仍是山会平原之主航道。

明顾炎武在其《天下郡国利病书》卷八十五"会稽县"条中引《浙江通志》的记载，认为："且又往时之运道，一在湖中，一在江海上。在湖中者，东自曹娥循湖塘，经城南至西兴；在江海上者，宋都钱塘时，凡闽广漕运入钱塘者，必经绍兴北海上，凡塘下泊处，辄成大市。今皆废矣。"③这里的"湖中"即是鉴湖无疑。

---

① ［宋］曾巩:《曾巩集》卷十三，陈杏珍、晁继周点校，中华书局 1984 年版，第205 页。

② 转引自《嘉泰会稽志》卷十三，第 7 页。

③ ［清］顾炎武:《天下郡国利病书》卷八十五，清光绪五年（1879）桐华书屋刻本，第 27 页。

嘉庆《山阴县志》卷二十载："官塘，在县西十里，自西郭门起至萧山县共百里，旧名新堤。……南塘，即故鉴湖塘，自南偏门西至广陵斗门六十里，为山阴境，其东则抵曹娥。"[①] 所记西兴运河和古鉴湖两塘都是山会平原的主航线。

1993 年出版的《绍兴县交通志》在记 1989 年航道概况时说："南塘航线（即鉴湖航线）。西起钱清铁路桥，经宾舍、湖塘、柯岩、西泽、清水闸、壶觞，东到皋埠东堰，全长 36.8 公里。河底宽 6～50 米，水深 1.4～3.0 米，能通航 20～40 吨船只。"[②] 在所记 26 条航线中南塘航线位列第三，位于杭甬运河甲线、杭甬运河乙线之后，可见其航运地位重要。

五、鉴湖为浙东运河增添了丰富的文化内容

鉴湖一直是浙东运河的主航道和精华所在，而闻名遐迩、光辉灿烂的鉴湖文化，自然为浙东运河增添了丰富的文化内容，成为珍贵的历史文化遗产。择要记述如下：

其一，工程艺术。

鉴湖原貌虽已不复存在，但历史的记载向我们展示了镶嵌在山会大地上的一幅综合、系统、美丽的图画。全长 113 里的鉴湖堤如长龙伏波安澜，显示一种整体的壮美。三大斗门因地制宜呈三角形状布置，北为玉山斗门，西为广陵斗门，东为蒿口斗门，既给人以坚固之感，又具有对称之美。当时的山会平原南有山丘三十六源之水直注鉴湖，自东到西，不到二里有水门一所，或斗门，或闸，或堰，或阴沟，各具特色；湖区水面达 172.7 平方千米，堤以北河渠遍布，湖高田丈余，田又高海丈余，构成了一幅雄壮整体的古鉴湖水利图。

"垂虹玉带门前来，万古名桥出越州。"鉴湖上的桥数量众多，颇具特

① 嘉庆《山阴县志》卷二十，第 1 页。
② 绍兴县交通局编：《绍兴县交通志》，中国大百科全书出版社上海分社 1993 年版，第 11 页。

色，有一种凌波飘渺之态，是绍兴桥文化之精粹。古鉴湖堙废后，沿岸原有的斗门、闸、堰大多改为石桥，其形式因地制宜，随处而异，千姿百态。连拱桥、单孔陡拱桥、组合式桥、廊桥、亭桥比比皆是。

其二，生态文化。

鉴湖有 172.7 平方千米的水面，南为连绵起伏的会稽山脉，山水相连，形成一种自成一体的自然景观。"语东南山水之美者，莫不曰会稽。岂其他无山水哉？多于山则深沉杳绝，使人惽凄而寂寥；多于水则旷漾浩瀚，使人望洋而靡漫。独会稽为得其中，虽有层峦复冈，而无梯磴攀陟之劳；大湖长溪，而无激冲漂覆之虞。于是适意游赏者，莫不乐往而忘疲焉。"①刘基这里所指的"大湖"应指鉴湖。鉴湖的堤坝，包括其前身山阴故水道均是人工建设的，因之更体现了人与自然和谐的生态环境与文化。鉴湖的自然山水风光，使无数文人墨客为之倾倒，形成人水和谐的生态文化。

鉴湖卓越的生态环境和巨大的效益，又使人们深刻感到生态环境对人居发展的重要意义。六朝虞预《会稽典录·朱育》中记载了当时会稽太守王郎与会稽名士虞翻的问答，其中虞翻答："夫会稽上应牵牛之宿，下当少阳之位，东渐巨海，西通五湖，南畅无垠，北渚浙江，南山攸居，实为州镇，昔禹会群臣，因以命之。山有金木鸟兽之殷，水有鱼盐珠蚌之饶，海岳精液，善生俊异，是以忠臣继踵，孝子连间，下及贤女，靡不育焉。"②已把会稽之富及人才辈出和山川环境结合起来认识。

其三，酒文化。

鉴湖建成后为绍兴酿酒业提供了更优质的水源，使绍兴黄酒品质提高，名声大振。鉴湖有着良好的自然环境和水文条件，其上游源于会稽山麓，那里植被良好，污染不多，水质清冽；在平原地区湖中进出很流畅，更兼有斗门、闸、堰、阴沟适时启闭，故湖水更换之频繁，为一般湖泊所不及。

又据地质勘探，在萧甬铁路以南至会稽山麓之间原鉴湖湖区的广阔平

---

① ［明］刘基：《游云门记》，载［明］刘基《刘伯温集》，林家骊点校，浙江古籍出版社 2011 年版，第 138 页。

② ［东晋］虞预：《会稽典录》卷下，民国间刻本，第 12 页。

原中，分布着广泛的泥煤层，分布面积 81 平方千米，长度占鉴湖南北长度 56.5 千米的 78% 左右。这些泥煤对鉴湖浅层地下水有渗滤净化作用，对水体中的污染物也有吸附作用，同时影响水体的生态和物理化学特征，对保持鉴湖生态平衡、保护改善水质具有十分重要的作用。

清梁章钜在《浪迹续谈》中称："盖山阴、会稽之间，水最宜酒，易地则不能为良，故他府皆有绍兴人如法制酿，而水既不同，味即远逊。"[①]

其四，文献诗词。

魏晋南北朝的山水诗。自东汉至南北朝时期，由于鉴湖的兴建，会稽地区经济发展，山川变得十分秀美，又由于北方战火纷飞，会稽相对成了偏安之地，于是文人学士多会集于此。"会稽有佳山水，名士多居之，谢安未仕时亦居焉。孙绰、李充、许询、支遁等皆以文义冠世，并筑室东土……"[②] 尤其谢灵运（385—433）在会稽的山水诗在南朝很有影响，开一代风气。谢惠连是谢灵运的族弟，与谢灵运、谢朓并称"三谢"，也多有佳作。

其五，唐诗之路。

"六朝以上人，不闻西湖好。"[③] 据研究，载入《全唐诗》的浙东诗人有 228 人，有据可查尚漏载的有 50 人，总 278 人。这些诗人多为唐朝诗人的杰出代表。《唐才子传》收入才子 278 人，而来自浙东的就占 173 人。这些诗人来到浙东，留下了大量优秀诗篇，于是形成"唐诗之路"。这条线路大致范围为从钱塘江经西兴到鉴湖，到绍兴城，一条至若耶溪，另一条再沿东鉴湖至曹娥江，经剡溪至天台山，所创诗主体应是鉴湖诗。

综上，其一，正本清源，鉴湖一直是山会地区浙东运河段的主航道；其二，鉴湖为中国大运河申遗增添了丰厚的物质、非物质文化内容；其三，鉴湖是中华民族瑰宝，需要保护，将其列入申遗范围符合原真性的要求。

---

① ［清］梁章钜：《浪迹续谈》卷四，清道光二十八年刻本，第 10 页。

② ［唐］房玄龄等：《晋书》卷八十，中华书局编辑部点校，中华书局 1974 年版，第 2098—2099 页。

③ ［明］袁宏道：《山阴道上》，载［明］袁宏道《袁中郎全集》卷二十七，明崇祯二年（1629）刻本，第 7 页。

湘湖与浙东运河及申遗思考 [1]

湘湖是萧绍平原上历史久远，至今依然光辉灿烂的一颗明珠，明代著名文史家张岱形象地把湘湖比喻为"处子"，形容其"眠娗羞涩，犹及见其未嫁时也" [2]。时至今日，湘湖已撩开了神秘的面纱，显示了她的古朴纯美。以往专家学者对湘湖的自然演变、水利生态、历史人文等方面的研究已很深入，令人起敬。在此，就湘湖与浙东运河航运的关系，以及湘湖申报中国大运河候补遗产点的问题阐述我们的一些想法，与同人交流。

一、湘湖的历史演变

湘湖（西城湖），位于钱塘江南岸，为越王城山、老虎洞山、西山、石岩山、杨岐山所环抱，形似一个瓜熟蒂落的长颈葫芦，在今杭州市萧山区西部。

研究湘湖历史地理演变从史前开端，这就是地理学科按时代分类的所谓"古地理学"，特别是从第四纪晚更新世起，有着十分重要的意义。第四纪更新世末期以来，自然界经历了星轮虫、假轮虫和卷转虫三次地理环境沧海桑田的剧烈变迁。[3] 其星轮虫海侵发生于距今 10 万年以前，海退则在 7 万年以前。假轮虫海侵发生于距今 4 万多年以前，海退则始于距今约 2.5 万年以前。这次海退是全球性的，中国东部海岸后退约 600 千米。此次海退，对宁绍平原等东部各地原始部落的繁衍发展影响最大。"现在的宁绍平原，从钱塘江南岸到宁波以东沿海，面积约为 8000 平方公里。当

---

① 本文作者邱志荣，作于 2014 年 11 月，首刊于《浙江水利水电学报》2015 年第 1 期。

② ［明］张岱：《陶庵梦忆》卷五，马兴荣点校，中华书局 2007 年版，第 62 页。"眠娗"，原文为"眠娗"，今据浙江古籍出版社 2018 年版《陶庵梦忆》正之。

③ 参见陈桥驿：《越族的发展与流散》，载陈桥驿《吴越文化论丛》，中华书局 1999 年版，第 40—46 页。

时由于海岸线在今东海岸以东 600 公里，因此范围比今天要大得多。"① 在这片负山面海的宽广平原上，南有山林之饶，北有海洋之利，越族的祖先正是在这种优越的自然环境中得以生存和发展。嵊州市甘霖小黄山文化遗址、萧山跨湖桥文化遗址、余姚河姆渡文化遗址都产生于这一时期。

后一次卷转虫海侵从全新世之初就开始掀起，距约今 1.2 万年前，海岸到达现水深 -110 米的位置。距今约 1.1 万年前，海面上升到 -60 米的位置。距今 8000 年前，海面上升到 -5 米的位置，而到距今 7000～6000年前，这次海侵到达最高峰，东海海域内侵到了今杭嘉湖平原西部和宁绍平原南部，成为一片浅海。于是环境开始变得恶坏，越部族生存的土地面积大量缩减，一日两度咸潮，从钱塘江和其他支流倒灌入平原内陆纵深之地，土壤迅速盐渍化，水稻等作物难以生长。此前生活繁衍于平原上的越族人民纷纷迁移。

据上，我们从湘湖地区的自然环境可以推测，在假轮虫海侵的海退鼎盛时期，湘湖之地远离海岸线，钱塘江河道流贯其西缘，浦阳江下游河道会在这一地区散漫沿着自西而东的半爿山、回龙山—冠山—城山、老虎洞山—西山、石岩山、杨岐山—木根山—越王峥等的山麓地带最后汇入钱塘江，并且在这里的低洼之地会有一些自然湖泊，是跨湖桥等先民的生息之地。

在卷转虫海侵的全盛期（距今 7000～6000 年前），宁绍平原成为一片浅海，湘湖之地也就成为海域，所在大部分山体成为海中岛屿，形成了一个海湾。海退后，这里又成为一片沼泽之地。之后，在这一地区又形成了诸多湖泊，最主要的是临浦、湘湖和渔浦。郦道元《水经注》卷四十"浙江水"中记："浙江又迳固陵城北，昔范蠡筑城于浙江之滨，言可以固守，谓之固陵，今之西陵也。"② 又言孙策"破朗于固陵。有西陵湖，亦谓之西城湖。湖西有湖城山，东有夏架山，湖水上承妖皋溪，而下注浙江"③。

---

① 陈桥驿:《吴越文化和中日两国的史前交流》,《浙江学刊》1990 年第 4 期, 第 94 页。
② ［北魏］郦道元《水经注》卷四十"浙江水", 第 940 页。
③ ［北魏］郦道元《水经注》卷四十"浙江水", 第 940 页。

清李慈铭在《越缦堂文集》卷十二中称："湘湖即汉志之潘水，郦注之西城湖。"[1]陈桥驿先生则认为："由于这一带河湖杂出，因此古人所谓的临浦，有时往往泛指这一带所有湖泊而言。"[2]李慈铭也说："西城湖盖即今之临浦，六朝所谓渔浦也。"[3]

受钱塘江潮汐、浦阳江洪水的影响，湘湖北侧和西侧的沙滩不断淤浅成滩地，大约自南北朝起，湘湖与钱塘江逐渐隔离，浦阳江原先在湘湖北端和西端的入江口，也阻塞不通，湘湖成了内陆湖。由于洪潮的继续影响和沿湖居民的不断垦湖为田，唐朝末年，渔浦堙废。之后吴越钱镠修西江塘，湘湖围垦加快，很快只留下狭长河道和多个小湖泊。[4]

北宋政和二年（1112），由萧山县令杨时主持，在古代湘湖留下的低洼之地筑堤蓄水成湖。湖周 82 里半，湖面 3.72 万亩，沿湖堤开 18 处穴口，灌溉九乡农田 14.7 万亩。湖建后，废湖垦田与禁垦保湖之争不断，淤涨垦种之事也常有发生，虽政府重视，管护及时，历宋、元、明、清 800 余年，面积仍减 4600 余亩。正常蓄水量为 183.8 万立方米，灌溉农田 0.58 万余亩，放水穴减至 7 处。1966 年湖面尚存 3040 亩。

20 世纪末以来，湘湖得到了良好的保护和恢复，经过一期工程、二期工程建设，已形成水面 3.2 平方千米，恢复或新建景点 50 余个，古老的湘湖又呈现出她的青春美貌与生机活力。

以上反映了这一地区自然环境变迁与人的生存改造共同作用，使湘湖产生了"内陆河道—海湾—湖泊—堙废—人工湖—退化—复兴"的演变发展过程。

---

① ［清］李慈铭：《越缦堂文集》卷十二，民国北平图书馆排印本，第 1 页。

② 陈桥驿：《论历史时期浦阳江下游的河道变迁》，载陈桥驿《吴越文化论丛》，中华书局 1999 年版，第 298 页。

③ ［清］李慈铭：《越缦堂读书记》，中华书局 2006 年版，第 754 页。

④ 参见蔡堂根：《萧山湘湖史》，浙江人民出版社 2011 年版，第 95—96 页。

二、湘湖和浙东运河的关系

（一）史前航运

1990 年在湘湖中心地段的跨湖桥近处发现著名的跨湖桥遗址。遗址距今 8000～7000 年，"是浙江境内年代较早的新石器时代文化遗存"[①]。其中出土了一条独木舟遗骸，舟呈梭形，其舟体和前端头部基本保存较好，唯舟体后端已残缺。残存长度为 560 厘米，宽 53 厘米；舟体厚度 3～4 厘米，船舱深仅 15 厘米，已有七八千年历史，堪称我国最早而又最长的独木舟实物。[②]

8000 年前的独木舟的存在，说明当时的跨河桥先人已具备了航运能力。早在 7000～6000 年前越人足迹可能已到过"台湾、琉球、南部日本以及印度支那等地"[③]。既然越人其时已有了卓越的航海技能，那么在后来的萧绍平原之地，船行往来更是寻常之事。10 万年前的星轮虫海进以来，经历了几次沧海桑田的变化，相对宁绍平原的山脉较为稳定不变。我们可以从跨河桥地区的山川形势分辨当时与外部沟通的主要水道大致有后来的渔浦出海口、湘湖出海口和临浦出海口，其中临浦出海口即后来的西小江，又是主要的连通萧绍平原的水道。

（二）春秋山阴故水道

先秦古籍经东汉人整理的《越绝书》卷八记载："山阴古故陆道，出东郭，随直渎阳春亭。山阴故水道，出东郭，从郡阳春亭。去县五十里。"[④]之后一般都把春秋越国航运这条故水道定格在绍兴城东郭至阳春亭东西向

---

① 浙江省文物考古研究所：《萧山跨湖桥新石器时代文化遗址》，《浙江省文物考古研究所学刊》，1974 年，第 6—21 页。

② 徐峰等：《中国第一舟完整再现》，《杭州日报》2002 年 11 月 26 日第 3 版；潘剑凯：《萧山挖掘出世界上最早的船》，《光明日报》2002 年 12 月 1 日第 2 版。

③ 陈桥驿：《吴越文化和中日两国的史前交流》，《浙江学刊》1990 年第 4 期，第 95 页。

④ ［东汉］袁康：《越绝书校释》卷八，李步嘉校释，中华书局 2013 年版，第 229 页。

直达练塘约 50 里的运河之上，时间为距今约 2500 年。

有突破性进展的是经笔者研究考证，这条在卷转虫海退后形成的人工运河，其形成有一个较长的过程。开始的范围必定较小，时间大约在距今 4000 年左右。以后随着此地部落的发展，对这一水道的整治一直在进行，规模不断扩大，在越王句践时又进行了一次较大规模的疏挖。据考证，在山会平原西部同样有着一条东西向的水陆通道。山阴故水道和故陆道并存，东起当时练塘，经山阴城（今绍兴市）阳春亭、东郭门又经城南南缘河道经偏门外至今柯岩、宾舍、钱清，过西小江至固陵达钱塘江，横贯整个山会平原，沟通东、西两小江，既是水陆交通要道，又有一定防御海潮的堤塘作用，并以此为越国南部地区提供淡水资源，沟通纵横交错的水上网络，形成航运干道。此外，此故水道沟通了对外钱塘江北岸的航运，沟通吴越水上交通，还开辟了海上航线。山阴故水道在越国政治、军事、经济、生活、文化、对外交流上发挥了命脉和保障的作用。这些成果都在今年（2014 年）刚出版的《浙东运河史》[①] 里有集中论述。

随着这次对湘湖地区水利、航运史研究的深入，笔者感到仅把这条我国最早的人工运河山阴故水道停留在 "城（绍兴）南南缘河道经偏门外至今柯岩、宾舍、钱清，过西小江至固陵达钱塘江"，还是不够精准，未把当时这里的固陵港对应钱塘江北岸的柳浦港、渔浦港对应钱塘江北岸的定山港的水道关系阐述清楚。即所谓："其渡江之处，自草桥门外江西岸渡者曰浙江渡，对萧山县西兴；自六和塔渡者曰龙山渡，对萧山渔浦。"[②]

现在看来，其实当时的这条运河在湘湖地区分为两条：其一经后来的西小江至临浦到达渔浦港；其二渡过西小江至湘湖海湾到达固陵港。渔浦港和固陵港是山阴故水道在钱塘江的两个港口。

---

① 邱志荣、陈鹏儿：《浙东运河史（上卷）》，中国文史出版社 2014 年版。
② ［清］顾祖禹：《读史方舆纪要》卷九十二，贺次君、施和金点校，中华书局 2005 年版，第 4129 页。

（三）鉴湖航运

汉顺帝永和五年（140），会稽太守马臻主持兴建鉴湖。鉴湖是在原山阴故水道的基础上增高堤坝、新建和完善涵闸设施建设而成的。鉴湖又称"长湖"，"湖广五里，东西百三十里"[1]，实际长为 56.5 千米，[2] 横亘山会平原。鉴湖建成后，水位抬高和设施的完善使此一线航运条件更为优越。鉴湖初创至晋代，山会地区的人工运河主航线即为鉴湖；至晋后至唐，西线（山阴县）的航线渐为西兴运河所取代，但鉴湖一直是西兴运河的水源工程；而东线（会稽县）仍为鉴湖航线并延承至今。鉴湖堤线和山阴故水道基本在同一线，鉴湖西端位置在今钱清镇虎象村的广陵桥，此处为古代鉴湖时的广陵斗门。广陵斗门以西（外）为夏履江，由广陵斗门沿鉴湖以西堤线，东过宾舍、叶家堰、蔡堰、湖桑、钟堰、快阁可直达绍兴城西，此为鉴湖西湖之堤。再向东过绍兴城稽山门至禹陵的塘路后即为鉴湖之东湖，沿途经过东郭堰、都泗堰、石堰、皋埠堰、陶堰、王家堰、东城驿，至白米堰南折过樊家堰到蒿口斗门。

综上，鉴湖北堤岸线基本与山阴故水道一致，可见鉴湖北堤是在原山阴故水道堤线基础上经加固抬高，以及完善涵闸设施而建成，于此又说明了马臻为太守期间能够在较短时期建成水面面积 206 平方千米，当时我国长江以南最大的人工蓄水、航运工程的一个原因。

关于鉴湖西部通往钱塘江的航运，可以古代两个著名的人物记述来佐证。

其一，"刘宠一钱不留"。刘宠，字祖荣，东汉东莱牟平（今属山东烟台）人，齐悼惠王之后。以明经举孝廉，汉桓帝（146—167）时官拜会稽太守。在会稽"宠简除烦苛，禁察非法，郡中大化"[3]。《水经注》载：

---

① ［北魏］郦道元《水经注》卷四十"浙江水"，第 941 页。

② 盛鸿郎、邱志荣：《古鉴湖新证》，载盛鸿郎主编《鉴湖与绍兴水利》，中国书店1991 年版，第 13 页。

③ ［南朝宋］范晔撰，［唐］李贤等注：《后汉书》卷七十六，中华书局编辑部点校，中华书局 1965 年版，第 2748 页。

"汉世刘宠作郡，有政绩，将解任去治，此溪父老，人持百钱出送，宠各受一文。"① 至西小江便将钱投入江中离去，后人遂将西小江改名钱清江，建碑于江边，上书"会稽太守刘宠投钱处"。嘉庆《山阴县志》卷七载："钱清镇有刘太守祠，祀汉刘宠临江，有一钱亭。"② 后世乾隆巡越，在钱清题诗曰："循吏当年齐国刘，大钱留一话千秋。而今若问亲民者，定道一钱不敢留。"③ 此地地名钱清，即是从《后汉书》的记载而来。

其二，"江革取石见清贫"。江革（？—535），字休映，济阳考城（今河南省兰考县）人，为南朝宋齐间士族名流，南朝才子江淹之族侄。江革在天监年间（502—519），曾为会稽郡丞、行府州事，为官清廉。"功必赏，过必罚，民安吏畏，百城震恐。"④ 江革为官时不接受任何赠送，只靠官俸过日子。离任时，百姓为之不舍，纷纷相送。江革"赠遗无所受"，"惟乘台所给一舸"，⑤ 泛浙东运河西去。至西陵一带江面宽阔，风浪冲击使船行不稳，江革因无随身所带贵重器物，"舸艚偏欹，不得安卧。或谓革曰：'船既不平，济江甚险，当移徙重物，以迮轻艚。'革既无物，乃于西陵岸取石数十片以实之，其清贫如此"⑥。江革为官清廉，深为会稽人民所敬仰和怀念，因此后人在江岸建"取石亭"以表怀念。

据以上记载，刘宠是在汉桓帝时在会稽为太守，他离开会稽是由鉴湖再走西小江的，而此时西兴运河尚未建设，他当时船行的西小江，并未有水波浩大的记载，并且他在船上还将越人所赠的一钱投入江中。按照他的行程路线，应是过鉴湖，到钱清江，再到临浦从渔浦港渡钱塘江到定山港。

---

① ［北魏］郦道元《水经注》卷四十"渐江水"，第 942 页。

② 嘉庆《山阴县志》卷七，第 7 页。

③ 嘉庆《山阴县志》卷首，第 4 页。

④ ［唐］姚思廉：《梁书》卷三十六，中华书局编辑部点校，中华书局 1973 年版，第 525 页。

⑤ ［唐］姚思廉：《梁书》卷三十六，中华书局编辑部点校，中华书局 1973 年版，第 525 页。

⑥ ［唐］姚思廉：《梁书》卷三十六，中华书局编辑部点校，中华书局 1973 年版，第 525 页。

而江革时，西兴运河已建成多年，他走的就是西兴运河航道，并且他是由运河在今萧山区西再南折往湘湖到固陵港的，为防止江面开阔，船身倾斜，便取西陵湖边石压船舱。笔者比较赞同陈志富先生的考证，固陵港的位置在"今越王城山北麓，白马湖北侧庙后王、马湖一带，历史上庙后王称范港村"[①]。同时笔者还认为：越王城山因山及海湾而成春秋战国时期越国的城堡遗址，固陵是当时山北的一个港口，而西兴是港口北边的一个聚落，山不变，而港口聚落会随河口变化略有变动，三者关系大致如此。相对来说西兴运口出现的时间较晚。

（四）西兴运河

鉴湖的兴建，为萧绍平原提供了优越的水利条件，使会稽经济、社会迅速发展，同时也对水利、航运等基础设施提出了更高的要求。于是到公元300年前后，在晋会稽内史贺循（260—319）的主持下，又开凿了著名的西兴运河。"运河在府西一里，属山阴县，自会稽东流县界五十余里入萧山县，《旧经》云：晋司徒贺循临郡，凿此以溉田。"[②]它自郡城西郭西经柯桥、钱清、萧山直到钱塘江边，起初称漕渠。因运河从萧山向北在西陵镇与钱塘江汇合，而西陵后称西兴，故名西兴运河。开凿之初，首先是为了灌溉。这说明随着萧绍平原农业生产发展，对灌溉和用水调度提出了更高的要求。由于运河与鉴湖堤基本平行，相距多在5千米之内，鉴湖的多处闸、堰都和这条运河相通，这使得鉴湖的排灌效益大为提高，又由于沟通了萧绍平原西部鉴湖以北的南北向河流，对调节水量也十分有利。西兴运河东至绍兴西郭门入城，再向东，过郡城东部的都赐堰进入鉴湖，既可溯鉴湖与稽北丘陵的港埠通航，也可沿鉴湖到达曹娥江边，沟通了钱塘江和曹娥江两条河流。于是，这条运河不断发挥、拓展航运功能，最终成为这一地区的主航道。之后，鉴湖和西兴运河的效益充分显现。至东晋，

---

① 陈志富：《萧山水利史》，方志出版社2006年版，第151页。
② 《嘉泰会稽志》卷十，第1页。

晋元帝面对会稽殷实繁荣的景象赞叹不已："今之会稽，昔之关中。"①《宋书》的作者沈约在《沈昙庆传》中又称："会土带海傍湖，良畴亦数十万顷，膏腴上地，亩直一金，鄠、杜之间，不能比也。"②

　　既然西兴运河在开凿之初的主要目的是灌溉，那么其航运功能是有一个发展、提升、完善的过程的。从固陵港到后来的西兴运口，究竟转变期在何时？一般学者在论述这一变化时多会引用《读史方舆纪要》中的记载：

> 六朝时谓之西陵牛埭，以舟过堰用牛挽之也。……齐永明六年西陵戍主杜元懿言："吴兴无秋，会稽丰登，商旅往来，倍多常岁。西陵牛埭税官格，日三千五百，如臣所见，日可增倍，并浦阳、南北津、柳浦四埭，乞为官领摄，一年格外可长四百余万。"会稽太守顾宪之极言其不可，乃止。③

　　这里所说的南北津，南津应是渔浦渡，北津应是定山渡。西陵埭是否就在后来的西兴堰闸位置，笔者认为两者还是有一定距离的。随着钱塘江岸线的变化，原来的固陵港位置会略西北移，但或还未到后来的西兴堰、闸位置。

　　其时，西小江、湘湖水道与西兴运河都是联通的，并且是可以到达渔浦港、固陵港的。

　　至南宋，由于渔浦、湘湖一带湖泊的堙废，以及碛堰开堵对运河古水道的扰动，渔浦至西小江到浙东运河的航运能力下降。这一说法一个有力的佐证，是乾隆《绍兴府志》卷十五引《萧山县志》云："古驿道由渔浦渡入浦阳江，宋南渡攒宫于会稽，乃取便道，截流渡江抵西陵发舟。"④这一记载说明从钱塘江北岸的定山渡到南岸的渔浦渡，是古代的一个主要渡

---

① ［唐］房玄龄等：《晋书》卷七十七，中华书局编辑部点校，中华书局1974年版，第2042页。

② ［梁］沈约：《宋书》卷五十四，中华书局编辑部点校，中华书局1974年版，第1540页。

③ ［清］顾祖禹：《读史方舆纪要》卷九十二，贺次君、施和金点校，中华书局2005年版，第4216—4217页。

④ 乾隆《绍兴府志》卷十五，第1页。

口，到南宋时已逐渐为"便道"——南岸的"西陵渡"所取代。但这时的西兴运河经钱清江的状况是："钱清江者，东自三江口来，西过诸暨，约三百余里，阔十余丈，运河午贯其中，高于江水丈余，故南北皆筑堰止水，别设浮桥渡行旅。"[①]西小江水（钱清江）如此浩大，其时，浦阳江主道之水必出于此；并且应是萧绍海塘在这一带西江塘、北海塘的逐步修建，使得原出海口之古水道减少，故而西小江主道水量大增。

在乾道初年（约1165—1167），不仅疏浚了西兴、萧山段河道，还开凿了西兴到钱塘江边的新河道，又专门设职衔，发捍江兵疏浚：

> 萧山县西兴镇通江两闸，近为江沙壅塞，舟楫不通。乾道三年，守臣言："募人自西兴至大江，疏沙河二十里，并浚闸里运河十三里，通便纲运，民旅皆利。复恐潮水不定，复有填淤，且通江六堰，纲运至多，宜差注指使一人，专以'开撩西兴沙河'系衔，及发捍江兵士五十名，转充开撩沙浦，不得杂役，仍从本府起立营屋居之。"[②]

以上记载也说明西兴运口当时有两闸，常为钱塘江泥沙所淤，江道多变。如此则钱塘江南岸的渡口固陵港，已逐渐向西兴闸演变是不难理解的。

明代《英宗实录》载：

> 宣德十年九月——行在吏部主事沈中言：浙江绍兴山阴县西有小江通金华严处，下接三江海口，旧引诸暨、浦江、义乌等处湖水以通舟楫。近者，水泄于临浦三叉江口，致沙土淤塞，乞敕有司量户差人筑临浦戚堰（碛堰），障诸暨等处湖水，仍自小江流出，则沙土冲突，舟楫可通矣。[③]

---

① ［宋］周必大：《思陵录》卷下，载曾枣庄、刘琳主编《全宋文》第二百三十二册卷五一六五，上海辞书出版社、安徽教育出版社2006年版，第125页。

② ［元］脱脱等：《宋史》卷九十七，中华书局1985年版，第2408页。

③ 李国祥、杨昶主编：《明实录类纂·浙江上海卷》，武汉出版社1995年版，第737页。

此记载主要说明了碛堰开塞、浦阳江主流的改道、流经西小江水量的多少，已使这一带水利防洪和航运保障用水产生了矛盾。

湘湖还是西兴运河的水源调节补充工程：

> 湘湖。萧山西部滨海处有一高阜，四周多山。北宋政和二年（1112）将乐人杨时知萧山令，在县西部滨海高阜处兴筑湘湖。沿湖灌水穴口18处，北边有石湫口穴，与运河相通注。[①]

民国二十四年（1935）《萧山县志稿》载：

> 运河。旧志：宋令顾冲《水利事迹》：萧山自西兴闸至钱清堰，计四十五里，中有运河。河之南有湘湖，河之北为由化、夏孝二乡。每遇岁旱，各得湘湖水利，如欲取水，先于运河两头作坝，方决望湖桥下坝，引入运河……按：运河自西达东，横穿县境而过，为各溪河之干流，沿途闸坝甚众，其通塞关于本邑之水利，亦极巨也。[②]

此为萧山段运河的状况及其与湘湖水利的关系。

民国《萧山县志稿》中的《萧山县县境全图》，显示萧山城西的湘湖以北出口连通西兴运河，以南通过义桥镇连接浦阳江。直至1987年出版的《萧山县志》所载的《萧山县水利图》，湘湖也是以北通过下湘湖闸连接西兴运河，以南更是与多条河流连接沟通浦阳江和西小江等河道。

（五）杭甬运河

中华人民共和国成立以来，原连接杭州、绍兴、宁波三市的浙东运河，不仅有的航道窄浅、弯曲，而且因沿线地势起伏、农田拦坝蓄水，被分割成

---

① 杨钧：《明代中叶浦阳江河口地区水利建设与水道变迁》，载盛鸿郎主编《鉴湖与绍兴水利》，中国书店1991年版，第179页。

② 彭延庆修，姚莹俊纂，张宗海续修，杨士龙续纂：《萧山县志稿》卷三，民国二十四年（1935）铅印本，第55页。本文献以下简录为"民国《萧山县志稿》"。

多段河道，曹娥江又横贯其中，船舶航行必须多次过坝，通航能力低下，到1979年只能通过15吨级船舶，内河水运的优势得不到充分发挥。

1979开通的杭甬运河工程，对航道和过堰设施，按通过40吨级船舶的要求进行改造建设。运河路线走向为：从杭州南星桥开始，逆钱塘江上行至萧山闻家堰后入浦阳江，过临浦峙山闸，经绍兴钱清，之后大多沿浙东运河原线路，经绍兴城区到曹娥老坝底入曹娥江，再从下游赵家（百官）升船机通向驿亭、五夫、马渚、斗门入姚江，经余姚、宁波姚江闸，抵宁波三江口，全长216千米。

21世纪初以来建设的新杭甬运河，自杭州三堡，往钱塘江上溯至三江口入浦阳江，在义桥镇南、新坝之北新辟航道1.5千米进入萧山内河，穿浙赣铁路线后进入西小江，在钱家湾进入杭州、绍兴界河，至瓦泥池东为界河终点。

上述新开通的杭甬运河萧山段利用了古湘湖地区的一些河道，尤其是这里通往西小江到浙东运河的航线得到充分利用，也可谓古河道的回归。

三、湘湖列入大运河遗产候补名单的建议

湘湖是浙东文明的发源地之一。8000年前，跨湖桥先民创造了灿烂的跨湖桥文化。2500年前湘湖周边的城山等地，又是越国的军事活动要塞，留有珍稀的古遗址和深厚的文化积淀。900余年前，杨时建成湘湖，效益显著，闻名遐迩。至今，湘湖仍有众多堤塘、桥、闸、堰、河道、古港等水利、航运、文物遗址，以及亭、泉、牌坊、寺庙、古墓、摩崖等许多人文遗迹。湘湖也是唐代大诗人贺知章的故里，李白、陆游、文天祥、刘基等历代名人在此留有不朽诗文。湘湖是名副其实的越文化嚆矢之一。

通过本文此前的论证，可以论定湘湖地区是古代浙东运河沟通钱塘江的主要港口渔浦与固陵的河湖之一，其航运史可上溯到8000年以前的跨湖桥文化，在中国大运河发展史上有着崇高、杰出、不可替代的重要地位。

今年大运河申遗成功后，许多专家学者意识到在当时申报遗产的京杭运河、隋唐运河、浙东运河的周边还有一些重要的古水道、湖泊、水闸等

在用的工程或遗址没有列入遗产，这影响了运河遗产价值的体现和展示。据张廷皓[1]先生介绍，世界遗产组织认为，中国大运河遗产点偏少，需要继续增补，对此，国家文物局也考虑开展此项工作。于是如何建立大运河申遗后遗产点的候补名单，一时成为热门话题。2014年10月在江苏淮安由中国文物学会等单位主办召开的"中国大运河遗产保护管理论坛"上，蔡蕃[2]先生呼吁《大运河不通航段遗产保护工作应是重中之重》；张卫东[3]先生则指出，"候选"或"候补"点段还有重大遗漏。笔者以为湘湖就属于其中的"重大遗漏"，是重要的"候补"点。

为使湘湖的历史地位，尤其是在水利、航运史上的地位得到符合本源的提升，文物、文化资源得到更好的保护，其知名度不断提高，希望湘湖的管理者们能够重视我们的建议，肩负历史责任，做好以下工作：

其一，尽可能对湘湖进行原汁原味、原真性的保护。尤其是古河道、古水利、航运等设施。

其二，科学系统编写《萧山运河史》，对湘湖地区的航运发展、演变、地位，以及对外交往、海上丝绸之路等方面进行专题研究，理清来龙去脉，精准划定古河道、古港口、重要节点如渔浦港、固陵港的具体位置，提交有突破性的学术成果。

其三，继续整理出版湘湖地区的物质和非物质文化遗产丛书，在文化上不断创新和突破。

其四，抓住大运河申遗"候补"点的机遇，把握好途径，编制好规划，争取入选成功。

最后要说的是，湘湖如列入大运河遗产点成功，不仅是萧山人民的骄傲，也是浙东儿女的期盼，更是我们民族的荣光。

---

① 张廷皓为中国文物学会副会长、大运河专业委员会会长、中国文化遗产研究院原院长。
② 蔡蕃为著名水利史专家、研究员级高级工程师。
③ 张卫东为中国水利报社原副总编辑。

古兰亭新考 [1]

自永和九年（353）王羲之与群贤在兰亭雅集之后，兰亭之址几经变迁，考证者甚多，而兰亭真本更难寻觅，留下诸多疑案，扑朔迷离。关于兰亭故址历史变迁，笔者根据史书记载，参考 1957 年中国人民解放军总参谋部测绘局五万分之一地形图及现场考证等，作以下分析。

一、晋时兰亭之亭与"曲水流觞"处有一定距离

兰亭是一古地名，从山阴城过兰亭通往诸暨的古道，在越国已在。或同山阴城东廓之"阳春亭"[2]，有亭在，并为驿亭迎送之地。《水经注》载："湖南有天柱山，湖口有亭，号曰兰亭，亦曰兰上里。太守王羲之、谢安兄弟，数往造焉。"[3] 这里所记的"湖南"是指鉴湖以南。天柱山，《嘉泰会稽志》卷九："望秦山在县东南三十二里，《旧经》云：'秦始皇与群臣登此以望秦中也。'一名天柱峰，一名卓笔峰，盖会稽山之别峰，下有钱逊王倧墓。"[4] 天柱山与《嘉泰会稽志》同时记的"兰渚山在县西南二十七里"[5] 有一定距离。《水经注》所记又说明在永和之会前王羲之、谢安等已经常在兰亭聚会，以山水为乐。兰亭之会，曲水流觞处并不在兰亭之亭下，而是在兰亭之地的崇山峻岭之麓，溪水之畔，选取一块较宽敞之地行修禊之事，并且所记述的诸多景观是由山麓往上看形成的，在自然山水之中，然不在密林之中。此可以从王羲之《兰亭集序》[6]中得到证实，此地

---

① 本文作者邱志荣，曾载于邱志荣：《绍兴风景园林与水》，学林出版社 2008 年版，第 78—90 页。

② ［东汉］袁康：《越绝书校释》卷八，李步嘉校释，中华书局 2013 年版，第 229 页。

③ ［北魏］郦道元《水经注》卷四十"渐江水"，第 940 页。

④ 《嘉泰会稽志》卷九，第 8 页。

⑤ 《嘉泰会稽志》卷九，第 19 页。

⑥ 《兰亭集序》及以下兰亭诗均录于《嘉泰会稽志》卷二十，第 2—8 页。

有"崇山峻岭、茂林修竹；又有清流激湍，映带左右"，足见视觉之宽广，非林中之所见。又"引以为流觞曲水，列坐其次"，42人列坐，又要在溪水之中行流觞之事，狭窄之地如何进行？至于"是日也，天朗气清，惠风和畅，仰观宇宙之大，俯察品类之盛，所以游目骋怀，（足以）极视听之娱，信可乐也"，明显说明所处之地为空旷之地，分溪水、山麓、茂林修竹、崇山峻岭、蓝天等多重景观。再请看群贤之《兰亭诗》中的描述，王羲之《兰亭诗》"仰视碧天际，俯瞰渌水滨"写的是水天宽阔之处。谢安《兰亭修禊》"森森连岭，茫茫原畴"，所见是连绵之山岭和连片的田地。又《兰亭修禊》之"薄云罗物景，微风翼轻航"，写的是水天空阔，微风过处，轻舟添翼。袁峤之《兰亭修禊》"四眺华林茂，俯仰清川涣"则坐看青山林密，河流在阳光照耀下光景映发。王彬之《兰亭修禊》"丹崖竦立，葩藻映林。渌水扬波，载浮载沉"，描绘的是远望崖壁耸立，近看流水映照修林，又有绿水扬起波浪，似浮似沉。

岁月的浪沙不但使人事全变，并且几乎当时所有的建筑物都已湮没。然青山依旧，绿水长流。古代山水的自然变迁，在绍兴南部区域，除近几十年来人工改造了一些山麓地带河流或使河道位置有所变动，一般较少改变原状。

兰亭溪依然映带左右
邱志荣 / 摄影

将 1957 年中国人民解放军总参谋部测绘局五万分之一航测地形对比现状，绍兴南部的山水应是基本保持着近几千年来的原貌。今兰亭之地西为华岩尖（高程 339.6 米），南为大岗山（高程 377.6 米）、大龙山（高程 249.0 米）、蚂蚁山（高程 199.0 米），东为笔架山（高程 203.2 米），东偏北为析文岗（高程 164.0 米）等山脉，诸山合围，形成崇山峻岭之势，山上有茂林，山脚一带又多修竹。兰亭溪源于妃子岭黄现山，至古鉴湖交汇处集雨面积约 56.17 平方千米，年来水较为丰沛。

考证晋代兰亭"曲水流觞"位置，必须研究古代鉴湖及其是处水系及地形。现兰渚山下兰亭景区一带地面高程多在 16 米、13 米、12 米之间，再向北由 9 米向 6 米、5 米过渡，而古代鉴湖全盛时正常水位在 5 米上下[①]。由于所处山麓地带坡降较为平缓，由 16 米降至 6 米高程距离约为 3 千米。

那么古鉴湖与兰亭江交汇处究竟在何处？此可以从兰亭江的走向分析。兰亭江过今兰亭景区，北至分水桥，分为二支，一支北去阮江，一支又东北至娄宫。至娄宫又分为二支，一支往倪家溇进入平原，另一支再东北进入平原往亭山方向。自分水桥到娄宫一线基本是沿着东南析文岗山麓线走的，系主流。从地形分析 7 米高程以下的地带在阮港东至娄宫一线，因之当时鉴湖的南岸线于这里大致亦在此一线。由此可推论兰亭江与古鉴湖的交汇处应在分水桥以下，至于当时河口或较今日之河流要宽阔得多，亦有湖泊存在的可能。娄宫是一古聚落，既然选择于山麓说明古代此以北曾为河湖沼地，当时还不适宜人居。

以上分析说明从今兰亭景区之兰亭江到古鉴湖入口处分水桥约有 1.5 千米的距离，落差为 4～5 米（溪水与湖面比较）。

再是对"曲水流觞"与"列坐其次"的分析。"曲水"较好理解，溪水弯曲，"流觞"则必须有一定的水量，但水量不能太大，流觞下来，水流太大、太急将被水波冲翻。可以在此"列坐"，说明这里溪边滩地地势

---

① 盛鸿郎、邱志荣：《古鉴湖新证》，载盛鸿郎主编《鉴湖与绍兴水利》，中国书店 1991 年版，第 13 页。

晋唐兰亭曲水流觞地形图

图片来源：作者自绘。

平缓，河段上列坐 42 人并有侍从，河段必定较长，铺上垫子可以坐待饮酒赋诗。应该说古代兰亭溪河道纯属自然河流，从溪中到两岸之地较平缓宽阔，有溪滩地。农历三月初三尚未进入汛期，山水尚未盛发高涨，水位较浅，溪滩地上是可就座的。

以上分析又说明：其一，兰亭是一古地名，或有亭，但不会就在"曲水流觞"之近处；其二，此地从现地形上分析确为有可能进行"曲水流觞"活动的场所。这一分析的意义是古代考证多专注于兰亭位置，然兰亭与"曲水流觞"当时仅是一地名与活动场地的一种边缘关系，从"曲水流觞"处找不到"兰亭"，在"兰亭"处找不到"曲水流觞"，当时的"曲水流觞"处无标志性的建筑物，仅为自然景观。至于《水经注》中关于兰亭之记载，开始说"湖口有亭"，是指尚未有永和雅集之时的兰亭，此时亭无论是在天柱山下还是在分水桥湖口边位置，距"曲水流觞"处均有一定距离。至于后来太守王廙移亭于水中，晋司空何无忌又起亭于山椒，表明在"曲水流觞"处确未有标志性的亭。正因如此，后来者可以不定向地移亭登览纪胜。还必须指出的是，郦道元未到过会稽，《水经注》多根据文献记载或传说以水为主线记述会稽历史文化，只是大致方位，位置不一定很正确。

二、唐代诗人仍未找到兰亭之亭

邹志方先生在《兰亭与唐诗》一文中认为："孟浩然于玄宗开元十八年（730）秋天自洛之越，饱享越中山水之美以后，第三年前往永嘉，在《江上寄山阴崔少府国辅》诗中道：'不及兰亭会，空吟祓禊诗。'足见开元二十年（732），兰亭是有过一次雅集的。可惜由于岁月流逝，雅集时的诗作散失了。"①

《嘉泰会稽志》卷十："兰亭古池，在县西南二十五里王右军修禊处，唐大历中鲍防、严维、吕渭而次三十七人联句于此。"②此次聚会在代宗大历四年（769），联句名为《经兰亭故池联句》，全文如下：

> 曲水邀欢处，遗芳尚宛然。名从右军出，山在古人前。芜没成尘迹，规模得大贤。湖心舟已并，村步骑成连。赏是文辞会，欢同癸丑年。茂林无旧径，修竹起新烟。宛是崇山下，仍依古道边。院开新地胜，门占旧畲田。荒阪披兰筑，枯池带墨穿。序成应唱道，杯作每推先。空见云生岫，时闻鹤唳天。滑苔封石磴，密筱碍飞泉。事感人寰变，归惭府服牵。寓时仍睹叶，叹逝更临川。野兴攀藤坐，幽情枕石眠。玩奇聊倚策，寻异稍移船。草露犹沾服，松风尚入弦。山游称绝调，今古有多篇。③

全篇写曲水邀欢之处，古道尚在，青山依旧，碧水长留，昔日之胜景，已多为尘迹。从联句中也可见此地仍处于自然生态环境之中，"院开新地胜，门占旧畲田"，也非古时建筑，或规模颇小。此次诗歌联唱活动，大致形式同永和雅集相同，是在大自然怀抱中的一次聚会，无人工建筑园

---

① 邹志方、车越乔编：《历代诗人咏兰亭》，新华出版社 2002 年版，第 254 页。
② 《嘉泰会稽志》卷十，第 44 页。
③ 乾隆《绍兴府志》卷七十二，第 7 页。

林的痕迹，然有天地之元气、崇山之清气、溪水之灵气。通篇未提到有亭，"池"亦是枯池，看来不是很大；"寻异稍移船"，"稍"说明活动范围不是很大，但可以通船，并且"曲水邀欢处"是在兰亭古道边上。

三、宋代以后兰亭由山水自然景观变为人造园林

研究宋代兰亭必须先追溯天章寺的兴建缘由和过程。《嘉泰会稽志》卷七有关记载云：

> 天章寺在县西南二十五里兰亭。至道二年二月，内侍高班内品裴愈奏，昨到越州，见晋王羲之兰亭曲水及书堂旧基等处，得僧子谦状，乞赐御书，收掌于书堂，上建一寺舍，焚修崇奉。宸翰特赐天章寺额，淳熙十年重建御阁，奉安仁宗皇帝，天圣四年六月十二日，宣赐御书篆文"天章之寺"四字，镌刻四字牌额。又绍兴八年三月壬寅，降到高宗皇帝御书《兰亭序》石刻一本，赐浙东安抚使孙近，有近题跋勒石。兰亭曲水，右军书堂及画像至今皆在。[①]

此记载表明宋至道二年（996）二月内侍裴愈到越州见到兰亭曲水，同时又见到书堂旧址，得僧子谦状，并乞赐御书。由于宋皇帝的重视，建起了天章寺，既建御书阁，寺侧又有右军像及书堂。这里值得注意的是裴愈看到的是曲水，而书堂是旧基，只是遗址。之后这里不但有了曲水、书堂、画像，还有了墨池、鹅池，王羲之生平事迹越来越集于兰亭，并且兰亭已成了曲水流觞处的代名。此亦反映唐宋以后园林从自然环境景观向庭院风格转变，以及"以小见大"理念在造园中的体现。要指出的是，自晋到宋以"曲水流觞"活动为中心的兰亭，虽由自然景观园林向人造园林发展，但地理位置自晋至宋不应有大的变化。

---

① 《嘉泰会稽志》卷七，第32—33页。

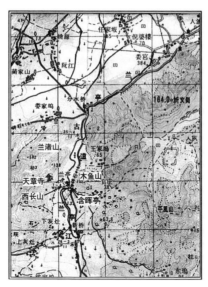

宋、明、清兰亭地形图
图片来源：作者自绘。

　　宋吕祖谦（1137—1181）于淳熙元年（1174）到天章寺又考察了兰亭。他在《入越录》①中记载"十里含晖桥亭，天章寺路口也，遂穿松径至寺"，说明是由故道边的"含晖桥"和"含晖亭"往西进入天章寺去。"寺盖晋王羲之兰亭，山林秀润，气象开敞"是总体印象。"寺右臂长冈达桥亭，植以松桧，疑人力所成者。"这里是记寺右有一条长冈，上植松桧，吕祖谦认为此堤应是人工所挑筑的（这一判断正确，以下将专门论述），长冈尽处（东头）有桥亭。"法堂后砌筒引水，激高数尺"，此为引兰亭汀水的情况。"堂后登阶四五十级，有照堂，两旁修竹，木樨盛开，轩槛明洁。又登二十余级，至方丈，眼界颇阔。"这是所见寺的布局和大致状况。又写："寺右王右军书堂，庭下皆杉竹，观右军遗像。出书堂，径田间百余步，至曲水亭，对凿两小池，云是羲之鹅池、墨池。曲水乃污渠，蜿蜒若蚓，必非流觞之旧。斟酌当是寺前溪，但岁久失其处耳。"书堂同曲水流

————————
① 本段引文均出自：[宋]吕祖谦：《入越录》，载[宋]吕祖谦《东莱集》卷十五，民国十三年（1924）刻本，第 2 页。

觞处是有一定距离的，有百余步，并且在"田间"。吕祖谦对时兰亭中的曲水是予以否定的，认为非王羲之时的真迹，并且推测曲水应在寺前之兰亭江上，由于年代久远寻迹不到。

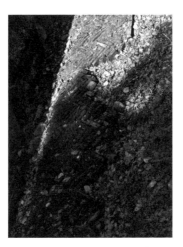

宋代通往兰亭景区的古道
邱志荣 / 摄影

吕祖谦所写的"含晖亭"在《嘉泰会稽志》卷十一中也有记载：

> 兰亭桥，在县南二十五里，晋王右军修禊处。桥下细石浅濑，水声昼夜不绝。跨桥为含晖亭。吴长文题诗云："秦望奇峰北，天章古寺东。石桥跨惊濑，云屋丽层穹。"[①]

这里不但记载了兰亭桥、含晖亭，还明确地说明这里便是王羲之修禊处。

据上，笔者认为唐以前兰亭是属自然生态山水园景，是无人管理的，而至宋代又在原"曲水流觞"近处，在建天章寺的同时新建一个兰亭景区，不但多人造景观、堂、亭、池之类，并且"曲水流觞"也非同昔日，非自然之水而是引水入渠，无论形制、规模、情趣都已不同王羲之时。

明清二代移建或重建兰亭，均在天章寺以东兰渚山麓下一片更开阔之

---

① 《嘉泰会稽志》卷十一，第29—30页。

地兴建，至于曲水与鹅池、墨池位置应无大的变化。祠、亭多为新建，面积扩大，亭、台、屋宇形制增加，园林标准提高，然自然氛围不断减少。

张岱在《古兰亭辨》[①]中记，他曾两次去兰亭考证寻迹，一是万历四十一年（1613）他17岁时，在天章寺左的颓基荒砌前，有人对他说此便是兰亭旧址。张岱是一个于园林有很深研究并重实地考察之文人，他"伫立观望，竹石溪山，毫无足取，与图中景象，相去天渊，大失所望"。60年后他又一次去兰亭深入考察，从古碑等考证中方知昔日之兰亭与天章古寺因元末火焚，基址尽失。"今之所谓兰亭者，乃永乐二十七年，郡伯沈公择地建造。因其地有二池，乃构亭其上，甃石为沟，引田水灌入，摹仿曲水流觞，尤为儿戏。"（其中"永乐"应为"嘉靖"。）最后终于在"天章寺之前得一平壤，右军所谓崇山峻岭者有之，所谓清流激湍者有之，所谓茂林修竹者有之，山如屏环，水皆曲抱"，因此确定此为曲水流觞之地。张岱亦不甘心明所建之兰亭、人造之曲水流觞，而孜孜以求寻真迹之处。

姚轩卿先生在《蠡膏随笔》中记其于民国二十八年六月（1939年初夏）时在兰亭所见天章寺状况：

> 兰亭之右后方，为天章古刹，民初来游，尚见规模，今则瓦砾蔓草，一片荒凉。惟殿门残剩，而罗宏载坤所书"胜地名蓝"一匾，于无人过问中，硕果仅存。夫罗汉铸像与寺钟，当事者犹以废铜烂铁，不无心息，移而置之右军祠庑。而是匾则视为无值，任其在风雨中剥蚀以尽。[②]

此为民国时天章寺之荒凉败落状况，之后则日益为草木所湮没，其中寺中当事者的文物价值观之低下也令人叹息。

---

①　载［明］张岱:《琅嬛文集》，云告点校，岳麓书社2016年版，第87—89页。本段引文均出自此篇。

②　姚轩卿:《蠡膏随笔》，北京燕山出版社2001年版，第11页。

天章寺已为荒草所没
邱志荣／摄影

兰渚山山麓随处可见古砖残瓦
邱志荣／摄影

四、晋时"曲水流觞"处的确定

根据现代水利、地形测绘、地质提供的成果，结合文史资料和实地考证，认为：

其一，对今兰亭景区南侧（景区入口）一条被称为西长山的山塘进行分析。西长山西接兰渚山麓，东近木鱼山，高20～24米，东西长约250米，宽30～35米。西山麓处为今兰亭江通道，约20世纪70年代初兰亭江裁弯取直时开塘形成。据当地年长村民回忆，20世纪70年代开挖此塘通过兰亭江时，见此塘均为黄泥、青泥堆积，塘底有部分泥炭，亦有木桩，此塘显然是为人工堆积。

此西长山亦即为吕祖谦《入越录》中"寺右臂长冈达桥亭，植以松桧，疑人力所成者"[1]之"长冈"。吕祖谦在当时便认为或是人工挑筑的。

这里又提出了两个问题：此塘是何时所建？为何要建此塘？回答以上两个问题，可参考笔者在《鉴水流长》[2]中所记述的越国时期建成的南池、坡塘、吴塘等当时建设于山麓与平原交界地的古塘。这些土塘均是越部族在海退后部落由山地向山麓地带发展的产物，主要作用是御咸蓄淡或养殖，以资生活、生产用水之需，也作为古城塘起到安全防御的作用。此西长山的建设年代或应略早或同于越王句践时，在距今 2500 年以上，主要作用是为这一带聚落越民御咸、蓄淡、灌溉。西长山西段是全封闭的，到以东与木鱼山交界段会低于主体段，一是要溢流通过，二是此地亦为原山阴城往兰亭古道（南北向）过往之地。

其二，对此处水系的分析。兰亭江主流在花街向北约 1.5 千米至新桥北汇入栅溪、上灰灶之水，再北至西长山西坝头处东折沿南坝脚向东至木鱼山近处北折后，又汇入兰东江，北略偏西北去。兰亭江此段河流无其他稍大、集雨面积形成溪流汇入，包括兰渚山集雨面积也甚小，除较大降雨时形成山沟之水，平时亦无独立溪水。这一状况表明在此兰渚山附近能形成"曲水流觞"条件的，在非汛期农历三月初尚有溪水流淌，能行"曲水流觞"之事，而又有能在溪水边"列坐其次"的场地的只有兰亭江，其余不能提供水系条件。

笔者在实地调查中，听当地村民回忆，兰亭江在西长山以南段，即新桥下至西长山段原多处溪河宽广，当地亦对有的河段称湖，最宽处可达 50～60 米，有几处潭深至 8～10 米，常可捕捉到甲鱼、大鳗之类。又原兰亭江未改造之时，江滩两岸坡降平缓上升，甚宽广，平时水流较小。

综上，兰亭江至西长山在 20 世纪 70 年代未截直改造前，过此段溪水呈"之"字形弯曲，之南溪水有宽阔之水体，且西长山坝脚兰亭溪两岸具

① ［宋］吕祖谦：《入越录》，载［宋］吕祖谦《东莱集》卷十五，民国十三年（1924）刻本，第 2 页。

② 邱志荣：《鉴水流长》，新华出版社 2002 年版，第 203—205 页。

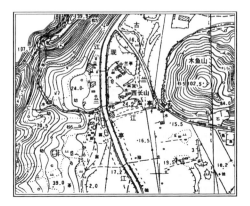

现代兰亭江改道地形图
图片来源：作者自绘。

今兰亭溪已破西长山西坝头而直北去
邱志荣／摄影

兰亭图
图片来源：清嘉庆《山阴县志》。

备"列坐其次"的条件，身临其中可见崇山峻岭之奇观；兰亭江一带山麓多产竹，又可见"茂林修竹"景色。因之沿兰亭江从西长山西坝头东折至木鱼山东西约250米段，以及此段再上下游200米段，应为王羲之"曲水流觞"所在地。此与唐人"宛是崇山下，仍依古道边"[①]，吕祖谦《入越录》中"斟酌当是寺前溪"[②]，刘宰（1166—1239）《过兰亭》诗中"茂林修竹翠参天，一水西来尚折旋"[③]，《嘉泰会稽志》卷十一记"兰亭桥，在县南二十五里，晋王右军修禊处"[④]，张岱《古兰亭辨》中"乃于天章寺前得一平壤"[⑤]，也均是相符的。

从王羲之"曲水流觞"雅集所处的自然山水景观，到宋代及之后这里有了人工所建的兰亭园林景观，反映了此地自然环境中人类活动的增多、人的审美观念的转变、园林风格的改变等诸多因素，皆符合历史发展、变迁的规律与现象，无可非议。令人遗憾的是，"曲水流觞"真迹溪流段至今尚未确定和得到保护，天章古寺又已湮没多年。兰亭景区要建设和扩大，已有文物要保护，然古今变迁，来龙去脉亦要清晰，原始精华、曲水真迹应重现。亦张岱所谓："还其故址。一为兰亭吐气，一为右军解嘲。"[⑥]

迎恩门文化资源调查[⑦]

按照绍兴市领导深挖古运河文化资源、做好迎恩门水街文化

---

① 乾隆《绍兴府志》卷七十二，第7页。
② ［宋］吕祖谦：《入越录》，载［宋］吕祖谦《东莱集》卷十五，民国十三年（1924）刻本，第2页。
③ 邹志方、车越乔编：《历代诗人咏兰亭》，新华出版社2002年版，第33页。
④ 《嘉泰会稽志》卷十一，第29页。
⑤ ［明］张岱：《琅嬛文集》，云告点校，岳麓书社2016年版，第89页。
⑥ ［明］张岱：《琅嬛文集》，云告点校，岳麓书社2016年版，第89页。
⑦ 本文曾刊于邱志荣：《上善若水：绍兴水文化》，学林出版社2012年版，第390—400页。

布展的要求，绍兴市古运河整治办自2003年起就着手开展文化资源的调查，其间绍兴的文史专家给予了较多指导帮助，市政协文化策研室提供了部分珍贵资料，并由古运河整治办编辑，笔者主编成《浙东古运河绍兴段二期（迎恩门水街）工程文化资源调查汇编》。此汇编，应是迎恩门水街整治前一次系统全面的历史文化资源的调查，这为之后编制《绍兴市迎恩门环境改造工程文化布展策划》奠定了很好的基础。时任中共绍兴市委副书记、绍兴市市长钱建民批示："此汇编很好，应成为本期改造的依据。迎恩门工程要突出文化遗产的保护、挖掘和利用。"这里选录的是部分古迹文史调查资料。

迎恩门。《越绝书》卷八记载："句践小城，山阴城也。周二里二百二十三步，陆门四，水门一。……山阴大城者，范蠡所筑治也，今传谓之蠡城。陆门三，水门三，决西北，亦有事。"[①]当时建大小城时，在今迎恩门位置尚未建城门。隋开皇年间（581—600）出现了古越筑城以来第一次有记载的城垣修建，建造者为越国公杨素，史称罗城。罗城周围达二十四里二百五十步，设陆门四处，水门一处。此次扩建，绍兴城总体轮廓基本确定。《嘉泰会稽志》卷一载："城门九：东曰都赐门，曰五云门；东南曰东郭门，曰稽山门；正南曰殖利门；西南曰西偏门，曰常喜门；正西曰迎恩门；北曰三江门。"[②]嘉庆《山阴县志》卷五载："西之北曰西郭门，旧名迎恩门，古卧薪处也。"[③]《越中杂识》上卷《城池》载："西曰迎恩，俗称西郭门，往萧山、杭州路。"[④]

自宋至清，西郭门城址始终未变。清咸丰十一年（1861）秋，太平军占领绍兴府城，清同治元年年底（1863年初），署浙江总兵勒伯勒东（法

---

① ［东汉］袁康：《越绝书校释》卷八，李步嘉校释，中华书局2013年版，第222—223页。

② 《嘉泰会稽志》卷一，第19页。

③ 嘉庆《山阴县志》卷五，第3页。

④ ［清］悔堂老人：《越中杂识》，浙江人民出版社1983年版，第14页。

国人）率常捷军进攻绍兴府城。二月十七日，达尔第福等再次攻城。二月十九日，以 30 尊大炮排列轰击西郭门，迎恩门及城墙因此受到很大损毁。民国二十一年（1932），当局因交通所需，拆除西郭等部分水陆城门，但仍留城门遗址。抗战期间的 1939 年，考虑到绍兴一旦沦陷后我方游击队和情报人员的出入方便问题，全部城墙一起拆毁。

综上所述，迎恩门的基本形成在隋开皇年间（581—600），正式见诸记载在宋《嘉泰会稽志》，损毁于民国年间。至于迎恩门名称来历，或因历朝帝皇和大员皆由运河水路或陆道来绍，而均需经过此门，故名"迎恩"。

卧薪楼。《越中杂识》下卷《古迹》载："在府城西郭门外，传是越王句践卧薪处。楼去城仅百余步，上供越王象，下即通衢，颜曰'古卧薪楼'。乾隆己巳（1749）毁于火，辛巳（1761），大禹后裔姒恒畿重建。"① 可知卧薪楼 1749 年毁于火，1761 年重建。

迎恩桥。又名菜市桥，位于西郭门外与环城河接口处的古运河上。《越中杂识》上卷《桥梁》记："迎恩桥，一名菜市桥，在西郭门外。"②《绍兴县志余辑》记有：桥重建于"明天启六年（1626），方向南北，质料用石，一方洞，桥面广度一丈，上有石栏"③，系单孔七折边形石拱桥，桥顶栏板为座椅式，桥宽 3.4 米，跨径 9.3 米。该桥为绍兴现存跨径最大的七折边形拱桥。

接待院。《嘉泰会稽志》卷十三载："《吴越春秋》有越人相送之辞曰'行行各努力'，盖自古风俗笃厚，重于离别如此。今西出迎恩门则临安路，有接待院，有吕氏庄，皆将迎之地。院侧竹台因古城遗址，巨竹森茂，庄亦有亭榭花木，可以置酒。昔时山阴尉廨门外临运河亦有亭，今废矣。远则有法云寺、柯桥馆、灵秘院，皆其所也。"④

蓬莱驿。嘉庆《山阴县志》卷六载："蓬莱驿在迎恩门外，唐曰西亭，

① ［清］悔堂老人：《越中杂识》，浙江人民出版社 1983 年版，第 155 页。
② ［清］悔堂老人：《越中杂识》，浙江人民出版社 1983 年版，第 8 页。
③ 转引自陈从周、潘洪萱编著：《绍兴石桥》，上海科学技术出版社 1986 年版，第 37 页。
④ 《嘉泰会稽志》卷十三，第 20—21 页。

宋曰仁风。向设驿丞一员，乾隆二十年缺裁，属之山阴县。"①

钟山河。又称灵芝河，浙东古运河之西兴运河东起始段。东与环城河连接，经西郭水门入绍兴城，为古时从杭州进入绍兴城及出城的主要水道关隘和人流、物流的聚散地段，贺循始凿于晋怀帝时（307—312），距今已有约1700年的历史。现状河道基本保留完好。老河塝（晚清）部分仍存，部分因填河建房做道地被埋，但有迹可寻。运河经迎恩门分为二支，一支绕城北环城河，一支入城。进绍兴城后，又分为二支，其纵者自江桥至南殖利门，又北至昌安门；其横者西郭门至都泗门。

水街。该河虹桥至迎恩桥段两岸有街。北为米市街、四王庙前、虹桥下，街临河，近城处原有街廊，清代至民国时开设米市、酱园、酒肆、茶楼等。南有箭楼下、五牌楼、三牌楼街。街市十分繁华，彰显水城入口之商贸发达。

浴龙宫。《越中杂识》下卷《古迹》载："浴龙宫，在西郭门外虹桥北，宋理宗母全氏家也。理宗童时，值秋暑，偕弟与芮浴于河。适鄞人余天锡自杭来，舟抵此，忽雷雨，帝与与芮趋避舵侧。天锡卧舟中，梦龙负舟，惊起视之，则两儿也。问之，为全保长家儿，乃登岸诣全氏，主人具鸡黍，命二子出侍，因谓天锡曰：'此吾外甥赵与莒、与芮也。日者尝言二子后当极贵。'天锡时为丞相史弥远客，弥远有废立皇嗣意，嘱天锡密访宗子之贤者，适感此异，遂还白弥远，后卒代济王为皇嗣。宁宗崩，即位，是为理宗。与芮封荣王，改封福王。今桥侧会龙石尚存。"②"会龙石"至今依然立在虹桥北墩西侧河中。此石，当地人叫作"洿浴墩"，谓理宗兄弟童时洿浴入水处。对于这块"洿浴墩"，这里的青年后生很有体会：我们不晓得用了多少力气，这块石头总不能把它搬开挪动半步。

全后宅。《越中杂识》下卷《古迹》载："在西郭门外，宋理宗母全后家也。理宗幼时育于外家。"③

---

① 嘉庆《山阴县志》卷六，第5页。
② ［清］悔堂老人：《越中杂识》，浙江人民出版社1983年版，第159—160页。
③ ［清］悔堂老人：《越中杂识》，浙江人民出版社1983年版，第154页。

上纤埠头。出虹桥为上纤埠头，直通西郭吊桥，皆为入城陆路。该街北侧房屋墙基砌于河岸，无纤道，故需在上纤埠头上岸，乘轿等由陆路入城。水路去杭州方向，也需在上纤埠头乘船拉纤远行，上纤埠头遂成为出入绍兴城的重要埠头。宝庆《会稽续志》卷一《街衢》载："至府桥水澄坊，至鲤鱼桥，沿河夹岸，迤逦增筑，暨大小路迎恩门内外，至鸿桥（一作虹）牵汇，坦夷如砥。"[1]《越中杂识》下卷《古迹》载："卧薪楼，在府城西郭门外。……下即通衢。"[2]"通衢"就是指出西郭吊桥经箭楼下到上纤埠头等街。从现状看，两条古街格局依然，"小桥、流水、人家"风貌犹存，但整体景观已遭极大破坏。

接官亭。在西郭门外上纤埠头，以岸为埠，现为绍兴丝绸印花厂厂房。接官亭为古时迎接来绍的朝廷及上级官吏的专用场所。康熙、乾隆、孙中山、周恩来等经运河来绍均在此上岸，蔡元培、鲁迅三兄弟等亦在此下船离绍。

会龙桥。位于西郭门外古运河南岸，始建于宋代以前。《嘉泰会稽志》卷十一载："瓜咸桥，在县西九里。"[3]嘉庆《山阴县志》卷五云："县西北十里曰瓜咸桥，即会龙桥。"[4]《越中杂识》上卷《桥梁》载："虹桥……稍东，有会龙堰，为余天锡遇宋理宗处。"[5]因名会龙堰或会龙桥。此桥系东西跨向石梁式廊桥，桥上南侧有水阁，为张神殿，跨径 3.7 米。桥廊石柱上有联曰："亭旁钟山，望月俨同望海；桥临鉴水，会龙即是会源。"此桥不仅富有历史传奇色彩，而且建筑形式也很别致。现桥尚存，重建于清光绪三年（1877）。

虹桥。又名灵芝桥、玉龙桥。位于会龙桥西侧，跨古运河，始建于宋

---

① 宝庆《会稽续志》卷一，第 17 页。

② ［清］梅堂老人：《越中杂识》，浙江人民出版社 1983 年版，第 155 页。

③ 《嘉泰会稽志》卷十一，第 28 页。

④ 嘉庆《山阴县志》卷五，第 9 页。

⑤ ［清］梅堂老人：《越中杂识》，浙江人民出版社 1983 年版，第 8 页。

代以前。宋《嘉泰会稽志》卷十一载："虹桥，在县西七里，迎恩门外。"[1]系南北跨向单孔半圆形石拱桥，桥跨径 5.8 米，桥顶栏板两侧分别刻有"灵芝桥""玉龙桥"两个桥名。此桥与会龙桥组合，为古时该段运河上的一大景观。现桥尚存，重修于民国十三年（1924）。

梅仙桥。位于北海街道北海村西郭钟山寺北岸。系东西跨向单孔石梁桥。桥面长 3.96 米，净宽 2.74 米，由 4 块石板铺成，桥东西各置 10 级石台阶，长约 4.5 米。桥高 3.16 米，孔高 2.40 米，跨径 3.00 米。桥面南北边置石桥栏。桥板两侧面刻有"梅仙桥"三字，依稀可辨。

光相桥。在迎恩门以东的运河上。始建于东晋，因桥畔原有光相寺而得名。《嘉泰会稽志》卷十一载："光相桥，在城西北。"[2]《越中杂识》上卷《桥梁》载："光相桥，在城西北光相寺前。"[3]系南北跨向单孔石拱桥，桥面长 5.70 米，净宽 4.90 米，桥南置 24 级石台阶，长 13.20 米，桥北置 23 级石台阶，长 11.90 米，桥面两边置石栏板，栏高 0.55 米。桥两端置垂带，桥拱券为纵向并列砌筑，拱石有莲花座图案，上刻"南无阿弥陀佛"六字，一边拱石上还刻有"古有光相……岁时辛巳至正□年闰五月吉日……"等字样，说明元代末年有过修造。桥北莲花瓣望柱上刻有"隆庆元年吉日重修"。桥拱四分之一处有兽头横系石两根。以上说明今桥系元至正元年（1341）重建，明隆庆元年（1567）重修。现为浙江省文物保护单位。

北海池。在迎恩门内南侧，今国际大酒店所在地。相传唐朝著名书法家李邕曾卜居于此，因其号北海，时人便以北海名其所居之处。又有北海桥，《越中杂识》上卷《桥梁》载："北海桥，在城西北越王祠南岸，相传唐李邕寓居之地。"[4]迎恩门外又有北海村。

李慈铭故居。李慈铭（1830—1894），字恧伯，号莼客，室名越缦堂。一说故居在西郭外今横河街与米市街相交的地方。李宅内之建筑，大致有

---

① 《嘉泰会稽志》卷十一，第 30 页。

② 《嘉泰会稽志》卷十一，第 23 页。

③ ［清］悔堂老人:《越中杂识》，浙江人民出版社 1983 年版，第 7 页。

④ ［清］悔堂老人:《越中杂识》，浙江人民出版社 1983 年版，第 7 页。

景堂、中庭和后庭、味水楼、天香居、水香书屋、困学楼、白华绛趺阁等。整座宅院有五亩之广，遍植花草树木，且有池沼小桥。又据李慈铭《望江南》词中"清明忆，老屋傍霞川。十里酒香村店笛，半城花影估人船，水阁枕书眠"[1]，认为故居在今灵芝村，原霞川桥东侧。据《绍兴市志》，西郭下岸原李家台门为李慈铭祖居，咸丰十一年（1861）至同治二年（1863）太平军进驻绍兴时被毁。[2]

李慈铭《霞川花隐词自序》曰："盖自有明迄今，历十一世五百余年，田宅相望，不见兵火。至去年辛酉九月，粤贼陷绍，而故里尽焚。"[3] 则知"故居"被毁，实在咸丰十一年（1861）九月。

西郭牌坊群。西郭门头是浙东古运河到绍兴古城的重要节点。从迎恩门至霞川桥的运河两旁早就有居民聚居，码头集市繁华，寺庙香火旺盛。因此，历代有资格竖立牌坊的人们，都选在这水陆辐辏、人来人往、熙熙攘攘的地方建造牌坊，以彰其名、炫耀门第、光宗耀祖。晚清学者李慈铭在《丁巳十二月十九日邑令葬林烈妇李氏于西郭外官道旁，纪之以诗》中自注曰："西郭官道旁节妇贞女之坊林立数里，自明迄今不绝，此海内所无。"[4] 绍兴西郭牌坊群景观，即使在国内也是甚为罕见的。

现"五牌头"地段有7座石牌坊。在粮化桥至会龙桥地段，现在门牌地名为"五牌头"。有年长者回忆，原先官道河边多有空地，只有少量几间房子。在运河与官道之间的空地上，排列着不少石牌坊。这段河沿南北朝向的石牌坊共有6座，现在粮化桥略西的位置有2座；"五牌头"中段即现在炼染桥东首近处有2座；现在"五牌头"西首靠近会龙桥的一段又有2座。这6座牌坊中，一与二座、三与四座、五与六座之间距离较小，二、三、五座之间距离较大，中间还有一两间房屋。上述6座牌坊中

① ［清］李慈铭:《越缦堂诗文集》，刘再华校点，上海古籍出版社 2008 年版，第 651 页。

② 任桂全总纂:《绍兴市志》第四册，浙江人民出版社 1996 年版，第 2176 页。

③ ［清］李慈铭:《越缦堂诗文集》，刘再华校点，上海古籍出版社 2008 年版，第 786 页。

④ ［清］李慈铭:《越缦堂诗文集》，刘再华校点，上海古籍出版社 2008 年版，第 67—68 页。

最东的一座，位置其实已在现在门牌路名的"建楼下"地段。（民国时此处叫"六牌头"，据称当时有一叫"聚丰楼"的饭店很有名。）在现在五牌头27号住宅地基及其对面各有2根牌坊的石柱。人们有的说是1座牌坊，有的说有2座牌坊。经分析，这里原来应该是一座横跨官道的四柱三间石牌坊，因年久失修，到20世纪中叶，就只剩下4根石柱两两相对地分列官道两旁，让人误以为是2座小牌坊。老辈人说，西郭门外民间有一牌头到六牌头6个地段的叫法。其中一、二牌头大致相当于现在上纤埠头，三牌头大致是现在的三牌楼，四、五牌头相当于现在的五牌头，六牌头相当于现在的建楼下。过去都叫"×牌头"，现在门牌上的"三牌楼"其实是"三牌头"近音之读（就像"箭楼下"写成"建楼下"一样）。

现灵芝村沿河旧有4座石牌坊。第一座是父子牌坊。在鹅头桥村西头一老台门口。据说该村沈姓祖上曾有叫沈耀定的人，与其子都取得了进士功名，牌坊是为了彰显此盛事而建。第二座是梅树牌坊。最先在鹅头桥村东头现在的粮库前面。现在的粮库前身是观音殿。据说在观音殿建造前，此处已有梅树牌坊。因为这座牌坊石质坊额（横梁）上会显现一段酷似梅树的纹理，故而被人们称为"梅树牌坊"。此应属功名牌坊。1969年村里拆除了这座牌坊，其石材用于在村东北车担庙前造桥。该村老人沈吉甫回忆说，在拆卸时，他曾看到上面有直书"圣旨"字样，另外还有"沈文奎"这个名字，推测此牌坊的建造可能与沈文奎有关。第三、四座是吴家台门的2座牌坊。在鹅头桥村筱神庙西，有两个吴家台门，两个台门门前各有一座形制不大的石牌坊，牌坊前又各有一堵砖砌照墙。当地老人回忆，20世纪50年代，牌坊的上半部已经毁损，剩下的下半部也不大像样了。现年83岁的沈有宝老人说，他在20多岁参与拆吴家台门间的平屋时，看到过有关牌坊的圣旨文书，但可惜并不知道其具体内容。牌坊也在那个时期被拆。

育婴堂附近有3座石牌坊。现丝绸印花厂厂区东北角靠近河边的地方，旧时有育婴堂。过去育婴堂以西运河边上有3座南北向石牌坊。靠东的那座为"孝子牌坊"，其他2座为何人何事所立，不得其详。现年71岁的李兴成先生回忆，中间那座牌坊柱旁置有石狮子。在78岁的沈士林老先生的记忆中，这一带河沿的 3 座牌坊之间，还散落建有 8 座石构的孝子亭。

澜湾村有 1 座石牌坊。现年 61 岁的沈柏庆先生回忆说，运河北岸澜湾村现跃进炼染厂锅炉房的位置，早年是孙家祠堂。祠堂东首的一条小路口，有座石质两柱小型牌坊。20 世纪 50 年代初，这座牌坊被拆除。

牌坊群中，不少牌坊为节妇牌坊。李慈铭于咸丰七年（1857）所作诗《丁巳十二月十九日邑令葬林烈妇李氏于西郭外官道旁，纪之以诗》[①] 足资参考，序云：

> 烈妇，郡城贫家女。早丧母，字大木桥林氏，为待年妇，其姑倡也，县吏役日猱杂其家。烈妇年十六，有色，姑逼之奸不可，则纵群不逞戏辱之。烈妇号哭，欲觅死。姑大怒，日鞭笞之，无完肤，必从乃已。烈妇终不屈。乃闭之室中，夜以帛缢杀之。时咸丰二年壬子九月十九日也。其父凤祥鸣之官，历五载，更两令，而事始得白。其姑瘐死，论其翁如律。烈妇得旌于朝，官为治葬及祠堂，建坊曰贞烈。予既为之传，更纪以诗。

诗云：

> 城头彻夜乌衔土，玉骨千秋蜕风雨。蜕旌翠葆殷填来，县官鞠跽里巫舞。霞川一曲霜镜莹，蓬莱驿畔清风生。两行绰楔亘云立，贞娥十百拈花迎。[1] 姑恶不来墓旁树，石室深严绝狐兔。祠庙何须问柳家，图画还应配瞿素。可怜生小作冤禽，山下何从识薰砧。[2] 岁岁李花开似雪，莫教飞片入遥林。

诗中有两处自注：

> [1] 西郭官道旁节妇贞女之坊林立数里，自明迄今不绝，此海内所无。

---

① ［清］李慈铭:《越缦堂诗文集》，刘再华校点，上海古籍出版社 2008 年版，第67—68 页。此诗引文俱出于此。

［2］烈妇字而未昏。越俗所谓养新妇者。贫家男女幼许相
配，女即寄养男家，至长始择日成礼，其初无夫妇之称也。闻烈
妇所字者，年仅十岁，本不为夫妇。予尝论之，谓当称烈女，不
当称妇。此士大夫不学之过。附识于此。

综上所述，西郭门外当代人所见共有15座牌坊（现五牌头地段7座，
鹅头桥村沿河4座，澜湾村1座，育婴堂附近3座）。其中运河北岸5座，
运河南岸10座。除1座东西朝向外，其余均为沿河南北朝向。这些牌坊
全部为石质构造，其形制结构除澜湾村的一座为双柱单孔外，其他均系四
柱三间（孔）格式。它们建造工艺精良，艺术品位很高。

西郭门外的牌坊，除少数几座在20世纪50年代初被人为拆除外，部
分被1956年的大台风吹倒。后来这些牌坊的石构件大多被人工用船运走，
一部分用作修造西郭吊桥之用。

琉璃阁。西郭霞川桥地处东西向浙东运河与南北向直塘江交叉的十字
水路口。此处系进出绍兴府城的水上航运要道，夜间航行也十分频繁。为
了导航和避免事故发生，旧时在霞川桥东首桥塊曾有一座高耸的灯塔航
标——琉璃阁。经考察走访，琉璃阁的具体位置在朱天殿门口，东为包
殿，西近霞川桥塊，进出朱天殿要从琉璃阁下层穿过。琉璃阁是一座底盘
为三米左右见方的砖木结构建筑。上下三层，屋顶宽檐翘角。当年琉璃
阁的油灯由朱天殿的庙祝管理，一年到头从不间断。有老人回忆，抗战
时期，灯被日本人用枪当靶子打掉了。从此就不再点灯，灯塔的航标作
用也随之消失。琉璃阁建于何时已经无考。据传，清朝同治年间（1862—
1874），此阁曾经有过修缮。到抗战时期"和平佬"（即汪伪和平军）离开
时，此阁已破败不堪，不久便被拆除。此时应为20世纪40年代中期。西
郭琉璃阁作为地方公益设施，在风雨中至少守望了数百年之久，它是浙东
运河昔日繁荣辉煌的历史见证。

钟山寺。"钟山寺"在西郭门外上纤埠头。佛教史料记载，寺始建
于梁代。近代有清同治十一年（1872）、光绪十四年（1888）、宣统三年

（1911）三次重修。20世纪50年代初有宗教活动，60年代初停止宗教活动，80年代后又恢复正常的宗教活动。寺现有坐南朝北屋宇三开间两进。头进大门上方挂有"钟山寺"三字匾额一方。门前有一路廊，廊两边的石柱上刻有"帝道遐昌，长迎恩泽；佛光普照，永护庄严"联一副。该寺现为绍兴市重点文保单位。

戒定教寺。戒定教寺亦称古戒定寺，位于西郭会龙桥东侧三牌头。《绍兴佛教志》载，该寺先名"虹桥接待院"，南宋绍兴五年（1135）由僧法宥所建，明洪武十一年（1378）僧添育重修。[①]又据现场调查，清光绪三年（1877）和民国十三年（1924）都有重修，当时有寺屋三间两进及左右小楼。现戒定教寺仅有屋宇三间，从北面进出。

光相寺。在迎恩门外运河上光相桥边。《绍兴佛教志》载，寺址本为东汉延熹（158—167）间会稽太守沈勋故宅。据传东晋义熙二年（406），宅有瑞光，掘得舍利数粒，被称为舍利放光胜地，遂舍宅为寺，安帝赐光相额。明嘉靖十一年（1532），改为越王寺。万历（1573—1620）末年，僧广誉于寺西复建寺，仍名光相。清康熙年间（1662—1722）间，僧智尚、德心次第修之，成一时名刹。咸丰十一年（1861），太平军进绍兴城，寺毁于战火，后再加修建，重开佛寺。20世纪30年代，寺舍尚存18间。1953年，所存寺舍作绍兴酒厂仓库。[②]

慈云庵。慈云庵在西郭五牌头。据现场调查，此庵建于民国十三年（1924），当时有屋12间，现已不存。据当地老人回忆，慈云庵有两进，从北门进出。头进三开间，头进与二进之间有一天井，天井东西两边各有侧厢，第二进南门外有一个小竹园。慈云庵在1956年的台风中损坏了一部分。此后办起了工厂。

镜福庵。镜福庵在西郭米市街，据现场调查，此庵建于清朝光绪年间（1875—1908）。有老人回忆，镜福庵坐北朝南，三间两进，两进之间有一

---

① 《绍兴佛教志》编纂委员会编：《绍兴佛教志》，浙江人民出版社2003年版，第45—46页。

② 《绍兴佛教志》编纂委员会编：《绍兴佛教志》，浙江人民出版社2003年版，第42页。

个天井，天井左右各有小厢房，后进屋后是一个竹园。此庵只作静修用，20世纪50年代初，庵舍一度做过居委会用房。20世纪60年代初，庵舍被泰昌米厂占用。

隐修庵。隐修庵在西郭四王庙之东。据现场调查，此庵建于清道光年间（1821—1850），当时有庵舍十间。据当地老人回忆，隐修庵在四王庙隔壁，进门为一弄堂。弄堂尽头为一较为开阔的天井。天井南墙有一个朝北神龛，天井东侧有披屋数间，作厨房等杂用。头进有三开间楼屋一排叫前楼，楼下通间，有佛像。楼屋北边又有一天井，天井以北也是三间楼屋，叫后楼，作起居之用。隐修庵的庵址，早已并入灵芝中学。

法云庵。法云庵在西郭宫后。据现场调查，庵舍建于清光绪年间（1875—1908）。当地年长者回忆说，当年的法云庵坐北朝南，四进。头进为包公殿，二进为大殿，第三进是堂屋，左右为厢房，后进是配有走马楼的楼屋。各进之间都有天井，楼屋后面是一个大竹园。第二进大殿因虫害（被白蚁吃空）在中华人民共和国成立初期倒掉，后进楼屋在土改时期被拆除，其余庵舍后来作生产队用房。现在的法云庵房屋是"文革"之后翻造起来的。现法云庵坐北朝南，两进。头进两间，东间空关着，西间为包公殿；第二进三间，东间为灶间，中间和西间均为佛殿。现法云庵只有在农历六月十六日包公菩萨生日时有佛事，没有专人看管。

四王庙。全称为金龙四大王庙。四王庙旧址在现在的灵芝中学。据当地几位老人回忆，当年的四王庙坐北朝南，三开间三进。门前有道地和台阶。第一进与第二进之间的天井中有一只万年台（戏台），台后面有青石板直通第二进大殿，左右两侧各有一排厢房。中华人民共和国成立之初，"四王庙"改作西郭小学。

张神殿。绍兴西郭一带，运河两岸，特多蕴涵历史传奇、体现民间信仰的坛庙寺观一类古迹。其中，仅祭祀宋代治水名臣张夏的殿庙便有两处。据《宋史·河渠志》、《钦定大清一统志》、乾隆《萧山县志》及宋人笔记中的记载，张夏字伯起，排行六五，称十一郎官，北宋萧山长山（一说雍丘）人，生卒年不详。乾隆《萧山县志》卷十五载："敕封静安公庙。

即护堤侯庙。……俗谓之长山庙，又云张老相公庙。……民谓三月六日为神诞。"① 现存西郭一带的两座张神殿，它们的始建年代均无从查考。其中一座建于会龙桥水阁上，面河向北，殿堂仅为 30 平方米大小的一间平屋。另一座位于迎恩桥附近的横河东岸，坐北朝南。殿分天井、大殿两部分。

安徽会馆。坐落在西郭北街的四王庙前 16 号，分大门（宽约 13 米）、大厅三间、天井及十几间平屋，大门口左右两侧墙脚分别立有墙界石，上刻"新安归善"。2002 年 9 月，被绍兴市文物局定为市文物保护点。

上虞市东关镇古运河西段考察记 ②

东关镇（今东关街道）③ 位于上虞市 ④ 及曹娥江西部，距上虞城中心 6.11 千米，1954 年前属绍兴县辖区，因地处绍兴城之东而得名。康熙《会稽县志》载："东关市，在县东六十里。"⑤ "东关驿，在县东九十里（即古东关驿）。门楼三间，正厅三间，穿堂三间，后堂三间，房四。"⑥ 前者应为现东关镇的位置；后者则是以东关而名的驿站之名，已在曹娥江边。东关镇位于宁绍平原西部的水网地带，处萧甬铁路、杭甬公路、浙东运河的水陆交通要冲，地理位置重要。

东关镇在水利航运上自古就有重要地位，《越绝书》卷八记载："山阴

① ［清］黄钰纂修：《萧山县志》卷十五，清乾隆十六年（1751）刻本，第 6 页。本文献以下简称为"乾隆《萧山县志》"。
② 本文作者邱志荣，作于 2010 年 10 月 10 日，首刊于邱志荣：《上善若水：绍兴水文化》，学林出版社 2012 年版，第 405—408 页。
③ 东关镇已于 2001 年改设为东关街道。本文暂仍按原文统称"东关镇"。——编者注
④ 上虞市已于 2013 年撤市改区，现为绍兴市上虞区。——编者注
⑤ 康熙《会稽县志》卷一，第 4 页。
⑥ 康熙《会稽县志》卷二，第 4 页。

故水道，出东郭，从郡阳春亭。去县五十里。"[①] 据考证，此山阴故水道西起绍兴城东郭门，东至今上虞东关镇练塘村，全长约 20.7 千米，为我国较早的人工运河之一。浙东运河横贯镇域东西，古代穿东关镇街中心。

2010 年 10 月 9 日，因贯彻实施绍兴市政府关于浙东古运河绍兴段环境治理三年行动计划之需，我与本局（绍兴市水利局）林涛、胡国剑、钱小军诸同志至东关考察东关以东段古运河现状。

是日天朗气清，江南的晚秋是收获的季节，碧绿与金黄是大自然的主色调。在上虞东关高速公路入口近处往南穿过厂区及沿河煤场，便进入浙东古运河北岸纤道段。东关段迁道原是历史上古运河建设标准较高、保存较好的河段，沿河有较多的古桥、寺庙和古迹。然现状已是不堪入目：沿河已长满了蔓藤杂草，多处已堆积着各种生活垃圾；河墈已看不到，但在起伏的垃圾和杂草之中隐约感觉河岸残破非常严重；沿岸尚有一些农户种植的零星玉米、豆地；水质很差，已在劣五类，伴随着一阵阵难闻的臭气。

是日天气晴朗，为了作实地考察，我们便在沿路寻找了树枝作探路用，仍往西而行，途中饱受了杂草扎身和路面高低不平的跌跌撞撞之苦。经过约 1 千米的艰苦跋涉，来到了东关澎家堰村运河段，这段河墈部分或已损坏，或被偷窃，但大部塘路除表面一些铺石有损坏，保存尚属较好，纤道的基本形状还较完整。运河塘路上主要建筑物有澎家堰桥。这是一座东西向、造型建筑十分精美的单孔平梁桥。以东塘路已为杂草覆盖，以西则塘路大多显露，呈现了古纤道之古朴形象。

早就听说澎家堰桥边有一块很大的桥碑，但现状是桥之东西已见不到碑石，心里十分担心此碑是否已被偷盗。观桥之东侧有草蔓藤集聚高耸，林涛用树棍清除一角，便见有一块大桥栏石呈露，果真是一块桥头石碑。此时上虞市水利局梅岳奇、谢国尧等人亦坐船到现场。幸好船上一应清草工具齐全。经过约半小时的艰苦清理，桥碑始露真相。此碑高约 0.8 米，底厚约 0.35 米，高厚约 0.28 米，长约 3.5 米，自重在 3 吨左右，安装在桥

---

① ［东汉］袁康：《越绝书校释》卷八，李步嘉校释，中华书局 2013 年版，第 229 页。

东脚之北面，碑南面无字，北面镌刻：

> 是桥自康熙辛酉吾族武成公建后，历久渐欹，行旅危之。立夫凤寿，爰议集腋重修。适章子小品，亦为乐醵资赞助。遂由凤寿经理，卜吉从事焉。功既竣，因缘数言，并镌捐助姓氏于石上。（以下是捐款大洋名单及数量，共助洋六百三十四元，略。）
>
> 经理：杜凤寿识
>
> 光绪丁酉冬　吉旦

以上碑文表明：其一，此桥建于康熙二十年（1681），由杜姓氏族武成公主持始建。其二，桥至光绪年间（1875—1908）时已倾斜成危桥，并危及航运及人行安全，又由杜凤寿在光绪二十三年（1897）等发起集资捐款重修。修建完成后便将此事经过及捐款人姓名刻于碑上。其三，萧绍运河虽属官河，但在维修整治上，多民间捐助和主持兴修之举。据《上虞地名志》，此桥所在地澎家堰村，"相传昔有彭姓兄弟定居于此，并在村前河上筑土坝以抗旱排涝，由此得名彭家堰，后演变为澎家堰"①。由此也可见此地及绍兴民间兴修水利之风俗传承。此桥的桥名在现场未见有题刻，是之后在当地调查所得。值得一提的是此桥栏板外沿两侧未按惯例题刻桥名，而是凿刻了南北二幅横额，南为"巽水腾蛟"，北为"太乙生元"。其意应前为"自然精气，造就万物"，后为"风调雨顺，人才辈出"。

之后，我们乘船沿运河往西行，运河之中农用船已很少见，但几百吨位的大货船还是运输很繁忙，南来北往，保持着运河风貌和功能。

沿途见炼塘桥。《越绝书》卷八载："练塘者，句践时采锡山为炭，称'炭聚'，载从炭渎至练塘，各因事名之。去县五十里。"②《越绝书》载山阴故水道的里程与炼塘相同，炼塘之地名今尚在，即位于炼塘桥之北河道约200米处。炼塘为句践炼冶之地——"《旧经》云：越王铸剑于此"③，

---

① 浙江省上虞县地名委员会编：《上虞县地名志》，内部资料，1984年版，第172页。
② ［东汉］袁康：《越绝书校释》卷八，李步嘉校释，中华书局2013年版，第226页。
③ 乾隆《绍兴府志》卷八，第73页。

亦是故水道的东端，是越国一直沿用至今的一个重要地名。今所见炼塘桥已倾危残破，严重危及通航及桥上行人过往。

从总体上看，从东关到绍兴陶堰泾口大桥段运河的北岸古纤道大部尚在，纤道分单面临水和双面临水两段。这段古纤道古代在浙东运河上应该是很有特色和典型的一段，沿途多小桥，除前述澎家堰桥和炼塘桥，还见到了崇新桥、大沿江桥、存仁桥等，有几处沿塘南北向河道之间塘路已断，古代应有小桥连接。河塍有较精致的，严格一丁一横；也有比较简易的，用石板加丁石砌筑；还见到了一段，是用一批古代碑石凿成两半砌筑的，由于水位较高看不清全部，我们没有靠岸去研究，或许是一批有价值的古碑；还有的是现代用块石垒砌的。南岸多自然河塍，生态风景很美，间或有一些石塍或石桥。沿途多民间寺庙，可见这一带古代祭祀之盛。沿河有许多地段被居民或企业侵占河岸，直接建房于河边，断绝了原沿岸的塘路，使塘路丧失了人行道路功能。沿岸还多有垃圾倾倒，不但侵占河道，还污染了水体，间或有企业向河道直排污水的排水口呈露在沿岸。

上虞东关与绍兴县①交界地有泾口大桥，此桥是这一带运河上的标志性建筑，位于绍兴县陶堰镇②泾口村。这是一座南北跨向、拱梁组合的国内少见的连续三孔马蹄形的石拱桥，全长 30 米，既精美又颇有气势，石雕造诣很高，是浙东古运河上桥梁之精品，建于清宣统三年（1911）。令人遗憾的是泾口大桥边上的河道也多处有垃圾倾倒，沿岸的建筑十分凌乱，桥西河道上数十米处又建有现代交通公路平梁桥，影响桥的景观。

这次考察让我们感到东关以西段古运河，是浙东地区水利、航运史上很有历史价值的文化遗产。并且这段运河如果得到整修，一定能为大运河申遗增光添彩。然这段运河的现状确实不容乐观，保护古迹、整治河岸、修复古桥、清除垃圾及违章建筑、治理污染、种植绿化等任务十分繁重，且刻不容缓。绍兴市政府出台浙东古运河三年整治计划确实十分及时和必

---

① 绍兴县于 2013 年已撤销，现为绍兴市柯桥区。——编者注
② 陶堰镇于 2019 年撤销，设置陶堰街道。——编者注

要，意义重大。通过"截污源，清污物，护河墈，兴旅游，植绿化，查违法"等措施，三年后古老的运河必定能呈现出一幅美丽的画图。

浙东运河上的灿璀明珠——阮社记考[①]

阮社位于浙东运河和鉴湖之间，是水乡平原古村落精华所在。其地以历史悠久、经济富庶、文化深厚、风情独特著称于世。

一、区域位置

（一）风水宝地

阮社位于绍兴县西北部，其南面在绍兴境内的是会稽山的西干山脉，连绵起伏，形成整体之美。会稽山曾列中华九大名山之首，后又被定位为"四岳南镇"中的南镇。明刘基称："语东南山水之美者，莫不曰会稽。岂其他无山水哉？多于山则深沉杳绝，使人憯凄而寂寥；多于水则旷漾浩瀚，使人望洋而靡漫。独会稽为得其中，虽有层峦复冈，而无梯磴攀陟之劳；大湖长溪，而无激冲漂覆之虞。于是适意游赏者，莫不乐往而忘疲焉。"[②]指的就是这一区域。

（二）山水相间

发源于会稽山、流入鉴湖阮社一带的河流主要有：

秋湖江。嘉庆《山阴县志》卷四载："秋湖在县西三十五里，广三

---

① 本文作者邱志荣，作于 2017 年，首刊于《浙江水利水电学报》2018 年第 5 期。
② ［明］刘基：《游云门记》，载［明］刘基《刘伯温集》，林家骊点校，浙江古籍出版社 2011 年版，第 138 页。

顷。"① 源于福全镇豆腐尖，经王七墩、秋湖，在彤山东侧注入鉴湖大江。主流长 6.6 千米，支流长 16.5 千米，集雨面积 12.09 平方千米。

项里江。相传楚霸王项羽早年曾活动于此，故有地名项里。有项王庙，陆游有诗"西邻梅福隐，南望项王祠"②。项里江源于柯桥镇州山大洋水库冷水湾岗，经项里，在彤山西侧注入鉴湖大江。主流长 4.7 千米，支流长 13.85 千米，集雨面积 13.78 平方千米。

型塘江。据传大禹治水会诸侯于会稽，长人防风氏后至，禹乃诛之，防风氏身长三丈，刑者戮不及，筑高台临之，故曰"刑塘"，后人颂禹王执法如山，留刑塘戒鉴，岁久谐音，亦避"刑"字，故取"型塘"地名，其江亦称型塘江。型塘江也是柯水的发源地。主流源于湖塘镇俞家山村九岭下，经潜家桥、型塘、出寿胜埠头注入鉴湖大江；另一支流源于干溪村，经丰里在寿胜埠头与主流汇合。主流长 18.65 千米，支流长 16.6 千米，集雨面积 28.61 平方千米。

阮社面积约 10 平方千米，水面率约在 25%，③ 多水域溇港，有"三湾十八溇"著称于世。鉴湖在阮社南缘蜿蜒而去，浙东运河沿阮社北界东西向穿境而过，著名的古纤道、太平桥都在其中。

阮社以多水网著称，但也有山闻名于世。境内的棋盘山有胜景"棋枰残雪"："棋盘山有青石一方，相传为仙子下棋处。至今花飞六出之后，残痕万点，凝积石上，如作方卦样也。"④ 又有诗曰：

空岩棋石上，万点白模糊。疑是仙人奕，缘何黑子无？溪山留玉屑，猿鹤住冰壶。要倩蓝田叔，重描残雪图。

---

① 嘉庆《山阴县志》卷四，第 1 页。

② ［宋］陆游：《三山卜居三十有四年矣老身七十有五儿辈亦颇宜学未为非吉也偶作五字示诸儿》，载［宋］陆游《剑南诗稿》卷四十二，第 3 页。

③ 绍兴县革命委员会编：《浙江省绍兴县地名志》，1980 年版，第 50 页。

④ ［清］周铭鼎：《柯山八景传并小记》，载绍兴县修志委员会辑《绍兴县志资料第一辑·柯山小志》，民国二十六年（1937）铅印本，第 18 页。

（三）水乡明珠

阮社东靠著名的历史名镇柯桥，为绍兴县的政治、经济、文化中心，历史悠久，文化厚重，以汉末蔡邕避难会稽，留宿柯桥东北高迁亭（即柯亭），取用屋椽为竹笛之历史故事得名。《世说新语》"轻诋第二十六"第20条注引伏滔《长笛赋叙》曰：

> 余同僚桓子野，有故长笛，传之耆老，云蔡邕伯喈之所制也。初，邕避难江南，宿于柯亭之馆，以竹为椽。邕仰眄之，曰："良竹也。"取以为笛，音声独绝，历代传之至于今。[1]

其西南边为闻名海内外的风景名胜之地柯岩，以独特的"云骨""石佛"称奇。南邻舟山，是山水风光秀丽、人文历史深厚之地。西连湖塘，有"十里湖塘七尺庙"等胜迹。北接管墅，是经济发达、人才辈出的水乡。西壤钱清，是为运河风情重镇。

二、成名与沿革

（一）社以阮名

阮社之起名缘于晋代"竹林七贤"的阮籍、阮咸叔侄，传两人曾居住于此，故有阮社之称。其人其事文史深厚，影响深远。

阮籍（210—263），三国魏陈留尉氏（今河南省开封市尉氏县）人，字嗣宗，阮瑀子。齐王芳时任尚书郎，以疾归。大将军曹爽被诛后，任散骑常侍、步兵校尉，封关内侯。世称阮步兵。好《老》《庄》，蔑视礼教。纵酒谈玄，后期口不臧否人物，以此自全。擅长五言诗，风格隐晦。又工文，与嵇康齐名。[2]

---

[1] ［南朝宋］刘义庆：《世说新语校笺》卷下，［梁］刘孝标注，徐震堮校笺，中华书局1984年版，第450页。
[2] 阮籍事迹于《世说新语》有记。

阮咸，西晋陈留尉氏（今河南省开封市尉氏县）人，字仲容。阮籍侄。历仕散骑侍郎。阮咸精通音律，善弹琵琶，不交人事，唯弦歌酣饮，任达不拘礼法。

阮籍、阮咸与嵇康、山涛、向秀、刘伶、王戎称"竹林七贤"，常聚会把酒畅谈诗文，表现嗟世忧时、苦闷彷徨、愤愤不平的心境。

关于竹林七贤在会稽的活动多有记载。在今绍兴陶堰镇白塔湖东北有白塔山，西麓有白塔寺，现存明代建筑二进。据传白塔寺为嵇康（字叔夜）得《广陵散》之处。唐独孤及有诗曰："贺监湖东越岭湾，地形平处有禅关。塔高影落门前水，茶熟香飘院后山。幽谷鸟啼青桧老，上方僧伴白云闲。有人若问广陵散，叔夜曾经到此间。"[1]竹林七贤到会稽之地，除有政治上的原因，也因当时绍兴之地因鉴湖兴建，环境变好，北方名士多来会稽山阴之地优游或居住。正如《嘉泰会稽志》卷一中所称：会稽"自汉晋奇伟光明硕大之士固已继出。东晋都建康，一时名胜，自王谢诸人在会稽者为多，以会稽诸山为东山，以渡涛江而东为入东，居会稽为在东，去而复归为还东，文物可谓盛矣"[2]。阮社原名为竹村，后又改名阮社。古代阮社人十分崇仰阮籍、阮咸，今尚存"籍咸桥"以纪念。区域内浙东古运河上的毓荫桥有联"一声渔笛忆中郎，几处村酤祭二阮"，上联写听到运河边渔笛声使人回想起柯亭取椽为笛的蔡邕，下联写见到这一带的村肆酒店便深深怀念阮籍、阮咸叔侄。

在阮社籍咸桥东侧的后庙中，有"晋阮会"碑。碑立于乾隆年间。其中前碑开首便记"社以阮名"，是阮社得名的精准历史传记。

（二）历史久远

阮社在东汉时属笛里；唐、宋时属温泉乡怀信里；元时属十七都；清宣统二年（1910），实行乡、村制，属开泰乡。[3]

---

① 《绍兴佛教志》编纂委员会编：《绍兴佛教志》，浙江人民出版社2003年版，第61页。
② 《嘉泰会稽志》卷一，第16页。
③ 此内容主要参考今阮社阮三村村史村情资料。

民国十七年（1928），归属第八区柯桥里；民国二十一年（1932）为第八区阮社乡；民国二十三年（1934），属开泰乡；民国二十四年（1935），属柯桥区开泰乡；民国三十五年（1946），属开亭乡；民国三十六年（1947），属第二指导区开亭乡。

1949年中华人民共和国建立，属柯桥区开亭乡；1950年属柯桥区阮社乡第一村；1956年属柯岩乡；1958年属柯桥人民公社；1959年属柯桥人民公社阮社管理区；1961年属柯桥区阮社人民公社；1983年属柯桥区阮社乡；1990年属柯桥镇柯西管理处；2001年柯桥镇分为柯桥、柯岩两街道，阮社属柯岩街道辖区。

今阮社，包括阮三、阮四、先锋、东江、茶浜、中巷、新风等村。

三、水利造就了鱼米之乡

（一）沧海桑田

浙东原本为"万流所凑，涛湖泛决，触地成川，枝津交渠"[①]之地。在东汉古鉴湖建成前，阮社一带多为沼泽之地，咸潮通过河流可溯于此，农田灌溉得不到保障。水环境的变迁对阮社的文明发展起着至关重要的作用。鉴湖建成后，西鉴湖中的蔡堰、叶家堰等堰闸可直接为阮社提供丰沛的灌溉、生活用水；[②]之后西兴运河建成，水上交通四通八达，阮社成了鉴湖、西兴运河建成最早受益和发展起来的地区之一。可以想见竹林七贤时代阮社已成为较富庶之地，否则阮籍叔侄不会到此隐居。至于后来的海塘、三江闸建设完成后，水利基础保障条件更优越。南有鉴湖灌溉之利，北有运河交通之便，风调雨顺，旱涝无忧，得天独厚，人水和谐，阮社成为名副其实的繁华鱼米之乡。

---

① ［北魏］郦道元《水经注》卷二十九"沔水"，第688页。
② 盛鸿郎、邱志荣：《古鉴湖新证》，载盛鸿郎主编《鉴湖与绍兴水利》，中国书店1991年版。

（二）戴水利德

笔者曾在阮社后庙中发现"马汤会"碑，[1]碑文主要记录了阮社民间对绍兴鉴湖的缔造者会稽马臻太守和三江闸的建造者绍兴知府汤绍恩的祭祀活动及管理，说明民众充分认识到水利对阮社发展的重要性。"马汤会"碑开头便记马臻、汤绍恩的水利功德，以及给本地带来的恩泽："越中素号泽国，言水利者，首鉴湖，次三江闸。此马、汤二公之绪，亘千古而不朽也。"此言精准地记述了绍兴水利的沿革大势。又记："吾里处鉴湖北，当诸水之冲，凡田而佃，宅而宅者，戴其德。"水利成就了阮社的百业兴旺、人文兴盛。

据 20 世纪 70 年代的统计数据，阮社有耕地面积 9144 亩，为水稻作物区。1979 年粮食亩产达 1943 斤（是年全县平均 1668 斤[2]），生猪饲养量 11660 头，渔场水产量 4500 担。

阮社之地灵人杰，正如六朝虞预《会稽典承·朱育》中所描述的："山有金木鸟兽之殷，水有鱼盐珠蚌之饶，海岳精液，善生俊异，是以忠臣继踵，孝子连闾，下及贤女，靡不育焉。"[3]

四、黄酒发源地

（一）源远流长

绍兴酿酒历史悠远。对河姆渡遗址出土的大量遗存的考证，当时的先民之酒已开始由自然酿成变为人工酿造。[4]遗址中发现的酒器陶盉[5]，表明当时已有了酒，并有了饮用酒的方式和习惯。到越王句践时，饮酒已成为

---

① 寿鸥迎：《新发现的"马汤会"碑见证绍兴治水史》，《绍兴日报》2016 年 12 月 7 日第 14 版。

② 绍兴县地方志编纂委员会编：《绍兴县志》第二册，中华书局 1999 年版，第 703 页。

③ ［东晋］虞预：《会稽典录》卷下，民国间刻本，第 12 页。

④ 参见陈华建：《文化名市中的绍兴酒文化》，载李永鑫主编《酒文化研究文集》，中华书局 2005 年版。

⑤ 沈作霖：《古今酒具纵说》，载李永鑫主编《酒文化研究文集》，中华书局 2005 年版。

社会生活的重要内容。句践在"十年生聚，十年教训"中，又以酒作为鼓励生育的奖品，规定"生丈夫，二壶酒，一犬；生女子，二壶酒，一豚"①。此外，越国出师伐吴，箪醪劳师，胜利后"置酒文台，群臣为乐"②。

阮社是绍兴黄酒的主要发源、发展、成熟地之一。阮籍好饮酒，当时这里必定酿酒业兴盛，酒好酒多、环境幽雅，他才会来此定居。当然酿酒生产的主要条件是粮食多、鉴湖水好。以酿酒之好水著称的鉴湖三曲，第一曲为湖塘古城一带，第二曲为型塘、阮社一带，第三曲为杏卖桥、漓渚江口一带。绍兴民间一直认为这三曲在鉴湖上游之水和湖水的交汇处，其水清纯鲜活，软硬适中，最宜酿酒。

（二）酒坊名扬天下

占得一脉好水，阮社自古以来就以酿酒为主要产业。此处在明代已出现了酿酒作坊，而到清代乾隆以后兴起大型酒坊。民国资料反映，③当时有酿酒户 400 多家，税务登记达 300 多家，人家枕河居，家家酿老酒。其中又以章东明酒坊最为有名。由于运河交通的便利，约在道光年间（1821—1850），章东明酒坊分别在上海、杭州等地开设酒行。之后，又由漕运、海运两条线把酒运到天津，逐渐在天津打开局面，设立酒庄。明清时绍兴师爷遍布全国，也成了绍兴酒推销和饮用的一个重要渠道。连北京同仁堂也每年要用绍兴黄酒来调制中药。据载，道光二十二年（1842）五口通商时，章东明酒坊年酿 6000～7000 缸，不仅销往香港，还外销至新加坡。④

章东明酒坊逐渐在全国展开了黄酒的销售业务，提高了绍兴酒的美誉度，从而促进了绍兴黄酒业的更大发展。1894 年前，台湾地区曾是绍兴酒最大市场，阮社诸楚和等酿坊，年销台湾之酒占产量的 30%。

---

① ［春秋］左丘明撰，徐元诰集解，王树民、沈长云点校:《国语集解》，中华书局 2002 年版，第 570 页。
② 《祝越王辞》，载［清］沈德潜选《古诗源》卷一，中华书局 1963 年版，第 21 页。
③ 参见钱茂竹《阮社四记》一文。
④ 绍兴县地方志编纂委员会编:《绍兴县志》第二册，中华书局 1999 年版，第 1010 页。

（三）云集酒厂

地处阮社东江南岸、闻名海内外的云集酒厂，最初由周佳木在东浦东周溇于清乾隆年间创建，当时名"周云集酒坊"。"云集"之名，意为酿酒名师高手云集。之后历经周氏家族几代人的传承，直到中华人民共和国成立前后的周善昌的"周云集亨记酒坊"，前后经历了208年。

清乾隆八年（1743），创始人周佳木创建"周云集酒坊"后，周佳木的后代都继承了他的酿酒业，开设酒坊。到周佳木第四代孙周玉山开设"周云集信记酒坊"之后，周玉山的大儿子周葆堂开设"周云集元记酒坊"，二儿子周牧林开设"周云集亨记酒坊"，三儿子周叔循开设"周云集利记酒坊"，四儿子周幼山书名周清，开设"周云集贞记酒坊"。周清在酿酒方面很专业，他制作了酿酒模具、图文说明和样酒等实物，到1915年在美国旧金山举办的"巴拿马万国博览会"上展览，周清酒获得金牌奖章。这是绍兴黄酒获得的第一枚国际金奖。

周牧林的儿子周善昌继承了"周云集亨记酒坊"，又逐渐扩大发展，成为东浦最大的一家酒坊，年产绍兴酒300多缸。1951年12月12日，周善昌经营的"周云集亨记酒坊"由人民政府接收，并成立了"地方国营云集酒厂"。由于原周云集亨记酒坊厂基狭小，难以扩大生产规模，加上厂址在东浦东周溇，河道窄小，交通不便，酿酒原料、用水、运酒等运输受阻，于是决定搬迁至阮社一带。先于1952年10月间（即冬酿开始前）选址到湖塘七尺庙，当年生产黄酒1932吨、白酒282吨。1953年，达到黄酒2358.39吨、白酒489.9吨。1954年1月又确定云集酒厂先在阮社詹家湾（现新风村）的"孝记酒坊"地址中开办白酒车间，又在5月间选定阮社东江的对岸的"张记酒坊"旧址（当时此处只有7户人家）开办黄酒车间。如此一来，云集酒厂就有湖塘黄酒车间、阮社东江黄酒车间和詹家湾白酒车间3处车间，年生产黄酒2745.64吨、白酒539.12吨。1956年，经国务院总理周恩来批示拨款，[①] 于云集酒厂兴建绍酒陈贮中央仓库。"绍兴酒整理、总

---

① 绍兴县地方志编纂委员会编：《绍兴县志》第二册，中华书局1999年版，第1010页。

结与提高"项目，经周恩来总理和陈毅副总理同意，列入《1956—1967 年科学技术发展远景规划》（简称《十二年科技规划》）。1956 年共投资 70 多万元，批准征用土地 70 多亩，在阮社东江扩建厂房，中央仓库、道路等工程不断向东部和南部扩展，与江头黄酒车间相连，云集酒扩大到 300 多亩厂基的规模，建造双跨大型发酵车间 3 幢，每幢面积 1123 平方米。此年生产黄酒 4264.17 吨、白酒 570.47 吨。1957 年，国家又拨专款扩建，又建造大型发酵车间 3 幢和中央仓库 5 幢（每幢面积 1800 平方米），是年生产黄酒 7280.88 吨、白酒 1039.38 吨。以上，1956 年中央拨款 24 万元，1957 年中央及地方拨款 81 万元，两年共储存名酒 3150 吨。[①]1959 年，绍兴县为发展绍兴酒及加强行业管理，决定由五家酒厂（即绍兴酒厂、云集酒厂、公私合营沈永和酒厂、柯桥酒厂、东浦酒厂）及一家坛厂（绍兴坛厂）联合组建绍兴鉴湖长春酒厂。云集酒厂改为绍兴鉴湖长春酒厂的二车间，是年生产黄酒 16967.82 吨、白酒 1913.63 吨。1960 年改为"绍兴酿酒公司"，实现经济独立核算和对外业务。由于自然灾害，粮食减产，1960 年冬酿投料减少，1961 年黄酒产量仅 2140.15 吨、白酒 230.83 吨。1961 年起"绍兴酿酒公司"仅保留了绍兴、云集、沈永和三家酒厂。1969 年 4 月，云集酒厂改名为"绍兴东风酒厂"。1998 年 10 月 13 日，组建中外合资"东风绍兴酒有限公司"。1998 年 10 月 15 日，被中国轻纺城集团股份有限公司兼并收购，变为国有集体企业。2002 年 10 月 28 日又由浙江精工集团股份有限公司入主控股轻纺城集团，于 2005 年 12 月 12 日改名为"会稽山绍兴酒有限公司"。[②]

五、名桥之乡

阮社多桥，遍布乡间。无论是浙东运河古纤道上还是阮社境内，都有

① 参考绍兴市档案馆《地方国营绍兴鉴湖长春酒厂 1959 年 3 月 10 日为绍兴酒储存问题的报告》。

② 关于云集酒厂资料除特别注明外，主要参考会稽山绍兴酒股份有限公司《情醉会稽山》（2008 年内部资料）。感谢原东风酒厂金东海先生帮助提供相关资料。

着诸多历史名桥。①

（一）纤道桥

绍兴古纤道以柯桥以西至阮社板桥 7.5 千米的塘路建筑最为奇特。纤道可分单面临水及双面临水两种。单面的塘路依河平铺砌石，双面临水多筑于河面宽广之处。以北河道宽广，系主航道，称"外官塘"；以南河道相对较窄，称"里官塘"，旧时为风急浪大时小船避风之地。在阮社太平桥以西一线，又多为石梁平桥式纤道桥——河中约每隔 2.5 米置一桥墩，上架三块大小大致相同的大石梁，桥面宽一般 1.5 米。因沿途桥洞的多少，几处纤道桥在当地分别被称为"十八洞头""一百洞头""一千洞头"。

纤道砌筑技术也是当地石匠的杰出创造。纤道修筑于宽广的河道之中，尤其是双面临水纤道，而古代的工程技术不可能在河中筑坝抽干水后再实施，而是直接于水中砌筑，如此长的纤道，其难度可想而知。一般基础处理采用打木套桩，或水盘石压底，或条石排列的方法，只有技艺高超、熟习水性的专业石匠才能做到。

纤道桥犹如一条玉带蜿蜒连贯于运河之上。最长的一段纤道桥，全长 386.2 米，由 115 孔石梁桥构成。其中有二孔建以稍高成平桥式，一般小船可进出。其余孔均接近水面约 1 米，其桥孔数量之多、之长为国内仅存。

纤道桥是浙东运河的标志性桥梁，我国著名文物专家、中国文物学会原名誉会长罗哲文先生有赞美诗：

> 天下古桥说绍兴，八字立交负盛名。最是纤桥世罕有，悠悠千载运河情。②

前两句写绍兴八字桥，后两句赞古纤道。

---

① 有关桥的内容主要参考屠剑虹主编：《绍兴古桥》，中国美术学院出版社 2001 年版；绍兴市文物管理局编：《绍兴文化遗产·石桥卷》，中华书局 2012 年版。
② 罗哲文《绍兴古桥之多全国罕有，价值重大与运河密切相关》诗，载邱志荣、陈鹏儿《浙东运河史（上卷）》，中国文史出版社 2014 年版，卷首。

1988 年被国务院公布为全国文物保护单位。

（二）太平桥

太平桥位于阮社的西兴运河上。桥重建于明天启二年（1622）。太平桥多被认为是绍兴水乡桥与风景结合的典范，为人们所推崇。

太平桥景观主要由以下几部分组成：

桥体。系南北跨向拱梁组合石桥，主桥为单孔半圆形石拱桥，高 6.6 米，拱高 5.3 米，跨径 10 米。引桥为 8 孔石梁桥，依南向北逐渐降落，连接以北河岸。

桥亭。原在南岸桥西侧，为一古朴小石亭。

北岸小广场及庙。桥北岸有数百平米大的广场，并有一低平小庙。

古代在西兴运河之上太平桥高、长都居首位。主桥孔端庄秀美，古代水运繁忙，有舟船穿梭其间，由于桥顶高耸，一般的帆船可直接穿桥而过。桥洞有纤道路穿行，纤夫鱼贯而入。而一般的小船亦可从引桥出入，井然有序。太平桥的主桥孔圆而引桥方，主桥高而引桥低平，形成了方圆画图，具有高低错落之美。太平桥、运河水网、附近的田野、村庄构成了一幅水乡泼墨画。桥在河上有一种凌波缥缈、清奇和谐之美。

太平桥桥饰雕刻精美，寓意深刻，可谓一件以道佛文化为主、综合多样传统文化的精美艺术作品。桥上望柱顶上的 4 只石狮形态各异，或活泼可爱，或神态威武。主桥斜坡八根望柱雕刻着精美的"暗八仙""八音""佛八吉祥""琴棋书画"等图案。拱桥栏板的"万字流水""万象如意""马到成功"等图案整齐美观，表示连绵久长、万事如意、吉祥欢乐之意。此外如人物浮雕、如意兰草抱鼓、万寿伴菊等亦都颇为生动。

1989 年被公布为浙江省文物保护单位。

（三）阮社桥

阮社桥位于太平桥东首。阮社桥为运河直通阮社的水上交通要道，始建于宋嘉泰元年（1201）前。宋《嘉泰会稽志》载："阮社桥，在县西北三十里。"① 明嘉靖《山阴县志》载："阮社桥，去县西北四十五里。"② 民国三十六年（1947）重修。阮社桥系浙东运河古纤道上的石拱桥之一。

阮社桥系东西跨向单孔马蹄形石拱桥。桥面长 2.50 米，桥面宽 2.70 米。桥东置 24 级石台阶，长 7.20 米；桥西置 24 级石台阶，长 7.40 米。桥上无桥栏。桥高 3.80 米，拱高 3.40 米，桥跨径 4.80 米。拱券为纵联分节并列砌筑，桥上有龙门石刻一幅。拱脚处有纤道。桥额上题有"阮社桥"三字。拱墙上有一石碑，上面刻有："民国三十六年岁次丁亥七月立，柯桥区□□官唐委员会兰亭乡办事处经募重建。阮社匠人吴金瑞造。"由此桥也可见阮社石匠之精湛的建桥水平。

阮社桥上原有精致桥栏板，现已不存。

（四）得胜桥

得胜桥又称浪桥，位于原阮社永进寺基庄村。始建年代不详，至迟在明嘉靖年间（1522—1566）已出现，现桥为清咸丰二年（1852）重建。

得胜桥南北跨梅墅江，全长 56 米，由 3 孔主梁桥和 7 孔引桥组成。主桥在北，引桥在南。

主桥长 24 米，中孔跨径 5.36 米，南北两孔跨径 3.45～3.67 米。实体桥墩，用条石一顺一丁叠砌。桥面平铺并列石梁 4 根，宽 2.6 米。中孔石梁西侧阳刻楷书"得胜桥"桥名。桥面两侧置实体素面石栏间望柱 4 根，中孔石栏外侧阴刻"大清咸丰贰年桂月吉旦重建"字。主桥南坡设踏跺 13 级，后设一长方形平台，平台南端与引桥相接；北坡设踏跺 11 级。桥畔有后福庵。

引桥长 32 米，面宽 2.05～2.17 米，平面略呈"S"形弯曲。实体式桥墩，用条石一顺一丁叠砌，孔径为 1.95～2.78 米。由于桥孔低矮，贴近水面，舟楫难通，仅起调节水源等作用。引桥南端通往绝倭涂。桥墩顶端挑出石梁达 0.7 米，上承石板桥面及石栏，这在绍兴石桥中尚属少见。

---

① 《嘉泰会稽志》卷十一，第 30 页。
② 嘉靖《山阴县志》卷二，第 14 页。

得胜桥之名，是为纪念明姚长子绝倭殉义事。前后两桥分别命名为得胜桥和万安桥，并立祠祀之。民国二十六年（1937），又在万安桥畔建姚长子纪念碑。该桥与万安桥、绝倭涂、姚长子纪念碑交相辉映，成为一处颇具历史纪念意义的代表性建筑遗存。

2002年被公布为绍兴县文物保护点。

（五）信公桥

信公桥位于阮社阮三村与先锋村之间，为清代建筑。信公桥由单孔石梁桥和廊屋两部分组成，南北跨项湖两岸。桥名是为纪念明代抗倭英雄汤和。

信公桥是绍兴现存典型的水阁桥。全长9.7米，跨径3.8米。桥台用条石错缝叠砌，桥孔内壁紧贴3～4根竖梁，上托横梁，伸出桥台。桥面长4.3米，宽2米，用4根石梁铺设，西侧石梁正中阴刻楷书"信公桥"三字。桥南北两坡各设踏跺10级和11级。桥上建3开间硬山顶房屋，通面宽10米，进深5.56米。

水阁桥也是进入阮社村内河道的一个重要关口，具有防卫功能。桥顶设方形石柱两根，上镌楷书楹联一副，曰："浙水壮文澜，摘藻扬芬沾帝德；阮川留正气，伏魔荡寇仗神威。"此联显示了阮社人热爱文化，忠于国家，以及抗击外来侵略的豪迈正气。

2006年被公布为绍兴县文物保护点。

（六）籍咸桥

籍咸桥位于阮社阮三村小九坊自然村，始建年代无考。现桥为清代重建，民国十四年（1925）修缮。此桥是当地民众为纪念魏晋时阮籍、阮咸叔侄曾隐居此地，传承文化而建。桥东埠及南首尚存前后二庙，亦为乡人奉祀二阮之所。

籍咸桥系单孔石梁桥，东西横跨诸家溇。桥长11.55米，跨径3.8米。桥台用条石错缝叠砌，上置横系石。桥面长5米，宽2.6米，用4根石梁铺就，两侧设实体石栏，高0.52米，厚0.2米。石栏外侧阴刻楷书"籍咸桥"，落款署"民国十四年立，里人公修"。石栏两端各立望柱一根，柱头雕琢蹲狮。望柱两端用卷草纹抱鼓石收尾，起着稳固栏杆的作用。桥东堍毗邻后庙，因空间受限，故采取避让手法，在东坡下 7 级踏跺后设一平台，经平台再折向南北两面落坡。桥西坡下 12 级踏跺可直通宋家弄。籍咸桥结构稳固，设计科学，布局因地制宜，做到建桥时不拆庙、不改道。

六、名士之乡

宋陆佃在《适南亭记》中认为："会稽为越之绝，而山川之秀，甲于东南。自晋以来，高旷宏放之士，多在于此。"[1] 早在魏晋时期，阮社一带就是当时名士游历之地，最著名的当是"竹林七贤"中的阮籍、阮咸叔侄。阮社是崇尚德义、乐善好施、求真务实、农商并重之乡，人文荟萃之地，人杰地灵。

（一）罗家伦

罗家伦（1897—1969），字志希，笔名毅，[2] 阮社乡江头村人。1897 年 12 月 21 日出生于一个小官僚家庭。其父罗传珍（字需乡）民国后曾任江西省进贤县知县。罗家伦参加过北伐战争，担任过多种公职，但志趣一直在教育与学术，历任国立清华大学首任校长、武汉大学教授、中央大学校长等职。在他的主持下，清华大学由教会学校转为国立大学。在执掌中央大学期间，他提出了建立"诚朴雄伟"的学风与安定、充实、发展的治校方略，成效明显，为中国培养了一大批人才。

罗家伦学贯中西，广涉群籍，才思敏捷。作为新思潮的代表人物之一，他一直积极倡导国家现代化，同时他又十分热爱中国的传统文化，重视中国的伦理道德，提出要用新的科学方法来估定中国文化的成就。

罗家伦毕生膺服蔡元培先生。1940 年蔡元培去世后，他写了《伟大与

---

① ［宋］陆佃:《适南亭记》，载［宋］吕祖谦编、齐治平点校《宋文鉴》卷八十三，中华书局 1992 年版，第 1188 页。

② 何信恩、高军主编:《越中名人谱》，研究出版社、杭州出版社 2003 年版，第 432 页。

崇高》一文，对蔡元培"柔亦不茹，刚亦不吐"的风骨备加赞扬。1968年，蔡元培诞生100周年，罗家伦写《蔡元培先生与北京大学》一文，对蔡先生在北大的功绩作了全面的评价。此文发表后的第二年，罗家伦就去世了。

罗家伦著作等身，除译作外，著有《新人生观》《中山先生伦敦蒙难史料考证》《逝者如斯集》《新民族观》《文化教育与青年》《科学与玄学》《疾风》《耕之集》等。1997年，学林出版社出版了《历史的先见——罗家伦文化随笔》。

（二）章培恒

章培恒（1934—2011），阮社人，复旦大学教授，中国古代文学研究当代大家。他主编的《中国文学史》是我国古代文学研究的最新成果，誉满学界。他是教育部中国古代文学研究委员会主任，本世纪初曾应邀到绍兴市参加过学术讨论会，为绍兴文理学院越文化研究学术文库顾问。

（三）阮社永安救火会

阮社曾有一个奉献社会，远近闻名的英雄集体——"阮社永安救火会"。①阮社的"救火会"很有名，远近许多村庄城镇都有他们的足迹。当时龙兵之一的许阿水（时年88岁）回忆说：阮社的"救火会"在东江村河沿，那里有一个建筑叫"水龙局"，里面备有两只水龙船。东江有一大户叫章瑞年，人称"五店王"，他因酿酒家庭富裕，于是就组织了"救火会"。会里有严格的组织，有董事、理事、监事，有管理机器和维修的专门人员，还有专职的账房先生。"出龙"的时候，董事、理事、监事都要身着蓝衣服，龙兵要身穿黄马甲，头戴藤帽。每只船还配两名泥工和木工——泥工善于上屋，掌握水龙苗子；木工带斧，顺势破门而入。当时救火会有两只水龙：一只名掀江龙；另一只是德国进口的机器龙，马力大，性能好。救火会大多由章瑞年出资，当地民众也乐于资助。俗话说"贼偷一半，火着全完"，所以大家认为救火是最大的善举。

---

① 主要参见钱茂竹《阮社四记》等相关资料。

阮社"救火会"长年有值班人员，一接到火警就亮起红灯，马上敲锣，"救火会"旁边开小店的，立即敲二楼，两个人一个向南，一个向北，到村中报警。行走都有规定的路线。听到锣声或者见到红灯，龙兵和村民飞快地集合。每只龙船两旁有七八个人划桨，前哨、后哨、中哨都有明确的分工。特别是前哨，划桨最吃力，一般由章瑞年站在河哨头，高声呼喊，"用力摇，用力划"，"救火不用力，要生黄胖病"。所以全体龙兵无论"出龙"路途远近——近到柯桥、新塘、型塘，远至萧山、西兴等地——均十分尽力，不避艰险，赴汤蹈火，勇往直前。一次柯桥当铺"德兴当"着火，救火会花了半天工夫才把大火扑灭，当铺得以保存。又一次柯桥大寺着火，救火会也全力灭火把寺院保住。有时候路窄，龙船摇不到，龙兵们就背着机器走，肩背手提，绕田畈走近路，越快越好。每次救火回来，一个龙兵能得到两角钱。这是很薄的补贴，因为当时一石米要六块大洋。为保一方平安，这支救火队伍做出了卓越的奉献。

七、民俗风情之乡

（一）居民建筑

阮社的居民建筑颇有水乡独特的风格。有三湾、十八楼、二庙、五祠堂、六庵等美誉。民居往往依河建筑，一河一街，一河两街。居民一层楼和地面，公共场地，沿河道路，多用著名的东湖、柯山石铺筑，品类不一：按大小尺寸分为二尺板、三尺板、四尺板、八尺板；按工艺分为细缮光、中缮光、粗缮光；按用途分为条石、板石、石础、石柱、石萧墙；与工艺结合的有石窗、石树池、石凳、石桌。此外，石碑、石像等文化产品遍布乡里；沿河石板路宽阔大气，无路不在；沿河踏道遍布，无家不有，尤以池湾中的八字新踏道规模最大、标准最高，20世纪70年代电影《祥林嫂》的部分场景就是在此拍摄的。阮社还有石萧墙建筑为人所称道，那是用平整的石板作为房子的基墙，高1.5～2米，在石萧墙之上再砌砖头墙面。这种石萧墙坚实耐用，防潮安全，池湾东侧的酒弄堂以石萧墙高达 4 幅、长有近百米而远近闻名。阮社可谓石文化打造的世界。

阮社独多台门，许多台门几乎是平行而建，全乡台门百余。台门往往临河，特别在河湾之处，出门称便。台门大小不一，除石萧墙外，台门之前往往是石库门，并置精美石凳，石凳上多各式传统棋盘，多供老人、小孩游乐。又有在二进、三进也用石库门的。台门朴素、严谨，构架简洁，不事张扬，又具有阳刚之气。台门中往往用石窗，窗上石雕精致，历史人物、花卉鸟兽栩栩如生。还有祠堂、天井、水井、道地公共设施，有的多至四到五进，如大夫第、诸家台门等都以规模大、建筑美、文化深著名。

（二）民间祭祀

阮社民风淳厚，人多以感恩图报、从善乐施为荣，而历史上的公众文化信仰、道德化育又多以乡间传承的历史悠久、内容丰富的祭祀活动为载体。

阮社至今有"两庙一庵"，[①] 均坐落于该街道阮三村居内。两庙即前庙与后庙，一庵是福潜庵。后庙祭祀的菩萨是阮籍，其庙的西墙紧依籍咸桥。前庙祭祀的菩萨是阮咸，附近有南阮桥、信公桥和戏台等建筑文物（戏台20 世纪 70 年代被拆）。后庙与前庙也有道教文化内容，二庙内有明、暗两口古井，中间为庙河所隔，呈现了 S 形，明、暗井应是八卦图的鱼眼。福潜庵建于清乾隆八年（1743），至今已有 270 年历史。庵内观音等佛像系清代文物，其保护得益于尼德意师傅。她持有民国时期的尼姑职业证。

据笔者和张均德先生 2016 年 11 月 9 日之考证，阮社的后庙墙体上镶嵌有 6 块碑，分东西 2 组，其中西部一组有 3 块，分别为"前阮会""马汤会""文武会"；东面为"泰青会""晋阮会""岳隍会"等。以上碑均立于乾隆四十二年（1777）春。

阮社前庙主要保存有"龙华胜碑"两块，分别为清朝康熙三十七年（1698）、乾隆十五年（1750）所立；"兰盆会公助碑"一块，立于嘉庆十五年（1810）。

---

① 主要参见董自力所写相关文章。

以上庙中碑文所记主要内容为祭祀的缘由、目的意义、会员姓名，以及本会人员如何以酒捐、田捐等形式开展祭祀资金的分担和管理办法。这"会"应主要是以庙为依托，开展相关文化活动的民间组织。

后庙中的"晋阮会""前阮会"是对阮社的先祖阮籍、阮咸的来历考述和祭祀；"泰青会"祭祀东岳圣帝；"岳隍会"中祭祀的岳隍是传说中的土地神；"文武会"祭祀孔子和关羽两帝；"马汤会"祭祀的是绍兴鉴湖的缔造者马臻和三江闸的建造者汤绍恩。

"前阮会"碑立于乾隆年间。碑文直言："因立南北二社，北祀大阮；南祀小阮，由来旧矣。"这应是后庙祀大阮（阮籍）、前庙祀小阮（阮咸）的由来。

阮社民间对阮籍崇仰与精神依赖之深，还可在阮社当地至今仍延续的习俗中得到证明。据阮三村村史的记载，当地人在亡故后的一个小时内，要立刻到阮籍庙（后庙）报死。报死的形式，往往是由族中长辈领着亡者的长子到庙中点香烛跪拜，烧点纸钱之类然后离去。数天后，亡者的直、旁系亲属又一起到阮籍庙点香烛，当地称呼"行道"。

据董自力对前庙中的几块碑的考证，"龙华胜会"之"龙华"取自《佛教念诵集》里的《祝圣仪规》一书的佛经，"龙华三会愿相逢，演说法真宗"语。阮社前庙的龙华胜会中的"胜"有两层含义：一是庙内菩萨众多，二是原前庙沿河有"竹林胜景"石碑。把"三"改成"胜"是受"竹林胜景"的启发。龙华胜会之名呈现了阮社本土特色，有魏晋之遗风。

盂兰盆是梵语的音译，意译为"救倒悬"。（这说法虽不符梵语意，但已在中国佛教界广为流传。）盂兰盆会是佛教仪式。每逢农历七月十五日（在民间称中元节或七月半），是祭祀祖先、祭拜孤魂野鬼的日子。

龙华会、盂兰盆会都属佛教仪式，"庙社"与"庙会"是教仪的组织机构，再落实到参会者诵经念佛敬神祭祖等活动中，提倡"依教奉行，乐善好施"的德行。

阮社的龙华会、盂兰盆会成立于何时已无从查考。但前庙（即阮咸庙）内至今保存的三块石碑，均记录着"众道友""诵经福忏""敬助神鬼者"

的活动日期，各时期参加者姓名和"社人"，以及轮值负责、经办情况和仪规、仪式活动。祭祀日，河中还要点燃湖灯，夜间演目莲救母的社戏，传说孤魂野鬼随鬼王来看戏，于是民间百姓得祭自己的祖宗。这些仪规、仪式明显带有阮社水乡的地域特色。

兴会的活动经费要靠众人相助。更有那酒坊、鱼荡等大户人家挑来50斤装的老酒，捕来孩儿般高的活鲜胖头鱼；又沿河戏台演出的铿锵锣鼓声、庙河边小伙子划龙舟的号子声、喧嚣的人声此起彼伏，比过年还热闹，人们无不欢呼雀跃，兴高采烈。当时的庙会场面之大、热闹之盛、影响之广，名甲一方。

阮社庙会和阮社以前贤阮籍、阮咸为光荣，以尊天地、敬父母、以善为本为道德思想，以热心公益事业"造桥、修路、筑凉亭"为行为榜样。庙会一直沿袭至今未间断。庙会由于广大村民的参与而获得了生命力。这一祭祀活动，体现了民间社会自我管理、井然有序的特色，自我教育而怡然自得、促进社会和谐安定的效能。

"马汤会"碑反映了阮社人念念不忘马臻筑鉴湖和汤绍恩建三江闸的功德，便以祭祀方式感恩先贤并教育后人。碑中确定了三江闸、古运河等水利岁修，管护经费筹措需民间合理负担，并以粮、渔、酒、锡箔为主要征集对象。

值得赞赏的是阮社民间倡导以自觉捐款修水利为荣。绍兴古运河上的多处桥路是阮社人士自发捐修，至今铭刻在运河古石之上。《纤道桥碑记》载："自太平桥至板桥止，所有塘路以及玉、宝带桥，计二百八十一洞，光绪九年八月，乡绅士章文镇、章彩彰重修。匠人毛文珍、周大宝修。"[①]

尤其珍贵的是碑文中记述了马臻、汤绍恩的生辰："马臻诞辰三月十四日"，"汤公诞辰三月二十五日"。这是祭祀两位水利先贤的重要民间资料。绍兴的民间水利碑历史上本来就不多，岁月沧桑、天灾人祸，留存下来的更少。"马汤会"碑无疑是绍兴古代重要的水利碑文和实物展示，

---

① 屠剑虹主编：《绍兴古桥》，中国美术学院出版社2001年版，第134页。

对整个绍兴水利史、水文化的传承都具有比较重要的意义。

后庙、前庙中碑文有着绍兴古代乡村文明、水利发展的重要史料价值，具有系统完整性的意义和窥一斑见全豹的作用。尤其令人喜悦的是保存十分完好，是绍兴文化的稀世珍宝，有待相关部门和各学科专家进行全面、深入、精准的研究，并充分挖掘其价值。

十分有趣的是，笔者于 2017 年 2 月 19 日在阮社东江村 405 号茅阿龙家的外墙上，发现了一组壁画。之后的研究[①]认为，其中那幅三人壁画讲述的是这样的故事：大茅君茅盈点化两位弟弟茅固和茅衷，使之一起羽化成仙，并从山中采药炼丹、济世救人。茅盈在恒山修炼得道之后，泰山神东岳大帝拜茅盈为东岳上卿、司命真君，并赐给茅盈紫玉笏板和金板——就是壁画中茅盈手里拿的那两块板，上刻赏赐的九种器物目录。五帝君给茅盈准备了官服，所以，他穿着官服，拿着双板，来点化两位弟弟。当时弟弟茅固为武威太守，弟弟茅衷为西河太守，看到哥哥飞天成仙，被金童玉女彩车接走，他们非常羡慕。他们俩辞官不做，求道于茅盈，但还是凡人，于是茅盈传道并点化二人。阮社东江有泰青会，祭拜的就是东岳大帝。茅盈是东岳上卿，茅阿龙家与茅盈有姓氏关系，故在他家的外墙上绘有茅盈等道教人物的壁画。

阮社茅氏是当地的大姓，始居阮社甚早。今阮社章姓始迁祖章宗清，元末人，当时也是由诸暨徙居阮社（赘于阮社茅氏）的。

（三）淳厚民风

阮社章氏先世章仔钧，世称太傅公，[②]五代十国时闽国太傅，高州刺史兼御史大夫、上柱国、西北面行营招讨制置使，封金紫光禄大夫、武宁郡开国伯。宋庆历初追封琅琊王，谥忠宪；夫人练氏封渤海郡君。太傅仔钧公有《家训》：

---

① 笔者委托对民俗文化有精深研究者，浙江之江学院的徐玉红副教授多次去现场考察。
② 据《阮三村史村情》。

传家两字，曰"耕"与"读"；兴家两字，曰"俭"与"勤"；安家两字，曰"让"与"忍"；防家两字，曰"盗"与"奸"；亡家两字，曰"嫖"与"贱"；败家两字，曰"暴"与"凶"。

休存猜忌之心，休听离间之言，休作生忿之事，休专公共之利。吃紧在尽本求实，切要在潜消未形。

子孙不患少而患不才，产业不患贫而患非正，门户不患衰而患无志，交友不患寡而患从邪。

不肖子孙，眼底无几句诗书，胸中无一段道理；神昏如醉，礼懈如痴；意纵如狂，行卑如丐；败祖宗之成业，辱父母之家声；乡党为之羞，妻妾为之泣，岂可立于世而名人类乎哉？

格言具在，朝夕诵思，切记切戒。

可见其耕读传家、勤俭治家、忠厚兴家之风由来已久。

以乐善好施闻名的阮三村章荣生，人称"荣生店王"。这位民族工商业家生产的老酒质量优、销售好，产业兴旺发达。他为人的重要信念就是与人为善，慈善助贫，因此他将两个儿子取名为毓善、毓本，就是做人要以善为本。他经常把酿酒所得的财产捐助给公益事业和贫困百姓。无钱人生病买药他资助，人死了他施材，贫苦者有突发事件他出钱解救。在当时阮社的大户人家中，他是慈善活动最突出、最受人敬重的人，所以中华人民共和国成立后政府给予他"开明绅士"的称号。

又据章生建先生所言：

家有先祖阮社章氏家谱，其高祖公讳文锦，字锦堂，号彩彰。公生未满周岁而慈父去世，由其母躬亲抚养，家境困顿。长至12岁时，不幸其母又罹重病，于弥留之际，谆谆嘱咐高祖公兄弟两人，务记克勤克俭、仁慈济世的家训，以振兴家业。公铭记慈母教诲，终身矢志不渝。16岁时，在族人帮助下，去宁波恒丰号酒肆学徒。其间，公虚心就教，任劳任怨，业务大有长进。劳作之暇，又悉心攻读文辞。其言其行，深受族人信任敬佩。在公等的努力参与下，原本惨淡经营的酒肆得以恢张兴旺，于是亲友纷纷推举公执掌酒肆。公不辞辛劳，不避嫌怨，兢兢业业，不负众望。在兵荒踵起的年代，公与其兄文镇公精诚团结，通力合作，由兄主内，在家主持酿酒业，公经理于外，开设店面，拓展事业。公长年走南闯北，遂在山东、福建等地添置诸多门铺，并设立酒局。于是家庭日渐殷实，臻于小康，终成世业。

彩彰公创业致富后，不忘回报乡亲。咸丰十一年至同治元年（1861—1862），战事不断，民不聊生。公乃怀悲伤忧愁之心，将在外门铺尽托付亲友料理，自己毅然回到绍兴，接济乡亲。公终身秉奉慈母"勤俭"二字之家训，平时分文必惜，但对贫困乡亲却知无不为，乐善好施，有求必应。"舍棺椁，施衣食，耗资财，竭精力，不吝不倦，周恤备至。"同时热心桑梓公益事业，凡地方善举，必积极参与。光绪九年（1883），公与长兄文镇公勠力同心，重修官塘纤桥数十处，及阮社荫毓、行义诸桥。融光寺为邑中名刹，毁于兵燹，阮社文昌水阁本已倒塌，公亦与兄各捐千金重修。又重建大小尖山灵峰、灵泉两寺。所有这些，一时成为乡间美谈。

家和万事兴，彩彰公事业有成，其贤内助功不可没。高祖太婆徐恭人在丈夫长期外出情况下，勤俭持家，亲自牵砻舂米，提水烧饭，带儿育女，纺织不懈，终使家境"积资渐裕"。[1]

八、文教卫之乡

（一）阮社小学

阮社小学在民国时期颇有名。浙江大学终身教授、我国郦学大师陈桥驿（1923—2015）曾在 20 世纪 40 年代任阮社小学校长。他晚年在自传性

---

[1] 章生建：《优良家风继世长（阮社记忆之九）》，载邱志荣主编《中国鉴湖·第四辑》，中国文史出版社 2017 年版，第 260—261 页。

著作《八十逆旅》中说：

> 这是一个富裕的大村，所以这个学校在当地的最后优势是经济宽裕，而教师的待遇也比较好。学生只收书籍费，不收其他费用，比当今义务教育制度下的小学收费要低。经费的来源是两项，最大头的是酒捐，因为这里是著名的酒乡，每制一缸酒除了正规的捐税外，附加一点很少的教育费。另一项称炉捐，这一带盛行锡箔业，是一种用锡加工成箔供制纸钱的迷信工业……当时每炼一炉，抽取教育经费储备券一元，这对炼炉者来说，是一个微不足道的负担，但对学校却很有用。[①]

在学校经费充足的基础上，加上校长的努力，教师的敬业，学校办得很好，远近闻名。又称：

> 阮社小学确实是一所历史悠久的学校，1980年代以后，夏威夷大学教授章生道到杭州大学访问我……他告诉我自己是阮社人，毕业于阮社小学。当他知道我曾任此校校长后，立刻把中午的放学歌和下午的放学歌唱给我听，让我仿佛回到了在那里当校长的年代。[②]

据钱茂竹先生回忆，阮社小学在1960年为绍兴师范附小，由于学校的管理、教学能力很强，所以很快在全县出名，其各科成绩在柯桥区名列前茅。1970年前后，学校分散到各大队办学，同时创办了阮社中学。[③]

（二）绍兴师范

阮社在20世纪50年代曾经办过绍兴卫校，后来卫校迁至绍兴城，绍兴师范学校从1960年开始就搬至卫校原阮社校址，绍师在那里办学6～7年，

[①] 陈桥驿：《八十逆旅》，中华书局2011年版，第195页。

[②] 陈桥驿：《八十逆旅》，中华书局2011年版，第195页。

[③] 参见钱茂竹《阮社四记》。

"文化大革命"开始后，又搬到山区攒宫，但是阮社的房子校产仍然是绍师所有，直到 1983 年才由绍兴地区水利水电工程队接管。在阮社办学期间，是绍兴师范学校历史上最辉煌的时期之一。其时绍兴地区、宁波地区约有八九所师范学校，两地区统考的结果，绍兴师范第一。可以说是阮社这一方得天独厚的宝地，哺育了绍兴一大批教育优秀人才。

1980 年经国务院批准改为绍兴师范专科学校，学校不仅从中专改为大专，校址也由山区迁回绍兴城里。1996 年经国务院批准改为绍兴文理学院，成为一所地方性综合大学，其发展也得益于在阮社办学期间所凝聚的基础和经验。

（三）浙江省第二康复医院

1952 年 10 月，浙江省第二康复医院在阮社建立，该院以良好的医疗环境条件救治疗养志愿军官兵而享誉浙江省。[1]1958 年，浙江省人民政府批准将第二康复医院划归地方，改名绍兴第四医院。其时面向农村，防病治病工作成效明显，1960 年 6 月，获国务院表彰。1970 年 11 月，绍兴地委发文将绍兴第四医院改为绍兴地区人民医院，并将绍兴地区卫校合并，作为医院附属卫校。1973 年又恢复绍兴第四医院名。今医院院址仍在，老屋依旧，当地民众尤不忘当时的第四医院为村民带来的医疗福祉。

新三江闸排涝工程文物发现记录 [2]

新三江闸排涝配套河道拓浚工程（越城片）大长坂（混里江）拓浚工

---

① 主要参考绍兴市县中心医院、中国医科大学绍兴医院编：《生命的历程——绍兴县中心医院 60 周年：1951—2011》，内部资料。

② 曾载于邱志荣主编：《越国古都 东方水城：越城水文化》，广陵书社 2023 年版，第 294—295 页。

明代则水牌
图片来源：张海敏提供。

发现位置为图中部蓝色水管区域
图片来源：张海敏提供。

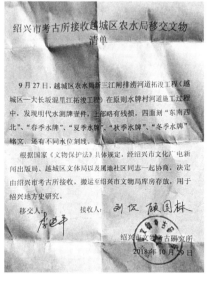

文物移交清单
图片来源：张海敏提供。

程现场发现明代水测牌一件。该石碑上部略有残损，尺寸为 210 厘米 ×30
厘米 ×34 厘米，四面刻有东春季水牌、南夏季水牌、西秋季水牌、北冬
季水牌铭文，还有不同水位刻线。

2018 年 9 月 27 日，施工单位浙江省建工水利水电有限公司在文昌阁
跨龙桥南侧进行河道拓宽开挖施工，在混里江与大长坂交界处（图示蓝色
水管区域）发现该石碑。施工负责人于 10 月 26 日向项目法人单位区建投
公司进行情况汇报，区建设公司相关负责人通知区农水局，区农水局分管
领导现场查看石碑，分析其可能为则水牌古代测水位的三块石碑之一的季
水牌（金木水火土牌，水则牌、季水牌），对绍兴水利的发展历史具有宝
贵的研究价值，当即要求施工单位妥善保存该石碑并通知区文广局。

绍兴市文物考古研究所所长、区文广局相关负责人、东湖街道居委会
主任于 2018 年 10 月 29 日至现场查看该石碑，鉴定该石碑为明代水则牌，
属于文物，根据国家《文物保护法》具体规定，协商决定由绍兴市考古所
接受。于 2018 年 10 月 30 日上午由绍兴市文物考古研究所运至绍兴市文物
局库房保存。

2018 年 10 月 30 日

马臻庙考 [1]

东汉永和五年（140），马臻筑鉴湖，造福民众，又蒙冤被杀。会稽民众
念念不忘马太守功德与冤屈，有记载自唐以来便建庙宇以祭祀。历史文献
记载在山阴、会稽之地皆有马臻庙。由于古今行政区域的变化，度量单位

---

[1] 本文作者邱志荣、茹静文，作于 2017 年 1 月，首刊于邱志荣主编：《中国鉴湖·第
五辑》，中国文史出版社 2018 年版，第 379—383 页。

与起始点的不同，还有记载上的不精确等问题，便有出现对此庙定位的混淆或考据上的难度。清代李慈铭在《越缦堂日记》中也提出过类似疑问：

> 太守此庙正据东跨湖桥，枕南塘之首。建始于唐开元中刺史张楚，迄今不废。但《嘉泰志》以此庙属会稽县，谓"在县东南三里八十步"。……《万历志》亦以属会稽，谓在府"城南二里"。考常禧门自宋以来无属会稽者。《山阴县志》又云："利济王庙在县西南五十五里。祀东汉太守马臻。"此又不知在何地？①

根据文献所载，今存绍兴马臻庙规模最大有两处：一在绍兴城偏门外鉴湖之滨，跨湖桥之南；一在绍兴城西钱清大王庙村，又称大王庙。现考述如下。

一、偏门马太守庙

关于偏门马臻庙记载主要有以下文献。

其一，唐代韦瓘《修汉太守马君庙记》载：

> 东汉太守马君臻，能奉汉制，抚宁越，封仁惠公，利俗民陶。其殊绩章白书于旧史。其尤异则披崄夷高，束波圉境，巨浸横合三百余里，决灌稻田，动盈亿计。自汉至今，千有余年。纵阳骄雨淫，烧稼逸种，唯镜湖含泽驱波，流梓注于大海。灾凶岁，谷穰熟，俾生物苏起，贫赢育富，其长计大利，及人如此。孔子称民之父母，马君有焉。
>
> 开元中，刺史张楚深念功本，爰立祠宇，久而陵败。今皇帝后元九年，观察使平昌孟公，诛断奸劫，宽遂民类，教化修长，氓吏畏慕，尝以马君忠利之绩，神气未灭，寿宫不严，何以昭德？十年十一月，乃崇大栋梁，诛翦秽梗，礼物仪像，咸极洁

① ［清］李慈铭：《越缦堂日记》，广陵书社 2004 年版，第 4016 页。

好。后每遇水旱灾变辄加心祷，精意所向，指期如答，则知君子惠物本同于化，树功本同于治。对德相望，是宜刻石。十二年二月三日记。①

以上文中，张楚为唐开元年间（713—741）刺史。马臻庙壁画中记为："念柒相：唐开元中，刺史知绍兴府事张公讳楚，奉旨同三县百姓敕建马公祠。""观察使平昌孟公"即为孟简，字几道，德州平昌（今山东省德州市临邑县）人，元和九年（814）至十二年（817）正月任浙东观察使，在任期间于绍兴城建、水利多有建树。作者韦瓘，字茂弘，生于唐德宗贞元五年（789），卒年不详，京兆万年（今陕西西安）人。及进士第，累官中书舍人，终桂管观察使。

关于"仁惠公"之谥号何时赐封，尚难确切考证，又根据马臻庙中壁画所载，张楚"奉旨同三县百姓敕建马公祠"，或在同时，应为唐玄宗时。

其二，《嘉泰会稽志》卷六"会稽县"下记有：

> 马太守庙。在县东南三里八十步。太守名臻，字叔荐，永和五年创立镜湖在会稽、山阴二县界。筑塘蓄水，水高于田，田高于海各丈余。水少则泄湖溉田，水多则泄田水入海。塘周回三百一十里，溉田九千余顷。《会稽记》云：创湖之始，多毁家宅，有千余人怨诉，臻被刑于市。及遣使按覆，绝不见人，阅籍皆先死者云。唐韦瓘《修庙记》云：开元中刺史张楚，深念功本，爰立祠宇，久而陊败。今皇帝后元九年，观察使孟公崇大栋梁。孟公，简也。其在越乃元和中。记云后元，盖省文尔。②

此记延续《修汉太守马君庙记》说。又文中《会稽记》作者为南北朝

---

① ［唐］韦瓘：《修汉太守马君庙记》，载［宋］孔延之辑《会稽掇英总集》卷十八，清道光元年（1821）山阴杜氏浣花宗塾刻本，第9页。
② 《嘉泰会稽志》卷六，第13页。

时宋孝武帝大明年间（457—464）任会稽太守的孔灵符。当时行政区域在会稽县。

其三，明万历《绍兴府志》载：

> 马太守庙，在府城南二里。太守名臻，筑镜湖，遗利于越。唐开元中，刺史张楚始立祠湖旁。元和九年，观察使孟简复恢大之。一在广陵陡门，隶山阴。[1]

万历《绍兴府志》延续了《修汉太守马君庙记》《嘉泰会稽志》的说法。但位置成了在"府城南二里"，没有说是会稽县还是山阴县。

其四，康熙《绍兴府志》（俞版）[2]卷十九载：

> 马太守庙在城南二里。太守名臻，筑镜湖，遗利于越。唐开元中，刺史张楚始立祠湖傍。元和九年，观察使孟简复恢之。自后废修俱不可考。至明天启间，知府许如兰同郡中乡衮重葺（修撰余煌有记），后渐倾颓。
>
> 本朝康熙五十六年，知府俞卿筑沿海石塘，告成乃追念马公旧绩，祭拜祠下，见庙貌荒凉，尽撤而新之，门垣堂寝前后具备，较之旧制，弘丽数倍焉。又一在广陵陡门，以上隶山阴。[3]

在此不但延续了万历《绍兴府志》记，又增加了"至明天启间，知府许如兰同郡中乡衮重葺"；康熙五十六年知府俞卿大规模扩建。位置仍在"城南二里"。

其五，康熙《绍兴府志》（王版）[4]卷十九有记：

① 万历《绍兴府志》卷十九，第13页。
② ［清］俞卿修，［清］周徐彩纂：《绍兴府志》，清康熙五十八年（1719）刻本。以下简录为"康熙《绍兴府志》（俞版）"。
③ 康熙《绍兴府志》（俞版）卷十九，第16页。
④ ［清］王之宾修，［清］董钦德纂：《绍兴府志》，清康熙二十二年（1683）刻本。以下简录为"康熙《绍兴府志》（王版）"。

马太守庙在府城南二里。太守名臻，筑镜湖，遗利于越。唐开元中，刺史张楚始立祠湖傍。元和九年，观察使孟简复恢大之。一在广陵陡门隶山阴。[①]

基本与康熙《绍兴府志》（俞版）同。

其六，乾隆《绍兴府志》卷三十六"会稽县"载：

马太守庙　《嘉泰志》：在县东南三里八十步。唐韦瓘有《修庙记》。《万历志》：在府城南二里。太守名臻，筑镜湖，遗利于越。唐开元中，刺史张楚始立祠湖傍。元和九年，观察使孟简复恢大之。一在广陵斗门隶山阴。《俞志》：自后废修俱不可考。至明天启间知府许如兰同郡中乡衮重葺（修撰余煌有记）。后渐倾颓。[②]

此记与之前基本无变化。

其七，嘉庆《山阴县志》卷二十一载：

马太守庙在县西六十里广陵陡门上。一在鉴湖。东汉马臻为郡守，开湖筑塘，遗利甚溥（详水利卷）。民立祠祀之（旧志入《防护录》)，有司春秋动支地丁致祭（县册）。

案旧志有利济王庙，在县西南五十里，祀太守马臻，疑即此县西之庙。府志会稽县南五里马太守庙，疑即此鉴湖之庙。以《嘉泰志》属会邑，相沿不改耳。[③]

此记对之前府志所记会稽县马太守庙提出了疑问，认为是行政区域变化所致。但位置都有差距。

其八，道光《会稽县志稿》[④]卷十四"马太守庙"载：

---

① 康熙《绍兴府志》（王版）卷十九，第 15 页。
② 乾隆《绍兴府志》卷三十六，第 33 页。
③ 嘉庆《山阴县志》卷二十一，第 10 页。
④ ［清］王藩、［清］沈元泰纂修：道光《会稽县志稿》，民国二十五年（1936）铅印本。本文献以下简录为"道光《会稽县志稿》"。

《嘉泰志》：在县东南三里八十步。太守名臻，字叔荐。永和五年，创立镜湖，会稽、山阴二县界。筑塘蓄水，周回三百一十里，溉田九千余顷。《会稽记》云：创湖之始，多毁冢宅，有千余人怨诉，臻被刑于市。及遣使覆按，绝不见人，阅籍皆先死者云。唐韦瓘有《修庙记》。

《万历志》：唐开元中，刺史张楚立祠湖旁。元和九年，观察使孟简复恢大之。

《康熙府志》：明天启间，知府许如兰同郡中绅士重葺，修撰余煌有记，后渐倾颓。国朝康熙五十六年，知府俞卿筑沿海石塘，告成乃追念马公旧绩，撤而新之，门垣堂寝较旧制更宏丽焉。

新增：祠墓俱在城南二里常禧门外，跨湖桥下，鉴湖铺西。一祠在陡亹广陵桥侧，载《防护录》。①

此志对马太守庙记述较详细，修正的是"祠墓俱在城南二里常禧门外，跨湖桥下，鉴湖铺西"，即今马太守庙位置。

其九，《绍兴市志》载：

马太守庙　位于鉴湖之滨，跨湖桥以南。嘉泰《会稽志》："太守名臻，字叔荐，永和五年创立镜湖"，"周围三百一十里，溉田九千余顷。《会稽记》云，创湖之始，多毁冢宅，有千余人怨诉，臻被刑于市。及遣使按覆，绝不见人，阅籍皆先死者。唐韦瓘《修庙记》云，开元中，刺史张楚深念功本，爰立祠宇，久而隳败。"明天启及清康熙、道光、光绪年间，均修葺。

今存前殿、大殿与左右看楼，坐北朝南。清末建筑。前殿三开间，通面宽11.62米，通进深11.98米，7檩。殿后筑戏台，已毁。大殿三开间，通面宽11.62米，通进深11.98米，10檩。明间五架抬梁造，次间穿斗式，硬山造。正脊南北分书"河清海

① 道光《会稽县志稿》卷十四，第11—12页。

晏"、"源远流长"。看楼左右对称,通面宽 14.70 米。①

《绍兴市志》出版于 1996 年,不但对今偏门外马太守庙的历史、位置有确切之记载,还对庙的规模有较详尽的记述。

近年,绍兴市河道投资开发有限公司,在鉴湖整治工程中对马臻墓、庙进行了全面的整修,殿宇宏壮,环境优美,无论是规模还是文化景观布置都是历史时期最好的。

综上,之所以要对马臻庙之记载多次引用,是因为各文献对偏门外马臻庙的位置有不同的说法,最早有《嘉泰会稽志》在会稽"县东南三里八十步"说,之后又有康熙《绍兴府志》"在府城南二里"说,又有嘉庆《山阴县志》"一在鉴湖""会稽县南五里"说,又有道光《会稽县志稿》"祠墓俱在城南二里常禧门外,跨湖桥下,鉴湖铺西"之说,又有今《绍兴市志》"位于鉴湖之滨,跨湖桥以南"之说。但正如嘉庆《山阴县志》解释说:"以《嘉泰志》属会邑,相沿不改耳。"至于今《绍兴市志》,记载更明确:"马太守庙位于鉴湖之滨,跨湖桥以南。"

据上,说明绍兴城偏门外、跨湖桥南的马臻庙,虽行政区域及方位有不同说法,并有多次修建,但其实自唐开元年间(713—741)由刺史张楚兴建以来,位置基本没变。

二、山阴马太守庙

《嘉泰会稽志》卷第六"山阴县"条记:"马太守庙,在县西六十四里。"并有小字附记:"事具会稽。"② 之后的志书对此庙的记载无多异议,或有距离上的相差,然正如乾隆《绍兴府志》定位此庙"在广陵斗门隶山阴"③,又有嘉庆《山阴县志》所谓:"案旧志有利济王庙,在县西南五十

---

① 任桂全总纂:《绍兴市志》第四册,浙江人民出版社 1996 年版,第 2183 页。
② 《嘉泰会稽志》卷六,第 14 页。
③ 乾隆《绍兴府志》卷三十六,第 33 页。

里，祀太守马臻，疑即此县西之庙。"①

1989 年 8 月，笔者曾走访大王庙村村民。从 29 岁起便主管大王庙的骆印明师傅，是年 80 岁。骆师傅称，大王菩萨即为东汉会稽郡太守马臻，同绍兴偏门外太守庙中的太守是同一人。因马太守主持筑鉴湖时用去了许多钱粮，淹没了大户人家的农田和墓地，又未能按规定交纳皇粮，便有奸人上奏诬陷马太守贪污，皇帝偏信后将其定为死罪，剥皮楦草，死得十分惨烈。后任太守到会稽郡后，见水旱灾害锐减，农田连年大稔；又会稽黎民百姓深念马臻恩德，志士乡贤颇多为马太守平反之词，于是便上报朝廷马太守筑湖缘由和功绩。后人感念其功德，建造此庙，并尊称马太守为大王菩萨。马太守的生日为农历三月十四日。是日，民间要举行迎神赛会，隆重祭祀。与绍兴城偏门外马太守庙不同的是，此庙中原还有其夫人冯太娘娘的塑像。据传太守夫人原是绍兴县江桥乡江塘村人。

大王庙坐西朝东，占地面积庙田加地基总共约 19 亩，庙前后共分三进，共计 18 间。大王庙历来香火旺盛，"文革"前此庙还较完好，"文革"时则庙中菩萨、碑文都被毁弃，成为空庙一座。

在庙中寻迹，见房前屋后还多处横斜着依稀可辨部分文字的断碑和残联。其中一石碑有以下文字可辨："太守马公，讳臻，字叔荐，茂陵人。"关于马臻的籍贯，该碑提供了难得的参考资料。

根据以上历史文献资料记载和实地考察时的所见所闻，可以认为：此大王庙即是《嘉泰会稽志》中所载"在县西六十四里"的山阴马太守庙。

此庙位于古鉴湖西端广陵斗门以北的象山麓下。广陵斗门担负着泄洪、御潮等作用，位于鉴湖西缘的顶端，其地理位置十分重要，是马太守的大成之处，于此建一太守庙，其旨意也很明确。

---

① 嘉庆《山阴县志》卷二十一，第 10 页。

马臻庙三十二幅壁画注评 ①

绍兴古城偏门外的马臻庙自唐以降多有陟败和修葺记载。据《绍兴市志》所载："今存前殿、大殿与左右看楼，坐北朝南。清末建筑。"② 其内祭祀内容较为丰富，多古代碑文。庙大殿东西两壁，绘有 32 幅彩图，主题为马臻与鉴湖水利史，其中马臻治水的伟大功绩，以及梁冀家族的贪婪阴毒、马臻被冤杀的前因后果，都形象生动地予以展示。关于此壁画的绘画艺术水平自有有关专家介绍，本文着重对壁画的文史价值进行注评。

一、马臻与鉴湖

马臻，生卒年不详，字叔荐，茂陵（今陕西省兴平市）人。马臻是东汉名将伏波将军马援之后代。③

东汉永和五年（140），会稽太守马臻主持兴建了我国长江以南最古老的大型蓄水工程——鉴湖。孔灵符《会稽记》中有记述："汉顺帝永和五年，会稽太守马臻创立镜湖，在会稽、山阴两县界。筑塘蓄水，高丈余，田又高海丈余。若水少，则泄湖灌田。如水多，则闭湖泄田中水入海。所以无凶年。堤塘周回三百一十里，溉田九千余顷。"④《水经注》称："湖广五里，东西百三十里。沿湖开水门六十九所，下溉田万顷，北泻长江。"⑤

① 本文作者邱志荣，作于 2017 年 1 月，首刊于邱志荣主编：《中国鉴湖·第四辑》，中国文史出版社 2017 年版，第 383—406 页。
② 任桂全总纂：《绍兴市志》第四册，浙江人民出版社 1996 年版，第 2183 页。
③ 参见邱志荣：《上善之水：绍兴水文化》，学林出版社 2012 年版，第 175 页。
④ 《孔灵符会稽记》，载鲁迅先生纪念委员会编《鲁迅全集》第八卷《会稽郡故书杂集》，花城出版社 2021 年版，第 46 页。
⑤ ［北魏］郦道元《水经注》卷四十"浙江水"，第 941 页。

"境绝利溥，莫如鉴湖。"① 马臻是大禹治水精神的实践者，是绍兴历史上真正实施了具有全局性意义工程的治水英雄。鉴湖建成，全面改造了山会平原，效益巨大，流泽后世。没有马臻和鉴湖，绍兴之发展历史要重新书写。

马臻筑鉴湖，创建伟业，在会稽因征迁损害了当地既得利益者，淹没了土地、房屋、坟墓而被权贵和当地部分官员联合诬告；在朝廷因祖先马援和梁松结下宿仇，而被顺帝时主政者梁商家族杀害，可谓中国水利史上千古奇冤。②

"太守功德在人，虽远益彰。"③ 马臻为兴民利，含冤被杀，会稽人民没有忘记马臻，唐代已有马臻庙之记载④。绍兴最大并至今犹存的马太守庙有两座：一在绍兴城偏门外鉴湖之滨，跨湖桥之南；一在绍兴城西钱清大王庙村，又称大王庙。它们表明了政府和民众对马臻筑鉴湖的功德的充分肯定和高度评价。农历三月十四日，民间年年祭祀。

二、对壁画之注评

第一相：东汉永和帝五年，天福星马公降生。

注评：东汉永和五年（140）为鉴湖的创建之年。马公指马臻。把马臻生日定为永和五年是有误的。天福星为福德之星、天赐之福，这里是民间对马臻的吉称。

第贰相：马公与四人张公讳纲、李公讳固、杜公讳乔延师肄业。

注评：张纲（108—143），东汉名臣。杜乔（？—147），东汉名臣，受

---

① ［宋］王十朋：《会稽风俗赋》，载梅溪集重刊委员会编《王十朋全集》卷十六，上海古籍出版社 1998 年版，第 825 页。
② 参见邱志荣：《上善之水：绍兴水文化》，学林出版社 2012 年版，第 168—189 页。
③ ［清］李慈铭：《越缦堂日记》，广陵书社 2004 年版，第 4012 页。
④ 参见［唐］韦瓒：《修汉太守马君庙记》，载［宋］孔延之辑《会稽掇英总集》卷十八，清道光元年（1821）山阴杜氏浣花宗塾刻本，第 9 页。

梁冀诬陷而死。两人都是东汉著名的"八俊"人物，以反对梁冀参政著称。李固（94—147），东汉名臣，以忠正耿直闻名，受梁冀诬陷而死。说马臻与张纲、李固、杜乔一起读书学习，缺少依据，或反映了编著者希望同时代的忠臣志同道合。

第叁相：汉顺帝登基，诏举贤良方正，钦赐马公为会稽郡太守。

注评：汉顺帝在位为公元126—144年，任马臻为会稽太守，此说可信。

第肆相：马公受诏知越地，尽属水乡，与夫人、公子、小姊哭别天焉，遂请登程赴任。

注评：马臻到会稽郡任太守，越为泽国水乡，此说可信。与家人哭别，既为可能也有想象成分。

第伍相：马公到任，三县百姓递荒呈，治水患。

注评：马臻到会稽，因当时未有鉴湖工程，水旱灾害频仍，百姓向新来太守反映灾情，应是合理之举。

第陆相：马公同众百姓登望海亭，视三县潮水冲没荒田。

注评：绍兴城在越国时龙山上建有飞翼楼（后改为望海亭），东汉时海塘未围成，登楼之上可看到潮水直薄山、会、萧平原，应为事实。

第柒相：马公同扶老酌议画图，设法治水。

注评：此说马臻到会稽后，与当地父老、有识之士共商治水之事。

第捌相：马公派三县钱粮创筑应用，候旨开消。

注评：东汉时山阴包括后来的山阴与会稽两县，萧山时称余暨，这里的三县指鉴湖受益的山会地区。马臻组织筹措建鉴湖的资金、粮食、物质也为事实。

第玖相：马公同三县卒、工匠开垦各处山土，运泥创筑各路塘坝等闸。

注评：鉴湖工程规模巨大，位于东汉时会稽郡山阴县境内。湖的南界是稽北丘陵，北界是人工修筑的湖堤。堤以会稽郡城为中心，分东、西两段，总长 56.5 千米。除去湖中岛屿，其面积约为 172.7 千米，正常蓄水量在 2.68 亿立方米左右。[①] 此指马臻组织民众及水工，开山运土建造鉴湖塘坝及水闸设施。

马臻庙壁画第玖相
邱志荣／摄影

第拾相：马公同三县卒、工匠创筑塘坝，东至曹娥，西至萧山，并建造陡亹等闸。

注评：此指马臻组织三县建鉴湖工程，范围东到曹娥、西到萧山，还建造了玉山斗门、广陵斗门、蒿口斗门等设施。

拾壹相：马公同三县卒工匠创筑麻溪大坝。

---

① 参见盛鸿郎、邱志荣：《古鉴湖新证》，载盛鸿郎主编《鉴湖与绍兴水利》，中国书店 1991 年版，第 13—32 页。

注评：历史上浦阳江下游出口早期曾在湘湖之地散漫流入钱塘江。到唐宋时期绍萧地区海塘建设逐渐完成，下泄受阻，浦阳江曾改道由临浦、麻溪经绍兴钱清，至三江入海。又由于鉴湖堙废，会稽山之水直接进入北部平原，因此，造成山会平原排洪压力骤然增大，水患剧增。明代绍萧水利的重点便是对浦阳江下游进行人工调整，主要水利工程则是开碛堰和堵塞麻溪坝。这一调整是出于绍萧地区新的水利平衡，并且以政府为主导带有行政命令强制实施的。为保证山会地区的整体利益，必然会出现局部利益受损的情况，引起水事矛盾。麻溪坝的兴筑是浦阳江改道一个很复杂的过程，主要发生在明代。[①] 此第 11 幅壁画记载与史实不符，延伸过长，说明编著者于此把马臻当作绍兴水利的宗师，把重大水利及功绩都归功于马臻，反映了民间对人物塑造吸收传说的特点。

拾贰相：马公同三县卒、工匠建造道墟、山西、长江等闸，设各处水门六十九所。

注评：此说马臻与三县建鉴湖诸闸，沿湖开水门"六十九所"[②]。但具体的水闸记载不精确，似所记都是山会平原沿海水闸，或不是马臻时所建。

拾叁相：马公开垦荒田九千余顷，设东南两湖灌田。

注评：此言鉴湖的效益。据统计，古代山会平原鉴湖以北、曹娥江以西、浦阳江东南及其附近、萧绍海塘以南的农田约为 47 万亩，[③] 所谓"溉田九千余顷"[④]。"东南两湖"应是鉴湖之"东西两湖"。东湖堤坝自城东

① 参见邱志荣等：《三江水利史稿》，载邱志荣主编《绍兴三江研究文集》，中国文史出版社 2016 年版，第 136 页。
② ［北魏］郦道元《水经注》卷四十"浙江水"，第 941 页。
③ 参见盛鸿郎、邱志荣：《古鉴湖新证》，载盛鸿郎主编《鉴湖与绍兴水利》，中国书店 1991 年版，第 13—32 页。
④ 《孔灵符会稽记》，载鲁迅先生纪念委员会编《鲁迅全集》第八卷《会稽郡故书杂集》，花城出版社 2021 年版，第 46 页。

五云门至原山阴故水道到上虞东关镇，再东到中塘白米堰村南折，过大湖沿村到蒿尖山西侧的蒿口斗门，长 30.25 千米。西湖堤坝自绍兴城常禧门经绍兴县的柯岩、阮社及湖塘宾舍村，经南钱清乡的塘湾里村至虎象村再到广陵斗门，长 26.25 千米。东、西湖堤的分界为从稽山门到禹陵的古道，全长约 6 里。鉴湖湖区总面积为 189.95 平方千米，除去湖中岛屿 17.23 平方千米，水面面积西湖为 85.09 平方千米，东湖为 87.63 平方千米。

拾肆相：三县百姓沐公恩泽，渔樵耕读成美乡。

注评：此说鉴湖效益显著，绍兴成鱼米之乡，人文优越之地。

拾伍相：马公建坝后，诸暨百姓私掘开坝，与三县山、会、萧百姓争競厮打。

注评：此说建麻溪坝后，浦阳江出水不畅，引起诸暨与绍萧之间的水事纠纷，并引起激烈争斗。但此是明代浦阳江改道之事，非关马臻筑鉴湖。

拾陆相：马公会同山、会、萧、诸四县，议帮粮诸邑田亩。

注评：此记马臻召集四县协调麻溪坝水事纠纷，以粮食补诸暨损失。所记虽不应是马臻之事，而是明代绍兴知府所为，但说明在明代浦阳江改道后，对工程带来的淹没区的损失，绍兴府曾进行四县协商。让受益区以粮食补偿淹没区的办法，很有水利史料价值。

拾柒相：权奸梁冀，差官索马公金帛不遂，成衅起事。

注评：奸，同"豻"，《辞海》释为古代北方的一种野狗，形如狐狸，黑嘴。此说梁冀陷害马臻筑鉴湖的缘由。记梁冀与马臻有矛盾是事实，但并不是因为马臻擅动官府钱粮，而是梁、马两家有仇，梁家乘机诬陷打击马臻。[1]

拾捌相：梁冀因端怀衅，即以擅用公赋敕奏马公，不蒙明察。

---

① 参见邱志荣：《上善之水：绍兴水文化》，学林出版社 2012 年版，第 168—189 页。

注评：此记梁冀构陷马臻，以马臻擅自动用官府钱粮为由，向皇上诬告马臻有罪。而皇上不明细察，被蒙骗。

拾玖相：校尉到会稽郡，锁拿威逼登程，公从容就缚，惊鹜闻百姓。

注评：此记朝廷派官员强行抓捕马臻，马臻从容而就缚，消息迅速惊动黎民百姓。

二拾相：三邑百姓感公恩泽，哭泣攀援，随公至洛阳，赴阙白公冤。

注评：此说山、会、萧民众，深明马臻为人和筑鉴湖功德，在马臻被捕时悲痛哭泣，全力救援，还随马臻到京都洛阳，到朝廷为马臻伸冤喊屈。

念壹相：梁冀陷公以泄私愤，公遂受无妄之灾。

注评：此说梁冀陷害马臻，以泄个人私愤，马臻平白无故遭遇灾祸，蒙冤被杀。

据考证[1]，马臻到会稽为太守后，毅然创建鉴湖，因此引起很多的移民、淹没房屋和坟墓以及大量增加劳役等问题纠纷，也必然引起了当地既得利益受损害者之不满。更严重的是在政府官员中的马臻反对者，以及梁氏家族在地方的势力，充分利用这一机会，诬告马臻。经周密策划，他们阴险地从政府掌管的户籍簿上抄录已死亡人之名，以这些死人名告状到朝廷。状告的主要罪名是马臻贪污政府皇粮和财政收入，筑湖淹没当地百姓土地、房屋和祖坟，激化社会矛盾。

山阴有千余人状告马臻，但不管如何不顾事实诬告，未经查实，都不能直接置马臻于死地。能够杀马臻者，关键是当时的汉顺帝和位居三公之上、掌握朝廷大权的大将军。汉顺帝永和六年（141）做东汉大将军的

---

① 参见邱志荣：《上善之水：绍兴水文化》，学林出版社 2012 年版，第 168—189 页。

分别为梁商和梁冀。那年秋八月，梁商病死，壬戌日（初十），派河南尹、乘氏侯梁冀做大将军，故而是年陷杀马臻的要么是梁商，要么是梁冀。

梁商，史上虽有清名，但深入分析也可见其具有处事谋划深远、不张扬、阴险、手段极其高明的从政特点。梁商把女及妹送给了顺帝，"女立为皇后，妹为贵人"[①]；顺帝要让梁商当大将军，他推辞不受，但最后还是当了大将军；他赈灾"不宣己惠"[②]，但天下人都知道了他的义举；他请求顺帝"罪止首恶"，"刑不淫滥"[③]，对状告他的人少处罚，但首要者张逵、张凤、杨皓都被处以死刑；他向顺帝选送歌妓友通期，没有做到事君当进贤士，其行为可见一斑；他死前要求薄葬，但实际葬礼十分隆重；他明知儿子梁冀的品行，却未阻止顺帝对他的提拔重用，最后顺帝让梁冀继承了他的大将军之职。梁商死于永和六年（141）秋，史载他在三月上巳日大会宾客，在雒水宴会，酒过半后，唱《薤露之歌》。[④] 马臻被杀属违法、违反程序案，未经调查核实便把马臻残杀，披刑于市，此种生杀大权只有皇上才拥有，永和六年春还免去了司空郭虔的官职。《后汉书·志第二十四》记："司空，公一人。本注曰：掌水土事。凡营城起邑、浚沟洫、修坟防之事，则议其利，建其功。凡四方水土功课，岁尽则奏其殿最而行赏罚。……凡国有大造大疑，谏争，与太尉同。"[⑤] 主管全国水土事的最高官员也被免职，看来应是有重大过错。绍兴民间相传马臻的生日为农历三月十四日，马臻的生平都无记载可考，何来详细的生日记载，倒是永和六

① ［南朝宋］范晔撰，［唐］李贤等注：《后汉书》卷三十四，中华书局编辑部点校，中华书局 1965 年版，第 1175 页。

② ［南朝宋］范晔撰，［唐］李贤等注：《后汉书》卷三十四，中华书局编辑部点校，中华书局 1965 年版，第 1175 页。

③ ［南朝宋］范晔撰，［唐］李贤等注：《后汉书》卷三十四，中华书局编辑部点校，中华书局 1965 年版，第 1176 页。

④ 参见［宋］司马光编著，［元］胡三省音注：《资治通鉴》卷五十一、卷五十二，标点资治通鉴小组校点，中华书局 1956 年版，第 1664、1689 页。

⑤ ［南朝宋］范晔撰，［唐］李贤等注：《后汉书·志第二十四》，中华书局编辑部点校，中华书局 1965 年版，第 3561 页。

年郭虔于三月十六日被免职有正史记载。按此分析，民间所传马臻生日或是他被杀害之日，到第三天，主管水土之职的司空郭虔便被免职。

能把马臻案办成冤案、奇案、谜案的也只有老谋深算的梁商。马臻到会稽后修鉴湖必然向朝廷报告过，由郭虔"岁尽则奏其殿最而行赏罚"[1]，朝廷开始必然是支持的，如此大的水利工程项目，按常理郭虔也会向大将军及顺帝报告过。后来出现了千余人怨诉到朝廷，不仅告到了郭虔那里，还会有告到梁商、顺帝处的。盛怒之极，顺帝下令斩杀了马臻，罢免了主管水利的司空郭虔。

马臻被杀还要提到一个关键人物，便是梁皇后梁纳。梁纳是梁商之女，很擅长谋政之道。阳嘉元年（132）立为太后，常干预朝政。梁商、梁冀能成为大将军，一揽朝中大权，骄横恣肆，祸害国家，她起到重要和关键作用。后来梁氏专权立帝与谋杀孝质帝，李固、杜乔等忠诚之士被杀，梁太后都有不可推卸之罪。同样，马臻含冤被杀，就最高决策层而言，梁纳亦应为梁家主要谋划者之一。

马臻蒙冤被杀，当时朝廷必定会有人提出异议，会稽有识之士也必然有人为马臻鸣冤，向朝廷提供真实情况。于是朝廷派人去会稽调查。但亦可发现马臻被害后，朝廷派到会稽任太守的是何人？是梁旻[2]。梁冀的从弟到会稽新任太守，要办梁商主谋、与本家有世代宿怨后代之案，何来真实？而梁冀在朝廷主政，他会深究父亲办的案子吗？顺帝会承认自己的过错吗？

新任太守梁旻策划把政府的户口簿交给了朝廷来使，核实都是已死之人。既然是死人告状，也难对质。不再深究，既为顺帝之错作了掩饰，也在梁家所希望的可掌控的范围，就此不作讨论，不再提及，不载史记。就筑鉴湖本身而言，也没有人说是不对，鉴湖依旧存在，其利不断显现。时间一长，朝中也就无人再提此事。正史不记载此事，有不便写、不好写、

---

① ［南朝宋］范晔撰，［唐］李贤等注：《后汉书·志第二十四》，中华书局编辑部点校，中华书局1965年版，第3562页。
② "是时会稽太守梁旻，大将军冀之从弟也。"见［南朝宋］范晔撰，［唐］李贤等注：《后汉书》卷六十七，中华书局编辑部点校，中华书局1965年版，第2199页。

不能写的原因在其中。

而孔灵符在孝武帝大明年间（457—464）任会稽太守，已是离马臻筑鉴湖300年以后的事了。孔灵符到会稽后，看到鉴湖的巨大效益，听到民间相传马臻被杀的冤案，心中愤愤不平，于是他在《会稽记》中以简短的文字记下了鉴湖的建筑时间、规模、形制、效益，以及马臻被杀的缘由。孔灵符也属刚直之人，最终也惨遭杀害。[①]

念二相：冀复遣校尉诣公家，夫人赴井，而公子之子女继之。

注评：此说梁冀凶残之极，又派遣军官到马臻家，致使马臻夫人投井而死，子女相继投井，酿成人间悲剧。

念叁相：三县百姓赴阙，复白公冤。

注评：山、会、萧黎民百姓愤恨不平，上告朝廷，为马臻伸冤。

念肆相：三邑百姓扶公柩归于越地，香滴洛阳。

注评：山、会、萧黎民百姓扶持马臻灵柩回到会稽，震动朝廷所在洛阳城。

念伍相：汉帝时，张纲、李固、杜乔敕奏梁冀十大罪。

注评：汉帝时，张刚、李固、杜乔向朝廷上奏控告梁家罪恶。对照下幅图之汉帝应为汉桓帝时期（147—167），因此张刚等三人控告过梁冀是事实，但年代应在汉顺帝时期（126—144）。

念陆相：汉帝准奏，敕张纲、李固、杜乔监斩梁冀父子三人，奸党受诛。

---

① 参见［梁］沈约：《宋书》卷五十四，中华书局编辑部点校，中华书局1974年版，第1532—1534页。

注评：汉帝准奏，命张刚、李固、杜乔三人监督斩杀梁家父子，梁氏一并奸党同时诛杀。此汉帝应是汉桓帝。诛杀梁氏事发生在延熹二年（159），此时张刚、李固、杜乔均已不在世。

念柒相：唐开元中，刺史知绍兴府事张公讳楚，奉旨同三县百姓敕建马公祠。

注评：在唐开元年间（713—741），主管绍兴府事的刺史张楚，按照朝廷的指示建马臻庙。此事唐代韦瓘《修汉太守马君庙记》有载，又记"封仁惠公"。

念捌相：上帝怜马公忠直，敕公阴勘梁冀父子奸党恶迹。

注评：上帝深感马臻的忠诚正直，命马臻在阴间清算梁家父子及奸党祸国殃民的罪恶。此上帝应是指中国古代祭祀中的最高神。

念玖相：宋嘉祐四年，查粮，比前汉多三十余万，封马臻为"利济王"。赐春秋二祭。

注评：宋嘉祐四年（1059），朝廷查核对比山会平原三县粮食生产情况，发现比汉时多产30余万（石）。"30余万"，计量单位以"石"较符合实际，此言鉴湖建成，起到蓄淡、抗洪、排涝、挡潮的作用，农田增加和受益，粮食比汉时大增。于是宋仁宗封马臻为"利济王"，还赐予春秋两次祭祀。"利济王"是宋仁宗对马臻的谥号，《闸务全书》下卷《县覆府引·附录》载："《府志》载，汉会稽太守马臻，宋嘉祐四年封利济王。"[1] 此壁画应是庙中传承记载，具有真实性，并与文献互证。

叁拾相：贼寇临越，公默显神威退寇，百姓得安堵无恙。

注评：有外来强盗侵犯绍兴，马臻显示神威击退来寇，黎民百姓得以平安。

---

[1] 冯建荣主编：《绍兴水利文献丛集》，广陵书社 2014 年版，第 71 页。

此"贼寇"应主要是指倭寇。明代倭寇多次侵犯越地，尤其是明嘉靖二年（1523）五月，日本人冲击宁波驿馆和市舶馆，一路追杀到绍兴城下。[①] 这里绍兴民间已把马臻当作泛神对待，祈求保佑太平。

参拾壹相：康熙□十□年，越都旱甚，郡侯邑主亲诣虔祷，大沛甘霖，万民感仰。

注评：康熙某年，越地旱情严重，知府亲至马臻墓、庙祭拜求雨，是年风调雨顺，黎民百姓感恩崇仰马臻神明。

参拾贰相：三邑士民感公大惠，逢公诞辰，龙舟□终志不忘。

注评：山、会、萧三地民众不忘马臻为越地带来的恩泽，每逢马臻诞辰之日（相传为农历三月十四日），以龙舟竞赛等活动纪念。

三、小结

其一，马臻庙的壁画创作、绘制时间应在清代。

关于马臻庙，康熙《绍兴府志》有载："马太守庙……至明天启间，知府许如兰同郡中乡衮重葺（修撰余煌有记），后渐倾颓。本朝康熙五十六年，知府俞卿筑沿海石塘，告成乃追念马公旧绩，祭拜祠下，见庙貌荒凉，尽撤而新之，门垣堂寝前后具备，较之旧制，弘丽数倍焉。"[②]《绍兴史志》记马臻庙在"明天启及清康熙、道光、光绪年间，均修葺"[③]。

关于壁画内容结局的第 31 幅也是记康熙年事，第 32 幅则是讲民间祭祀之事。由于目前尚未找到确切的壁画创作年代，只能分析其年代最有可能在康熙五十六年（1717）之后到道光（1821—1850）之间。

其二，壁画最大的价值是揭示了马臻是为梁家所害。

---

① 参见钱起远主编：《宁波市交通志》，海洋出版社 1996 年版，第 616 页。
② 康熙《绍兴府志》（俞版）卷十九，第 16 页。
③ 任桂全总纂：《绍兴市志》第四册，浙江人民出版社 1996 年版，第 2183 页。

关于马臻筑鉴湖事迹与被杀冤案,《后汉书》无记载,文献资料也甚少,并且之后的文献中仅记载马臻被杀是当地权贵的诬告所致,不涉及朝廷的责任。但马臻既然造福于民,又蒙冤被杀,会稽百姓必定愤愤不平,念念不忘。马臻庙有记载建于唐代,关于马臻和鉴湖真实事迹在马臻庙传记中应该有集中的历史传承和权威性。之后口口相传,在事实的基础上也会演绎出新的故事,增添新的内容。壁画中直面史实和朝廷的过错,揭示并记述了马臻被杀的主要原因是为梁家父子所构陷。1600年多年的尘封历史,于此解密,填补了历史文献之空缺。

其三,壁画是一部民间版的马臻与鉴湖水利史,特色鲜明。

此壁画的历史叙述脉络较清楚,对鉴湖的规模、效益,上至汉代、下至清代的绍兴治水史,叙述得较清楚和系统。并且画中人物的服饰打扮富有时代特色。如第30幅马臻默退贼寇,百姓的服饰似为明代;第31幅康熙年间知府求雨,其中人物明显是清代装束。可以肯定文字记述并创作者有较深厚的史学功底,既阅读了较多关于马臻与鉴湖的史料记载,又较认真研究过东汉历史,还广泛地吸收了民间关于马臻鉴湖以及绍兴水利的故事传说,这些壁画是经过一番认真梳理和研究的作品,可作为绍兴水利史的重要史料。

当然,既然是民间壁画,就具有想象发挥空间较大、史实不是很严谨,以及逻辑不是很严密的缺点。

建议有关单位、部门加强对壁画的保护和研究。

四川汤绍恩故居寻访记 ①

明代三江闸是绍兴水利、水运建设的里程碑,“三江闸是现存我国古

① 本文作者邱志荣、魏义君,作于2014年9月,首刊于邱志荣主编:《中国鉴湖·第一辑》,中国文史出版社2014年版,第150—162页。

代最大的水闸工程"①，"代表了我国传统水利工程建筑科技和管理的最高水平"②，领先世界300多年，在中国水利史乃至世界水利史上都有重要地位。三江闸的缔造者汤绍恩为绍兴一代名太守，缵禹之续③，恩泽越中，越民念念不忘。有关三江闸建设和汤绍恩在绍兴主政的历史情况，《三江闸务全书》记载较详。比较遗憾的是绍兴文史界对汤绍恩的故居、生卒年情况掌握资料不多，对其故居的专访也未见有过历史记载。

2014年5月10日，中国水利学会水利史研究会由谭徐明会长带队组织绍兴市水利局、绍兴市鉴湖研究会等有关单位，寻访了汤绍恩家乡四川省资阳市安岳县。绍兴市水利局调研员、鉴湖研究会会长邱志荣，《绍兴市水利志》办公室副主任魏义君，上虞区水利局党委副书记任岗，柯桥区塘闸管理处副主任马钦涛，绍兴图优网董事长金伟国等，满怀对汤太守崇敬的心情应邀参加。

此次行程为汤绍恩离任绍兴后，绍兴方有组织参加的首次赴川专题考察汤绍恩故居活动。考察组在四川省水利厅党办副主任王晓沛、四川省安岳县人大常委会副主任范丹、政协副主席谢贻奎、水务局局长张钧的陪同下来到了安岳县陶海村汤绍恩的后裔居住地和汤绍恩墓所在地。本文将考察经过和所获综述如下。

一、汤绍恩故居陶海村

安岳县位于四川盆地东部，距离省会成都166千米，在成都至重庆、

---

① 周魁一：《中国科学技术史·水利卷》，科学出版社2002年版，第314页。

② 2013年12月1日，中国大运河水利遗产保护与利用战略论坛全体代表《加强绍兴三江闸保护倡议书》，载邱志荣、李云鹏主编《运河论丛——中国大运河水利遗产保护与利用战略论坛论文集》，中国文史出版社2014年版，第379页。本次论坛主办单位为中国水利学会、中国文物学会。

③ "缵禹之绪"为明徐渭为绍兴三江闸的缔造者汤太守祠题写的对联，原作为："凿山振河海，千年遗泽在三江，缵禹之绪；炼石补星辰，两月新功当万历，于汤有光。"参见［明］徐渭：《徐渭集》第四册《徐文长佚草》，中华书局1983年版，第1152页。

南充至宜宾的十字交会点上，形成了优越的区位优势。全县总面积2690平方千米，总人口160万人（2010年），现属资阳市。安岳古称普州，据历史记载，州、县始建于北周建德四年（575），距今已有1400多年的历史。安岳历史悠久、人才辈出，名胜众多、风光旖旎。安岳石刻始于南北朝普通二年（521），在我国石窟艺术中居于"上承云冈、龙门石窟，下启大足石刻"的重要地位。现存有摩崖石刻造像230余处、10万余尊，有全国重点文物保护单位9处，省级文物保护单位10处。

汤绍恩的故居在该县城北乡陶海村，"自伯坚祖八世孙绍恩移居陶品坝（今安岳县城北乡陶海村，以下称今名陶海村）以来，历世子孙传至七世，伯坚祖十四世孙建中祖，生四子：训、诩、谟、谕，分为四房。除外迁定居外，大都居住陶海村"①。这里地处川东丘陵区，地势平缓，土质深厚，植被良好，多产果实。

这是一个不错的五月天，多云的天气，初夏的田园和山川青翠滴绿，富有生机。经过一段弯曲的县乡级公路，一行人员来到了山环水绕、树木葱茏的陶海村，汤氏的后裔大都在此定居。

大家下车到达的是汤绍恩第十九代孙汤铨叙的家居。这是一处农家小院，虽是单层，但环境整洁，外表装修也比较精致。附近几十米处是一口约有两亩的水塘，颇有"半亩方塘一鉴开，天光云影共徘徊"的意境。汤铨叙是这里的村委会主任，三十几岁，当过兵，个子不高，精、气、神颇足，衣饰简朴却给人一种器宇不凡、英姿勃发的感觉。简单地表示欢迎和介绍后，大家便抬着花篮前往汤绍恩的墓地。

二、汤绍恩墓及祭拜仪式

据称，汤绍恩墓地位于陶海村的扯旗山山麓。经过几百米的山麓地带小道，周边都是果树、玉米和蔬菜地，农业生产的氛围在此十分浓厚。当

---

① 《汤氏家谱·汤氏家谱续编》，第137页。

我们来到一片相对比较宽阔的山麓地带，汤氏后人指着一处简易的坟墓，说此便是其先祖汤绍恩墓时，诸位同人心中不禁产生了酸楚的感觉：绍兴三江闸的缔造者，福泽绍兴、为绍兴人民所由衷怀念的明史有传的一代功臣汤太守，其墓地竟是如此荒凉？

据汤氏后裔介绍，这里是一处风景上好之地，墓后为山丘所环绕，如一把座椅；在 20 世纪 50 年代，墓还较完整，墓体为石砌，虽不高大，却较齐整；墓下平台有一巨大龟石立有石碑，碑两侧有石狮一对，之外还有一石制雕刻精美的古牌坊，牌坊外砌有整齐的九级石阶，再之下有一口小水塘；其地土质肥厚、植被良好，古时多长松柏。墓及众多设施，在"文革"中毁于一旦。今墓之下及村头田边还有残存的牌坊石雕及墓道刻石。

之后，在得到的《汤氏族谱》中的"祖茔图说""陶峀坝"的记载为：

> 安岳西北角中七里桥，今易展旗桥。由木门寺大路，觅水沟下，有坝平衍，素称沃壤，溪流曲曲，土星出脉，串珠相联如七星，陡起一峦，横曲如钩，恩祖墓葬此。穴在钩靠左，迎水向右，一山圆秀，有夫子庙；左下水口，一山横捍，如蛟戏水，状复乐山磅礴，壁立如屏。夫子庙下，水玄字绕如壶卢形，俗传为太极图。当面隔溪。案山拖曳如旗，曰：旗山，旗山尾有华光庙。旗山后，一峰矗立如鼓坝，旧名"陶峀"，殆以人名地也。自恩祖葬后，以下历世庐基相望，环坝阡穴，约数十处，备载衍派图。[①]

旗山青翠依旧，汤公英气长存。简易的汤太守拜祭仪式在此举行。中国水利史研究会副秘书长李云鹏主持仪式。祭祀仪程为：

其一，敬献花篮。先为中国水利史研究会会长谭徐明代表中国水利史研究会敬献花篮，其上题敬字为"功在会稽、荣耀故里"；又为绍兴市水利局调研员、中国水利史研究会副会长、绍兴市鉴湖研究会会长邱志荣代表绍兴市水利局敬献花篮，其上题敬字为"缵禹之续、恩泽越中"。

---

① 《汤氏族谱》，第 53 页。

其二，行三鞠躬礼。

简朴的仪式代表了大家对汤太守深深的敬意和真诚的怀念。

三、与汤氏后裔举行座谈

之后又来到了汤铨叙的家里。其家的客堂中依旧供奉着汤太守的灵位。其主横额题"三江砥柱"，两侧内联为"书是天下英雄业，勤归人间富贵根"，外联为"清溪踩藻明其洁，静夜焚香告以诚"。联额中除了对其先祖的怀念，更多的是对汤太守精神的传承和弘扬。

在客堂举行了赠书仪式。邱志荣代表绍兴市水利局向汤铨叙赠送了《三江闸务全书》，其上题字为："明代绍兴太守汤绍恩，'缵禹之续，恩泽越中'。敬赠：汤氏家族。浙江省绍兴市水利局邱志荣与同仁甲午年初夏于陶海村。"汤铨叙分别向谭徐明和邱志荣赠送了《汤氏族谱》，赠邱志荣的书上题有："赠邱志荣先生。四川省安岳县城北乡陶海村汤绍恩第十九代孙：汤铨叙、汤荣续。二〇一四年五月十日。"

根据王晓沛副主任的提议，又在汤铨叙家门前的小院子前进行了座谈。汤铨叙代表汤氏家族发了言。主要内容为：弘扬先祖精神；集家族之力重修汤公墓地；希望加强同绍兴的联系，并在修复墓地时给予支持。谭徐明代表中国水利史研究会发言。其主要内容为：阐述三江闸的历史地位和汤太守的功绩；希望绍兴方能够保护好三江闸，安岳方能修复汤公墓；绍兴与安岳能加强合作交流。邱志荣代表绍兴方发言。其主要内容为：介绍此行的目的和意义；高度赞扬汤太守的崇高精神品质和三江闸建成对绍兴发展的伟大贡献；表达绍兴人民对汤太守的崇敬和怀念之心；对如何修复汤公墓提出建议方案；希望两地在汤太守资料整编和学术研究上加强合作。马钦涛副主任、王晓沛副主任、范丹副主任、谢贻奎副主席、张钧局长等也围绕主题先后发了言。整个座谈期间都洋溢着友好的气氛。

四、《汤氏族谱》

《汤氏族谱》系由元代汤氏先祖在四川任资州太守汤伯坚的十七世裔孙汤自新在乾隆五十二年（1787）编纂，名《安岳汤氏重修族谱》。所记第一世为汤伯坚"由楚仕蜀，开安岳基"[①]，至汤绍恩为第八世，编至第十九世"启"字辈止。因元、明时期的《族谱》已毁坏，以故名重修。至2007年，清代所编《汤氏族谱》历经220年，又已发黄蚀损。为抢救珍贵历史文化遗产，汤氏第二十三世裔孙、时年80岁的汤继勋组织再编《汤氏族谱续编》，并与《汤氏族谱》合并重印。

清时汤自新所编的《汤氏族谱》共分11大类，分别为"列序""凡例""历世支派图""遗真""封典""宦迹""祖茔""传记""赠章""祠堂祠址""汤氏族派行三十二字"等，比较全面地记录了元代汤伯坚之后至十九世裔的汤氏家族脉络分支，重点放在对汤绍恩和其前后的人事记载之上。尤为珍贵的是其中有汤绍恩的家史、生平、事迹、功德、著述、影响等重点史料，不少是在绍兴所未曾见到过的。

2007年汤继勋所编的《汤氏族谱续编》则相对较为简单，主要内容为"陶海村汤氏""龙窝村汤氏""道林村汤氏"各章，以及"杂编""大桥坝汤氏班行对照及说明"等，主要是对之前族谱的延续和补充。此次重刊又将安岳县历史名人研究会2003年10月编印、刘联群编著的《汤绍恩评传》全文收入《汤氏族谱》作为附录，评传中还收录了康熙《安岳县志》所载的汤绍恩的4篇文章——《董公去思记》，乃为明安岳知县董信祠堂所撰；《新修大成乐记》，乃为安岳文庙大成殿礼乐馆新建落成所记；《李公祠记》，乃为纪念明安岳县教谕李思文祠堂所撰写；《十礼图说序》，明成化二十三年（1487）湖南宁乡县云溪人杨廷谔在安岳任教谕期间著有《十礼图说》，后在嘉靖后期由其门人彭世爵〔嘉靖二十年（1541）安岳进士〕、胡大伦（明嘉靖蜀府审理）联合整理成书，请汤绍恩作此序言。这

[①] 《汤氏族谱·历世支派图》，第16页。

4篇文章，对后人了解和研究汤绍恩的思想、道德观至为关键。

关于《汤氏族谱》的真实性，乾隆四十五年（1780）任安岳县知县的徐观海，在为《汤氏族谱》写序时有过专门审考。徐观海自述：

> 余家浙郡钱塘之柳湖，绍兴邻也。自幼，肆业时稔，闻诸父老暨乡先生言：绍之应宿闸启闭有时，旱涝有备。会稽、山阴、萧山，至今称乐土者，西蜀汤侯经营创治之力也。及长，偕同志放兰亭、禹穴之胜，因得纵观侯所筑闸。谒祠宇，瞻礼遗像，钦佩高躅，因相与赓歌叶赞，用志不忘。[1]

徐观海故里在三江闸之三江之一的钱塘江边，从小就听家乡父老说到关于三江闸的巨大效益之事，对汤绍恩的功绩他早有所闻。年岁稍长时，又到过三江闸，目睹了大闸之雄伟壮观，还拜谒了汤公祠，瞻仰了汤公之遗像。十分有缘的是在仕途之路上，他有幸到了汤绍恩故乡为知县，自然，他对汤绍恩的后人编写族谱之事是十分关心和充满感情的。其间，他"暇中披览县志，乃得悉侯家世"，进一步了解了汤绍恩的家世和安岳民众对汤绍恩的敬仰。不久汤氏后裔欲重修族谱，请其为之作序，并为其提供了所藏历史资料：

> 越明年，侯裔孙明新携乃祖建中公渊源序一卷，云：家适修谱，丐余言以弁其端。且谓旧谱烬于劫灰矣。伯坚公而上，不可考。斯编，乃建中训导长寿时，晚年手录垂诸子孙，使知世系所自。并出其家所藏前明诰封墓表与诸名宿先后传、序示余。

徐观海对为汤氏作序这件事应是极为慎重的，他仔细审阅了相关资料，确认其真实性：

> 余为细阅序中，迁徙、住居、葬地，及历世宦秩履历，宦任某郡，游逮某都，某祖某妣、某派某支，居某处，葬某山。文质

---

[1] 《汤氏族谱》，第1页。

真而义该，事详明而情实，纠棼盘错中，无殊观纹掌上也。忆其时，姚黄肆虐，烟火一空。建中公父子狼狈秦川，断魂桑梓，汤氏之不绝者，殆如线矣。而公能于兵戈抢攘之余，养生送死，克尽葬礼，摩挲片稿，手泽犹新，益想见其先世诗礼传家，仁孝裕后之深且远矣。

至此，徐观海心中亦充满感慨，既希望汤绍恩之功德精神能弘扬光大，又期望汤氏家族能兴旺发达，于是欣然为之作序：

余越人也，绍为古越地，汤侯风烈，俾功神名，名宦之仰，杭亦依被回光也。余不获生同侯时，犹幸宰侯故里，亲观其族系渊源。而序其谱，其可以无文辞哉！侯孙子明新，气宇傲傥，性谦厚，游太学，就职分发未果，往来燕晋间，如鹣在笈，志未尝忘霄汉明德。之后，多生达人，余尚憾不及，偏接贤族诸君子。尔序成，复勉为诗，勒石侯座右隅，昭响慕焉。

五、汤绍恩的生卒年

汤绍恩的生年，其故乡四川安岳人考证为明弘治十三年（1500）三月二十五日，在安岳城北陶昌坝（今安岳县城北陶乡陶海村三组）[1]。至于汤绍恩的卒年，《汤氏族谱·传记》引毛奇龄《汤公传》：

历官布政使，年五十七卒。[2]

笔者查阅毛奇龄（1623—1716）所写的《绍兴府知府汤公传》，所记却为：

---

① 参见刘联群编著：《普州人文胜览》，光明日报出版社 2007 年版，第 199 页。
② 《汤氏族谱》，第 62 页。

历官布政使，年九十八卒。^①

相距实在太大。按说这么重大的问题汤氏后人不会错记。《汤氏族谱》于乾隆五十二年（1787）编纂，这已是毛奇龄去世71年以后的事了。那么当时汤自新收录的这篇传记是有误，还是有其他原因？问题还不止于此，《汤氏族谱·传记》又引《程孺人传》，程氏是汤绍恩大儿子汤蓄德的妻子，由于汤蓄德早逝，程氏23岁守寡，因程氏忠孝两全，清乾隆《安岳县志》将其记入《列女传》。《汤氏族谱》所引的这篇传记在写汤蓄德时提到了其父汤绍恩：

> 先生官终山东布政使司，性廉约，尚清廉，捐官日捡治宦囊、图书外，萧然无一长物。蓄德侍母熊安人，携弟之德公，茕茕扶灵柩归里，服阕，任王府寿官，以少负羸疾，御事居家……^②

按此说法，汤绍恩是在任山东布政使司前后离世的，并且更清楚的是写到了"服阕"^③。此或是57岁之说的由来。果真如此，则有可能是汤氏后人在收录毛奇龄文章时，据实改了毛奇龄《汤公传》关于汤绍恩卒年记载的文字。

至于97岁之说主要源于《朱公再叙》，《明史》卷二百八十一《循吏》，亦记汤绍恩卒年为97岁。《朱公再叙》载：

> 昔吾乡人商于潼川，路经安岳，憩侯之门，侯以方伯告归林下，布褐䌷屦，慎隙扢歆。问商何自。商曰："自浙绍。"侯近而前曰："汝处三江塘闸，今时利赖，比昔时若何？"商曰："闸利甚薄，民食其德，功垂不朽耳！"侯闻言而寂，无以答。因留商饭，始知其为侯也，时年已九十七矣。大德长生，仁人有后，不

---

① ［清］毛奇龄：《绍兴府知府汤公传》，载［清］毛奇龄《西河文集》，清康熙李塨刻西河合集本，第2页。
② 《汤氏族谱》，第71页。
③ 指服三年之丧期满。

益异乎？ [1]

一次偶然机会，在友人处看到了汤绍恩题诗一首：

> 云崖一老衲，静里悟前生。寄迹在尘世，绾封来蠡城。济人无他术，惟惠又清因。惟切同民志，非关后世名。何时素愿慰，归听晓钟声。

据说此是汤绍恩离开绍兴后赠绍兴友人的诗，诗中境界很高，写他对人生的感悟、在绍的从政体会，核心是如要得民心，唯有德惠与清白，为官首要是为民造福，不求身后之名。真可谓诗言志，文如其人。另外，从此诗看，汤绍恩或早有皈依思想。如此，其卒年便存其两说又何妨。

六、安岳汤公牌坊、祠

乾隆《安岳县志》记载，由于汤绍恩在绍兴的杰出功业，以及出任过山东布政使，深受安岳士人和民众的拥戴和敬仰，之后安岳县城正街上曾为汤氏父子三代立有三个牌坊："父子进士坊"，为汤佐、汤绍恩父子而立；"兄弟同科坊"，为汤绍恩、汤绍夔而立；"尚书坊"，为汤焕新而立。

原安岳县城有汤氏宗祠，《汤氏族谱·祠堂祠址》有十五世长房孙训的《宗祠条议单》，该文言：

> 恩祖任浙江绍兴府知府时，创建三江口应宿闸后，升山东布政司。卒，浙人以公生为忠爱，殁作明神，为之立祠，为之塑像，春秋谨祀，自足昭日月而壮山海、裕国人，而百世永皆时荐岁享，已在于三江饮食尸祝，顷刻而不忘矣。子孙于先祖，岂反无报本之意乎？考明朝万历二十八年三月初二日，于安岳县城营盘内建修宗祠，名曰：三重堂。一重堂，吾祖讳佐，南京户部郎

---

[1] 《朱公再叙》，载［清］程鹤翥纂辑、［清］佚名续增《三江闸务全书》，清刻本。

中。二重堂，吾祖讳绍恩，山东左布政使司。三重堂，吾祖讳蓄德，王府寿官。追思罔极，颂慕无穷，昭穆有序，跻堂恪恭。古以地基四至定界，前抵街心，后抵城墙，左抵城墙，右抵营盘，以城墙左横过营盘右，丈尺若干。自先祖以来，地基原系居公，屡年收佃基钱十有余千，以作公项费用。读书成名者，给发钱十千，簪花挂红。管钱者，其家充裕，方可承掌。庶体前人之德，垂之万古而不朽。地基银钱遗之后世，而不乱云。

从中可见，汤氏宗祠还是颇有规模和影响的。而我们此次去安岳所见汤氏宗祠已迁移至安岳著名景区圆觉洞山中，可惜其祠内供物、设施已荡然无存。

此行获得了珍贵的第一手资料：

其一，基本确定了汤绍恩的出生地和墓葬地均在安岳县陶海村。

其二，得到了汤氏后裔赠送的、弥足珍贵的《汤氏族谱》。考虑日后对此书保存和查阅的方便，2014 年 6 月 12 日，已由绍兴市鉴湖研究会，捐赠绍兴图书馆收藏。

其三，为绍兴及安岳两地友好交往打下了良好的基础，两地对如何进一步挖掘、弘扬、传承汤绍恩的治水精神形成了共识。

经世致用　续写时代新篇章
——绍兴运河园建设的实践与启示 [①]

绍兴运河园自 2002 年开始建设，迄今已有 20 余年。运河园建设是成

功的，不但赢得了社会各界的交口赞誉，还显示了文化的持续力，成为浙东运河文化园的主体部分。2023 年 9 月 20 日下午，金风送爽，水天一色，习近平总书记来到浙东运河文化园考察，并作出重要指示，这对我们多年来参加运河园建设的全体同人是莫大的鼓励和鞭策。2024 年 6 月 22 日是中国大运河申遗十周年纪念日，在此对绍兴运河园建设略作回顾，以期交流互鉴，再下功夫，再创佳绩。

一、绍兴运河园建设的提出

浙东古运河历史悠久，通江达海，好运天下。这样一条于史著名的运河，到了 20 世纪末却存在着不少令人担忧的问题：航运功能已逐渐下降，航道变窄，部分地段已不能过往较大吨位船只；沿河石塝多有倒塌，部分已遭损坏；河道淤泥深厚，一些地段超过 40 厘米；文化资源在不同程度上遭到损坏，沿河有些名胜古迹或拆除，或部件遭损；两岸建筑凌乱，多小型企业厂房仓库；绿化偏少，树种单一，绍兴传统树种更少；等等。

2002 年 10 月，绍兴市委、市政府在绍兴环城河整治成功后，又决定对千古名河浙东运河进行全面水环境整治。其中一期工程建成东起绍兴西郭立交桥，西至越城区、柯桥区交界段的"运河园"。运河园长 4.5 千米，总面积约 25 万平方米，总投资 6000 余万元。浙东古运河的整治翻开了新的历史篇章。

二、绍兴运河园建设的定位与理念

浙东古运河是近 3000 年来越地人民改造自然的产物，是越文化的精华所在，也是祖先留给我们的瑰宝。浙东古运河一期工程的整治效果对之后大运河的全线整治至关重要，因之，工程整治必须有正确的定位和明确的理念。

（一）工程定位

1. 主题

"传承古越文脉，展示水乡风情。"

2. 定位

高品位设计、高质量施工、高要求布展，做成精品工程。显示人无我有、人有我优的个性，展示正本清源、回归原真的特色。

（二）基本理念

1. 天人和谐

"水德含和，变通在我。"[①] 浙东运河是越人把荒服沼泽之地改造成鱼米之乡的成功实践之一，是人与自然和谐相处的体现。要牢固树立在改造自然的同时科学、合理地保护自然的思想，做到人、地、水的协调。

2. 运河文化

运河文化除具备一般水文化的共性之外，又具有人工运河形成的水文化个性，具体表现为历史悠久、遗存丰富、通江达海，商旅性强，风情特色鲜明，艺术精品集中，文化品位高。实施古运河的整治，如果不挖掘历史文化内容因地制宜进行展陈，就是对历史的不负责；如果不准确地反映历史的本来面貌，随意布展，就会割断历史文脉的延续性；如果不树立精品意识，则会降低绍兴历史文化品位。在整个工程的规划与设计阶段，文化布置就应把文化当作核心之魂，统驭全局，在早期即精心谋划，形成方案，与工程建设统一融合设计。

一是原真性。注重文化的源头探求和发展，不张冠李戴，不附庸风雅；要汲取文化真谛，布置经典之作。

二是整体性。古运河文化布展力求较全面生动地反映运河文化，集中展示浙东运河的古今演变、地域特色、历史地位、文化艺术等内容。

三是创造性。在综合诸多要素，全面了解历史文化的基础上进行新的

---

① 陈桥驿:《新译水经注》卷十二"巨马水"，载陈桥驿《陈桥驿全集》第五卷，人民出版社 2018 年版，第 332 页。

创造，以使绍兴先进运河文化更具特色和魅力，使运河文化成为新的历史条件下鼓舞绍兴人民不断前进的精神力量、延续历史文脉的重要内容，以及同外交往的特色展品，给游人一种强烈的文化震撼。

3. 开敞自然

凡景点设置布展，均开敞设置在古运河沿岸的自然环境中，尽量减少建筑物，多体现生态效果，以古朴、自然、流畅、简洁、明快的风格，使观者感受超越时空的美感，达到"物我融合"的境界。

三、绍兴运河园建设的主要做法

（一）开展运河河道整治保护

1. 碧水长河

治理古运河，水清是基本要求。如果水质污浊不堪，何言沿河风光？实现水清的治理措施如下：一是对古运河进行全线疏浚，河底高程（黄海）到1.0米，水深超过2.8米。二是恢复畅通的河道，整条古运河设计一般河宽尽可能恢复到原老河道标准，对一些被建筑侵占的河段进行一次全面清障，对部分铁路、公路的阻水桥梁，协商有关部门进行拓宽。三是水面保洁，在整治的同时，落实长效管理，要求做到水面无漂浮物，并清除河道障碍物。

2. 白玉长堤

绍兴的传统石砌河埠为何有别于现代建设的一些混凝土河埠？主要原因如下：一是生态性强。本地天然石材以传统工艺凿成各种石块、条石，再因地制宜，干砌成岸，与河岸自然结成一体，显示了一种和谐之美。石与石之间的缝隙，在水底是鱼、虾、蛤、蚌进出滋生之所，在河岸是芳草野藤生长攀延之地。二是亲水性佳。绍兴的石砌河岸与水面保持着适宜的距离，一般距水面不超过1米，且岸路相连，桥景相配。"山阴道上行，如在镜在游"正是在这种环境下的感受。三是造型优美。长堤宛若水中游龙伸向天际，微风吹皱水面，更增添一种动感。

3. 绿色长廊

"杜曲桑麻犹郁郁，桃源鸡犬亦欣欣。青围旧墅千峰立，绿引官河一脉分。"[①] 这是宋代爱国诗人陆游《鲁墟（先太傅旧宅）》一诗中对绍兴东浦段运河的描述。狭长的古运河东西向贯穿绍兴平原全境，运河及南岸有水路、塘路、104 国道、杭甬铁路，四路并存，独具特色，可谓活态的交通博物馆。于此进行绿化种植，既是景观的要求，又有具备冲击力的渲染效果。碧水长河与白玉长堤、绿色长廊相得益彰。为建设好绿色长廊，工程规划沿河绿带宽度多在 30 米以上，部分地段达 60 米。

（二）对运河及周边文化遗存的保护

1. 保护历史遗存

古运河本身就是一条文物之河，其首要价值是至今仍基本保持着老河道，如果改变走向，或河道堵塞，就不能称其为古运河。因此保护河道的原状、恢复水面是首要任务。

运河沿岸的诸多石塘路、桥、亭、寺有着重要的文物价值，是古越人民历史活动的"活化石"，是文献之外能传达历史时代政治、经济、民俗、宗教信仰的重要载体，是古运河不可分离和不可替代的实体性组成部分。在整治中必须克服困难，注重对这些古迹的保护，使之恢复完善，体现文物古迹的真实价值。

2. 收集古建材料

嘉庆《山阴县志》卷七曰："自古在昔，先民有作，即一楹一石，亦必爱惜而表章之，岂徒矜侈闻供吟玩哉！"[②] 数十年来，运河沿线周边的部分历史文物、传统建筑在不同程度上遭到损坏和废弃，诸多石材构件散落在村边田野，古运河整治办对此进行了积极的抢救性收集。最终在民间收集到老石板 3 万余平方米、老条石 3 万余米、老桥近百座，老牌坊、老石亭、老台门、古斗门、古水闸、古石狮、古祠堂、古石碑等不计其数。运

---

① ［宋］陆游:《鲁墟（先太傅旧宅）》，载［宋］陆游《剑南诗稿》卷五十五，第 23 页。
② 嘉庆《山阴县志》卷七，第 1 页。

河园既使这些带有历史符号和作为艺术珍稀资源的古构件得到保护，又将其整合成新的历史文化内容进行适宜的展陈，客观上也增强了人们对古建筑、古石材的保护意识。运河园中现陈列有王城寺遗存中的一对宋代石狮。这对宋代石狮在原寺废后已深埋河边地底多年，后来由当地老农根据口口相传的内容指点工作人员、发动当地村民挖掘才重现世间。之后，如绍兴市柯桥区和杭州市滨江区、萧山区等地运河或园林的景观建设，也多以古石材进行展陈，充分保护和利用了有限的稀缺资源。

3. 选种古树名木

一方水土养育一方名木。无论是在谢灵运、元稹、白居易、陆游、王十朋、王阳明、李慈铭的作品中，还是在鲁迅、蔡元培的笔下，都有对绍兴传统树种的生动描述。传统树木使古运河沿岸独具无限风光，为历代名士所讴歌。为此运河园的绿化布置，主要选种乌桕、苦楝、桂、柳、桃、松、竹、梅、紫藤等。恢复古树名木，方显古运河的传统风采。

（三）集聚优势、凝聚团队菁华

1. 国家级专家是把关人

我国历史地理、水利、文物、文史的老前辈陈桥驿、周魁一、唐寰澄、罗哲文、潘家铮等专家学者为运河园建设进行了文化、学术把关。如陈桥驿先生对家乡这条古老运河自始至终充满热情和关注，给予精心指导：一是明确运河的定位；二是提出整体保护整治的思路；三是要求以做学问的思路搞好运河文化布展；四是全过程直接指导参与。

周魁一先生对绍兴的运河整治十分重视和关心，如为运河园主牌坊题联："来风来云来际来会稽禹功，之南之北之东之西兴货殖。"这是对浙东古运河地位和功能的高度概述和评价。

2. 本地专家是主力军

绍兴市水环境整治中的文化布展，市政协、绍兴文理学院、市文物局、市交通运输局的文史专家一直是主要负责人和重要参与者。他们有着丰富的地域文化积累，有着高度的文化自觉和坚定的文化自信，在绍兴水

2002 年 7 月 13 日，陈桥驿先生（前中）与夫人胡德芬教授一起考察指导运河园工程
图片来源：邱志荣提供。

绍兴水文化团队部分成员，左起邹志方、钱茂竹、陈惟于、邱志荣、徐智麟、罗关洲、魏义君
图片来源：邱志荣提供。

文化建设上的作用和地位是外地专家很难替代的。只有依靠这些专家的共同努力，当地的文化资源才有可能得到全面、深入、真实的挖掘和展陈。

3. 民间能工巧匠是实施者

以本地为主的一批民间能工巧匠在运河园建设中传承民间工艺，制作精美作品，为丰富地域文化增光添彩，同时也使民间工艺得到发展和传承。

四、绍兴运河园建设取得的成就

绍兴运河园最集中的建设成就主要展现在六个景点上。

（一）"运河纪事"——记载历史文化

此景点将浙东古运河历史、文化浓缩展示。

"运河纪事"牌坊，北面聚集了几位当代水利、历史地理、水利史学科带头人对古运河的评述和考证的碑刻，如潘家铮先生的赋、陈桥驿先生的《运河纪事·序》、姚汉源先生的《宋代浙东运河示意图》、周魁一先生的长联等，突出了浙东古运河的历史地位。

潘家铮运河园题赋
图片来源：邱志荣提供。

运河纪事碑、《运河治水图》展示了古运河治理的主要事件，《运河典故图》记载了古运河沿岸脍炙人口的著名历史故事，《运河诗赋图》记述了与古运河有关的诗词艺术创作，《名人游踪图》展示了古运河的重要地位和名人胜迹，《运河酒乡图》描绘了运河沿途阮社、柯桥、东浦等乡镇曾经的酒文化风景画图，《治水名言》教谕后人认识治水的重要意义以及了解如何治水。

此外还有贺循塑像，像顶高程（黄海）9.75 米。塑像气势雄伟，目光炯炯，衣着简朴，站立在庆池的石船基座之上，显示了这位治水功臣和"当世儒宗"的气质风范。

（二）"沿河风情"——集聚水乡风物

"沿河风情"集聚了运河沿岸风俗民情的精华。其中古牌坊与古亭石雕生动、书法精湛，展示了越地风俗。景点中的老台门是明清绍兴台门中的精品。老台门分三进，其中主台门上横额有明代绍兴三江闸的缔造者汤绍恩手书的"南渡世家"大字，残留墙上的古"同气"刻石是历史之长、运河之远的写照。"越字照壁"有"双龙戏珠"巨大古石基座，上书源自越王勾践宝剑上的鸟篆文"越"字，古朴大气。"古祠堂"有祠堂碑、义田碑、进士旗杆石、祠联。"贺知章醉酒"酒文化展台以贺知章曾家住运河沿岸的酒乡为主线，以杜甫"知章骑马似乘船，眼花落井水底眠"[①]的诗句为题材，将酒乡、名人、水乡有机生动地展示出来。"法云寺陆太傅丹井遗存"展示的是千年运河沿岸古寺，以及陆游的世祖陆轸所创炼丹古井、石狮子等原物。"玉山斗门遗存"系"汉唐越中水利遗迹，亦为越人治水之千古物证"[②]，是绍兴目前发现的最古老的大型水工建筑物遗存。运河沿岸古"闲亭"亭亭玉立，楹联引人注目，诚如柯灵先生所言：

① ［唐］杜甫：《饮中八仙歌》，载［清］彭定求等编：《全唐诗》卷二一六，中华书局1960 年版，第 2259 页。

② 陈桥驿：《古玉山斗门移存碑记》，载邱志荣《绍兴风景园林与水》，学林出版社2008 年版，第 391 页。

别看它破陋寒伧，貌不惊人，在长途跋涉的劳人心里，这却是沙漠中的一掬清泉，人生道上的一个驿站。[1]

物质文明突飞猛进，日新月异，路亭可能早晚要进历史博物馆，但我却深望世界建筑史上，将为它特辟一章，用最美的笔墨，描述它特殊的风貌和品质。[2]

越字照壁
图片来源：邱志荣提供。

（三）"古桥遗存"——展示桥乡精品

此景点可分三部分：一是将已被拆迁的整桥移建，有十余座，又配置古朴、生动的桥亭，更添艺术氛围。二是组合新桥，亦有十余座，与登龙桥组合而成的纤道桥长108米。三是部件展示，如乌龙桥、凤林桥等，是展示古桥代表性石质构件和研究古石桥技术的实物场景。

我国著名桥梁专家、《中国科学技术史·桥梁卷》作者唐寰澄教授为"古桥遗存"题词：

古越多名桥，然时代进步，不变有碍于与时俱进者，今迁而存之，既保护文物，又类聚群分，以清脉络。子孙永宝，岂不快哉！[3]

① 柯灵：《路亭》，载远帆主编《柯灵散文》，内蒙古人民出版社2004年版，第41页。
② 柯灵：《路亭》，载远帆主编《柯灵散文》，内蒙古人民出版社2004年版，第43页。
③ 邱志荣：《绍兴风景园林与水》，学林出版社2008年版，第391页。

登龙桥
图片来源：邱志荣提供。

（四）"浪桨风帆"——再现千艘万舻

此景点主要展示古代绍兴水运繁盛的景象。

风帆组船显示的是古代绍兴运河上千帆竞发的场景，主船有山阴、会稽、越州 3 艘。蓬莱水驿为绍兴城西古代最大的水驿，系重建。长风亭含长风破浪、扬帆千里之意，由 2 座主亭和长廊组成，全长 46 米，亭廊相连，形似楼船。"水天一色"阁为双层，高 15.8 米，宽 12 米。

浪桨风帆
图片来源：邱志荣提供。

（五）"唐诗始路"——笑看挥手千里

唐代有众多著名诗人慕浙东历史悠久、文化深厚和风光绮丽而来游越，入越后起始段即浙东运河，并留下千古名篇。

"挥手石"刻李白乘舟于浙东运河上所作"挥手杭越间"[1]诗句。旁边又有巨石刻李白游越诗《送王屋山人魏万还王屋》，该诗被誉为浙东唐诗山水诗中的神品。"浙东古运河"刻石以5块巨石，刻"浙东古运河"5个大字，与李白诗相映照，更显其古老的文化品位。

（六）"缘木古渡"——难忘前车之鉴

此景点反映了历史上绍兴人民忠君报国、祈求国泰民安的思想，乃根据《越中杂识》中所记大树庵相关典故而建：

> 宋南渡时，金人追高宗急，至此无以济。岸有松杨两株，
> 忽自拔其根俯于水，两木相向如覆舟状，帝缘木而渡，及岸，
> 顾其木，仍昂首自植。[2]

2006年底，运河园工程因其深厚的历史文化内涵、精湛的园林艺术被中国风景园林学会评为优秀园林古建工程金奖。2007年，运河园又被水利部批准为国家水利风景区。

五、绍兴运河园建设的持续发展

（一）树立水文化和园林建设的时代典范

2004年11月，中国水利学会水利史研究会年会、水利部江河水利志工作指导委员会第一次全体会议在绍兴市召开，其间代表们参观了古运河工程，周魁一会长现场发表感言：

---

① ［唐］李白：《送王屋山人魏万还王屋》，载［清］彭定求等编：《全唐诗》卷一七五，中华书局1960年版，第1789页。

② ［清］悔堂老人：《越中杂识》，浙江人民出版社1983年版，第37页。

绍兴新一代的水利工作者能认真汲取前辈留下的悠久历史文化传统，在水环境整治中，能一脉相承地按照人水和谐相处的理念，科学规划，充分展现地方特色和文化品位，做到文化和整治的有机融合，认真做好诸多功能结合的文章，值得借鉴和肯定，绍兴这种既兴利于社会，也把文化带给大家的水环境整治的做法走在了全国前列，不愧是中国最有魅力的城市之一。[①]

2010 年 4 月 25 日，陈桥驿先生对运河园予以高度评价并寄予期望：

绍兴运河园，是我国建成的包括运河在内的各种水利工程中最宏伟真实的工程。……实在是国际水利（运河）园林中的一绝。所以我希望这座水利园林，能逾格保护，并且再研究和充实。这是我们的国宝，有厚望焉。[②]

（二）形成浙东运河的历史定位

浙东运河的历史地位主要是在学术研究和运河园建设实践中确立的。

其一，中国先秦时期的人工运河。《越绝书》卷八记载，"山阴故水道，出东郭，从郡阳春亭。去县五十里"[③]，说明这条古运河在先秦时期已经建成，既是越国的基础设施，也是最大的公益工程，而且通过钱塘江沟通吴越两地，连通海外。

其二，中国大运河的南端河段。自秦始皇巡越开始，这条运河就一直是中国大运河不可分割的重要组成部分；北宋《吴郡图经续记》记载"隋大业六年敕开江南河，自京口至余杭郡八百余里，面阔十余丈，拟通龙舟巡会稽"[④]，

---

① 古运河绍兴段整治办公室：《古运河整治简讯》第 36 期，2004 年 11 月 24 日。
② 陈桥驿：《宏伟真实的纪念园林（代序）》，载绍兴市水利局：《绍兴运河园——运河纪事文化景观》，《绍兴水利》2010 年增刊，内部资料。
③ ［东汉］袁康：《越绝书校释》卷八，李步嘉校释，中华书局 2013 年版，第 229 页。
④ ［宋］朱长文纂：《（元丰）吴郡图经续记》卷中《水》，清咸丰三年（1853）仁和胡氏木活字印琳琅秘室丛书本，第 26 页。

说明隋炀帝开挖江南运河的目的之一也是南到会稽；至宋代，浙东运河成为全国运河最重要的一段；清代在运河地图中标记绍兴为大运河南端。

其三，水工技术独特杰出。东汉鉴湖建成，承续了山阴故水道堤坝而航道更显优越。鉴湖还有了监控水位、服务航运的则水碑。唐代开运道塘，西兴运河开始有了石塘路。宋代浙东运河水利、航运地位更加突出。明代著名的三江闸建成后，与萧绍海塘联为整体，成为萧绍平原水网的控制枢纽，既能挡潮、蓄淡、排涝，同时又保障了萧绍运河稳定的水位、水量，改善了航运条件，对之后浙东运河的稳定运行发挥了重要作用。航运兴盛，便有所谓"有风则帆，无风则缲，或击或刺，不间昼夜"[①]的描述。

其四，振兴经济的黄金水道。在越国"生聚教训"时期，山阴故水道富兴经济，基础保障作用显著。晋代贺循开凿运河，首先是为溉田，之后航运功能逐渐强化。到南宋，浙东运河的作用地位不断提升，运河周边的城镇经济较发达。

其五，涵养文化的重要源流。古运河是古越文化的产生和发展之源。越国古都、山水风光、名人文化著称于世。唐代诗人元稹称"会稽天下本无俦"[②]，毛泽东则夸赞"鉴湖越台名士乡"[③]。

其六，海上丝绸之路南起始河段。越国对外贸易、文化交流以山阴故水道为主要航线。从越国的固陵、句章开始形成的对外港口，随着社会的发展逐渐繁华，绍兴丰盛物产与宁波良港结合，形成了中国大运河南端连接海上丝绸之路的唯一出口。

其七，中国保存最好的运河之一。浙东运河约 200 千米的主航道至今保存完好，并且仍在发挥水利、航运、文化、生态、经济等重要作用。

---

① ［明］王穉登：《客越志》卷上，明刻本，第 11 页。
② ［唐］元稹：《再酬复言和夸州宅》，载［宋］孔延之辑《会稽掇英总集》卷一，清道光元年（1821）山阴杜氏浣花宗塾刻本，第 1 页。
③ 毛泽东：《七绝二首·纪念鲁迅八十寿辰》，载胡为雄编著《毛泽东诗词鉴赏》，红旗出版社 2002 年版，第 241 页。

（三）助力浙东运河申遗成功

原大运河申遗主要定格在京杭运河。2008 年 6 月及之后，全国政协"大运河保护与申遗"考察组领导、专家先后几次到运河园视察指导，并给予好评，时任全国政协文史和学习委员会副主任卞晋平曾写道：

> 2008 年 6 月，我陪同陈奎元副主席率文史和学习委员会调研组到大运河浙江段进行跟踪调研，首次来到绍兴。在绍兴，听取了市政府及水利部门对浙东运河保护情况的介绍，并实地考察了浙东运河的现状。当大家看到，浙东运河水网密布，航运畅通，古老质朴、悠长的纤道蜿蜒在水中，一座座风格迥异的古石桥如诗如画，特别它还是隋唐运河、京杭运河连接海上丝绸之路的重要通道，一致认为浙东运河会为中国大运河申遗增光添彩，建议国家文物局将浙东运河纳入中国大运河申遗行列。
>
> 2012 年 4 月，全国政协文史和学习委员会再次来到绍兴进行大运河保护与申遗深入调研。浙东运河经过按照世界遗产标准进行保护和整治后，水质明显提高，环境更加优美，烟柳成行，江花怒放，青山隐隐，绿水悠悠，使人置身于"从山阴道上行"，"山川自相映发"，"应接不暇"的境地，我们对大运河申遗成功更加充满了信心。
>
> 20 世纪末以来（绍兴）就以环城河、古运河保护整治闻名全国。这已不只是停留在参与运河申遗的层面，更上升到对水环境、对历史文化的珍视和自觉保护意识之上。这里的运河水域整治工程，做到了与文化、景观的很好传承与融合，体现了多元文化的动静聚散与丰富多彩，建成了一批可以传世的精品工程，富有地方特色，赢得了社会的交口赞誉。①

浙东运河最后能列入大运河申遗范围，运河园的保护和建设示范作

---

① 邱志荣、陈鹏儿：《浙东运河史（上卷）》，中国文史出版社 2014 年版。

用显著。

（四）成为浙东运河文化园的主体部分

随着国家对大运河保护、传承、利用的工作力度不断加大，运河园也备受关注。

2019 年，国家有关部委，浙江省委、省政府主要领导多次到运河园视察，在给予好评的同时也提出了更高要求和有关保护、提升的建议。绍兴市委、市政府在组织全面调研的基础上，认真贯彻"不搞大开发，实施大保护"和"创造性转化，创新性发展"的要求，规划在水陆交通区域位置优越、开发利用前景广阔、已有的"运河园"露天博物馆，整合资源，结合文创与旅游，建设"浙东运河文化园（浙东运河博物馆）"。

六、绍兴运河园建设的启示

（一）治水理念有所转变

1. 治水的内涵和外延不断拓宽和延伸

从大禹疏导治水以来的 4000 多年的治水实践中，河道工程依照自身规律不断发展完善，形成堤、坝、闸、海塘等系列工程，为人类的生存繁衍和经济社会的持续发展奠定了基础。当历史发展到 21 世纪的高科技时代，随着城市化建设的提速，为满足人民群众日益增长的物质、精神生活的需要，必然要对区域内的河道治理赋予创新的历史使命，提出更高的治理要求。这些使命和要求，体现在于满足防洪、排涝、灌溉和交通等水利功能的基础上，又增加了环境整治、区块纽带、生态景观和文化传承等城市水利的新内容，从而诞生了融合城乡、纵贯历史、面向未来可持续发展的新的治水格局，并付诸实践。在这些新格局中，防洪、灌溉是基本要求，生态环境是基础，文化是水之灵魂。三者各具功能，互为依存，相映生辉，浑然一体，组合成历史的必然。

2. 传承文化是重塑历史名河之灵魂

就绍兴而言，禹疏导治水的求实精神、勾践疏凿极具战略意义的山阴故水道的远谋精神、马臻修鉴湖遭诬陷致死的献身精神奠定了绍兴胆剑精神的基础。浙东运河文化至少还包括：

水利文化——治水的理念、业绩、精神、技术、著作等。

遗存文化——沿河富有地域特色的堰、堤、塘，全国重点文物保护单位之古纤道等；桥，全国重点文物保护单位太平桥、泾口大桥等；石，越味浓郁的路、亭、碑、牌坊、雕刻等石构件；酒，沿运河三足鼎立的柯桥、阮社、东浦黄酒基地等。

名人文化——名人思想精神、诗赋、典故、游踪故迹等。

舟驿文化——绍兴以水运为主要交通方式，运河沿岸建立了诸多的驿、亭、渡，由此产生了富有特色的绍兴舟驿文化。

运河文化熔铸成浙东古运河不朽的灵魂，也奠定了绍兴文化的基石。

3. 更新理念是历史治理名河之关键

什么样的治水理念决定什么样的治水模式。如果我们仅以农田水利的理念来治理浙东古运河，当然可以达到符合标准的水利、航运、绿化的要求，但是按这个模式治理，不能再现一条文化辉煌千年的历史名河。因此，在坚持农田水利的基础上必须融入文化水利理念，使文化从工程点缀提升到工程内涵的高度。

（二）运河遗产保护不断创新

20 世纪 80 年代末以来，绍兴城乡进入了快速改造和建设发展时期，在这一时期，建设和保护之间确实存在着一些矛盾。面对运河沿线大量被拆除、遗弃，未能得到有效、及时保护的建筑构件，运河园的建设者们敏锐地意识到肩上的历史责任和文化遗存的巨大价值，于是创新了文化遗存保护的思路：

一是原生态，主动把古运河沿岸的古石材、古桥、古亭、古闸等收集起来，按传统工艺，或移建，或保存，或组合成原生态的河塘、塘路、纤道、避塘，再现历史。

二是传承文脉，把源远流长、丰富多彩的运河文化浓缩提炼，以传统艺术手法通过不同形式的园景表现出来，形成古朴大气的风格。

三是树立精品意识，取其精华，去其糟粕，人无我有，精雕细刻，精心打造传世之作。

（三）文化具有持续发展的动力

昨天是今天的历史，我们不能离开古越历史来谈今天，否则便苍白无力，变得没有个性和特点。今日是明日之历史，预示着明日之前景。要让我们的后人既能看到和继承过去的历史，也可以记述我们今日之历史，并且创造他们自己的新的历史。如果我们在古运河的整治中做到了人与自然的和谐，做到了水利和生态的结合，使得碧水长流，做到了水利和文化的结合，使得文满两岸，做到了对水文化、水文物、水资源、水环境的高质量保护，我们就做到了对历史和未来负责，成就了历史、现实、未来的继承与和谐发展。

运河园的建设者们经历了 20 余年艰难的探索。运河园工程部分基本在一两年的时间内完成，而文化布置经久未息，不断完善。至于学习、研究、提升，更是一个长期的过程。治水是永恒的事业，其中，领导的指示关怀，学术前辈的指引教导，人民群众的关心支持，给我们提供了不竭的智慧和无尽的动力。

浙东运河是中国的，更是世界的，是全人类最珍贵的财富之一。实践证明，绍兴运河园建设尊重历史，从实际出发，实事求是开展文化保护，以工程为形，以文化为魂，顺应时势，守正创新，久久为功，走的是一条成功之路，至今其还在发挥重要的作用，其影响力还在持续扩大。

一条古老的运河，记载着越国的历史，展示了不同时期的历史文明。河道状况好坏，水之清浊，文之荣枯，是区域内政治、经济、文化、生活方式与人才养育的一面镜子。这就是我们保护运河文化、整治河道水环境的意义和责任所在。

运河不息向东海，古今写入胸怀间。如何自觉、自信、自强，"在保护、传承、利用上下功夫，让古老大运河焕发时代新风貌"①，任重道远，时不我待。我们将不断探索，砥砺前行。

---

① 李学仁、燕雁:《始终干在实处走在前列勇立潮头 奋力谱写中国式现代化浙江新篇章》,《人民日报》2023 年 9 月 26 日第 1 版。

参考文献

一、著作类

（朝鲜）崔溥著，葛振家点注：《漂海录——中国行记》，社会科学出版社 1992 年版。

（法）李明：《中国近事报道（1687—1692）》，郭强、龙云、李伟译，大象出版社 2004 年版。

［北魏］郦道元：《水经注校证》，陈桥驿校证，中华书局 2007 年版。

［春秋］左丘明撰，徐元诰集解，王树民、沈长云点校：《国语集解》，中华书局 2002 年版。

［东汉］袁康：《越绝书校释》，李步嘉校释，中华书局 2013 年版。

［东晋］虞预：《会稽典录》，民国间刻本。

［东周］左丘明撰，［吴］韦昭解：《国语》，清嘉庆道光间刻本。

［汉］班固著，［唐］颜师古注：《汉书》，中华书局 1962 年版。

［汉］刘安编：《淮南子》，陈广忠译注，中华书局 2012 年版。

［汉］司马迁：《史记》，［南朝宋］裴骃集解，［唐］司马贞索隐，［唐］张守节正义，中华书局 1982 年版。

［汉］王充著，黄晖撰：《论衡校释》，中华书局 1990 年版。

［梁］沈约：《宋书》，中华书局编辑部点校，中华书局 1974 年版。

［民国］汤浚纂：《岱山镇志》，民国十六年（1927）木活字印本。

［明］范钦：《范钦集》，袁慧点校，浙江古籍出版社 2012 年版。

［明］黄宗羲：《黄宗羲全集》，浙江古籍出版社 2012 年版。

［明］李逢申修，［明］姚宗文等纂：《慈溪县志》，明天启四年（1624）

刻本。

[明] 林策修，[明] 张烛纂，[明] 魏堂续增：嘉靖《萧山县志》，明万历三年（1575）刻本。

[明] 刘基：《刘伯温集》，林家骊点校，浙江古籍出版社 2011 年版。

[明] 祁彪佳：《祁忠敏公日记》，民国二十六年（1937）排印本。

[明] 王祎：《王祎集》，颜余庆整理，浙江古籍出版社 2016 年版。

[明] 萧良干修，[明] 张元忭、[明] 孙矿纂：《绍兴府志》，明万历十五年（1587）刻本。

[明] 徐待聘等修：《新修上虞县志》，明万历三十四年（1606）刻本。

[明] 徐光启《农政全书》卷十六，明崇祯十二年（1639）平露堂刻本。

[明] 徐渭：《徐渭集》，中华书局 1983 年版。

[明] 许东望修，[明] 张天复、[明] 柳文纂：《山阴县志》，明嘉靖三十年（1551）刻本。

[明] 杨维新修，[明] 张元忭、[明] 徐渭纂：《会稽县志》，明万历三年（1575）刻本。

[明] 袁宏道：《袁中郎全集》，明崇祯二年（1629）刻本。

[明] 张岱：《琅嬛文集》，云告点校，岳麓书社 2016 年版。

[明] 张岱：《陶庵梦忆》，马兴荣点校，中华书局 2007 年版。

[明] 张岱：《陶庵梦忆》，浙江古籍出版社 2018 年版。

[明] 朱冠等修，[明] 张训等纂：《临山卫志》，民国三年（1914）刻本。

[南朝梁] 沈约：《沈约集校笺》，浙江古籍出版社 1995 年版。

[南朝宋] 范晔撰，[唐] 李贤等注：《后汉书》，中华书局编辑部点校，中华书局 1965 年版。

[南朝宋] 刘义庆：《世说新语校笺》，[梁] 刘孝标注，徐震堮校笺，中华书局 1984 年版。

[清] 陈遹声修，[清] 蒋鸿藻纂：光绪《诸暨县志》，清宣统二年

（1910）刻本。

［清］程鹤翥纂辑，［清］佚名续增：《三江闸务全书》，清刻本。

［清］储家藻修，［清］徐致靖纂：《上虞县志校续》，清光绪二十五年（1899）刻本。

［清］戴枚修，［清］董沛等纂：同治《鄞县志》，清光绪三年（1877）刻本。

［清］翟均廉：《海塘录》，清乾隆文渊阁四库全书本。

［清］范寅：《越谚》，广陵古籍刻印社1990年据光绪八年（1882）刊本影印本。

［清］冯圣泽修，［清］骆维恭纂：《武康县志》，清康熙十一年（1672）刻本。

［清］高登山修，［清］沈麟趾等纂：《山阴县志》，清康熙十年（1671）刻本。

［清］顾炎武：《天下郡国利病书》，清光绪五年（1879）桐华书屋刻本。

［清］顾祖禹：《读史方舆纪要》，贺次君、施和金点校，中华书局2005年版。

［清］郝懿行：《竹书纪年校证》，李念孔点校，齐鲁书社2010年版。

［清］黄钰纂修：《萧山县志》，清乾隆十六年（1751）刻本。

［清］黄宗羲：《黄梨洲文集》，中华书局2009年版。

［清］悔堂老人：《越中杂识》，浙江人民出版社1983年版。

［清］嵇曾筠修，［清］陆奎勋纂：《（雍正）浙江通志》，清光绪二十五年（1899）浙江书局重刻本。

［清］李慈铭：《越缦堂读书记》，中华书局2006年版。

［清］李慈铭：《越缦堂日记》，广陵书社2004年版。

［清］李慈铭：《越缦堂诗文集》，刘再华校点，上海古籍出版社2008年版。

［清］李慈铭：《越缦堂文集》，民国北平图书馆排印本。

［清］李亨特修，［清］平恕、［清］徐嵩纂：《绍兴府志》卷十四，清乾隆五十七年（1792）刻本。

［清］梁章钜：《浪迹续谈》卷四，清道光二十八年刻本。

［清］吕化龙修，［清］董钦德纂：康熙《会稽县志》，民国二十五年（1936）绍兴县修志委员会重印本。

［清］毛奇龄：《西河文集》，清康熙李塨刻西河合集本。

［清］彭定求等编：《全唐诗》，中华书局 1960 年版。

［清］平衡辑：《闸务全书续刻》，清刻本。

［清］钱维乔修，［清］钱大昕纂：《鄞县志》，清乾隆五十三年（1788）刻本。

［清］全祖望：《鲒埼亭集》，民国八年（1919）上海商务印书馆四部丛刊景刻本。

［清］沈椿龄修，［清］楼卜瀍纂：《诸暨县志》，清乾隆三十八年（1773）刻本。

［清］沈德潜选：《古诗源》，中华书局 1963 年版。

［清］宋梦良：《步梅诗钞续编》，浙江图书馆馆藏抄本。

［清］唐煦春修，［清］朱士黻纂：《上虞县志》，清光绪十七年（1891）刻本。

［清］王藩、［清］沈元泰纂修：道光《会稽县志稿》，民国二十五年（1936）铅印本。

［清］王相能辑：《慈溪县鸣鹤乡杜白二湖全书》，清嘉庆道光间（1796—1850）刻本。

［清］王之宾修，［清］董钦德纂：《绍兴府志》，清康熙二十二年（1683）刻本。

［清］萧穆：《敬孚类稿》，项纯文点校，安徽古籍出版社 1992 年版。

［清］徐时栋辑，［宋］胡榘修，［宋］方万里、［宋］罗濬等纂：《宝庆四明志》，清咸丰四年（1854）甬上徐氏烟屿楼刻本。

［清］徐时栋辑，［宋］吴潜修，［宋］梅应发、［宋］刘锡纂：《开庆

四明续志》，清咸丰四年（1854）甬上徐氏烟屿楼刻本。

［清］徐时栋辑，［元］马泽修，［元］袁桷等纂：《延祐四明志》，清光绪五年（1879）刻本。

［清］徐松辑，［民国］缪荃孙重订：《宋会要辑稿》，民国二十五年（1936）影印本。

［清］徐元梅修，［清］朱文翰纂：《山阴县志》，清嘉庆八年（1803）刻本。

［清］徐兆昺：《四明谈助》，桂心仪、周冠明、卢学恕、何敏求点注，宁波出版社 2003 年版。

［清］杨泰亨修，［清］冯可镛纂：光绪《慈溪县志》卷十四，民国三年（1914）刻本。

［清］于万川修，［清］俞樾纂：《镇海县志》，清光绪五年（1879）刻本。

［清］俞卿修，［清］周徐彩纂：《绍兴府志》，清康熙五十八年（1719）刻本。

［清］张廷玉等：《明史》，中华书局编辑部点校，中华书局 1974 年版。

［清］赵翼：《陔余丛考》，中华书局 1963 年版。

［清］周炳麟修，［清］邵友濂等纂：《余姚县志》，清光绪二十五年（1899）刻本。

［宋］曾巩：《曾巩集》，陈杏珍、晁继周点校，中华书局 1984 年版。

［宋］曾巩：《曾巩散文全集》，今日中国出版社 1996 年版。

［宋］高似孙：《剡录》，清道光八年（1828）刻本。

［宋］孔延之辑：《会稽掇英总集》，清道光元年（1821）山阴杜氏浣花宗塾刻本。

［宋］陆游：《剑南诗稿》，明末毛晋汲古阁刻清初毛扆重修陆放翁全集本。

［宋］吕祖谦：《东莱集》，民国十三年（1924）刻本。

　　［宋］吕祖谦编：《宋文鉴》卷八十三，齐治平点校，中华书局1992年版。

　　［宋］欧阳修、［宋］宋祁：《新唐书》，中华书局编辑部点校，中华书局1975年版。

　　［宋］沈作宾等修，［宋］施宿等纂：《嘉泰会稽志》，民国十五年（1926）刻本。

　　［宋］司马光编著，［元］胡三省音注：《资治通鉴》，标点资治通鉴小组校点，中华书局1956年版。

　　［宋］王安石：《王安石文集》，刘成国点校，中华书局2021年版。

　　［宋］姚宽：《西溪丛语》，清嘉庆十年（1805）虞山张氏照旷阁刻学津讨原本。

　　［宋］张淏纂修：宝庆《会稽续志》，清嘉庆十三年（1808）刻本。

　　［宋］赵彦卫：《云麓漫钞》，傅根清点校，中华书局1996年版。

　　［宋］朱长文：《吴郡图经续记》，清咸丰三年（1853）刻本。

　　［唐］白居易：《白居易集》，顾学颉点校，中华书局1979年版。

　　［唐］房玄龄等：《晋书》，中华书局编辑部点校，中华书局1974年版。

　　［唐］徐坚等：《初学记》，中华书局2004年版。

　　［唐］姚思廉：《梁书》，中华书局编辑部点校，中华书局1973年版。

　　［西汉］刘向：《说苑》卷十二，明万历二十年（1592）新安程氏刻汉魏丛书本。

　　［元］脱脱等：《宋史》，中华书局1985年版。

　　《牟山镇志》编纂委员会编：《牟山镇志》，方志出版社2021年版。

　　《宁波市水利志》编纂委员会主编：《宁波市水利志》，中华书局2006年版。

　　《钱清镇志》编纂委员会编：《钱清镇志》，中华书局2013年版。

　　《绍兴佛教志》编纂委员会编：《绍兴佛教志》，浙江人民出版社2003年版。

《汤氏族谱》。

《甬江志》编纂委员会编：《甬江志》，中华书局 2000 年版。

《余杭水利志》编纂委员会编：《余杭水利志》，中华书局 2014 年版。

《余姚市地名志》编纂委员会编：《余姚市地名志》，浙江古籍出版社 2021 年版。

《浙江水文化遗产》（2021 年 11 月），内部资料。

《浙江通志》编纂委员会编：《浙江通志·水利志》，浙江人民出版社 2020 年版。

《浙江通志》编纂委员会编：《浙江通志·运河专志》，浙江人民出版社 2021 年版。

《镇海县交通志》编审委员会编：《镇海县交通志》，海洋出版社 1997 年版。

《中国水利百科全书》编辑委员会、中国水利水电出版社编著：《中国水利百科全书》第二版，中国水利水电出版社 2006 年版。

本书编写组编：《习近平的小康情怀》，人民出版社 2022 年版。

蔡堂根：《萧山湘湖史》，浙江人民出版社 2011 年版。

曾枣庄、刘琳主编：《全宋文》，上海辞书出版社、安徽教育出版社 2006 年版。

车越乔主编：《越文化实勘研究论文集》，中华书局 2005 年版。

陈从周、潘洪萱编著：《绍兴石桥》，上海科学技术出版社 1986 年版。

陈桥驿：《绍兴地方文献考录》，浙江人民出版社 1983 年版。

陈桥驿：《吴越文化论丛》，中华书局 1999 年版。

陈桥驿主编：《浙江古今地名词典》，浙江教育出版社 1991 年版。

陈桥驿主编：《中国运河开发史》，中华书局 2008 年版。

陈桐生译注：《国语》，中华书局 2013 年版。

陈五六主编：《绍兴摩崖碑版集成》，中华书局 2005 年版。

陈志富：《萧山水利史》，方志出版社 2006 年版，第 149 页。

程杰、范晓婧、张石川编著：《宋辽金元歌谣谚语集》，南京师范大学出版社 2014 年版。

慈溪市文物管理办公室委员会、宁波市江北区文物管理所编:《慈溪碑碣墓志汇编：清代民国卷》，浙江古籍出版社 2017 年版。

崔冶译注:《吴越春秋》，中华书局 2019 年版。

戴泽蘅主编:《钱塘江志》，方志出版社 1998 年版。

丁金龙、萧家仪:《绰墩遗址新石器时代自然环境与人类活动》，《东南文化》2003 增刊 1。

董楚平:《吴越文化新探》，浙江人民出版社 1988 年版。

方杰主编:《越国文化》，上海社会科学院出版社 1998 年版。

方诗铭编著:《中国历史纪年表》，上海辞书出版社 1982 年版。

冯建荣主编:《绍兴水利文献丛集》，广陵书社 2014 年版。

傅璇琮主编:《宁波通史》，宁波出版社 2009 年版。

干凤苗主编:《姚江志》，中国水利水电出版社 2004 年版。

葛振家:《崔溥〈漂海录〉评注》，线装书局 2002 年版。

顾希佳:《中国民俗通志·生产志（下）》，山东教育出版社 2007 年版。

广东、广西、湖南、河南辞源修订组，商务印书馆编辑部编:《辞源（修订本）》，商务印书馆 1988 年版。

韩曾萃、戴泽蘅、李光炳等:《钱塘江河口治理开发》，中国水利水电出版社 2003 年版。

杭州市滨江区地方志编纂委员会编:《杭州市滨江区志》，方志出版社 2020 年版。

杭州市萧山区人民政府地方志办公室编著:《萧山市志》，浙江人民出版社 2013 年版。

何信恩、高军主编:《越中名人谱》，研究出版社、杭州出版社 2003 年版。

洪锡范、盛鸿焘修，王荣商、杨敏曾纂:《镇海县志》，民国二十年（1931）上海蔚文印刷局版。

胡文炜:《绍兴山岭古道记略》,浙江古籍出版社 2017 年版。

华林甫:《中国地名学源流》,湖南人民出版社 1999 年版。

江怀海、赵莹莹主编:《大运河宁波段研究文集》,浙江古籍出版社 2014 年版。

来裕恂:《萧山县志》,天津古籍出版社 1991 年版。

李国祥、杨昶主编:《明实录类纂·浙江上海卷》,武汉出版社 1995 年版。

李修生主编:《全元文》,江苏古籍出版社 1998 年版。

李永鑫主编:《酒文化研究文集》,中华书局 2005 年版。

李永鑫主编:《绍兴通史》,浙江人民出版社 2012 年版。

李永鑫主编:《绍兴县、越城区对联集成》,西泠印社出版社 2012 年版。

林华东:《浙江通史·史前卷》,浙江人民出版社 2005 年版。

刘枫主编,全国政协文史和学习委员会编:《九省运河泉源水利情形图》,浙江古籍出版社 2006 年版。

刘联群编著:《普州人文胜览》,光明日报出版社 2007 年版。

鲁怒放主编:《余姚文博文萃》,杭州出版社 2021 年版。

鲁迅先生纪念委员会编:《鲁迅全集》第八卷,花城出版社 2021 年版。

陆士龙:《陆士龙集》,明汪士贤刻汉魏六朝二十名家集本。

罗关洲编著:《绍兴古桥文化》,中华书局 2004 年版。

梅溪集重刊委员会编:《王十朋全集》卷十六,上海古籍出版社 1998 年版。

宁波"海上丝绸之路"申报世界文化遗产办公室、宁波市文物保护管理所、宁波市文物考古研究所编著《宁波与海上丝绸之路》,科学出版社 2006 年版。

宁波市档案馆编:《〈申报〉宁波史料集（七）》,宁波出版社 2013 年版。

宁波市地方志（年鉴）编纂委员会办公室、宁波市人民政府地方志办公室编：《宁波古桥名桥图志》，中华书局 2015 年版。

宁波市地方志编纂委员会编：《宁波市志外编》，中华书局 1998 年版。

宁波市鄞州区水利志编纂委员会编：《鄞州水利志》，中华书局 2009年版。

宁波市镇海区政协文史资料委员会编：《海天拾贝：镇海古塘古碶古桥古道》，宁波出版社 2021 年版。

彭延庆修，姚莹俊纂，张宗海续修，杨士龙续纂：《萧山县志稿》，民国二十四年（1935）铅印本。

钱起远主编：《宁波市交通志》，海洋出版社 1996 年版。

钱仲联校注：《陆游全集校注 5·剑南诗稿校注 5》，浙江教育出版社2011 年版。

邱志荣、陈鹏儿：《浙东运河史（上卷）》，中国文史出版社 2014年版。

邱志荣、李云鹏主编：《运河论丛——中国大运河水利遗产保护与利用战略论坛论文集》，中国文史出版社 2014 年版。

邱志荣、张钧德、金小军主编：《浙江禹迹图》，中国文史出版社 2019年版。

邱志荣：《鉴水流长》，新华出版社 2002 年版。

邱志荣：《其枢在水：绍兴水利文化史》，中国社会科学出版社 2018年版。

邱志荣：《上善之水：绍兴水文化》，学林出版社 2012 年版。

邱志荣：《绍兴风景园林与水》，学林出版社 2008 年版。

邱志荣主编：《绍兴三江研究文集》，中国文史出版社 2016 年版。

邱志荣主编：《通江达海　好运天下：浙东运河博物馆文本解读》，广陵书社 2022 年版。

邱志荣主编：《中国鉴湖·第二辑》，中国文史出版社 2015 年版。

邱志荣主编：《中国鉴湖·第四辑》，中国文史出版社 2017 年版。

人文丛刊编辑委员会编：《唐宋运河考察记》，中国唐史学会唐宋运河考察队 1985 年版。

任桂全总纂：《绍兴市志》第四册，浙江人民出版社 1996 年版。

上虞区民政局《上虞区地名志》编纂委员会编：《上虞区地名志》，中国文史出版社 2018 年版。

上虞市水利局编：《上虞市水利志》，中国水利水电出版社 1997 年版。

上虞县志编纂委员会编：《上虞县志》，浙江人民出版社 1990 年版。

绍兴市地方志编纂委员会办公室编：《绍兴市志（1979—2010）》，浙江古籍出版社 2018 年版。

绍兴市柯桥区文化发展中心、越国文化博物馆编：《古桥文化学术研讨会论文集》，西泠印社 2014 年版。

绍兴市上虞区乡贤研究会丰惠分会、绍兴市上虞区丰惠镇新乡贤联谊会编：《丰惠古桥》，浙江工商大学出版社 2022 年版。

绍兴市水利局、绍兴市鉴湖研究会编：《绍兴市水利志》，中国水利水电出版社 2021 年版。

绍兴市文联编：《绍兴百俗图赞》，百花文艺出版社 1997 年版。

绍兴市文物管理局编：《绍兴市第三次全国文物普查成果——文化视野》，西泠印社出版社 2014 年版。

绍兴市文物管理局编：《绍兴文化遗产·石桥卷》，中华书局 2012 年版。

绍兴市文物管理局编：《绍兴文化遗产·遗址、墓葬卷》，中华书局 2012 年版。

绍兴县地方志编纂委员会编：《绍兴县志》第二册，中华书局 1999 年版。

绍兴县革命委员会编：《浙江省绍兴县地名志》，1980 年版。

绍兴县交通局编：《绍兴县交通志》，中国大百科全书出版社上海分社 1993 年版。

绍兴县水利志编纂委员会编：《绍兴县水利志》，中华书局 2012 年版。

绍兴县文物保护所编著：《绍兴县文物志：1》，浙江古籍出版社 2002 年版。

绍兴县修志委员会辑：《绍兴县志资料第一辑》，民国二十六年（1937）铅印本。

沈青松主编：《历史文化名湖：湘湖》，方志出版社 2006 年版。

盛鸿郎主编：《鉴湖与绍兴水利》，中国书店 1991 年版。

谭其骧主编：《清人文集地理类汇编》第四册，浙江人民出版社 1987 年版。

唐寰澄：《中国科学技术史·桥梁卷》，科学出版社 2000 年版。

田杨编著：《宁波旅游》，西安地图出版社 2009 年版。

屠剑虹主编：《绍兴古桥》，中国美术学院出版社 2001 年版。

王念祖编纂：《麻溪改坝为桥始末记》，民国八年（1919）蕺社印本。

王祥林主编：《金牛出水牟山湖》，中国文化出版社 2011 年版。

王孝通：《中国商业史》，商务印书馆 1936 年版。

吴毓江：《墨子校注》，孙启治点校，中华书局 2006 年版。

武汉水利电力学院《中国水利史稿》编写组：《中国水利史稿·中册》，水利电力出版社 1987 年版。

夏征农、陈至立主编：《辞海（第六版缩印本）》，上海辞书出版社 2010 年版。

萧山县志编纂委员会：《萧山县志》，浙江人民出版社 1987 年版。

徐建春：《浙江通史·先秦卷》，浙江人民出版社 2005 年版。

徐正英、常佩雨译注：《周礼》，中华书局 2018 年版。

严禄标编著：《百年春晖》，西泠印社 2011 年版。

严文明：《农业发生与文明起源》，科学出版社 2000 年版。

姚汉源：《京杭运河史》，中国水利水电出版社 1998 年版。

姚轩卿：《蠡膏随笔》，北京燕山出版社 2001 年版。

叶树望编著：《姚江碑碣》，浙江古籍出版社 2011 年版。

余姚市地方志编纂委员会编：《余姚市志》，浙江人民出版社 1993

年版。

余姚市地名委员会办公室编：《余姚市地名志》，内部发行，1987年版。

余姚市政协文史委员会等编著：《余姚历代风物诗选》，1998 年版。

虞和平编：《经元善集》，华中师范大学出版社 1988 年版。

越文化与水环境国际研讨会组委会编：《越文化与水环境研究》，人民出版社 2008 年版。

张传保、汪焕章修，陈训正，马瀛纂：《鄞县通志》，铅印本。

张㧑之、沈起炜、刘德重主编：《中国历代人名大辞典》，上海古籍出版社 1999 年版。

张觉校注：《吴越春秋校注》，岳麓书社 2006 年版。

赵晔：《良渚文明的圣地》，杭州出版社 2013 年版。

浙江航运史编委会编，童隆福主编：《浙江航运史·古近代部分》，人民交通出版社 1993 年版。

浙江省钱塘江管理局编：《萧绍海塘文化专题研讨会论文集》，上海古籍出版社 2016 年版。

浙江省上虞县交通局编：《上虞县交通志》，1988 年版。

浙江省水利厅编：《浙江省河流简明手册》，西安地图出版社 1999年版。

浙江省水利厅编著：《浙江省河流手册》，中国水利水电出版社 2016年版。

浙江省文物局主编：《浙江省第三次全国文物普查新发现丛书·大运河遗产 上》，浙江古籍出版社 2012 年版。

浙江省文物局主编：《浙江省第三次全国文物普查新发现丛书·大运河遗产 下》，浙江古籍出版社 2012 年版。

浙江省文物局主编：《浙江省第三次全国文物普查新发现丛书·桥梁》，浙江古籍出版社 2012 年版。

浙江省文物局主编：《浙江省第三次全国文物普查新发现丛书·水利

设施》，浙江古籍出版社 2012 年版。

郑翰献主编：《钱塘江文献集成 第 25 册 钱塘江大桥史料 4》，杭州出版社 2017 年版。

周魁一：《中国科学技术史·水利卷》，科学出版社 2002 年版。

周振甫主编：《唐诗宋词元曲全集·全唐诗·第一册》，黄山书社 1999 年版。

朱关甫、朱越编著：《绍兴宗教：地方宗教文化研究》，天津社会科学院出版社 1999 年版。

朱金坤、姜军主编：《遥远的村居——良渚文化的聚落和居住形态》，西泠印社出版社 2010 年版。

诸焕灿主编：《余姚运河史话》，浙江古籍出版社 2017 年版。

邹志方、车越乔编：《历代诗人咏兰亭》，新华出版社 2002 年版。

二、论文及其他

［民国］杨建：《浙东运河之重要性与整理意见》，《浙江省建设月刊》民国二十五年（1936）第十卷第三期。

《大运河（杭州段）遗产保护规划》（2012 年）。

《大运河（宁波段）遗产保护规划》，中国城市规划设计研究院，2009 年 8 月。

《大运河（绍兴段）遗产保护规划》（2009 年 6 月）。

《大运河浙东运河（越城区段）遗产保护名录》。

《浙江水文化遗产》（2021 年 11 月），内部资料。

陈从周：《绍兴的宋桥——八字桥与宝祐桥》，《文物参考资料》1958 年第 7 期。

陈吉余：《杭州湾地形述要》，《浙江学刊》1947 年第 1 卷第 2 期。

陈杰：《长江三角洲新石器时代文化环境考古学考察纲要》，《中国社会科学院古代文明研究中心通讯》2002 年第 4 期。

陈桥驿：《古代鉴湖兴废与山会平原农田水利》，《地理学报》1962 年第 3 期。

陈桥驿：《吴越文化和中日两国的史前交流》，《浙江学刊》1990 年第 4 期。

戴自立：《吴潜与"平"字碑》，海曙新闻网，2020 年 8 月 6 日。

冯应俊：《东海四万年来海平面变化与最低海平面》，《东海海洋》1983 年第 2 期。

国家文物局：《申报世界文化遗产文本·中国大运河》（2013 年 3 月 7 日）。

会稽山绍兴酒股份有限公司：《情醉会稽山》，内部资料，2008 年。

潘剑凯：《萧山挖掘出世界上最早的船》，《光明日报》2002 年 12 月 1 日第 2 版。

钱茂竹：《阮社四记》。

邱志荣、张卫东、茹静文：《良渚文化遗址水利工程的考证与研究》，《浙江水利水电学院学报》2016 年第 3 期。

邱志荣：《大王庙考》，《绍兴日报》1989 年 8 月 13 日。

饶洞九：《疏浚绍兴城区河道之意见》，《浙江省建设月刊》民国二十三年（1934）第七卷第十期。

绍兴地区环保科研所等：《鉴湖底质泥煤层分布特征调查及其对水质影响的试验研究》，1983 年。

绍兴市发展和改革委员会编制，绍兴市鉴湖研究会编写：《浙东运绍兴段文化带建设前期专题研究》（2017 年）。

绍兴市县中心医院、中国医科大学绍兴医院编：《生命的历程——绍兴县中心医院 60 周年：1951—2011》，内部资料，2011 年。

盛鸿郎、邱志荣：《古鉴湖西墅斗门考述》，《绍兴晚报》2001 年 7 月 26 日第 9 版。

寿鸥迎：《新发现的"马汤会"碑见证绍兴治水史》，《绍兴日报》2016 年 12 月 7 日第 14 版。

新华社：《中共中央办公厅 国务院办公厅印发〈大运河文化保护传

承利用规划纲要〉》，https://www.gov.cn/zhengce/2019-05/09/content_5390046.htm。

徐峰等：《中国第一舟完整再现》，《杭州日报》2002年11月26日第3版。

于冰、谭徐明：《中国大运河遗产性质与遗产构成原则探讨》，《世界遗产保护·杭州论坛暨2008国际古迹遗址理事会亚太地区会议论文集》，第89—99页。

张瑞虎：《江苏苏州绰墩遗址孢粉记录与太湖地区的古环境》，《古生物学报》2005年第2期。

章生建：《阮社章氏家谱》。

浙江省河口海岸研究所主编：《萧绍平原治涝规划报告》送审稿，1998年。

浙江省水电勘察设计院主编：《曹娥江船闸可行性研究专题报告》，2004年。

浙江省文物考古研究所：《萧山跨湖桥新石器时代文化遗址》，《浙江省文物考古研究所学刊》，1974年，第6—21页。

浙江偃王文化研究会主办：《浙江徐氏文化简报》（内部刊物）第2期第2版。

后　记

（一）

天下古桥说绍兴，八字立交负盛名。

最是纤桥世罕有，悠悠千载运河情。

（二）

千古浙东大运河，至今千里泛清波。

江南鱼米之乡地，众口同声赖此河。

庚寅初夏，年方八十七岁

——罗哲文《绍兴运河文化园补壁》

浙东运河历经 2500 年之久，在山—原—海的复杂地形上东西穿越而过，历史悠久，文史厚重；千岩竞秀，万壑争流；水运伟绩，特色鲜明。在浙东运河形成过程中，浙东人民缵禹之绪，因势利导，通过天然地形和水利工程设施整合区域水网，形成具有水运、防洪、排涝、输水、灌溉等综合功能的"运河水系"，"通江达海，好运天下"[1]，并留卜丰富多彩、地位独特的遗存文化。

由于在绍兴文化研究工程 2021 年度重大项目"浙东运河文化研究丛书"十个了课题中，各位著作者所述各有侧重，具有白科全书的性质，本书作为系列丛书中之一种，就必须考虑重点与平衡。中国运河遗产的性质与核心构成是"水利工程体系"，本书既名为《浙东运河工程文化遗存》，

---

[1]　此主题语引自邱志荣主编:《通江达海　好运天下：浙东运河博物馆文本解读》，广陵书社 2022 年版。

记述内容当然是以运河工程体系遗存为主，以诸如河道、湖泊、堰坝、水闸、码头、港口、水运管理等为重点，这在本书前七章中得到充分体现。而根据国家对大运河文化遗产内容的表述，相关的文化内涵也必不可少，因此，在突出工程文化的同时，本书专设了"信仰祭祀"一章，不但增加了"沿运禹迹"内容，也介绍和厘清了浙东运河精神文化的核心——大禹治水精神与历代绍兴治水精神的传承关系。至于第九章"文献、碑文"，则是本系列课题的一个补充。

本书的一个重要特点是十分重视田野考察，举凡运河沿岸山川风光、稽山鉴水名胜、四明甬江古迹，我们均历经多年辛勤奔波、现场调查，广收集聚大量第一手资料，这使得图书内容更为厚重，图文并茂，超越一般。我们又在本书下篇选择了14篇考证文章，以集中呈现自身多年思考、研究的成果。

为了写好本书，著作者在阅读大量文史资料的同时，求教于如周魁一、张廷皓、谭徐明、孙竞昊、张卫东、傅峥嵘等水利、运河、文物等方面的老师和专家，得到精心指导，他们传道解惑，使我们受益匪浅。责任编辑杨利军老师的专业功力和认真负责的校正，使本书以更佳的面貌呈现给读者。

必须要说明的是，浙东运河文化遗存遍布运河沿线，是中华优秀文化的重要组成部分之一。在前人的基础上，本书既对相关遗存有所发现和记述，又呈现了深入研究的成果，且对实践工作有一定的影响和指导意义。就此而言，或可说我们的工作实现了系统的综合，并取得了显著的进步，但在保护、传承、利用上，依旧任重而道远。

向对本书给以精心指导、支持，付出心血与汗水的领导、老师和同人、编辑们致以衷心的感谢。

邱志荣　戴秀丽

2024 年 6 月